상담이론에 기초한

집단상담의 실제

천성문 · 박은아 · 전은주 · 김현진 · 장은경 · 박미영

이은영 · 박성현 · 김현희 · 김준성 · 박선우 공저

PRACTICE OF GROUP COUNSELING based on Counseling Theory

학지사

상담이론에 기초한 집단상담의 실제

/

저자 서문

"교수님 인지행동 이론을 배웠는데 논문에 소개된 인지행동 집단상담 프로그램이
인지행동 이론과 어떤 관련성이 있는지 잘 모르겠어요."

학생들과 집단상담 수업을 하다 보면 자주 듣게 되는 이야기이다. 집단상담 이론에
서는 상담이론에 근거하여 집단상담에 대한 개념을 정리하고 집단상담에서의 기법, 집
단상담자의 역할, 관련 집단상담 프로그램을 소개하고 있다. 하지만 이론을 배운 후 집
단상담 프로그램을 공부하게 되면 이론에 따른 차별화된 프로그램 특성을 확인하기 어
렵다는 공통된 이야기를 나누게 된다. 말하자면 이론과 집단상담 기법, 집단상담자 역
할 등은 이론과의 연관성을 확인해 볼 수 있으나 실제 운영되고 있는 프로그램에서는
각각의 이론에서 제시하고 있는 집단상담의 발달 단계, 상담기법, 상담자의 역할, 치료
적 요인 등을 확인하기 어렵고 혼재되어 있다는 것이다.

이는 기존 프로그램들이 이론적 배경에 근거를 두고 체계적인 절차에 따라 개발되고
재구성된 집단상담 프로그램이 아닌 경우가 많기 때문일 것이다. 많은 상담자는 집단
상담이 개인상담에 비해 한 번에 여러 명의 집단원을 상담할 수 있다는 경제적인 측면
에서의 장점과 다른 집단원을 통한 치료적 경험 공유, 문제 해결을 위한 실습의 장으로
의 활용 등과 같은 집단상담의 장점으로, 필요에 따라 다양한 프로그램을 개발 또는 재
구성하여 활용하고 있다. 하지만 이런 과정을 들여다보면 이론에 근거를 두고 체계적
인 단계에 따라 구성하기보다 대체로 개발 당시에 인기 있는 활동 내용이나 기법을 혼

용하여 활용하고 있다는 문제점을 확인할 수 있다.

또한 프로그램의 효과를 평가할 때도 대체로 집단원들이 집단상담 프로그램에 참여한 후 자신이 가진 어려움의 감소나 긍정적인 영향력 증가 여부에 초점을 두고 있어 실시한 프로그램이 얼마나 이론적인 측면을 제대로 반영하고 있는지에 대한 평가는 등한시하는 경향이 있어 이 또한 집단상담 프로그램의 이론적 기반의 중요성을 소홀히 하게 하는 요인이라고 여겨진다.

아무리 좋은 가구라도 그 가구를 담을 집의 구조와 어울리지 않는다면 제 가치를 발휘하기 어렵다. 마찬가지로 집단상담 내용도 이론적인 근거를 바탕으로 짜임새 있게 프로그램으로 구성될 때 비로소 그 가치를 제대로 발휘할 수 있게 될 것이다. 이러한 믿음과 확신으로 우리는 지도교수님과 함께 '상담이론에 기초한 집단상담의 실제'라는 프로젝트를 시작하게 되었다.

필요성에 의해 시작은 하였지만 진행과정은 그다지 순탄하지 않았다. 상담이론 부분은 집단상담의 특성에 맞게 안내된 자료들이 많았기 때문에 다양한 연구자료를 정리하며 독자들이 읽고 이해하기 쉽도록 다듬는 과정을 반복할 수 있었다. 반면 이론에 근거한 프로그램 개발은 망망대해에 떠 있는 종이배와 같은 막막함을 겪어야 했다. 많은 프로그램들이 이론을 기반으로 하였다고 제시되어 있으나 하나하나 꼼꼼히 들여다보면 미흡한 부분들이 곳곳에서 발견되었다. 이론에 따라 참고할 수 있는 자료가 부족해서 좌충우돌 난항을 겪어야 했다. 그리고 긴 시간 준비하다 보니 저자 중에 개인적인 사정으로 중도에 그만두어야 하는 안타까움도 겪어야 했다.

엎친 데 덮친 격으로 예상치 못했던 코로나19의 확산은 예비 집단 운영을 앞둔 우리의 프로젝트를 쓰나미처럼 가로막았다. 막막했다. 언제 대면상담을 할 수 있을지 예상할 수 없으니 프로젝트 중단까지도 협의해야 하는 상황을 맞이하였다. 하지만 다행스럽게도 우리 저자들은 상담 공부로 무장되어 있어 위기를 기회로 만들 수 있는 힘이 있었다. 자동으로 떠오르는 "어차피 안 될 거야, 누가 이 상황에 집단을 참여하겠어."라는 생각을 "시간을 벌었네. 대면으로 할 수 없다면 어떤 방법이 있을까?"라는 관점으로 바꿀 수 있는 역량이 바로 그것이다. "그래 비대면으로도 할 수 있게 프로그램을 수정해 보는 건 어떨까? 이제는 점차 비대면 상담이 활성화될 터이니 우리가 먼저 시도해 보는 거야!" 목표와 방향이 다시 설정되자 위태롭던 종이배는 다양하고 풍부한 경험을 할 수 있는 크루즈선으로 변모하며 망망대해를 마음껏 즐길 수 있게 되었다.

이 책은 집단상담 이론에 기초한 교재로 이론과 집단상담 프로그램의 실제를 함께 공부해 볼 수 있을 것이다. 뿐만 아니라 저서에 담겨 있는 프로그램은 각각의 이론이 효과적으로 적용될 수 있는 대상과 프로그램 내용을 반영하여 개발하였고 이에 대한 안내를 첨부하였으므로 집단상담 프로그램으로 활용하여도 효과를 볼 수 있으리라 여겨진다.

그렇다고 첫술에 배부를 수 없음도 잘 알고 있다. 오랜 준비 기간과 많은 상담자의 도움을 받으며 저자들의 노력과 정성을 담았지만 아직 미흡한 부분은 남아 있다. 그래서 함께 배우고 공부하는 입장에서 좀 더 도움을 나누고자 하는 마음으로 첫 시도를 해 본 것에 의의를 두고 싶다. 그래서 이 책을 접한 독자 여러분의 의견에 귀를 기울이고자 한다. 언제든지 후기를 전해 주신다면 다음 집필에 반영하여 좀 더 도움 나눌 수 있는 책으로 수정 · 보완하여 다시 찾아가고 싶음을 전한다.

끝으로 책이 나오기까지 한마음으로 도움 나누어 준 분들께 감사를 전한다. 프로그램 구성과정을 감수해 준 부경대학교 상담심리 전공 김효정, 김현정, 김아영, 전혜정, 김선형, 심운경, 박정미, 최영미 박사께 감사드린다. 그리고 예비 집단원으로 함께 참여하여 귀한 피드백 전해 준 부경대학교 평생교육 상담학과 학부생 여러분께도 감사드린다. 이 자리를 빌려 첫 스타트에 힘찬 기운을 모아 주었던 박삼순 선생님의 건강 회복도 기원한다.

긴 시간 동안 응원하며 함께 준비해 주신 학지사 김진환 대표님, 김은석 이사님, 편집을 담당해 주신 이세희 선생님과 학지사 관계자 여러분께도 감사의 마음을 전한다. 마지막으로 우리가 준비한 크루즈선에서 다양한 학습의 경험을 나눌 독자 여러분께도 감사함을 전한다.

2020 코로나19의 위기를
지혜롭게 극복한
저자 일동

상담이론에 기초한 집단상담의 실제
/
이 책의 활용

집단상담 프로그램 안내

이 책은 장별로 상담이론에 기초한 집단상담 프로그램을 개발하여 제시하였다. 따라서 각 장별로 기초한 이론과 개발한 프로그램의 특성에 대한 간략한 안내를 제시하여 독자들의 이해를 돕고자 한다.

제1장은 정신역동 이론에 기초한 집단상담 이론과 실제에 대한 내용을 담고 있다. 대학생 시기의 주요 발달 과제는 친밀감을 형성하는 것으로 특히 연인과의 친밀감 형성은 매우 중요하다. 하지만 연인관계를 지속함에 있어 갈등이 생기거나 관계를 망치는 경우가 발생하기도 한다. 이는 연인과의 관계에서 서로 기대하는 바가 다르고, 있는 그대로의 모습보다는 왜곡된 모습으로 관계를 형성하기 때문이다. 따라서 이 장에서 제시한 '대학생의 연인과의 관계 증진을 위한 정신역동적 집단상담 프로그램'은 정신역동 이론에 기반하여 과거 어린 시절 경험과 원가족 및 무의식적 동기 탐색을 기초로 프로그램을 구성하였다. 이를 통해 해결되지 못한 과거 감정들이 현재 연인관계를 어떻게 왜곡시키고 있는지, 왜곡된 연인관계가 다른 관계에서는 어떤 문제로 드러나고 있는지 그 관련성을 탐색하고 건강한 표현 방법을 통한 긍정적인 연인관계를 재경험함으로써 연인과의 관계를 증진시키고자 한다.

제2장은 아들러의 이론에 기초한 집단상담 이론과 실제에 대한 내용을 담고 있다.

아들러는 인간을 열등의식을 극복하고 우월성을 추구하며, 자기 목표를 달성하기 위해 독특한 방법으로 노력하는 존재로 이해한다. 이러한 인간상을 기초로 하여 이 장에서는 '낙담한 대학생의 자기 격려와 심리적 안녕감 회복을 위한 아들러 집단상담 프로그램'을 구성하였다. 성인 초기 단계에 있는 대학생들은 성인으로서의 정체성 확립, 부모로부터의 독립, 취업 준비 등과 같은 주요 발달과업을 달성하기 위해 노력한다. 하지만 변화하는 사회에 첫 발을 내딛는 단계이기 때문에 종종 실패와 좌절, 낙담을 경험하게 된다. 따라서 이들이 심리적 안녕감을 회복하고 유지하며 새로운 도전을 하기 위해서는 시도하고자 하는 용기를 낼 수 있도록 지지와 공감을 경험하는 격려 프로그램이 필요하다. 이러한 측면을 고려한 본 프로그램은 자신의 불완전하고 열등한 부분을 수용하고, 스스로를 사랑할 수 있는 내적 힘을 기를 수 있도록 돕는다. 그리고 실천적 방법으로 자신을 다독이며 격려하는 방법, 긍정적인 마음가짐을 유지하는 방법 등을 제시하여 대학생들의 심리적 안녕감을 높이는 데 도움을 주고자 한다.

제3장은 인지행동 이론에 기초한 집단상담 이론과 실제에 대한 내용을 담고 있다. 이 장에서 제시한 '직장생활의 스트레스와 우울 감소를 위한 인지행동 집단상담 프로그램'은 인지행동 이론을 치료 장면에 적용한 인지행동치료(CBT)를 활용하였다. 인지행동치료(CBT)는 상황, 생각, 느낌의 상호작용 과정에서 개인이 가지는 생각과 정서(느낌)를 인식하고 깨닫게 하여, 상황과 생각과 행동이 어떻게 정서에 영향을 미치는지 확인하도록 한다. 이러한 인지행동치료는 특히 스트레스와 우울감을 낮추는 데 효과적이다. 따라서 본 프로그램에서는 일상 유지를 위해 겪을 수밖에 없는 직장에서의 스트레스에 주목하고 스트레스와 우울을 조절할 수 있는 행동 변화에 초점을 두었다. 따라서 본 프로그램에서는 자신의 부정적 생각을 찾아내는 기술, 부적응적인 믿음을 수정하는 기술, 예전과는 다른 방식으로 사람들과 관계 맺는 기술, 감정을 인식하고 조절하는 기술, 문제가 되는 행동을 변화시키는 기술을 익힐 수 있도록 구성하였다. 이러한 기술들은 직장인뿐만 아니라 다양한 대상에게 적용할 수 있는 유연성도 있음을 함께 안내하고자 한다.

제4장은 REBT 이론에 기초한 집단상담 이론과 실제에 대한 내용을 담고 있다. REBT 이론은 심리적 부적응의 근본적 원인을 비합리적인 신념에 있다고 본다. 이러한 비합리적인 신념과 연관하여 먼저 떠올릴 수 있는 대상은 세상과 자신은 완벽해야 한다고 여기는 완벽주의 성향을 가진 사람과 자신을 부족한 존재라고 여겨 모든 원인을 자신에게로 돌리는 열등감이 높은 사람들이다. 따라서 이 장에서 제시한 '완벽주의 및 열등

감 극복을 위한 REBT 집단상담 프로그램'은 대상자들의 비합리적인 신념을 파악하고, 인지적·정서적·행동적 기법을 활용하여 합리적 신념으로 변화할 수 있도록 돕고자 한다. 그리고 완벽주의 및 열등감을 가진 대상들이 스트레스에 취약한 특성을 반영하여 스트레스 상황에서 자신의 생각과 대처방식을 바꿈으로써 스트레스에 적절하게 대처할 수 있고 정서적 안정과 원만한 대인관계를 형성할 수 있도록 구성하였다.

제5장은 해결중심에 기초한 집단상담 이론과 실제에 대한 내용을 담고 있다. 해결중심에서는 치료를 '변화의 시도'로 보고 내담자와 함께 문제에 대해 효과적으로 생각하고 해결 방법을 실용적으로 다룬다. 즉, 깊은 내면적 문제에 집중하기보다는 지금 겪고 있는 현실적인 어려움 해결에 집중하도록 한다. 이러한 특성을 고려해 볼 때 자녀들과 현실적인 문제로 일상에서 어려움을 겪고 있는 부모들에게 적용하기 적합한 이론이라 할 수 있다. 이 장에서 제시한 '청소년기 자녀와의 관계 증진을 위한 해결중심 부모집단 상담 프로그램'은 청소년기 자녀와의 관계에서 갈등과 어려움을 경험하는 부모가 자신과 자녀의 문제 자체에 집중하기보다 '해결'로의 전환을 시도할 수 있도록 돕는다. 프로그램을 통해 부모들이 자신의 성공 경험과 강점을 발견함으로써 스스로 해결책을 찾아가는 힘을 기를 수 있고, 자녀의 생각과 감정을 살펴볼 수 있는 질문을 통해 부모−자녀와의 관계적 맥락을 볼 수 있게 한다. 따라서 프로그램에 실제에서는 해결중심 접근에 대한 안내와 함께 집단지도자와의 협조적 관계를 통해 스스로를 긍정적으로 바라보고 자녀와의 관계를 회복하여 궁극적으로는 가족의 건강성 증진을 도울 수 있도록 활동을 구성하였다.

제6장은 현실치료에 기초한 집단상담 이론과 실제에 대한 내용을 담고 있다. 현실치료법은 자신을 긍정적으로 인정하는 데 도움을 주는 치료 방법으로 감정보다는 행동에, 과거보다는 현재와 미래에 초점을 두고 문제에 대해 책임 있는 행동과 대안적 해결을 할 수 있도록 격려하는 치료법으로 청소년에게 효과적인 측면이 있다. 이 장에서 제시한 '교사효능감 향상을 위한 현실치료 집단상담 프로그램'은 청소년들에게 직접적인 영향을 미치는 교사에게 현실치료법을 적용하여 그 경험을 학생들과 나눌 수 있도록 돕고자 하였다. 교사는 학생과 다양한 교류를 하는 과정에서 역할모델이 될 수 있고 학생에게는 의미 있는 타인이며 학생 성장 발달에 핵심적인 역할을 하고 있다. 따라서 본 프로그램에서는 학생들과 가장 직접적으로 상호작용하고 있는 교사가 현재 자신의 불만족스러운 관계에 대처하는 과정에서 현실요법과 선택이론을 통해 서로의 욕구를 충족할 수 있는 좋은 관계 형성을 경험하도록 돕는다. 이러한 경험은 학생지도 시 교사와

학생이 상호 욕구 충족할 수 있는 좋은 관계 형성을 위한 방법으로 활용될 수 있어 교사들의 자기효능감 향상에 기여하고 궁극적으로 학생들의 자기효능감 향상에 기여 할 수 있을 것으로 기대한다.

제7장은 교류분석에 기초한 집단상담 이론과 실제에 대한 내용을 담고 있다. 교류분석에서는 의사소통자의 자아상태를 부모(Patent), 성인(Adult) 아이(Child)의 3원적 자아 구조로 제안하고 사회적 상호 교류의 역동성을 이해하도록 하여 정서적 문제를 해결하는 방법으로 자아상태를 변경하도록 돕는다. 이러한 특성은 갈등해결이 미흡한 부부관계에 도움이 되므로 이 장에서는 '예비부부의 관계 증진을 위한 교류분석 집단상담 프로그램: 우리 부부할까요?'를 제시하였다. 서로 다른 환경에서 생활한 두 사람이 한 가정을 꾸미면서 가족을 만들어 가는 과정에서는 필연적으로 갈등이 발생할 수 있다. 이때 해결력이 미흡한 결혼 초기 부부들이 가장 많이 호소하는 문제는 의사소통이다. 이는 대부분의 결혼 초기 부부들은 자신의 입장에서 자신의 욕구를 채우기 위한 교류를 하고 있기 때문이다. 이러한 어려움으로 문제의 골만 점점 더 깊어지고 서로에 대한 이해를 바탕으로 한 의사소통의 통로를 여는 것이 생각하기조차 어려운 일이 되어 버린다. 따라서 본 프로그램은 교류분석 이론의 자아상태와 교류패턴, 인생태도 분석 등을 통해 예비부부가 서로를 이해하고 의사소통 기술 등 갈등 대처방안을 습득하도록 도와 미래에 행복하고 건강한 결혼생활과 부부관계를 형성할 수 있도록 도울 것으로 기대된다.

제8장은 사이코드라마에 기초한 집단상담 이론과 실제에 대한 내용을 담고 있다. 사이코드라마는 상상력이라는 인간의 기본적 특성과 가상의 무대라는 안전한 장치를 결합하여 몸과 마음의 도구를 이용하여 심리적 문제를 표현하고 이를 해결해 나가는 과정을 역할극 형식으로 풀어 나간다. 사이코드라마는 기존 언어 기반 집단상담과 달리 역할극이라는 상상 속 상황을 통해 자유롭게 자신의 이야기를 풀어 나갈 수 있으며, 주체적인 프로그램 참여가 가능한 특성이 있다. 이 장에서 제시한 '사이코드라마 집단상담의 실제: 서툴러도 괜찮아, 처음이라 그럴 수 있어'는 정해진 답만 찾아온 우리나라 청소년이 대학이라는 새로운 환경에서 스스로 관계를 맺어 가는 과정에서 겪게 되는 어려움을 능동적이고 유연한 사이코드라마라는 방식으로 나누어 보는 기회를 제공할 것이다. 참여자들은 스스로 프로그램을 꾸며 나가는 과정에서 자신에게 놓인 역할의 불균형을 이해하고, 여기서 오는 역할갈등에 대해 적절히 대처할 수 있는 기술을 배움으로써 탄력적인 대처 방법들을 경험하고 삶을 주도적이고 책임감 있게 살아갈 수 있

게 될 것으로 기대한다.

　제9장은 게슈탈트에 기초한 집단상담 이론과 실제에 대한 내용을 담고 있다. 게슈탈트 이론은 지금-여기에서 알아차림과 접촉을 통하여 개인의 심리적 회복을 시도하는 상담으로 우리가 실존적 주체로서 책임을 회피하는 환경 지지를 버리고 자기 지지를 바탕으로 자신을 신뢰하고 책임지고 살아갈 것을 강조한다. 그리고 우리가 자신을 그 자체로 받아들이고 우리 자신이 될 때 변화를 위한 풍부한 가능성을 맞이할 수 있다고 본다. 이러한 측면에서 이 장에서 제시한 대학생의 대인관계 증진을 위한 게슈탈트 관계성(GRIP) 향상 프로그램은 주도적으로 관계 형성을 시도하여 성숙한 대인관계를 이루어야 하는 대학생들에게 적절한 프로그램이라 할 수 있다. 참여자들은 각자가 처해 있는 관계적 상황을 자각하고 이에 대해 이야기하면, 함께 참여한 집단원들은 그 이야기를 듣고 어떤 영향을 받았는지에 대한 적절한 소통을 주고받는다. 이러한 과정에서 부적절한 경험순환은 적절한 경험순환으로 바뀌게 되어 자기표현 및 대인관계 능력은 증진되고 건강한 선택과 접촉을 할 수 있게 될 것이다.

상담이론에 기초한 집단상담의 실제

/

차례

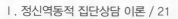

제2장
아들러 집단상담

제3장
인지행동 집단상담

제4장
REBT 집단상담

완벽주의 및 열등감 극복을 위한 REBT 집단상담 프로그램

제5장
해결중심 집단상담

제6장
현실치료 집단상담

제7장
교류분석 집단상담

제8장
사이코드라마 집단상담

제9장
게슈탈트 집단상담

제 1 장

정신역동적 집단상담

표현하지 않은 감정은 절대 죽지 않는다.

프로이트

I ▶ 정신역동적 집단상담 이론

프로이트(Freud)는 인간의 모든 행동, 사고, 감정이 생물학적인 본능으로부터 지배를 받고, 인간의 마음 안에 일어나는 것이 그 무엇이라도 우연히 일어날 수 없으며, 모든 정신적 현상들에는 반드시 어떤 원인이 있다고 말하였다. 사람이 무엇을 말하고, 생각하고, 경험하든지 간에 그것이 비논리적이고, 이상하게 보일지라도, 그 사람에게 그러한 반응과 생각, 느낌이 일어나는 이유가 있으며, 그 이유를 알게 되면 그 사람이 그렇게 하는 것을 이해할 수 있고, 어쩌면 당연하고 적절하다고 볼 수 있다는 것이다.

1. 집단상담의 목표

정신역동 집단상담에서 가장 중요한 점은 현재는 과거 경험의 영향을 받기 때문에 그 사람의 행동을 이해하려면 그 행동의 역사적 발달을 아는 것이라고 하였다. 특히, 인간의 생후 6년 동안의 경험에 의해 형성된 성격 구조는 성인기까지 영향을 미치기 때문에 인간 발달의 초기인 유아기와 초기 아동기가 매우 중요하다고 보았다. 따라서 집단상담을 통해 개인의 기본적 성격 구조를 변화시키고자 하였으며, 그중에서도 초기 아동기의 경험을 재구성하는 것이 필수적이라 하였다. 이는 과거의 경험을 자각하고 정서적으로 재경험한 후 과거의 영향력에 벗어나는 것이 중요하다.

정신역동적 이론에 기반한 집단상담에서는 집단원들이 과거 해결되지 못한 무의식에 있는 감정들이 현재 다른 사람과의 관계를 어떻게 왜곡시키고, 왜곡된 관계가 현재 또 다른 어떤 문제를 유발하는지에 대한 관련성을 탐색하여 다른 사람과의 긍정적인 정서적 재경험을 하도록 한다. 이러한 교정적 재경험을 통해 다른 사람과의 건강한 관계를 증진시키는 데 도움을 주는 것을 목적으로 다음과 같은 목표를 설정하였다.

- 무의식적 갈등을 의식화하는 작업을 통해 집단원의 특성과 성격체계를 재구조화하기
- 집단원의 과거 무의식에 있는 감정들이 현재 다른 사람과의 관계를 어떻게 왜곡시키고, 왜곡된 대인관계가 현재 어떤 문제(갈등)를 유발하는지 관련성 탐색하기

- 집단원이 집단원들 또는 집단지도자에게 나타내는 반응을 통해 원가족 내의 중요한 인물과의 관계 알아보기
- 집단 내에서 원가족을 재구성함으로써 집단원들의 미해결된 과제를 수정하고 변화하는 과정 연습하기
- 집단원들과 집단에서 건강한 대인관계를 형성하고 유지하는 경험을 통해 자신의 미숙했던 대인관계를 통찰하고 현재 당면한 문제 교정하기

2. 주요 개념

정신역동 집단상담의 목표는 어린 시절 생긴 무의식적 동기와 갈등을 의식화하고 현실에서의 정서적 재경험을 통하여 집단원들이 자신의 모습을 통찰할 수 있도록 하는 것이다. 따라서 이를 달성하기 위하여 다음과 같은 정신역동 이론의 주요 개념에 대해 살펴보고자 한다.

1) 과거의 영향

현재의 성격 구조 형성은 과거 경험이 매우 중요한 영향을 미친다. 즉, 출생 후 6년 동안의 경험이 현재 갈등의 뿌리가 된다고 본다. 예를 들면, 성인기에 부모로부터 분리되고 홀로 서는 것에 대한 어려움, 다양한 감정을 인식하고 다루는 데 대한 어려움, 친밀감에 대한 욕구와 두려움, 성정체감 수용의 어려움 등 이런 문제의 근원은 초기 발달에 있다는 것이다. 따라서 현재의 성격 구조에 초기 경험이 어떤 영향을 주는지 인식함으로써 초기 학습을 변화시킬 수는 없지만 초기 학습 경험이 미치는 영향은 변화시킬 수 있다고 본다.

2) 본능 이론

본능이란 성격의 기본 요소로서 행동을 추진하고 방향 짓는 동기로 추동(drive)이나 충동이라 불리기도 한다. 프로이트는 본능을 에너지 형태로 보고 그것이 신체적 욕구와 정신적 소망을 연결한다고 보았다. 본능은 크게 성적 본능(libido: 삶의 본능)과 공격적

본능(thanatos: 죽음의 본능)으로 구분한다. 성적 본능은 성인들이 말하는 성적인 것만을 의미하는 것이 아니라 즐거움을 야기하는 자극에 관심을 가지며, 다른 사람들과의 상호 작용을 말한다. 이는 인간의 생존을 위한 식욕, 성욕과 같은 생물학적 욕구를 충족시키는 데 기여하며, 인간을 창조적으로 성장·발달하게 하는 원동력이 된다. 공격적 본능은 적개심만을 말하는 것이 아니고, 숙달(mastery)을 의미하고, 주장하고, 통제하며, 적극적이고 효과적인 정신작용을 언급하기도 한다(Dewald, 1978). 따라서 인간의 발달은 본능적 추동을 현실에 맞게 조정해 나가는 방법을 체득하는 과정이다.

3) 의식 구조

프로이트는 인간의 자각 수준을 의식, 전의식, 무의식으로 구분하였다. 마음을 빙산에 비유하여 빙산의 꼭대기는 의식, 물을 통해 볼 수 있는 물에 잠긴 부분은 전의식, 그리고 빙산의 대부분을 차지하는 가장 큰 부분은 볼 수 없는 무의식으로 나누었다.

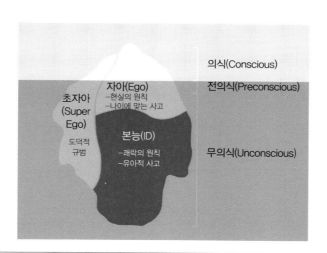

[그림 1-1] 의식과 성격 구조

(1) 의식

의식은 개인이 각성하고 있는 순간의 기억, 감정 공상, 경험 연상 등을 아는 것을 말한다. 즉, 현재 자각하고 있는 생각을 말하는데, 프로이트는 우리가 자각하고 있는 의식은 빙산의 일각에 불과하고, 우리가 자각하지 못한 부분이 훨씬 더 많다는 것을 강조하였다.

(2) 전의식

전의식은 특정한 순간에는 인식하지 못하나 조금만 주의를 기울이면 기억되는 것을 말한다. 즉, 현재는 의식 밖에 있지만 노력하면 쉽게 의식으로 가져올 수 있는 부분이다. 바로 그 순간에는 의식되지 않지만 조금만 노력을 기울이면 의식될 수 있는 경험을 말한다.

(3) 무의식

무의식은 인간 정신의 심층에 잠재된 부분이며, 전혀 의식되지 않지만 인간의 행동을 결정하는 데 지대한 영향력을 행사한다. 개인 내에는 무의식이 의식되거나 행동으로 직접 표현되는 것을 막는 강한 저항이 존재한다. 무의식은 직접 눈으로 볼 수 없지만 여러 증거(꿈, 말실수, 망각, 자유연상 등)에 의해 추론될 수 있다.

4) 성격 구조

인간의 성격 구조는 원초아(id), 자아(ego), 초자아(superego)에 의해 작동되며, 이는 개별적으로 작동되는 것이 아니라 원초아는 생물학적 구성 요소로, 자아는 심리적 구성 요소로, 그리고 초자아는 사회적 구성 요소로 전체적으로 기능한다. 프로이트는 인간 자체를 에너지 체계로 보면서(Corey, 2003), 세 요소 중 어느 요소가 에너지에 대한 통제력을 더 많이 가지고 있느냐에 따라 인간의 행동 특성이 결정된다고 보았다.

(1) 원초아

원초아는 심리적 에너지의 원천이자 본능이 자리 잡고 있는 곳이다. 원초아는 일차 과정 사고, 즉 '쾌락의 원칙'에 따라 본능적 욕구를 충족시키기 위하여 비논리적이고 맹목적으로 작용한다. 원초아는 욕구 실현을 위한 사고 능력은 없으나 다른 욕구충족을 소망하고 그것을 위해 움직일 뿐이다. 이 과정은 무의식적으로 이루어진다.

(2) 자아

자아는 원초아의 본능과 외부 현실세계를 중재 또는 통제하는 역할을 한다. 자아는 '현실의 원칙'에 따라서 현실적이고 논리적인 사고를 하며 환경에 적응한다. 자아는 현실의 원칙에 따라 원초아와 초자아, 그리고 환경 간의 균형을 위해 노력한다. 원초아가

맹목적으로 욕구의 충족을 꾀하는 데 비해, 자아는 주관적 욕구와 외부의 현실을 구별
할 줄 아는 현실 검증의 능력이 있다.

(3) 초자아

초자아는 쾌락보다 완전을 추구하고 현실적인 것보다 이상적인 것을 추구한다. 초자
아에는 부모로부터 영향을 받은 전통적 가치관과 사회적 이상이 자리 잡고 있다. 따라
서 초자아는 도덕에 위배되는 원초아의 충동을 억제하며 자아의 현실적 목표를 도덕적
이고 이상적인 목표로 유도하려고 한다. 즉, 초자아는 도덕적이고 규범적인 기준에 맞
추도록 요구한다.

5) 성격 발달

프로이트는 한 개인의 행동 및 성격 특성이 적응적으로 형성될 것인지, 부적응적으로
형성될 것인지는 어렸을 때의 경험에 의해 결정된다고 본다. 특히, 생후 6년간의 경험은
매우 중요하며, 그 시기에 경험하는 갈등과 그것을 해결하는 과정을 통해 습득한 관점과
태도가 나중에 성인이 되어서까지 무의식 속에 남아 지속적으로 영향을 미친다고 본다.

프로이트는 인간의 발달은 성 에너지가 집중되는 신체적 위치에 따라 성장한다고
보았는데 이를 '심리성적(psychosexual)' 발달 단계라고 하였다. 이 발달 단계 동안 아
동에게 일어나는 일들이 성인기의 성격 형성을 돕고, 심리성적 갈등이 성공적으로 해
결되지 못하거나, 심하게 박탈되거나, 과도하게 몰두하게 되면 어떤 한 단계에 '고착
(fixation)'된다고 한다. 고착이란 어떤 한 단계에서 미해결된 문제를 경험함으로써 야기
되는 성격 발달의 정지를 말한다. 더욱이 자신의 갈등을 성공적으로 해결하였다 하더
라도 이후의 생활에서 심한 어려움을 겪게 되면 '퇴행(regression)'을 보인다. 퇴행이란
발달 초기의 보다 만족스러웠던 단계의 감정이나 행동을 보이는 것을 말한다.

(1) 구강기(oral stage, 출생~18개월)

성적 본능이 구강에 집중되는 시기로 매우 수동적인 인간관계를 형성하며, 입을 통
한 욕구를 충족시키려고 한다. 어린아이를 보면 손가락을 빨면서 잠을 잔다든지, 뭐든
지 손에 잡히면 입으로 가져가서 빨고 있는 행동들을 볼 수 있다. 이러한 행동들이 구
강기에 많이 나타나는 특징적인 행동들로 이러한 행동들이 과하지 않다면 그냥 두어도

괜찮다. 구강기 때 욕구가 충족되면 낙천적이고 먹는 걸 즐기는 성격이 발달되지만 충족되지 못하면 음식에 지나치게 집착한다거나 흡연, 음주, 타인에 대한 의존성이 높아질 수 있다. 그리고 구강기에 고착이 되면 타인에 대한 불신, 사랑 거절, 소원한 관계를 형성하게 된다.

(2) 항문기(anal stage, 18개월~3세)

성적 본능이 항문에 집중이 되는 시기로 배변 훈련을 시작하는 시기다. 배설물을 참고 배출하면서 욕구를 충족시킨다. 주요 발달 과업은 독립심을 배우고, 개인의 능력을 수용하고, 분노와 공격성과 같은 부정적인 감정들을 표현하는 것을 배우는 것이다. 부모의 훈육 양식과 태도가 아동의 이후 성격 발달에 중요한 영향을 미친다.

항문기에 고착이 되면 고지식하고, 고집스러우며, 인색한 성격 특성을 나타내기도 한다. 또한 결벽적이므로 주변 환경이 깨끗하고 질서정연하게 규칙적이지 못하면 견디지 못하는 경우가 생길 수도 있고, 이와는 반대로 완전히 무질서하고 지저분한 분위기에서 안정감을 느끼는 그러한 성격으로 자랄 수도 있다.

(3) 남근기(phallic, 3~6세)

성적 본능이 성기에 집중이 되는 시기이며, 자신의 성별을 인식하는 시기로 성에 대한 호기심이 증가한다. 기본 갈등은 무의식적인 근친 간 욕망에 의해 시작되며, 이성부모에 대해 발달시키는 것으로 그 위협적인 본질 때문에 의식에서는 억압된다. 오이디푸스 콤플렉스(oedipus complex)라 불리는 남성 남근기는 남아가 어머니에게 성적인 애정을 가지면서 아버지를 경쟁자로 생각하게 되는 것이다. 그러면서 아버지와 갈등을 빚게 되는데 "엄마는 내 거야.", "아빠는 엄마 옆에 오지 마."와 같은 상황이 연출된다. 하지만 아버지와는 경쟁이 되지 않는다는 것을 알고 우세한 아버지가 자신의 성기를 제거할 거라는 거세불안(castration anxiety)을 느끼게 된다. 이런 과정을 거치면서 결국 아버지와 동일시하게 되고 아버지의 모습을 닮아 가게 된다. 또한 엘렉트라 콤플렉스 (electra complex)로 알려진 여성 남근기는 여아가 아버지의 사랑과 인정을 얻으려고 노력하는 것이다. 자신에게 없는 남근(성기)을 선망하게 되고 어머니도 남근이 없음을 알면서 어머니의 모습과 동일시하게 된다.

부모들이 유아의 성 성향에 언어적, 비언어적으로 어떻게 반응하는지는 유아가 발달시키는 성적 태도와 감정에 영향을 미친다. 프로이트는 이 시기가 인간의 성격 형성에 가장 결정적인 역할을 한다고 한다. 성격 구조의 초자아가 발달하기 시작하고 1세경부터 발달하기 시작하는 자아가 이 시기에 지속적으로 발달하는 것이다.

남근기에 고착된 사람은 자기를 과시하기 위해 연극성(dramatic)이 강하며 인상적이고 자기중심적이라고 한다. 에릭슨(E. H. Erikson)에 의하면 공격성이 생기고 남을 지배하려는 지배욕이 생긴다고 보았다. 세상 사람뿐 아니라 물건이나 기술 등을 자기 마음대로 지배하려는 사람이 된다는 것이다.

(4) 잠복기(latency stage, 6~11세)

성적 본능이 상대적으로 다른 단계에 비해서 비교적 잠잠한 시기다. 성적인 흥미는 학교에서의 흥미, 놀이 친구, 스포츠, 새로운 활동들로 대체된다. 아이들이 외부로 눈을 돌리면서 다른 사람들과 관계를 형성하는 사회화의 시기이기도 하며 도덕성, 심미성이 강화되는 시기이기도 하다. 프로이트는 비교적 이 발달 단계가 다른 발달 단계에 비해 성격 발달에 큰 영향을 미치지 않는다고 본다.

(5) 성기기(genital stage, 11세 이상)

남근기의 오랜 주제가 다시 살아나는 시기로 사춘기와 함께 시작되고 노년기까지 지속된다. 사회의 규제와 금기가 있음에도 불구하고, 청소년들을 교우 관계를 형성하는 것과 같은 사회적으로 허용될 만한 다양한 활동이나, 예술 혹은 스포츠, 장래 직업 준비에 참여함으로써 성적 에너지를 다룰 수 있다.

6) 불안

불안(anxiety)은 원인에 대한 명확한 대상 없이 두려움을 느끼는 것이다. 프로이트는 원초아, 자아, 초자아 간의 마찰 및 갈등으로 불안이 야기되는 것으로 보았다. 성격 구조의 자아는 현실감을 갖고 원초아와 초자아를 조정하여 현실의 원칙을 충실히 따르려고 하지만, 세 자아 간의 갈등이 야기되면 불안이 발생한다. 이러한 불안은 현실 불안, 신경증적 불안, 도덕적 불안으로 구분된다.

(1) 현실 불안(reality anxiety)

실제 외부 세계에서 받는 위협, 위험에 대한 인식 기능으로 불안을 느끼는 것을 의미한다. 이는 실제적이고 현실적인 불안을 말하는데, 예를 들어 가파른 내리막길에서는 넘어질 것 같은 불안감을 느낄 수 있다.

(2) 신경증적 불안(neurotic anxiety)

불안을 느껴야 할 이유가 없음에도 불구하고 자아가 본능적 충동을 통제하지 못해 불상사가 생길 것이라는 위협을 느껴서 불안에 사로잡히는 것을 의미한다. 신경증적 불안은 원초아의 쾌락이 너무 충족되면 처벌을 받을 것이라는 두려움에서 기원한다. 예를 들면, 성적 욕구를 참을 수 없어 밖에 나가지도 못하는 경우를 말한다.

(3) 도덕적 불안(moral anxiety)

원초아와 초자아 간의 갈등에서 비롯된 불안으로 본질적 자기 양심에 대한 두려움을 말한다. 자신의 도덕적 원칙에 위배되는 원초아의 충동을 표현하도록 동기화되면 초자아는 수치와 죄의식을 느끼게 한다. 예를 들면, 길거리에 떨어진 지갑을 주웠을 때 그냥 돈을 가질까 하는 행위나 기혼자가 불륜을 행하고자 할 때 생기는 불편한 기분들을 말한다.

7) 자아방어기제

이성적이고 직접적인 방법으로 불안을 통제할 수 없을 때, 붕괴의 위기에 처한 자아를 보호하기 위해 무의식적으로 사용하는 사고 및 행동 수단을 자아방어기제(defense mechanism)라고 한다. 방어기제는 자아를 보호하는 요소와 위험하다는 신호를 보내는 요소가 포함된다. 그러므로 방어기제는 병적인 것이 아닌 자신을 보호하기 위한 심리적 행위로써 개인의 발달 수준과 불안 정도에 따라 다르게 나타난다. 이러한 방어기제의 유형을 살펴보면 다음과 같다.

(1) 억압(repression)

억압은 의식하기에는 현실이 너무나 고통스럽고 충격적이어서 무의식 속으로 억눌러 버리는 것을 말하며, 다른 방어기제나 신경증적 증상의 기초가 된다. 예를 들어, 억압은 너무나 어렵고 고통스럽고 힘든 과거 사건(성폭력, 가정폭력 등)을 전혀 기억하지 못하는 경우로 수치심이나 죄의식 또는 자기비난을 일으키는 기억은 주로 억압하여 의식하지 못하게 한다.

(2) 억제(suppression)

의식적으로 생각과 느낌을 눌러 버리는 것은 억제다. 억제는 힘든 과거 사건을 기억하고 있으며, 의식적으로 기억하지 않으려고 노력한다. 예컨대, 학대를 한 부모에 대한 분노감을 숨기고 부모에 대한 이야기를 하지 않으려는 경우다.

(3) 부인(denial)

고통스러운 현실을 인식하지 않는 것을 말한다. 예를 들면, 사랑하는 사람의 죽음이나 배신을 인정하려 들지 않고 사실이 아닌 것으로 여기는 것이다.

(4) 투사(projection)

자신이 받아들이기 어려운 느낌, 생각, 충동 등을 무의식적으로 타인의 탓으로 돌려 자신을 보호하는 방법이다. 자신의 심리적 속성이 타인에게 있는 것처럼 생각하고 행동하는 것이다. 자기가 화나 있는 것은 의식하지 못하고 상대방이 자기에게 화를 냈다고 생각하는 것이 그 예다.

(5) 동일시(identification)

중요한 인물들의 태도와 행동을 자기 것으로 만들면서 닮으려는 것을 말한다. 동일시는 자아와 초자아의 형성에 가장 큰 역할을 하며 성격 발달에 영향을 미치는 가장 중요한 방어기제다. 자신이 좋아하는 연예인의 말투나 옷차림을 따라 하는 것이 그 예다.

(6) 퇴행(regression)

심각한 스트레스 상황이나 곤경에 처했을 때 불안을 감소시키려고 비교 이전의 발달 단계로 후퇴하는 행동을 퇴행이라 한다. 예를 들어, 동생을 본 아동이 나이에 어울리지 않게 젖병을 빨거나, 옹알이처럼 말을 하는 경우다.

(7) 합리화(rationalization)

자기가 그렇게 행동한 이유를 숨기기 위해 무의식적으로 정당화 구실을 만들어 내는 것을 합리화라 한다. 보통 사람들은 의식적으로 핑계를 만들어 변명하는 것을 합리화라고 생각하지만 대부분은 자기도 인지하지 못한 채 결과에 대해 무의식적으로 합리화를 하는 경우가 많다. 따라서 자기가 스스로 통제하기 어려운 경우가 많다. 예를 들어, 사랑을 고백했는데 상대방에게서 거절을 당했다면 "사실 쟤는 원래 내 스타일이 아니었어."라고 말하는 경우, 또는 친한 친구를 믿고 투자를 했다가 사기를 당한 경우, "인생은 원래 이렇게 경험하면서 배워 가는 거야."라고 말하는 경우가 이에 속한다.

(8) 승화(sublimation)

사회적으로 용납할 수 없는 성적인 충동, 공격적 충동을 사회적으로 인정되는 형태와 방법을 통해 충동과 갈등을 발산하는 것이다. 예컨대, 정육점 주인이나 외과 의사로서의 직업 선택에는 공격적 충동의 승화가 작용할 수 있다.

(9) 치환(displacement)

자신의 감정을 대상에게 직접적으로 표현하지 못하고, 전혀 다른 대상에게 자신의 감정을 발산하는 것을 말한다. 종로에서 뺨 맞고 남대문에서 화풀이하는 격이다.

(10) 반동형성(reaction formation)

실제로 느끼는 분노나 화 등의 부정적 감정을 직접 표현하지 못하고 반대로 표현하는 것이다. '미운 놈에게 떡 하나 더 준다.'는 속담처럼 무의식적 소망과는 반대되는 방향으로 행동하는 것이다. 예를 들면, 실제로 자기를 학대하는 대상인데도 좋아하는 것처럼 행동하는 경우다.

(11) 주지화(intellectualization)

심리적 불안을 통제하고 긴장을 감소시키기 위해 본능적 욕구를 지적 활동에 묶어 두는 심리적 작용을 말한다. '딴 생각하지 말고, 공부에 집중하자.', '책이나 읽자.' 등으로 주지화시킨다.

(12) 취소(undoing)

자신의 욕구와 행동(상상 속의 행동 포함)으로 인하여 타인에게 피해를 주었다고 느낄 때, 그 피해적 행동을 중지하고 원상 복귀 시키려는 일종의 속죄 행위다. 예를 들면, 부정하게 번 돈의 일부를 자선사업에 쓰는 것, 부인을 때린 남편이 꽃을 사다 주는 것 등이 있다.

(13) 보상(compensation)

부족한 점을 감추기 위해 약점을 지각하지 않거나 어떤 정적 특성을 발전시키는 것이다. 따라서 긍정적 관심이나 인정을 받지 못하는 아동들은 부정적 관심이라도 받기 위한 행동을 하기도 한다. 이 기제는 직접적 적응적 가치가 있고, 나를 열등하다고 보지 말고 성취한 나를 보라고 말하려는 시도이기도 하다.

8) 저항

정신역동적 상담에서 저항은 이전에 억압되었거나 부정되었던 개인을 위협하는 무의식적인 자료가 의식화되는 것을 피하는 것이다. 집단원은 이것이 겉으로 드러나면 강력한 불안을 느끼게 되기 때문에 무의식적으로 드러나는 것을 막으려는 노력을 하게 된다. 집단원들은 금지된 감정, 환상이나 기억에 대한 의식의 범람에 대항하여 자신을 방어하는 것이 필요한데, 저항은 방어를 유지하려는 투쟁이다. 그러므로 저항은 방어 중의 방어라고 할 수 있다.

9) 전이

전이는 집단원이 과거의 중요한 인물에 대한 반응에서 비롯된 긍정적이거나 부정적인 감정, 태도 환상을 무의식적으로 집단지도자에게 옮기는 것을 의미한다. 전이는 과거 경험과 초기에 습득된 왜곡된 패턴이 현재 관계에서 나타나는 것을 말하는데 (Luborsky, O'Reilly-Landry, & Arlow, 2011), 어린 시절에 형성한 관계를 바탕으로 치료 관계를 왜곡시키므로 집단상담에서 전이의 발견 및 분석은 매우 중요하다고 볼 수 있다.

집단상담에서의 전이는 몇 가지 장점을 가진다. 첫째, 집단구성원들이 모든 가족 구성원의 역할을 제공해 줄 수 있기 때문에 전이를 확인하기가 쉽다. 둘째, 집단 장면은 각 구성원이 필사적인 투사로 같은 사람을 직면하기 때문에 전이의 분석을 촉진시킨다 (장혁표, 2000). 셋째, 다양한 성격을 가진 집단구성원은 전이의 가능성을 증가시킨다.

이러한 전이과정을 통해 집단원의 과거를 경험함으로써 집단원의 과거가 현재 생활을 방해하고 있다는 것을 알아차리게 되고, 정서의 성숙을 방해하는 미해결 감정을 경험하게 된다. 고통스러운 초기 경험에 대한 부정적 감정은 집단 내에서 교정적 재경험을 통하여 점차 줄어들게 되는 것이다.

10) 역전이

역전이는 집단지도자가 집단원에게 느끼는 전이감정으로 집단원에 대한 집단지도자의 무의식적 정서반응으로 집단원의 행동을 잘못 지각하고 집단원들을 집단지도자 자신의 가족인 것처럼 여기는 것이다.

역전이는 집단지도자 자신의 미해결된 신경증적 갈등을 활성화시키는 역할을 한다. 따라서 적절한 감정반응과 역전이를 구분하는 것이 중요하다. 집단지도자가 가진 미해결 감정과 억압된 욕구는 집단과정을 심각하게 방해할 수 있으며, 집단지도자라는 위치를 남용하는 결과를 초래할 수 있으므로 집단지도자는 반드시 그러한 감정을 인식하고 치료적으로 처리해야 한다(Corey, 1999).

표 1-1 집단에서 일어날 수 있는 역전이

- 특정 구성원들에게서 자기 자신의 모습을 발견하고, 그들과 효과적으로 작업을 할 수 없을 정도로 과도하게 동일시하는 것
- 구성원들에게 자신의 부정적인 특성을 투사하고, 그들이 치료를 잘 받아들이지 않거나 함께 작업할 수 없는 삶이라고 간주하는 것
- 유혹적인 행동을 하고, 특정 구성원의 특별한 애정을 얻기 위해 지도자의 역할을 이용하는 것

표 1-2 집단지도자가 경험하는 역전이 유형

- 정서적으로 철수하거나 계속해서 집단에 도움이 되지 않는 것
- 수동성
- 과도하게 통제하는 것
- 자신의 미해결 과제에서 야기된 부적응적 행동으로 퇴행하는 것
- 온정적인 태도를 취하거나 구원자 역할을 하는 것

출처: Bemak & Epp, 2001.

3. 집단지도자의 역할

1) 자극제 역할

억압이나 저항, 정서적 피곤과 흥미 부족 때문에 집단원들이 별 소용도 없는 사소한 주제들에 매달리고 있을 때, 집단지도자는 집단에 활력을 불어넣기 위한 자극제 역할을 한다. 이전에 논의되었던 주제들에 대해 집단원에게 질문을 던지거나 그 내용들을 환기시킴으로써 집단의 진행과정을 다져 주는 역할을 한다.

> 집단원 1: 주말에 가족들과 치킨을 배달해서 먹었는데 금액에 비해 양이 너무 적었습니다. 양계장 농가에서는 닭 값이 폭락해서 사료 값도 안 나온다고 하는데 소비자인 우리들이 느끼기엔 닭 값이 너무 비쌉니다. 중간에 유통업자들이 너무 폭리를 취하는 것 같습니다.
>
> 집단지도자: 잠깐만 멈추어 주세요. 방금 주말에 가족들과 외식한 이야기를 하시면서 양계농가 걱정과 중간 유통에 대한 불만을 이야기하셨는데, 그러한 집단 외부의 이야기가 우리 집단의 목적과는 어떤 관련이 있지요? 자신의 구체적인 문제나 관심사, 그리고 이 집단의 문제와 연결하여 어떤 의미가 있습니까? 초점을 지금-여기에 맞춰서 다시 이야기를 해 보시겠습니까?"
>
> 집단지도자: 지금 이 시점에서 우리 집단이 어디로 진행해 가고 있는지를 점검해 보고 싶군요.

2) 확장적인 역할

집단원들이 어느 영역에 고착되어 그 이상의 의사소통을 하지 못할 때, 집단지도자는 집단원들이 보다 넓고 깊은 의사소통을 하도록 돕는다. 집단지도자는 이 기능을 통해 집단원들의 의식적 자아와 무의식적 자아 간의 연결을 도모할 수 있다.

> 집단원 1: 오늘 집단상담에 참여하러 오는 길에 커피 냄새가 매우 좋아 모든 집단원들의 커피를 사 오느라 좀 늦었습니다. 특별히 집단지도자님 것은 라떼로 사 왔습니다.
>
> 집단지도자: 방금 집단원들의 커피를 사 오느라 지각하셨다고 하셨는데, 혹시 지난주 집단원들에 대한 부정적인 의견이나 집단지도자에 대한 불만을 이야기하셨던 불편함 때문에 커피를 사 오게 된 건 아닌지 탐색해 보시면 어떨까요?

3) 권유, 지지의 역할

집단원들이 명백한 목적이나 결론이 없는 표현과 반응을 할 때, 집단지도자는 그들이 다루려고 애쓰고 있으나 잘 드러나지 않는 주제들을 확인하고 명료화를 해 주고, 그 주제에 초점을 맞추도록 도와준다.

집단지도자: 좋아요. 자, 누가 먼저 시작할까요? ○○님이 한번 해 볼까요?

집단원 1: 제 얘기를 먼저 시작하면 제가 희생타가 되는 건 아닐까 긴장이 됩니다.

집단지도자: 지금 기분이 어때요?

집단원 1: 가슴이 떨려요.

집단지도자: 느끼는 대로 보이는 대로 말해 봐요.

집단원 1: 다들 나만 보는 것 같고 나를 이상하게 생각할까 봐 두려워요.

집단지도자: 말을 하고 나니까 기분이 어때요?

집단원 1: 창피해요. 정말. 지금 떨려요 ⋯⋯⋯ 근데 아까보다 좀 나아요. 그리고 편안해요.

4) 해석적인 역할

집단지도자는 자유연상이나 꿈, 저항, 전이 등을 분석하고 그 속에 담긴 행동상의 의미를 집단원들에게 해석해 줌으로써 집단원들이 미처 자각하지 못했던 의식 자료들을 성찰할 수 있도록 돕는다.

집단원 1: 그동안 어머니께 섭섭했을 때도 섭섭했다는 말도 못했고, 또 고마워도 고맙다는 말을 못했어요. 또 지금처럼 어머니와 서먹서먹한 것도 내가 어머니의 마음을 잘 몰라준 제 책임인 것만 같아요. 전 뭐든 제대로 못하고⋯⋯. 이런 모든 게 제가 부족해서 그래요.

집단지도자: 어머니와 불편한 게 모두 자신이 부족한 탓이라고 생각하는 ○○님 마음이 많이 힘들 것 같네요.

집단원 1: 네 그래요. 제가 지금보다 좀 더 잘났다면 어머니와도 잘 지낼 수 있었을 텐데 전 늘 이 모양이에요. 다 제가 못나서 그래요.

집단지도자: 그럼 ○○님의 어머니는 완벽하고 아무 문제가 없나요?

집단원 1: 아니에요.

집단지도자: 그러면 어머니와의 관계가 불편한 건 모두 완벽하지 못하고 문제 있는 어머니 때문인 가요?

집단원 1: (한참 생각에 잠김) 그렇지만은 않아요.

집단지도자: 그럼 어머니도 ○○님처럼 완벽하지는 않네요.

집단원 1: 그러네요. 우리 어머니와 저는 모두 완전하지도 완벽하지도 않네요. 어머니도 완벽하지
　　　　 않고 다 내 탓만이 아니라고 생각하니까, 이제 어머니께 말할 수 있는 용기가 나네요.

4. 집단상담의 단계

정신역동 집단상담은 집단원들의 상호작용이나 그들의 직접적인 표출행동의 내용
뿐만 아니라, 그 이면의 잠재적인 의미에도 관심을 두기 때문에 어렸을 때부터 생긴 무
의식적 동기와 갈등의 근거를 의식화시킴으로써 집단원들의 통찰을 가져오게 하고자
다음과 같은 단계를 거치게 된다.

1) 초기 단계

집단 초기 집단원들은 낯설고 불확실한 상황에서 불안과 혼란을 느끼기도 하며, 집
단의 규범이나 자신의 역할에 대해서 명확히 알지 못해 침묵하거나 어색한 순간이 있
기도 하다. 따라서 집단원들의 긴장감이나 두려움을 완화시키고 서로의 친밀감과 신뢰
감을 형성해야 하는 매우 중요한 단계다. 또한, 집단에 본격적으로 참여하기에 앞서 자
신을 이해하고 수용할 수 있도록 탐색의 장을 여는 첫 단계이기도 하다. 따라서 자신의
현재 어려움이나 갈등의 근원들을 탐색할 수 있도록 도와야 하며, 이를 통해 자신을 이
해하고 수용할 수 있도록 도와야 한다.

2) 과도기 단계

과도기 단계는 초기 단계에 신뢰감이 다소 형성되었다 하더라도 집단원들 앞에서 자
신을 솔직하게 드러낼 준비가 덜 되어 있다는 것이 특징이다. 이런 이유로 불안, 방어,
저항, 갈등 및 집단지도자에 대해 도전하는 모습을 보이기도 한다. 이러한 도전적인 모
습이나 저항 및 갈등이 주가 되는 단계이기 때문에 '갈등 단계'라고 부르기도 한다. 따
라서 이 단계에서는 집단원들이 덜 방어적으로 자유롭게 이야기할 수 있도록 꿈이나

자유연상을 토대로 그 집단원이 평상시에 의식하지 못한 욕구나 갈등, 소망과 두려움 등 억압되었던 경험을 자유롭게 표현할 수 있도록 해 준다.

3) 작업 단계

작업 단계의 주된 특징은 집단응집력이 발달하여 집단원들끼리 친밀감이 깊어지는 것이다. 집단응집력이 생기면 집단원들은 상호 관계의 깊은 수준에서 마음을 열고 아픈 경험을 기꺼이 드러내며, 깊이 있고 의미 있는 개인적인 경험과 어려움을 솔직하게 나누는 작업을 하기도 한다. 이러한 경험은 서로를 묶어 주고, 이 과정에서 집단원들은 다른 집단원에게서 자신의 모습을 보고 동일시하는 경험을 한다. 집단응집력이 발달하게 되면서 우리가 서로 다르고 특별하다는 것에 대해 감사하며, 우리가 했던 일이나 실패에 대해 죄책감을 극복하고, 의미 있는 사람들과 친밀한 관계를 열망하면서 우리의 정체성을 찾는 과정을 시작하게 된다(Corey, 2015). 따라서 이 단계에서는 집단원들이 다른 집단원과 집단지도자에게 자신의 부모나 형제 및 다른 중요한 인물과의 관계적 특성을 투사하는 정도를 각 집단원으로 하여금 깨닫게 하는 것이 중요하며, 이때 생기는 불안이나 긴장, 무력감 등 여러 가지 감정이 생길 수 있음을 알려 줄 수 있어야 한다.

4) 종결 단계

종결 단계에서는 집단원들이 집단에 참여하면서 획득한 통찰에 따라 실생활에서의 검증과 적절한 행동 변화를 시도해야 하는 가장 힘든 단계라 할 수 있다. 현재 여러 대인관계 기술 및 사회적 능력들을 검토하고 확인해야 하며, 다른 사람들과 관계를 맺을 수 있는 정도, 현실 대처능력 및 긴장이나 스트레스를 적절히 대처할 수 있는지를 탐색해 보면서 새로운 인간관계의 재교육 및 사회적 통합을 이룰 수 있게 해 주어야 한다.

5. 집단상담의 기법

정신역동적 집단상담은 무의식적 동기에 의해서 유발되고 지속되는 정신적인 문제나 부적응 행동을 수정하기 위해 다음과 같은 기법을 활용한다.

1) 자유연상 촉진하기

자유연상이란 정신역동적 집단상담에서 사용되는 기법들 중에서 가장 기본적인 기법으로 집단원들로 하여금 무의식적 감정과 동기에 대하여 통찰하기 위해 우선 그들의 마음속에 떠오르는 것은 무엇이든 서슴없이 말하고 아무런 구애받음 없이 표현하도록 격려하는 기법이다. 아무 의미 없는 과정처럼 보일 수 있지만 자유연상을 반복하면서 과거의 경험이나 기억이 조금씩 드러나며, 이를 토대로 자신의 현재 문제가 과거의 경험과 어떤 연관성이 있는지를 이해하고 집단원들의 응집력과 자발적인 참여를 촉진한다.

자유연상의 예
집단지도자: 머릿속에 떠오르는 생각을 무엇이든지 말해 보세요.
비록 그것이 별 의미나 관계가 없어 보이거나 사소하거나 말하기 꺼려지더라도 다 말하도록 노력해 보세요.

2) 해석하기

해석은 사건, 행동, 감정에 의미를 부여하여 무의식적인 현상을 의식적인 것으로 만들기 위한 것으로 해석의 목표는 한 개인의 행동에 대한 무의식적 동기를 밝히려는 것이다. 시의적절하고 정확한 해석은 내담자가 새로운 자료를 통합하는 데 사용되어 새로운 통찰을 이끌 것이라고 가정할 수 있다. 집단상담에서 가장 적절한 해석 시기는 그 집단원과 집단의 다른 집단원이 해석을 이해하고 수용할 준비가 되어 있을 때라고 쓰고 있으며, 조기 해석은 지나친 불안을 촉진시키고 상당한 저항을 가져올 수 있다.

해석 시 지켜야 할 규칙

- 해석은 집단원의 인식과 가까이 있는 재료를 다루어야 한다. 집단지도자는 집단원이 아직 스스로 알 수는 없지만 통합할 준비가 되어 있고, 통합할 수 있는 재료를 해석해야 한다.
- 해석은 표면적인 것에서 시작해 집단원이 정서적으로 참을 수 있을 만큼의 깊이까지만 들어가야 한다.
- 저변에 깔려 있는 감정이나 갈등을 해석하기 전에 방어나 저항의 형태를 먼저 지적하는 것이 좋다.

해석의 예

집단원: 저는 남편과 같이 있는 것이 너무 싫어요.

집단지도자: 당신은 남편과 같이 있는 것이 싫다고 하지만, 어린 시절 아버지가 떠나버렸듯이 언제가 남편이 당신 곁을 떠날지도 모른다는 두려움 때문에 당신이 미리 남편을 멀리하는 것은 아닌가요?

---

3) 꿈 분석하기

프로이트는 억압된 욕구와 충동이 자아에 대한 방어가 약해졌을 때 꿈으로 나타나며, 이는 무의식적 욕구, 갈등, 소망, 두려움, 억압된 경험을 표현하기 때문에 '무의식으로 가는 왕도'라고 보았다. 꿈은 잠을 자는 동안에는 무의식에 대한 자아의 방어가 약해지므로 억압된 욕구와 본능적 충동들이 의식의 표면으로 보다 쉽게 떠오른다. 따라서 집단에서 꿈을 다루는 작업은 집단원이 직면하기를 꺼려 했던 감정과 동기, 미해결된 문제를 탐색하고 새로이 통찰할 수 있게 한다. 이러한 과정에서 집단원이나 다른 사람의 꿈을 분석하고 자신의 연상을 이야기함으로써 집단원들에게 자신의 감정을 투사하기도 하며, 그 과정에서 희망이나 두려움 등 자신의 모습을 진솔하게 드러내게 되기도 한다(Corey, 1999).

꿈 분석의 예

집단원: 이틀 밤 연속으로 똑같은 꿈을 꾸었어요. 자전거를 타고 가고 있는데 갑자기 타이어가 펑크가 났어요. 어둡고 무서워서 떨고 있는데 갑자기 한 노인이 나타나더니 타이어에 바람을 넣어 주고 잘 가라는 인사를 하는 거예요. 참 따뜻하고 고마웠어요.

집단지도자: 당신이 자신을 자전거처럼 느끼는 것은 아닌가요? 당신이 좌절하고 무기력해지면서 다시 시작하기 무섭다고 생각하고 있는데 상담을 통해 희망이 생기게 된 것은 아닐까요?

---

4) 전이 분석하기

정신역동 집단상담의 가장 중요한 기법 중 하나는 전이의 확인 및 해결이다. 전이는 저항과 밀접한 관련이 있으며, 전이의 요소는 인간 삶의 거의 모든 면에서 관찰된다. 전이는 과거와 현재를 연결해 주는 다리로 집단상담에서는 집단원들이 모든 참여자의 가족 역할을 대신 제공해 줄 수 있기 때문에 전이를 확인하기 쉽다. 전이는 집단 초기에는 받아들이기 힘든 경험이지만 집단원이 전이에 대해 통찰하는 순간 과거의 자신이 현재의 자신을 방해하고 있음을 알아차리게 되어 문제 해결의 실마리를 얻을 수 있다.

전이 분석의 예

집단원: ○○님을 집단에서 처음 봤을 때부터 이유 없이 불편하고 어색했습니다.

집단지도자: 어떤 점에서 그렇게 느끼셨나요?

집단원: 무뚝뚝한 표정과 윽박지르는 듯한 목소리에서요.

집단지도자: ○○님과 닮은 분을 생각해 본다면 누가 가장 비슷할까요?

집단원: 엄마요. 어릴 적 저희 엄마가 화났을 때 짓는 표정과 말투가 많이 닮았어요.

집단지도자: 제 생각에는 예전 엄마에게서 느꼈던 감정이 ○○님에게로 이동되어 나타난 것 같군요. 그래서 ○○님을 처음 봤을 때부터 이유 없이 불편하고 어색했던 것 같아요.

---

5) 저항 분석하기

집단상담에서 일어나는 저항은 자신의 심리적 고통을 보이지 않으려는 당연한 과정이라 할 수 있다. 저항은 집단원의 계속적인 질문, 집단상담의 근거에 대한 도전 또는 어떤 활동에 참여하기를 거부하는 형태로 나타난다. 저항의 또 다른 예로는 집단에 늦게 오는 것을 들 수 있으며, 침묵도 저항의 한 형태이다. 이러한 저항과 무의식적 갈등의 의미를 파악하는 게 매우 중요하며 이를 집단원들이 통찰할 수 있도록 도와야 한다.

저항 분석의 예

지난주 집단에서 집단지도자와 집단원들에게 자신을 비난한다고 화를 낸 집단원 A씨가 2주 연속 집단에 불참한 후 3주 만에 집단에 참석하였다.

집단지도자: 2주 연속으로 집단에 오지 않았는데 무슨 이유라도 있나요?

집단원: 일이 바빠서 오지 못했습니다.

집단지도자: 혹시 지난 시간에 저와 집단원들에게 화를 낸 것이 불편해서 오기 힘드셨던 것은 아닐까요?

집단원: 네. 사실은 모두가 저를 이해하지 못하고 비난한다는 생각에 심하게 화를 낸 것이 불편하기도 하고 어떻게 해야 할지 몰라 다시 참석하기가 좀 꺼려졌습니다.

6) 통찰과 훈습

통찰은 현재 어려움의 원인을 인식하는 것으로 과거 경험과 현재 문제 간의 관계를 지적·정서적으로 알아차리는 것이다. 집단 내에서의 통찰은 집단원의 의존 욕구나 사랑 욕구의 좌절 때문에 생기는 적개심을 집단지도자에게 표현하는 경험을 하게 하고 이러한 감정 표현을 통하여 집단원은 죄의식과 불안에서 벗어날 수 있게 해 준다. 동시에 그동안 표현하지 못했던 의존 욕구나 사랑 욕구 같은 숨은 동기를 쉽게 파악하고, 자신의 여러 감정이 의존 욕구와 사랑 욕구가 좌절된 데서 비롯되었다는 것을 통찰하게 된다. 그러나 집단원의 심리적인 문제가 통찰되었다고 해서 문제가 해결되는 것은 아니며, 통찰한 것을 실제 행동으로 옮겨 가는 훈습과정을 통해 상담이 효과를 거둘 수 있다. 집단원이 통찰을 발전시킴에 따라 집단이나 일상생활에서 핵심 갈등을 명료화시키는 방법을 점차 깨닫게 되고, 집단 내에서의 분석과정은 통찰 수준을 넘어 훈습과정을 거친다.

훈습은 정신역동 집단상담의 마지막 과정에서 사용되는 기법 중 하나로 신경증적 강박적 충동으로 표현 되는 행동 패턴을 저항 및 전이 분석을 통해 얻은 통찰에 기초한 새로운 행동 패턴으로 대치시키는 과정이다. 훈습은 아주 복잡하고 힘든 과정으로 정신역동적 집단상담의 전 과정에서 일어나지만, 상당히 진척된 과정에서 특히 두드러지게 나타난다. 집단원의 입장에서는 불안과 고통을 견뎌낼 수 있는 능력을 집단지도자의 입장에서는 좌절을 견뎌낼 수 있는 인내와 끈기가 요구된다. 훈습은 방어가 간파되고 집단원이 좀 더 심층적이고 좀 더 불안을 야기시키는 문제를 다룰 준비가 되어 있을 때만 이루어질 수 있다. 따라서 집단지도자는 훈습을 위해 철저히 계획을 세우고 심도 있게 다루어야 한다. 집단 장면에서 집단원들이 반복적인 전이 왜곡을 지적해 주는 것은 훈습을 촉진시키지만, 산만한 집단원들 간의 상호작용은 훈습을 방해한다. 훈습을 통해 집단원은 자신의 억압된 감정이나 충동을 이해하고, 그로 인해 성숙하고 효과적인 행동 패턴을 습득하게 된다.

통찰과 훈습의 예

집단원: 또 그 사람이 자신의 주장만 내세우면서 막무가내로 떼를 쓰기 시작했어요. 예전 같으면 같이 싸우면서 저의 억울함을 호소했을 거예요. 그러나 가만히 듣고 있었어요.

집단지도자: 당황하고 억울한 상황이었을 것 같은데, 이번에는 당신이 어떤 상황인지 알고 있었고, 그 사람이 어떤 사람인지도 알고 있었기 때문에 예전과 같은 행동을 하지 않은 것 같아요. 그렇다면 다음번에 당신이 더 나은 대처방법을 사용해 볼 수 있도록 생각해 봅시다.

Ⅱ 정신역동적 집단상담 실제

대학생의 연인과의 관계 증진을 위한 정신역동적 집단상담 프로그램

1. 필요성과 목표

대학생이 되면 이 시기에 처음 연애를 많이 시작하기도 하고, 연인과 깊은 친밀감을 형성하기도 한다. 심리학자 에릭슨(Erickson)이 대학생의 발달과제는 연인과 친밀감을 형성하는 것이라고 말했던 것으로 보아, 인간의 발달 과정상 이 시기의 '연애'가 매우 중요한 것임에는 틀림이 없다. 이러한 연인과의 관계를 잘 형성하기 위해서는 자신에 대한 통찰이나 자각이 필요하며, 더 나아가 서로에 대한 이해와 수용이 필요하다. 그러나 연인과의 관계를 지속해 감에 있어 자신의 의지와는 다르게 갈등이 생기거나 관계를 망치는 경우가 발생하기도 한다. 이는 연인과의 관계에서 서로에게 기대하는 환상 때문에 서로 있는 그대로의 모습으로 관계를 맺기보다는 왜곡된 모습으로 관계를 형성하기도 하고, 이로 인해 상대를 더 이상화하여 바라보게 되기도 한다.

따라서 상대의 진실한 모습을 만나기 위해서는 서로에 대한 왜곡된 상을 알아차리고 연인과의 관계에서 갈등이 생기는 근본적인 원인이 무엇인지 알아보는 것은 연인과의 관계 증진에 매우 중요하다.

이에 본 프로그램은 정신역동적 이론에 기반하여 과거 어린 시절 경험과 원가족 및 무의식적 동기를 탐색하여 과거와 현재의 관련성을 알아차리는 통찰을 통해 자기를 이해하거나 상대를 이해하는 능력을 함양시키고자 한다. 또한 과거 해결되지 못한 무의식에 있는 감정들이 현재 연인관계를 어떻게 왜곡시키고, 왜곡된 연인관계가 현재 어떤 문제를 유발하는지에 대한 관련성을 탐색하여 건강한 표현 방법을 통한 긍정적인 연인관계를 재경험함으로써 연인과의 관계를 증진시키는 데 도움을 주는 것을 목적으로 세부 목표는 다음과 같다.

첫째, 대학생의 건강한 발달에 있어 연인관계의 중요성을 이해한다.
둘째, 어린 시절 미해결된 감정이나 원가족과의 관계 탐색을 통해 현재 연인관계에서 일어나는 문제를 과거 관계 경험의 맥락에서 이해한다.

셋째, 자신과 상대방의 이해를 바탕으로 연인관계에서 상대에게 원하는 기대와 욕구
가 무엇인지 탐색하고 이를 건강한 방법으로 표현할 수 있도록 연습한다.

넷째, 연인관계에서 갈등이 생길 때 방어적으로 대처하기보다는 서로를 이해하고 긍
정적인 대처방법을 미리 연습해 봄으로써 연인관계를 증진시킨다.

2. 개입전략

본 프로그램은 연인과의 건강하고 긍정적인 관계 형성을 증진시키기 위해 다음과 같
은 개입전략을 수립하였다.

첫째, 자신에 대한 자각과 통찰을 통해 자기를 이해하고 수용한다. 연인관계를 증진
하기 위하여 자신의 과거 어린 시절의 경험 및 원가족과의 관계 경험이 현재 연인관계
에 영향을 미치고 있음을 자각하고 정서적 통찰이 일어나도록 돕는다.

둘째, 친밀하고 신뢰로운 연인관계를 유지하기 위하여 상대방에게 원하는 기대나 욕
구를 자각한다. 어린 시절 미해결된 감정으로 인해 연인관계에서 무의식적 욕구로 표
현되고 있으므로 이를 건강한 방법으로 표현할 수 있도록 자기표현 방법을 연습하도록
구성한다.

셋째, 어린 시절 부모와의 상호작용 경험이 현재 연인관계에 미치는 영향을 확인하
기 위해 어린 시절 부모와의 관계 경험을 탐색한다. 어린 시절 부모와의 경험은 이성에
대한 생각이나, 감정, 행동에 영향을 주기 때문에 연인관계에서 나타나는 갈등을 건강
한 방법으로 해결을 하기 위해서 부모와의 관계 패턴에 대한 이해를 통찰할 수 있도록
돕는다.

넷째, 연인관계에서 갈등 상황 시 자신이 주로 사용하는 대처방법은 무엇이었는지
탐색하도록 한다.

다섯째, 프로그램 전 회기 도입 부분마다 각 회기별 주제와 관련한 BGM 음악을 함
께 들으면서 집단 참여에 대한 어색함이나 긴장감을 해소하고 집단원 또는 연인과 보
다 더 깊은 친밀감을 형성할 수 있도록 구성한다.

3. 구성내용

본 프로그램은 대학생의 연인과의 관계에서 긍정적인 관계를 형성하고 유지하기 위하여 초기 단계, 과도기 단계, 작업 단계, 종결 단계로 구성하였다.

• 제1단계: 초기 단계(1~2회기)

1단계는 연인관계에 대한 자신의 자유로운 생각이나 경험을 나눔을 통해 친밀감을 형성하며, 집단 참여 목적이나 기대 등 구체적인 활동을 통해 참여 동기를 높이도록 구성하였다. 또한 어린 시절 경험 및 원가족 탐색을 통해 자기이해를 높일 수 있도록 하였다.

• 제2단계: 과도기 단계(3~4회기)

2단계는 집단에 대한 저항이나 갈등을 감소시키고, 집단의 응집력을 향상시킬 수 있도록 집단원들이 덜 방어적이고 자유롭게 이야기할 수 있도록 구성하였다. 자신을 좀 더 솔직하게 표현할 수 있도록 방어기제 유형이나 꿈 분석을 통해 무의식적 욕구나 갈등, 소망, 두려움 등 억압되었던 경험을 표현하게 하며, 이때 미해결된 감정이 무엇인지 통찰할 수 있도록 하였다.

• 제3단계: 작업 단계(5~6회기)

3단계는 집단응집력이 발달하면서 서로 친밀해지기도 하며, 깊은 수준에서 마음을 열고 아픈 경험을 기꺼이 드러낼 수 있도록 구성하였다. 이런 의미 있는 작업을 통해 집단원들은 과거 어린 시절 부모와의 관계나 현재 연인과의 관계에서 원했던 욕구나 기대는 무엇이며, 이것이 좌절되거나 갈등 상황이 발생했을 때 대처하기 위해 했던 행동 패턴을 탐색할 수 있도록 하였다.

• 제4단계: 종결 단계(7~8회기)

4단계는 집단원들이 집단에 참여하면서 새롭게 알게 되거나 변화된 자신의 모습을 통해 연인관계에서 보다 긍정적으로 서로 상호작용할 수 있도록 표현하는 방법을 연습할 수 있도록 구성하였다. 서로에 대한 이해와 수용능력 확장을 통해 건강한 연인관계를 형성하고 서로에 대한 만족감을 증진시킬 수 있도록 하였다.

4. 운영지침

대학생의 연인과의 관계 증진을 위하여 본 프로그램의 운영지침은 다음과 같다.

첫째, 전체 8회기 프로그램으로 회기당 90분간 진행되며 일주일에 1회기씩 진행하는 것을 기본 원칙으로 한다. 대학생들의 학사 일정을 고려하여 시기적인 특성과 기관의 상황을 고려하여 가능한 전체 일정을 사전에 확정하고 본 프로그램을 실시하도록 한다.

둘째, 본 프로그램은 연인과의 관계에서 자신을 탐색하고 이해해 보는 활동이 많아 매 차시 자신에 대한 생각이나 감정, 행동 패턴 등이 통찰로 인해 깨닫게 되거나 반성되기도 한다. 그러므로 프로그램 진행 시 집단원들이 자신의 실제 경험을 바탕으로 진술하고 자유롭게 이야기 나눌 수 있도록 분위기를 조성한다.

셋째, 본 프로그램은 연인과의 관계 증진을 향상시키는 프로그램으로 회기 진행 중 자신의 미해결된 감정이나 어린 시절의 경험이 현재의 연인관계에 영향을 미치고 있음을 알게 된다. 이때, 연인 간 서로 충분히 이해하고 수용할 수 있도록 배려하고 존중하는 태도를 가지도록 안내하는 것이 필요하다.

넷째, 본 프로그램은 연인과의 관계를 증진시키는 프로그램으로 커플이 주 대상이다. 그러므로 프로그램 진행에 있어 참여자들이 각자 자신의 실제 경험을 진술하게 이야기하다 보면 특정 참여자의 개인 사례에 집중하여 프로그램이 운영될 수 있으므로 이를 염두에 두고 주의하면서 진행한다.

다섯째, 본 프로그램은 연인과의 관계를 다루고 있으므로 매 차시 서로에 대한 반성이나 서로에 대해 몰랐던 점을 깨닫게 되기도 한다. 이때 서로 관계가 더 좋아지기도 하며, 서로에 대해 알게 된 점을 이야기하는 시간을 통해 연인관계가 더 증진되기도 한다. 집단지도자는 커플들이 이러한 내용의 이야기들을 할 때 긍정적인 피드백과 지지를 통해 서로에 대한 이해와 수용을 더 많이 할 수 있도록 조력자의 역할을 한다.

5. 프로그램 계획

프로그램의 회기별 목표와 구체적인 내용은 다음과 같다.

단계	회기	주제	목표	활동
초기 단계	1	첫눈처럼 너에게 가겠다	• 집단원 간 친밀감을 형성하고 집단 참여 동기를 높인다. • 자신과 커플 소개를 통하여 집단원들 간 친밀감과 신뢰감을 형성할 수 있다.	• 도입 활동 　-BGM: 첫눈처럼 너에게 가겠다(에일리) 　-프로그램 목적과 내용 안내 및 규칙 정하기 　-프로그램 참여 목표 설정하고, 서약서 작성하기 • 전개 활동 　-별칭 짓고, 소개하기 　-자유연상 활동하기 • 마무리 활동 　-참여 소감 및 다음 차시 안내 * 과제: 처음 꾼 꿈이나 자주 꾸는 꿈 기록해 오기
	2	사랑의 불시착	• 어린 시절 미해결된 감정이나 및 원가족과의 관계 탐색을 통해 자기 이해를 높인다. • 어린 시절 미해결된 감정이나 원가족과의 관계 탐색을 통해 현재 연인관계에서 일어나는 문제에 대한 이해를 높인다.	• 도입 활동 　-BGM: 우연인 듯 운명(10cm) • 전개 활동 　-나 어릴 적에~ 　-우리 가족은~ 　-나의 연인은~ • 마무리 활동 　-참여 소감 및 다음 차시 안내 * 과제: 처음 꾼 꿈이나 자주 꾸는 꿈 기록해 오기
과도기 단계	3	사랑에 연습이 있었다면	• 방어기제에 따른 연인관계 유형 탐색을 통하여 자신의 연인관계 유형을 알 수 있다. • 자신(연인)이 알게 된 연인관계 유형을 통해 갈등 상황에서 그동안 대처해 온 행동 패턴을 파악할 수 있다.	• 도입 활동 　-BGM: 사랑에 연습이 있었다면(임재현) • 전개 활동 　-나의 연인관계 유형은? 　-내가 왜 그랬는지…… • 마무리 활동 　-참여 소감 및 다음 차시 안내 * 과제: 처음 꾼 꿈이나 자주 꾸는 꿈 기록해 오기

작업 단계	4	당신이 잠든 사이	• 꿈 분석을 통해 연인관계에 대한 무의식적 욕구나 갈등, 소망, 두려움 등 억압된 경험 등을 통찰할 수 있다. • 꿈에 깔려 있는 동기나 미해결 문제를 새롭게 통찰할 수 있다.	• 도입 활동 –BGM: 자각몽(더보이즈) • 전개 활동 –정말 개꿈이었을까? –꿈으로의 여행 • 마무리 활동 –참여 소감 및 다음 차시 안내
	5	내 거인 듯 내 거 아닌 내 거 같은 너	• 어린 시절 부모와의 관계 탐색을 통해 연인관계에 어떤 영향을 미치는지 알 수 있다. • 연인에게서 원했던 기대나 욕구가 좌절되었을 때 느꼈던 감정이나 이를 얻기 위해 했던 행동 패턴을 알 수 있다.	• 도입 활동 –BGM: 썸(소유, 정기고) • 전개 활동 –내가 원한 건~ –사랑하는 사이라면~ –아하!? • 마무리 활동 –참여 소감 및 다음 차시 안내
	6	오늘부터 1일	• 연인관계에서 갈등이나 문제 해결을 위해 시도했던 나의 노력을 점검해 볼 수 있다. • 내가 바라는 연인관계와 상대방이 바라는 연인관계 모습을 탐색해 볼 수 있다.	• 도입 활동 –BGM: 오늘부터 1일(케이윌) • 전개 활동 –예전의 나는~ –지금부터 우리는~ • 마무리 활동 –참여 소감 및 다음 차시 안내
종결 단계	7	사랑은 뷰티풀, 인생은 원더풀	• 연인관계에서 긍정적인 표현 방법을 익히고 연습해 볼 수 있다. • 서로에 대한 이해와 수용능력을 확장시킬 수 있다.	• 도입 활동 –BGM: 사랑이 좋아(홍진영) • 전개 활동 –심쿵? 심쿵! –심쿵! 심쿵?? • 마무리 활동 –참여 소감 및 다음 차시 안내
	8	사랑의 배터리	• 프로그램을 통하여 알게 되거나 변화된 자신의 모습 및 연인의 모습을 탐색해 본다. • 긍정적인 피드백 주고받기를 통하여 건강한 연인관계를 증진한다.	• 도입 활동 –BGM: 사랑의 배터리(홍진영) • 전개 활동 –당신 없인 못 살아~~~ –당신은 나의 배터리 • 마무리 활동 –전체 참여 소감 나누기 –개인 및 전체 목표 달성 확인

6. 프로그램 회기별 내용

📝 1회기 **첫눈처럼 너에게 가겠다**

활동지도안	
활동 목표	• 집단원 간 친밀감을 형성하고 집단 참여 동기를 높인다. • 자신과 커플 소개를 통하여 집단원들 간 친밀과 신뢰감을 형성할 수 있다.
준비물	이름표, 사인펜, 색연필, 필기구, 8절지, 잡지책, 풀, [활동지 1-1]~[활동지 1-3], 개인 활동지 보관 파일
단계	진행 절차
도입 (20분)	▶ 활동지 1-1: 회기 목표 및 활동 안내 1회기에서는 프로그램의 내용과 목적을 알아보고 서로 가까워질 수 있는 시간을 가져 보겠습니다. 〈활동 내용〉 ① 지도자 소개 및 프로그램을 안내한다(내용과 목적, 정신역동적 연인관계 증진 프로그램이란?). ② 프로그램 참여에 대한 개인 목표를 설정한다. ③ 서약서를 작성한다. ▶ BGM: 첫눈처럼 너에게 가겠다(에일리) **Tip** • 본 프로그램을 진행하기에 앞서 매 회기 도입 부분마다 주제와 관련된 BGM을 사용함으로써 집단 활동에 대한 기대감을 상승시킬 수 있도록 가사에 집중하면서 들을 수 있게 안내하면 좋다.
전개 (50분)	▶ 활동지 1-2: 별칭 짓기 연인과 관련된 별칭을 짓고 별칭 소개를 하는 시간입니다. 듣고 싶었던 애칭이나 지금껏 들었던 애칭 중에 듣기 좋았던 것 중 하고 싶은 것은 무엇이든지 좋습니다. 〈활동 내용〉 ① 연인과 관련된 별칭 짓기를 한다. ② 별칭에 대해 소개를 한다. ▶ 활동지 1-3: 자유연상 활동 연인과 관련된 자유연상 활동을 하는 시간입니다. 자유연상 활동이란 '연인' 하면 떠오르는 생각, 느낌, 감정, 경험 등 자유롭게 떠오르는 것들을 형식에 구애 받지 않고 떠오르는 대로 표현해 보는 것입니다.

〈활동 내용〉
① 연인관계에 대한 생각이나 느낌, 감정, 경험 등을 콜라주로 표현해 본다.
② 연인끼리 서로 작성한 내용 이야기해 본다.
③ 이번 회기에 대한 전체적인 느낌이나 소감을 나누며 피드백을 주고받는다.

Tip
• 연인과 관련된 자유연상 시 과거나 현재 또는 미래에 대한 어떤 내용이든 솔직하게 표현할 수 있도록 한다. 그림이나 글, 상징적인 의미로 표현해도 좋다. 형식에 구애받지 않고 자유롭게 표현할 수 있도록 격려한다.

마무리
(20분)

▶ 참여 소감 나누기
− 참여하기 전이나 참여하면서 느낀 소감을 나누어 본다.
− 앞으로 프로그램에 추가되었으면 하는 내용이 있습니까?

▶ 마무리
오늘은 프로그램의 내용과 목적 및 연인관계에 대한 각자의 생각을 나누어 보는 시간을 가졌습니다. 또한 본 프로그램에 참여하기 전 기대한 것이나 참여하면서 느낀 점, 새롭게 알게 된 점 등에 대해 함께 이야기 나누어 보았습니다.

▶ 다음 차시 안내 및 과제 제시
• 다음 시간에는 자신과 연인에 대한 이해를 높이는 활동으로 '사랑의 불시착'이라는 활동을 해 보도록 하겠습니다.
• 과제로는 처음 꾼 꿈이나 반복적으로 꾸는 꿈, 기억에 많이 남는 꿈 등 자신에게 인상 깊은 꿈에 대해 작성해 오도록 합니다.

유의점

• 첫 회기는 신뢰감과 친밀감을 형성하는 매우 중요한 회기이다. 편안한 분위기에서 솔직하게 자신을 드러낼 수 있도록 허용적이고 신뢰할 수 있는 분위기를 조성한다.
• 집단원들이 프로그램 목표에 대해 알 수 있고 개인 목표를 설정해 볼 수 있도록 안내한다.

[활동지 1-1]

〈서약서〉

이름:

나는 연인과의 관계 증진을 위한 정신역동적 집단상담 프로그램에

자발적으로 참여하고. 다음 사항을 지킬 것을 약속합니다.

1. 집단 활동을 통해서 알게 된 내용에 대해서는 대상이나 장소에 관계없이 무조건 비밀을 지키겠습니다.

2. 집단에 참여 시 지각이나 결석을 하지 않겠습니다.

3. 집단에 적극적으로 참여하겠습니다.

4. 다른 집단원의 이야기를 귀 기울여 듣겠습니다.

5. 다른 집단원의 의견이 나와 다르더라도 비난이나 비판하지 않겠습니다.

6. 프로그램에 참여하는 동안 나의 목표는

_____

7. _____

8. _____

년   월   일

서명:

[활동지 1-2]

〈별칭 짓기〉

1. 연인과의 관계가 어떻게 되었으면 좋겠는지, 소망을 담아 별칭을 정해 봅시다(문장이나 단어 모두 사용 가능함).

2. 위와 같이 별칭을 정한 이유는?

[활동지 1-3]

〈자유연상 활동〉

★ 이번 활동은 연인과 관련된 자유연상 활동 시간입니다.
자유연상 활동이란 평소 자신이 가지고 있는 연인에 대한 생각, 느낌, 감정, 경험 등을 형식에 구애 받지 않고 떠오르는 대로 표현하는 것입니다.

1. 8절지에 '연인' 하면 떠오르는 생각, 느낌, 감정, 경험 등을 잡지책을 이용하여 표현해 봅시다(가위로 오리거나 손으로 찢어 붙이는 것으로 표현해 볼 수 있습니다.).

2. 위 콜라주 활동을 통해 연인과의 연애 중 좋았던 장면을 떠올려 봅시다. 그 장면에서 우리의 관계는 어떻게 여겨지나요?

3. 위 콜라주 활동을 통해 연인과의 연애 중 화나거나 상처가 되었던 장면을 떠올려 봅시다. 그 장면에서 우리의 관계는 어떻게 여겨지나요?

2회기 사랑의 불시착

활동지도안	
활동 목표	• 어린 시절 미해결된 감정이나 및 원가족과의 관계 탐색을 통해 자기이해를 높인다. • 어린 시절 미해결된 감정이나 원가족과의 관계 탐색을 통해 현재 연인관계에서 일어나는 문제에 대한 이해를 높인다.
준비물	이름표, 사인펜, 색연필, 필기구, 동물 사진이나 그림, [활동지 2-1]~[활동지 2-3], 개인 활동지 보관 파일
단계	진행 절차
도입 (10분)	▶ 회기 목표 및 활동 안내 2회기에서는 어린 시절 경험했던 사건이나 잊혀지지 않는 경험 및 원가족과의 관계를 점검해 보는 시간입니다. 이를 통해 현재 연인과의 관계에서 어떤 영향을 미치고 있는지 이야기 나누어 보는 시간을 가지겠습니다. ▶ BGM: 우연인 듯 운명(10cm)
전개 (60분)	▶ 활동지 2-1: 나 어릴 적에~ 첫 기억이나 6세 이전에 기억나는 사건을 떠올려 봅니다. 만약 기억이 나지 않는다면 가장 강하게 기억나는 사건을 떠올려 보고 그때 느낀 감정도 함께 느껴 봅니다. 〈활동 내용〉 ① 중요한 사건들에서 주로 느꼈던 감정 및 공통된 감정 파악해 본다. ② 첫 기억 또는 6세 이전에 경험한 사건. 감정을 나누어 본다. ③ 그 당시 해결된 감정. 미해결된 감정을 파악해 본다. **Tip** • 과거 기억이나 사건이 실제 일어난 사실이 중요한 것이 아니라 그 당시 느꼈던 감정이 중요함을 알려 주는 것이 좋다. • 또한 한 사건을 두고도 각자가 느꼈던 감정은 다 다를 수 있음을 인식시켜 준다. ▶ 활동지 2-2: 우리 가족은~ 어릴 적 나는 가족들과의 관계는 어떠했습니까? 그 가족들 중에서 긍정적이든 부정적이든 나에게 가장 큰 영향을 줬다고 생각하는 사람은 누구입니까? 〈활동 내용〉 ① 가족관계를 탐색해 본다(동물 사진이나 그림을 활용해서 표현해 보기). ② 나에게 가장 큰 영향을 준 사람은? ③ 가족이나 나에게 가장 큰 영향을 준 사람에게 느꼈던 감정에 대해 탐색해 본다.

> **Tip**
> • 가족관계를 이야기함에 있어 힘들어하거나 어려움을 표현하는 경우 각자가 공개적으로 말해도 괜찮을 정도까지만 이야기할 것을 알려 준다.
> • 집단원 전체 활동이 아닌 커플 간 활동으로 진행해도 좋다.

▶ 활동지 2-3: 나의 연인은~

현재 나의 연인관계는 어떻습니까? 연인에게 느끼는 감정이나 기대하는 것, 불만족스러운 점 등, 연인관계에서 느끼는 다양한 경험들을 생각해 보세요.

〈활동 내용〉
① 연인과의 관계 형태, 감정, 기대하는 것, 만족스러운 점, 불만족스러운 점 등을 탐색해 본다.
② 어린 시절 미해결된 감정, 나에게 영향을 미친 중요한 사람에 대한 감정, 연인에게서 느끼는 감정에서 공통적으로 탐색된 것은?

마무리 (20분)	▶ 참여 소감 나누기 −참여하면서 느낀 소감을 나누어 본다. −자신이나 연인에 대해서 새롭게 알게 된 점이나 이해되는 점이 있다면? ▶ 마무리 오늘은 어릴 적 경험을 통해 미해결된 감정이나 원가족과의 관계 탐색을 통해 주로 느꼈던 감정을 탐색해 보고, 현재 연인관계는 어떤지 살펴보았습니다. 또한 본 프로그램에 참여하면서 느낀 점이나 자신이나 연인에 대해 새롭게 알게 된 점, 이해되는 점 등에 대해 함께 나누어 보았습니다. ▶ 다음 차시 안내 및 과제 제시 • 다음 시간에는 내가 생각하는 연인관계와 상대방이 생각하는 연인관계를 생각해 볼 수 있는 '사랑에 연습이 있었다면'이라는 활동을 해 보도록 하겠습니다. • 과제로는 처음 꾼 꿈이나 반복적으로 꾸는 꿈, 기억에 많이 남는 꿈 등 자신에게 인상 깊은 꿈에 대해 작성해 오도록 합니다.
유의점	• 가족관계에 대해 이야기하는 것을 힘들어하는 집단원이 있다면 공개할 수 있는 정도로만 이야기할 수 있도록 한다. • 소감 나누기 시간에 집단원들이 마음을 충분히 나눌 수 있도록 한다.

[활동지 2-1]

〈나 어릴 적에~〉

1. 중요하다고 생각되는 기억들을 기록해 보고 이 기억들에서 주로 느꼈던 감정들에는 어떤 것들이 있습니까? 이 감정들 중 공통된 감정은 무엇입니까? (단, 기억나는 사건이나 감정의 사실 유무와는 상관없이 자신이 느꼈던 것에 집중해서 표현해 봅니다.)

예를 들면, 다음과 같은 막대그래프로 사건과 감정을 기억나는 연령대별로 작성해 보기(첫 기억부터 현재까지의 기억들 중 지금 생각나는 것을 기록해 보기)

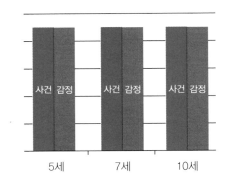

2. 위 기억들 중 첫 기억 또는 6세 이전에 경험한 기억나는 사건을 떠올리고 그 때의 감정을 표현해 보세요.

3. 1번과 2번 활동을 통해 그 당시 해결된 감정과 미해결된 감정에는 어떤 것들이 있습니까?

[활동지 2-2]

〈우리 가족은~〉

★ 어릴 적 나는 가족들과의 관계는 어떠했습니까? 그 가족들 중에서 긍정적이든 부정적이든 나에게 가장 큰 영향을 줬다고 생각하는 사람은 누구입니까? 아래의 물음에 답해 주세요.

1. 우리 가족을 동물로 표현해 본 후 그 대상에게서 느끼는 감정을 세 가지 이상 적어 주세요. (이미지 파일을 캡처해서 사용하거나 동물 그림을 그려도 됩니다. 상징하는 동물이 누구인지 대상을 적어 주세요.)

2. 가족 중 나에게 가장 큰 영향을 준 사람은 누구입니까? 그 이유는 무엇입니까?

3. 나에게 가장 큰 영향을 준 사람에게서 느꼈던 감정은 무엇입니까?

[활동지 2-3]

〈나의 연인은~〉

★ 현재 나의 연인관계는 어떻습니까? 연인에게서 느끼는 감정이나 기대하는 것, 불만족스러운 것 등 연인관계에서 느끼는 다양한 것들에는 어떤 것들이 있는지 생각해 보고 물음에 답하세요.

1. 현재 연인과의 관계는 어떻습니까? 그/그녀에게서 느끼는 감정에는 어떤 것들이 있습니까? (만약, 현재 사귀는 사람이 없다면 과거 경험에 비추어 작성하셔도 됩니다.)

_____

_____

_____

_____

2. 연인에게 기대하거나 바라는 것은 무엇입니까?
   연인에게 만족스러운 점과 불만족스러운 점은 무엇이 있습니까?

_____

_____

_____

_____

3. 어린 시절 미해결된 감정, 나에게 중요한 영향을 미친 사람에 대한 감정 및 연인에게서 느끼는 감정에서 공통적으로 탐색된 것은 무엇입니까?

_____

_____

_____

_____

📝 3회기 사랑에 연습이 있었다면

활동지도안	
활동 목표	• 방어기제에 따른 연인관계 유형 탐색을 통하여 자신의 연인관계 유형을 알 수 있다. • 자신(연인)이 알게 된 연인관계 유형을 통해 갈등 상황에서 그동안 대처해 온 행동 패턴을 파악할 수 있다.
준비물	이름표, 네임펜, 색연필, 필기구, [활동지 3-1], [활동지 3-2], 개인 활동지 보관 파일
단계	진행 절차
도입 (10분)	▶ 회기 목표 및 활동 안내 3회기에서는 연인관계 유형을 알아보고, 연인과의 갈등 상황에서 사용하는 방어기제에 따라 나타나는 행동 패턴을 탐색해 보는 시간을 가져 보도록 하겠습니다. ▶ BGM: 사랑에 연습이 있었다면(임재현)
전개 (60분)	▶ 활동지 3-1: 나의 연인관계 유형은? 방어기제에 따라 구별되는 자신의 연인관계 유형을 알아보는 시간입니다. 혹시, 자신의 방어기제를 알고 있나요? 연인관계 유형 검사를 통해 지금까지 맺어 온 자신만의 연인과의 관계를 더 깊이 알아보는 시간을 가지도록 하겠습니다. 〈활동 내용〉 ① 자신이 주로 사용하고 있는 방어기제는 무엇이라고 생각하는가? ② 연인관계 유형 검사를 통해 자신의 연인관계 유형을 탐색해 보도록 한다. **Tip** • 연인관계 유형 검사에서 주로 한 가지 유형으로 나타나지만 간혹 두 가지 유형을 함께 사용하는 경우가 있을 수 있으므로 이에 대한 세심한 안내가 필요하다(〈부록〉 참고). ▶ 활동지 3-2: 내가 왜 그랬는지…… 연인과의 갈등 상황에서 자신이 주로 대처한 행동에는 어떤 것들이 있습니까? 이러한 행동을 하게 된 이유는 무엇입니까? 〈활동 내용〉 ① 자신의 연애 유형을 사용했다고 생각되는 연인과의 연애 장면을 떠올려 본다. ② 어떤 마음으로 말과 행동을 했는지 탐색해 본다. ③ 갈등 상황에서 대처한 말과 행동으로 해결된 것과 미해결된 것을 탐색해 본다. **Tip** • 한 가지 행동 패턴이지만 상대에 따라 긍정적이거나 부정적으로 영향을 미쳤을 수도 있음을 인식시켜 준다.

	▶ 참여 소감 나누기
	−참여하면서 느낀 소감 나누어 본다.
	−새롭게 알게 된 나의 행동 패턴이나 주로 사용했지만 인식하지 못한 행동 패턴은 무엇입니까?
	−이번 활동을 통해 연인의 행동에 대해 좀 더 이해되는 점은 무엇입니까?
마무리 (20분)	▶ 마무리 이번 시간은 방어기제에 따른 연인관계 유형을 알아보고, 연인관계 유형에 따라 갈등 상황 시 대처하는 행동 패턴에 대해 탐색해 보았습니다. 이러한 탐색 활동을 통해 자신과 연인에 대해 좀 더 깊이 이해하는 시간이 되었을 것입니다.
	▶ 다음 차시 안내 및 과제 제시
	• 다음 시간에는 지금까지 과제로 내어 주었던 '꿈'과 관련한 연상 작업을 통해 현재 연인관계에서 어떻게 나타나는지 알아보는 시간을 가지도록 하겠습니다.
	• 과제로는 처음 꾼 꿈이나 반복적으로 꾸는 꿈, 기억에 많이 남는 꿈 등 자신에게 인상 깊은 꿈에 대해 작성해 오도록 합니다.
유의점	• 이번 회기는 본격적으로 자신과 연인에 대해 깊은 탐색을 시작하는 단계이므로 솔직하게 표현할 수 있도록 신뢰로운 분위기를 조성한다. • 집단원의 이야기에 평가하거나 판단하지 않도록 안내한다.

[활동지 3-1]

〈나의 연인관계 유형은?〉

1. 자신이 주로 사용하고 있는 방어기제는 무엇이라고 생각하십니까?(〈부록〉 참고)

2. 나의 연인관계 유형은?

	문항 내용	거의 그렇지 않다	대체로 그렇지 않다	보통 이다	대체로 그렇다	매우 그렇다
1	진짜 내 속마음을 아는 사람은 잘 나타나지 않는다.	①	②	③	④	⑤
2	아무리 연인이라고 해도 정말로 깊이 가까워졌다고 느끼는 때가 많지 않다.	①	②	③	④	⑤
3	너무 깊은 관계를 맺는다는 것은 귀찮고 힘들게 느껴지기도 한다.	①	②	③	④	⑤
4	마음을 안 열어서 섭섭하다는 얘기를 자주 듣는다.	①	②	③	④	⑤
5	누군가가 좋아하는 감정을 표현하거나, 나에게 다가오면 어색해진다.	①	②	③	④	⑤
6	연인과의 관계에서 나를 희생하는 것이 가장 편하고 좋다.	①	②	③	④	⑤
7	상대방이 원하는 것을 파악해서 잘 맞춰 주려고 항상 노력한다.	①	②	③	④	⑤
8	정말 사랑하는 사람이라면 내 성격, 취미생활 등은 상관없이 그 사람에게 맞춰 줄 수 있다.	①	②	③	④	⑤
9	내가 보호해 줄 수 있고, 많은 것을 채워 줄 수 있는 상대를 찾는 편이다.	①	②	③	④	⑤
10	연애를 하다 보면, 내가 잘해 주는 것을 상대가 당연하게 생각해 버릴 때가 많다.	①	②	③	④	⑤
11	연인관계에서 서로 맞지 않는 부분을 발견하면 내가 희생할 때가 많아 억울하다.	①	②	③	④	⑤
12	연인에게 맞춰 줄 때가 많은데도, 갈등이 싸움이 생길 때가 많다.	①	②	③	④	⑤
13	맨날 나만 희생하는 것 같아 억울하고 속상해지기도 한다.	①	②	③	④	⑤
14	상대방에게 내가 항상 져 주고 있는 것 같은데, 상대방은 날 너무 배려하지 않을 때가 많다.	①	②	③	④	⑤
15	연애를 하게 되면, 내 시간을 잘 쓰지 못하고, 공부나 일상생활에 방해를 받을 때가 많다.	①	②	③	④	⑤

문항 내용	거의 그렇지 않다	대체로 그렇지 않다	보통 이다	대체로 그렇다	매우 그렇다
16	한 명과 연애를 하면 심심하고 답답할 때가 있다.	①	②	③	④	⑤
17	연애를 하지 않으면 허전해서 연애를 시작한 적이 있다.	①	②	③	④	⑤
18	누군가와 헤어지면 금방 다른 사람을 사귀기도 한다.	①	②	③	④	⑤
19	누군가와 헤어지면 많은 일거리를 찾아서 그 빈자리를 메우기도 한다.	①	②	③	④	⑤
20	양다리나 세 다리 이상을 걸쳐 본 적이 있으며, 크게 마음의 갈등이 없었다.	①	②	③	④	⑤
21	연인관계에서 내가 리드할 때가 많으며, 그게 더 편하다.	①	②	③	④	⑤
22	내 연인은 나랑 사귀다 보면 나랑 성격이나 생각하는 방식이 비슷해질 때가 많다.	①	②	③	④	⑤
23	연인에게 내 주장을 많이 하는 편이다.	①	②	③	④	⑤
24	나와 비슷하게 강한 사람과 사귀면 굉장히 자주 싸운다.	①	②	③	④	⑤
25	내 연인이 내 마음을 알아 주지 않으면 화가 난다.	①	②	③	④	⑤

* 결과 해석: 각 유형 중 가장 높은 점수를 받은 유형이 자신의 연애 유형임.

- 껍질형(1~5번)

  자기에 대한 불안이 높아지면 여러 가지 방어기제를 사용하게 되는데 그중 하나로 외부 대상에게 진짜 자기의 모습을 보이지 않고, 고립하는 관계이다. 이러한 상태에서는 연인을 사귀면서도 연인에게 자신의 속마음을 보여 주지 않으려고 하고, 연인과 어느 정도의 거리를 유지하려고 하게 된다.

- 안개형(6~10번)

  자기상을 제대로 가지고 있지 않거나 자기상을 긍정적으로 바라보지 못할 때, 자기를 희미하게 만들어 연인인 상대에게 포개어 숨어 버리는 방어기제 사용한다.

- 난장이형(11~15번)

  자신을 평가절하하는 방어기제를 사용하면서, 자신을 낮추고 상대방에게 맞추려고 한다. 그러나 이러한 연인관계가 지속되면, 자기가 너무 낮아져 억울한 감정이 들 수 있다.

- 산만형(16~20번)

  여러 명의 연인 상대를 활용하여 자신의 관계 욕구와 자기애 욕구를 만족시키며, 자신의 관계 속에서의 불안을 경감시켜 나가려고 한다.

- 군림형(21~25번)

  자기를 지키고자 하는 마음과 거절에 대한 두려움 때문에 연인인 상대를 착취하면서 자신의 관계 욕구를 만족시켜 나가려고 한다.

- 안정형

  다섯 가지 유형의 합산 점수가 모두 15점 이하.

* 각 유형별 자세한 세부 내용은 〈부록〉으로 첨부함.

[**활동지 3-2**]

〈내가 왜 그랬는지……〉

1. [활동지 3-1]의 결과, 자신의 연애 유형을 사용했다고 생각되는 연인과의 연애 장면 중 하나를 떠올려 보세요.

_____

_____

_____

_____

_____

2. 그때, 나는 어떤 심정으로, 어떤 말과 행동을 했을까요?

_____

_____

_____

_____

_____

3. 위와 같은 말과 행동으로 갈등 상황이 해결된 것 또는 해결되지 않은 것은 무엇입니까?

_____

_____

_____

_____

_____

4회기 당신이 잠든 사이

활동지도안	
활동 목표	• 꿈 분석을 통해 연인관계에 대한 무의식적 욕구나, 갈등, 소망, 두려움 등 억압된 경험 등을 통찰할 수 있다. • 꿈에 암시하는 무의식적 동기나 미해결 문제를 새롭게 통찰할 수 있다.
준비물	이름표, 네임펜, 색연필, 필기구, [활동지 4-1], [활동지 4-2], 개인 활동지 보관 파일
단계	진행 절차
도입 (10분)	▶ 회기 목표 및 활동 안내 4회기에서는 그동안 작성해 둔 꿈 분석을 통해 연인관계에 대해 좀 더 깊은 통찰을 할 수 있는 시간을 가져 보도록 하겠습니다. ▶ BGM: 자각몽(더보이즈)
전개 (60분)	▶ 활동지 4-1: 정말 개꿈이었을까? 최근 꾼 꿈이나 인상에 남는 꿈은 무엇입니까? 반복적으로 꾸는 꿈이 있습니까? 아니면 집단 활동에 참여하면서 꾼 꿈 등 기억나는 꿈을 모두 적어 보도록 합니다. 〈활동 내용〉 ① 꿈을 꾸고 난 전반적인 느낌은 어떠한가? ② 꿈에 등장한 인물이나 장소에 대한 자신의 생각이나 느낌을 적어 본다. ③ 또는 꿈에 등장한 인물이나 장소에 대해 새롭게 떠오르는 것이 있다면 적어 본다. **Tip** • 앞 회기에서 활동한 자유연상 활동처럼 꿈에 대한 것도 자유롭게 이야기할 수 있도록 한다. ▶ 활동지 4-2: 꿈으로의 여행 [활동지 4-1]에서 작성한 꿈에 대한 내용을 토대로 현재의 연인관계와 연결 지어 탐색해 보도록 하겠습니다. 〈활동 내용〉 그동안 의식하지 못했던 욕구나 소망, 두려움이나 갈등 등 연인관계에서 자유롭게 이야기해 보지 못했던 것 표현해 보도록 한다. **Tip** • 다양한 내용의 꿈에서 자신의 원했던 욕구나 미해결된 감정들을 찾을 수 있도록 안내한다. 만약, 집단원들 모두가 꿈을 이야기하지 못한다면 한두 사람의 꿈을 주제로 집단원들 각자는 어떻게 생각되고 이해되는지 이야기 나누어 봐도 좋다.

마무리 (20분)	▶ 참여 소감 나누기 −참여하면서 느낀 소감 나누어 본다. −4회기를 참여하기 전 꿈에 대한 생각과 활동 후 꿈에 대한 나의 생각을 적어 본다. −꿈을 통해 새롭게 알게 된 자신의 모습이나 연인에 대한 생각은 무엇입니까? ▶ 마무리 이번 회기는 꿈에 대한 연상 활동과 통찰을 통해 자신의 무의식적 욕구나 억압된 감정 및 경험들에 대해 탐색해 보는 시간을 가졌습니다. 또한 꿈의 의미와 꿈이 가지고 있는 다양한 측면을 탐색하면서 왜곡되거나 상징적인 형태로 나타나 직면하기를 꺼려 했던 감정과 동기를 통찰해 보는 시간이었습니다. ▶ 다음 차시 안내 다음 시간에는 내가 생각하는 연인관계와 상대방이 생각하는 연인관계를 생각해 볼 수 있는 '내 거인 듯 내 거 아닌 내 거 같은 너'라는 활동을 해 보도록 하겠습니다.
유의점	• 꿈에 깔려 있는 동기나 미해결된 문제를 통찰하는 것은 쉽게 할 수 있는 것이 아니므로 꿈에 대한 느낌이나 연상 작업만으로도 충분함을 인지하도록 한다. • 꿈에는 겉으로 드러나는 의식적인 내용과 드러나지 않는 잠재적인 내용이 있다는 것만이라도 인식하도록 설명한다.

[활동지 4-1]

〈정말 개꿈이었을까?〉

1. 최근 꾼 꿈이나 인상에 남는 꿈은 무엇입니까? 반복적으로 꾸는 꿈이 있습니까?

　여러 가지 꾼 꿈들 중 지금 이 시간에 생각나는 꿈을 적어 보세요.

2. 꿈을 꾸고 난 전반적인 느낌은 어떻습니까?

3. 꿈에 등장한 인물이나 장소 등 꿈에 대한 전반적인 자신의 생각이나 느낌을 적어 보세요.

　또는 꿈에 등장한 인물이나 장소 등에 대해 그 당시에는 느끼지 못했던 새롭게 알아차려지는 것이 있다

　면 적어 보세요.

[활동지 4-2]

〈꿈으로의 여행〉

1. 꿈에 나타난 장소나 인물, 사고나 감정 등, 꿈에 나타난 내용을 토대로 현재 연인과의 관계와 어떻게 연결되는지 표현해 보세요.

2. 연인과의 관계에서 그동안 의식하지 못했던 욕구나 소망, 두려움이나 갈등 등이 꿈에서 어떻게 표현되고 있나요? 이러한 욕구들을 자유롭게 이야기해 보세요.

> 📝 **5회기** 　**내 거인 듯 내 거 아닌 내 거 같은 너**

	활동지도안
활동 목표	• 어린 시절 부모와의 관계 탐색을 통해 연인관계에 어떤 영향을 미치는지 알 수 있다. • 연인에게서 원했던 기대나 욕구가 좌절되었을 때 느꼈던 감정이나 이를 얻기 위해 했던 행동 패턴을 알 수 있다.
준비물	이름표, 사인펜, 색연필, 필기구, [활동지 5-1]~[활동지 5-3], 개인 활동지 보관 파일
단계	진행 절차
도입 (10분)	▶ 회기 목표 및 활동 안내 5회기에서는 어린 시절 부모를 통해 경험했던 사건이나 잊혀지지 않는 경험 및 원가족과의 관계를 점검해 보는 시간입니다. 이를 통해 연인과의 관계에서 어떤 영향을 미치고 있는지 이야기 나누어 보는 시간을 가지겠습니다. ▶ BGM: 썸(소유, 정기고)
전개 (60분)	▶ 활동지 5-1: 내가 원한 건~ 어린 시절 부모에게 바랐던 기대나 욕구가 좌절됐던 경험이 있습니까? 그때 느꼈던 감정은 무엇이며, 원하는 것을 얻기 위해 자신이 했던 행동은 무엇이었습니까? 〈활동 내용〉 ① 어린 시절 부모에게 바랐던 기대나 욕구를 탐색해 본다. ② 원하던 기대나 욕구가 좌절되었을 때 주로 느꼈던 감정을 탐색해 본다. ③ 좌절된 기대나 욕구를 얻기 위해 자신이 했던 행동을 탐색해 본다. ┌─────────────────────────────────┐ **Tip** • 자신이 원하는 것이 좌절되었을 때 대처 행동이 어떠했는지 방어기제의 종류를 풀어서 간단히 설명을 해 주는 것이 좋다. 　(예: 울거나 떼쓰기, 말 잘 듣기, 말썽 피우기, 아무 말 하지 않기 등) └─────────────────────────────────┘ ▶ 활동지 5-2: 사랑하는 사이라면~ '사랑하는 사이라면 적어도 이 정도는 해야 한다'라고 여겨지는 연인에게 원하는 기대나 욕구는 무엇이 있습니까? 만약 기대나 욕구가 좌절되었을 때 나는 주로 어떤 행동을 하는 편입니까? 〈활동 내용〉 ① 연인에게서 바랐던 기대나 욕구를 탐색해 본다. ② 원하던 기대나 욕구가 좌절되었을 때 주로 느꼈던 감정을 탐색해 본다. ③ 좌절된 기대나 욕구를 얻기 위해 자신이 했던 행동을 탐색해 본다. ┌─────────────────────────────────┐ **Tip** • 연인 사이에서 일어났던 사건을 토대로 구체적인 예를 들어 작성할 수 있도록 한다. 이때 상대방이 해 주지 못한 것에 대한 비난이나 비판이 아닌 자신이 기대하고 좌절됐던 욕구나 감정에 대해 이야기할 수 있도록 안내한다. └─────────────────────────────────┘

II 정신역동적

	▶ 활동지 5-3: 아하!? 어린 시절 부모와의 경험이 현재 연인관계에 미치는 영향을 탐색해 보도록 하겠습니다. 〈활동 내용〉 ① 어린 시절 부모에게서 바랐던 기대나 욕구와 연인관계에서 바랐던 기대나 욕구와는 어떤 관계가 있는가? 또한 어린 시절 부모에게서 좌절된 기대나 욕구에서 느꼈던 감정이 연인관계에서 좌절된 기대와 욕구에서 느끼는 감정과는 어떠한가? ② 기대나 욕구 좌절 시 부모에게 했던 행동과 연인관계에서 하는 행동은 어떠한가?
마무리 (20분)	▶ 참여 소감 나누기 -참여하면서 느낀 소감을 나누어 본다. ▶ 마무리 오늘은 어린 시절 부모와의 관계 탐색을 통해 연인관계에 어떤 영향을 미치는지 살펴보았습니다. 또한 본 프로그램에 참여하면서 느낀 점에 대해 함께 이야기 나누어 보았습니다. ▶ 다음 차시 안내 다음 시간에는 연인관계 시 어려움이나 문제 해결을 위해 시도했던 나의 노력에는 어떤 것들이 있었는지 생각해 볼 수 있는 '오늘부터 1일'라는 활동을 해 보도록 하겠습니다.
유의점	• 커플 활동으로 서로에 대해 깊은 이야기할 수 있도록 충분한 시간을 분배한다. • 서로에 대해 비난이나 비판이 되지 않도록 집단지도자는 I-message(나-전달법) 기법을 안내하도록 한다.

[활동지 5-1]

〈내가 원한 건~〉

1. 어린 시절 부모에게 바랐던 기대나 욕구가 좌절됐던 경험이 있습니까? 구체적인 사건을 떠올려 보면서 작성해 주세요.

```

```

2. 욕구가 좌절되었을 때 주로 느꼈던 감정은 무엇입니까?

```

```

3. 좌절된 기대나 욕구를 얻기 위해 자신이 했던 행동에는 어떤 것들이 있습니까?

```

```

[활동지 5-2]

〈사랑하는 사이라면~〉

★ '사랑하는 사이라면 적어도 이 정도는 해야 한다.'

1. 연인에게 원하는 기대나 욕구에는 어떤 것들이 있습니까?

2. 연인에게 원하는 기대나 욕구가 좌절되었을 때 나는 주로 어떤 감정을 느낍니까?

3. 연인에게 좌절된 기대나 욕구를 얻기 위해 자신이 한 행동에는 어떤 것들이 있습니까?

[활동지 5-3]

〈아하!?〉

★ 어린 시절 부모와의 경험이 연인관계와 어떤 연관성이 있는지 탐색해 봅니다.

1. 어린 시절 부모에게서 바랐던 기대나 욕구가 연인관계에서 바랐던 기대나 욕구와 어떤 관계가 있습니까? 또한 어린 시절 부모에게서 좌절된 기대나 욕구에서 느꼈던 감정이 연인관계에서 좌절된 기대와 욕구에서 느낀 감정과는 어떻습니까?

2. 원하던 기대나 욕구가 좌절되었을 때 어린 시절 부모에게 했던 행동과 연인관계에서 원하던 기대나 욕구가 좌절되었을 때 하는 행동과는 어떤 관계가 있습니까?

📝 6회기 오늘부터 1일

활동지도안	
활동 목표	• 연인관계에서 갈등이나 문제 해결을 위해 시도했던 나의 노력을 점검해 볼 수 있다. • 내가 바라는 연인관계와 상대방이 바라는 연인관계 모습을 탐색해 볼 수 있다.
준비물	이름표, 네임펜, 색연필, 필기구, 클레이(또는 지점토나 찰흙), [활동지 6-1], [활동지 6-2], 개인 활동지 보관 파일
단계	진행 절차
도입 (10분)	▶ 회기 목표 및 활동 안내 6회기에서는 연인관계에서 갈등이나 문제 해결을 위해 시도했던 자신의 노력에 대한 점검을 통해 자신이 생각하는 연인관계와 상대방이 생각하는 연인관계 모습을 비교해 보는 시간을 가지도록 하겠습니다. ▶ BGM: 오늘부터 1일(케이윌)
전개 (60분)	▶ 활동지 6-1: 예전의 나는~ 연인관계에서 많이(주로) 겪는 갈등이나 문제는 어떤 것들이 있습니까? 이러한 갈등이나 문제를 해결하기 위해 시도했던 나의 노력에는 어떤 것들이 있습니까? 〈활동 내용〉 ① 연인관계에서 겪는 갈등이나 문제를 탐색해 본다. ② 갈등이나 문제 해결을 위해 노력했던 자신의 모습을 탐색해 본다. ▶ 활동지 6-2: 지금부터 우리는~ 지금까지 한 활동을 토대로 자신만의 연인관계에 대해 표현해 본다면? 만약 현재 연인이 있다면 상대방이 생각하는 연인관계에 대해 이야기 나누어 보도록 합니다. 〈활동 내용〉 ① 자신이 바라는 연인관계를 탐색해 본다. ② 상대방이 바라는 연인관계를 탐색해 본다. ③ 자신이 바라는 연인관계와 상대방이 바라는 연인관계에서의 공통점과 차이점을 탐색해 본다. **Tip** • 연인관계에 대한 표현은 현재 연인관계에 대한 내용이 아니더라도 과거 경험에 비추어 작성해 볼 수 있도록 안내한다.

마무리 (20분)	▶ 참여 소감 나누기 －참여하면서 느낀 소감을 나누어 본다. ▶ 마무리 연인관계에서 갈등이나 문제 해결을 위해 시도했던 자신의 노력에 대한 점검을 통해 자신이 생각하는 연인관계와 상대방이 생각하는 연인관계 모습을 비교해 보는 시간을 가져 보았습니다. 또한 본 프로그램에 참여하면서 느낀 점에 대해 함께 이야기 나누어 보았습니다. ▶ 다음 차시 안내 다음 시간에는 서로에 대한 이해와 수용능력을 확장시킬 수 있는 '사랑은 뷰티풀, 인생은 원더풀'이라는 활동을 해 보도록 하겠습니다.
유의점	집단원들이 갈등이나 문제 해결을 위해 시도했던 노력에 대한 판단이나 충고가 아닌 이해와 격려를 할 수 있도록 분위기를 조성한다.

II
정신역동적 집단상담 실제

[활동지 6-1]

〈예전의 나는~〉

★ 과거 또는 현재의 연인관계에 대해 생각해 보는 시간을 가지도록 하겠습니다.

1. 연인관계에서 많이(주로) 겪는 갈등이나 문제는 어떤 것들이 있습니까?

2. 이러한 갈등이나 문제를 해결하기 위해 시도했던 나의 노력에는 어떤 것들이 있습니까?

[활동지 6-2]

〈지금부터 우리는~〉

★ 지금까지 한 활동을 토대로 자신만의 연인관계에 대해 표현해 본다면? 만약, 자신이 바라는 연인관계나 상대방이 원하는 연인관계에 대해 이야기 나누어 보도록 합니다.

1. 자신이 바라는 연인관계의 모습을 클레이로 표현해 봅니다.

2. 상대방이 바라는 연인관계의 모습을 클레이로 표현해 봅니다.

3. 자신이 생각하는 연인관계와 상대방이 생각하는 연인관계에서의 공통점과 차이점은 무엇입니까?

📝 7회기 사랑은 뷰티풀, 인생은 원더풀

활동지도안	
활동 목표	• 연인관계에서 긍정적인 표현 방법을 익히고 연습해 볼 수 있다. • 서로에 대한 이해와 수용능력을 확장시킬 수 있다.
준비물	이름표, 네임펜, 색연필, 필기구, 음원 한 곡, [활동지 7-1], [활동지 7-2], 개인 활동지 보관 파일
단계	진행 절차
도입 (10분)	▶ 회기 목표 및 활동 안내 7회기에서는 연인관계에서 자신의 사랑표현 방법에 대해 알아보고자 합니다. 자신이 지금까지 해 오던 사랑표현 방법에는 어떤 것들이 있으며, 이러한 표현이 긍정적으로 표현된 것과 오해로 인해 부정적으로 표현된 것에는 어떤 것들이 있습니까? ▶ BGM: 사랑이 좋아(홍진경)
전개 (60분)	▶ 활동지 7-1: 심쿵?심쿵! 내가 평소에 연인에게 잘하는 사랑의 표현 방법에는 어떤 것들이 있습니까? 또한 연인으로부터 받고 싶은 사랑표현 방법은 무엇이었습니까? 〈활동 내용〉 ① 내가 연인에게 하는 사랑표현 방법을 탐색해 본다. ② 내가 연인으로부터 받고 싶은 사랑표현 방법을 탐색해 본다. ③ 연인끼리 음악 한 곡을 정하여 몸으로 표현해 보고 느낀 점을 이야기해 본다. **Tip** • 말이나 행동 등 상황에 따라 표현하는 방법들을 자유롭게 표현할 수 있도록 안내한다. • 연인끼리 음악 한 곡을 정하여 춤으로 표현해 보도록 한다. 춤추는 것을 부담스러워할 수 있으므로 몸으로 서로 교감하고 소통하는 것에 초점을 둘 수 있도록 안내한다. ▶ 활동지 7-2: 심쿵!심쿵?? 지금껏 자신이 해 왔던 사랑표현 방식이 연인이 불편하게 느끼거나 싫어하는 방법으로 표현되었던 것들이 있습니까? 〈활동 내용〉 ① 자신의 사랑표현 방식이 연인에게 불편함이나 싫어하는 방법으로 표현된 것을 탐색해 본다. ② 반대로 연인이 표현했던 사랑방법 중에서 자신이 불편하거나 싫어하는 방법으로 표현되었던 것에 대해 탐색해 본다. ③ 지금까지 탐색한 내용을 바탕으로 연인과 사랑의 표현방법에 대해서 서로 알게 된 것이 있거나 개선할 사항에 대해 이야기 나누어 본다. **Tip** • 자칫하면 서로에 대한 불평이나 불만을 이야기하는 것처럼 느껴질 수 있어 서로 표현 방식의 다름을 이해할 수 있도록 자세한 안내가 필요하다.

마무리 (20분)	▶ 참여 소감 나누기 −참여하면서 느낀 소감 나누어 본다. −앞으로 해 보고 싶은 사랑표현 방식에는 어떤 것이 있는지 이야기 나누어 본다. ▶ 마무리 오늘은 연인관계에서 자신의 사랑표현 방법에 대해 알아보고, 자신이 지금까지 해 오던 사랑표현 방법에는 어떤 것들이 있으며, 이러한 표현이 긍정적으로 표현된 것과 오해로 인해 부정적으로 표현된 것에는 어떤 것들이 있었는지 살펴보았습니다. 또한 연인과 서로 사랑표현 방법에 대해 솔직하게 이야기 나누어 보는 시간도 가져 보았습니다. ▶ 다음 차시 안내 다음 시간에는 프로그램을 통하여 알게 되거나 변화된 자신의 모습 및 연인의 모습을 탐색해 보는 '사랑의 배터리'라는 활동을 해 보겠습니다.
유의점	현재의 관계에 대한 부정적인 표현보다는 앞으로의 관계 증진을 위해 개선할 수 있는 표현방법에 초점을 두어 서로 소통할 수 있도록 안내한다.

Ⅱ 정신역동적 집단상담 실제

[활동지 7-1]

〈심쿵?심쿵!〉

★ 내가 평소에 연인에게 잘 하는 사랑의 표현 방법에는 어떤 것들이 있습니까?
   또한 연인으로부터 받고 싶은 사랑표현 방법은 무엇이었습니까?

1. 내가 연인에게 하는 사랑표현 방법에는 어떤 것들이 있습니까?

_____

_____

_____

2. 내가 연인으로부터 받고 싶은 사랑표현 방법은 무엇입니까?

_____

_____

_____

3. 연인끼리 음악 한 곡을 정하여 몸으로 표현해 보도록 합니다.

_____

_____

_____

4. 연인끼리 몸으로 표현한 느낌은 어땠는지 이야기해 보도록 합니다.

_____

_____

_____

[활동지 7-2]

〈심쿵!심쿵??〉

★ [활동지 7-1]에서 지금껏 자신이 해 왔던 사랑표현 방식이 연인을 불편하게 느끼거나 싫어하는 방법으로 표현되었던 것들이 있습니까?

1. 자신의 사랑표현 방식이 연인에게 불편함이나 싫어하는 방법으로 표현된 것에는 어떤 것들이 있습니까?

_____

_____

_____

_____

2. 반대로 연인이 표현했던 사랑방법 중에서 자신이 불편하거나 싫어하는 방법으로 표현된 것에는 어떤 것들이 있습니까?

_____

_____

_____

_____

3. 지금까지 탐색한 내용을 바탕으로 연인과 사랑의 표현방법에 대해서 이야기해 보고 서로 알게 된 것이 있거나 개선해야 할 사항에 대해 이야기해 보세요.

_____

_____

_____

8회기	사랑의 배터리

활동지도안	
활동 목표	• 프로그램을 통하여 알게 되거나 변화된 자신의 모습 및 연인의 모습을 탐색해 본다. • 긍정적인 피드백 주고받기를 통하여 건강한 연인관계를 증진한다.
준비물	이름표, 네임펜, 색연필, 필기구, [활동지 8-1], [활동 8-2], 개인 활동지 보관 파일
단계	진행 절차
도입 (5분)	▶ 회기 목표 및 활동 안내 8회기에서는 프로그램을 참여하면서 새롭게 알게 되거나 변화된 자신의 모습 및 연인의 모습에 대해 서로 피드백하며, 앞으로 더 건강한 연인관계를 증진할 수 있도록 서로의 규칙들을 정해 보는 시간을 가지도록 하겠습니다. ▶ BGM: 사랑의 배터리(홍진영)
전개 (45분)	▶ 활동지 8-1: 당신 없인 못살아~~~ 연인과의 관계 증진을 위해 연인 간 서로 지킬 수 있는 규칙이나 할 수 있는 것들에 대해 탐색해 보고 실천할 수 있는 것에 대해 탐색해 보는 시간을 가지도록 해 보겠습니다. 〈활동 내용〉 ① 연락, 데이트, 스킨십 및 갈등 상황에서 연인 간 규칙을 정해 본다(개별 및 커플 활동). ② 커플들 간 정한 규칙을 이야기 나누어 본다(집단 활동). ③ 프로그램을 통하여 변화된 자신의 모습과 연인의 모습에 대하여 피드백한다. ④ 연인과의 관계 증진을 위해 내가 할 수 있는 것을 기록해 본다. ▶ 활동지 8-2: 당신은 나의 배터리 현재 연인과의 관계 모습을 협동화로 그려 보고 서로 표현할 수 있는 방법으로 전지(4절지)에 그려 보도록 합니다. 〈활동 내용〉 ① 연인이 함께 두 사람의 모습을 그려 표현해도 좋고, 서로의 모습을 각자 그리고 함께 꾸며 보아도 좋다. ② 그림 위나 옆에 연인과의 관계 증진을 위한 응원의 메시지를 작성해 본다.
마무리 (40분)	▶ 참여 소감 나누기 -이 프로그램에 참여하면서 느낀 소감을 나누어 본다. -프로그램을 통하여 새롭게 알게 된 자신이나 연인의 모습에 대해 이야기 나눈다. -집단에 참여하면서 개인 및 집단 전체 목표 달성 여부를 확인해 본다.

	▶ 마무리
	지금까지 정신역동적 이론에 기반한 집단상담 프로그램을 통해 연인과의 관계에서 자기 자신에 대한 자각과 통찰을 통해 자기를 먼저 이해하고 수용하는 시간을 가져 보았습니다. 그리고 자신의 어린 시절의 경험 및 원가족과의 관계 경험이 현재의 연인관계에 어떤 영향을 미치고 있는지 자각하고 건강한 방법으로 표현할 수 있도록 서로의 사랑표현 방법을 찾고 연습해 보았습니다. 이를 통해 연인과의 관계가 더욱 긍정적으로 향상되리라 기대해 봅니다. 프로그램 전 과정에서 알게 된 자신이나 연인의 모습을 통해 더욱 소중한 사랑 키워 나가길 바랍니다.
유의점	매 회기에서 활동하고 나눈 소감을 잘 간직하고, 일상에서도 자신의 욕구를 알아차리는 연습을 통해 연인과의 긍정적인 관계 유지를 할 수 있도록 안내한다.

II
정신역동적 집단상담 실제

[활동지 8-1]

〈당신 없인 못살아〜〜〉

★ 좋은 연인관계를 유지하기 위해서 둘만의 규칙을 정해 보는 건 어떨까요?

1. 연락, 데이트, 스킨십 및 갈등 상황에서 연인 간 규칙 정하기(다섯 가지 정도)

_____

_____

_____

_____

2. 커플들 간 정한 규칙 이야기 나누어 보기

_____

_____

_____

_____

3. 프로그램을 통하여 변화된 자신의 모습과 연인의 모습에 대하여 피드백하기

_____

_____

_____

_____

4. 연인과의 관계 증진을 위해 내가 지금 할 수 있는 것 기록해 보기

_____

_____

_____

_____

[**활동지 8-2**]

〈당신은 나의 배터리〉

★ 현재 연인과의 관계 모습을 협동화로 그려 보고 서로 표현할 수 있는 방법으로 전지(또는 4절지)에 그려 보도록 합니다.

1. 연인이 함께 두 사람의 모습을 그려 표현해도 좋고 서로의 모습을 각자 그리고 함께 꾸미기

2. 그림 위나 옆에 연인과의 관계 증진을 위한 서로에게 주는 응원의 메시지 작성하기

〈부록〉 _____

- 껍질형−연인관계에서 단단한 경계를 가지고, 껍질에 싸여 관계 속에서 자신을 열지 못하는 유형이다. 진짜 자신의 마음이나 생각을 상대가 잘 모르는 경우가 많으며, 연인관계가 진정성이 있는 관계가 되지 못할 때가 있다. 다른 사람과 관계해야 하나 자신의 관계적 자기는 그만큼 확장되지 않았고, 상처받고 싶지 않으므로, 새로운 단단한 껍질을 내세운 채 자신의 관계적 자기를 숨겨 버린 것이라고 볼 수 있다. 연인관계에서 상대방에게 일정 거리 이상으로 다가가려고 하지 않으며, 연인이 자신의 안으로 들어오려고 하는 것을 허락하지 않으며, 거부감을 느낀다. 감정반응을 별로 하지 않으며, 서로의 욕구에 대해 맞닿아서 충족시켜 주는 경험을 하지 못하므로 메마른 관계가 되기 쉽고, 혹시라도 감정이 올라올 때는 회피하게 된다.

- 안개형−연애를 하면서 자신의 색깔과 특징을 희미하게 만들어 가며, 상대방의 관계적 자기 뒤로 숨어 버리는 유형이다. 이들은 내가 만남을 통해 나의 자신과 상대의 모습을 함께 변화시켜 나가는 것이 아니라, 상대방에 따라 자신도 동화되어 변화하고자 한다. 누군가와 융합되고자 하는 욕구가 아주 강한 것일 수 있다. 연애 관계에서 연인에게 함입되어 버리고 싶어 하는 특징을 가진다. 연인에게 무조건적으로 맞춰 주고 자신의 색깔을 버리고 희생해 나가며, 자신을 죽이고 상대와 하나가 되는 것이 사랑이라고 생각한다. 따라서 사랑이 잘 진행될 때는 상대에게 푹 안기어 행복감을 느끼기도 한다. 그러나 연인이 이런 사람에게 금방 질릴 수 있으며, 이런 상대의 반응에 상처를 받고 또 다른 융합 대상을 찾아 나갈 수 있다. 연인과 헤어지면 자신이 사라지는 것 같은 두려움을 느끼며, 헤어짐에 대한 감정 반응이 크게 나타난다.

- 난장이형−상대방과 하나가 되고 융합되고자 하는 욕구를 가지고 있다는 점에서는 안개형과 비슷하나, 자신의 모습을 희미하게 만들어 버리는 것이 아니라, 작게 만들어 상대방의 관계적 자기 가운데 어느 부분에 끼워 맞추고자 한다. 자신을 어느 정도 희생하는 것에 만족하면서, 상대와 은 사람이 되고 싶어 하나, 실제로는 잘 끼워 맞춰지지 않는 점 때문에 갈등이 생길 수 있다. 마찰이 생기면, 자신의 관계적 자기를 더욱 깎아서 작게 만들고자 하므로, 연인관계가 지속될수록 힘들고 에너지와 노력이 필요하다. 자신의 모습이 매우 작아진 것에 대해서 불만을 가질 수 있고, 이 점이 상대와의 관계에 좋지 않은 영향을 미칠 때도 있다. 연애기간이 길어지면서 점점 더 자신의 욕구를 누르게 되나 이에 대해 인식하므로 간혹 크게 화가 표출될 수 있다. 따라서 연인관계에서 억눌렀던 감정이 폭발하여 부딪히는 문제가 생기기도 한다.

- 산만형−한 명의 타인에게서 자신의 허전함이나 외로움이 채워질 수 없다고 생각하는 유형이다. 수많은 타인과 관계를 맺으면서, 다른 사람의 모습 중 자신의 일부를 채워 줄 수 있는 것들을 선택적으로 받아들인다. 자신의 주변에 여러 사람이 있다는 것에 만족감을 느끼며, 간혹 이것이 타인과의 만남이 아니라, 사물, 일 등으로 허전함을

채우기도 한다. 한명의 연인을 통해서 자신의 친밀감에 대한 욕구를 채우지 못하고, 여러 명을 만나고자 한다. 연인과의 관계 속에서 생겨나는 마찰이나 갈등을 연인의 관계적 자기와 진정한 만남과 소통을 통해 해결하려고 하지 않으며, 이런 마찰로 인한 간극을 다른 사람과의 관계를 통해서 채워 나가려고 한다. 자신은 여러 명을 만나면서 외롭지 않다고 얘기하나, 실제로는 온전한 만남이 이루어질 수 없으므로, 늘 외롭고 허전함을 느끼고 있다. 여러 명의 연인 또는 친구들이 존재하기는 하지만, 진짜 자기 모습을 전부 보여 주고 함께 하는 사람들은 그리 많지 않다.

• 군림형—관계 속에서 나타나는 모습이 매우 완고하며, 타인을 눌러서 자신에게 끼워 맞추고자 하는 유형이다. 이들은 진정한 만남을 통해 자신이 변화되고자 하지 않으며, 상대방만을 100% 변화시키려고 하므로, 진정한 관계적 자기는 확장되지 못한다. 이런 유형들은 실제 연애 장면에서는 굉장히 매력적으로 비춰지기도 하며, 안개형이나 난장이형의 대상을 연인으로 만나는 경우가 자주 있다. 연인관계에서 자신의 연인의 스타일이나 감정 등을 인정해 주지 못하고, 자신의 생각만을 주장하게 되는 경우가 많다. 연인과의 관계에서 평등한 관계가 아니라 상하 관계가 성립되기도 하며, 연인의 관계적 자기가 매우 연약할 경우, 이 사람에게 함입되어 버리거나, 또는 자신을 없애 버리고 이 사람에게 맞춰 줄 위험이 있다. 반대로 연인의 관계적 자기도 강할 경우, 부딪힘이 자주 생길 수 있다. 자신의 감정에 대해서는 민감하고 표현을 자주하나, 상대방의 감정에 대해 인식하려고 하지 않으며 이해하지 못한다.

* 본 연인관계 유형 검사에서는 대표적인 한 가지 유형으로 대부분 나타나지만 간혹 두 가지 이상의 유형이 나타나기도 한다. 이는 연인 사이의 관계성이나 연인관계에서 자아의 변화 양상을 알아볼 수 있도록 되어 있어 하나의 관계만을 맺기도 하지만 때에 따라 그 이상의 관계 양상을 맺기도 하므로 딱 한 가지 유형으로 나타나지 않을 수 있다.

참고문헌

이장호(1992). 집단상담의 원리와 실제. 경기: 법문사.

장혁표(2000). 집단상담의 이론적 접근. 서울: 중앙적성출판사.

정여주, 두경희, 김창대(2011). 대학생 연인관계 유형 검사 개발 연구. 상담학연구, 12(1), 219-241.

Bemak, F., & Epp, L. (2001). Countertransference in the development of graduate student group counselors: Recommendations for training. *Journal for Specialists in Group Work, 26*(4), 305-318.

Corey, G. (1999). 심리상담과 치료의 이론과 실제. 서울: 학지사.

Corey, G. (2003). 심리상담과 치료의 이론과 실제. 서울: 시그마프레스.

Corey, G. (2015). *Theory and practice of counseling and psychotherapy.* Nelson Education.

Dewald, P. A. (1978). The psychoanalytic process in adult patients. *The Psychoanalytic Study of the Child, 33*(1), 323-332.

Luborsky, E., O'Reilly-Landry, M., & Arlow, J. A. (2008). *Psychoanalysis. Current psychotherapies, 8,* 223-262.

제**2**장
아들러 집단상담

자신을 바꿀 수 있는 사람은 자신밖에 없다.

알프레트 아들러

> I ▷ **아들러 집단상담 이론**

개인심리학으로도 불리는 아들러(Adler)의 심리학 이론은 자칫 명칭에서 오는 이해로 인해 사회를 배제한 개인적 관심이나 개인주의를 주장하는 이론으로 보인다. 그러나 아들러의 '개인'이란 영어 어원(in + indivisible '인간이란 나누어질 수 없는 존재')에서 알수 있듯이 인간은 몸과 마음이 하나이고, 마음먹은 대로 행동할 수 있는 상호 의존적 존재로 보고 있다. 인간의 행동은 철저하게 개인의 숨은 동기에 의해서 진행되므로 삶의여러 상황을 어떻게 바라보고, 해석하느냐에 따라 건강한 삶과 불건강한 삶으로 구분된다. 건강한 삶을 지향하는 인간의 궁극적인 삶의 목표는 무엇일까? 많은 사람이 입을모아 '행복한 삶의 추구'라고 말한다.

행복하기 위해서 인간은 저마다 목표를 세우고 이를 달성하기 위해 도전하고 노력한다. 사회 현상에 관심이 많았던 아들러는 이러한 행복이 사회적 존재로서 추구될 때 건강하다고 얘기한다. 자신에게 초점을 맞추기보다 상대방에게 관심과 배려를 표하고, 공동의 이익을 도모하는 세계관을 가질 때 인간은 양질의 삶을 살 수 있다. 이렇게 건강하고 행복한 삶을 추구하기 위해서 인간에게는 현재의 삶을 점검하고 수정하며, 새로운 목표를 향해 도전하는 변화의 과정이 필요한데, 이때 필요한 것이 '용기'이며, 이는 '격려'를 통해 이루어진다.

1. 집단상담의 목표

일반적으로 집단상담이란 집단원의 상호작용과 에너지 교환이 일어나도록 변화의경험을 제공하는 상담과정을 말한다. 그러므로 사회적 관심을 가진 건강한 사람으로서 잘 기능하기 위한 변화의 경험 제공을 목표로 하는 아들러 심리학은 집단상담 모형에 적합하다고 볼 수 있다. 아들러는 '스스로 정한 목적을 향한 삶'에 잘 도달할 수 있도록, '열등감을 보상'하는 과정이 필요하다고 하였다. 열등감을 건강하게 보상하면 삶의목표에 다가가는 추진력이 되지만, 때로는 열등감을 보상하기 위해 열등감 콤플렉스와우월 콤플렉스에 빠져 문제행동을 만들기도 한다. 따라서 아들러 심리학은 인생 과제를 수행하는 데 있어서 열등감을 건강하게 보상하여 사회적으로 기능하는 존재가 되도록 돕는 것을 목표로 구성된다. 집단상담 치료의 목표는 다음과 같다.

집단상담 목표

- 부정적인 자기평가, 열등감을 감소시키기 위해 자신을 이해하고 수용하는 과정을 거친다.
- 인생 과제 달성을 방해하는 잘못된 생활양식을 지각하여 적응적인 생활양식으로 교정하는 동시에 새로운 삶의 목적을 갖는다.
- 잘못된 인생의 관점과 목적을 수정하여 생활양식이 변할 수 있도록 자기와 타인을 격려하는 과정을 거친다.
- 집단과정을 통해 사회적 상호작용을 경험하고, 내재된 사회적 관심을 재개발한다.

---

2. 주요 개념

아들러는 적응적이고 성숙한 삶을 사는 사회적 존재가 되기 위해서 익혀야 할 중요한 수칙이 있다고 말했다. 행복한 삶이라는 목적을 달성하기 위해 고려해야 할 수칙인 아들러 심리학의 주요 개념은 다음과 같다.

1) 사회적 관심

사회적 관심(social interest)이란 인간에 대한 믿음과 신뢰에서 비롯하여 자신에게 매몰되지 않고 타인의 안녕을 돌보는 이타주의, 즉 건강한 관심이다. 사회에 대한 소속감은 가정, 학교, 직장 등의 주변 사람과 더불어 살면서 느끼는 행복감을 의미한다. 눈앞의 자기 이익보다 공동체에 기여하고자 하는 사회적 관심은 이타주의이며, 인류애라고 할 수 있다. 타인을 배려하는 사회적 관심은 공감과도 연결되는데 다른 사람의 눈으로 보고, 다른 사람의 귀로 들으며, 다른 사람의 마음으로 느끼는 시도는 타인과 사회에 기여하는 삶과 연관된다. 이러한 사회적 관심은 개인이 삶을 적응적으로 살고 있는지, 부적응적으로 살고 있는지를 판별하는 기준이다. 사회적 관심을 가진 사람은 사적인 열등감 대신, 자신이 사회적으로 기능하는 존재라는 사실을 알고 삶을 편안하게 느낀다. 또한 타인을 돕고 친절하게 대하는 것이 자신의 삶을 행복하게 만드는 또 다른 방법임을 알게 된다.

2) 인생 과제

인생 과제(life task)란 사회적 존재로 살아가면서 수행해야 하는 삶의 세 가지 과제로 일, 우정, 사랑을 말한다. 세 가지 영역에서 관계와 유대를 경험하는 것이 인간의 과제이며, 인간은 이 과제를 수행하며 관계를 맺게 된다. 첫 번째, 일이란 다른 사람의 평가나 비난을 두려워하지 않고 당당하게 내가 맡은 일(직업)을 수행하면서 맺는 관계를 말한다. 두 번째, 우정이란 동료의 눈치를 살피거나 남 탓을 하는 미성숙한 자아가 아니라 진실한 나로서 관계를 맺는 것을 의미한다. 세 번째, 사랑은 친밀한 사이에서 내 뜻대로 요구하거나 통제하지 않고 상대를 있는 그대로 수용하며 맺는 관계를 말한다. 이 세 가지 인생 과제를 성공적으로 수행하면 자아 기능은 강화되고 사회적 존재로서 기능하게 된다. 그러나 세 가지 중 어느 것 하나라도 잘 수행하지 못하면 낙담에서 비롯된 부정적 감정과 열등감 콤플렉스를 느끼게 된다.

3) 용기와 격려, 자기 격려

용기(courage)는 부적응적인 생활양식을 멈추고 삶의 문제를 해결하기 위해 노력하는 데 필요한 감정을 주는 과정이며, 격려(encouragement)는 개인이 이러한 용기를 낼 수 있도록 정서적으로 지지하고 북돋워 주는 과정이다. 아들러 심리학은 또 다른 이름으로 '용기의 심리학'이라고도 불린다. 그동안 유지했던 부적응적인 생활양식은 이미 생활 깊숙이 자리 잡고 습관화되었기에 이를 변화시킨다는 것은 대단한 용기가 필요한 일이기 때문이다. 심리적 문제로 고통받는 대부분의 사람은 자신감과 책임감이 부족하기 때문에 현실을 회피하려 한다. 그로 인해 파생되는 부정적인 감정들은 도전과 시도의 행동을 주저하게 만든다. 그러나 격려를 받은 사람들은 '나의 선택으로 나의 일을 스스로 결정하였다. 모든 책임은 나에게 있고, 어떠한 결과든 잘 받아들이겠다'라는 생각을 한다. 그러므로 내가 한 사고, 감정, 행동의 선택에 따른 결과를 수용한다. 아들러는 최고의 결과물을 만들기 위해서 맹목적인 용기를 내는 것이 중요한 것이 아니고, 있는 그대로의 자기를 이해하고 수용할 수 있는 용기를 내는 것이 중요하다 말한다. 건강한 삶은 '자신의 불완전하기도 하고 열등하기도 한 온전한 자신'을 수용하는 용기에서 출발하기 때문이다. 따라서 자기 격려를 하는 방법을 배우는 것은 매우 중요하다.

자기 격려(self-encouragement)란 자신의 가치와 흥미, 강점에 초점을 맞추어 발전할 수 있도록 돕는 것이며, 다른 사람의 평가에 의존하지 않고 자신과 세상을 긍정적으로 보도록 개인의 신념을 변화시키는 것이다. 자기 자신을 인정하거나 격려하게 되면, 자기 자신의 특성을 보기 때문에 다른 사람과 비교와 경쟁을 하지 않게 된다. 삶을 경쟁 또는 전쟁처럼 생각하는 것을 멈출 때, 개인은 더욱더 자기 자신을 격려할 수 있다.

4) 낙담, 자기 낙담

낙담(self-discouragement)이란 인생 과제(일, 우정, 사랑)를 수행할 용기를 잃는 것으로, 역기능적인 사고에서 유발된다. 아들러는 용기가 부족하거나 잃은 사람을 낙담한 사람으로 보는데, 그들은 자신이 부족하고 불리한 점을 찾는 데만 초점을 두기에 삶이 요구하는 과제로부터 계속 도망친다. 낙담하는 사람은 비효율적으로 듣고, 부정적인 사고에 초점을 맞추며, 타인과 경쟁 또는 비교를 자동적으로 하며, 타인과 자신을 위협하고 빈정대며 창피를 준다. 실패하지 않으려 하기에 잘 할 수 있는 과제만 선택하려 하고, 감정에는 무관심하여 표면화된 행동에 대한 가치만을 평가한다.

낙담하지 않은 사람에게 실수는 성장과 발전의 원동력을 주지만, 용기를 잃은 사람에게 낙담은 기를 꺾고 자신감을 떨어뜨린다. 인생의 도전 과제인 일, 우정, 사랑을 시도하려 하지 않으며 자신의 능력과 삶에 대해 확신도 잃고, 낮은 자기개념과 불안, 두려움, 불신으로 인해 병리적으로 행동하게 된다. 자기 낙담(self-discouragement)이 높은 사람일수록 우울과 공격성을 보이고 완벽하고 싶은 욕구가 크지만, 기대와 바람에 미치지 못하면 자신을 비난한다.

5) 열등감

열등감(sense of inferiority)이란 객관적인 사실이나 상황에 대해 우리가 내리는 평가로, 실제로 '열등'한 것과 상관없이 개인이 받아들이는 기준과 의미이다. 열등감은 또 다른 열등감과 연결되어 사고, 감정, 행동 면에서 부적응 요소를 보이게 한다. 누군가는 열등한 측면을 타인에게 들키지 않기 위해서 숨기고, 사실을 왜곡한다. 열등감으로 인해 생긴 결과를 책임지려 하지 않고 남 탓을 하는 등 부적절한 대처를 한다.

그러나 아들러는 열등감의 긍정적인 측면을 강조하였다. 건강한 사회적 존재로서의 인간은 다른 사람들과 비교 · 평가하면서 목표를 향해 자기완성을 하는 존재이기에 자기완성에 어려움을 주는 열등감은 극복되어야 한다. 자기완성이란 '행복한 나를 위해 목적을 달성하는 나'를 말한다. 그러므로 아들러는 자기완성을 방해하는 열등감은 좌절감을 주는 부정적 요소이기보다 더 높은 수준으로 발달할 수 있도록 돕는 원동력으로 보았다. 하지만 열등감에 사로잡힌 열등감의 노예가 된다면 열등감 콤플렉스에 빠져 정신적인 문제를 일으킬 수밖에 없다. 다음은 열등감 콤플렉스가 발생되는 세 가지 원천이다.

- 기관 열등감: 개인의 신체, 외모, 건강과 관련된 자신감 부족으로 열등감에 빠진다.
- 과잉보호로 인한 열등감: 부모가 모든 것을 다해 주기 때문에 자신은 무능하다고 생각한다. 자신을 돌볼 줄 모르고, 삶의 어려운 고비에 부딪혔을 경우 부모의 도움 없이는 해결할 능력이 없다고 믿어 열등감에 빠진다.
- 양육 태만: 아이들에게 사랑을 베풀지 않고, 무관심한 부모 밑에서 자란 아이들은 자신의 가치에 대해 의심을 하고, 자신이 세상에서 필요 없는 존재라는 생각에 빠지게 된다. 따라서 문제를 직면하고 해결하기보다는 회피하고 저항적인 태도를 보인다.

6) 우월성의 추구

우월성의 추구(striving for superiority)란 인간의 궁극적인 목표인 행복과 자기완성을 추구하기 위해서 노력하는 힘이다. 아들러는 우월성을 자기완성 혹은 자아실현이라는 의미로 사용하였으며, 자기완성에 대한 욕구는 모든 인간이 보편적으로 느끼는 열등감에서 기인한다고 하였다. 인간이 문제에 직면했을 때 부족한 것은 보충하고 낮은 것은 높이고, 미완성의 것은 완성하며, 무능한 것은 유능한 것으로 만드는 개인의 노력이 바로 우월성 추구이다. 열등감을 느끼거나 인생의 문제에 부딪히면 인간은 다음과 같은 두 가지 선택 중 하나를 하게 된다.

- 긍정적 방향: 단순히 남보다 뛰어나기 위해서 우월성을 추구하는 것이 아니라 자신을 현재보다 더 나은 상태로 이끌어 올리려고 한다. 개인의 완성에만 관심을 두는 이기적인 목적 추구뿐만 아니라 사회적 관심 즉, 타인의 복지와 안녕에 관해 관심을 둔다.
- 부정적 방향: 개인의 완성만을 추구하고 타인에 관한 관심과 배려가 없는 우월성 추구를 의미한다.

아들러는 우월성 추구가 긍정적 방향으로 이루어진 성격이 사회적 관심도 많다고 보았다. 그러므로 그는 사회적 관심을 가진 바람직한 생활양식을 바탕으로 우월성을 추구하는 삶이 건강한 삶이라고 말한다.

7) 생활양식

생활양식(life style)은 말 그대로 삶의 방식이다. 우리는 자신의 생활양식에 따라 타인과 관계하면서 생활하고 있다. 생활양식은 개인이 열등감을 극복하고 인생 과제를 달성해 가는 방식을 말한다. 개인의 독특성, 즉 삶의 목적, 자아개념, 가치, 태도 등을 포함하는 것으로 삶의 목적을 달성하는 독특한 방법이다.

사회적으로 유용한 생활양식을 가진 사람은 높은 사회적 관심을 두고, 부지런하게 인생 과제를 달성하기 위해 활동한다고 한다. 성숙하고 긍정적이며 심리적으로 건강한 사람의 표본이라고 말할 수 있다. 이들은 사회적 관심이 많아서 자신과 타인의 욕구를 동시에 충족시키면서도, 인생 과제를 완수하기 위해 기꺼이 다른 사람들과 협동한다. 이들은 사회문제 해결을 위해서 협동하는데 그 과정에서 개인은 용기와 격려의 모습과 타인의 안녕에 공헌하려는 의지를 보인다. 생활양식은 아동기의 아주 초기에 타고난 조건, 어린 시절의 생활 경험들, 열등감을 극복하기 위해 대처한 방법들 등에 기반을 두고 있다. 아들러는 사회적 관심과 활동 수준에 따라 생활양식을 네 유형으로 나누었다.

- 지배형: 사회적 관심이 거의 없어서 다른 사람에 관한 관심도 없다. 악의적인 사람들은 직접 공격하기 때문에 가학자, 범죄자 또는 폭군이 되고, 덜 범죄적인 사람은 알코올 중독, 약물 중독 및 자살자가 되기도 한다.
- 기생형: 다른 사람으로부터 모든 것을 얻기를 기대하며 타인에게 전적으로 의존하는 유형으로, 아들러는 이러한 유형이 매우 일반적이라고 생각했다.
- 회피형: 이름에서 나타나는 것처럼 삶의 문제에 직면하거나, 그러나 문제를 해결하기 위해 노력하는 시도조차 하지 않는 유형을 말한다. 이러한 사람들은 문제들에 직면하거나 대처할 준비가 되어 있지 않아 다른 사람들과 협동하지 못한다. 이들의 생활양식이 현실 세계의 요구와 충돌할 때 신경증이나 정신병에서 나타나는 것 같은 이상한 행동을 보이기도 한다.
- 사회적 유용형: 타인에게 기여하고 협동할 수 있는 사람들로서 사회적 관심이 잘 발달했다. 상대방의 눈으로 보고, 상대방의 귀로 듣고, 상대방의 마음으로 느낄 정도로 타인과 소통하고 공감하는 데 능숙하여 생활에서 문제가 생겨도 잘 대처한다.

8) 초기기억

초기기억(early recollections)은 개인의 생활양식을 평가하는 데 사용되는 중요한 기법으로 아들러 이론의 독특한 개념으로 생후 6년까지의 선별된 기억들을 말한다. 초기기억은 어린 시절의 기억을 회상하는 과정이지만, 현재의 마음 상태가 투사되므로 개인의 생활양식, 즉 사회적 관심에 대한 특징을 알아보기 위한 좋은 평가 방법이기도 한다.

성인기의 사고와 행동은 생후 6년간의 경험에 영향을 받는다고 아들러는 인정하였다. 그러나 과거에 일어난 사건이나 경험 그 자체가 중요한 것이 아니라, 그러한 경험을 개인이 현재 어떻게 지각하고 해석하고 있는지가 중요하다고 했다. 초기기억은 상담자에 의해 요약되고 해석되며, 개인의 삶에서 주요한 성공과 실수가 무엇인지 확인해 가는 과정으로 상담에서 활용된다. 상담 후 초기기억의 변화를 보는 것은 내담자가 재정향되었는지 알 수 있는 근거로, 초기기억이 의미 있는 변화를 나타내었다면 상담은 효과를 보인다는 뜻이다.

9) 사적 논리

사적 논리(private logic)는 개인이 사회적 존재로서 타인과 관계를 맺으면서 살아가는 데 사용하는 생활양식의 기초가 되는 개인적 논리이다. 개인은 자신의 경험을 바탕으로 앞으로 생존하기 위해 사적 논리를 발달시키는데, 긍정적인 사적 논리는 개인의 성장과 발전에 기여하는 합리적인 신념이다. 그러나 부정적 사적 논리는 개인을 파괴하는 비합리적 신념이기에 건강하지 않은 사람이 더 많이 사용하게 된다.

이러한 사적 논리는 생활양식의 근간으로 작동하여 개인의 삶에 끊임없이 영향을 준다. 개인의 문제는 그들의 사적 논리를 바탕으로 내린 결정으로, 결론들이 현실과 부합하지 않기 때문에 발생하는 것이다. 따라서 상담과정에서 개인의 그릇된 사적 논리를 파악하여 바람직한 방향으로 수정할 수 있도록 상담이 진행되어야 한다.

10) 가족 구도

가족 구도(family constellation)란 가족의 사회적-심리적 형태이다. 아들러는 가족 구도와 출생순위가 아동의 생활양식 형성에 큰 영향을 미친다고 믿었다. 가족은 인간이 최초로 만나는 사회관계로 가족들의 성격유형, 정서적 거리, 나이 차이, 출생순위, 상호 지배 및 복종 관계, 가족의 크기 등 가족 내 관계는 개인의 성격 발달에 큰 영향을 미친다. 특히, 중요한 것은 물리적 출생순위 그 자체보다 심리적인 형제 서열 및 지위이다. 가령 첫째지만 둘째처럼 자란 아이, 막내지만 첫째처럼 자란 아이, 10년 터울로 태어난 둘째가 독자처럼 자란 아이 등은 가족 구도를 잘 살펴보아야 심리적 특성을 알 수 있다.

11) 심리적 안녕감

심리적 안녕감(psychological well-being)이란 행복이나 만족감으로 인해 인간의 마음이 편안한 상태를 의미한다. 일반적으로 '행복 · 안녕감 · 삶의 질 · 삶의 만족도 · 주관적 안녕감 · 심리적 안녕감 · 웰빙' 등의 용어로 혼용하여 사용한다. 심리적 안녕감은 사람들이 일상생활의 사건을 접하면서 느끼는 정서를 말하며 개인이 지각하는 주관적인 경험에 기초한 행복감 또는 전체적인 감정이다. 다음의 여섯 가지 기능이 높을수록 심리적 안녕감은 높으며 사회적으로 성숙한 존재로 규정한다.

- 있는 그대로의 자기수용: 자신에 대해 긍정적인 것과 부정적인 것, 장점과 단점, 과거와 현재 경험을 있는 그대로 인정하고 긍정적으로 느끼는 사람은 자기수용감이 높다.
- 긍정적 대인관계: 타인과의 교류에서 만족스럽고 신뢰성 있는 관계를 맺는 것을 의미하며, 긍정적 대인관계 능력이 원활한 사람은 타인에게 격려와 배려가 있으며, 높은 공감도와 호의적 친밀감을 느낀다.
- 개인적 성장: 자기실현과 관련된 것으로서 새로운 경험에 대하여 개방적이며, 자신의 잠재력 실현을 위해 노력하여 계속해서 발전해 간다고 스스로 느끼고 행동이 향상되는 경험을 말한다. 자기 자신을 잘 이해할수록 성장이 빠르다.
- 자율성: 목표 달성을 위해 독립적이고 자기 결정적으로 행동하는 내적 통제의 특성을 말한다. 다른 사람의 기준이 아닌 자기 자신의 기준에 의해 스스로 평가하는 사람은 자율성이 높다.
- 삶의 목적: 삶의 목적은 삶의 목표와 방향감각을 의미한다. 과거도 삶도 의미가 있었고, 미래와 현재의 삶 또한 의미 있음을 스스로 자각하고 왜 사는지에 대해 고민할수록 삶의 목적이 뚜렷하다고 볼 수 있다.
- 환경 통제력: 현재 주어진 환경에서 자신의 심리적 상황에 적합한 환경을 만들고 통제할 수 있는 능력을 말한다. 특히, 성인이 될수록 다양한 환경을 통제하고 심리적·신체적 활동을 통해 주변 환경을 변화시킬 수 있는 능력이 중요하다.

3. 집단지도자의 역할

아들러 심리학에서는 문제가 있는 사람을 병에 걸려 있다고 보지 않고, 낙담 혹은 의기소침한 상태라고 말한다. 잘못된 신념, 가치, 자기중심적인 목표로 인해 비효율적으로 기능하는 내담자의 정서에 직접 초점을 맞추기보다 잘못된 신념과 목적을 발견하고 수정하는 방법으로 집단상담은 이루어진다. 집단지도자의 역할은 다음과 같다.

- 상담과정을 통해 집단원이 지닌 생각과 가치의 주요 실수(불신, 이기심, 비현실적인 야망, 자신감 부족)가 무엇인지 알도록 돕는다.
- 기본적 오류, 즉 사적 논리의 오류를 알아보고 내담자가 지닌 주된 두려움이 무엇인지 알도록 돕는다.
- 가족 구도, 형제 서열, 생활양식, 초기기억에 대한 정보를 통해 내담자의 주된 성공과 실패 영역, 내담자가 어떠한 방식으로 삶의 목표를 추구했는지, 내담자 현재의 역할이 버거운지, 무리 없이 잘 진행되는지 등 심리 사회적인 관점에서 알아본다.
- 인생의 문제를 적극적으로 직면할 수 있도록 용기를 주고, 건강한 삶을 살기 위한 신념과 소망을 가질 수 있도록 격려한다.
- 개인이 원하는 생활양식을 선택하고, 인생의 새로운 조망을 얻도록 돕는다.
- 집단원이 수동적인 경청자나 해석자가 되지 않고 피드백을 통해 적극적으로 자기와 타인을 격려할 수 있도록 돕는다.

4. 집단상담의 단계

아들러 심리학의 상담과정은 다음과 같은 4단계로 진행된다.

- 1단계(관계 형성): 내담자가 상담자에게 이해받고, 받아들여진다고 느끼도록 내담자와 공감적 관계를 형성한다.
- 2단계(생활양식 탐색): 내담자가 생활양식을 결정하는 동기나 목표, 신념과 정서를 이해한다.
- 3단계(해석 및 통찰): 내담자가 잘못된 목표와 자기패배적 행동을 자각한다.
- 4단계(재정향 돕기): 내담자가 문제행동이나 문제 상황에 대해서 대안을 고려해 변화를 실행한다.

1) 관계 형성 단계

아들러 상담에서 중요한 것은, 상담자와 내담자가 인격적으로 평등하고 서로 존중하는 관계를 맺는 것이다. 내담자가 상담자를 신뢰하게 되는 라포(rapport)가 잘 형성되어야 통찰과 재정향이 가능하다. 아들러는 내담자와 처음 만나 초기 관계를 형성하는 단계에 대해 "우리가 그(내담자)를 제멋대로 굴도록 내버려 두거나 대수롭지 않게 여긴다면 우리는 결코 그를 도울 수 없다. 우리는 반드시 그에게 타인에게 관심을 둔다는 게 어떤 것인지를 보여 주어야 한다."라고 이야기했다. 이 단계에서 상담자는 내담자에게 상호 존중의 태도를 보이고 주의 깊고 진실하게 '들음'으로써 상담자가 그를 가치 있게 여긴다고 느끼도록 해야 한다.

2) 생활양식 탐색 단계

어느 정도 관계 형성이 이루어지면 집단원의 생활양식과 그 생활양식이 인생 과제에 어떠한 영향을 미치고 있는지 탐색한다. 특히, 초기기억의 탐색을 통해 집단원은 마음을 이해하는 법을 익히고, 그가 가진 사회적 관심의 정도를 파악한다. 살면서 맞닥트리는 위험 및 처벌, 형제자매의 탄생, 등교 첫날의 기억, 질병 또는 죽음의 경험, 집에서 멀리 떠나 지냈던 일, 자신의 강점과 약점을 확인했던 경험, 잘못된 목적으로 인해 좌절했던 일 등의 탐색 활동을 통해 그가 용기를 가졌는지, 아니면 낙담한 상태인지를 알수 있다. 생활양식을 탐색하기 위한 면접은 주로 구조화된 질문을 사용하여 가족 구성원들의 특수한 사회적 위치를 조사한다.

3) 해석 및 통찰 단계

집단과정을 통해 집단원은 가족 내에서 자신의 위치와 초기기억, 꿈, 삶의 우선순위 등에 대한 자료를 탐색하고 각 영역을 요약해 본다. 이를 통해 그동안 자신에 대한 관점, 세상에 대한 관점, 그리고 인생 과제를 어떻게 수행할지 등에 대한 몇 가지 가설을 만들어 보는 시간을 가진다.

4) 재정향 돕기 단계

재정향 돕기는 해석을 통해 알게 된 개인의 통찰이 실제 행동으로 전환되게 하는 단계이다. 집단원은 과거의 잘못된 신념이나 행동, 태도를 버리고 새로운 생활양식을 갖도록 돕는다. 집단원들은 집단과정을 통해 소속감, 가치 있다는 느낌, 타인의 복지에 관한 관심, 불완전함의 인정, 신뢰, 유머감, 친밀감을 통하여 생활을 변화시킬 수 있는 용기를 가지도록 자기와 타인을 격려하고 독려한다.

5. 집단상담의 기법

아들러 심리학의 주요한 공헌 중 하나는 내담자의 변화를 끌어낼 수 있도록 구체적인 개입방법을 다양하게 제시한다는 점이다. 이러한 개입방법들은 심리치료뿐만 아니라 다양한 교육 활동과 집단 프로그램에서도 활용되고 있다. 상담기법은 다음과 같다.

1) 생활양식 분석

아들러 심리학에서는 내담자의 생활양식을 이해하는 것이 매우 중요하다. 생활양식을 분석하는 방법은 매우 구조화된 것부터 덜 구조화된 것까지 다양하다. 월턴(Walton, 1998)은 내담자의 생활양식을 파악하기 위해 사용할 수 있는 다섯 가지의 물음을 다음과 같이 제시하였다. 좀 더 상세한 생활양식의 분석을 위해서는 가족 구도, 가족 분위기, 가족 가치성 역할 지침, 가족 역할, 초기 발달적 경험들과 관련한 정보를 수집해야 한다.

① 다음 문장을 완성하시오. "나는 항상 _____한 아이였다."
② 형제와 자매 중에서 당신과 가장 다른 사람은 누구이며 어떻게 다른가?
③ 어린 시절에 당신은 부모님의 어떤 면이 가장 긍정적이라고 생각했는가?
　부모님에 대해서 거부감을 느꼈던 것은 무엇이었는가?
④ 잊을 수 없는 성장과정의 중요한 결심은 무엇인가? 당신이 성장하면서, 인생에 관해 내린 중요한 결론 중에서 가장 기억나는 것은 무엇인가?
　(예를 들면, "어른이 된다면 나는 반드시 무엇을 할 것이다." 또는 "나는 결코 이런 일은 일어나지 않도록 할 것이다." 등)
⑤ 당신이 기억할 수 있는 가장 어린 시절의 사건은 무엇인가?
　어떤 순간이 가장 생생하게 기억되는가? 그 사건과 관련해서 어떤 느낌을 지니는가?

2) 질문

내담자의 문제가 신체적 또는 심리적 원인에서 비롯되는지를 진단하기 위해 질문을 사용할 수 있다. 이는 집단원의 응답에 대하여 반영하거나 해석하는 데도 사용된다.

> **지도자**: 만일 제가 당신의 문제들을 지금 당장 없앨 수 있는 마술 지팡이나 마술 약을 가지고 있다
> 면, 당신의 인생에서 무엇이 달라질 것 같습니까?
> **집단원**: 마술 약이 있다면 그 약을 먹고 공포스러웠던 기억을 지우고 싶어요.

3) 격려하기

아들러는 불행, 우울, 분노, 불안의 심리상태에 있는 사람들은 무엇이 잘못되어서라기보다는 낙담 때문이라고 보았다. 인간이 발전하고 성장하기 위해서는 새로움에 대한 모험을 감행해야 하는데, '나는 변화될 수 없다'라는 자포자기의 감정은 스스로에 대한 신뢰가 없을 때 생긴다. 따라서 이미 가지고 있는 긍정적인 요소, 강점의 내적 자원을 개발할 수 있도록 용기를 북돋아 주는 것이 필요하다. 이것이 공감, 이타주의, 격려이다.

무엇보다도 격려가 강조되는 이유는 낙담한 사람들의 심리적인 장애를 스스로 제거할 수 있는 강력한 방법이기 때문이다. 격려받은 자는 '나는 할 수 없다'라는 부정적인 태도에서 '나는 할 것이다'라는 생산적인 태도를 보인다. 격려는 개인의 가치를 알도록 해 주기 때문이다. 낙담한 자는 병에 걸린 것이 아니라 의기소침한 사람이라는 아들러의 기본 개념은 집단상담에서 주요 과제가 격려라는 것은 말해 준다. 격려의 의미는 내담자에게 자기가치감을 심어 주고, 그들이 되어야 하는 모습이나 그들이 될 수 있는 모습이 아닌 '현재 있는 그대로 수용'하는 것이다.

> **집단원**: 학교성적은 나에게 별로 의미가 없어요. 할 수 없는 건 아닌데 우리 선생님은 너무 많은
> 것을 요구하고, 빨리하기를 바라세요.
> **지도자**: 네가 속도를 조절하면 공부를 할 수 있다고 보는구나.

4) 초기 회상하기

초기 회상작업을 통해 자아개념, 자아 이상, 세계관에 대한 생활양식의 형성에 대해 이해할 수 있다. 초기회상작업을 미술치료로 할 경우, 원가족에 대한 그림(동적 가족화)을 그리고 소개하는 시간을 가진다. 회상보다 해석하는 방법이 더 중요하므로, 그림을 그린 후 그림 설명을 적도록 하고 가장 중요한 의미 있는 이야기에 두 줄을 긋도록 한다.

> 지도자: 내담자의 초기 회상 그림은 현재 생활에 어떤 연관이 있나요?
> 집단원: 제가 수학 문제를 풀고 있는 어린 시절 그림이에요. 영재라고 모든 사람이 칭찬해 주고 우쭐했던 기억이 납니다. 지금 현재 사람들로부터 인정받아야 하고, 나는 최고가 되어야 한다는 생각 때문에 항상 힘들었어요. 저는 성적 말고는 내세울 게 없는 사람이라 공부까지 못하면 모두가 투명인간 취급할 것 같았어요.

5) 과제 설정하기

바람직한 행동이나 목표를 설정하여 과제를 꾸준히 반복 실천해 보도록 하는 방법이다. 지도자는 집단원에게 새로운 행동을 시도해 보는 것, 새로운 그룹에 참여해 보는 것, 일상 속에서 다른 이들을 관찰해 보는 것 등을 과제물로 낸다. 이 기법을 통해서 집단원은 자신이 두려워하던 상황에 대해 점진적으로 두려움을 덜 느끼게 될 수 있게 되고, 과제가 집단원의 역량에 맞게 적절히 선택된다면 성취감과 용기를 낼 수 있다.

> 집단원: 저도 모르게 욕이 튀어나와요. 도저히 하지 않고 살 수는 없을 것 같아요.
> 지도자: 앞으로 절대 욕을 하지 말라고 얘기하는 게 아닙니다. 오늘은 '점심시간 전까지는 욕을 사용하지 않겠다.'라고 목표를 세우고 실천해 보세요. 그렇게 조금씩 시간을 늘려 봅시다.

Ⅱ 아들러 집단상담 실제

낙담한 대학생의 자기 격려와 심리적 안녕감 회복을 위한
아들러 집단상담 프로그램

1. 필요성 및 목표

1) 프로그램의 필요성

성인 초기의 시기에 있는 대학생은 중고생 시절과 달리 모든 영역에서 능동적이고 주도적으로 선택하고 결정하며, 자신의 행동에 책임지는 성인이라는 새로운 환경에 적응하는 시기이다. 그러나 성인으로서의 새로운 정체성을 확립하고, 예비 사회인으로서 부모로부터 독립하며, 현실적인 진로를 탐색하고 취업을 준비하는 등의 중요한 발달과업 수행은 부담감으로 느껴질 수밖에 없다. 생애 발달 단계에서 대학생 시기의 중요성을 고려할 때, 낙담을 경험한 이들의 심리적 안녕감에 지속적인 관심을 기울일 필요가 있다. 그러나 발달과제를 수행하는 과정은 누구에게나 큰 도전이다. 때때로 남에게 인정받고자 하는 욕구가 좌절되고, 자신의 능력에 대한 회의를 느낄수록 자존감이 낮아지고 무엇도 할 수 없을 것 같은 용기를 잃게 되는데 이를 낙담한 상태라고 한다. 일상을 괴롭히는 낙담은 부정적 자아상과 열등감, 패배감으로 인해 심리적 안녕감을 해친다. 그러므로 부정적 정서를 낮추고 심리적 안녕감을 회복하기 위한 개인적 노력이 필요한데, 아들러는 이러한 노력의 근원은 '용기'를 통해 만들어진다고 했다. 인간은 누구나 불완전하게 태어난다. 특히, 발달 단계상 청소년기를 벗어나 많은 새로운 과업을 달성해야 하는 대학생에게 심리적 안녕감을 유지하고 회복하기 위해서 용기를 내는 것은 매우 중요한 일이다. 내면의 힘과 동기가 아직 부족한 대학생이 용기를 내려면 어떠한 방법이 필요할까? 이는 불완전한 미완성의 나에게 자기와 타인이 진심 어리고 따뜻한 지지와 공감의 표현인 '격려'가 있을 때 비로소 있는 그대로의 나를 수용하는 용기가 생긴다.

아들러는 타인에게 관심이 있고 타인을 격려할 수 있는 사람을 사회적 존재라고 하

였고, 이보다 먼저 자기 자신을 이해하고 격려할 수 있는 사람이야말로 타인 역시 격려할 수 있는 사람이라고 하며 '자기 격려'의 중요성을 강조하였다. 불완전하고 열등한 존재인 자신을 수용하고 사랑할 수 있는 내적 힘을 기르고 스스로를 다독이고 격려하는 것, 긍정적인 마음가짐으로 눈앞에 놓인 인생 과제를 달성하고 심리적 안녕감을 높이는 것은 대학생에게 매우 중요한 삶의 목표이다. 자기 격려 훈련을 꾸준히 한 사람은 자기가치감과 심리적 안녕감, 긍정적 정서감이 커서 자신을 소중히 여기고 가치 있는 존재로 인식하기 때문에 우울과 불안, 강박 등이 훈련 이전보다 감소하였다는 실험 결과를 볼 때, 자기 격려 방법을 통한 심리적 안녕감 회복 집단 프로그램은 낙담을 경험한 대학생들에 큰 도움이 될 것으로 예상한다. 대학생의 심리적 안녕감 회복은 사회 공동체로서 소속감, 성인 초기 발달과업에 필요한 다양한 대인관계, 의사 결정 및 행동 등에 긍정적 영향을 미친다. 따라서 본 집단상담은 낙담을 경험한 대학생들이 심리적 안녕감을 회복하기 위해서 자기 격려 치유과정을 경험할 수 있도록 구성하였다.

2) 프로그램의 목표

본 프로그램의 목적은 낙담을 경험한 대학생들의 잘못된 자기평가, 열등감을 감소시키고 잘못된 생활양식을 수정하여 적응적인 행동 변화인 자기 격려 과정을 통해 건강한 성격을 유지하는 것, 즉 심리적 안녕감을 회복하는 것이다. 이러한 목적을 위하여 다음과 같은 목표를 설정하였다.

첫째, 자기개념 검사를 통해 삶의 문제를 파악하고 인생 과제의 어려움이 무엇인지 발견한다.

둘째, 나의 열등감 알아보기 위해 생활양식을 조사하고, 형제, 부모 관계를 탐색하여 나의 생활양식 유형을 찾아본다.

셋째, 정서적 · 인지적 · 행동적 자기 격려방법을 통해 자기패배적 행동을 보였던 생활양식을 수정하고, 단점을 장점으로 대체하여 긍정적 자기상을 재인식하며, 비합리적인 사적 논리의 오류를 대처하는 방안을 훈련한다.

넷째, 자기 격려를 통해 향상한 심리적 안녕감 수준을 검사한 후, 자기와 타인을 배려하고 돌보는 적응적 인생 목표에 필요한 격려 표현을 훈련한다.

2. 개입전략

본 프로그램은 낙담을 경험한 대학생의 심리적 안녕감을 회복하기 위하여 아들러 집단상담의 단계를 격려 중심 활동으로 구성하였다. 아들러 집단상담에서의 주된 관심사는 인생 과제, 자아개념, 사고방식의 변화를 통해 행동을 변화시키는 것이다. 이러한 관점에서 볼 때, 효과적인 행동 변화를 위해서 자기 격려방법이 개입되어야 하며 다음과 같은 세 가지 목표로 개입전략 원리를 수립하였다.

첫째, 집단원의 부정적인 자기평가, 즉 열등감의 감소를 돕는다.
둘째, 집단원의 잘못된 지각을 교정하고 새로운 인생 과제에 도전할 수 있도록 자기 격려를 돕는다.
셋째, 집단원의 자기 격려 및 타인 격려를 통해 내재된 사회적 관심을 개발하도록 돕는다.

3. 구성내용

본 프로그램은 낙담을 경험한 대학생들의 심리적 안녕감을 회복하기 위하여 자기개념과 인생 과제 수행과정에서 어떠한 낙담의 경험이 있었는지 탐색하고, 그에 영향을 미쳤던 열등감과 생활양식을 해석하고 수정하여 긍정적인 새로운 자기와 목표를 다시 세울 수 있도록 구성되어 있다. 그 과정은 자기 격려과정으로 이루어지며, 심리적 안녕감을 회복하는 것을 상담 목표로 한다. 프로그램의 이론적 배경은 아들러 심리학으로 생활양식을 수정하고 자기 격려과정을 구체화시키기 위한 활동 프로그램을 계획하였다. 각 회기 도입에서는 지난주의 안부와 현재의 감정, 신체감각, 상태에 관한 이야기를 나누고, 전개에서는 회기에 맞는 주제 강의를 듣고 활동지를 작성하며 작성한 내용에 따라 자신의 이야기를 나누고 그에 대한 피드백 시간을 갖는다. 마무리는 회기 내용에 대한 전체 소감과 다음 회기 안내로 이루어진다.

• 제1단계: 관계 형성(1회기)

첫 번째 단계는 관계 구축과 정서 중심의 탐색 단계이다. 도입 단계에서는 서로의 안부를 묻고 별칭을 짓는 등 친밀함을 나누는 활동을 하고 응집성과 안정감을 느끼기 위해 서약서를 작성하고 집단상담에 대한 기대와 희망을 이야기한다.

• 제2단계: 생활양식 탐색과 해석 및 통찰(2~4회기)

두 번째 단계는 부정적인 정서를 새롭게 받아들이고, 더 높은 수준의 사고방식으로 이해하도록 생활양식을 탐색하고 해석, 통찰하는 단계이다. 자신의 역동을 탐색하고 생활양식을 이해하며, 과거의 문제가 현재 어떠한 영향을 미치고 있는지 점검한다. 잘못된 생활양식과 부적응적 심리적 문제가 잘못된 신념, 잘못된 사적 논리 때문이었음을 깨닫고 이를 수정할 수 있도록 용기를 내는 과정인 자기 격려와 타인 격려 활동이 충분히 이루어지는 단계이다. 이 과정에서 집단원은 좌절과 실패의 원인이 되었던 자기부정적 요소 등을 점검하며 자신을 통찰한다.

• 제3단계: 재정향 돕기 및 종결(5~8회기)

다섯째 단계는 해석을 통해 알게 된 집단원의 통찰이 실행 행동으로 전환되는 재교육의 단계이다. 집단원은 과거의 잘못된 신념 및 행동 태도를 버리고 새로운 생활양식을 갖게 되며, 궁극적으로 자기 격려와 타인 격려를 통해 심리적 안녕감이 회복되는 경험을 하게 된다.

4. 운영지침

프로그램 운영지침은 다음과 같다.

첫째, 전체 8회기 프로그램으로 회기당 100분, 일주일에 1회기씩 진행한다.

둘째, 매회기 도입 활동은 집단 이후 어떠한 생활 변화가 있었는지 이야기 나누며 시작한다. 현재의 감정과 신체감각 상태가 어떠한지 이야기하며, 매 회기가 진행될수록 현재의 감정과 신체감각이 어떻게 변화하는지 자각할 수 있도록 한다.

셋째, 아들러 집단상담에 필요한 이론적 배경은 주제 강의를 통해서 이루어지며, 강의에서 익힌 내용을 토대로 집단 활동이 이루어진다.

5. 프로그램 계획

프로그램의 회기별 목표와 구체적인 내용은 다음과 같다.

단계	회기	주제	목표	활동
관계 형성	1	만나서 반가워요	• 프로그램의 목적과 집단의 운영방법을 이해한다. • 집단원과의 신뢰감과 친밀감을 형성한다.	• 도입 활동 　-프로그램 목적과 운영방법 안내 　-서약서 작성 • 전개 활동 　-강의: 대학생, 낙담, 심리적 안녕감, 자기 격려란 무엇인가요? 　-별칭 짓기 및 자기소개 　-나는 어떤 사람인가? • 마무리 활동 　-소감 나누기 및 다음 차시 안내
생활양식 탐색과 해석 및 통찰	2	나를 다시 만나다	• 자기개념에 대해서 알 수 있다. • 인생 과제를 이해하고 내게 어떤 어려움이 있는지 알 수 있다.	• 도입 활동 　-안부 인사 나누기 • 전개 활동 　-강의: 자기개념과 인생 과제란 무엇인가요? 　-자기개념 검사를 통해 삶의 문제 파악하기 　-인생 과제의 어려움 알아보기 • 마무리 활동 　-소감 나누기 및 다음 차시 안내
	3	내 인생의 동반자, 열등감	• 열등감이 무엇인지 안다. • 내 열등감 콤플렉스의 원천이 무엇인지 안다. • 우월성 추구, 우월 콤플렉스가 무엇인지 알고 나의 경험을 나누어 본다.	• 도입 활동 　-안부 인사 나누기 • 전개 활동 　-강의: 열등감, 우월성 추구, 열등감 콤플렉스, 우월감 콤플렉스란 무엇인가요? 　-나의 열등감 이야기 나누기 • 마무리 활동 　-소감 나누기 및 다음 차시 안내

	4	가족 안에서 나를 바라보다	• 가족 구도가 생활양식에 미치는 영향을 안다.
			• 형제와 부모의 탐색을 통해 생활양식에서 나에게 어떤 영향을 미치는지 안다.
				• 도입 활동
				  – 안부 인사 나누기
				• 전개 활동
				  –강의: 생활양식에 영향을 미치는 가족 이야기
				  –나와 형제 이야기 나누기
				  –나와 부모님 이야기 나누기
				  –강의: 생활양식 유형이란 무엇인가?
				  –생활양식 측정 검사 결과 나누기
				• 마무리 활동
				  –소감 나누기 및 다음 차시 안내

재정향 돕기	5	어디 숨어 있었니, 긍정적인 내 모습	• 자기 격려가 무엇인지, 어떠한 방법이 있는지 안다.
			• 정서적 자기 격려방법– 단점을 장점으로 인식하기 훈련에 대해 알아본다.
			• 정서적 자기 격려방법– 성공 경험 기록하기 및 긍정적 자기상 만들기 훈련에 대해 알아본다.
				• 도입 활동
				  – 안부 인사 나누기
				• 전개 활동
				  –강의: 나에게 용기를 주는 힘, 자기 격려법이 궁금해요
				  –정서적 자기 격려방법–단점을 장점으로 인식하기 훈련하고 표현하기
				  –정서적 자기 격려방법–나의 성공 경험 기록 및 긍정적 자기상 만들기 훈련하고 표현하기
				• 마무리 활동
				  –소감 나누기 및 다음 차시 안내

	6	실수해도 괜찮아, 이제 관점을 바꿔 생각해 봐!	• 사적 논리, 인지적 오류, 대안적 사고가 무엇인지 알 수 있다.
			• 인지적 자기 격려방법– 인지적 오류 벗어나기 훈련에 대해 알아본다.
			• 인지적 자기 격려방법– 완벽에 대한 욕구/승인(인정)에 대한 욕구 수정하기 훈련에 대해 알아본다.
				• 도입 활동
				  – 안부 인사 나누기
				• 전개 활동
				  –강의: 사적 논리, 인지적 오류, 대안적 사고는 무엇인가요? 대안적 사고는 어떻게 하나요?
				  –인지적 자기 격려방법–오류 벗어나기 훈련하고 표현하기
				  –인지적 자기 격려방법–완벽에 대한 욕구/인정에 대한 욕구 수정하기 훈련하고 표현하기
				• 마무리 활동
				  –소감 나누기 및 다음 차시 안내

	7	칭찬의 목마름, 격려로 해소할 수 있어요	• 행동적 자기 격려방법– 자기에게 용기를 주는 말과 행동 훈련에 대해 알아본다. • 칭찬과 격려의 차이점을 알고 나에게 격려 표현을 해 본다. • 격려 검사지 결과를 통해 나의 격려방법에 대해 이야기해 본다.	• 도입 활동 – 안부 인사 나누기 • 전개 활동 – 행동적 자기 격려방법–구체적인 격려 표현하기 훈련하기 –강의: 칭찬과 격려의 차이 –자기 격려 검사지 결과 나누기 • 마무리 활동 –소감 나누기 및 다음 차시 안내
종결	8	다시 찾은 심리적 안녕감, 자기 격려 덕분이에요	• 자기 격려와 심리적 안녕감 회복의 관계에 대해서 알 수 있다. • 심리적 안녕감 검사를 통해 나의 안녕감 수준을 알 수 있다. • 자기 격려와 타인 격려 활동으로 서로를 격려할 수 있다.	• 도입 활동 – 안부 인사 나누기 • 전개 활동 –강의: 자기 격려와 심리적 안녕감 회복의 관계가 궁금해요 –심리적 안녕감 검사 결과 나누기 –서로를 격려하는 표현 나누기 • 마무리 활동 –소감 나누기 및 다음 차시 안내

II 아들러 집단상담 실제

6. 프로그램 회기별 내용

프로그램의 회기별 목표와 구체적인 내용은 다음과 같다.

1회기   만나서 반가워요

활동지도안	
활동 목표	• 프로그램의 목적과 집단의 운영방법을 이해한다. • 집단원과의 신뢰감과 친밀감을 형성한다.
준비물	이름표, 필기구, [활동지 1-1], [강의자료 1-1], [활동지 1-2]
단계	**진행 절차**
도입 (30분)	▶ 상담 목표 및 활동 안내 여러분 안녕하세요? 저는 낙담을 경험한 대학생의 자기 격려와 심리적 안녕감 회복을 위한 아들러 격려 프로그램을 진행하게 된 집단지도자 ○○○입니다. 본 프로그램은 낙담을 경험한 대학생들에게 생긴 부정적 자기평가, 부정적 생활양식, 열등감 등을 자기 격려하는 과정을 통해서 심리적 안녕감을 회복하도록 돕는 것을 목표로 구성되었습니다. 한 회기는 100분, 일주일 동안 1회기로 진행되며 매 회기는 도입 활동, 주제 강의, 주제 관련 활동으로 이루어져 있습니다. 도입 활동은 집단 이후 한 주 동안 어떠한 생활 변화가 있었는지 나누기, 감정과 신체감각이 어떻게 변화하는지 자각하기로 이루어집니다. 이는 회기마다 자신의 변화를 점검하는 역할을 해 줄 것입니다. 주제 강의는 아들러 집단상담에서 강조하는 부분을 다루고 있으며, 활동지는 이를 근거로 익히고 훈련되어야 할 내용으로 이루어져 있습니다. 이 모든 활동은 자기표현과 서로 간의 피드백이 원활하게 이루어질 때 상담 목표를 달성할 수 있으므로 적극적인 참여 부탁드립니다. ▶ 활동 1-1: 서약서 작성하기 집단에서 나누어지는 이야기는 서로를 신뢰하는 만큼 깊어집니다. 집단의 응집성과 안정감을 위해서 모두가 지켜야 할 최소한의 규칙이 있으므로 서약서 작성을 하도록 하겠습니다. 여러분의 적극적인 참여를 부탁드립니다. 〈활동 내용〉: [활동지 1-1] ① 프로그램 진행과정에서 내 마음속의 생각과 느낌을 솔직하게 표현하겠습니다. ② 다른 집단원들의 이야기를 존중하겠습니다. ③ 프로그램 진행과정에서 나온 집단원의 비밀은 집단 밖에서 절대로 이야기하지 않겠습니다. ④ 프로그램의 모든 활동에 적극적이고 성실히 참여하겠습니다. ⑤ 상대방의 말에 대해 내 생각을 관철하거나 조언하지 않겠습니다.

▶ 강의 1-1: 대학생, 낙담, 심리적 안녕감, 자기 격려란 무엇인가요?

〈강의 내용〉: [강의자료 1-1]
대학생, 낙담, 심리적 안녕감, 자기 격려가 본 프로그램에서 어떤 주요한 의미로 사용되는지 알아봅니다.

▶ 활동 1-2: 별칭 짓기 및 자기소개
지금부터 우리가 누구인지, 자기를 소개하는 시간을 가져 보도록 하겠습니다. 서로에 대한 궁금증이 많으실 텐데요. 앞에 놓은 준비물을 이용하여 이름표를 작성해 주시면 됩니다. 자신의 별칭을 정하고, 그에 맞는 형용사를 붙여서 내가 어떠한 이유로 별칭을 정하였는지와, 집단 프로그램에 참여하게 된 동기, 그리고 이 프로그램에 대한 기대를 말씀해 주시면 됩니다. 더불어 여러분의 감정과 신체적 감각이 어떠한지도 함께 이야기해 주시길 바랍니다. 회기가 진행될수록 감정과 신체적 감각에 어떤 변화가 생기는지도 회기마다 알아보도록 하겠습니다.

〈활동 내용〉: [활동지 1-2]
① 자신의 별칭을 정하고, 그에 맞는 형용사를 붙여서 설명한다.
② 집단 프로그램에 참여하게 된 동기와 기대하는 결과를 말한다.
③ 현재의 기분과 몸 상태가 어떤지 말한다.

▶ 활동 1-3: 나는 어떤 사람인가?
인사를 통해 서로가 어떤 사람인지 알게 되니 더욱 반가운 마음이 드네요. 이번에는 '나는 어떤 사람인가?'라는 활동을 통해 전반적으로 나에 대해 어떻게 인식하고 있는지를 알아보는 시간을 가져 보겠습니다. 자유롭게 기록하시고 적을 수 있는 만큼만 솔직하게 적으시면 됩니다. 채우지 못하는 대로, 가득 채우는 대로 의미가 있습니다.

〈활동 내용〉: [활동지 1-3]
① 떠오르는 대로 자유롭게 기록한다.
② 전체 집단원에게 자신에 대해서 말하도록 한다. 여러 가지 질문 중에서 가장 인상 깊었던 질문이 무엇이었는지 이유도 말해 본다.
③ 집단원의 이야기가 끝날 때마다 지도자 또는 타 집단원은 공감과 격려의 피드백을 전달한다.
④ 피드백을 다 듣고 난 후 발표자는 '감사합니다'로 화답하도록 한다.

전개
(50분)

마무리 (20분)	▶마무리 오늘은 프로그램의 진행 방향과 각자의 참여 동기, 기대를 들어 보는 시간을 가져 봤습니다. 그리고 나는 어떤 사람인지를 생각하고 표현해 보는 경험을 통해 새로운 나를 만나기를 기대하는 소망도 들어 보았습니다. 참여하면서 어땠는지, 새롭게 알게 되거나 다시 한번 생각하게 된 점이 있다면 함께 나누어 보는 시간을 가져 보겠습니다. ▶ 다음 차시 안내 오늘 새로운 사람들과 낯선 곳에서 낯선 만남을 하느라 모두 수고 많으셨습니다. 처음보다 많이 편안해 보이시는 것 같아서 저도 한결 마음이 가볍습니다. 모두들 일상으로 다시 귀가하시고 마음 편안하게 지내시다 다음 주에 만나 뵙기를 기대합니다. 다음 시간에는 '나를 다시 만나다'라는 주제로 활동으로 만나겠습니다.
유의점	• 적극적이고 자발적 참여를 위해 프로그램의 목적과 필요성에 대해 알리고 프로그램의 동기를 일깨운다. • 집단원 간에 관심을 가지고 서로 알아갈 수 있도록 한다. • 수용적이고 편안한 분위기 조성으로 자신의 이야기를 편하게 할 수 있도록 한다. • 인생 과제 세 가지를 다 다루기에 시간이 부족하면, 그중에서 다루고 싶은 이야기를 하나 선정하도록 지도자가 안내한다.

[활동지 1-1]

〈서약서〉

별칭:

1. 프로그램 진행과정에서 내 마음속의 생각과 느낌을 솔직하게 표현하겠습니다.

2. 다른 집단원들의 이야기를 존중하겠습니다.

3. 프로그램 진행과정에서 나온 집단원의 비밀은 집단 밖에서 절대로 이야기하지 않겠습니다.

4. 프로그램의 모든 활동에 적극적이고 성실히 참여하겠습니다.

5. 상대방의 말에 대해 내 생각을 관철하거나 조언하지 않겠습니다.

나 _____는(은) 위의 사항을 반드시 지킬 것을 약속합니다.

년   월   일

서약자: (인)

강의자료 1-1 **대학생, 낙담, 심리적 안녕감, 자기 격려란 무엇인가요?**

성인 초기의 시기에 있는 대학생은 중·고생 시절과 달리 모든 영역에서 능동적이고 주도적으로 선택하고 결정해야 하며, 자신의 행동에 책임을 지며 성인이라는 새로운 환경에 적응해야 합니다. 그러나 초기 성인기의 대학생은 새로운 정체성을 확립하고 예비 사회인으로서 부모에게서 독립하는 시기이며, 현실적인 진로를 탐색하며 취업을 준비하는 등의 중요한 발달과업 수행으로 많은 부담감을 느낄 수밖에 없습니다. 그러므로 생에 발달 단계에서 대학생 시기의 중요성을 고려할 때 심리적 안녕감에 지속적 관심을 기울이는 것은 매우 중요하다고 할 수 있습니다. 발달과업을 수행하는 과정은 누구에게나 큰 도전입니다. 남에게 인정받고자 하는 욕구가 좌절되고, 자신의 능력에 대한 회의를 느낄수록 자존감은 낮아집니다. 무엇도 할 수 없을 것 같은 용기를 잃은 상태, 즉 낙담의 상태가 되는 것입니다.

낙담을 쉽게 하는 사람들의 특징은 무엇일까요? 어린 시절, 여러분은 실수했을 때 어떤 평가를 받았나요? 가정과 학교로부터 사소한 실수임에도 지나치게 부정적으로 평가받은 경험을 가진 아동은 보상작용으로 완벽히 잘 해 내고 싶은 욕심을 내게 됩니다. 그럼에도 실수를 반복하는 낙담 상황이 되면 상실과 패배의 경험으로 인해 성인이 되어서도 새로운 과제에 도전하기가 힘들어집니다. 좌절했을 때 적절한 위로와 격려를 받지 못한 아동일수록 성인이 되어서도 낙담할 경우가 크다고 합니다. 이렇게 일상을 괴롭히는 낙담은 부정적 자아상과 열등감, 패배감을 주고 심리적 안녕감을 해치며 삶의 목적을 잃게 만듭니다. 그러므로 부정적 정서를 낮추고 심리적 안녕감을 회복하기 위해서는 개인적 노력이 필요합니다.

심리적 안녕감이란 행복이나 만족감을 느끼는 마음이 편안한 상태의 느낌으로, 일반적으로 '행복', '안녕감', '삶의 질', '삶의 만족도', '주관적 안녕감', '심리적 안녕감', '웰빙' 등의 용어들이 혼용되어 사용되고 있습니다. 심리적 안녕감은 사람들이 일상생활의 사건을 접하면서 느끼는 정서로서, 개인이 지각하는 주관적인 경험에 기초한 행복감 또는 전체적인 감정입니다. 심리적 안녕감이 높은 사람은 사회적으로 성숙한 존재라고 말합니다. 이는 아들러 상담의 최종 목표인 사회적 관심을 가진 존재가 되는 것과 맥을 같이합니다.

인간은 누구나 불완전하게 태어납니다. 특히, 내면의 힘과 동기가 부족한 사람일수록 불완전한 나를 있는 그대로 수용하는 진심 어린 따뜻한 지지와 공감인 격려가 필요합니다. 아들러는 타인에게 관심이 있고 타인을 격려할 수 있는 사람을 사회적 존재라고 하였는데, 이보다 먼저 자기를 이해하고 자기를 격려할 수 있는 사람이야말로 타인도 격려할 수 있는 사람이라고 말하여 '자기 격려'의 중요성을 강조하였습니다. 불완전하고 열등한 존재인 자신을 수용하고 사랑할 수 있는 내적 힘을 기르고 스스로를 다독이고 격려하는 것. 긍정적인 마음가짐으로 눈앞에 놓인 인생 과제를 달성하고 심리적 안녕감을 높이는 것은 대학생에게 매우 중요한 삶의 목표입니다.

　자기 격려훈련을 꾸준히 한 사람은 자기가치감과 심리적 안녕감. 긍정적 정서 등이 증가하여 자신을 소중하고 가치 있는 존재로 인식하는 반면 우울과 불안. 강박 등이 감소하였다는 실험 결과를 볼 때. 자기 격려방법을 통한 심리적 안녕감 회복 집단 프로그램은 낙담을 경험한 대학생들에 큰 도움이 되리라 기대합니다.

[활동지 1-2]

〈나의 별칭〉

1. 자신의 별칭을 정하고, 그에 맞는 형용사를 붙여서 설명해 보세요.

    (예: 은은하게 빛나는 은하수—수많은 별이 은은하게 서로를 빛내주는 은하수를 좋아합니다. 그렇게 살고 싶어서 별칭을 정해 보았습니다.)

_____

2. 집단 프로그램에 참여하게 된 동기와 기대하는 결과를 무엇입니까?

_____

3. 현재의 기분과 몸 상태가 어떤지 적습니다.

_____

[활동지 1-3]

〈나는 어떤 사람인가?〉

1. 나의 출생순위는? (첫째, 둘째, 셋째, 막내, 외동아들, 외동딸 등)

2. 나의 성격 중 좋은 점은 나쁜 점은 무엇인가요?

3. 나는 어떠한 삶을 살고 싶다는 가치관(= 삶의 목적)이 있나요? 왜 그러한 가치관이 생겼는지, 현재 그 가치관대로 살아가고 있는지 적어 보세요.

4. 나는 무엇을 좋아하고 싫어하나요? 이유도 같이 적어 보세요.

5. 나는 나 자신을 어떻게 보고 있나요? (자신감과 열등감을 얼마나 자주 느끼는지)

6. 문제가 생겼을 때 나의 현실을 수용하고 받아들이는 편인가요? 남 탓이나 환경 탓을 하는 편인가요? (가장 먼저 떠오르는 경험을 적어 보세요.)

7. 심리적 불편감을 느낄 때 스스로 대처하는 방법이 있나요? 효과가 있었다면 무엇 때문인가요?

8. 타인에게 공감이나 지지를 받았던 기억이 있나요? 유독 이 일이 왜 기억에 남을까요?

_____

9. 어떤 상황에서 마음이 편하고 안정적인 심리적 안녕감을 느끼나요?

_____

10. 현재 나는 어떤 목표를 가지고 사는 상태인지 해당 사항에 색을 채워 보세요.

현재 목표	타인에 대한 느낌	목표 달성을 위해 감수해야 하는 것	피하고 싶은 것
편안함(안정)	짜증 남	생산성 떨어짐	스트레스
쾌락/즐거움	수용하려고 함	성장하지 못함	거부
통제	도전받는 것 같음	사회적 거리, 자발성 떨어짐	창피(굴욕)
우월	부적절함	과잉부담/과잉책임감 느낌	무의미

11. 나는 현재 어떤 모습으로 사는 사람인가요? (위의 답변을 근거로 적어 봅니다.)

_____

2회기 나를 다시 만나다

	활동지도안
활동 목표	• 자기개념에 대해서 알 수 있다. • 인생 과제를 이해하고 내게 어떤 어려움이 있는지 알 수 있다.
준비물	이름표, 필기구, [강의자료 2-1], [활동지 2-1], [활동지 2-2]
단계	진행 절차
도입 (10분)	▶활동 2-1: 안부 인사 나누기 안녕하세요. 한 주 만에 다시 만나니 반갑습니다. 지난 회기에서 나는 어떤 사람인지를 알아보는 활동을 했었는데요. 혹시 한 주 동안 변화를 느끼셨던 분이 있으셨나요? 아니면 무언가 더 알아보고 싶은 마음이 생겼다든지, 아니면 전에는 느끼지 못했던 답답한 마음을 느끼게 되었던 분은 혹시 있지 않았나요? 지금부터 한 분씩 첫 회기를 마치고 한 주 동안 어떻게 지냈는지를 이야기하고, 2회기에 앞서 현재의 감정과 신체감각 상태가 어떠한지 이야기해 보도록 하겠습니다. 〈활동 내용〉 ① 지난주 동안 어떻게 지냈는지 이야기한다. ② 현재의 감정과 신체감각 상태가 어떠한지 이야기한다.
전개 (70분)	▶ 강의 2-1: 자기개념과 인생 과제란 무엇인가요? 〈강의 내용〉: [강의자료 2-1] 자기개념과 인생 과제를 알아보고 나에게 적용해 본다. ▶ 활동 2-2: 자기개념 알아보기 〈활동 내용〉: [활동지 2-1] ① [활동지 2-1]을 기록한다. ② 전체 집단원에게 나의 자기개념과 연관된 경험담을 얘기한다. ③ 집단원의 이야기가 끝날 때마다 지도자 또는 타 집단원은 공감과 격려의 피드백을 전달한다. ▶ 활동 2-3: 인생 과제의 어려움 알아보기 〈활동 내용〉: [활동지 2-2] ① [활동지 2-2]를 기록한다. ② 전체 집단원에게 나의 인생 과제에 어떤 어려움이 있는지 이야기해 본다. ③ 집단원의 이야기가 끝날 때마다 지도자 또는 타 집단원은 공감과 격려의 피드백을 전달한다.

마무리 (20분)	▶마무리 오늘 내가 어떤 자기개념을 가졌는지, 그래서 살면서 달성해야 할 과제를 만났을 때 어떠한 영향을 미치고 있는지에 대해서 이야기 나누어 보았습니다. 참여하면서 어땠는지, 새롭게 알게 되거나 다시 한번 생각하게 된 점이 있다면 함께 나누어 보는 시간을 가져 보겠습니다. ▶ 다음 차시 안내 사람들은 실수하면 이를 만회하기 위해서 적극적으로 수습하고, 같은 실수를 반복하지 않기 위해 노력합니다. 그러나 누군가는 금방 실망하고 좌절하여 닥친 현실로부터 도망치기 바쁘기도 합니다. 인생 과제를 수행하면서 어려움이 생겼을 때, 여러분은 어떠한 방법으로 대처를 해 왔나요? 다음 시간에는 '내 인생의 동반자, 열등감'이라는 주제로 이야기를 나누어 보겠습니다.
유의점	지도자가 활동 나누기에서 먼저 시범을 보이는 것이 집단원에게 활동방법을 자연스럽게 숙지하는 방법이 될 수 있다.

강의자료 2-1 **자기개념과 인생 과제란 무엇인가요?**

발명왕 에디슨은 자신을 어떤 사람으로 보았을까요? '천재란 1%의 영감과 99%의 노력으로 이루어진다.'라는 말을 들어 보셨을 겁니다. 에디슨은 자신을 '실패하는 사람'이라고 규정짓지 않고, "나는 절대로 좌절하지 않는다. 지금까지의 실패는 앞으로 나가기 위한 또 다른 한 걸음이었다."라고 한 말에서도 알 수 있듯이, 그는 자신을 '노력하는 사람'이라고 명명하였습니다. 이처럼 자기 자신에 대한 주관적인 평가를 '자기개념'이라고 말합니다. '나는 부족한 인간이다'라는 자기개념을 가진 사람은 주변에서 아무리 능력을 인정하더라도 자기를 항상 비하하고 '나는 성공하지 못하면 무의미한 존재다'라는 잘못된 자기개념을 가지게 됩니다. '다른 사람에게 일을 맡기면 불안하다'라는 신념을 가지고 있는 사람은 어떨까요? 혼자 하기에 버거운 일일지라도 하나부터 열까지 자기가 해야만 직성이 풀리는 사람이 될 수밖에 없습니다. 이러한 사람은 누구도 믿을 수 없고, 모든 일은 내가 완벽히 해야 한다는 잘못된 신념을 가지고 있기에 타인과 협업하는 일을 할 수 없습니다.

이렇듯 잘못된 자기개념을 가지고 있는 사람은 잘못된 신념으로 인해 부정적인 선택과 판단을 할 경우가 많습니다. 자신에게만 매몰되어 타인과 협업하지 못하는 사람은 아들러가 말하는 타인에 관한 관심, 즉 '사회적 관심'이 부족한 불건강한 사람입니다. 사회적 관심이 부족한 불건강한 사람은 사람이 살아가면서 달성해야 할 인생의 과제를 잘 수행하지 못합니다. '인생 과제'란 관계와 유대를 경험하는 인간의 과제입니다. 인간은 끊임없이 과제에 도전하고 성취하는 존재로 인생 과제 세 가지인 일, 우정, 사랑 중 어느 한쪽도 어그러지지 않고 조화를 이루고 있어야 행복한 사람이라고 할 수 있습니다.

1. 일의 과제

관계 속에서 피드백을 받으며 일의 결과물을 평가하는 경우가 많은데, 비난받기를 두려워하면 일을 회피하는 사람이 됩니다. 즉, 남의 평가가 두렵다고 해서 좋은 평가를 받을 일만 골라 한다는 것이 과제에 대한 회피입니다. 그러므로 어떠한 일에 대한 평가를 받던 타인 앞에서 당당해져야 과제를 잘 수행할 수 있습니다.

2. 우정의 과제

아들러 심리학은 '나를 바꾸는 심리학'이기에, 교우 관계에서 내가 먼저 관점을 달리하여 다가가서 진실한 관계를 맺어야 과제를 잘 수행하고 있다고 볼 수 있습니다. 우리는 대개 인간관계에 문제가 있으면 핑계를 대고 상대의 단점을 탓하거나, 내 탓을 하면서 절교하는 등 과제를 회피하는 모습을 보입니다.

3. 사랑의 과제

연인과 가족관계가 포함되는 가장 어려운 과제입니다. 상대를 구속하지 않고 지배하려 들지 않으며, 긴장하게 만들지 않아야 하고, 그들의 기대대로 구속하거나 통제하려 드는 것은 잘못된 과제 수행법입니다. 관심과 사랑으로 상대를 있는 그대로 수용할 수 있다면 과제를 잘 수행할 수 있습니다.

여러분은 인생 과제를 어떻게 수행하고 있으신가요? 이번 시간에는 나의 자기개념을 알아보고, 인생 과제에 어떠한 영향을 미치고 있는지 알아보도록 하겠습니다.

[활동지 2-1]

〈자기개념 검사지〉

★ 평소 여러분이 자신을 어떠한 특징이 있는 사람으로 인식하고 있는지에 대한 질문입니다. 무조건 좋다고 판단되는 곳이 아니라 자신의 본성대로 순수하게, 깊은 생각 없이 체크해 주셔야 정확한 유형을 알 수 있습니다.

	문항	예	중간	아님
1	나는 나의 외모에 대하여 만족하고 있다.			
2	나의 몸은 연약한 편이다.			
3	나의 용모는 매력 있는 편이다.			
4	나는 몸의 불편을 별로 느끼지 않는다.			
5	나에게는 성적 매력이 없는 것 같다.			
6	나는 대개 바른 일을 한다고 생각한다.			

나를 신체적으로 어떠한 사람이라고 인식하고 있나요? 이러한 인식이 나에게 미치는 긍정적·부정적 영향은 무엇인가요?

_____

7	나는 나의 도덕적인 행동에 대해서 만족하고 있다.			
8	나는 강한 도덕적 생각과 태도를 가지고 있다.			
9	나는 나쁜 사람이다.			
10	나는 정직한 사람이다.			

나를 도덕적으로 어떠한 사람이라고 인식하고 있나요? 이러한 인식이 나에게 미치는 긍정적·부정적 영향은 무엇인가요?

_____

11	나는 내 성격에 문제가 있다고 생각한다.			
12	나는 모난 성격을 가지고 있다.			
13	나는 남의 미움을 받을 만한 성격의 소유자이다.			
14	어떠한 상황에서도 나 자신을 잘 가누어 나갈 수 있는 강인한 성격을 가지고 있다.			
15	나는 명랑하고 쾌활한 사람이다.			

나를 성격적으로 어떠한 사람이라고 인식하고 있나요? 이러한 인식이 나에게 미치는 긍정적·부정적 영향은 무엇인가요?

_____

Ⅱ
아들러 집단상담 실제

16	나는 행복한 가정에서 살고 있다.			
17	나는 우리 집에서 사랑을 받지 못하고 있다.			
18	나는 집안 식구들과 잘 지내고 있다.			
19	나는 지금껏 가족들과 마음을 터놓고 얘기하지 못하고 불신 속에 살아왔다.			
20	우리 식구들은 나를 별로 신통치 않게 여겨 왔다.			

나를 가정적으로 어떠한 사람이라고 인식하고 있나요? 이러한 인식이 나에게 미치는 긍정적 · 부정적 영향은 무엇인가요?

21	나는 다른 사람들과 잘 어울린다.			
22	나는 누구하고든 쉽게 친해질 수 있다.			
23	사교적인 면에서 볼 때 나에게는 좋은 점이라곤 없다.			
24	이만하면 나도 비사교적인 편은 아니다.			
25	나는 다른 사람에게 친근한 느낌을 준다.			

나를 사회적으로 어떠한 사람이라고 인식하고 있나요? 이러한 인식이 나에게 미치는 긍정적 · 부정적 영향은 무엇인가요?

26	나는 어떤 일이든 잘 해낼 수 있다.			
27	나는 다른 사람들만큼 능력 있는 사람이다.			
28	나는 제대로 할 줄 아는 게 없는 것 같다.			
29	나는 다방면에 능력이 있다.			
30	때로 내가 무능하다는 생각이 든다.			

나를 능력적으로 어떠한 사람이라고 인식하고 있나요? 이러한 인식이 나에게 미치는 긍정적 · 부정적 영향은 무엇인가요?

종합해 볼 때 여러분은 어떤 자기개념을 가장 크게 인식하고 있었나요? 그래서 실제 자기 모습과 희망하는 이상형의 자기 모습이 달라 좌절한 순간은 없었나요?

삶의 문제를 선택하고 판단해야 할 순간에 자기개념이 여러분에게 어떤 영향을 작용하였는지 구체적으로 적어 봅시다. (긍정적이었는지, 부정적이었는지, 아쉬움은 없었는지, 실패하지는 않았는지 등)

[활동지 2-2]

〈인생 과제의 어려움 발견하기〉

★ 우리는 살아가면서 다양한 과제에 직면하게 됩니다. 아침에 일어나서 잠자리에 들 때까지 매 순간 일어나는 일에 나름대로 대처하면서 살게 되는데 이를 인생의 과제라고 합니다. 잘 읽어 보시고 구체적으로 적어 보도록 하겠습니다.

1. 최근 삶의 과업 수행 정도는 어떠한지 해당 칸에 표시해 봅시다.

삶의 과업들	수행 정도				
	매우 좋음	좋음	보통	불만족	매우 불만족
직업					
친구 관계					
부부/연인 관계					
자기수용					
삶의 의미					
여가					
부모 역할 수행					

① 나는 일, 사랑, 우정의 관계를 잘 해 나가고 있나요?
   이 중에서 어려움을 겪고 있다면 무엇인지, 구체적으로 적어 보도록 합니다.

_____

② 나의 어떠한 생각(신념, 가치관) 때문에 어려움이 계속 생기고 있나요?
   문제를 해결하고 싶지만, 무엇이 부족하여 해결이 안 된다고 생각합니까?

_____

③ 나는 현재 어려움에 처해 있음에도 불구하고, 나의 어떠한 생각(신념, 가치관) 때문에 변하고 있지 않습니까?

_____

내가 최종적으로 이루고 싶은 인생 과제의 목표는 무엇입니까?

_____

📝 **3회기** **내 인생의 동반자, 열등감**

활동지도안	
활동 목표	• 열등감이 무엇인지 안다. • 내 열등감 콤플렉스의 원천이 무엇인지 안다. • 우월성 추구, 우월 콤플렉스가 무엇인지 알고 나의 경험을 나누어 본다.
준비물	이름표, 필기구, [강의자료 3-1], [활동지 3-1]
단계	진행 절차
도입 (10분)	▶활동 3-1: 안부 인사 나누기 한 주 동안 잘 지내셨나요? 지난 회기에서는 여러분이 살면서 해결해야 하는 삶의 문제에 지대한 영향을 미치고 있는 자신에 대한 인식, 자기개념과 인생 과제에 관해서 이야기를 나누어 보았습니다. 일, 우정, 사랑 중에서 여러분은 어떠한 낙담 경험을 하셨던가요? 그래서 어떤 좌절을 경험했고, 현재 어떻게 영향을 받고 있으며, 미래에는 어떠할 것으로 예상하나요? 일에 치중했던 사람은 가족과 주변 사람에게 미안함을, 우정에 치중했던 사람은 일과 가족에게 미안함을, 가족과 연인 챙기기에 치중했던 사람은 그 밖의 관계들에 미안함을 느꼈을 것 같습니다. 내가 그럴 수밖에 없었던 이유는 무엇이었을까요? 내 인생에 일이, 우정이, 사랑이 제일 중요할 수밖에 없었던 이유는 무엇이었을지, 그 선택이 지금 나에게 어떤 영향을 미치고 있는지, 그걸 알면서도 왜 못 고치는지, 그렇다면 앞으로 어떻게 변화하고 싶은지를 이번 회기에서 알아보고 이야기 나누도록 하겠습니다. 먼저 여러분이 느끼는 열등감의 원천은 무엇인지, 더 나은 인생 의미의 추구를 위한 우월성의 추구 및 불건강한 우월 콤플렉스에 관해서 이야기 나누어 보도록 하겠습니다. 〈활동 내용〉 ① 지난주 동안 어떻게 지냈는지 이야기한다. ② 현재의 감정과 신체감각 상태가 어떠한지 이야기한다.
전개 (70분)	▶강의 3-1: 열등감, 우월성 추구, 열등감 콤플렉스, 우월감 콤플렉스란 무엇인가요? 열등감이란 객관적인 사실이나 상황에 대해 우리가 내리는 평가로, 실제로 '열등'한 것과 상관없이 개인이 받아들이는 기준과 의미를 말합니다. 그래서 다른 사람의 열등감이 전혀 이해가 되지 않을 수도 있고, 나의 열등감이 심각하지 않게 받아들여질 수도 있습니다. 그러나 행복한 삶이라는 우월한 목적을 위한 동력은 열등감이라는 데 이견이 없을 것입니다. 그러다 보니 콤플렉스라는 부작용도 생기는데, 이번 강의를 통해서 나는 어떠한 상태인지를 점검해 보고, 활동지 작성에 참고하시길 바랍니다. 〈강의 내용〉: [강의자료 3-1] 열등감, 우월성 추구, 열등감 콤플렉스, 우월감 콤플렉스 알아보고 나에게 적용해 본다. ▶ 활동 3-2: 나의 열등감 이야기 아들러 심리학에서는 원인론은 크게 중요하게 다루지 않고 있습니다. 문제의 원인을 알아도 과거로 돌아가 직접 바꿀 수 없고, 선천적으로 주어진 것은 내가 선택한 것도 아니기 때문입니다. 열등감 콤플렉스의 원천을 알았다고 해서 금방 고쳐지지 않습니다. 이유는 콤플렉스를 가지고

있으면서 받았던 나의 선택에 대한 이득과 목적 때문입니다. 그러므로 현재 내가 어떤 선택을 하고 어떤 결과를 목표로 하고 있는지를 정확히 인식하는 것은 변화를 위해 매우 중요한 일입니다. 열등감은 나와 타인 사이에도 생길 수 있고, 현실적인 나와 이상적인 나 사이에서도 생길 수 있습니다. 그 사이에서 생기는 비교와 격차를 메우려 노력하는 것은 전형적인 건강한 극복방법입니다. 인생을 열심히 살아온 경험은 차곡차곡 쌓여서 힘이 필요한 순간에 다시 선명한 기억으로 떠오릅니다. 우월성을 추구하는 열등감과 열등감 콤플렉스가 여러분 인생을 씨줄과 날줄처럼 교차할 수 있습니다. 그러나 한 가지 주의할 것은 우월감 콤플렉스입니다. 자신의 노력이나 성장이 아니라, 권력자와 각별한 사이라고 자랑하는 사람, 자신의 성취와 자랑을 누구나 알 수 있게 드러내는 사람, 현재가 아니라 과거의 영광만 늘어놓는 사람 역시 부정적인 열등감 콤플렉스를 가지고 있는 사람이라고 하겠습니다. 그들은 인생의 과제 앞에서 스스로 해결하지 못하고 도망가는 사람이므로 아들러가 말하는 진정한 행복을 달성할 수 있는 사람이 아닙니다. 이제 활동지를 통해 나의 열등감에 대해서 알아보도록 하겠습니다.

〈활동 내용〉: [활동지 3-1]
① [활동지 3-1]을 기록한다.
② 전체 집단원에게 나는 어떤 열등감 콤플렉스가 있는지 이야기해 본다.
③ 집단원의 이야기가 끝날 때마다 지도자 또는 타 집단원은 공감과 격려의 피드백을 전달한다.

마무리 (20분)	▶마무리 오늘은 나의 열등감이란 무엇인지 알아보고 열등감 콤플렉스의 원천과 우월성을 추구, 열등감 콤플렉스, 우월감 콤플렉스에 관해서 이야기를 나누어 보았습니다. 참여하면서 어땠는지, 새롭게 알게 되거나 다시 한번 생각하게 된 점이 있다면 함께 나누어 보는 시간을 가져 보겠습니다. ▶ 다음 차시 안내 아들러는 열등감의 원천을 출생과 관련지어 말했습니다. 그러므로 신체적 결함, 부모의 과잉보호와 양육 태만이 어떻게 가족 안에서 이루어지고 있었는지를 살펴보고, 성인이 되어서 어떠한 생활양식으로 나타나고 있는지 알아야 할 필요가 있습니다. 그러므로 다음 시간에는 '가족 안에서 나를 바라보다'라는 주제로 이야기를 나누어 보도록 하겠습니다.
유의점	지도자는 집단원 개개인의 열등감에 관한 이야기를 자신과 빗대어 듣는 판단의 과정이 아니라, 타인을 있는 그대로 수용하고 들어주는 경험을 통해서 격려하고 지지하는 훈련을 할 수 있도록 안내한다.

강의자료 3-1　**열등감, 우월성 추구, 열등감 콤플렉스, 우월감 콤플렉스란 무엇인가요?**

열등감이란 자신을 무능하고 무가치한 존재로 생각하는 자아개념으로 타인과의 비교에서 오는 자신에 대한 비하감·절망감으로 문제행동을 만드는 것을 말합니다. 그래서 열등감은 긍정적인 것보다는 부정적인 생각을, 유쾌한 기분보다는 불쾌한 기분을 유발하여 자존감이 저하되고 행동은 위축됩니다.

아들러는 인간은 태어날 때부터 타인의 도움을 받아야 하는 열등한 존재임에도 불구하고, 이를 끊임없이 극복하려고 노력하는 존재로 규정하며 열등감 자체를 긍정적 측면에서 이해하기를 강조하였습니다. 만약 인간이 열등감을 극복하려고 노력하지 않았다면 인류의 역사는 이렇게까지 발전하지 않았을 것입니다. 인간의 모든 문화사도 인간의 불안과 열등감을 보상하고 극복하고자 노력했던 역사라고 볼 수 있습니다. 열등감은 이처럼 개인의 발전을 위해 작용하고, 더 나아가서 인류 전체의 발전을 위한 역할을 하기도 합니다. 그러나 과도한 열등감에 사로잡혀서 보상 활동을 하지 못하고 부정적 감정에만 사로잡혀 있다면, 열등감의 이로운 측면을 활용하지 못한 채 좌절과 퇴행을 할 수밖에 없게 됩니다.

그렇다면 열등감이 생기는 이유는 무엇일까요? 아들러는 열등감이 생기는 원천적 이유를 기관 열등감과 부모의 양육 태도로 인한 열등감이라 칭하며, 이는 가정에서 어떻게 자녀를 인격적으로 양육했는지와 관련이 있다고 말하였습니다.

- **기관 열등감**–자신의 타고난 신체에 대해서 어떻게 생각하는가? 선천적으로 타고난 신체적 결함(장애)을 극복하지 못하면 타인의 배려를 당연하게 여기고 자신만 아는 응석받이가 되는 열등감을 가지게 된다.
- **부모 양육 태도로 인한 열등감**–최초로 맺는 사회관계인 부모 관계가 제대로 되지 못하면 열등감을 가지게 된다. 과잉보호는 부모의 참견으로 인해 스스로를 문제를 결정하거나 해결할 수 없는 사람으로 인식하는 열등감을 만들고, 양육 태만은 부모의 방임으로 인해 나는 세상에서 필요 없는 존재라는 허무주의에 빠져 문제를 회피하거나 반항하게 되는 열등감을 만든다.

어린 시절, 부적절한 가정이나 학교의 영향으로 실패와 좌절을 반복했음에도 누구의 격려나 지지를 받은 경험이 없는 아동은 실패와 좌절감으로 인해 '나는 아무리 해도 안 되는구나', '해 봤자 소용없어, 다시는 시도하지 말자'라는 열등감 콤플렉스를 느끼게 됩니다. 강한 열등감 콤플렉스에 걸린 사람이 자신의 절대적인 우월성을 획득하기 위해 노력하며, 다른 사람보다 더 위에 있고 더 훌륭하다고 생각하는 거짓 신념을 구체화하는 현상을 '우월감 콤플렉스'라고 말합니다. 이는 자존감이 낮으나 경제력, 지위, 권력, 지식 등 외부적으로 보이는 요인을 인정받아서라도 안전감을 고수하고자 하는 사람일수록 우월감 콤플렉스가 강하다고 볼 수 있습니다. 이러한 자기 중심성으로 인해 타인의 감정을 고려하지 못하고, 지배하고 통제하는 힘을 추구하다 보니 좋은 인간관계를 맺지 못하고, 자신의 능력을 실제 이상으로 과대평가하여 이상적인 자기와 현실적 자기를 혼동하게 됩니다.

정리하면 '열등감'은 정상적인 '우월성의 추구'를 통해 개인의 적응과 생활의 만족감을 높이고 현실적인 문제를 잘 대처하게 만들어 건강한 사람이 되도록 합니다. 그러나 낙담의 늪에서 빠져나오지 못하여 '열등감 콤플렉스'와 '우월감 콤플렉스'의 악순환을 되풀이하는 사람은 자신에게 과다한 요구를 하고, 다른 사람에 대해서는 자만이나 경멸을 보이는 불건강한 사람이 됩니다.

그렇다면 열등감이 없다고 말하는 사람은 어떻게 봐야 할까요? 열등감을 긍정적으로 잘 처리하고 있어서 삶의 동력으로 잘 활용하고 있을 수도 있고, 세심하게 삶을 살피지 못하여 열등감이란 의미를 잘 알지 못한 채 성숙의 기회를 놓치고 있을 수도 있습니다. 지금부터 행복한 삶을 살고 싶은 나를 위해 여러분의 열등감을 정리해 보는 시간을 가져 보도록 하겠습니다.

[활동지 3-1]

〈나의 열등감 이야기〉

1. 현재 여러분의 열등감은 무엇인가요?

　–열등감이란 자기개념(현실 자기, 이상 자기, 가능한 자기)과 어긋나는 삶의 문제들을 만나면서 겪게 되는 감정입니다.–

그 열등감의 원천은 다음 중 어디에서 비롯되었나요? 원천을 알면서도 콤플렉스가 고쳐지지 않는 이유는 무엇일까요? 자세히 써 보세요.

〈예〉

① 기관– 나의 신체, 외모, 건강이 좋지 못하다.

② 과잉보호– 부모의 도움 없이 삶의 고비를 해결할 능력이 부족하다.

③ 양육 태만– 부모의 무관심과 애정 부족 등으로 인해 허무하거나 반항적이다.

---

2. 나의 열등감을 극복하기 위해서 어떠한 보상 활동을 했는지 적어 보세요.

　① 성공 경험은 무엇이었으며, 그렇게 노력하게 된 동기(우월성 추구의 동기)는 무엇이었나요?

---

　② 실패 경험은 무엇이었으며, 현재 포기 상태인지, 다시 도전 중인지, 긍정적이거나 부정적인 영향은 무엇인지, 앞으로 어떻게 할 것인지 등을 적어 보세요.

---

3. 여러분은 열등감 콤플렉스나 우월감 콤플렉스가 있나요? 이는 무의식적으로 발현되어서 나중에서야 나의 통찰을 통해서, 혹은 주변인의 말에 의해서 알게 되었을 수도 있습니다. 있다면 자세히 적어 봅니다.

---

4. 열등감 콤플렉스나 우월감 콤플렉스를 느끼지 않기 위해서는 낙담이 왔을 때 좌절하지 않고 실수로 인정하는 것입니다. 과거나 현재의 좌절감, 혹은 미래의 막막함으로 괴로워하는 나에게 수용과 사랑의 메시지를 보내 보세요. (혹은 이러한 감정을 느끼는 타인에게 메시지를 보내 보세요.)

📝 4회기 가족 안에서 나를 바라보다

활동지도안	
활동 목표	• 가족 구도가 생활양식에 미치는 영향을 안다. • 형제와 부모의 탐색을 통해 생활양식에서 나에게 어떤 영향을 미치는지 안다.
준비물	이름표, 필기구, [강의자료 4-1], [강의자료 4-2], [활동지 4-1]~[활동지 4-3]
단계	진행 절차
도입 (10분)	▶활동 4-1: 안부 인사 나누기 지난 회기에서 여러분이 가진 콤플렉스의 원천에 관해 이야기를 나누어 보았습니다. 그처럼 가족은 초기기억에 큰 영향을 미치는데 그중에서 형제와 부모님이 나에게 어떠한 영향을 미치고 있는지 가족 구도를 살펴보며 현재 나의 생활양식에 어떠한 영향을 미치고 있는지 이번 회기에 나누어 보도록 하겠습니다. 〈활동 내용〉 ① 지난주 동안 어떻게 지냈는지 이야기한다. ② 현재의 감정과 신체감각 상태가 어떠한지 이야기한다.
전개 (70분)	▶강의 4-1: 생활양식에 영향을 미치는 가족 이야기 생활양식이란 말 그대로 개인이 열등감을 극복하고 인생 과제를 달성해 가는 삶의 방식을 말합니다. 이러한 생활양식은 언제 완성이 되는 걸까요? 아들러는 5세라고 보았지만, 현대 학자들은 8~10세면 완성된다고 보았습니다. 그러므로 어린 시절에 이미 완성된 생활양식을 바꾼다는 것은 굉장히 어렵고 용기가 필요한 일입니다. 지난 시간에 원천적으로 열등감을 만드는 요소인 기관 열등감, 부모 양육 태도 열등감에 관해 학습했습니다. 오늘 배울 내용 또한 열등감의 원인이면서 생활양식에 큰 영향을 미치는 요소인 가족 구도에 대해서 알아보도록 하겠습니다. 〈강의 내용〉: [강의자료 4-1] 생활양식에 영향을 미치는 가족 이야기를 알아보고 나에게 적용해 본다. ▶ 활동 4-2: 나와 형제 이야기 출생순위 이외에도 형제 관계에서 큰 영향을 미치는 것이 형제간의 경쟁입니다. 형제는 부모의 관심을 두고 경쟁하는 관계이기 때문에 생활 속에서 각자의 영역을 확보하며 부모의 관심을 받기 위해 노력합니다. 건강한 경쟁 관계는 형제가 모두 우월을 추구하는 것이지만, 때로는 경쟁이 심하여 열등감 콤플렉스를 느끼거나 우월감 콤플렉스를 경험하게 됩니다. 여러분은 형제간 어떠한 문제로 주로 경쟁하고 어려움을 겪었나요? 공부 성적, 부모의 애정, 주도권 등 여러 가지 이유가 있었을 것입니다. 이는 가정뿐만 아니라 사회에서도 반복되어 나타나는 경향이 있습니다. 〈활동 내용〉: [활동지 4-1] ① [활동지 4-1]을 기록한다. ② 전체 집단원에게 형제 순위가 나에게 미친 영향에 대해 이야기해 본다. ③ 집단원의 이야기가 끝날 때마다 지도자 또는 타 집단원은 공감과 격려의 피드백을 전달한다.

▶ 활동 4-3: 나와 부모님 이야기

이번에는 부모가 어떤 가치관으로, 어떤 기대와 목적을 가지고 자녀를 양육했는지 파악해 보는 시간을 가져 보겠습니다. 나와 부모의 생활양식이 다를수록 성격 차이와 같은 갈등과 괴로움을 느낍니다. 이는 부모와 비슷한 생활양식을 가진 형제가 있다면 질투나 경쟁심으로 나타날 수 있습니다. 여러분은 이러한 가족 구도가 나에게 미친 영향을 알 때, 나의 생활양식(나의 성격)을 제대로 볼 수 있습니다.

〈활동 내용〉: [활동지 4-2]
① [활동지 4-2]를 기록한다.
② 전체 집단원에게 부모가 나에게 미친 영향에 대해 이야기해 본다.
③ 집단원의 이야기가 끝날 때마다 지도자 또는 타 집단원은 공감과 격려의 피드백을 전달한다.

▶ 강의 4-2: 생활양식 유형이란 무엇인가?

열등감을 극복하고 인생 과제를 잘 수행하기 위해 노력하는 사람을 "사회적으로 유용한 생활양식"을 가진 사람이라고 아들러는 정의하였습니다. 직면한 과제를 두고 어떤 사람은 혼자 해결하려는 반면, 어떤 사람은 누군가에게 의존합니다. 또한, 주변 사람의 도움을 받아 과제를 원만하게 대처하는 사람도 있지만, 도망가고 방치하는 습관으로 문제를 악화시키는 사람도 있습니다. 여러분은 어떤 생활양식을 가진 유형인가요? 생활양식을 알면, 자신을 잘 이해하고 주변 사람들과도 더욱 좋은 관계를 맺을 수 있습니다. 아들러의 이론에 따르면 생활양식은 네 가지의 유형으로 나눌 수 있습니다.

〈강의 내용〉: [강의자료 4-2]
생활양식 유형을 알아보고 나에게 적용해 본다.

▶ 활동 4-4: 생활양식 측정 검사

먼저 생활양식 측정 검사 활동지를 기록하고 점수를 합산해 보도록 하겠습니다. 가~라의 유형은 공통된 특징을 가지고 있습니다. 사회적 관심이 높고 활동 수준이 높은 생활양식을 가진 사회적 유용형, 문제를 회피하고 도망가는 회피형, 타인에 관한 관심이 없고 공격적인 지배형, 전적으로 의존하는 기생형으로 네 가지 유형 중에서 나의 유형은 무엇인가요?

〈활동 내용〉: [활동지 4-3]
① [활동지 4-3]을 기록한다.
② 생활양식 측정 검사 결과에 따른 나의 유형에 대해 이야기해 본다.
③ 집단원의 이야기가 끝날 때마다 지도자 또는 타 집단원은 공감과 격려의 피드백을 전달한다.

마무리 (20분)	▶마무리 오늘은 여러분이 생활양식에 영향을 미치는 환경 중 가장 중요한 요소인 가족 구도에 관해서 이야기 나누어 보았습니다. 참여하면서 어땠는지, 새롭게 알게 되거나 다시 한번 생각하게 된 점이 있다면 함께 나누어 보는 시간을 가져 보겠습니다. ▶ 다음 차시 안내 여러분은 가족이 나에게 미치는 영향을 바탕으로 지금껏 살면서 다양한 시행착오를 겪을 때마다 나름대로 대처하면서 살았을 것입니다. 가족의 영향을 받는 것은 변하지 않는 사실이지만, 앞으로의 삶에서도 계속 부정적 영향을 미치게 둘 것인가, 잘못된 열등감을 수정하고 극복하려 노력할 것인가를 결정하는 것은 자신입니다. 다음 시간에는 '어디 숨어 있었니, 긍정적인 내 모습'이라는 주제로 이야기를 나누어 보겠습니다.
유의점	형제 순위에 관한 이야기를 나눌 때 집단원이 대규모라면 형제 순위에 따른 조별 활동을 할 수 있다.

강의자료 4-1 | **생활양식에 영향을 미치는 가족 이야기**

처음 만나는 사회관계인 가족에게서 영향을 받는 부분은 '형제간 출생 순서, 형제와의 경쟁 관계, 부모가 강조하는 가족의 가치관, 가족의 분위기' 등입니다. 이를 통틀어 가족 구도라고 부릅니다. 아들러에 의하면 출생 순서에 따라 성격의 특징이 다르다고 하지만, 시대가 많이 변한 만큼, 더 중요한 것은 실제의 형제 순위가 아닌 '형제와의 상호관계, 장애의 유무, 부모의 기대' 등에 영향을 받은 '나의 심리적 지위'입니다. 지금부터 소개할 출생 순서별 성격적 경향이 100% 맞아떨어지는 것은 아니기에 자신의 심리적 지위와 연관 지어 생각해 보면 더 의미가 있을 것 같아 소개해 보겠습니다.

〈출석 순서별 성격의 경향〉
– 읽으면서 자신의 특징에 해당하는 문장에 색을 바꿔 보세요.

첫째아이–'첫째로 태어났으며, 계속 첫째로 있고 싶어 한다.'
- 늘 주목받고 싶다. / 다른 아이들보다 우월한 지위를 차지해야 한다고 생각한다.
- 공정하게 굴려고 한다. / 지배적인 성향이 강하다.
- 동생들에게 부모처럼 굴려고 한다. / 동생들을 돕거나 지키려고 한다.
- 실패가 두려워 실패할 것 같으면 시작하지 않는다. / 자존심이 세다(체면을 중시한다.).
- 능력을 키우거나 책임을 지는 행동을 취한다. / 안정감이 있으며, 순응할 줄 안다.
- 주위의 기대에 부응하려 한다. / 자신의 지위를 위협하는 존재에게 심하게 질투한다.

둘째 아이–'따라잡기 위해서 필사적으로 달린다.'
- 부모나 주위 사람에게 그리 주목을 받지 못한다.
- 첫째를 따라잡고, 추월하려고 한다. / 항상 형제를 경쟁자로 생각한다.
- 첫째가 '착한 아이면, 나쁜 아이'인 척하고, '나쁜 아이라면, 착한 아이'인 척을 한다.
- 첫째에게는 없는 능력을 발휘하려고 한다. / 다른 형제의 발목을 잡으려고 한다.
- 동생이 태어나면 압박감을 느낀다. / 첫째가 성공하면 자기 능력에 불안함을 느낀다.

가운데 아이–'평생 다른 사람을 제치고 나아가려는 경향을 보인다.'

- 손 위아래 형제들에게 있는 장점이 없다. / 불공평하다고 느낄 때가 많다.
- 부모에게 사랑받지 못한다고 느낀다. / 형제 사이에 끼어 협공을 받을 때가 있다.
- 가족 안에 설 곳이 없다고 느낀다. / 형제들과 함께 자란 덕분에 사회성이 뛰어나다.
- 좌절하여 문제아가 되면 다른 형제를 밀어내려고 한다.

막내–'아기로 태어나서 왕좌를 위협받지 않는다.'

- 외동처럼 행동할 때가 있다. 누구든 자신보다는 능력이 있다고 느낀다.
- 윗사람이 하는 일에 기대어 결단을 내리거나 책임져야 할 일을 다른 사람에게 맡기곤 한다.
- 자신이 가장 작고 약하다고 느끼지만 심각하게 받아들이지 않는다.
- 타인으로부터 대접을 받고, 자신의 방식대로 해서 가족의 보스가 된다.
- 열등감이 커져서 손위 형제들을 위협하는 행동으로 치닫는 경우도 있다.
- 아기 역할을 연기하며, 타인이 자신을 위해서 일을 해 주기를 기대한다.
- 삼형제일 경우 첫째와 동맹을 맺고 둘째를 '공공의 적'으로 돌린다.

외동–'거인의 세계에서 사는 소인'

- 과보호를 받아서 어리광이 심하고, 외로움을 잘 탄다. / 자신만의 방식이 있다.
- 주목받는 위치에 있어서 그 위치에 맛을 들여, 자신이 특별하다고 느낀다.
- 하고 싶은 일을 하는 데에서 즐거움을 느낀다. / 이상이 높다. / 책임감이 강하다.
- 동년배 아이들과의 관계는 불편하지만, 연하나 연장자와는 잘 지낸다.
- 첫째처럼 노력하는 유형이거나, 막내처럼 의존적인 유형이거나 둘 중 하나인 편이다.

[활동지 4-1]

〈나와 형제 이야기〉

★ 형제에 관한 이야기를 적으면서, 어린 시절의 형제 경험이 나에게 어떠한 영향(열등감)을 미치고 있는
지 알아보도록 하겠습니다. 그 경험으로 지금도 바뀌지 않는 관계 구도가 있다면 무엇인지, 이것이 대
인관계에 어떤 영향을 미치고 있는지 등을 생각해 볼 기회가 될 것입니다. 생각나는 대로 솔직히 적어
보시기 바랍니다.

1. 나의 형제 순위에 대해서 적어 보세요. 강의자료에 표시한 실제 형제 순위와 심리적 순위는 어떠한가
   요? 일치하는 이유와 그렇지 않은 이유는 무엇인가요?

   _____

2. 나와 형제 관계에서 생긴 일을 떠올려 보면서 적어 보도록 합니다.
   (외동일 경우, 문제와 상관없이 형제가 없어서 생겼던 나에게 미쳤던 영향을 생각해 보고 적으시길 바
   랍니다.)

   어느 형제가 당신과 다르고, 어떻게 다른가?
   _____

   어느 형제가 당신과 가장 닮았는가, 어떤 점에서?
   _____

   형제 중 질병이나 사고가 난 적이 있는가?
   _____

   아이일 때 나는 형제 중에서 어땠는가?
   _____

   형제가 학교에서는 어떤 평판을 들었는가?
   _____

   내 어린 시절 형제간의 두려움은 무엇이었는가?
   _____

   내 어린 시절의 소망은?
   _____

   형제 이외의 또래들 사이에서 내 역할은?
   _____

   사회적 관계(대인관계, 현실적응)는 어떠한가?
   _____

   학교에서와 직장에서의 역할은 어떠한가?
   _____

[활동지 4-2]

〈나와 부모님 이야기〉

1. 아래의 정보를 적어 보세요.

　(정확한 정보를 모를 경우, 내가 추측한 정보를 적으시면 됩니다.)

부 / 모
직업
성격유형
자녀에게 거는 기대
자녀와의 관계
부와 가장 비슷한 나의 형제
부와 나와 유사점
부와 나와 차이점

2. 가치관과 자녀에게 거는 기대의 정도에 따라 부모의 양육 태도가 달라집니다. 나는 부모님에게 어떤 영향을 받았습니까? 그것이 나의 인생에 어떠한 영향을 미쳤고, 달성하기 위해서 어떤 노력을 했습니까?

　(자녀가 있다면 나의 부모와 견주어, 어떤 양육 태도로 자녀를 양육하였습니까?)

강의자료 4-2   생활양식 유형이란 무엇인가?-생활양식의 네 가지 유형

아들러는 인간의 행동을 인생의 과제(일, 사랑, 우정) x 생활양식이라고 보았습니다. 생활양식 검사를 한 후, 나는 어떤 유형에 해당하는지 읽어 보도록 하겠습니다.

〈지배형〉

지배형은 부모가 지배하고 통제하는 독재형으로 자녀를 양육할 때 나타나는 생활양식이다. 민주사회에서 요구하는 바람직한 시민상을 고려할 때 상대방에게 지배와 복종을 강요하는 생활양식이 적절하지 않다는 것을 쉽게 알 수 있다. 우리 사회가 오랫동안 가부장적 가족 문화, 유교 문화로 권위를 중시한 문화였기 때문에 아직도 아버지가 장에서 힘을 휘두르는 경우가 많다고 여겨진다. 부모가 막무가내로 힘을 통해 자녀를 지배하고 통제할 때 자녀의 생활양식은 지배형으로 형성된다.

〈기생형〉

기생형의 생활양식의 주요한 특징은 의존성이다. 이러한 생활양식은 부모가 자녀를 지나치게 과잉보호할 때 나타나는 태도이다. 부모가 자식 사랑이란 핑계로 자녀를 지나치게 보호하여 독립심을 길러 주지 못할 때 생기는 생활태도이다. 우리는 누구도 자녀가 사회의 기생충이 되기를 원하지 않는다. 스스로 자신의 문제를 해결하고 자신의 인생을 개척해 갈 수 있고, 자신이 노력하여 떳떳하게 성취할 수 있는 사람을 원한다. 사랑하는 자녀가 원한다 하여 무엇이나 제공한다면 자녀는 기생형의 생활양식을 배운다는 것을 명심할 필요가 있다. 새가 껍데기를 깨고 많은 시련을 통해 나는 것을 배우는 것처럼 자녀가 스스로 어떤 일을 할 수 있도록 조력하는 것이 필요하다. 자본주의 사회에서 부모의 재산을 보고 빈둥대는 많은 사람이 기생형의 한 예라 볼 수 있다.

〈회피형〉

회피형의 생활양식을 가진 사람은 매사에 소극적이며 부정인 특징을 가진다. 이러한 생활양식을 가진 사람은 자신감이 없어서 적극적으로 직면하는 것을 피한다. 현대사회에서 살아남기 위해서 모험 정신의 벤처기업이 필요한 것처럼, 각 개인에게 있어서도 더 나는 삶을 위해서 과감하게 도전하는 자세가 필요하다. 그러나 회피형의 사람은 무엇도 시도하지 않고 불평과 불만만 늘어놓는다. 또한 타인의 시선을 인식하지 못하기에 사회적 관심이 떨어지고 그들로부터 고립된다. 부모가 자녀교육을 할 때 자녀의 기를 꺾고 부모의 결정만 요구하면 아동은 이러한 회피형 생활양식을 갖는다. 그러므로 기를 살려 주는 자녀교육이 필요하고, 부모로서 사회적 관심을 두고 매사에 적극적으로 참여하는 태도를 자녀에게 보여 주는 것이 필요하다.

〈사회적 유용한 형〉

이러한 유형은 높은 사회적 관심과 높은 활동 수준을 가지고 있다. 아들러 이론에서 이 형의 사람은 성숙하고 긍정적이며, 심리적으로 건강한 사람의 표본이라고 말했다. 이들은 사회적인 관심이 많아서 자신과 타인의 욕구를 동시에 충족시키는 한편, 인생 과업을 완수하기 위해 기꺼이 다른 사람들과 협동한다. 이들은 또 사회문제를 해결하기 위해서는 협동, 개인적인 용기 그리고 타인의 안녕에 공헌하려는 의지가 필수적임을 인식하고 있다.

[활동지 4-3]

〈생활양식 측정 검사〉

★ 평소 여러분의 생활태도와 행동에 관한 질문입니다. 무조건 좋다고 판단되는 곳이 아니라 자신의 본성
 대로 순수하게, 깊은 생각 없이 체크해 주셔야 정확한 유형을 알 수 있습니다.

	문항	예	중간	아니요	
1	나는 친한 친구를 위하는 일이라면 내가 손해를 봐도 괜찮다.				
2	나는 우리 가정과 가족을 위해서 무엇을 할 것인가 늘 생각하고 있다.				
3	나는 내가 맡은 일은 여러 사람을 위한 일이라 생각하고 최선을 다한다.				
4	나는 다른 사람의 잘못을 탓하지 않고 서로 도우며 일한다.				
5	나는 내가 좋아하고 보람을 찾을 수 있는 일이라면 내가 좋아하지 않는 사람과도 같이 할 것이다.				가 (점)
6	나는 일상생활에서 내가 손해를 보더라도 여러 사람의 이익을 지키는 일을 우선한다.				
7	나는 내 친구들이 나의 의견에 따라서 행동할 것을 고집하지 않는다.				
8	나는 나보다 나이가 어리거나 나이가 많은 사람과도 어울리기를 좋아한다.				
9	내 행동에 대해 양해를 구하거나 사과할 필요를 느끼면 서슴지 않고 그렇게 한다.				
10	내가 배운 일에 대해서는 배운 대로 실천하려 노력한다.				

11	나는 여러 사람과 함께 일하기 싫어한다.				
12	나는 작은 실수를 했더라도 몹시 창피하다고 느낀다.				
13	나는 성공을 위한 일이라도 어려운 일이면 피하고, 대부분 편리한 방법을 선택한다.				
14	나는 다른 사람의 일이나 나의 할 일에 대하여 별로 관심을 가지지 않는다.				나 (점)
15	나는 다른 사람과의 경쟁은 대부분 피한다.				
16	나는 어려운 일을 해야 할 때, 성공에 대한 기대보다 실패할까 두렵다.				
17	나는 어떤 일을 하다가도 어려움이 생기면 쉽게 포기하는 편이다.				
18	나는 길에서 아는 사람이 우연히 지나가면 모르는 체하고 어울리기를 좋아한다.				

	문항	예	중간	아니요	
19	나는 잘 모르는 사람이 나에게 말을 걸어오면 피해 버린다.				
20	나는 별로 친하지 않은 사람들과 어울리는 자리를 피하는 경향이 있다.				
21	나는 내가 좋아하는 일이라면 수단과 방법을 가리지 않고 꼭 하고야 만다.				다 (점)
22	다른 사람이 잘못되더라도 나는 잘되어야 한다고 생각한다.				
23	나는 다른 사람이 의견을 발표해도 내가 주장하는 의견을 굽히지 않는다.				
24	나는 어떤 결정을 내릴 때 남에게 묻지 않고 내 생각대로 결정한다.				
25	나는 친구들 사이에 있어서 대표 역할을 자주 한다.				
26	나는 다른 사람과 경쟁하면 반드시 이기려고 노력한다.				
27	나는 여러 친구를 대표해서 의견을 선생님께 전달하는 역할을 좋아한다.				
28	나는 내가 말하고 싶은 것이 있으면 서슴지 않고 말하는 편이다.				
29	나는 친구나 가족이 말을 걸어오면 피해 버린다.				
30	친구들이 내 의견을 따라야 내 마음이 편하다.				
31	나는 쉬운 일도 남에게 물어서 처리하는 일이 많다.				라 (점)
32	나는 내가 성공하려면 나의 노력보다는 다른 사람으로부터 많은 도움을 받아야 한다고 믿는다.				
33	나는 대개 쉬운 일이라도 남이 도와주지 않으면 할 수 없다.				
34	나는 대개 하는 일이 어렵다고 생각되면 다른 사람의 도움을 바로 구한다.				
35	나는 내가 가지고 싶은 물건이 있으면 누구의 도움이라도 받아서 꼭 가지고 싶다.				
36	나는 내 능력이 부족할 경우 부모나 친척의 도움을 받아서라도 잘되고 싶다.				
37	나는 친구들이 내 의견에 따르게 하려고 여러 가지로 생각하고 행동한다.				
38	운동경기에서 우리 팀이 이기려면 어떻게 하든 잘하는 친구를 우리 편이 되도록 해야 한다고 생각한다.				
39	나는 친구나 가족이 나에게 할 일을 시키기보다 내가 시키는 편이다.				
40	내가 미워하는 친구를 다른 사람이 좀 혼내주었으면 하는 생각이 들 때가 있다.				

① 가~라 중에서 총점이 높은 순서대로 써 보세요. 나는 무슨 유형입니까?

_____

_____

(예: 사회적 유용형 / 회피형 / 지배형 / 기생형)

② 나의 어떠한 이유가 내 유형을 만들었다고 생각합니까?

  (예: 부모의 양육 태만, 과잉보호, 형제 출생순위, 형제간의 경쟁 구도, 부모의 기대, 부모의 가치관 등)

_____

_____

③ 내 유형의 장점과 단점은 무엇일까요? 변화하고 싶다면 어떤 모습으로 변하고 싶은가요?

_____

_____

④ 내가 제일 싫어하는 유형은 무엇인가요? 그 유형에 해당하는 사람으로 누가 떠오르며 그 사람에 대한 싫은 감정 아래에 있는 밑 감정인 1차 감정(상처, 외로움, 슬픔, 걱정, 실망감, 질투, 선망, 욕심……)은 무엇인가요?

_____

_____

📝 **5회기** 어디 숨어 있었니, 긍정적인 내 모습

활동지도안	
활동 목표	• 자기 격려가 무엇인지, 어떠한 방법이 있는지 안다. • 정서적 자기 격려방법−단점을 장점으로 인식하기 훈련에 대해 알아본다. • 정서적 자기 격려방법−성공 경험 기록하기 및 긍정적 자기상 만들기 훈련에 대해 알아본다.
준비물	이름표, 필기구, [강의자료 5−1], [참고자료 5−1], [활동지 5−1], [활동지 5−2], [참고자료 5−2]
단계	진행 절차
도입 (10분)	▶활동 5−1: 안부 인사 나누기 지난 회기에는 여러분의 삶을 성장하게 하는 건강한 열등감과 불건강한 열등감에 관해 이야기를 나누어 보았습니다. 열등감에 영향을 미친 가족관계는 일생 동안 나의 사회관계에서도 반복적으로 나타납니다. 누군가는 가족에게 사랑을 받았던 가장 좋은 기억을 반복 경험하고 싶어서 타인에게서도 사랑받고 인정받으려 노력합니다. 그리고 누군가는 괴롭고 두려웠던 가족의 기억을 반복하지 않기 위해서 열등감을 극복하려 애를 씁니다. 그러나 또 다른 누군가는 일상생활에서 부정적인 경험을 하게 되면 도망을 하거나(회피형), 남이 해결해 주길 바라거나(의존형), 막무가내로 상대를 내 뜻대로 통제(지배형)하려 합니다. 여러분은 인생의 과제를 만날 때마다 어떠한 모습으로 삶을 만들어 가고 있었나요? 그리고 이제부터는 어떻게 만들어 가려고 하시나요? 낙담의 심리학적 근거는 높은 기준, 완벽한 기대, 부적절감, 그리고 자신의 능력에 대한 회의라고 합니다. 그러한 낙담을 극복할 용기를 내게 하는 것이 자기 격려임을 이전 회기에서 이야기 나누어 보았습니다. 오늘은 자기 격려 중에서도 정서적 긍정감을 만드는 방법에 관해서 이야기 나누어 보겠습니다. 〈활동 내용〉 ① 지난주 동안 어떻게 지냈는지 이야기한다. ② 현재의 감정과 신체감각 상태가 어떠한지 이야기한다.
전개 (70분)	▶강의 5−1: 나에게 용기를 주는 힘, 자기 격려법이 궁금해요 인간은 격려를 통하여 자신과 자신이 소속되어 있는 사회에서 용기를 내며 살아갑니다. 특히, 자기 격려를 통해 자신의 가치와 흥미, 장점에 초점을 맞추어 다른 사람의 평가에 의존하지 않고 자신과 사회를 긍정적으로 보기 위해 다양한 자기 격려법을 사용합니다. 이번 강의에서는 자기 격려가 잘된 사람이 어떠한 삶을 사는지, 자기 격려 방법에 어떤 종류가 있는지를 알아보도록 하겠습니다. 〈강의 내용〉: [강의자료 5−1] 자기 격려에 대해 자세히 알아보고 나에게 적용해 본다. ▶ 활동 5−2: 정서적 자기 격려방법−단점을 장점으로 인식하기 훈련 단점을 장점으로 인식하기 훈련법에서 중요한 것은, 단점과 장점을 나타내는 표현법을 익히는 것입니다. 인지적 오류를 범하는 사람들은 '옳다, 그르다'라는 이분법적 사고를 주로 하기에 다양한 언어 표현이 힘듭니다. 그러므로 장단점 표현법을 잘 익히고, 나의 낙담 상황을 장점으로 바꾸어 생각하는 발상의 전환을 연습해 보는 시간을 갖도록 하겠습니다.

〈활동 내용〉: [활동지 5-1]
① [활동지 5-1]을 [참고자료 5-1]을 참고하여 기록한다.
② 전체 집단원에게 나는 어떻게 단점을 장점으로 표현했는지 이야기해 본다.
③ 집단원의 이야기가 끝날 때마다 지도자 또는 타 집단원은 공감과 격려의 피드백을 전달한다.

> **Tip**
> • [참고자료 5-1]: 단점 표현을 장점 표현으로 바꾸면 어떻게 될까?
>   [활동지 5-1]을 시작하기 전 참고자료를 활용하여 퀴즈 게임, 암기 테스트 등으로 활용할 수 있다.
>   목적은 단어를 실생활에서 사용할 수 있도록 익숙하게 만드는 것이다.

▶ 활동 5-3: 정서적 자기 격려방법-나의 성공 경험 기록하기 및 긍정적 자기상 만들기 훈련
오늘은 성공했던 경험을 나누어 보며 과거에 이루었던 경험을 기억해 보는 시간을 가지도록 하겠습니다. 여기서 말하는 성공 경험이란 결과가 성공적이었던 것을 포함하여, 결과와 상관없이 도전하고 시도해 보았던 새로운 과제에 대한 도전을 이야기합니다. 최선을 다했던 성공 경험이 누적되면 자기에 대한 긍정적 생각과 기대감, 자기 성취감, 책임감이 커지므로 긍정적 자아상을 만드는 데 큰 영향을 미칩니다.

〈활동 내용〉: [활동지 5-2]
① [활동지 5-2]를 기록한다.
② 전체 집단원에게 나의 성공 경험과 긍정적 자기상에 대해 이야기해 본다.
③ 집단원의 이야기가 끝날 때마다 지도자 또는 타 집단원은 공감과 격려의 피드백을 전달한다.

마무리 (20분)	▶ 마무리 오늘은 자기 격려의 방법의 세 가지 방법 중에서 성취감과 긍정감에 영향을 미치는 정서적 자기 격려방법에 관해서 이야기 나누어 보았습니다. 참여하면서 어땠는지, 새롭게 알게 되거나 다시 한번 생각하게 된 점이 있다면 함께 나누어 보는 시간을 가져 보겠습니다. ▶ 다음 차시 안내 다음 차시에는 자기 격려방법의 하나인 인지적 자기 훈련법에 관해 이야기 나누어 보도록 하겠습니다.
유의점	단점을 장점으로 표현하기는 각자의 경험과 사적 논리에 따라 답이 다를 수 있다. 중요한 것은 발상의 전환임을 강조한다.

| 강의자료 5-1 | 나에게 용기를 주는 힘, 자기 격려법이 궁금해요 |

자기 격려를 잘하는 사람은 자기를 격려함으로써 도전을 두려워하지 않고, 실수를 실패로 받아들이지 않기 때문에 좌절하지 않습니다. 타인의 기대와 평가에 부응하는 삶을 살지 않기 때문에 완전해지려고 하지도, 인정받으려고 안간힘을 쓰지 않으며 오로지 자기가 선택한 가치관과 생활양식대로 행동합니다. 그러므로 자기 격려를 잘하는 사람은 불안이나 우울과 같은 부정적 정서를 극복하려는 용기가 있으며, 자신의 단점을 장점으로 극복했던 시선으로 타인의 장점과 단점을 바라보기 때문에 타인 격려 또한 잘 하는 사람이 될 수 있습니다.

자기 격려는 과제를 수행하기 위해 용기 내고 노력했던 '과정'에 초점을 맞추고, 결과를 있는 그대로 수용하는 책임감으로 사회에 나가서도 이타적으로 행동하게 만드는 기술을 말합니다. 자기 격려의 과정은 개인의 인지적 도식 틀에 긍정적 기대를 주입하는 것으로 인지, 행동, 정서에 영향을 미치며 자세한 설명은 다음과 같습니다.

〈자기 격려의 종류〉
1. 인지적 자기 격려

인간은 환경에서 발생하는 사건들을 어떻게 지각하고, 해석하고, 의미를 부여하는지에 따라 인지적 측면을 발달시킵니다. 그러므로 긍정적인 자기개념 발달시키기, 열등감 극복하고 우월성 추구하기, 건강한 신념체계 만들기 등의 과정을 통해 인지적 자기 격려법을 훈련할 수 있습니다.

2. 행동적 자기 격려

격려를 받지 못한 사람은 문제행동을 일으키고, 낙담을 경험하게 됩니다. 반복적으로 일어나는 문제행동은 '나는 패배자야'라는 비합리적인 신념을 만들기에 새로운 도전을 할 때마다 행동을 주저하게 만듭니다. 그러므로 자기에게 용기를 주는 말과 행동하기, 완벽 욕구와 인정 욕구를 알고 과제에 대하여 결과보다 과정에 의미를 두고 행동하기, 성공과 실패 상관없이 최선을 다해 목표에 도전행동하기 등의 과정을 통해 행동적 자기 격려법을 훈련할 수 있습니다.

3. 정서적 자기 격려

정서적인 측면은 긍정적인 자아와 관련이 있습니다. 정서적으로 자기 격려를 받은 사람은 자존감이 높습니다. 그러므로 자신의 가치와 가능성 인정하기, 가족·학교·사회에서 반드시 필요한 사람임을 자각하여 자신을 존중하기, 자신을 긍정적인 존재로 평가하기 등의 과정을 통해 자기 격려법을 훈련할 수 있습니다.

[참고자료 5-1]

〈단점 표현을 장점 표현으로 바꾸면 어떻게 될까?〉

★ 단점을 장점으로 표현하기는 각자의 경험과 사적 논리에 따라 답이 다를 수 있으므로 발상의 전환 자체에 의미를 두고 표현법을 익히도록 합니다.

단점 표현	장점 표현
성질이 급하다.	생각을 곧바로 표현할 수 있다.
어둡다.	차분하다.
우유부단하다.	다른 사람을 잘 따른다.
인내력이 없다.	기분(생각) 전환이 빠르다.
집중력이 없다.	기분(생각) 전환이 빠르다, 멀티태스킹이 가능하다.
고집이 세다.	자신의 의사를 관철한다, 지도력이 있다.
완고하다.	안이한 결단을 내리지 않는다.
기운이 없다.	충전 중이다.
거절을 잘 못한다.	상대방에게 관용적이다.
말주변이 없다.	남의 이야기를 잘 듣는다.
자립심이 부족하다.	다른 사람을 잘 따른다.
건방지다.	신념이 강하다.
수다쟁이	정보 발신력이 뛰어나다, 생각을 곧바로 표현할 수 있다.
겁이 많다.	신중하다.
기분파다.	감성이 풍부하다.
애교가 없다.	똑 부러진다.
동작이 느리다.	의젓하다.
소심하다.	감성이 예민하다.

[활동지 5-1]

〈단점을 장점으로 인식하기 훈련〉

1. 단점을 읽어 보고, 어떻게 장점으로 바꿀 수 있을지 보기에서 찾아 적어 보세요.

　(정답은 따로 없습니다.)

단점	장점으로 활용하면?
성질이 급하다.	
어둡다.	
우유부단하다.	
인내력이 없다.	
집중력이 없다.	
고집이 세다.	
완고하다.	
기운이 없다.	
거절을 잘 못한다.	
말주변이 없다.	
자립심이 부족하다.	
건방지다.	
수다쟁이	
겁이 많다.	
기분파다.	
애교가 없다.	
동작이 느리다.	
소심하다.	

〈보기〉

생각을 곧바로 표현할 수 있다 / 안이한 결단을 내리지 않는다 / 멀티태스킹이 가능하다 / 신념이 강하다 / 충전 중이다 / 차분하다 / 기분(생각)전환이 빠르다 / 지도력이 있다 / 상대방에게 관용적이다 / 다른 사람을 잘 따른다 / 남의 이야기를 잘 듣는다 / 자신의 의사를 관철한다 / 정보 발신력이 뛰어나다 / 감성이 예민하다 / 의젓하다 / 똑 부러진다 / 감성이 풍부하다/신중하다

2. 나의 장점은 무엇인가요? 나의 단점은 무엇인가요? 나의 단점을 장점으로 바꾸면 어떻게 되나요? (질문 1번을 참고해서 적어 보세요.)

나의 장점	나의 단점	단점을 장점으로 바꾸면?

3. 낙담했던 상황(부끄럽거나 두려웠던 상황)을 떠올려 보세요. 다시 비슷한 상황이 생긴다면, 이제 나의 장점을 떠올리며 어떻게 다르게 행동할 수 있을지 적어 보세요.

_____

_____

_____

3. 나와 관계 맺기가 잘 안 되는 사람을 떠올려 보세요. 어떤 단점 때문이었는지, 장점으로 바꾸어 생각해 보니 어떠한 느낌이 드는지 적어 보세요.

상대방의 단점	단점을 장점으로 바꾸면?	어떤 느낌이 드나요?

[활동지 5-2]

〈나의 성공 경험 기록-긍정적 자아상 만들기〉

★ 무엇인가를 성취하기를 간절히 원했던 경험이 있나요? 그것을 원했기 때문에 여러분은 도전하고 성취했을 것입니다.

1. 결과가 좋았던 성공 경험은 무엇입니까?

2. 성공 경험이란 결과를 두고 얘기하는 것만은 아닙니다. 결과보다는 과정에서 노력한 자체가 성공 경험입니다. 또한 미루기만 하다가 용기를 내어 시작한 경험도 성공 경험입니다. 노력한 만큼 결과가 나오지 않아서 실망하고 좌절한 경험을 생각해 보면서 적어 봅시다.

1. 어떤 일이었습니까?

2. 그것을 하려는 의도는 무엇이었습니까?

3. 무엇을 시작하였습니까?

4. 계속 진행시키기 위해 무엇을 하였습니까?

5. 어떤 결과를 기대 하였습니까?

지금부터 결과에 초점을 맞추는 대신 과정에 초점을 맞추어 생각해 봅시다.

1. 의도는 자신과 타인에게 도움이 되었습니까?

2. 자신이 시도한 행동은 일을 진행시키는 데 도움이 되었습니까?

3. 최선을 다하였습니까?

4. 결과를 제외한다면 이 과정에서 얻은 것은 무엇입니까?

5. 자신이 얻은 것에 대해 스스로 격려해 봅시다.

3. 앞의 성공 경험(질문 1번, 2번)을 위해 사용했던 나의 긍정적인 특성은 무엇이었나요?

_____

4. 여러분은 이제 성공 경험이 많은 사람이란 것을 잘 알게 되었습니다. 지금부터 나의 인생 과제를 달성
하는 데 도움이 되는 긍정적 자기상 만들기를 해 보도록 하겠습니다([참고자료 5-2] 활용).

나를 잘 나타내는 긍정적 자기상 단어는 무엇인가요? (여러 개 선택)

내게 필요한 긍정적 자기상 단어는 무엇인가요? (여러 개 선택)

_____

5. 성공 경험 기록과 긍정적 자아상 만들기 활동을 하고 난 느낌은 어떠신가요?

_____

_____

_____

〈긍정적인 특성을 나타내는 형용사〉

(ㄱ) 강직한, 고요한, 고운, 기특한, 깜찍한, 근면한, 귀여운, 관대한, 깔끔한, 꾸준한, 긍정적인, 깡이 있는, 겸손한, 검소한, 공손한, 기운찬

(ㄴ) 놀라운, 나눌 줄 아는, 넉넉한, 남자다운, 느긋한, 넉살 좋은, 남을 잘 돌보는, 낙천적인, 낭만적인

(ㄷ) 다정한, 당당한, 든든한, 다재다능한, 또렷한, 다양한, 단호한, 대담한

(ㄹ) 리더십 있는, 로맨틱한

(ㅁ) 믿음직한, 명랑한, 마음이 넓은, 매력적인, 맑은, 멋진, 말을 잘하는

(ㅂ) 반듯한, 발랄한, 부드러운, 빼어난, 분별력 있는, 배려심 있는, 밝은, 배짱 있는, 부지런한, 바른, 붙임성 있는

(ㅅ) 산뜻한, 수려한, 순진무구한, 순한, 싱그러운, 선한, 시원시원한, 사교적인, 섬세한, 사랑스러운, 성실한, 순수한, 소신 있는, 섹시한, 사려 깊은, 시간관념이 뚜렷한, 소탈한, 상냥한, 생기 있는, 솔직한, 신중한, 싹싹한

(ㅇ) 아리따운, 어여쁜, 예쁜, 용감한, 우아한, 위대한, 용기 있는 유능한, 유쾌한, 이해심 많은, 아름다운, 여유로운, 원만한, 육감적인, 여성스러운, 입이 무거운, 에너지 넘치는, 유머러스한, 융통성 있는

(ㅈ) 적극적인, 직선적인, 정의로운, 조용한, 재미있는, 정직한, 존귀한, 지혜로운, 자애로운, 잘 웃는, 자신감 있는, 자유로운, 지적인, 절약하는, 정숙한, 진취적인

(ㅊ) 착한, 청초한, 창의적인, 침착한, 책임감 있는, 차분한, 친숙한, 친절한

(ㅎ) 쾌활한, 카리스마 있는

(ㅋ) 튼튼한, 털털한

(ㅍ) 편안한, 평화로운, 포근한, 포용력 있는

(ㅌ) 훌륭한, 활동적인, 화사한, 화끈한, 합리적인, 헌신적인, 활달한, 호감이 가는

📝6회기 **실수해도 괜찮아, 이제 관점을 바꿔 생각해 봐!**

활동지도안	
활동 목표	• 사적 논리, 인지적 오류, 대안적 사고가 무엇인지 알 수 있다. • 인지적 자기 격려방법−인지적 오류 벗어나기 훈련에 대해 알아본다. • 인지적 자기 격려방법−완벽에 대한 욕구/승인(인정)에 대한 욕구 수정하기 훈련에 대해 알아본다.
준비물	이름표, 필기구, [강의자료 6−1], [활동지 6−1]~[활동지 6−3]
단계	진행 절차
도입 (10분)	▶활동 6-1: 안부 인사 나누기 여러분은 실수했을 때, 어떠한 감정을 느끼고 있나요? 완전히 망쳐 버린 것 같은 생각으로 인해 패배감과 좌절감을 떨칠 수 없었던 경험이 있었나요? 그러나 이러한 실수 경험을 관점을 바꾸어 생각해 본다면 더 이상 부정적인 감정에 휩싸이지만은 않게 됩니다. 이번 회기에서는 사적 논리와 인지적 오류의 발견, 대안적 사고하는 방법을 통해 실수했을 때 자기를 격려하여 부정적 감정에서 빠져나올 수 있는 방법에 관해서 이야기 나누어 보도록 하겠습니다. 〈활동 내용〉 ① 지난주 동안 어떻게 지냈는지 이야기한다. ② 현재의 감정과 신체감각 상태가 어떠한지 이야기한다.
전개 (70분)	▶강의 6-1: 사적 논리, 인지적 오류, 대안적 사고는 무엇인가요? 대안적 사고를 하는 방법은 무엇인가요? 아들러는 사람이 사실이나 사물을 있는 그대로, 객관적으로 파악하는 것은 불가능하다고 보았습니다. 인생 과제를 해결해야 할 때 근간이 되는 것은 생활양식인데 이는 개개인의 어린 시절의 경험, 부모 양육 태도, 형제 관계 순위, 열등감 대처방식 등에 기반을 두고 있습니다. 이렇게 사적인 경험으로 만들어지는 것이 사적 논리인데, 현실과 부합되지 않는 결정을 하게 될 때 인지적 오류가 발생합니다. 따라서 상담과정에서 필요한 것은 그릇된 사적 논리를 파악하여 바람직한 방향으로 수정하는 것, 즉 대안적 사고 방법을 훈련하는 것입니다. 〈강의 내용〉: [강의자료 6−1] 사적 논리, 인지적 오류, 대안적 사고를 알아보고 나에게 적용해 본다. 지금부터 나의 인지적 오류는 무엇이었으며, 이 왜곡된 사고에서 벗어나기 위해서 어떻게 해야 하는지 알아보고 활동지 작성 후에 이야기를 나누어 보도록 하겠습니다. ▶ 활동 6-2: 인지적 자기 격려방법-오류 벗어나기 훈련 〈활동 내용〉: [활동지 6−1] ① [활동지 6−1]을 기록한다. ② 전체 집단원에게 내게 어떤 인지적 오류가 있는지 이야기해 본다. ③ 집단원의 이야기가 끝날 때마다 지도자 또는 타 집단원은 공감과 격려의 피드백을 전달한다.

인간의 능력을 최우선시하는 사회적 관계를 맺은 사람일수록 열등감이 뿌리 깊고, 과제에 실패할 경우 '내가 좀 더 완벽했었더라면 더 인정받고, 성공했을 텐데'라는 비합리적 신념이 있으므로 자신을 자책하게 됩니다. 주위의 모든 사람으로부터 항상 사랑과 인정을 받아야만 한다는 인정에 대한 욕구는 아무리 노력해도 이루어질 수 없는 비합리적인 신념입니다. 완벽 욕구 또한 모든 문제에는 가장 완벽한 해결책이 있기 마련이니 내가 그것을 해 내겠다고 생각하는 비합리적 신념입니다. 여러분의 경험은 어떠신가요? 자신의 욕구나 흥미를 희생하면서까지 타인에게 인정을 받으려 하거나, 완전해지길 희망하며 아무것도 시작하지 않거나 오랫동안 끝내지 못하고 있는 일이 있으신가요? 이번 활동을 통해서 타인의 평가에 관한 욕구를 수정해 보도록 하겠습니다.

▶ 활동 6-3: 인지적 자기 격려방법-완벽에 대한 욕구/인정에 대한 욕구 수정하기 훈련

〈활동 내용〉: [활동지 6-2]
① [활동지 6-2]를 기록한다.
② 전체 집단원에게 내게 어떤 완벽, 인정에 대한 욕구가 있는지 이야기해 본다.
③ 집단원의 이야기가 끝날 때마다 지도자 또는 타 집단원은 공감과 격려의 피드백을 전달한다.

마무리 (20분)	▶마무리 오늘은 자기 격려의 세 가지 방법 중에서 대안적 사고와 비합리적 신념에 영향을 미치는 인지적 자기 격려방법에 관해서 이야기 나누어 보았습니다. 참여하면서 어땠는지, 새롭게 알게 되거나 다시 한번 생각하게 된 점이 있다면 함께 나누어 보는 시간을 가져 보겠습니다. ▶ 다음 차시 안내 다음 시간에는 행동적으로 자기를 격려하는 방법에 관해서 이야기 나누어 보도록 하겠습니다.
유의점	자기 격려를 정서중심 활동이라고 생각하는 집단원이 있을 수 있기 때문에 자기 격려가 무엇이라고 생각하는지, 회기 시작 전에 선입견에 대해서 들어 보아도 좋을 것이다.

강의자료 6-1   사적 논리, 인지적 오류, 대안적 사고는 무엇인가요?

아들러 심리학은 사람이 사실이나 사물을 있는 그대로, 객관적으로 파악하는 것은 불가능하다고 보았습니다. 즉, 자신만의 의미, 가치관 인생관, 세계관, 경험 등을 인생 과제를 해결하기 위해 사용하는데, 이를 사적 논리라고 합니다. 무엇이 옳은지 그른지를 결정할 때마다 각자의 사적 논리가 작용하게 되어 행동에 영향을 미칩니다. 개개인은 마치 사적 논리에 의한 판단이 절대적으로 옳은 것처럼 행동하기도 합니다. 다른 사람들이 나의 생각과 말, 행동을 이해하지 못하거나 내가 다른 사람들을 이해할 수 없는 이유는 저마다 본인의 사적 논리에만 의존하기 때문입니다. 저마다 쓴 안경으로 세상을 바라보기에 왜곡된 시선, 즉 열등감 콤플렉스로 세상을 바라보는 것 또한 사적 논리의 작용 때문입니다. 이처럼 머릿속에서 만들어진 잘못된 논리 때문에 모두가 타당하다고 생각하는 보편적 기준으로 생각하고 행동하지 못하는 것을 '인지적 오류'라고 얘기합니다.

인지적 오류가 있는 사람들은 비건설적이고 파괴적으로 방법으로 세상을 바라보는데, 그럴수록 자신의 삶은 고달파지고 주변 사람들과는 마찰이 생깁니다. 우리가 달성해야 하는 인생 과제(일, 우정, 사랑)는 균형 있게 조화를 이루어야 하는데, 우리가 삶의 한 가지 영역에만 집착하게 되면 삶은 균열하고, 낙담하게 됩니다. 한 영역에만 집착한다는 것은 자기중심적인 사고로 인해 사회적 유용형이 되지 못하고 기생형, 의존형, 지배형으로 생활하고 있다는 의미입니다.

자기중심적 사고를 하는 유형은 수많은 결정을 내 기준에서 '맞다, 틀리다'라고 해결하므로 타인을 배려하고 협의하는 과정이 생략되어 있습니다. 그래서 더욱 유용한 방법으로 문제를 해결하기 위해서 이를 대신할 방법이 필요한데, 이를 대안적 사고라고 합니다.

문제 발생 시, 어떤 부분에 초점을 맞추는가에 따라 문제 해결의 가능성은 달라집니다. 그러므로 하나의 문제를 해결하는 여러 가지 대안을 알고 있는 사람은 쉽게 낙담하지 않습니다.

〈대안적 사고법을 배워 봅시다〉

1. 인지적 오류 벗어나기 훈련

인지적 오류를 벗어나는 훈련은 4단계로 이루어집니다. 어려움이 발생하면 그것을 그냥 넘기지 말고, 찬찬히 생각해 보도록 합니다. 방법은 자기중심적으로 혼자서만 생각하지 말고, 실제로 해결해야 하는 문제가 맞는지 객관화시키는 증거를 수집해 봅니다. 그래서 건강한 열등감 또는 불건강한 열등감으로 분류하고, 불건강할 경우 어떠한 사적 논리, 인지적 오류에 빠져 있었는지를 찾아냅니다. 마지막 단계는 문제 해결을 위해 긍정적 대처방안을 찾아봅니다.

2. 완벽에 대한 욕구 수정하기 훈련

완벽에 대한 욕구가 있는 사람은 실수를 두려워하기 때문에 새로운 환경을 접하면 매우 불안합니다. 그래서 새로운 시도를 피하고, 익숙해진 일과 방법들만 사용하기에 할 수 있는 일이 매우 제한적입니다. 완벽 욕구를 극복할 수 있는 열등감으로 승화시켜 행동한다면 긍정적인 결과를 기대할 수 있지만, 완벽 욕구만 강한 사람은 게으르고 두려움을 피하기만 하며, 행동보다 항상 계획만 세우는 경향이 있습니다. 실수에 대해서도 타인, 세상, 환경을 탓하고 항상 경계태세를 갖추기에 경직되어 있으며, 흑백논리를 세상을 바라보기에 매우 비판적이며, 예측 가능한 일상에만 안주하려는 특징을 가지고 있습니다.

3. 인정에 대한 욕구 수정하기 훈련

나는 원하지 않지만, 상대방이 원한다고 믿었기 때문에 행동한 적이 있나요? 나의 의견이 다른 사람에 비해 부족하게 느껴져 반대 의견을 말하지 못한 적이 있나요? 다른 사람이 듣기를 원한다고 믿는 말을 진심이 아님에도 해 준 적이 있나요? 이러한 행동을 하는 이유는 우리가 가진 인정 욕구 때문입니다.

생활양식이 건강하게 자리 잡지 못한 사람은 자신을 의심하고, 자신의 행동과 생각을 타인이 인정해 줄 때만 자신이 가치 있는 사람으로 느껴집니다. 타인의 판단과 평가에 매우 민감하게 반응하고, 평가가 좋지 않으면 금방 좌절하고 위축되므로, 다른 사람의 생각에 맞춰 행동하지만, 일의 결과가 좋지 않으면 책임지려 하지 않고, 회피하거나 원망합니다.

나의 결정과 선택을 다른 사람이 인정해 준다면 더욱 좋겠지만, 행동하기 위해서 다른 사람의 인정을 필요로 하지 않아야 합니다.

[활동지 6-1]

〈인지적 오류 벗어나기 훈련〉

1. 문제 끄집어내기(열등감 발생)

해결하고 싶은 나의 어려움(열등감)은 무엇인가요? 어려움이 해결되지 않는 특별한 이유가 있나요? (나의 가치관, 행동습관, 얻어지는 이득, 두려움, 정서적 불안 등)

_____

_____

2. 증거 수집하기(열등감 객관화)

나의 어려움에 대해서 남들은 뭐라고 얘기합니까? 이 어려움이 지속하는 데 가장 큰 기여를 한 사람은 (나, 타인) 누구입니까?

_____

_____

3. 순간 포착하기(열등감 인식)

이 어려움은 극복할 수 있는 건강한 열등감인가요? 아니면 오랫동안 해결하지 못하고 있는 불건강한 열등감인가요? 후자라면, 내가 처해 있는 사전 논리, 인지적 오류가 어떤 영향을 미치고 있는지 찾아봅시다.

_____

_____

4. 유익한 발상하기(열등감 대처 방안)

자신을 파괴적으로 만들지 않기 위해 할 수 있는 것이 발상의 전환, 즉 유익한 발상입니다. 어려움이 발생한 낙담의 상황이지만 인지적 오류를 해결할 수 있는 대안법을 생각하여 적어 보세요.

_____

_____

[활동지 6-2]

〈완벽에 대한 욕구 수정하기 훈련〉

1. 과거 경험 중 꼭 해 내고 싶지만 할 수 없을 것처럼 느껴져 포기했던 것이 있었나요? 그러한 경험이 현재 어떠한 영향을 미치고 있나요?

_____

_____

_____

_____

_____

2. 인생 과제(일, 우정, 사랑)를 해결하는 데 완벽을 추구한 경험이 있었나요? 결과가 어땠나요?

_____

_____

_____

_____

_____

_____

3. 부정적인 '완벽에 대한 욕구'는 과제에 대한 도전의식을 잃게 합니다. 완벽에 대한 욕구를 긍정적으로 인식하는 나만의 방법 생각해 봅시다.

_____

_____

_____

_____

_____

[활동지 6-3]

〈인정에 대한 욕구 수정하기 훈련〉

1-1. 나는 원하지 않았지만, 상대방이 사람이 원한다고 믿었기 때문에 말 또는 행동한 경험이나, 나의 의견이 다른 사람에 비해 부족하게 느껴져 반대 의견을 말하지 못한 경험, 다른 사람이 듣기를 원한다고 믿는 말을 진심이 아님에도 얘기한 경험 등이 있나요? 타인의 어떤 반응이 두려워 그렇게 말하거나 행동했는지 구체적으로 적어 봅시다.

_____

_____

_____

1-2. 그 사람이 어떻게 생각할까를 걱정하지 않았다면 나는 어떻게 행동했을까요?

_____

_____

_____

1-3. 내가 인정받기를 바라는 대상은 심리적 지위가 나보다 높은 사람들입니다. 내가 인정 받고 싶은 대상은 주로 어떤 사람들인가요? 사람 의견을 내 의견보다 신뢰해야 하는 이유는 무엇인가요?

_____

_____

_____

2. 부정적인 '인정에 대한 욕구'는 과제에 대한 도전의식을 잃게 합니다. 인정에 대한 욕구를 긍정적으로 인식하는 나만의 방법을 생각해 봅시다.

_____

_____

_____

7회기 칭찬의 목마름, 격려로 해소할 수 있어요

	활동지도안
활동 목표	• 행동적 자기 격려방법–자기에게 용기를 주는 말과 행동 훈련에 대해 알아본다. • 칭찬과 격려의 차이점을 알고 나에게 격려 표현을 해 본다. • 격려 검사지 결과를 통해 나의 격려방법에 대하여 이야기해 본다.
준비물	이름표, 필기구, [강의자료 7–1], [참고자료 7–1], [활동지 7–1]~[활동지 7–3]
단계	진행 절차
도입 (10분)	▶활동 7-1: 안부 인사 나누기 지난 회기에는 자기 격려의 방법 중 정서적 자기 격려와 인지적 자기 격려 훈련법을 알고 자신에게 적용해 보는 시간을 가졌습니다. 노력한 과정도 성공 경험이었다는 것을 알게 되어서 과거의 좌절 경험이 상처가 아님을 알 수 있었던 소중한 시간이었습니다. 오늘은 지난 회기에 이어서 자기 격려법 중 하나인 행동적 자기 격려법에 관해서 이야기 나누어 보도록 하겠습니다. 〈활동 내용〉 ① 지난주 동안 어떻게 지냈는지 이야기한다. ② 현재의 감정과 신체감각 상태가 어떠한지 이야기한다.
전개 (70분)	▶활동 7-2: 행동적 자기 격려방법–구체적인 격려 표현하기 훈련 행동적 자기 격려를 하는 대표적인 방법은 언어를 사용하여 자기 생각과 행동에 용기를 불어넣는 것입니다. 평상시에 여러분은 성공과 실패를 경험했을 때 자신에게 어떤 말을 주로 하는지 점검해 보고, 어떤 격려 표현으로 대처할 수 있을지 활동을 통해서 알아보도록 하겠습니다. **Tip** • [참고자료 7–1]: 자기 격려의 구체적인 언어 표현/자기 격려 실제 방법 [활동지 7–1]을 하기 전에 참고자료를 먼저 읽고 활동지를 작성한다. 〈활동 내용〉: [활동지 7–1] ① [참고자료 7–1]을 활용하여 [활동지 7–1]을 기록한다. ② 전체 집단원에게 나의 행동적 자기 격려방법에 관해 이야기해 본다. ③ 집단원의 이야기가 끝날 때마다 지도자 또는 타 집단원은 공감과 격려의 피드백을 전달한다. ▶강의 7-1: 칭찬과 격려의 차이 격려에서 행동적인 측면에서의 언어적 강화, 특히 긍정적 언어의 중요성은 오랫동안 강조되고 있습니다. 친사회적 행동이나 사회적으로 유용한 행동을 하게 만드는 언어적 강화의 방법을 '격려'라고 합니다. 그렇다면 이와 비슷한 의미로 쓰이는 또 다른 언어적 강화법 중 하나인 '칭찬'과는 어떻게 다를까요? 지금부터 칭찬과 격려에 대해서 알아보도록 하겠습니다. 〈강의 내용〉: [강의자료 7–1] 1. 칭찬과 격려에 대해 자세히 알아보고 나에게 적용해 본다. 2. [활동지 7–2]를 작성하고 이야기를 나눈다.

	▶활동 7-3: 나는 격려 받은 사람인가요?–자기 격려 검사지 활용 이번 활동은 자기 격려 검사지를 통해 나의 자기 격려 수준을 알아보도록 하겠습니다. 그리고 인지·정서·행동적 측면 중 어느 격려를 주로 사용하고 있는지를 알아보고 내게 필요한 격려는 어떤 특징을 가졌는지 이야기 나누어 보는 시간을 가져 보겠습니다. 〈활동 내용〉: [활동지 7–3] ① [활동지 7–3]을 기록한다. ② 전체 집단원에게 나의 자기 격려 검사 결과에 관해 이야기해 본다. ③ 집단원의 이야기가 끝날 때마다 지도자 또는 타 집단원은 공감과 격려의 피드백을 전달한다.
마무리 (20분)	▶마무리 이번 회기는 자기를 격려하는 방법의 세 가지 방법 중에서 마지막으로 긍정적 언어습관에 영향을 미치는 행동적 자기 격려방법에 관해서 이야기를 나누어 보고, 자기 격려 검사지를 통해 자기의 격려 수준을 점검해 보았습니다. 또한 언어적 강화를 주는 칭찬과 격려를 비교하는 활동을 통해 나는 무엇에 익숙한 사람인지 자각해 보고 칭찬의 말을 격려의 말로 바꿔 보는 시간도 가져 보았습니다. 참여하면서 어땠는지, 새롭게 알게 되거나 다시 한번 생각하게 된 점이 있다면 함께 나누어 보는 시간을 가져 보겠습니다. ▶ 다음 차시 안내 1~7회기까지 낙담의 경험이 있는 대학생들이 아들러 심리학 집단상담을 통해 어떻게 자기 격려를 하는지 여러 이야기를 나누어 보았습니다. 이러한 과정이 여러분의 심리적 안녕감 회복에 어떠한 영향을 미쳤는지 다음 시간에 나누어 보고, 타인 격려를 통해 서로를 격려하는 시간을 가지도록 하겠습니다.
유의점	행동적 자기 격려법을 훈련하며 모두가 체험해 보는 시간을 가져 본다.

[활동지 7-1]

〈구체적인 격려 표현 표현하기 훈련〉

1-1. 여러분은 성공 경험을 했을 때, 평소 어떤 말을 자신에게 해 주나요?

(어떤 일이었는지, 구체적으로 적어 주세요.)

_____

_____

1-2. 성공 경험을 과정에 초점을 맞추고 격려 언어를 사용하여 표현해 보세요.

([참고자료 7-1]을 활용, 어떤 일이었는지, 구체적으로 적어 주세요.)

_____

_____

2-1. 여러분은 실패 경험을 했을 때, 평소 어떤 말을 자신에게 해 주었나요?

(어떤 일이었는지, 구체적으로 적어 주세요.)

_____

_____

2-2. 실패 경험을 과정에 초점을 맞추고 격려 언어를 사용하여 자기 격려의 글을 써 봅시다.

([참고자료 7-1]을 활용, 어떤 일이었는지, 구체적으로 적어 주세요.)

_____

_____

3. 활동을 마치고 난 느낌은 어떠한가요?

_____

_____

_____

_____

[참고자료 7-1]

〈자기 격려의 구체적인 언어 표현〉

★ 자기 격려의 구체적 언어 표현을 익혀서 실생활에 응용해 보도록 합니다.

격려의 측면	구체적인 격려 표현들
인지적 자기 격려	나는 대부분의 일을 잘 할 수 있는 사람이야 / 나는 이 세상에 꼭 필요한 사람이야 / 나는 괜찮은 사람이야 / 나로 인해 우리 가족은 행복할 거야 / 내 결정은 대체로 옳을 때가 많아 / 나는 점점 나아지고 있어 / 나는 힘든 일이 있을 때 이겨낼 수 있어 / 힘들어도 포기하지 말고 도전해 보는 거야 / 목표가 이루어지는 순간의 느낌을 상상해 봐 / 친구들은 대부분의 상황에서 내 편이 되어 줄 거야 / 나도 때때로 실수할 수 있어 / 실패할 수도 있지만 도전하지 않은 것보다 나아 / 나는 꼭 필요한 존재야 / 지금은 힘들지만, 해결책이 있을 거야 / 잘했어, 노력하니 할 수 있잖아 / 이 일은 실패했지만 다른 일은 성공할 수 있어 / 조금만 더 하면 잘 할 수 있어
행동적 자기 격려	격려의 말을 자신에게 해 준다 / 내 몸을 토닥여 준다 / 주먹을 세게 쥐며 힘을 얻는다 / '파이팅, 힘내!' 라고 외친다 / 내가 좋아하는 취미 활동을 하며 안식을 얻는다 / 내가 잘하는 일을 하며 효능감을 느낀다
정서적 자기 격려	나에겐 희망이 있어 / 내일은 잘 될 거야 / 배우는 것은 즐거워 / 일은 실패했지만 그래도 나는 가치 있는 존재야 / 한 발 한 발 천천히 나아가면 해낼 수 있어 / 나는 소중하고 가치 있는 사람이야 / 나는 내가 정말 좋아 / 내게 힘이 되는 가족이 있으니, 내일은 더 잘 할 수 있을 거야 / 지금은 결과보다 노력하는 데 의미를 두자

〈자기 격려의 실천방법〉

① 과제는 스스로 선택하고, 그 선택에 대해서 책임감을 느낀다.
② 과제 수행 시 적절할 때 내 의견을 말하고, 타인에게 잘 보이기 위해서 부적절하게 행동하지 않는다.
③ 과제에 대한 완벽 욕구나 인정 욕구가 나의 성장을 위한 것인지, 타인의 평가 염려 때문인지 생각해 본다.
④ 잘못된 행동을 알게 되었다면, 오류를 수정하고 대처방안을 찾는다.
⑤ 타인의 의견을 열린 마음으로 수렴하지만, 마지막 결정은 독립적으로 스스로 한다.
⑥ 자신을 있는 그대로 수용하고 타인과 비교하지 않으면 타인에게 과시할 필요가 덜 느껴진다.
⑦ 과제 수행의 노력을 가치 있는 것으로 인식하여 결과보다 과정 중심으로 생각한다.

강의자료 7-1 칭찬과 격려의 차이

우리는 칭찬을 잘해야 한다고 배웠습니다. '칭찬은 고래도 춤을 추게 한다'라는 광고 문구처럼 칭찬은 상대방을 독려하기 위해서 하는 말이라고 배웠습니다. 그러나 칭찬은 상대방의 행동에 관한 결과가 좋았을 때 주로 쓰는 말로 '잘했어, 똑똑하네, 장하다'처럼 재능과 능력을 판단하는 것입니다. 과제 수행에 대해 칭찬을 받을 때는 좋은 사람 같았는데, 수행하지 못하게 되면 실패자처럼 느껴지고 무기력해져서 낙담하게 됩니다. 그러므로 행복한 삶을 추구하는 인생 과제를 수행하는 데 필요한 동력은 결과에 대한 칭찬이 아니라 과정에 대한 격려라고 말할 수 있습니다. 여러분은 칭찬과 격려 중 무엇에 익숙한가요? 지금부터 차이점에 대해서 알아보겠습니다.

칭찬	칭찬이란 사전적 의미는 '좋은 점이나 착하고 훌륭한 일을 높이 평가함'입니다. 칭찬의 장점은 칭찬을 받는 동안에 개인의 수행능력이 향상될 수 있다는 점입니다. 점차 결과와 재능에 대한 칭찬 없이도 인생 과제를 계속 수행한다면 칭찬의 순기능이라고 할 수 있습니다. 그러나 타인의 인정, 승인 욕구를 부추기는 칭찬을 받지 못하는 것이 괴로운 사람은 인생 과제가 잘 풀리지 않으면 타인의 평가가 두려워 포기하고 도망칩니다. 그리고 타인의 평가가 없는 상황이나 독립적으로 노력해 나가야 하는 상황이 오면 과제 수행의 의지가 약해 자율성이 떨어집니다. 타인을 위한 인정 욕구와 완벽 욕구는 칭찬에 목마른 사람의 특징으로 볼 수 있습니다. 그래서 자녀 양육 시 강조되는 것이 결과에 대해서 칭찬으로만 일관하지 말라는 것입니다. 부모의 칭찬이 처음에는 자녀의 행동을 강화하지만, 자녀는 곧 행동에 흥미를 잃어버립니다. 그러나 지속적으로 자녀의 행동 과정에 관심을 가지고 격려 표현을 하며 감정을 읽어 준 부모의 경우, 자녀의 행동은 지속해서 강화된다는 연구 결과가 있습니다.
칭찬 언어	최고, 제일, 매우 + 잘했어 / 효자(효녀)구나 / 역시 똑똑해 / 멋있어 / 해낼 줄 알았어
격려	격려는 과정에 초점을 맞추어서 작은 성취나 노력하는 모습에 관심을 기울이기 때문에 배우고 익히는 태도를 유지하게 합니다. '그동안 열심히 노력했으니, 넌 할 수 있어' 등과 같은 지지와 수용을 표현하는 격려는 수행 결과보다 수행과정에서의 노력과 지속성을 중요시합니다. 또한 격려를 받는 대상이 자신의 가치에 따라 과제를 수행할 수 있도록 장점과 긍정적 자기상에 초점을 맞춥니다. 격려 표현은 행동에 대한 긍정적인 감정을 서술적으로 기술합니다. 그러므로 칭찬의 말을 격려의 말로 바꾸는 것은 어렵지 않습니다. 둘 다 긍정적인 표현이라는 공통점이 있으므로 '결과에 대한 내 긍정적 판단'이란 칭찬을 '행동 과정에 대한 나의 긍정적 감정 표현'이라는 격려 언어로 바꾸는 연습이 필요합니다.
격려 언어	네 마음을 정말 정직하게 표현하다니 대단하다 / 와, 생동감이 넘치는구나 / 노력하는 모습이 정말 멋있어 / 네가 도와줘서 진짜 많이 도움이 되었어 / 네가 옆에 있는 것만으로도 든든하다 / 두려운데도 도전한 게 중요한 거야 / 실수를 통해서 중요한 걸 배운 거라고 생각해 / 힘들 텐데 다시 일어나다니 용감하다 / 오늘도 힘들 텐데 애썼어 / 오늘 하루도 최선을 다해서 살아 줘서 멋있다

[활동지 7-2]

〈칭찬과 격려의 차이〉

1. 여러분은 평소 칭찬과 격려 중에서 무엇에 더 익숙한가요? 그리고 현재의 나에게 필요한 것은 칭찬과 격려 중 무엇인가요?

_____

_____

_____

2. 어린 시절 들었던 칭찬이 기억이 나나요? 무엇이었으며 그 칭찬은 내 인생에서 어떠한 영향을 미치고 있나요?

_____

_____

_____

3. 나는 타인에게 칭찬하는 사람입니까, 격려의 말을 하는 사람입니까? 최근 기억 중 하나를 떠올려 보며 구체적으로 적어 보도록 합니다. 그리고 칭찬을 하였다면 격려의 말로 바꿔서 표현해 봅시다([강의자료 7-1] 참고).

_____

_____

_____

4. 활동을 마치고 난 느낌은 어떠한가요?

_____

_____

_____

_____

_____

[활동지 7-3]

〈나는 격려 받은 사람인가요?−자기 격려 검사지〉

★ 평소 여러분의 자기 격려를 어떻게 하고 있는지에 관한 질문입니다. 무조건 좋다고 판단되는 곳이 아
   니라 자신의 본성대로 순수하게, 깊은 생각 없이 체크해 주셔야 정확한 유형을 알 수 있습니다(예: 2점,
   중간 1점, 아님 0점).

	문항	예	중간	아님
1	나는 성공할 수 있다고 생각한다.			
2	일을 시작할 때 두렵지만 잘 해내리라고 생각한다.			
3	실수했을 때 '나도 때때로 실수할 수 있어'라고 생각하며 실수를 인정한다.			
4	나는 어떤 문제가 생기든지 적극적이고 긍정적으로 생각한다.			
5	새로운 일을 시작할 때 '실패할 수도 있지만 도전하지 않은 것보다 나아'라고 생각한다.			
6	나는 이 세상에 없어서는 안 되는 꼭 필요한 존재라고 생각한다.			
7	힘든 상황에 처했을 때 '해결책은 있어'라고 생각하며 포기하지 않는다.			
8	일을 성공했을 때 '잘 했어, 노력하니 할 수 있잖아'라고 생각한다.			
9	일을 실패했을 때 '이 일은 실패했지만 다른 일은 성공할 수 있어'라고 스스로 위로한다.			
10	포기하고 싶을 때 '조금만 더 하면 잘 할 수 있어'라고 생각하며 참는다.			

(가) 총점:

11	다른 사람들과 함께하는 일에 적극적으로 참여한다.			
12	나는 모임에서 새로운 사람들과 어울리기 위해 먼저 다가선다.			
13	나는 새로운 변화에 적응하기 위해 적극적으로 행동한다.			
14	사람들 앞에서 나의 의견을 이야기하곤 한다.			
15	나는 부당하다고 생각되는 일에 적절하게 대응한다.			
16	나는 유머감각과 재치로 주위 사람들을 웃게 하곤 한다.			
17	나는 사람들 앞에서 당당하게 행동하려고 노력한다.			
18	질문에 대해 맞는지 확신이 없더라도 대답을 하곤 한다.			
19	나는 어려움이 있을 때 적극적으로 해결하고자 한다.			
20	새로운 일에 도전하는 것이 망설여지기는 하지만 그래도 도전한다.			

(나) 총점:

21	힘들 때 나는 어떤 일이든 해낼 수 있다고 생각하며 자신감을 얻는다.			
22	일을 실패했을 때 좌절하기도 하지만 기분을 전환하려고 노력한다.			
23	자신감을 가지고 일을 시작할 수 있다고 느낀다.			
24	일을 실패했을 때 '일은 실패했지만 그래도 나는 가치 있는 존재야'라고 느낀다.			
25	실패에 대한 두려움이 느껴질 때 '한 발 한 발 천천히 나아가면 해낼 수 있어'라고 용기를 북돋운다.			
26	오늘 하루가 엉망이 되어 마음이 심란할 때 '내일은 잘 될 거야'라며 위로한다.			
27	힘들 때 나의 미래를 생각하며 행복감을 느끼곤 한다.			
28	외로울 때 소중한 사람들을 생각하며 따뜻함을 느낀다.			
29	나에게는 단점도 있지만 그런 내 자신도 소중하다고 느낀다.			
30	잘 하지 못할 때도 있지만 열심히 노력하고 있는 내 모습을 보며 뿌듯함을 느낀다.			

(다) 총점:

1-1. 1~30 총점을 계산해 보세요. (60~0점) 점수가 높을수록 자기 격려 수준이 높음을 의미합니다. 결과가 어떻게 느껴집니까?

1-2. 내가 주로 쓰는 자기 격려, 내게 필요한 자기 격려는 무엇인지 이유와 함께 적어 보세요. [인지적 (1~10), 행동적(11~20), 정서적(21~30) 자기 격려]

2. 위 30문항 중에서 가장 나에게 격려가 되는 문항을 사용하여 오늘의 나에게 격려의 편지를 써 봅시다.

8회기 다시 찾은 심리적 안녕감, 자기 격려 덕분이에요

	활동지도안
활동 목표	• 자기 격려와 심리적 안녕감 회복의 관계에 대해서 알 수 있다. • 심리적 안녕감 검사를 통해 나의 안녕감 수준을 알 수 있다. • 자기 격려와 타인 격려 활동으로 서로를 격려할 수 있다.
준비물	이름표, 필기구, [강의자료 8-1], [활동지 8-1], [활동지 8-2]
단계	진행 절차
도입 (10분)	▶활동 8-1: 안부 인사 나누기 오늘은 지금껏 연습해 왔던 자기 격려의 방법이 나의 심리적 안녕감 회복에 어떠한 영향을 미치고 있는지를 측정해 보고, 이야기 나누는 시간을 가져 보겠습니다. 더불어 자기 격려를 잘 하는 사람은 타인 격려도 잘 할 수 있는 사람이라는 것을 알아차리고, 서로 격려하는 시간을 가져 보도록 하겠습니다. 〈활동 내용〉 ① 지난주 동안 어떻게 지냈는지 이야기한다. ② 현재의 감정과 신체감각 상태가 어떠한지 이야기한다.
전개 (70분)	▶강의 8-1: 자기 격려와 심리적 안녕감 회복의 관계가 궁금해요 자기 격려란 스스로를 격려하여 용기를 얻는 것으로 스스로에 대한 확신과 자신감을 강화시켜 개인의 성장 및 발달을 촉진하는 과정을 말합니다. 그리고 심리적 안녕감이란 행복한 삶을 추구하는 것 이외에도 사회 구성원으로서 개인이 잘 기능하고 있는 상태를 의미합니다. 그렇다면 낙담 상황을 극복하게 하는 자기 격려가 심리적 안녕감을 회복하는 데 어떠한 영향을 미칠까요? 지금부터 자기 격려와 심리적 안녕감 회복의 관계에 관해서 이야기 나누어 보도록 하겠습니다. 〈강의 내용〉: [강의자료 8-1] 자기 격려와 심리적 안녕감 회복의 관계를 알아보고 나에게 적용해 본다. ▶ 활동 8-2: 심리적 안녕감 검사지 작성 낙담 상황에서 자기 격려치료가 심리적 안녕감에 어떠한 영향을 미치고 있는지 검사를 통해 심리적 안녕감 수준을 측정해 보고 이야기를 나누어 보도록 하겠습니다. 〈활동 내용〉: [활동지 8-1] ① [활동지 8-1]을 기록한다. ② 전체 집단원에게 나의 심리적 안녕감이 어떤 상태인지를 이야기해 본다. ③ 집단원의 이야기가 끝날 때마다 지도자 또는 타 집단원은 공감과 격려의 피드백을 전달한다. ▶ 활동 8-3: 서로를 격려해요 자기 격려를 할 수 있는 사람은 타인 격려를 할 수 있습니다. 이번 시간에는 자기 격려를 받았을 때 어떤 느낌이었는지를 회상해 보고, 타인에게 용기를 부여하는 격려 활동을 해 보겠습니다. 그리고 자기 격려와 타인 격려를 한 후 어떤 느낌이 드는지에 대해서 이야기 나누어 보겠습니다.

	〈활동 내용〉: [활동지 8-2] ① [활동지 8-2]를 기록한다. ② 전체 집단원에게 자기 격려와 타인 격려 표현에 관해 이야기해 본다. ③ 집단원의 이야기가 끝날 때마다 지도자 또는 타 집단원은 공감과 격려의 피드백을 전달한다.
마무리 (20분)	▶ 마무리 8회기에서는 현재 나의 자기 격려와 심리적 안녕감 상태를 알아보고, 자기를 격려하듯 타인을 따뜻하게 격려하는 활동을 해 보았습니다. 낙담을 경험한 대학생들의 자기 격려와 심리적 안녕감 회복을 위한 아들러 심리학 집단상담의 회기 활동은 모두 끝이 났습니다. 집단을 시작하기 전과 지금의 나는 어떤 점이 달라졌나요? 가장 기억에 남는 활동이나 주제는 무엇이었고, 여러분에게 어떠한 영향을 미쳤는지도 궁금합니다. 과거의 자신과 현재의 나, 그리고 미래의 나를 생각하며 집단을 활동을 마무리하도록 하겠습니다. 마지막으로 참여하면서 오늘 어땠는지, 새롭게 알게 되거나 다시 한번 생각하게 된 점이 있다면 함께 나누어 보는 시간을 가져 보겠습니다.
유의점	자신이 목표하는 변화가 어느 정도 이루어졌는지 이야기 나누도록 한다.

강의자료 8-1 **자기 격려와 심리적 안녕감 회복의 관계가 궁금해요**

심리적 안녕감이란 '행복', '삶의 질', '정신건강'이라는 용어와 유사한 의미를 지닙니다. 안녕감의 수준이 높다는 것은 개인이 행복감을 많이 느끼고, 질 높은 삶을 살면서 정신적으로도 건강함을 의미하며, 개인으로서 삶뿐만 아니라 사회 구성원으로의 삶에서도 기능을 잘 하고 있다는 뜻으로 쓰입니다. 심리적으로 건강한 사람은 삶의 스트레스나 문제에 잘 대처할 수 있는 용기가 있는 사람인데, 이 용기는 자기 격려를 통해서 만들어집니다. 그러므로 자기 격려를 잘 하는 사람일수록 심리적 안녕감이 높고, 낙담을 경험했어도 심리적 안녕감의 회복력이 높습니다.

리프(Ryff, 1989)가 제안한 심리적 안녕감을 다음과 같은 특성으로 이루어져 있습니다. 이러한 특성이 개인의 생활양식에 잘 드러난다면 그는 격려받은 자이며, 심리적 안녕감이 높은 사람입니다. 반대로 특성이 잘 드러나지 않는다면 현재 낙담 상태이며, 그는 심리적 안녕감을 회복하려는 용기를 낼 수 있도록 자기 격려가 필요합니다.

첫째, 자율성- 외적 자원의 영향을 받을 때도 자신이 가지고 있는 가치에 근거해 스스로 행동을 결정하고 조절합니다.

둘째, 긍정적 대인관계- 다른 사람들과 관계를 형성하는 과정에서 공감하고 친밀함을 형성할 수 있는 능력, 신뢰감을 주고 만족할 수 있는 관계를 형성합니다.

셋째, 삶의 목적- 자신의 삶이 의미 있다고 느끼고, 삶의 목표와 방향감각을 가지는 등 신념을 가집니다.

넷째, 개인의 성장- 개인적인 침체에 빠져 안주하는 것이 아니라 자신의 단점을 인정하고 극복하며 지속적인 성장과 발달을 위해 끊임없이 노력합니다.

다섯째, 자아수용- 자신을 있는 그대로 받아들이고 긍정적인 태도로 자신을 바라보며, 현재 삶은 물론 과거의 삶에 대해 긍정적으로 인식하게 합니다.

여섯째, 환경에 대한 통제력- 자신의 삶과 주변 환경을 잘 다루는 것뿐만 아니라 자신에게 적합한 환경을 선택하거나 자신이 가진 가치와 필요에 따라 환경을 변화시킬 수 있는 능력입니다.

[활동지 8-1]

〈심리적 안녕감 검사지〉

★ 평소 여러분의 심리적 안녕감의 수준이 어떠한지 알 수 있는 검사입니다. 무조건 좋다고 판단되는 곳이 아니라 자신의 본성대로 순수하게, 깊은 생각 없이 체크해 주셔야 정확한 유형을 알 수 있습니다(예: 2점, 중간 1점, 아님 0점).

	문항	예	중간	아님
1	현재 나의 생활 영역을 넓힐 생각이 있다.			
2	지난 시간들을 돌이켜보면, 나 자신이 크게 발전하였다.			
3	그동안 한 개인으로서 크게 발전해 왔다고 생각한다.			
4	지금의 생활방식을 바꾸어야 할 새로운 상황에 처하는 것을 좋아한다.			
5	내 인생을 크게 개선하거나 바꾸겠다는 생각을 할 수 있다.			
6	지금까지 살아온 삶의 방식을 뒤늦게라도 바꿀 수 있다고 생각한다.			
(가) 총점:				
7	지난 시간들을 돌이켜 볼 때 현재 결과에 만족한다.			
8	나 자신에 대해 자부심과 자신감을 갖고 있다.			
9	나는 내 성격의 거의 모든 면을 좋아한다.			
10	과거에 실수를 저지르기도 했지만 전체적으로는 모든 일이 매우 잘되었다고 생각한다.			
11	과거를 돌이켜 보면 좋았던 때도 있고, 힘들었던 때도 있었지만 대체로 만족한다.			
12	나 자신을 친구나 친척들과 비교할 때면 나 자신에 대해 흐뭇하게 느껴진다.			
(나) 총점:				
13	친구들과 친밀한 관계를 유지하는 것이 쉽다.			
14	나의 고민을 털어놓을 가까운 친구가 많아 외롭지 않다.			
15	정말 필요할 때 내 말에 귀를 기울여 줄 사람이 많다.			
16	대부분의 사람들이 나보다 친구를 더 많이 갖고 있는 것 같다.			
17	다른 사람들과 다정하고 신뢰 깊은 관계 경험이 많다.			
(다) 총점:				
18	많은 사람들과 의견이 달라도, 내 의견을 분명히 말한다.			
19	나는 무슨 일을 결정하는 데 다른 사람들의 영향을 받지 않는 편이다.			
20	나는 자기 의견이 강한 사람의 영향을 받는 편이 아니다.			

	문항	예	중간	아님
21	내 의견이 비록 다른 사람들의 의견과 반대되는 경우가 있다고 해도 나는 내 의견이 옳다고 확신한다.			
22	서로 의견이 분분한 문제들에 대해서 내 자신의 의견을 내세우는 편이다.			
23	나 스스로 정한 기준으로 나 자신을 평가하지 남들의 기준에 의해 자신을 평가하지 않는다.			
(라) 총점:				
24	항상 장래에 대해서 생각한다.			
25	과거에 나 자신이 혼자 목표를 세우곤 했던 시간이 값진 경험이었던 것 같다.			
26	매일 하는 일들이 사소하고 중요하게 느껴진다.			
27	나는 내가 인생에서 무엇을 성취하려고 하는지 잘 알고 있다.			
28	나는 미래의 계획을 짜고 그 계획을 실현시키려고 노력하는 것을 즐긴다.			
29	내가 세운 계획은 어떻게 해서라도 실천하려고 노력한다.			
(마) 총점:				
30	일상의 생활에서 내가 해야 할 책임들을 잘 해내고 있다.			
31	내가 해야 할 일들이 무리 없이 할 수 있다.			
32	나는 일반적으로 나의 개인적인 문제를 잘 처리하고 있다.			
33	나는 시간 활용을 잘 해서 해야 할 일을 제시간에 맞게 처리해 나갈 수 있다.			
34	나의 생활방식을 내 맘에 들도록 만들어 올 수 있었다.			
(마) 총점:				

1-1. 가~다 중에서 총점이 높은 순서대로 써 보세요. 내가 만족감을 주는 심리적 안녕감의 구성 요소는 무엇인가요? 나의 인생 경험에 적용하여 이야기해 보세요.

_____

예: (가) 개인적 성장, (나) 자아 수용, (다) 긍정적 대인관계, (라) 자율성, (마) 삶의 목적, (바) 환경지배력

1-2. 내게 부족한 심리적 안녕감의 구성 요소는 무엇인가요? 심리적 안녕감을 회복하려는 용기를 내기 위해서는 격려의 말이 필요합니다. 자기 격려 표현을 구체적으로 해 보세요.

_____

[활동지 8-2]

〈서로를 격려해요〉

1. 내가 받았던 타인 격려를 떠올려보고 기록해 봅니다.

1-1. 누군가 나의 의기소침한 마음을 알아봐 주고 격려해 주었던 경험이 있나요?

상대방이 해 주었던 격려의 말, 행동 등을 적어 보세요. (없다면 바로 1~2번)

1-2. 내가 낙담했을 때 타인에게 어떠한 격려의 표현을 받으면 용기가 날까요?

---

2. 나의 격려가 필요한 사람이 주변에 있나요? 그 사람이 누구이며, 왜 나의 격려가 필요한지, 평소에 어떻게 생각했는지 등 구체적으로 적어 봅니다.

---

3. 나에게 하듯이 타인 사람에게도 따뜻한 격려를 표현을 해 보세요.

(2번 질문에서 떠올린 사람 혹은 여러 사람에게 적용하시면 됩니다.)

타인 격려 표현

3-1. 인생 과제를 진행하고 있으나 두려운 마음이 들고 포기하고 싶어질 때

3-2. 실수를 실패로 생각하여 좌절하고 있을 때

3-3. 새로운 일을 시작했을 때

3-4. 어떤 일에 성공했을 때

3-5. 자기의 단점만 떠올리고 있을 때

3-6. 완벽하게 하지 못하고 결과를 인정받지 못할까 봐 과제를 시작도 못할 때

4. 이제 모든 집단 활동은 끝이 났습니다. 집단을 시작하기 전과 지금의 나는 어떤 점이 달라졌나요? 가장 기억에 남는 활동이나 주제는 무엇이었고 여러분에게 어떠한 영향을 미쳤나요. 과거의 자신과 현재의 나, 그리고 미래의 나를 생각하며 집단을 마무리하는 글을 차분히 적어 보세요.

참고문헌

김명권 외 역(2017). 집단상담의 이론과 실제. 서울: 학지사.

김미란(2006). 아들러의 아들러 심리학에 근거한 격려집단상담 프로그램 개발 및 효과분석. 목포
　　대학교 대학원 박사학위논문.

김미헌(2015). 아들러의 개인심리학에 근거한 집단상담 프로그램의 효과: 고등학생의 우울감소
　　및 희망고취를 중심으로. 강원대학교 대학원 석사학위논문.

김종임(2017). Adler의 아들러 심리학에 근거한 대학생의 집단상담 프로그램 개발 및 효과검증:
　　사회적 관심, 자기격려, 자기효능감을 중심으로. 경남대학교 대학원 박사학위논문.

김천수(2017). 아들러 심리학 이론에 근거한 사회적 관심 척도 개발 및 타당화. 전남대학교 대학
　　원 박사학위논문.

노안영(2016). 불완전할 용기. 서울: 솔과학.

백현숙(2018). 초기기억중심의 Adler 집단상담 프로그램 개발 및 효과. 목포대학교 대학원 박사
　　학위논문.

변지혜(2017). 우울증을 가진 여대생의 미술치료 단일사례연구: 아들러의 아들러 심리학 중심으
　　로. 대전대학교 보건의료대학원 석사학위논문.

알프레드 아들러(2016). 아들러의 인간이해. 서울: 을유문화사.

이와이 도시노리(2015). 만화로 읽는 아들러 심리학 1, 2, 3. 서울: 까치출판.

허정희(2019). 초등학생을 위한 독서상담 프로그램 개발 및 효과 분석 :아들러의 아들러 심리학
　　을 기반으로. 경기대학교 대학원 박사학위논문.

Ryff, C. D. (1989). Happiness is everything, or is it? Exploration on the meaning or
　　psychological well-being. *Journal of Personality and Social Psychology, 57*, 1069-1081.

Walton, F. X. (1998). Use of the most memorable observation as a technique for understanding
　　choice of parenting style. *The Journal of Individual Psychology, 54*(4), 487-494.

아들러 아들러 심리학 주요 개념 https://blog.naver.com/yjmstj/221418117679

아들러 심리학-인생의 과제 https://brunch.co.kr/@ahala/82

제3장

인지행동 집단상담

우리를 아프게 하는 것은 사실 그 자체가 아니라 해석이다.

애런 벡

Ⅰ 인지행동 집단상담 이론

Ⅰ 인지행동 집단상담 이론

인지행동상담이란 내담자의 인지에 초점을 맞추어 심리적인 문제를 이해하고 설명하며, 다양한 기법을 사용하여 인지·행동의 변화를 촉진하는 치료이다.

인지행동상담을 통해 왜곡된 생각을 찾아내는 기술, 행동을 변화시키는 기술, 부정적 믿음을 수정하는 기술, 감정을 조절하는 기술, 사람들과 관계 맺는 기술 등을 배울 수 있다.

1. 집단상담의 목표

초기 행동주의자들은 인간의 모든 행동은 학습되며, 인간은 본질적으로 그들의 사회문화적 환경에 의해서 형성되고 결정된다고 보았다. 코리(Corey)는 인간은 자기와 대화할 수 있고, 자기를 평가할 수 있으며, 자기를 유지할 수 있는 존재라고 하였다. 여기에서 인간은 아동기에 무비판적으로 주입된 기본 관점과 가치를 변화시킬 능력과 자기패배적인 경험에서도 도전할 수 있는 능력을 가지고 있다는 의미이다. 따라서 인지행동적 상담이론은 인간이 실수할 수 있다는 것을 인정하고, 계속 실수를 하면서도 더 평화롭게 사는 것을 배우는 창조적인 존재라고 말했다(천성문 외, 2009).

인지행동 집단상담은 다른 어떤 접근보다도 변화시킬 구체적인 목표에 초점을 두며, 이 목표는 치료 방향을 결정해 준다. 구성원들은 변화시키고자 하는 구체적인 문제행동과 배우고 싶은 새로운 기술을 이야기하여 스스로 자신의 목표를 선택한다. 목표의 예는 다음과 같다.

- 개인적인 목표 중에 하나인 시험 상황에서의 불안 감소시키기
- 효과적인 기능을 방해하는 두려움 제거하기
- 우울에 대처하기
- 의사소통 기술 배우기
- 중독(흡연, 술 등) 제거하기

이처럼 집단지도자는 구성원들이 정확하고 구체적이며 측정 가능한 목표로 세분화할 수 있도록 도와야 한다.

2. 주요 개념

인지치료는 정신과 의사인 에런 벡(Aaron Beck)이 창시한 이론적 접근으로, 상담자는 내담자가 겪는 정서적 고통이나 부적절한 행동에 영향을 미치고 내담자가 인식하지 못하는 생각인 부정적 자동적 사고나 비합리적 신념체계를 찾아서 변화시키는 데 초점을 둔 치료 방법이다. 인지치료는 건강한 치료적 동맹을 결성하여 단기적이고 한시적(time-limited)인 치료를 목표로 내담자가 자신의 정보처리의 오류를 확인하고 수정할 수 있도록 조력한다. 또한 내담자 자신이 스스로의 치료자가 될 수 있도록 교육하는 것을 목표로 하며, 재발 방지를 강조한다. 인지치료는 환자들이 자신의 역기능적 사고와 믿음을 식별하고 평가하며 반응하도록 가르치며 사고, 기분, 행동을 변화시키기 위하여 다양한 기법을 사용한다. 주요 개념을 살펴보면 다음과 같다.

1) 자동적 사고

자동적 사고는 사람의 마음속에는 끊임없이 진행되는 인지의 흐름이다. 자동적 사고는 인생을 살면서 상황 특수적인 생각들이 경험에 대한 반응으로 자연스럽게 떠오르며, 개인의 감정과 행동에 강력한 영향을 미친다. 정신장애를 지닌 사람들은 생활 사건의 의미를 특정한 방향으로 왜곡하여 부정적인 내용의 자동적 사고를 지니게 되는 경향이 있다. 즉, 자동적 사고는 말 그대로 자동적으로 드는 생각이고, 매우 신속하게 스치고 지나가는 생각이어서, 우리 스스로는 자신이 그러한 생각을 했는지조차 잘 인식하지 못하는 '스쳐 지나가는 생각'을 뜻한다.

2) 핵심 신념

핵심 신념은 자동적 사고에 바탕이 되는 중심 생각이다. 즉, 핵심 신념이 내면에 뿌리박혀 있는 신념이라면 그것이 겉으로 드러난 수준의 인지가 자동적 사고이며, 이를 매개하는 중간 신념이 있다. 사람은 누구나 자신, 타인, 그리고 세계에 대한 자신만의 핵심 신념을 가지고 있는데 인지의 깊은 곳에 있을 뿐만 아니라 중간 신념을 거쳐 자동적 사고로 드러나므로 대부분의 사람은 자신의 핵심 신념에 대해 알아차리지 못한다.

3) 스키마

스키마(Schema, 인지도식)는 핵심 신념을 둘러싼 마음속의 인지구조로서 '이런 상황에서는 이렇게 생각하고, 저런 상황에서는 저렇게 느끼며, 어떻게 행동할지를 결정한다.'이며, 각 개인의 의식 혹은 무의식에 내재되어 있는 일종의 규칙이다. 인지행동치료에서는 스키마가 정신치료 그 자체로 간주할 정도로 중요하다. 또한 통념과는 달리 스키마는 사고-감정-행동 사이, 아니면 사고-감정-행동을 유발하는 최초 자극이나 모든 일이 끝난 뒤의 자기반성 등 어떤 위치에도 들어갈 수 있다. 즉, 사람을 우울하게 하거나 불안하게, 또는 화나게 하는 것이 사람마다 각기 다르다. 이러한 차이를 스키마라고 부른다.

4) 인지행동 집단상담

인지행동 집단상담에는 다른 집단 접근법들과 구별되는 몇 가지 특징들이 있는데, 과학적 방법의 원리와 절차를 이용하며 부적응 행동을 변화시키기 위해 학습 원리를 체계적으로 적용하는 것이다.

인지행동치료자들의 두드러진 특징은 구체성과 측정치를 체계적으로 이용한다는 점이다. 개념과 절차를 명확히 진술하고 경험적으로 검증, 지속적으로 수정하며, 평가와 치료는 동시에 일어난다. 또한 효과적 치료를 하거나 보다 나은 치료를 개발하기 위해서는 반드시 연구가 이루어져야 한다고 보았다. 행동주의 집단상담의 특징을 통해 주요 개념을 살펴보면 다음과 같다.

(1) 행동평가

행동평가는 각 내담자의 특징에 맞는 구체적인 치료계획을 세우고, 치료의 효과를 평가하는 데 필요한 정보를 얻기 위한 일련의 절차를 말한다.

행동평가는 내담자의 문제에 대해 독특하고 상세한 정보를 얻는 것이 목적이다. 또한, 내담자의 현재 기능과 생활환경에 초점을 두고, 다양한 상황에서 내담자가 일반적으로 어떻게 기능하는지를 알기 위해 내담자의 행동을 표집하는 것에 관심을 둔다. 그리고 내담자의 전체 성격을 다루기보다 좁은 범위에 초점을 두고, 치료와 통합되는 특성을 가진다(Spiegler & Guevermont, 2010).

(2) 구체적 치료목표

인지행동 집단상담의 가장 독특한 측면은 변화시킬 구체적인 목표를 정하는 것이다. 대부분 집단의 초기 단계에서 구성원들이 성취하고자 하는 개인적 목표를 구체적으로 세우도록 한다. 이때 집단구성원들은 바꾸고 싶은 문제행동과 학습하고자 하는 새로운 기술들을 구체적으로 정리한다.

여기서 집단상담자의 과제는 구성원들이 광범위하고 일반적인 목표를 구체적이고 명확하고 측정 가능한 목표로 세분화시켜서 추진해 나갈 수 있게 돕는 것이다. 예를 들면, 한 집단구성원이 사회적 상황에서 행동과 감정을 적절하게 느끼고 싶다고 한다면, 상담자는 "부적절하다는 것은 무엇을 의미합니까? 부적절하다는 감정 때문에 당신은 무엇을 하고, 무엇을 하지 않습니까? 당신이 부적절하다고 느끼는 상황은 어떤 상황입니까? 당신은 어떤 방식으로 행동을 변화시키고 싶습니까?"라고 질문한다. 집단을 통해 구성원들은 이러한 어려운 질문에 대해 생각할 기회를 얻음으로써 적절하게 답변할 수 있게 되며, 각 회기에서 새로운 행동을 연습하고 다른 구성원들로부터 피드백을 얻을 수 있다.

(3) 치료계획

구성원들이 자신의 목표를 구체화시키고 나면, 목표를 달성하기 위해 치료계획을 세운다. 인지행동치료 기법은 행동 지향적이므로, 구성원들은 자신의 문제에 대해 수동적으로 반응하거나 단순히 말로만 하는 것이 아니라 적극적인 역할을 수행해야 한다. 가장 많이 사용되는 기법은 모델링, 행동 시연, 피드백, 인지 재구조화, 문제 해결, 명상, 이완훈련, 스트레스 관리가 있다.

(4) 객관적 평가

인지행동 집단상담에서는 행동 변화에 대한 확인이 중요하다. 따라서 목표행동이 결정되고 치료목표를 구체화하고 치료절차가 상세히 기술되면 치료결과를 객관적으로 평가할 수 있게 된다. 인지행동 집단에서는 기법의 효과에 대한 평가를 중요시하기 때문에 구성원이 목표를 달성하는 정도를 계속해서 평가한다. 첫 회기에서 치료기법이 적용되기 이전의 기저선을 파악한 후, 이후의 회기에서 계속 평가를 하여 참가자들이 목표를 어느 정도 달성하고 있는지를 알 수 있게 한다. 그 결과를 참가자들에게 피드백을 주는 것은 인지행동 집단상담의 중요한 한 부분이다.

그리고 어떤 기법을 사용할 것인지는 각 기법의 객관적 효과에 근거해서 결정한다. 기법들의 종류는 매우 다양하며, 인지행동 집단상담자들은 구성원의 사고, 감정, 행동 패턴의 변화에 도움이 될 수 있다면 다양한 기법들을 절충적으로 선택하는 경우가 많다.

3. 집단지도자의 역할

인지행동 집단상담에서 상담자는 교사의 역할을 한다. 이들은 집단에서 적극적이고 직접적으로 가르치고 문제를 해결하기 위해 행동 원리에 대한 지식과 기술을 적용한다. 또한 지도자는 기술을 가르칠 때는 집단 내에서 자신의 행동을 통해 구성원들에게 적극적인 참여와 협력의 모델을 보여 준다. 구성원들의 특정 문제와 관련 있는 상황이나 변화를 일으킬 수 있는 상황을 파악하기 위해 행동을 주의 깊게 관찰하고 평가해야 한다.

밴듀라(Bandura, 1986)에 의하면, 상담자가 제공하는 모방, 즉 사회적 본보기는 내담자가 새로운 행동을 학습하는 기본 과정 중의 하나로 작용한다고 한다. 따라서 집단상담자는 자신의 가치관, 태도, 행동이 구성원들에게 미치는 영향에 대해 항상 염두에 두어야 한다. 이러한 역할과 더불어 집단상담자는 다양한 기능과 과제를 수행해야 한다. 특히, 구성원들의 특정 문제와 관련 있는 상황이나 변화를 일으킬 수 있는 상황을 파악하기 위해 행동을 주의 깊게 관찰하고 평가해야 한다.

먼저, 집단의 예비평가와 오리엔테이션 과정에서 초기 면접을 통해 구성원들에게 집단과정에 참여하는 방법과 집단에서 얻을 수 있는 유익한 정보들을 가르쳐 준다. 또한 구성원들의 문제에 대해 지속적인 평가를 한다. 초기 면접, 검사와 기록, 집단 결정과 같은 절차를 통해 구성원의 특성, 장점, 흥미, 성공 등의 유용한 정보를 파악하며, 구성원들이 목표행동을 구체화하도록 돕는다. 그리고 그들이 정한 목표를 성취할 수 있도록 다양한 기법을 활용한다.

상담자의 주요 기능 중 하나는 적절한 행동과 가치관을 가진 하나의 본보기가 되는 것이다. 이는 개인이 특정 상황에서 어떻게 반응하는지, 서로 역할놀이를 해 봄으로써 모델이 되어 집단 내에서 실험해 보는 경험을 제공한다. 또한 집단 내에서 성공적인 경험을 통해 일상생활에서 실천해 보고 노력을 독려함으로써 적응 행동을 넓히도록 돕는다. 이때 상담자는 구성원들이 새로운 행동과 기술에 대한 개발을 강화할 수 있도록 함으로써 작은 성취라도 의미가 있다는 것을 확인시켜 준다. 구성원들이 자신의 반응을 논의하고, 학습한 것을 견고히 하며, 가정이나 직장에 적용할 새로운 기술을 실습할 충분한 시간을 가지도록 한다. 실현할 수 있는 목표가 실현되지 않았을 때는 다른 지도자를 추천하기도 하며, 필요에 따라 집단에서 배운 것을 일반화시키는 데 도움이 되는 사회적 활동을 위해 조언을 한다.

인지행동 집단상담에서는 상담자와 구성원 사이의 협력적인 관계를 강조한다. 라자루스(Lazarus, 2008)는 상담자의 융통성 있는 관계 방식과 함께 적용되는 여러 기법이 상담 결과를 향상시킨다고 주장한다. 그는 관계 문제가 상담과정을 방해할 때에는 내담자와 상담자의 관계를 논의하는 것이 필요하다고 하였다.

다양한 인지적·정서적·행동적 기법을 사용하는 것 이상으로 상담자는 구성원들의 다양한 방식을 고려하여 기법을 선택하고 지속적으로 개입방법을 수정해야 한다.

이상을 종합해 보면, 인지행동 집단상담은 상담자는 상담기법을 효율적으로 사용할 수 있는 숙련된 전문가이면서, 동시에 신뢰롭고 편안한 분위기를 이끌 수 있는 인간적 자질도 지녀야 한다.

4. 집단상담의 단계

인지행동 집단은 다양한 문제를 다루기 위해 주요한 관심은 참가자들의 행동을 분석해서 문제를 정의하고 구체적 목표를 설정하여 달성하도록 조력하는 데 있다. 이를 위해 집단과정에서 상담자는 집단을 구성하고 집단원들에게 방향을 안내하며 집단의 응집력을 조성한다. 그리고 문제행동을 탐색하며 행동 변화를 위한 기법을 사용하고, 그 과정을 평가해 가며 구체적인 변화 절차를 계획하고 실행에 옮긴다. 이러한 과정은 훨씬 더 구체적인 활동들로 구성되어 있다. 여기서는 집단상담의 과정을 크게 집단 초기 단계, 작업 단계 그리고 종결 단계로 나누어 살펴보고자 한다.

1) 초기 단계

집단상담의 초기 단계에서 상담자는 집단을 구성하고, 집단원들에게 방향을 안내하며, 응집력을 형성하고 확립해 나간다. 대부분의 구성원들은 인지행동 집단상담에 대해 잘 모르고 있는 경우가 많기 때문에 참여하기 이전에 이들에게 집단과정에 관련된 정보를 주는 것이 필요하다. 사전 개별 면담과 첫 번째 집단 회기에서는 예비 참가자들의 기대를 탐색하고 집단에 참가할 것인지의 여부를 결정하도록 돕는다. 집단에 참여하기로 결정을 내린 사람들은 치료계약을 체결하고 집단상담자가 집단의 전 과정에 걸쳐 상담자가 구성원들에게 무엇을 기대하는지 또 구성원이 상담자에게 무엇을 기대하는지를 파악한다.

또한 구성원들에게 집단의 방향과 목적 및 내용, 책임 등에 대한 오리엔테이션을 실시한다. 오리엔테이션 과정에서 상담자는 주도적 역할을 하는데, 집단상담과 관련하여 구성원들의 협력의 중요성을 알리고, 집단상담과 관련된 정보나 사례연구의 경험 등을 그들에게 제공하기도 한다.

로즈(Rose, 1998)에 의하면, 상담자는 처음에 집단구성원들이 집단에 흥미를 가지도록 노력하고, 구성원들의 사회적 기능을 향상할 수 있는 집단 상황을 설정해야 한다. 그리고 점진적이고 적절한 방법으로 집단구성원들에게 집단을 이끌어 가도록 책임을 부여하고, 구성원들이 서로에 대한 치료적 동반자가 될 수 있는 환경을 조성해야 한다. 또한 집단 내의 지나친 집단 갈등을 통제하고, 집단 상호작용에 모든 구성원이 참여하는 방법을 찾아야 한다. 이 과정에서 상담자가 직접 구성원에게 방법을 제시하기보다는 구성원 스스로가 집단에 기능하도록 훈련할 수 있도록 한다.

2) 작업 단계: 치료계획 및 기법 적용

작업 단계에서 치료계획은 행동을 변화시키는 데 있어 효과적이라고 증명된 구체적 방법들 가운데 가장 적절한 일련의 절차를 선택하는 것이다. 치료계획은 집단원 각자들을 위한 개별계획과 집단과정의 주요 방향에 관한 집단계획이 있다. 집단계획을 세우기 위해서는 먼저, 구성원들 공통의 문제점을 평가할 수 있도록 개인과 집단에 관한 전반적인 자료들을 분석한다. 이러한 분석 결과를 근거로 하여 적절한 훈련 프로그램이 선택된다. 개별계획은 필요성에 따라 상담자와 구성원들이 의논하여 세우고 해당

장면에서 실행하게 된다.

집단 절차는 집단의 과정을 수정하는 상호작용적 활동이나 협동적인 활동을 말한다. 모델링, 행동 시연, 강화, 피드백, 인지 재구성, 문제 해결 과정의 검토 및 관련 정보의 수집 등이 집단 절차로 활용된다. 이러한 집단의 절차 및 과정이 진행되면서 집단 응집력의 수준, 집단 참여도의 분포, 집단 내에서의 심리적 위계 또는 일부 집단 규범의 비중 등이 수정되거나 변화된다.

작업 단계에서는 상담 상황에서 생긴 변화를 일상생활 장면까지 유지, 확대시킨다. 이를 위해 일상생활 장면과 유사한 행동 연습을 집단 장면에서 실시하고, 이렇게 연습한 내용을 일상생활 장면에서 실행해 보도록 숙제를 주고 그 결과를 다음 모임에서 검토·보완하도록 하는 것이다.

이상의 전 작업 단계에 걸쳐 평가과정은 지속적으로 이루어진다. 집단상담자는 회기의 효율성이 어느 정도이며, 상담목표가 얼마나 잘 이루어지고 있는지를 계속해서 평가해야 한다. 작업 단계에서 이러한 평가를 위해 상담자는 참여 정도, 구성원 만족도, 출석률, 회기와 회기 사이에 합의된 과제에 대한 완성도 등 자료들을 계속해서 수집해야 한다. 이 평가에는 집단 내에 문제가 있는지 또 집단 목표가 어느 정도 달성되고 있는지 판단할 수 있는 자료도 수집한다. 집단 전 과정을 통해 개개인은 각자의 행동 및 그 행동이 일어나는 상황 등을 점검한다. 이러한 방법으로 상담자는 치료전략에 대한 효과를 신속하게 판단할 수 있다. 지속적인 평가과정을 통해 구성원과 상담자 모두 보다 효율적인 기법을 찾을 수 있게 된다.

3) 종결 단계

집단상담의 종결 단계에서, 상담자는 구성원들이 집단에서의 변화를 일상생활에 전이시키는 데 일차적 관심을 둔다. 실생활에서의 훈련을 포함하는 실습 회기는 이러한 전이를 촉진시킨다. 구성원들은 일상생활에서 중요한 타인들에게 하고 싶은 이야기를 연습하며, 대안적 행동을 실습한다. 상담자와 더불어, 집단에서 타인들로부터 받는 피드백은 이 단계에서 가장 유용하다. 각 회기는 새로운 행동을 일상생활에서도 점진적으로 수행할 수 있도록 체계적으로 계획되어 있다. 종결 단계에서 일반화에 대한 준비와 변화 유지에 더 관심을 두지만, 이는 집단의 모든 단계에서 보여지는 특징이다.

특히, 자기책임감은 집단의 전 과정에서 강조되지만, 종결을 계획할 때 특히 중요하다. 종결 단계에서 상담자는 직접적인 치료자에서 조언자로 바뀐다. 구성원들이 새롭게 배운 기술들을 집단 밖의 새로운 상황에 적용해 보고 발전시켜 나갈 수 있도록 격려한다. 더 나아가, 이들은 집단상황에서 직면하지 못했던 상황을 준비하는 방법으로서 자기 강화나 문제 해결과 같은 자조적 기술을 배운다. 내담자가 새로운 문제를 효과적으로 처리할 수 있는 자신의 능력을 신뢰하게 되면, 이들은 집단으로부터 독립적이게 된다. 종결할 때가 되면 집단 프로그램의 효율성을 평가하는 방안으로서 처음의 여러 가지 평가도구를 다시 사용한다.

종결회기 이후에 추후 회기를 계획하는 것은 집단의 구성원이 직면할 수 있는 방해물을 예견하고, 계획을 세울 방법을 제시할 수 있기 때문에 매우 중요하다. 추후 면담은 구성원들이 변화 행동을 유지하고, 자발적인 변화가 이루어지도록 돕기 위해 '보조회기'로 제공된다. 구성원들에게 배운 것을 검토하고, 사용하고 있는 새로운 방법에 대한 정보를 얻고, 변화 여부에 대해 책임을 지도록 인식시킴으로써 지속적인 변화 유지에 대한 동기부여를 해 준다.

5. 집단상담의 기법

1) 모델링

모델링은 집단상담자나 다른 구성원들의 바람직한 반응을 관찰하여 학습한 것을 수행하는 것이다. 모델링은 상담자와 참여자 모두가 하는 것으로, 집단상담의 장점이 구성원들에게 다양한 사회적 모델과 역할모델을 제공한다는 데 있다. 모델은 관찰자가 있는 장면에서 가능한 한 많은 강화를 받아야 하며, 관찰자는 모델행동의 모방에 대해 가능한 한 많은 강화를 받아야 한다. 모델링의 주요 효과는, ① 새로운 반응이나 기술의 획득과 수행, ② 공포 반응의 제거, ③ 반응의 촉진이다.

모델링은 특히 자기표현 훈련 집단에서 유용한 방법이며, 자기표현을 좀 더 건설적으로 하고 인지적 구조를 변화시키는 방법을 참가자에게 가르치는 데 효과적이다. 모델링의 효과는 행동 시연, 지도, 집단 피드백 등에 의하여 향상시킬 수 있다.

모델링에서 상담자의 역할은 내담자로 하여금 요구되는 반응을 정의하고 분석하도록 돕고, 모델링 경험과 연습기회를 제공하고 또 내담자가 만족할 수 있는 수준에서 적절한 반응 목록을 발달시킬 수 있을 때까지 추수 지도를 제공해 주는 일이다.

> **모델링의 예**
> 자기표현 훈련 집단에서 다른 집단원이 자기표현의 역할모델을 하는 것을 보고 그 행동을 모방한다.

2) 행동 시연

행동 시연의 목적은 모델링의 단서가 유용하지 않을 때, 구성원들이 집단 밖에서 바람직한 행동을 수행할 수 있도록 준비시키는 것이다. 실제 상황을 본 뜬 안전한 맥락 속에서 새로운 행동을 실제 행동으로 연습하는 것이다.

행동 시연은 점진적 행동조성 과정의 일종으로 사회적 기술을 가르치는 데 유용한 기법이다. 효과적인 사회적 상호작용을 위해서는 특정한 사회적 상황 속에서 '말할 내용'도 알아야 하지만 행동적 요소도 알아야 한다. 말의 속도, 몸짓, 자세, 눈맞춤 및 기타의 행동 등이 중요한데, 시연을 할 때는 이 구체적 행동들 중에서 몇 개만 선택하는 것이 좋다. 이 기법은 내담자의 실생활에서 구체적인 행동이 어려운 장면에 대해 역할연기 등을 통해 반복해서 연습하며 상담자가 바라는 행동 수준에 이를 때까지 시범이나 교육, 피드백을 통해 계속 반복연습을 한다.

> **행동 시연의 예**
> 타인 앞에서 자기표현을 잘 못하는 집단원에게 자기표현을 할 수 있도록 행동 시연을 보이고 연습하게 한다.
> 수줍어하는 친구에게 먼저 인사하는 시범을 보여 주고 연습하게 한다.

3) 과제

과제는 구성원이 집단에서 중요한 문제라고 탐색한 행동을 하도록 하는 데 목적이 있다. 또한 과제는 구성원이 실생활에서 새로운 기술을 연습할 수 있는 기회를 준다. 가장 좋은 과제는 집단과 일상생활에서 할 수 있는 것을 통합한 것이다.

인지행동 집단에서 과제는 집단과정에서 필수적인 부분이다. 효과적인 개입방법으로 과제 부여를 활용하기 위해서는 구성원들이 자신에게 적합한 과제를 찾도록 상담자가 정확하게 안내하고 합리적인 근거를 제공하며 협력적인 관계를 통해 내담자를 참여시키는 것이 과제의 효과성을 결정한다. 구성원이 과제 수행을 강요받는 다고 느끼면 과제 수행에 대한 저항을 불러일으키며 실패할 가능성이 높다. 따라서 상담자는 저항을 적절히 다루어 과제 수행에 장애가 되는 것과 구성원이 자기태만을 야기하는 것이 무엇인지를 파악한다.

> **과제 제시의 예**
> 스트레스로 인해 우울을 경험하는 집단원에게 일주일간 '부정적인 자동적 사고 기록지'를 작성하도록 과제를 제시한다.

4) 피드백

구성원이 집단 내에서 새로운 행동을 연습하고 나면 다른 참가자들은 이에 대해 언어적 반응을 해 준다. 이것은 다른 참가자나 집단상담자들도 해 줄 수 있다. 피드백에는 일반적으로, ① 행동에 대한 칭찬과 격려, ② 실수를 교정하고 수정해 주는 구체적 제안 등과 같은 두 가지 측면이 있다. 특히, 피드백은 새로운 행동을 학습하는 데 유용하며 건설적이고 구체적이며 긍정적인 피드백인 경우에는 더욱 그러하다.

> **피드백의 예**
> 〈발표에 대한 불안감을 느끼는 집단원을 보면서〉
> • 발표를 잘 했을 때 → "목소리도 크고 내용 전달이 잘 되었어요!"
> • 발표를 제대로 하지 못했을 때 → "발표 시 시선은 청중을 향하고, 목소리는 크게 하세요!"

5) 인지 재구조화

인지 재구조화는 자신의 인지를 확인·평가하고, 사고가 행동에 미치는 부정적인 영향을 이해하며, 이러한 인지를 좀 더 현실적이고 적절한 사고로 대치하는 것을 학습하는 과정이다.

로즈(1998)는 인지적 재구성을 집단상담에 적용하는 것에 관해, 처음에 구성원들은 집단에서의 연습을 통해 자기패배적 표현과 자기향상적 표현을 구분할 수 있게 된다고 하였다. 일반적으로 이들은 서로에게 피드백과 여러 가지 인지 분석 모델들을 제공한다. 다음 단계에서는 구성원들을 고양시켜, 문제 해결이나 효과적인 행동을 증진시키는 자기향상적 표현을 고안하도록 한다. 구성원들은 일련의 실현 가능한 인지적 표현을 결정한 다음, 인지 모델링을 사용하는데 여기서 참가자들은 자기 자신이 스트레스 상황에 처해 있다고 가정하고 자기패배적 표현을 자기 향상적 표현으로 대치시킨다. 자기패배적 사고는 정서적 고통을 유발시킬 수 있으며 수행을 방해한다. 자기향상적 자기표현은 수행을 개선시킨다. 인지적 시연에 있어 구성원들은 모델을 모방하며 집단의 다른 구성원들로부터 피드백을 받는다. 집단속에서 몇 차례 시도한 다음, 실생활에서 새로운 스타일을 시도해 보기 전에 집에서 일련의 새로운 표현들을 실습해 보는 과제를 참가자에게 준다. 인지적 재구성의 마지막 단계에서 각 회기의 끝에 과제를 주고, 다음 회기의 시작 단계에서 검사한다. 구성원들이 나아지면 더 어려운 과제를 준다.

> **인지 재구성의 예**
> (상황) 수업에 들어감
> (사고) "세상에! 내가 발표해야 해! 난 할 수 없어. 난 죽을 것 같아!"
> (정서적 혹은 행동적 결과) 불안을 경험함
> (인지 재구성) "내가 발표를 잘 못한다고 해도 사람들은 나를 비난하지 않을 거야!"

6) 강화

강화란 특정한 자극에 대하여 바람직한 반응을 했을 때 어떤 보상을 줌으로써 자극과 반응 사이의 유대를 강하게 하여 그 반응을 더 자주 일으키도록 해 주는 것을 말한다. 이때 보상으로 사용되는 물질을 강화물 또는 강화 요인이라 부른다.

강화는 집단상담자뿐만 아니라 구성원들도 칭찬, 승인, 지지, 주의 등으로 강화를 한다. 강화는 구성원들에게 실패 경험보다는 성공 경험으로 보고하도록 하면서 각 회기를 시작하는 것이 좋다. 이는 집단상담에서 적극적인 분위기를 조성하고, 일상생활에서 잘 한 일에 강화를 주며, 구성원에게 변화가 가능하다는 것을 상기시켜 준다.

사회적 강화와 마찬가지로 자기 강화도 바람직한 행동의 형성에 강력한 방법이 된다. 자기 통제를 더 많이 하고 남에게 덜 의존하기 위해서 자신의 발전에 대해 스스로 강화하는 방법을 참가자는 배운다.

강화의 예

자신의 의사를 밝히기를 꺼려 하는 집단원이 집단 안에서 자신의 의사를 밝혔을 때 집단상담자나
다른 집단원들이 칭찬을 하는 경우
"잘했어.", "해냈군!", "난 잘하고 있어."

7) 단짝(동료)체계

단짝체계는 구성원들 간의 치료 동맹의 한 형태이다. 내담자는 다른 내담자 한 사
람을 집단치료 과정 전반의 모니터나 조언자로 선택한다. 단짝은 집단 속에서의 행동
을 서로 관찰하며, 주어진 활동에 전념하고 이 과제들을 실습하도록 환기시켜 주고 집
단 속에서나 집단 밖에서 서로 지지하도록 한다. 치료의 가장 중요한 부분은 집단 밖
에서 일어나는데, 이는 구성원들이 주어진 관계를 실습하는 것이다. 이러한 접근을
통해 참가자들은 타인에게 도움을 주고 새롭게 학습한 지도력 기술을 실습해 볼 기회
가 생긴다. 단짝체계는 집단상담이 끝난 다음에도 계속적으로 작용하는 자조적 연결
망이 된다.

단짝체계의 예

발표 불안으로 자신감이 없는 집단원들을 짝을 지어 발표 연습을 하게 하고, 발표하는 모습을 서로
관찰하여 발표를 잘할 수 있도록 지지해 준다.

II 인지행동 집단상담 실제

직장생활의 스트레스와 우울 감소를 위한 인지행동 집단상담 프로그램

1. 필요성과 목표

1) 프로그램의 필요성

급변하는 환경변화와 사회 · 경제적 흐름 속에서 우리나라의 직장인들은 고용불안
정의 외적 요인과 직무수행 과정에서 발생하는 직무 스트레스로 고통을 받고 있으며,
이러한 고통 때문에 육체적 · 정신적 건강이 심각한 위협을 받고 있다.

직무 스트레스는 직무욕구와 개인의 역량 간에 불균형이 있다고 스스로 느끼고 있는
것을 말하며, 직무를 수행하는 과정에서 발생하게 되는 필연적이고 보편적인 특성이다.
즉, 직장이라는 환경에서 동료, 상사와의 업무 처리과정에서의 발생하는 갈등이 직무
스트레스의 주된 요인이 된다. 이러한 조직 내의 업무 스트레스는 우울불안장애, 소화
기장애 등을 유발하며 이는 직무 스트레스로 이어질 수 있고 직무 스트레스가 증가될수
록 대인 예민성, 우울, 불안이 높아진다. 직무 스트레스는 우울의 영향 요인으로 확인되
었으므로 우울을 감소시키면 직무 스트레스 감소에 영향을 미칠 것이라고 보고 직무 스
트레스를 감소하는 치료 프로그램을 제안하고자 한다.

직무 스트레스와 우울을 가장 효과적으로 다룰 수 있는 인지행동 집단상담 프로그
램은 생각, 사고, 인지체계의 변화를 중요한 요소로 생각한다. 따라서 직무 스트레스를
경험하고 있는 내담자의 신념 및 사고체계를 탐색하여, 인지적 왜곡을 만드는 역기능
적인 스키마를 찾아내고, 수정함으로써 보다 현실에 효과적으로 적응하는 능력을 키울
수 있도록 도와준다.

이에 본 프로그램은 내담자에게 부정적 생활사건이 되는 직무 스트레스를 처리하는
과정에서 인지왜곡을 만드는 심리적 요인인 부적응적 스키마를 수정하여 보다 적응적
으로 직무 스트레스를 감소할 수 있게 돕는다.

2) 프로그램의 목표

본 집단상담 프로그램은 직장인의 직무 스트레스로 인해 우울을 경험하게 하는 그동안의 자동적 사고 및 도식을 발견하고, 이에 대한 인지적 오류를 찾아 사고를 바꾸는 등의 인지적 재구조화를 통해 우울과 직무 스트레스를 감소하고자 한다. 이를 위한 프로그램의 목표는 다음과 같다.

첫째, 평소 느끼는 불안, 스트레스 정도를 안다.

둘째, 회사생활을 하면서 경험하는 현재 자신의 부정적 정서에 대한 자동적 사고를 발견한다.

셋째, 자동적 사고의 인지적 오류를 찾는다.

넷째, 부정적 정서를 일으키는 깊은 신념, 자동적 스키마(인지도식)를 발견한다.

다섯째, 사고 바꾸기 등의 인지적 재구조화를 통해 자동적 사고의 변화를 도모한다.

여섯째, 자신의 사고 및 행동 변화를 통해 부정적 정서를 촉발하는 상황 속에서도 우울과 직무 스트레스가 감소됨을 안다.

2. 개입전략

본 프로그램은 직장인의 직무 스트레스와 우울 감소를 위해 다음과 같은 개입전략은 다음과 같다.

첫째, 수용, 지지, 격려, 편안함, 안도감을 느끼게 하는 집단 분위기로, 그 속에서 자연스럽게 자기노출이 이어지도록 하여 좋은 상담관계를 형성한다. 집단원에게 자신의 왜곡된 생각을 찾아내는 기술, 부적응적인 믿음을 수정하는 기술, 예전과는 다른 방식으로 사람들과 관계 맺는 기술, 감정을 인식하고 조절하는 기술, 그리고 문제가 되는 행동을 변화시키는 기술을 익힐 수 있게 도움을 준다.

둘째, 자신의 문제나 감정에 대해 명료하게 알게 하여 현재 자신의 모습에 대해 더잘 이해하고 깨닫게 한다. 프로그램 초기 또는 매 회기마다 행동 평가 및 결과 평가를 통해 자신을 객관적으로 이해하게 하여 과거보다는 현재의 삶에 더 초점을 맞추고, 체계적으로 구조화된 방식의 훈련을 통해 내담자가 현재 겪고 있는 문제의 해결을 촉진하는 데 도움을 준다.

3. 구성내용

직장인의 스트레스와 우울 감소를 위한 인지행동 집단상담 프로그램은 도입 단계, 작업 단계, 종결 단계로 구성되어 있으며, 스트레스를 경험하는 직장인의 직무 스트레스에 대한 문제와 관련된 주제와 활동으로 구성되었다. 프로그램은 총 8회기로써 회기당 90분으로 구성하였고 각 단계는 다음과 같다.

1) 도입 단계(1~2회기)

도입 단계는 프로그램을 시작하는 단계로서 프로그램에 참여하는 집단원과 상담자 간에 친밀감과 신뢰감을 형성하는 단계이다. 또한 집단원들 간의 문제를 자유롭고 편안하게 노출할 수 있도록 개방적 분위기를 조성하는 등의 상담자의 역량이 요구된다. 프로그램에 대한 명확한 목표와 내용을 이해시킴으로써 프로그램 전체 회기의 참여율을 높이고 동기를 유발하는 단계이기도 하다. 프로그램을 소개하고 집단 규칙과 비밀보장 등의 내용을 담은 서약서를 참여자들이 작성하도록 한다.

2) 작업 단계

작업 단계는 자동적 사고에서 인지적 오류를 찾아보고 어떤 인지 왜곡들을 가지고 있는지 점검하고, 부적응적인 자동적 사고와 신념을 탐색하여 현실적이고 합리적으로 바꾸는 인지 재구성의 단계이다.

(1) 자동적 사고 다루기 단계(3~5회기)
이 단계는 참여한 내담자가 회사생활을 하면서 부정적으로 경험했던 사건을 떠올리며 당시의 감정과 현재의 감정을 잘 표현하도록 한다. 각자 워크시트를 활용해서 현재 자신의 느낌이나 기분이 어떠한지에 초점을 두어 감정을 탐색하고, 감정을 이끈 자동적 사고를 찾아낼 수 있도록 한다. 발견해낸 자동적 사고에서 인지적 오류를 찾아보고 어떤 인지 왜곡들을 가지고 있는지 점검한다. 이러한 감정을 일으키는 자동적 사고를 스스로 발견하고 사고 바꾸기 등의 인지적 재구조화를 시도하는 단계이다. 자동적 사고 다루기는 총 3회기로 구성되었다.

(2) 스키마 다루기 단계(6~7회기)

이 단계는 자동적 사고의 기초가 되는 정보 처리의 기본적인 틀 혹은 규칙들의 수정을 통해 생활 사건이 일어난 경우에도 건강한 스키마를 사용하도록 돕고 행동 강화를 시키는 과정이다. 인지적 재구성은 부적응적인 자동적 사고와 신념을 탐색하여 변화시키는 과정을 의미한다(Wright et al., 2009). 인지적 재구성의 이론적 관점은, 부적응적인 행동은 부정적 사고방식과 정서에서 비롯되므로, 적응적인 행동을 위해서는 비합리적 사고유형을 현실적이고 합리적으로 재구성해야 한다는 것이다. 인지적 재구성 작업에는, 첫째, 자기 감찰을 통해 자신의 마음과 생각을 바라보게 하고, 상황의 의미를 왜곡하는 자동적 사고를 찾아내는 작업이 우선되어야 한다. 둘째, 상황에 대한 의미를 해석하고 파악하는 인지적 과정과 인지평가 결과가 얼마나 합리적이고 현실적인지를 따져보고 검증하는 절차가 필요하다. 셋째, 왜곡된 사고와 신념을 현실적이고 합리적인 사고로 수정하는 작업이 수반되어야 한다. 넷째, 수정된 사고를 유지하기 위한 충분한 연습을 하는 시간이 구성되어야 한다(권석만, 1995). 이러한 절차는 적응적인 인지를 활성화시키며, 역기능적 사고와 신념을 보다 기능적이고 유용한 사고와 신념으로 전환하는 역할을 한다.

3) 종결 단계(8회기)

변화된 스스로를 확인하고 전체 회기가 진행되는 동안 새롭게 알게 된 것들을 정리하며 집단상담 내 경험이 실제 생활에서 잘 적용되도록 돕는다.

4. 운영지침

프로그램 운영지침은 다음과 같다.

첫째, 전체 8회기 프로그램으로 회기당 90분간 진행되며 일주일에 1회기씩 진행하는 것을 기본 원칙으로 한다.

둘째, 집단원들에게 비밀보장에 대해 안내하고 비밀 보장서약서를 작성한다. 또한, 비밀이 보장되지 못하는 경우에 대해 충분히 안내한다.

셋째, 본 프로그램은 직장인의 스트레스를 다루고 있으므로 매 차시 자신에 대한 생각이나 감정, 행동 패턴 등이 통찰로 인해 깨닫게 하기위해 프로그램 진행 시 집단원들이 자신의 실제 경험을 바탕으로 편안한 분위기 속에서 자신을 개방할 수 있도록 수용적인 분위기를 형성한다.

넷째, 본 프로그램은 인지행동 이론을 바탕으로 본인이 가지고 있는 부정적인 생각들이 무엇이 있고, 그런 생각들이 왜 생기고, 그런 생각들이 나한테 어떤 영향을 주고 있는지를 각자 자신의 실제 경험을 진솔하게 이야기할 때 긍정적인 피드백과 지지를 통해 서로에 대한 이해와 수용을 더 깊이 할 수 있도록 조력자의 역할을 한다.

5. 프로그램 계획

프로그램의 회기별 목표와 구체적인 내용은 다음과 같다.

구분	차시	주제	목표	활동
도입 (친밀감 형성)	1	변화의 시작	• 프로그램의 목적을 이해한다. • 집단구성원을 이해하고 친밀도를 높이고 신뢰감을 형성한다.	• 도입 활동 −프로그램 소개하기 −촉진게임 • 전개 활동 −별칭 정하기와 자기소개하기 −서약서 작성하기 −평가지 작성하기 • 마무리 활동 −피드백 나누기 −회기 요약
도입 (스트레스 이해)	2	스트레스 인식 및 자기이해	• 스트레스에 대해 알고, 자신의 스트레스 상황에 대해 표현한다. • 스트레스 자극과 반응에 대한 이해가 스트레스 대처에 도움이 된다는 것을 안다.	• 도입 활동 −친밀감 증진 활동 • 전개 활동 −생각, 감정 구분하기 −감정온도계 −스트레스 느끼기 • 마무리 활동 −과제: 주간 스트레스 기록표
작업 단계	3	자동적 사고 찾기	• 자기노출을 통해 감정(긴장, 불안)을 표현한다. • ABC 모델을 통해 직장생활에서 스트레스와 관련된 부정적 정서를 촉발하는 자동적 사고를 발견한다.	• 도입 활동 −친밀감 증진 활동 • 전개 활동 −강의: ABC 모델 안내 −자동적 사고 알기 −반드시 해야만 하는 것들 • 마무리 활동 −과제: TCR
	4	자동적 사고 수정하기 1 (인지적 재구조화)	• 직장생활에서 부정적 정서를 촉발하는 자동적 사고의 인지적 오류를 확인한다. • 적응적 사고로 나아가기 위해 부정적 사고를 뒷받침하는 증거를 찾는다.	• 도입 활동 −거울놀이 • 전개 활동 −자동적 사고 찾기 교육 −자동적 사고 체크하기 −자동적 사고 수정하기 교육 −증거 점검해 보기 −역할극 • 마무리 활동 −과제: TCR

	5	자동적 사고 수정하기 2 (인지적 재구조화)	• 인지적 예행연습을 통해 자동적 사고를 수정한다. • 자기평가를 통해 부정적 감정과 생각의 변화를 스스로 인지한다.	• 도입 활동 −근육이완법 • 전개 활동 −인지적 · 행동적 스트레스 감소 연습 −강의: 사고 수정 기법 연습지 교육 • 마무리 활동 −과제: TCR, 사고 수정 기법 연습지
	6	스키마 찾기	직장생활에서의 부정적 정서 경험과 관련된 자신의 스키마(인지도식)를 발견한다.	• 도입 활동 −근육이완법 • 전개 활동 −스키마교육(색안경 비유) −스키마 목록표 작성하기 −스키마 목록에서 찾기 • 마무리 활동 −과제: TCR
	7	스키마 수정하기	스키마에 대해 알고, 스키마 수정 기법을 연습하여 자신의 부정적 사고를 수정한다.	• 도입 활동 −호흡법 • 전개 활동 −스키마 수정 기법 두 가지 교육(증거 점검하기, 이점과 손실 기록하기) −2개의 모둠으로 기법 연습 • 마무리 활동 −과제: TCR, 대처 연습지
종결	8	새로운 출발	부정적 감정에서 벗어난 자신을 돌아보고 새로운 다짐을 한다.	• 도입 활동 −근육이완법, 호흡법 • 전개 활동 −나를 위한 지침서 작성 후 함께 나누기 −평가지 작성하기 −롤링페이퍼 • 마무리 활동 −프로그램 전체 소감 나누기

6. 프로그램 회기별 내용

1회기 **변화의 시작**

활동지도안	
활동 목표	• 프로그램의 목적을 이해한다. • 집단구성원을 이해하고 친밀도를 높이고 신뢰감을 형성한다.
준비물	A4, 연필, 색연필, 크레파스, [참고자료 1-1], [활동지 1-1]~[활동지 1-3]

단계	진행 절차
도입 (20분)	▶ 상담자 소개 및 전체 프로그램 소개하기 [참고자료 1-1] -프로그램의 목적과 과정에 대한 안내를 한다. 이 프로그램은 여러분이 직장생활을 하면서 받는 스트레스와 우울을 어떻게 감소시킬 수 있는지 방법을 찾아 스스로 감소시킬 수 있도록 돕는 데 목표가 있습니다. 직장에서 스트레스를 언제 받나요? 일에서 받기도 하고, 일하면서 만나는 사람에 의해 받기도 합니다. 그렇다면 스트레스의 원인이 되는 직장을 떠나면 될까요? 좋은 방법은 아닐 것입니다. 이 프로그램은 인지행동상담이라는 이론에 기반을 두고 있습니다. 인지행동상담에서는 스트레스의 원인에 대한 나의 생각 또는 생각하는 방법에 초점을 둡니다. 즉, 똑같은 상황에 처하더라도 그 상황에 대한 나의 생각이 적응적으로 바뀐다면 내가 느끼는 스트레스는 감소될 수 있습니다. -규칙 안내를 한다(비밀보장, 구체성, 진실성, 경청하기, 성실성, 비판 금지). 프로그램은 주 1회로 진행이 되며, 예정이며, ○요일, ○시에 진행이 될 예정임을 안내한다.
전개 (50분)	▶ 활동 1-1: 자기 소개하기 및 프로그램에 대한 기대 확인 -별칭을 정하고 자기소개를 한다(프로그램에 참가하게 된 이유와 소감, 집단치료를 통해서 얻고자 하는 것과 기대). 집단상담 프로그램에서는 본명을 쓰는 것이 아니라 남들에게 불리고 싶거나, 자기가 부르고 싶은 별칭을 따로 정해서 사용합니다. 자, 이제 여러분들이 집단상담에서 사용하시고 싶은 별칭을 정해 보도록 하겠습니다. 별칭의 의미나 이번 프로그램에 대한 기대, 동기 등을 간단하게 말씀하시면 됩니다. 원하시는 분부터 자유롭게 시작해 보도록 하겠습니다. ▶ 활동 1-2: 서약서 작성하기 [활동지 1-1] -프로그램 회기 동안 지켜야 할 규칙과 그에 대한 약속을 스스로 작성한다. ▶ 활동 1-3: 평가지 작성 [활동지 1-2], [활동지 1-3] ① 현재 자신의 육체적·심리적 상태를 알아보는 평가지입니다. ② 몇 주 동안 느꼈던 자신의 상태를 솔직하게 응답해 주시면 됩니다.

| 마무리
(20분) | • 피드백 나누기: 작업과 관련된 소감이나 회기 전체의 느낌을 나눈다. 순서를 정하지 않고 자유롭게 이야기를 나눈다. 이야기를 하지 않는 참여자의 경우 한 번 정도 권유하고, 원하지 않은 경우 강요하지 않는다.
• 요약하기: 회기 전체에 대한 요약하기 및 피드백 내용에 대한 요약하기
• 다음 회기 내용 소개하기: 다음 주의 주요 작업에 대해 간략하게 소개하기 |

[참고자료 1-1]

〈쉽게 이해하는 인지행동상담〉

"연말이 되어서 낮은 직무평가 점수를 받았다." 이런 상황이라면 어떤 생각과 감정이 들까요?
짜증, 불안, 우울, 절망, 무기력, 분노 …… 등 다양한 감정이 일어납니다.

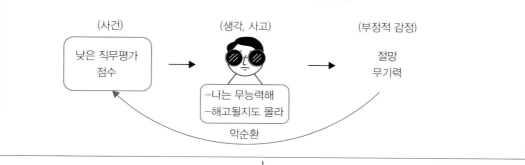

인지행동상담에서는 나의 감정을 만들어 내는 것은 어떤 외부적인 사건이나 상황이 아니라 나의 관점과 해석이라고 합니다. "나는 무능력해"라는 해석이 있었기 때문에 절망, 무기력이라는 감정을 느끼게 되는 것입니다. 이때 해석은 너무 빠르게 자동적으로 지나가기 때문에 자동적 사고라고 합니다.

"나는 무능력해"라는 자동적 사고는 자신만의 색안경을 쓰고 세상을 보는 것과 같습니다.

인지행동상담은 자신의 자동적 사고를 찾아보고 변화시키는 작업을 통해 현재 느끼는 부정적인 감정들을 스스로 줄여 나갈 수 있게 도와주는 것입니다.

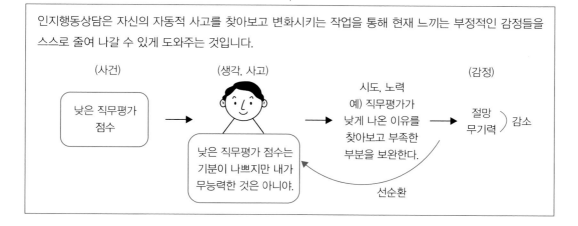

[활동지 1-1]

〈서약서〉

첫째. 프로그램에 적극적으로 참여하겠습니다.

둘째. 다른 사람의 이야기를 잘 듣겠습니다.

셋째. 다른 사람에게 말할 때 긍정적인 언어를 사용하겠습니다.

넷째. 프로그램과 관련된 내용은 반드시 비밀을 보장하겠습니다.

나 _____은(는) 프로그램에 참석하면서 위의 사항을 반드시 지킬 것을 약속합니다.

※ 이 프로그램을 통해 내가 얻고 싶은 것(목표)을 써 보세요.

년   월   일

별칭: (서명)

[활동지 1-2]

〈감정 상태 평가지 1〉

★ 최근 몇 주 동안에 경험하셨거나 느꼈던 육체적·심리적 상태에 대한 것입니다. 해당하는 칸에 'V' 표시해 주십시오.

번호	문항	전혀 그렇지 않다	대체로 그렇지 않다	보통 이다	대체로 그렇다	매우 그렇다
1	나는 일이 많아 항상 시간에 쫓기며 일한다.	①	②	③	④	⑤
2	업무량이 현저하게 증가하였다.	①	②	③	④	⑤
3	업무 수행 중에 충분한 휴식(짬)이 주어진다.	①	②	③	④	⑤
4	여러 가지 일을 동시에 해야 한다.	①	②	③	④	⑤
5	내 업무는 창의력을 필요로 한다.	①	②	③	④	⑤
6	내 업무를 수행하기 위해서는 높은 수준의 기술이나 지식이 필요하다.	①	②	③	④	⑤
7	작업시간, 업무수행 과정에서 나에게 결정할 권한이 주어지며 영향력을 행사할 수 있다.	①	②	③	④	⑤
8	나의 업무량과 작업 스케줄을 스스로 조절할 수 있다.	①	②	③	④	⑤
9	나의 상사는 업무를 완료하는 데 도움을 준다.	①	②	③	④	⑤
10	나의 동료는 업무를 완료하는 데 도움을 준다.	①	②	③	④	⑤
11	직장에서 내가 힘들 때 내가 힘들다는 것을 알아주고 이해해 주는 사람이 있다.	①	②	③	④	⑤
12	직장 사정이 불안하여 미래가 불확실하다.	①	②	③	④	⑤
13	나의 근무 조건이나 상황에 바람직하지 못한 변화(예: 구조조정)가 있었거나 있을 것으로 예상된다.	①	②	③	④	⑤
14	우리 직장은 근무평가, 인사제도(승진, 부서배치 등)가 공정하고 합리적이다.	①	②	③	④	⑤
15	업무수행에 필요한 인원, 공간, 시설, 장비, 훈련 등의 지원이 잘 이루어지고 있다.	①	②	③	④	⑤
16	우리 부서와 타 부서 간에는 마찰이 없고 업무 협조가 잘 이루어진다.	①	②	③	④	⑤
17	일에 대한 나의 생각을 반영할 수 있는 기회와 통로가 있다.	①	②	③	④	⑤

번호	문항	전혀 그렇지 않다	대체로 그렇지 않다	보통이다	대체로 그렇다	매우 그렇다
18	나의 모든 노력과 업적을 고려할 때, 나는 직장에서 제대로 존중과 신임을 받고 있다.	①	②	③	④	⑤
19	내 사정이 앞으로 더 좋아질 것을 생각하면 힘든 줄 모르고 일하게 된다.	①	②	③	④	⑤
20	나의 능력을 개발하고 발휘할 수 있는 기회가 주어진다.	①	②	③	④	⑤
21	회식 자리가 불편하다.	①	②	③	④	⑤
22	나는 기준이나 일관성이 없는 상태로 업무 지시를 받는다.	①	②	③	④	⑤
23	직장의 분위기가 권위적이고 수직적이다.	①	②	③	④	⑤
24	남성(또는 여성)이라는 성적인 차이 때문에 불이익을 받는다.	①	②	③	④	⑤

[활동지 1-3]

〈감정 상태 평가지 2〉

★ 현재(오늘을 포함하여 지난 일주일 동안)의 자신을 가장 잘 나타낸다고 생각되는 문장을 하나 선택하여
○표시 하십시오.

번호	문항	표시
1	나는 슬프지 않다.	0
	나는 슬프다.	1
	나는 항상 슬프고 기운을 낼 수 없다.	2
	나는 너무나 슬프고 불행해서 도저히 견딜 수 없다.	3
2	나는 앞날에 대해서 별로 낙담하지 않는다.	0
	나는 앞날에 대한 용기가 나지 않는다.	1
	나는 앞날에 대해 기대할 것이 아무것도 없다고 느낀다.	2
	나의 앞날은 아주 절망적이고 나아질 가망이 없다고 느낀다.	3
3	나는 실패자라고 느끼지 않는다.	0
	나는 보통 사람보다 더 많이 실패한 것 같다.	1
	내가 살아온 과거를 뒤돌아보면 실패 투성이인 것 같다.	2
	나는 인간으로서 완전한 실패자라고 느낀다.	3
4	나는 전과 같이 일상생활에 만족하고 있다.	0
	나의 일상생활은 예전처럼 즐겁지가 않다.	1
	나는 요즘에는 어떤 것에서도 별로 만족을 얻지 못한다.	2
	나는 모든 것이 다 불만스럽고 싫증난다.	3
5	나는 특별히 죄책감을 느끼지 않는다.	0
	나는 죄책감을 느낄 때가 많다.	1
	나는 죄책감을 느낄 때가 아주 많다.	2
	나는 항상 죄책감에 시달리고 있다.	3
6	나는 벌을 받고 있다고 느끼지 않는다.	0
	나는 어쩌면 벌을 받을지도 모른다는 느낌이 든다.	1
	나는 벌을 받을 것 같다.	2
	나는 지금 벌을 받고 있다고 느낀다.	3

Ⅱ
인지행동 집단상담 실제

번호	문항	표시
7	나는 나 자신에게 실망하지 않는다.	0
	나는 나 자신에게 실망하고 있다.	1
	나는 나 자신에게 화가 난다.	2
	나는 나 자신을 증오한다.	3
8	내가 다른 사람보다 못한 것 같지는 않다.	0
	나는 나의 약점이나 실수에 대해서 나 자신을 탓하는 편이다.	1
	내가 한 일이 잘못되었을 때는 언제나 나를 탓한다.	2
	일어나는 모든 나쁜 일들은 모두 내 탓이다.	3
9	나는 자살 같은 것은 생각하지 않는다.	0
	나는 자살할 생각을 가끔 하지만 실제로 하지는 않을 것이다.	1
	나는 자살하고 싶은 생각이 자주 든다.	2
	나는 기회만 있으면 자살하겠다.	3
10	나는 평소보다 더 울지는 않는다.	0
	나는 전보다 더 많이 운다.	1
	나는 요즈음 항상 운다.	2
	나는 전에는 울고 싶을 때 울 수 있었지만 요즈음은 울래야 울 기력조차 없다.	3
11	나는 요즈음 평소보다 더 짜증을 내는 편이 아니다.	0
	나는 전보다 더 쉽게 짜증이 나고 귀찮아진다.	1
	나는 요즈음 항상 짜증을 내고 있다.	2
	전에는 짜증스럽던 일이 요즈음은 너무 지쳐서 짜증조차 나지 않는다.	3
12	나는 다른 사람들에 대한 관심을 잃지 않고 있다.	0
	나는 전보다 사람들에 대한 관심이 줄었다.	1
	나는 사람들에 대한 관심이 거의 없어졌다.	2
	나는 사람들에 대한 관심이 완전히 없어졌다.	3
13	나는 평소처럼 결정을 잘 내린다.	0
	나는 결정을 미루는 때가 전보다 더 많다.	1
	나는 전에 비해 결정 내리는 데 더 큰 어려움을 느낀다.	2
	나는 더 이상 아무 결정도 내릴 수 없다.	3
14	나는 전보다 내 모습이 나빠졌다고 느끼지 않는다.	0
	나는 매력 없어 보일까 봐 걱정한다.	1
	나는 내 모습이 매력 없이 변해 버린 것 같은 느낌이 든다.	2
	나는 내가 추하게 보인다고 믿는다.	3

번호	문항	표시
15	나는 전처럼 일을 할 수 있다.	0
	어떤 일을 시작하는 데 전보다 더 많은 노력이 든다.	1
	무슨 일이든 하려면 나 자신을 매우 심하게 채찍질해야만 한다.	2
	나는 전혀 아무 일도 할 수가 없다.	3
16	나는 평소처럼 잠을 잘 수 있다.	0
	나는 전에 만큼 잠을 자지는 못한다.	1
	나는 전보다 일찍 깨고 다시 잠들기 어렵다.	2
	나는 평소보다 몇 시간이나 일찍 깨고 한번 깨면 다시 잠들 수 없다.	3
17	나는 평소보다 더 피곤하지는 않다.	0
	나는 전보다 더 쉽게 피곤해진다.	1
	나는 무엇을 해도 피곤해진다.	2
	나는 너무나 피곤해서 아무 일도 할 수 없다.	3
18	내 식욕은 평소와 다름없다.	0
	나는 요즈음 전보다 식욕이 좋지 않다.	1
	나는 요즈음 식욕이 많이 떨어졌다.	2
	요즈음에는 전혀 식욕이 없다.	3
19	요즈음 체중이 별로 줄지 않았다.	0
	전보다 몸무게가 2kg가량 줄었다.	1
	전보다 몸무게가 5kg가량 줄었다.	2
	전보다 몸무게가 7kg가량 줄었다.	3

나는 현재 음식 조절로 체중을 줄이고 있는 중이다. ----- 예( ) 아니요( )

번호	문항	표시
20	나는 건강에 대해 전보다 더 염려하고 있지는 않다.	0
	나는 여러 가지 통증, 소화불량, 변비 등과 같은 신체적 문제로 걱정하고 있다.	1
	나는 건강이 너무 염려되어 다른 일을 생각하기 힘들다.	2
	나는 건강이 너무 염려되어 다른 일을 아무것도 생각할 수 없다.	3
21	나는 요즈음 성(sex)에 대한 관심에 별다른 변화가 없다.	0
	나는 전보다 성(sex)에 대한 관심이 줄었다.	1
	나는 전보다 성(sex)에 대한 관심이 상당히 줄었다.	2
	나는 성(sex)에 대한 관심을 완전히 잃었다.	3

Ⅱ 인지행동 집단상담 실제

📝 2회기 스트레스 인식 및 자기이해

활동지도안	
활동 목표	• 스트레스에 대해 알고, 자신의 스트레스 상황에 대해 표현한다. • 스트레스 자극과 반응에 대한 이해가 스트레스 대처에 도움이 된다는 것을 안다.
준비물	A4, 연필, 색연필, 크레파스, [활동지 2-1]~[활동지 2-4]
단계	진행 절차

도입
(20분)
	▶ 지난 활동 요약 및 회기 소개
	-회기의 목표 및 활동 내용에 대해 소개한다.
	
	▶ 친밀감 증진 활동(네 박자 손뼉 게임)
	
	  ① 각자 자신이 맘에 드는 좌우명(혹은 사자성어, 별칭)을 하나씩 정해서 오른쪽으로 돌아가며 소개
	    한다.
	  ② 정해진 좌우명(혹은 사자성어, 별칭)을 네 박자로 맞추어서(무릎-박수-오른쪽 엄지-왼쪽 엄지)
	    모두 함께 게임을 한다.
	  ③ 선창을 한 사람이 다른 사람의 가치관과 횟수를 말하면 불린 사람이 자신의 가치관과 횟수를 박
	    자에 맞추어 크게 외쳐야 한다.
	  ④ ③과 같이 못한 사람은 자신이 정한 가치관(혹은 사자성어, 별칭)에 대한 자신만의 의미를 소개
	    한다.

전개
(50분)
	▶ 활동 2-1: 생각과 감정 구분하기 [활동지 2-1]
	
	  ① 상황, 감정, 생각을 구분해 본다(활동지).
	  ② 한 사람씩 자신의 감정을 몸으로 표현해 본다.
	  ③ 표현한 감정을 알아맞히기를 해 본다.
	
	▶ 활동 2-2: 감정온도계 [활동지 2-2]
	
	  ① 화가 났을 때 자신의 감정이 몇 도인지 온도계에 표시한다.
	  ② 왜 그렇게 생각하는지 이유를 찾는다.
	
	▶ 활동 2-3: 스트레스 느끼기 [활동지 2-3]
	
	  ① 마음에서 떠오르는 대로 자신의 스트레스를 정리하고 명료화하여 스트레스에 대한 나의 반응을
	    탐색한다.
	  ② 스트레스를 느끼면 어떤 감정과 생각이 드는지 또는 어떤 신체반응이 나타나는지 스트레스를 느
	    끼는 신체 부위에 표현한다.
	  ③ 두 개의 활동 후 감정과 생각, 신체반응이 어떤지 나누기를 해 본다.

마무리 (20분)	• 피드백 나누기: 작업과 관련된 소감이나 회기 전체의 느낌을 나눈다. • 순서를 정하지 않고 자유롭게 이야기를 나눈다. 이야기를 하지 않는 참여자의 경우 한 번 정도 권유하고, 원하지 않은 경우 강요하지 않는다. • 요약하기: 회기 전체에 대한 요약하기 및 피드백 내용에 대한 요약하기 • 다음 회기 내용 소개하기: 다음 주의 주요 작업에 대해 간략하게 소개하기 • 과제 안내(주간 스트레스 기록표) [활동지 2-4]

[활동지 2-1]

〈상황, 감정, 생각 구별하기〉

★ 상황, 감정, 생각을 구별하여 (   ) 안에 표시하십시오.

불안하다 ( )	심장마비가 일어날 것 같다 ( )	나는 패배자이다 ( )
집에 있 ( )	끔찍한 일이 일어날 것 같다 ( )	죄책감이 든다 ( )
실망된다 ( )	이 일을 할 수 없을 것이다 ( )	나는 실패작이다 ( )
오후 4시 ( )	친구와 전화를 하고 있다 ( )	나는 이 일을 결코 극복하지 못할 것 이다 ( )
슬프다 ( )	나는 이용당했다 ( )	식당에 앉아 있다 ( )
발표 시간이다 ( )	잠을 이루려고 노력하면서 침대에 누워 있다 ( )	나는 가진 것을 전부 잃을 것이다 ( )
짜증이 난다 ( )	나는 항상 이런 방식으로 생각할 것 이다 ( )	이 일이 잘 되지 않을 것이다 ( )
학교에 있다 ( )	엄마와 전화를 하고 있다 ( )	나는 실력이 없다 ( )
부끄럽다 ( )	그 애는 생각이 없다 ( )	나는 이성을 잃고 있다 ( )
우울하다 ( )	심한 공포를 느낀다 ( )	나는 자제력을 상실했다 ( )

[활동지 2-2]

〈감정온도계〉

★ 감정온도계입니다. 오늘의 감정, 감정의 온도, 그 이유에 대해서 적어 봅시다.

오늘 감정은?

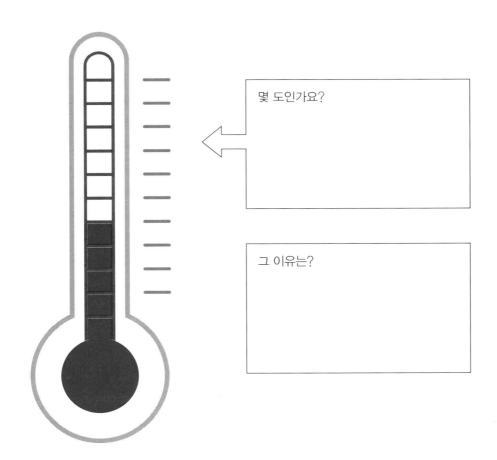

몇 도인가요?

그 이유는?

[활동지 2-3]

〈스트레스 느끼기〉

★ 스트레스를 느끼면 어떤 감정과 생각이 드는지 또는 어떤 신체반응이 나타나는지 표시해 보고 적어 보
   세요..

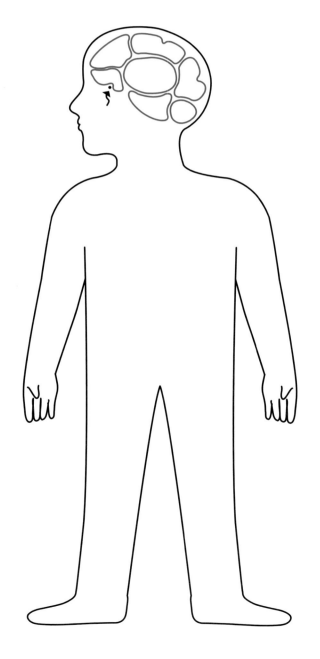

[활동지 2-4]

〈주간 스트레스 기록표〉

★ 과제

날짜	스트레스 사건	사건에 대한 반응(대응)	사건에 대한 느낌

예)

신체반응	얼굴이 화끈 달아오름, 땀이 남, 입 마름, 숨이 가쁘거나 자주 쉼, 오한, 가슴이 답답함, 맥박이 빨라짐, 두근거림, 혈압상승, 불규칙한 호흡, 두통, 한숨, 복통, 현기증, 실신, 구토, 설사, 몸이 뻣뻣함, 손 떨림, 몸살 등
정서반응	안절부절, 공포감, 우울감, 쉽게 피로함, 흥분함, 막연한 걱정, 불안감, 통제력의 상실, 두려움, 집중력의 약화, 죽음에 대한 공포, 사회적 고립에 대한 두려움 등
행동반응	일과가 불규칙함, 술을 자주 마심, 식욕저하, 담배를 자주 피움, 과식, 불평을 많이 함, 울기, 수면의 변화, 화를 냄, 악몽, 시간관념이 없어짐, 이갈이, 손톱 물어뜯기, 반복적 행동을 보임 등
사고반응	의심, 쉽게 잊어버림, 부정적으로 생각하기, 자기비하, 열등감, 극단적인 생각, 다른 사람 비난하기, 자책감 등

📝 3회기   자동적 사고 찾기

활동지도안	
활동목표	• 자기노출을 통해 감정(긴장, 불안)을 표현한다. • ABC 모델을 통해 직장생활에서 스트레스와 관련된 부정적 정서를 촉발하는 자동적 사고를 발견한다.
준비물	A4, 연필, 색연필, 크레파스, [강의자료 3-1], [활동지 3-1]~[활동지 3-3]
단계	**진행 절차**
도입	▶ 지난 활동 요약 및 회기 소개 –회기의 목표 및 활동 내용에 대해 소개한다. ▶ 친밀감 증진 활동(과일 바구니) ① 집단원 전체가 의자에 둥글게 앉는다. 술래의 의자 하나를 빼고, 술래는 원 가운데 선다. ② 원 안의 집단원들이 '사과, 감, 귤, 배'를 순서대로 하나씩 말한다. 집단원은 각자 가지가 말한 과일이 된다. ③ 술래가 아무에게나 다가가서 "어떤 과일을 좋아하시나요?"라고 물으면, 사과, 감, 귤, 배 중 하나를 말한다. 그 과일에 해당하는 사람들이 자리를 바꾸어 앉는다(술래 포함). ④ 과일 두 개를 답할 수도 있고, '과일 바구니'라고 답하면 모든 사람이 자리를 바꾼다. 자리를 못 바꾼 사람이 새로이 술래가 된다.
전개	▶ ABC 모델 안내 [강의자료 3-1] **Tip** • 인지행동치료에서 사고의 중요성을 이해한다. • 상황–생각–감정–행동이 어떻게 연결되는지 이해한다. • 우산 장수인 큰아들과 짚신 장수인 작은아들을 둔 어머니가 비가 오는 날/맑은 날 어떻게 생각하느냐에 따라 슬픔과 기쁨으로 나누어진다는 예화로 설명한다. • 앞으로 프로그램에서 다루어지는 것은 감정을 이끄는 생각이라고 설명한다. ▶ 활동 3-1: 자동적 사고 알기 [활동지 3-1] 부정적 사고 습관이 형성되면 여러분은 이것이 참이라 믿는 신념으로 굳히게 됩니다. 따라서 알아차리기가 어렵고, 어떤 자극이 오면 매우 빠르고 자동적으로 스치고 지나가게 됩니다. 그러므로 이를 알아차리는 신호를 재빨리 감지해야 합니다. 부정적인 사고가 지나갔음을 알려 주는 결과물은 바로 당신의 감정입니다. 평소와 다르게 갑자기 기분이 나빠지거나, 우울해지거나, 화가 나거나, 불편해지는 등 감정 변화가 강할 때가 바로 당신이 알아채지는 못했지만 상황에 대한 부정적 해석이 작동된 때입니다. 어떤 사건과 상황이 생길 때 마음에 스치는 생각을 알아봅시다.

① 스트레스를 받는 외부의 사건을 적고, 그 순간 스치는 생각을 적는다. 사건과 사람의 감정반응을 연결하고 있는 자동적 사고를 식별한다.

② 자동적 사고가 감정, 행동, 신체반응에 어떤 영향을 주는지 적어 본다.

③ 생각 알아차리기 안내(주간 스트레스 과제와 연결지어)

▶ 활동 3-2: 반드시 해야만 하는 것들 교육

−부정적 관점을 취하게 되면 해석과정에서 다음과 같은 인지 오류가 개입된다는 것을 교육한다.

① 완벽주의: 나는 완벽해야 해. 사람은 항상 친절하고 정확해야 해.

② 파국적 해석: 이 일이 안 되면 나는 끝장이야.

③ 과잉일반화: 내가 뭘 하겠냐, 예전에도 못했는데 앞으로도 마찬가지지, 늘 그럴 거야. 매번 최악을 예상하지만 내가 하는 일은 늘 실패야. 아무도 나를 좋아하지 않을 거야. 사람들이 나를 알게 되면 나를 떠날 거야.

④ 자기비난: 나는 이런 대접을 받을 가치가 없어. 나는 형편없어.

⑤ 흑백사고(이분법적 사고): 100%가 아니면 0%다. 조금 하고 말 거면 아예 안 하는 것이 낫다. 한 번 실수하면 끝장이야.

▶ 활동 3-3: 반드시 해야만 하는 것들 [활동지 3-2]

−자신의 인지적 오류인 반드시 해야만 하는 것들을 찾아본다.

마무리	• 피드백 나누기: 작업과 관련된 소감이나 회기 전체의 느낌을 나눈다. 순서를 정하지 않고 자유롭게 이야기를 나눈다. 이야기를 하지 않는 참여자의 경우 한 번 정도 권유하고, 원하지 않은 경우 강요하지 않는다. • 요약하기: 회기 전체에 대한 요약하기 및 피드백 내용에 대한 요약하기 • 다음 회기 내용 소개하기: 다음 주의 주요 작업에 대해 간략하게 소개하기 • 과제 안내: 사고변화 기록지(TCR) 매일 경험기록지 [활동지 3-3]

강의자료 3-1 　ABC 모델 안내

자동적 사고	**의식적 자각 없이 생겨남** → 부정적 자동적 사고 → 심리적 문제 병리적 성격 형성 → 매우 구체적이고 축약되어 있으며 아무리 비합리적이라도 믿음 → 포착하기 어려움 → 감정이나 행동으로 인식(그럴 때 어떤 생각이 스쳐 지나갔는가?) → 우울증 환자의 자동적 사고(**나**는 가치 없는 사람, 나의 **미래**는 절망적임, **세상**은 날 받아 주지 않음)
핵심 신념	**스키마(인지도식)는 핵심 신념들의 연결망**으로 이루어진 구조 → 어린 시절부터 자신, 타인, 세상에 대한 신념 형성 → 자각되기 힘든 당연한 것으로 여겨지는 **신념**(나는 무능하다) → **태도**(무능하다는 것은 끔찍하다) → **규칙**(나는 항상 노력해야 해, 내가 하는 일들은 무조건 해 내어야 해)→ 부정적 가정(내가 열심히 하지 않는다면(해도) 실패할 거야) → **역기능적 부정적 자동적 사고**(이것을 할 수 없어, 나는 모든 것을 이해할 수 없어.) → 우울 **감정**, 포기하는 **행동**
스키마 (인지도식)	**자각하기 가장 어려운 깊은 수준의 인지 구조화** 원리 → **자기** 신념, **타인**과의 관계, **세계관**의 근거가 되는 틀 → 어린 시절부터 반복되는 사건에 걸쳐 형성된 틀 → 특정 사건에 자신만의 틀(규칙성) 적용 → 부정적 인지도식 → 역기능적 인지도식(다른 사랑의 사랑이 없으면 나는 살 수 없으며 도움을 요청하는 것은 나약한 것이다.) → 스트레스 상황의 부정적 자동적 사고 → 심리문제에 직면 → 역기능적 인지도식: 우울도식, 불안도식, 공격성도식

A–B–C 모델

관련 있는 어린 시절	가족 내 형제와 나를 비교하는 어머니
핵심 신념	나는 무능하다. 나는 늘 뭔가 제대로 못한다
조건적 가정/믿음/규칙	내가 열심히 하면 해 낼 수 있을 거야 / 실패할 거야
보상 전략	높은 기준을 정해 열심히 함 / 단점을 찾아 고침 → 상황에 대처
사건, 상황	회사 업무에 대해 생각함(*A: 선행사건)
자동적 사고	나는 업무를 해 낼 수 없을 거야(*B: 비합리적 신념)
자동적 사고의 의미	나는 무능해(*B: 비합리적 신념)
감정	슬픔(*C: 정서적 결과)
행동	울었음(*C: 행동적 결과)

[활동지 3-1]

〈자동적 사고 알기〉

★ 상황을 적어 보고 그 순간 마음에 스치는 생각을 적어 보세요.

상황/사건	자동적 사고	반응(감정, 행동, 신체)
예) 월요일 아침이었다. 나는 아무 할 일도 없고 갈 데도 없다.	난 소리를 지를 것 같아. 내 인생은 견딜 수가 없어. 퇴직을 하다니 어리석은 짓이었어.	슬픔, 긴장, 분노

나 자신의 부정적 자동적 사고를 밝혀내는 질문

자동적 사고를 파악하려면 다음의 질문을 스스로 해 보면 도움이 된다.

① 신체 증상이 느껴지고 기분이 변한 바로 그때 마음속에 무엇이 스쳐 갔습니까?

② 지금 이 기분이 되기 직전에 당신에게 문득 어떤 생각이 떠올랐습니까?

③ 이 상황이 사실이라면 그게 당신에게 어떤 의미인가요?

④ 나의 부정적 자동적 사고는 나 자신, 혹은 내 미래가 어떠함을 의미합니까?

⑤ 나에게 어떤 일이 일어날까 봐 걱정하고 괴로운 것인가요?

⑥ 나의 부정적 자동적 사고가 사실일 때 일어날 수 있는 최악의 상황은 무엇일까요?

⑦ 이 상황에서 어떤 기억이나 이미지가 떠오르나요?

[활동지 3-2]

〈반드시 해야만 하는 것들〉

★ 반드시 해야만 하는 것들을 찾아보세요.

○○해야만 한다.	
○○하지 않으면 견딜 수 없다.	
○○하지 않으면 끔찍하다.	
○○한다면(하지 않는다면) 무가치한 사람이다.	

[활동지 3-3]

〈TCR 매일 경험기록지〉

★ 과제

사건	자동적 사고	감정

4회기 자동적 사고 수정하기 1

활동지도안	
활동 목표	• 직장생활에서 부정적 정서를 촉발하는 자동적 사고의 인지적 오류를 확인한다. • 적응적 사고로 나아가기 위해 부정적 사고를 뒷받침하는 증거를 찾는다.
준비물	[활동지 4-1]~[활동지 4-5]
단계	진행 절차
도입	▶ 지난 활동 요약 및 회기 소개 　－회기의 목표 및 활동 내용에 대해 소개한다. ▶ 도입 활동(거울놀이) ① 둘씩 짝지어 상대의 거울이 되어 준다. ② 둘 중 한 사람을 술래로 정하고 나머지 한 사람이 술래의 동작을 따라 한다. ③ 진행자가 재미있고 활동적인 모습으로 시범을 보인다.
전개	▶ 활동 4-1: 자동적 사고 찾기 교육 그림에서 가장 먼저 보이는 것은 무엇입니까? 자동적 사고란 (젊은 여자/늙은 여자 중) 먼저 보이는 것처럼 내 마음속에 순간! 빠르게! 스쳐 지나가는 생각을 의미합니다. 자동적 사고의 예를 들면, 평소 친하게 지냈던 동료가 내 말에 아무런 반응이 없고 무표정인 것 같은 상황에서 사람들은 각기 다른 여러 가지 생각들을 하게 됩니다. "왜 저래? 내가 싫어졌나 봐.", "무슨 일 있는 건가?", "내가 뭘 잘못했나 보다." 이와 같은 생각들이 바로 자동적 사고입니다. 우리들은 삶 속에서 일어나는 사건들의 의미를 평가할 때 이런 생각들이 속사포처럼 잇달아 떠오릅니다. 누구에게나 유발되는 생각입니다. ▶ 활동 4-2: 자동적 사고 체크하기: 스트레스 관련 자동적 사고 찾기 [활동지 4-1] －지난 몇 주간 가졌던 부정적 자동 사고를 찾아본다. ▶ 활동 4-3: 자동적 사고 수정하기 교육(증거 점검하기) 인지행동치료에서는 내게 불편한 감정을 일으키고 적절하지 못한 행동을 하게 하는 나의 '생각'을 돌아보는 것을 중요하게 여깁니다. 즉, '자동적 사고'가 정말 타당한지 점검을 하는 것이 중요합니다.

지금 당신이 스트레스를 받고 부정적인 사고를 한다면, 그것은 누구의 잘못도 아닙니다. 상대방이나 상황의 잘못도 아니고 당신의 잘못도 아닙니다. 모든 조건, 상황이 창조해 낸 당신의 현실입니다. 현재 당신의 마음을 차지하고 있는 것이 부정적인 사고라면, 부정적 사고를 좀 더 긍정적 사고로 전환시키는 것입니다. 즉, 사람이 똑같은 상황에 대해 달리 생각하면 부정적 감정이라는 결과는 생기지 않고 다른 감정이 생겨난다는 것입니다. 부정적인 사고를 뒷받침하는 증거를 찾아보도록 하겠습니다.

▶활동 4-4: 증거 점검해 보기 [활동지 4-2]
−증거를 찾은 후에 두 명씩 짝지어 나누기를 한다.

▶ 활동 4-5: 역할극

① 회사에서 경험한 상황을 [활동지 4-3]을 참고하여 정한다.
② 회사에서 경험한 부정적 감정을 함께 재연할 상대를 선택하고, 상황극을 연출한다.
③ 역할을 바꾸어 자신의 모습을 관찰한다.
④ 역할극과 지난 한 주간 작성한 TCR 매일 경험일지를 통해 자신의 인지적 오류를 살펴보고 두 사람씩 짝을 지어 합리적 대안을 찾아본다.
④ 대안을 기록하고 합리적 대안을 완성한다. [활동지 4-3]

| 마무리 | • 피드백 나누기: 작업과 관련된 소감이나 회기 전체의 느낌을 나눈다. 순서를 정하지 않고 자유롭게 이야기를 나눈다. 이야기를 하지 않는 참여자의 경우 한 번 정도 권유하고, 원하지 않은 경우 강요하지 않는다.
• 요약하기: 회기 전체에 대한 요약하기 및 피드백 내용에 대한 요약하기
• 다음 회기 내용 소개하기: 다음 주의 주요 작업에 대해 간략하게 소개하기
• 과제 안내: TCR 매일 경험기록지 [활동지 4-4] |

[활동지 4-1]

〈자동적 사고 체크리스트〉

★ 지난 2주간 당신이 가졌던 부정적 자동 사고에 표시하시오.

_____ 나는 좀 더 잘 해야 한다.

_____ 그/그녀는 날 이해하지 못한다.

_____ 나는 그/그녀를 실망시켰다.

_____ 나는 더 이상 재미있는 게 없다.

_____ 난 왜 이렇게 약하지?

_____ 나는 늘 일을 망친다.

_____ 내 인생은 시시해.

_____ 나는 그것을 감당할 수 없다.

_____ 나는 실패할 것이다.

_____ 그것은 나한테 너무 심한 일이다.

_____ 나는 장래성이 별로 없어.

_____ 상황이 어쩔 수 없어.

_____ 나는 포기하고 싶다.

_____ 분명 뭔가 나쁜 일이 일어날 것이다.

_____ 나에게 뭔가 잘못된 것이 있어.

기타:

[활동지 4-2]

〈증거 점검하기〉

★ 부정적인 사고를 뒷받침하는 증거를 찾아보세요.

감정	생각	행동
	1. 이런 생각이 옳다고 뒷받침하는 증거가 무엇인가요?	
	2. 이런 생각에 반대되는 증거는 어떤 것이 있을까요?	
	3. 이것을 다르게 생각해 볼 수 없을까요?	
	4. 다르게 생각하면 기분이 어떨까요?	
	5. 다르게 생각하면 또 어떤 효과가 있을까요?	

[활동지 4-3]

〈이런 상황이라면?〉

★ 역할극을 통해 본 자신의 행동을 관찰하고 합리적 대안을 찾아보세요.

그림 출처: 스토리카드(인싸이트).

행동관찰

행동수정

대안

합리적 대안

[활동지 4-4]

〈TCR 매일 경험기록지〉

★ 과제

사건	자동적 사고	감정	합리적 반응
			1. 인지적 오류 찾아본다. 2. 자동적 사고에 대한 대안을 기록해 본다. 3. 합리적 반응을 믿는 정도를 평가해 본다 (0~100%).

Ⅱ 인지행동 집단상담 실제

🖉 5회기 ▎ 자동적 사고 수정하기 2

활동지도안	
활동 목표	• 인지적 예행연습을 통해 자동적 사고를 수정한다. • 자기평가를 통해 부정적 감정과 생각의 변화를 스스로 인지한다.
준비물	A4, 연필, 색연필, 크레파스, [활동지 5-1]~[활동지 5-4], [강의자료 5-1]
단계	진행 절차
도입	▶ 지난 활동 요약 및 회기 소개 -회기의 목표 및 활동 내용에 대해 소개한다. ▶ 도입 활동 -근육이완법: 스트레스를 경험할 때 신체 각 부위의 근육을 이완하여 신체적인 스트레스 반응들을 감소시킨다. 근육의 긴장과 이완을 반복함으로써 근육이 이완되었을 때의 편안함을 경험하게 하여 심신의 안정과 평온을 되찾게 한다. ① 조용하고 편안한 환경에서 편안한 자세를 취하고 신체를 조이는 물건이나 옷 등을 느슨하게 하거나 뺀다. ② 심호흡을 실시하여 마음을 편하게 가진다. ③ 6초간 신체의 특정 부위를 긴장시키고, 8초간 이완한다. ④ 몸 전체가 완전히 이완될 때까지 신체 각 부위를 나누어 반복한다. 충분한 시간을 가지고 시행해야 한다.
전개	▶ 회기 연결 -한 주간의 TCR 매일 경험 기록을 통해 합리적 반응과 결과 미도출에 대한 사유 기록하기([활동지 4-5] 과제 활용) ▶ 활동 5-1: 인지적 · 행동적 스트레스 감소 연습 [활동지 5-1] ① 그림을 보며 스트레스를 증가시키는 생각/감소시키는 생각을 적어 본다. ② 일어날 수 있는 생각과 느낌을 적어 본다. ③ 수반되는 행동은 어떤지 적어 본다. ④ 결과는 어떻게 나타나는지 적어 본다. ⑤ 생각의 차이가 어떤 결과로 나타나는지 집단원들과 나누기를 해 본다. ▶ 활동 5-2: 사고 수정 기법 연습지 교육 [활동지 5-2] -교육 후 한 사람의 상황으로 사고 수정 연습을 해 본다.
마무리	• 피드백 나누기: 작업과 관련된 소감이나 회기 전체의 느낌을 나눈다. 순서를 정하지 않고 자유롭게 이야기를 나눈다. 이야기를 하지 않는 참여자의 경우 한 번 정도 권유하고, 원하지 않은 경우 강요하지 않는다. • 요약하기: 회기 전체에 대한 요약하기 및 피드백 내용에 대한 요약하기 • 다음 회기 내용 소개하기: 다음 주의 주요 작업에 대해 간략하게 소개하기 • 과제 안내: TCR 매일 경험기록지 [활동지 5-2], 사고 수정 기법 연습지 [활동지 5-3]

[활동지 5-1]

〈인지적 · 행동적 스트레스 감소 연습〉

스트레스를 증가시키는 생각	스트레스를 감소시키는 생각

느낌

전혀 화나지 않음
1   2   3   4   5   6   7   8   9   10

느낌

전혀 화나지 않음
1   2   3   4   5   6   7   8   9   10

행동

행동

결과

결과

강의자료 5-1 **사고 수정 기법 연습지**

날짜/시간	2019년 8월 23일 금요일 오후 8시
상황(기분 나쁜 감정을 일으킨 일이나 생각을 6하 원칙에 따라 기록)	저녁 8시 회사 앞 횡단보도에서 신호가 끝날 때를 건 너편에서 뛰어오는 상사에게 인사를 했는데 인사를 받 지 않고 그냥 지나쳤다.
감정(감정을 기록하고 평가)	화가 났다. — 80% 불안했다. — 60%
자동적 사고 1. 순간적으로 스쳐 간 생각 2. 그것에 대한 믿음	1) 화—자기가 상사면 상사지. 뭔데 나를 무시해. 2) 불안—내가 뭘 잘못했나? 나를 싫어하나?
자동적 사고 해석 1. 맞는 증거 2. 반대 증거	1. 지난번 발표 중에 실수했을 때 상사가 짜증 냈어. 2. 발표 후 발표 태도에 대하여 꼼꼼히 지시했어. 1. 하지만 끝까지 발표했고, 끝나고 상사가 웃어 주었어. 2. 상사는 다음에도 나에게 발표할 기회를 주었어. 3. 다른 사람들도 긴장하면 실수해.
3. 대안적 생각	1. 상사는 나를 싫어하고, 무시하는 거야—30% 2. 못 보고 지나칠 수도 있어—30% 3. 멀리서 다른 사람이 상사를 급히 불러서—20% 4. 목이 아파서 말하기가 힘들어서—10% 5. 기타—100%
불안하게 만드는 재앙적인 생각은? 현재 상황에서 현실적인 최악은? 최상은? 현실적으로 어떤 일이 생길 수 있나?	회사에 적응하지 못하고 쫓겨나는 것 최악: 나에게 불만이 있다. 최상: 보지 못한 것이다. 아무 일 없이 지나갈 가능성이 크고, 상사가 불만이 있 다면 이야기할 수도 있다.
최악의 경우를 수용한다면 최악을 줄이기 위해 지 금부터 무엇을 해야 하나?	열심히 해서 상사의 불만을 줄인다. 직접 잘못한 것이 있는지 물어볼 수도 있다.
이렇게 생각하는 것이 나에게 도움이 되는가? (인 지/감정/신체반응/행동)	
내 생각이 맞다면 이 상황에 어떻게 대처해야 하 나? (대처방안의 장단점 비교)	1. 직접 물어본다(간단하지만 부담스럽다.). 2. 일찍 출근해서 일과를 정리하고, 미리 보고한다(안 정되면 괜찮을 것 같으나, 아침을 거르기 쉽다.). 3. 발표 준비 시 여러 질문에 대해 답을 준비한다(인정 받을 수 있으나, 많은 개인적인 노력이 필요하다.).

친구나 가족이 나와 같은 상황이라면 나는 그에게 어떻게 조언할까?	
재해석의 결과 1. 자동적 생각에 대한 믿음 2. 불편한 감정의 변화 3. 신체적 증상의 변화 4. 행동 　1) 자동적 생각이 올라왔을 때 　2) 재해석 후	80% → 30% 화: 80% → 30% 불안: 60% → 20% 1. 주위 사람들에게 짜증을 낸다. 2. 화를 삭히려고 달리기를 한다. 1. 상사에게 직접 물어본다. 2. 조금 일찍 출근해서 하루를 준비한다. 3. 발표 준비 시 예상 질문을 고려해서 답을 준비한다.

II 인지행동 집단상담 실제

[활동지 5-2]

〈TCR 매일 경험기록지〉

★ 과제

사건	자동적 사고	감정	합리적 반응	결과
				1. 이후의 감정을 기록하고 그 정도를 평가해 보기(0~100%) 2. 행동의 변화를 기록해 보기

[활동지 5-3]

〈사고 수정 기법 연습지〉

★ 과제

단계 A: 자동적 사고 찾기

1. 부정적인 자동적 사고를 찾는다.

_____

2. 자동적 사고와 연관된 감정과 행동을 파악한다.

_____

3. 현재의 감정은 0~100% 기준으로 어느 정도인가? _____ %

단계 B: 자동적 사고에 대한 믿음 정도 평가하기

그 생각을 했을 당시에 그것이 진실이라고 믿은 정도를 0~100% 기준으로 어느 정도인가?

믿음 정도: _____ %

단계 C: 부정적 사고에 대한 증거

1. 그 생각이 사실이라는 증거는 무엇인가? _____

2. 그 생각이 사실이 아니라는 증거는 무엇인가? _____

3. 일어날 수 있는 최악의 일은 무엇인가? _____

4. 일어날 수 있는 긍정적인 일은 무엇인가? _____

단계 D: 부정적 사고를 합리적 사고로 바꾸기

1. 부정적인 감정을 완화시키고 이 상황에 적절하게 대처할 수 있도록 스스로에게 할 수 있는 말은 무엇인가?

_____

2. 이 상황을 어떻게 느끼고 어떻게 행동하기를 원하는가? 그렇게 되려면 나 자신에게 뭐라고 말할 수 있는가?

_____

3. 현재의 감정은 0~100% 기준으로 어느 정도인가? _____ %

강은영(2015)에서 인용.

6회기 **스키마 찾기**

활동지도안	
활동 목표	직장생활에서의 부정적 정서 경험과 관련된 자신의 스키마(인지도식)를 발견한다.
준비물	A4, 연필, 색연필, 크레파스, [강의자료 6-1], [활동지 6-1], [활동지 6-2]
단계	**진행 절차**
도입	▶ 지난 활동 요약 및 회기 소개 　－회기의 목표 및 활동 내용에 대해 소개한다. ▶ 도입 활동 　－근육이완법
전개	▶ 지난 주간의 자동적 사고 점검 －어느 때에 가장 많이 일어났는지 확인해 본다. ▶ 활동 6-1: 스키마 교육하기 [강의자료 6-1] －스트레스를 바라보는 관점에 대해 '색안경'으로 비유하여 교육 지난 회기를 통해 자동적 사고를 찾아보았습니다. 　개인이 가지고 있는 여러 가지 자동적 사고들을 수집해 보면 비슷한 유형의 사고들이 있습니다. 이러한 자동적 사고들을 하나씩 자세히 들여다보면 결국 한 뿌리에서 파생된 것을 알 수 있었습니다. 여기서 이 '한 뿌리'를 핵심 신념으로 이해할 수 있습니다. 예를 들면, 노란색 선글라스를 쓰고 세상을 바라보면 온통 노랗게 보이지요? 빨간색 선글라스를 쓰고 세상을 바라보면 세상은 붉게 보입니다. 내가 어떤 필터로 타인을 이해하고 세상을 해석하는지에 따라 다른 생각을 할 수 있게 되는 것입니다. 이렇게 개인마다 가지고 있는 핵심 신념은 조금씩 다를 수 있습니다. 이런 핵심을 둘러싼 '마음속의 인지구조'를 스키마라 부릅니다. 스키마는 적응적 스키마와 부적응적인 스키마로 나눌 수 있는데 부적응적 스키마를 갖게 되면 나의 건강한 삶이 점점 외로워지고 힘들다고 느끼는 확률이 높다고 합니다. 부적응적 스키마는 스트레스 사건을 겪을수록 강화가 되어 부정적인 자동적 사고가 활성화가 되게 합니다. 부적응적인 스키마를 적응적 스키마로 바꾸기 위해 치료를 하는 것이 인지행동치료입니다. ▶ 활동 6-2: 핵심 신념 찾기 [활동지 6-1] 　① 자동적 사고 패턴에서 핵심 신념을 찾아본다. 　② 참여자 중 한 사람의 사례로 구체적으로 살펴본다. ▶ 활동 6-3: 스키마 목록표 작성하기 [활동지 6-2] 　① 자신이 가지고 있다고 생각되는 스키마를 찾아본다. 　② 찾은 스키마는 언제 일어나는지 집단원과 나누기를 한다.

	▶ 활동 6-4: 스키마 목록에서 찾기
	−지난주 과제에서 실천이 가장 저조한 항목의 이유를 자신의 스키마 목록표([활동지 6−2])에서 찾아본다.
마무리	• 피드백 나누기: 작업과 관련된 소감이나 회기 전체의 느낌을 나눈다. 순서를 정하지 않고 자유롭게 이야기를 나눈다. 이야기를 하지 않는 참여자의 경우 한 번 정도 권유하고, 원하지 않은 경우 강요하지 않는다. • 요약하기: 회기 전체에 대한 요약하기 및 피드백 내용에 대한 요약하기 • 다음 회기 내용 소개하기: 다음 주의 주요 작업에 대해 간략하게 소개하기 • 과제 안내: TCR 매일 경험기록지 [활동지 5−2] 활용, 사고 수정 기법 연습지 [활동지 5−3] 활용

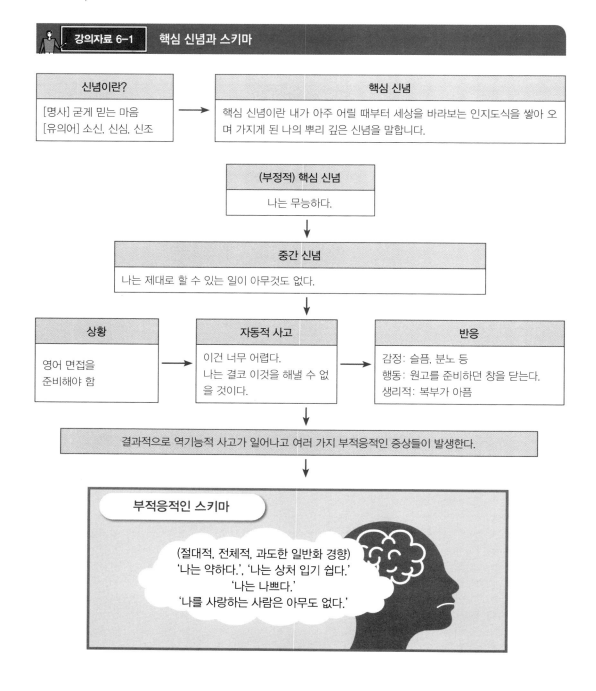

강의자료 6-1   핵심 신념과 스키마

신념이란?
[명사] 굳게 믿는 마음 [유의어] 소신, 신심, 신조

핵심 신념
핵심 신념이란 내가 아주 어릴 때부터 세상을 바라보는 인지도식을 쌓아 오 며 가지게 된 나의 뿌리 깊은 신념을 말합니다.

(부정적) 핵심 신념
나는 무능하다.

중간 신념
나는 제대로 할 수 있는 일이 아무것도 없다.

상황	자동적 사고	반응
영어 면접을 준비해야 함	이건 너무 어렵다. 나는 결코 이것을 해낼 수 없 을 것이다.	감정: 슬픔, 분노 등 행동: 원고를 준비하던 창을 닫는다. 생리적: 복부가 아픔

결과적으로 역기능적 사고가 일어나고 여러 가지 부적응적인 증상들이 발생한다.

부적응적인 스키마

(절대적, 전체적, 과도한 일반화 경향)
'나는 약하다.', '나는 상처 입기 쉽다.'
'나는 나쁘다.'
'나를 사랑하는 사람은 아무도 없다.'

[활동지 6-1]

〈자동적 사고 패턴에서 스키마 찾아내기〉

★ 질문에 따라 순서대로 적어 보세요.

* 스트레스와 관련된 사건 내용을 간단하게 기술해 주세요.	
나에 대한 자동적 사고	나에 대한 자동적 사고가 나에게 무슨 영향을 주는가?
*그 상황에서 나 자신에 대해서 들었던 감정이나 생각을 적어 주세요.	나는 한 사람이다.
	나는 하다.
	나는 해야 한다.
	나는 이다.
나는 어떤 경험 때문에 자동적 사고를 가지게 됐을까?	
나의 핵심 신념은 무엇일까?	

[활동지 6-2]

〈스키마 목록표〉

★ 자신이 가지고 있다고 생각되는 스키마 옆에 표시해 보세요.

적응적 스키마	부적응적 스키마
_____ 무슨 일이 일어난다 하더라도 어떻게 해서든 대처할 수 있다.	_____ 용납받기 위해서 나는 완벽해야 한다.
_____ 내가 어떤 일을 열심히 한다면 그것을 잘할 수 있을 것이다.	_____ 어떤 일을 한다면 반드시 성공해야 한다.
_____ 나는 어려움 가운데에서도 살아남았다.	_____ 나는 어리석다.
_____ 다른 사람들은 나를 신뢰한다.	_____ 그 여자(남자)가 없으면 나는 아무것도 아니다.
_____ 나는 믿을 수 있는 사람이다.	_____ 나는 사실 그런 괜찮은 사람이 아니다.
_____ 사람들은 나를 존중한다.	_____ 절대 약점을 보여서는 안 된다.
_____ 그들이 나를 이길 수는 있지만 나를 망쳐 놓을 수는 없다.	_____ 나는 사랑스럽지 않다.
_____ 나는 다른 사람들에 대해 관심을 가지고 있다.	_____ 하나를 실수하면 나는 모든 걸 잃어버릴 것이다.
_____ 미리 준비하면 대개 더 잘 할 수 있다.	_____ 나는 절대 다른 사람들과 있을 때 편안할 수 없을 것이다.
_____ 나는 존중받을 만하다.	_____ 나는 어느 것도 끝까지 마칠 수 없다.
_____ 나는 도전하는 것을 좋아한다.	_____ 나는 무슨 일을 하든 성공하지 못할 것이다.
_____ 나를 위협할 수 있는 것은 많지 않다.	_____ 세상은 너무 무서운 곳이다.
_____ 나는 똑똑하다.	_____ 다른 사람들은 믿을 수 없다.
_____ 나는 상황을 이해할 수 있다.	_____ 나는 항상 자신에 차 있어야 한다.
_____ 나는 친절하다.	_____ 나는 매력적이지 않다.
_____ 나는 스트레스를 다룰 수 있다.	_____ 자신의 감정을 절대 보여서는 안 된다.
_____ 힘든 문제일수록 나는 더 강해진다.	_____ 다른 사람들은 나를 이용할 것이다.
_____ 나는 실수를 통해 더 나은 사람이 될 수 있다.	_____ 나는 게으르다.
_____ 나는 좋은 배우자(부모, 자녀, 친구, 연인)이다.	_____ 만일 사람들이 진짜 나를 알게 된다면 나를 좋아하지 않을 것이다.
_____ 모든 일이 잘 될 것이다.	_____ 용납을 받으려면 항상 다른 사람들을 기쁘게 해야 한다.

✎ **7회기**	**스키마 수정하기**

활동지도안	
활동 목표	스키마에 대해 알고, 스키마 수정 기법을 연습하여 자신의 부정적 사고를 수정한다.
준비물	A4, 연필, 색연필, 크레파스, [활동지 7-1]~[활동지 7-4]
단계	진행 절차
도입	▶ 지난 활동 요약 및 회기 소개 　-회기의 목표 및 활동 내용에 대해 소개한다. ▶ 도입 활동 　-호흡법: 스트레스를 경험할 때의 빠르고 가쁜 호흡을 느리고 깊은 호흡으로 변하게 함으로써 긴장을 감소시키고 몸과 마음을 편하게 하는 기법이다. 　① 편안하게 앉거나 누워서 등, 목, 머리를 바르게 하고, 어깨에 힘을 빼고 손은 편안하게 내려놓는다. 　② 눈을 감고 자신의 호흡에 집중할 수 있도록 준비한다. 　③ 4초간 깊이 숨을 들이마셔 가능한 배꼽까지 내리고, 2초간 멈추었다 4초간 천천히 내쉰다. 　④ 오로지 평온하게 호흡하는 것만 생각하며 긴장이 사라질 때까지 반복한다.
전개	▶ 활동 7-1: 스키마 수정 기법 두 가지 교육(증거 점검하기, 이점과 손실 기록하기) [활동지 7-1] -참여자 중 한 사람의 사례로 핵심 신념의 증거들을 찾아 평가하는 과정을 보여 주기를 한다. ▶ 활동 7-2: 스키마 수정 기법 두 가지 연습(2개의 모둠) [활동지 7-2], [활동지 7-3] 　① 증거 점검하기, 이점과 손실 기록을 해 본다. 　② 자신의 수정된 스키마가 잘 드러나도록 수정 전과 후를 글로 기록하고 그 글에 잘 어울리는 이미지를 표현해 본다. 　③ 집단원들 간 스키마 변화에 대한 격려와 지지를 집중적으로 피드백을 한다.
마무리	• 피드백 나누기: 작업과 관련된 소감이나 회기 전체의 느낌을 나눈다. 순서를 정하지 않고 자유롭게 이야기를 나눈다. 이야기를 하지 않는 참여자의 경우 한 번 정도 권유하고, 원하지 않은 경우 강요하지 않는다. • 요약하기: 회기 전체에 대한 요약하기 및 피드백 내용에 대한 요약하기 • 다음 회기 내용 소개하기: 다음 주의 주요 작업에 대해 간략하게 소개하기 • 과제 안내: TCR 매일 경험기록지 [활동지 5-2] 활용, 대처 연습지 [활동지 7-4]

Ⅱ
인지행동 집단상담 실제

[활동지 7-1]

〈스키마의 증거 점검하기〉

■ 자동적 사고: 나는 직장을 잃을 것이다.

자동적 사고를 지지하는 증거	자동적 사고에 반하는 증거
1. 내 생산 라인의 생산량이 부족하였다.	1.공장은 이미 직원들의 수가 부족한 편이므로 그들이 서둘러 사람들을 해고할 이유는 없을 것이다.
2. 나는 질책을 받았다.	2.나는 여기서 10년을 근무했고 실적도 괜찮은 편이다.
3. 우리는 목표를 달성하지 못했다.	3. 우리가 생산 목표에 많이 못 미치는 것은 아니다. 4. 과거에 회사가 갑작스럽게 사람들을 해고한 적은 없다. 5. 아무도 내가 직장을 잃은 것이라고 말하지 않았다.

• 인지적 오류:

　-증거 무시하기: 내가 10년 동안 실적 점수가 좋지 않았던 적은 단 한 번뿐이다.

• 대안적 사고:

　-내가 직장을 잃는 일은 없을 것이다.

　-그들이 나를 해고하러 오는 것은 아닐 것이다.

　-그들은 단지 어떻게 하면 생산성을 높일 수 있을지 보려는 것뿐이다.

[활동지 7-2]

〈스키마의 증거 점검하기〉

★ 변화시키기 원하는 스키마를 적고, 이러한 스키마를 지지하고 반하는 증거를 적어 보세요.

■ 변화시키기 원하는 스키마: 나는 제대로 하는 게 하나도 없어.

이 스키마를 지지하는 증거	이 스키마에 반하는 증거
1. 나는 일을 엉망으로 만들었다. 2. 나는 결혼에 실패했다. 3. 나는 항상 '일이 잘 안 될 거야. 나는 망했어.'라고 느꼈다. 4. 나는 학교에서 문제가 많았고, 운동도 잘 못 한다.	1. 나는 괜찮은 직장에 다니고 있다. 나는 저널리즘 상을 받은 적이 있다. 2. 내 결혼 생활은 얼마 동안은 괜찮았다. 내 아내는 내가 한 많은 일들을 좋아했다. 3. 나는 모든 것을 잃어버리지는 않았다. 4. 나는 대학 때 운동 경기에서 좋은 성적을 거뒀다. 5. 나는 내 딸과 긍정적인 관계를 가지고 있다.

• 인지적 오류: 확대하기, 증거 무시하기, 일반화하기

• 수정된 스키마: 나는 강점과 약점을 가진 사람이다. 나는 힘든 시간을 견뎌낼 수 있다.

− 인지적 오류:

  •

  •

  •

− 수정된 스키마

[활동지 7–3]

〈스키마의 이점과 손실 기록하기〉

★ 변화시키기 원하는 스키마를 적고, 이러한 스키마의 이점들과 손실들을 적어 보세요.

■ 변화시키기 원하는 스키마:

이러한 스키마의 이점들	이러한 스키마의 손실들

이러한 스키마를 수정하기 위한 아이디어들

[활동지 7-4]

〈효율적으로 대처하기〉

★ 과제: 질문들을 따라 구체적으로 적어 보세요.

1. 나를 힘들게 하는 구체적인 상황은?

2. 이 상황에서 내가 원하는 것은 무엇인가?

3. 그 상황에서 내가 통제할 수 있는 측면은?

4. 그 상황에서 내가 통제할 수 없는 측면은?

5. 통제할 수 있는 측면을 어떻게 대처할 수 있을까?

   1) 대처 방안들을 모두 생각하기

   2) 대처 방안들의 결과를 생각하기(이익과 손실)

   3) 실행할 수 있는 방안들의 순위를 기록하기
     ①
     ②
     ③

   4) 가장 합리적인 해결책 실행 계획하기(날짜, 시간, 장소 등)

8회기 새로운 출발

활동지도안	
활동 목표	부정적 감정에서 벗어난 자신을 돌아보고 새로운 다짐을 한다.
준비물	노트, 연필, 색연필, 크레파스
단계	진행 절차
도입	▶ 지난 활동 요약 및 회기 소개 －회기의 목표 및 활동 내용에 대해 소개한다. ▶ 도입 활동 －근육이완법, 호흡법
전개	▶ 활동 8-1: 나를 위한 지침서 작성 －준비된 얇은 스프링 노트를 배부한다. 나만의 지침서를 만들기 위해 노트에 자신만의 다짐, 지침 등을 자유롭게 작성하게 한다. 우리가 집단상담이 끝나면 일상생활로 돌아가게 될 텐데, 돌아간 뒤에도 자연스럽게 지금의 기분이 지속되면 참 좋겠죠? 근데 시간이 지날수록 점점 집단상담이 시작될 때의 자기 모습으로 돌아가게 될 수 있습니다. 지금과 같은 텐션을 유지하기 위해서는 계속해서 긍정적인 것들을 생각하고 스트레스를 줄이기 위해서 약간의 노력이 필요하다는 뜻입니다. 이제부터 지금의 기분 좋은 긍정성을 유지하고, 나의 부정적인 생각이 올라올 때 그것을 대처해 줄 수 있는 나만의 지침서를 만들어 보겠습니다. 내가 처한 지금의 환경을 잘 생각해 보고, 어떤 부분에 스트레스를 받아서 어떤 부분에서 어떤 생각을 할 것 같고, 그런 생각이 들면 어떻게 하겠다는 형식으로 자신만의 지침서를 만들어 보고 공유하는 시간을 가져 보도록 하겠습니다. 미술적인 부분을 보고 예쁘게 꾸미는 게 중요한 게 아닙니다. 자기가 마음에 드는 모습으로, 원하는 재료를 써서 편하게 내 마음에 쏙 드는 지침서를 만들어 보도록 하겠습니다. ▶ 활동 8-2: 지침서의 내용 나누기 －자신이 만든 지침서를 집단원들과 나누기를 한다. ▶ 활동 8-3: 평가지 작성 [활동지 1-2], [활동지 1-3] 사용 ▶ 활동 8-4: 롤링페이퍼로 지지의 피드백 나누기 [활동지 8-1] ① '나의 성장나무 [활동지 8-1]'에 자신의 이름을 쓰고 오른쪽 사람에게 넘긴다. ② 넘어온 '나의 성장나무'에 그동안 함께 활동하면서 상대방에게 느낀 점, 그 사람에게 힘이 될 수 있는 말을 구체적으로 써서 지지하는 피드백을 쓴다. ③ 자기에게 돌아온 자신의 '나의 성장나무'를 읽어 본다.
마무리	프로그램 전체 소감 나누기

[활동지 8-1]

〈나의 성장나무〉

★ 모두 돌아가며 서로 성장의 열매를 달아 주세요.

_____ 의 성장나무입니다.

참고문헌

강은영(2015). 난임 여성의 심리사회적 적응을 위한 인지행동치료 프로그램의 개발 및 효과. 명
지대학교 대학원 박사학위논문.

권석만(1995). 정신병리와 인지 1: 정서장애를 중심으로. 한국심리학회 세미나 자료, 1995(1),
49-95.

천성문, 박명숙, 박순득, 박원모, 이영순, 전은주, 정봉희(2009). 상담심리학의 이론과 실제. 서울:
학지사.

천성문, 함경애, 박명숙, 김미옥(2017). 집단상담 이론과 실제. 서울: 학지사.

Backer, T. E., Liberman, R. P., & Kuehnel, T. G. (1986). Dissemination and adoption of
innovative psychosocial interventions. *Journal of Consulting and Clinical Psychology,*
54(1), 111-118.

Bandura, A. (1986). *Social foundations of thought and action: A social cognitive theory.*
Englewood Cliffs, NJ: Prentice-Hall.

Lazarus, A. A. (2008). Multimodal therapy. In R. J. Corsini & D. Wedding (Eds.), *Current*
psychotherapies (8th ed., pp. 368-401). Belmont, CA: Brooks/Cole, Cengage Learning.

Rose, S. D. (1998). *Group therapy with troubled youth: A cognitive-behavioral interactive*
approach. Thousand Oaks, CA: Sage.

Spiegler, M. D., & Guevremont, D. C. (2010). *Contemporary behavior therapy* (5th ed.).
Wadsworth/Cengage Learning.

Wright, J. H., Basco, M. R., Thase, M. E., Basco, M. R. (2009). *Learning Cognitive-Behavior*
Therapy. 인지행동치료(김정민 역). 서울: 학지사, 23-33, 43-44.

제4장

REBT 집단상담

"사건을 어떻게 생각하는가의 신념체계가
우리의 감정과 행동에 영향을 미친다."

앨버트 엘리스

Ⅰ REBT 집단상담 이론

합리적 정서행동 이론은 Albert Ellis(1913~2007)에 의해 제시된 성격이론이자 심리치료이론이다. 그는 인간의 성격과 정신병리를 설명하는 데 있어서 외부 자극에 대해 개인이 반응하는 신념체계의 해석 방식이 매우 중요하다는 점을 강조하고 있다. 엘리스는 인간이 가지고 있는 비합리적인 신념과 사고방식으로 인하여 사회 부적응과 병리적 성격 특성이 나타날 수 있다고 보았다. 개인의 비합리적 신념체계를 합리적 신념체계로 수정함으로써 그들의 삶 속에서 적응적 인간으로 변화하도록 도와 기능적인 성격 형성을 이룰 수 있다.

1. 집단상담의 목표

합리적 정서행동치료(REBT)는 사람의 정서와 행동 그리고 여기에 영향을 미치는 신념체계를 중심으로 엘리스에 의해 창시되었다.

엘리스는 인간의 사고가 그들의 감정이나 행동에 중요하게 영향을 미친다고 본다. REBT에서는 인간이 합리적 사고를 할 수도 있으며 비합리적 사고를 할 수도 있는 잠재 가능성을 갖고 있다는 가정에서 출발한다. 엘리스가 가정하는 REBT의 중요한 인간관을 살펴보면, 첫째, 인간은 어떤 외부적 요인에 의해서 혼란해하고 불안해지기보다는 스스로 혼란과 불안을 좌초한다. 둘째, 인간은 본래 왜곡되게 생각하고 불필요하게 스스로를 혼란시키려는 생물학적·문화적 성향을 가지고 있다. 셋째, 인간은 스스로 혼란시키려는 신념을 만들 뿐 아니라, 자신이 지금 혼란과 불안을 느낀다는 것 자체에 대해서도 혼란과 불안을 계속 느낀다. 넷째, 인간은 자신의 인지, 정서, 행동적 과정을 변화시킬 수 있는 능력이 있다.

REBT 집단상담은 집단구성원들로 하여금 현실을 수용하고 자신과 타인들을 더욱 인내하는 가운데 자기성찰을 도모하도록 돕는 것이며, 집단 장면에서 삶에 대한 비합리적인 신념을 발견하고, 수정을 통해 합리적인 인지, 정서, 행동을 나타내도록 것이 집단상담의 중요한 목표이다.

엘리스는 REBT 집단의 치료목표를 내담자가 보이는 문제행동의 제거에 두기보다는 문제행동의 배후에 있는 핵심적인 자기패배적 신념을 극소화시키고 자신의 삶에 대하여 보다 현실적이고 합리적인 가치관을 갖게 하는 데 있다. 이와 같이 REBT는 부적절한 정서를 감소하거나 제거하기 위한 방법으로 비합리적 신념을 찾아내고 논박하는 데 초점을 두고, 변화의 지속적인 촉진을 위해 연습을 강조하여 자기조력적(self-help) 치료를 목표로 한다. 그래서 이들은 삶을 더 풍요롭고 만족스럽게 살 수 있다. 이러한 기본적인 목적을 완수하기 위해 내담자들에게 내재하는 잘못된 신념을 탐색시키고 건설적인 신념을 바꾸기 위한 실제적인 방법을 제공해 준다. 기본적으로 집단 참가자들은 자신의 정서적 반응에 대한 책임이 있다는 것을 배우는데 이들은 자신의 언어에 주의를 기울이고 자신의 신념과 가치를 변화시킴으로써 정서적 장애를 감소시킬 수 있다. 그리고 집단 참가자들이 새롭고 실제적인 철학을 획득하게 되면 삶에서 대부분의 시간들에 효과적으로 대처할 수 있게 된다.

2. 주요 개념

1) 기본 원리

인지는 인간 정서의 가장 중요한 핵심적 요소이다. 이는 "우리가 생각하는 것을 느낀다"라는 말로 표현할 수 있다. 어떤 사건이나 타인이 우리로 하여금 "기분이 좋다", "기분이 나쁘다"라고 만드는 것이 아니라 우리 스스로 인지적으로 그렇게 만든다. 둘째, 역기능적 사고는 정서장애의 중요한 결정 요인이다. 역기능적 정서 상태나 정신병리의 많은 부분들은 역기능적 사고과정의 결과이다. 이러한 역기능적 사고는 과장, 과잉 일반화, 과잉단순화, 잘못된 유추 그리고 절대적인 관념 등으로 나타난다. 셋째, REBT의 기본 개념이 우리가 사고하는 것을 느끼기 때문에 REBT는 사고의 분석부터 시작된다. 만약, 우리가 지닌 고통이 불합리한 사고의 산물이라면 그 고통을 가장 잘 정복하는 길은 이 사고를 변화시키는 것이다. 넷째, 비합리적 사고와 정신병리를 유도하는 원인적 요인들은 유전적이고, 환경적 영행을 포함하는 중다 요소로 되어 있다. 엘리스는 우리 인간은 선천적으로 불합리하게 생각하는 경향이 있음을 반복적으로 지적했다. 다섯째, 행동에 대한 과거의 영향보다 현재에 초점을 맞춘다. 여섯째, 신념은 변화한다고 믿는다. 특히, 불합리한 신념은 적극적이고 지속적인 노력에 의해 바뀔 수 있다고 한다.

2) 성격의 심리사회적 측면, 비합리적 신념

사람은 사회적 관계 속에서 인정과 사랑을 받고(사랑과 애정의 욕구), 또한 인정과 사랑을 주며 모든 이들과 친밀한 관계를 맺으며 살아가길 원한다. 하지만 타인과의 관계 속에서 자신의 정체성을 올바로 잡지 못하고 타인의 평가와 잣대에만 귀 기울이다 보면 자칫 정서적 혼란만을 야기할 수 있다. 가령 내가 관심 있는 사람들 모두로부터 항상 인정과 관심, 사랑을 받아야만 나 자신을 수용하고 인정할 것이라는 생각 속에 살아간다면, 이러한 고집스러운 애정의 욕구 때문에 스스로를 불안과 우울에서 벗어나기 힘들게 만든다. 결국 다른 사람들과 화목하게 어울리는 것은 좋지만 살아가는 데 있어 그들의 관심이 절대적으로 필요하고 또한 중요한 것은 아니라는 것이다. 그리고 이러한 현실을 깨닫고 수용하는 것이 중요한 것이다.

엘리스는 사람의 성격은 타고난 생득적 경향성에다가 어릴 때부터 사회문화적 영향에 의해 비합리적 신념들이 덧붙여져서 이상 성격이 형성된 것이라고 보았다. 비합리적 신념들은 가족, 학교, 공동체, 사회체제 등 어릴 때에 양육자와 같이 중요한 타인으로부터 비합리적 신념들을 습득하게 되고(예: 모방학습), 그 후에는 아동 스스로가 만든 비합리적 믿음과 가치관들을 통해 학습이 이루어진다. 즉, 과거에 외부로부터 학습한 비합리적 사고를 반복하다 보면 비합리적인 태도와 가치관 그리고 신념을 형성해 나간다.

합리적 정서행동치료(REBT)에서는 정서장애의 핵심 원인을 '비난'으로 보고 있다. 정서장애를 극복하기 위해서는 나와 타인에 대한 비난을 멈추어야 한다. 나의 기준과 가치관에 부합하고, 완벽하게 여겨지지 않을지라도 나와 타인을 수용하고 인정하다 보면 비합리적 신념에 의한 성격장애로부터 벗어날 수 있을 것이다.

3) 비합리적 신념과 사고

REBT에 따르면, 인간이 심리적 부적응과 장애를 나타내는 주요한 원인은 비합리적 신념(irrational beliefs)이라고 보았다. 비합리적 신념은 자신, 타인, 그리고 세상에 대한 비현실적인 기대와 요구를 의미하며 '반드시 ~해야 한다(must, should)'라는 절대적이고 완벽주의적인 당위적 요구의 형태를 띠고 있다. 그에 따르면, 비합리적 신념은 자신, 타인, 세상에 대한 당위적 사고의 세 가지 범주로 구분될 수 있다.

첫째, 자신에 대한 당위적 요구(self-demandingness)는 스스로 자기 자신에게 현실적으로 훌륭하게 수행해 내기 어려운 과도한 기대와 요구를 부과하는 것을 말한다. "나는 반드시 탁월하게 일을 수행해야 한다.", "나는 중요한 다른 사람들로부터 인정받아야만 한다."는 믿음이다. 이러한 비합리적 신념으로 인해 해야 할 일을 자꾸 미루거나 불만족스러움을 많이 느낄 수 있으며, 자기비난과 자기혐오에 빠지기 쉽게 한다.

둘째, 타인에 대한 당위적 요구(other-demandingmess)는 개인이 타인에게 지니는 과도한 기대와 요구를 의미하는 것으로 타인이 자신의 기대에 충족하도록 일방적으로 요구하는 것을 말한다. "타인은 나를 반드시 공정하게 대우하여야 한다.", "진정한 친구라면 항상 나의 편을 들어야 한다."는 믿음이다. 이러한 과도한 기대와 신념은 필연적으로 실망, 좌절, 배신과 같은 마음의 상처를 받게 될 뿐만 아니라 타인에 대해서 분노, 적개심, 질투, 폭력을 초래하게 된다.

셋째, 세상에 대한 당위적 요구(world-demandingness)는 우리가 살아가는 사회적 체제를 비롯한 자연세계, 세상에 대한 비현실적인 과도한 기대를 말한다. 예컨대, "세상의 모든 것들은 내가 원하는 방향으로 돌아가야 한다.", "우리 사회는 항상 공정하고 정의는 반드시 승리해야 한다.", "세상은 안전하고 편안하며, 즐거운 곳이어야 한다."와 같은 신념을 뜻한다. 이러한 신념은 세상에 대한 분노와 비판, 소극적인 행동, 우울을 초래한다.

사람이 정서적으로 문제를 겪는 원인은 일상생활 속에서 겪는 구체적인 사건이라기보다는 그 사건을 합리적이지 못한 방식으로 지각하고 받아들이기 때문이다. 이를 위해 쿤(Kuhn, 1977)은 논리성, 현실성, 실용성 등의 측면에서 인간의 합리적인 사고와 비합리적인 사고를 구분하였다. 엘리스는 위의 내용에 덧붙여 경직성(융통성)과 정서적 행동적 결과의 파급효과를 추가하여 두 가지 사고를 〈표 4-1〉과 같이 비교하였다.

표 4-1 합리적 사고와 비합리적 사고

구분	합리적 사고	비합리적 사고
논리성	논리적으로 모순이 없다.	논리적으로 모순이 많다.
실용성	삶의 목적 달성에 도움이 된다.	삶의 목적 달성에 방해가 된다.
현실성	경험적 현실과 일치한다.	경험적 현실과 일치하지 않는다.
융통성	경직되어 있지 않으며, 융통성이 있다.	절대적, 극단적이며 경직되어 있다.
파급 효과	적절한 정서와 적응적 행동에 영향을 준다.	부적절한 정서와 부적응적 행동을 유도한다.

4) ABC 모델

엘리스의 성격이론의 핵심이 되는 A-B-C 이론은 인간의 비합리적인 신념으로 인해서 부적응적인 정서와 행동에 고착되는 것을 잘 설명해 주고 있다. 상담의 과정에 있어서도 중요한 치료 절차로 이용된다.

선행사건(Activating Event: A)은 개인에게 정서적 혼란을 야기하는 어떤 사건을 말한다. 가령 시험에 떨어졌다든지, 실직하게 되었다든지, 상사로부터 꾸지람을 들었다든지와 같은 인간의 정서를 유발하는 어떤 사건이나 현상 또는 행위를 말한다.

신념(Belief System: B)은 어떤 사건이나 행위 등과 같은 환경적 자극에 대해서 각 개인이 갖게 되는 태도로써, 이것은 그의 신념체계 또는 사고방식이라고 볼 수 있다. 신념체계에는 합리적 신념(Rational beliefs)과 비합리적 신념(Irrational beliefs)이 있다.

결과(Consequence: C)는 선행사건에 접했을 때 비합리적인 태도 내지 사고방식을 가지고 그 사건을 해석함으로써 느끼게 되는 정서적·행동적 결과를 말한다. 비합리적 사고방식을 지닌 사람들은 대개의 경우 지나친 불안, 원망, 비판, 좌절감 등과 같은 감정을 느끼게 된다.

어떤 사건(A)이 일어나면 각 개인은 이 사건을 자신의 신념의 체계를 매개로 지각하고, 이 사건을 자신의 가치관이나 태도에 비추어 평가하고 그로 인해 정서적이거나 행동적인 결과, 즉 우울하거나 초조해하거나 화를 내는 행동 등을 하게 되는 것이다.

논박(Dispute: D)은 내담자로 하여금 자기 불합리한 신념에 도전할 수 있도록 돕는 과학적 방법의 응용이다. 내담자는 논박의 원리를 배워 자기 비현실적이고 입증할 수 없는 가설을 무너뜨리는 데 사용한다. 논박을 하는 과정은 '탐지(detecting)', '반박(debating)', 변별(discriminating)'의 세 가지 단계로 이루어진다.

내담자는 자기 불합리한 신념을 탐지하는 방법을 배운다. 예를 들면, '나는 절대적으로 ~해야 한다'는 사고와 자기비난을 탐지할 수 있어야 한다. 그다음 자기 역기능적인 신념에 대해 논리적이고 경험적으로 질문하는 방법과 이러한 신념에 대해 철저하게 논쟁하고, 이러한 신념의 반한 행동을 하는 법을 배움으로써 자기 역기능적인 신념을 반박할 수 있어야 한다. 또한 내담자는 합리적인 신념과 불합리한 신념을 변별하는 법을 배워야 한다.

효과(Effect: E)는 내담자가 가진 비합리적인 신념을 철저하게 논박함으로써 합리적인 신념으로 대치한 다음에 느끼게 되는 자기수용적인 태도와 긍정적인 감정의 결과를 지칭한다. 논박의 효과에는 논박을 통하여 이성적으로 생각하게 되는 인지적 효과와 바람직한 정서로 바뀌는 정서적 효과 및 바람직한 행동을 나타내는 행동적 효과가 있다.

3. 집단지도자의 역할

REBT 집단상담에서 집단지도자는 대단히 적극적이고, 탐색적이며 도전적인 역할을 담당하므로 역할연습과 같은 행동주의적 방법들을 다양하게 적용해야 한다. 따라서 상담자는 다음과 같은 역할을 수행해야 한다.

첫째, 집단원들의 비합리적 생각을 찾아내어, 그것을 밝혀 주고 합리적으로 생각하는 방법을 가르쳐 준다.

둘째, 능동적이며 지시적, 설득적인 방법을 통해 집단원의 비합리적인 사고에 대해 논박하거나 직접적으로 맞선다.

셋째, 역할연습과 자기주장과 같은 기법을 사용하고 이를 숙제로 내 준다.

넷째, 집단원과의 대화 중에서 당위적 언어를 찾아내도록 하여 비합리적 생각과 합리적 생각을 구별하도록 가르친다.

다섯째, 두려움 때문에 하지 못하던 행동을 해 봄으로써 자신의 생각이 비합리적이었음을 깨닫도록 한다.

여섯째, 집단지도자는 교사의 역할, 집단원은 학습자의 역할을 하며 가르치기, 제안하기, 과제 주기 등의 기법이 활용된다.

일곱째, 집단원의 잘못된 사고를 명료화하고 이를 비판적으로 평가하여 합리적인 신념으로 대체하도록 돕는다.

4. 집단상담의 단계

• 1단계: 내담자의 문제점에 대하여 진단 내지 평가를 한다.

상담자는 내담자가 '반드시 ……하지 않으면 안 된다'는 생각이 불합리한 신념에 속한다는 사실을 깨닫게 해 주어야 한다. 내담자는 합리적 신념과 비합리적 신념을 구별하는 것을 배우고, 상담자는 내담자가 가진 자기패배적인 신념을 바꾸도록 설득하고 격려한다.

• 2단계: A−C 간에 내재되어 있는 B를 탐색한다.

내담자가 비논리적으로 사고하기 때문에 정서적인 장애가 유지되고 있다는 사실을 보여 주어야 한다. 즉, 내담자가 자기 스스로 불합리한 생각을 계속 주입시키고 있기 때문에 정서적 장애에 대한 책임은 내담자 자신에게 있다는 사실을 깨닫게 해야 한다.

• 3단계: 상담의 목표를 설정한다.

엘리스는 인간의 문제는 개인의 신념과 철학적 태도와 관련되어 있다고 보았다. 그러므로 상담의 목표는 증상의 제거가 아니라 내담자의 성장을 REBT 집단지도자가 내담자와 함께 작업해야 할 구체적인 목표는 다음과 같다.

① 자기관심(self-interest): 정서적으로 건강한 사람은 자기 자신에게 관심이 있고 진실하며 타인을 위하여 자기 자신을 자학적으로 희생시키지 않는다.
② 사회적 관심(social-interest): 건강한 사람은 소외된 실존을 택하지 않고 사회에서 다른 사람과 효과적으로 어울려 사는 데에 관심을 갖는다.
③ 자기지향(self-direction): 정서적으로 건강한 사람은 다른 사람의 행동이나 지지를 좋아할 수는 있으나 그런 지지를 매번 요구하는 것은 아니다. 그들은 자신의 삶에 책임을 느끼며 자신의 문제를 독립적으로 해결할 수 있다.
④ 관용(Tolerance): 성숙한 인간은 모든 인간이 실수를 하며, 완전할 수 없다는 것을 알고 자신과 타인의 실수를 인정한다.
⑤ 융통성(Flexibility): 건강한 사람은 사고가 유연하며, 변화에 개방적이고, 무수히 다양한 사람들과 사상과 사실을 허용하고 수용 가능한 것으로 본다.
⑥ 불확실성의 수용(Acceptance of uncertainty): 정서적으로 성숙한 사람은 인간이 무한한 가능성과 기회를 가진 세계에 살고 있다는 것을 인정하나, 어떤 절대적인 확실성은 있지 않다는 것을 인정한다.
⑦ 창조적 일에 대한 실행: 건강한 사람은 자신을 둘러싸고 있는 일상적인 일뿐만 아니라, 최소한 한두 가지 정도의 창조적인 일에 몰두하며 관심을 가지고 있다.

⑧ 과학적 사고: 성숙한 사람은 객관적이고 이성적이다.

⑨ 자기수용: 건강한 사람은 자기가 살아 있다는 것 자체를 기뻐하며 끊임없이 삶을 즐기고 행복과 기쁨을 창조할 수 있는 능력이 자신에게 있다고 믿는다.

⑩ 모험실행: 정서적으로 건강한 사람은 모험을 할 수 있다. 자기가 인생에서 진정으로 원하는 것이 무엇인가를 곰곰이 생각해 보고 모험을 시도하며 인생을 개척한다.

⑪ 장기적 쾌락: 건강한 사람은 순간적인 쾌락을 추구하기보다는 미래 지향적인 쾌락을 추구한다.

⑫ 반유토피아주의: 성숙하고 정서적으로 건강한 사람은 이 세상에서 자신이 얻고자 하는 모든 것을 다 얻을 수 없으며, 모든 고난을 완전히 회피할 수 없다는 사실을 인식한다.

⑬ 정서혼란에 대한 자기책임: 건강한 사람은 다른 사람이나 사회를 비난함으로써 자신을 방어하기보다는 자기 파멸적인 혼란을 느끼는 자신에게 대하여 책임이 있다고 느낀다.

• 4단계: REBT를 실행한다.

상담자는 내담자가 악순환을 이루고 있는 자기패배적 과정을 이해하고, 불합리한 생각을 수정하도록 도와야 한다.

• 5단계: 새로 익힌 REBT적 생활방식이 실제 생활에서도 심화되도록 한다.

내담자로 하여금 자기 삶에 대한 합리적 철학을 발달시키게 함으로써, 앞으로 다른 비합리적 신념의 희생이 되는 것을 막을 수 있는 것이다.

앞의 기본 과정은 내담자의 비합리적 신념이 바뀔 때까지 반복된다. 보통 한 회기에 2~3명의 집단원들이 자신의 문제를 내놓을 수 있다. 합리적·정서적 집단상담은 원칙적으로 철학적이고 인지적인 접근으로서 집단원들의 사고방식을 변경하기 위한 토론과 설득으로 이루어진다. 집단지도자는 인지적·정서적·행동적 기법을 필요에 따라 적절하게 사용한다.

5. 집단상담의 기법

1) 인지적 기법

REBT 상담자들은 상담과정에서 강력한 인지적 방법을 많이 사용한다. 내담자에게 그가 더 행복하고 덜 고통받는 생존을 원한다면 완전주의를 포기하는 것이 현명하다는 것을 가르치는 것이다. REBT에서는 주로 사고, 논쟁, 도전, 해설, 설명, 가르침 등의 방법에 의존한다. 상담자는 ABCDE의 분석을 통하여 내담자에게 그의 당위적이고 요구적인 신념체제를 깨우쳐 주고, 보다 합리적인 사고방식을 제시해 준다.

(1) 불합리한 신념에 대한 논박
REBT의 가장 공통적인 인지적 방법은 상담자가 내담자의 불합리한 신념을 논박하고, 내담자가 이러한 신념에 도전하는 방법을 가르치는 것이다. 상담자는 내담자가 겪고 있는 어려움이 외부의 사건이나 상황 때문이 아니라, 내담자 자신의 지각과 자기진술의 특성 때문이라는 사실을 가르친다.

내담자가 자신에게 말하기를 배워야 할 질문이나 진술의 예
- 왜 사람들은 나에게 공종하게 대해야 하는가?
- 내가 하고자 하는 일에 성공하지 못했다고 해서 어떻게 실패자인가?
- 내가 원하는 일을 구하지 못했다고 해서 실망을 할 수 있을지 몰라도, 도저히 견딜 수 없다고 말할 수 있겠는가?
- 내 삶이 항상 원하는 방향으로 가지 않을 때 다소 불편하기야 하겠지만 끔찍하다고까지 말할 수 있겠는가?

(2) 인지적 과제의 수행
내담자들에게 자신이 문제라고 생각하는 것들을 목록을 만들고 그중에서 '절대적으로 ~해야 한다'고 여기는 신념을 찾아 논박하게 한다.

가령 능력은 있지만 실패할까 두려워 남 앞에 서기를 주저하는 사람에게 연극 무대에 서게 한다. 그때 "나는 실패할 것이다. 나는 어리석은 사람으로 비칠 것이다. 아무도 나를 좋아하지 않을 것이다."라는 부정적 자기진술을 "내가 아무리 어리석게 행동을 해도 어리석은 사람이 되는 것은 아니다. 나는 할 수 있다. 나는 최선을 다할 것이다. 사람들이 좋아하면 다행이나 그러나 사람들이 모두 다 나를 좋아할 수는 없다. 그렇다고 해서 인생이 끝나는 것은 아니다."와 같은 긍정적인 진술로 바꾸게 한다.

(3) 언어의 변화

REBT에서는 부정확한 언어가 왜곡된 사고과정의 원인이 된다고 가정한다. 따라서 상담자는 내담자가 사용하는 언어에 주의를 기울일 필요가 있다. 내담자가 "저는 ~할 수 없어요(I can't~)"라고 호소하면 상담자는 "당신은 ~를 하지 않은 것이지요(You haven't yet....)"라고 표현을 정정해 준다. 무력감이나 자기비하를 반영하는 언어 유형을 쓰는 내담자는 새롭게 자기진술을 하는 법을 배우면 사고도 달라지게 된다.

(4) 유추의 기법

항상 미루는 습관이 있다거나 지각하는 습관이 있는 사람은 그러한 행동이 자신의 어떤 행동 특성 때문에 나타나는지 유추해 보도록 내담자에게 촉구한다. 이 기법을 사용하는 목적은 내담자로 하여금 자신의 특성을 이해하여 유해한 습관의 단점을 확실히 깨닫도록 해 주는 데 있다.

(5) REBT를 다른 사람에게 적용해 보기

내담자에게 문제를 가지고 있는 그들 주변의 친구나 친지들에게 REBT 사용을 권유한다. 이것은 인간은 직접 행동을 해 보거나 다른 사람을 가르침으로써 배움을 촉진한다는 엘리스 자신의 깨달음에 기초하고 있다.

(6) 독서 및 시청각 치료기법

내담자들에게 일반 대중을 위해 제작된 REBT의 심리교육적 도구의 사용을 제안한다. REBT 이론과 기법을 담고 있는 테이프를 듣는 것은 비교적 독서기술이나 능력이 발달되지 못한 내담자에게는 독서치료를 대신해서 사용할 수 있는 훌륭한 기법이라고 할 수 있다.

(7) 자신의 상담 회기를 담은 녹음 테이프를 들어 보기

내담자들이 상담한 회기를 녹음하도록 격려한다. 나중에 내담자들이 스스로 이 테이프를 듣고 검토해 볼 수 있다. 내담자들이 엘리스의 비합리적 신념에 대한 논박하는 논쟁의 과정을 다시 들어 볼 수 있는 기회를 가지면 상담을 받는 동안 별로 느끼거나 생각지 못했던 것들이 상담 회기에 연이어서 다시 들어 보면 때때로 좋은 영감을 주기도 한다.

2) 정서적 기법

(1) 합리적 · 정서적 심상법

언어적 기능을 동원한 인지적 논박이 행해진 후에 상담자가 내담자에게 자신이 다시 곤경에 처한 상황을 상상해 보라고 요구한다. 그런 다음 내담자가 더 합리적인 사고를 연습하기 위한 방법으로 자신에게 무슨 말을 하고 있는지 물어본다. 만약 정서가 변화되지 않는다면 또 다른 비합리적 사고를 떠오르게 하는 데 도움이 된다. 이 방법은 내담자로 하여금 긍정적인 계획을 연습하게 하고 새로운 대처기술을 개발하게 하기 때문에 유용하다.

합리적 · 정서적 심상법의 단계

- 준비 단계: 눈을 감고 숨을 길게 들이쉬었다가 한껏 내쉬십시오.

- 1단계: 가장 최악의 상태를 상상하십시오.
  나의 애인이 나를 버리고 친구와 결혼하였습니다.

- 2단계: 그때 당신의 느낌은 어떻습니까?
  너무나 불쾌하고 우울하고 세상 살맛을 모두 잃어버렸습니다. 한마디로 망연자실했습니다.

- 3단계: 당신의 느낌을 부정적이지만 건강한 정서로 바꾸어 보십시오.
  네, 굉장히 속상하고 마음이 아팠습니다.

- 4단계: 부정적이지만 건강한 정서로 바꾸기 위해서 어떤 노력을 했습니까?
  나의 애인이 나를 버리고 내 친구와 결혼을 한 것은 상상하기 어려운 일이긴 하지만 있을 수도 있는 일이라고 생각했습니다.

• 5단계: 계속해서 그 생각을 유지하도록 어떤 노력을 하시겠습니까?

앞으로 이 생각이 내 생각이 될 때까지 하루에 10번씩 마음속으로 되뇌고 마치 영어단어를 외우
듯이 계속해서 써 보겠습니다.

• 6단계: 당신이 좋아하는 것과 싫어하는 것은 무엇입니까?

좋아하는 것은 음악 듣기이고 싫어하는 것은 설거지하기입니다.

• 7단계: 당신이 만약 숙제를 다 하면 음악을 하루에 30분 이상씩 듣고 숙제를 못하면 설거지를
하루에 3번씩 하십시오.

(2) 유머스러운 기법의 사용

이는 내담자가 가지고 있다고 생각하는 비합리적 신념을 도전하기 위한 또 하나의
정서적 방법이다. 유머는 비합리적 신념에서 오는 내담자의 불안을 감소시키기 위하여
사용한다.

(3) 열정적인 합리적 자기 진술문의 사용

열정적인 합리적 자기 진술문은 힘 있고, 드라마틱하며, 자기 스스로 언어화한 것으
로 구성되어 있다. 예를 들어, "나는 내가 파티에서 만나는 사람들에게 수용되고 싶다.
그러나 그렇지 못하다고 해도 그것은 어쩔 수 없다. 나는 나 자신을 수용하기 위해서
타인의 인정은 필요 없다."와 같은 문장이다.

이러한 문장을 사용하는 이유는, 첫째, 비합리적 신념은 종종 그것들이 힘 있게 도전
받지 않으면 그 뿌리가 깊기 때문에 그대로 남아 있는 경향이 있다.

둘째, 우리가 '정서'라고 언급한 것은 최소한 부분적으로는 상당히 열정적인 자기 언
어화로부터 파생한다고 언급하고 있다. 그래서 우리가 경험하고 있는 정서는 우리가
자신에게 말하는 방법에 의해 영향을 받는다.

(4) 내담자의 무조건적 수용

엘리스는 일상적으로 이런 종류의 수용을 상담 회기 때마다 제공한다. 그러면서 그
는 인간 자신의 오류성과 실수할 수 있음도 수용하도록 돕는 것이 중요함을 다시 한번
일깨우기도 한다. 내담자의 불유쾌한 행동에 대해 내담자가 스스로 주의를 기울이도록
한다.

(5) 상담자의 자기개방

치료자의 자기개방이 적절하게 사용되며, 이는 내담자에게 강한 정서적 영향을 미칠 수 있다. 엘리스는 이 기법을 내담자들에게 합리적 철학을 모델로 삼을 수 있도록 사용한다. 그는 그가 경험했던 정서적 문제(대중 앞에서의 연설하는 공포, 여성에게 접근하기 어려운 수치심)에 대해서 언급하고 이 문제를 극복하기 위해서 자신이 REBT의 원리와 철학을 어떻게 활용했는지를 설명한다.

3) 행동적 기법

엘리스는 REBT 상담 내에서 행동적 방법을 좋아하고 있다. 왜냐하면 그는 인지적 변화는 행동적 변화에 의해서 촉진될 수 있다는 사실을 깨달았기 때문이다. 이 기법은 내담자에게 어떤 행동을 하게 하여 그의 신념체제를 변화시키고, 이 변화된 신념체제를 통해 혼란된 정서에서 벗어나게 하며, 역기능적인 증상에서 벗어나 보다 생산적인 행동을 할 수 있도록 돕는 기법이다. 행동적 기법에는 대표적으로 역할연습과 합리적 역할 바꾸기가 있다.

(1) 역할연습

상담자의 감독하에서 자신이 새롭게 획득한 합리적 철학과 일치되는 새로운 행동을 연습해 보게 하는 것이다.

(2) 합리적 역할 바꾸기

상담자는 내담자의 비합리적 신념을 모델로 해서 고집스럽게 우기고 주장해 보고, 내담자는 상담자 입장에서 이성의 소리, 합리적 생각을 이야기해 보게 하는 것이다. 이 전략은 내담자의 합리적 철학에 대한 확신을 강화시킬 수 있다.

(3) 여론조사 기법

내담자가 지니고 있는 비합리적 생각에 대해 타인들의 의견을 조사해 오게 한다. 이성친구를 사귀어 오다가 거절당했을 때 그것이 과연 완전한 실패자임을 입증하는지 주변 사람들에게 물어보고 결과를 보고하도록 한다.

(4) 실제탈감법

실제로 가능하면 많은 여자 친구를 사귀어서 거절의 경험을 통해 거절당하는 상황에 대해서 점차로 익숙해지도록 하는 것

(5) 숙제 활동

다양한 종류(인지적/정서적/행동적)의 숙제 내 주기

(6) 벌과 강화의 사용

엘리스는 내담자들이 숙제를 수행하도록 하기 위해서 개인적으로 의미 있는 벌과 강화제를 찾아내어 사용할 것을 제안한다. 내담자들은 그들이 수행해야 할 숙제를 다 마친 뒤에는 그 대가로 그들 자신이 좋아하는 것이나 활동에 참여하도록 허락한다. 그러나 만약 그들이 숙제를 못하면 그들은 자기들 스스로에게 불유쾌한 벌을 주도록 한다.

(7) 기술훈련

내담자에게 결핍된 자기표현 훈련, 이성친구 사귀기, 효과적인 시간관리, 효율적인 학습방법 등의 독특하고 다양한 기술을 가르칠 수 있다.

(8) 범람법 및 체계적 둔감법

REBT에서는 엘리베이터 타는 것에 공포를 느끼는 사람은 일주일 동안 100번 엘리베이터 타 보는 것(범람법)을 여섯 달 동안 100번 엘리베이터 타 보는 것(체계적 둔감법)보다 더 선호한다.

(9) 수치심 공격하기 연습

이 행동적 기법에서는 내담자들에게 일부러 미련하고 이상스러운(자신이나 타인에게 해로워서는 안 됨) 행동을 공공의 장소에서 행해 보도록 권유한다. 이 연습의 목적은 내담자가 타인들이 인정하지 않는 사항에 대해서 너무 심각하게 받아들이지 않도록 하기 위해서, 비록 자기 자신들이 수치스러운 모습으로 행동했을 때도 자기 자신을 받아들일 수 있도록 돕기 위해서이다. 수치심 공격하기 연습을 하는 도안 내담자들은 종종 이 세상의 모든 사람들이 아무리 행동을 우습게 한다고 하여도 타인에 의해서 공격당하지 않는다는 사실을 배우게 된다.

(10) 집단사회화 기법

대인관계나 여러 가지 사회적 기술이 부족한 내담자는 집단상담에 참여하여 그 구성원으로부터 다양한 도움을 얻을 수 있다. 예를 들면, 상담자는 집단의 구성원 중 한 여성에게 집단 내에서 다른 구성원과의 관계를 더 좋게 하는 방법을 학습할 기회를 줄 수 있다.

Ⅱ ▶ REBT 집단상담 실제

완벽주의 및 열등감 극복을 위한 REBT 집단상담 프로그램

1. 필요성과 목표

우리의 사회적 문화적 풍토 속에는 어릴 때부터 남과 비교당하고, 그 속에서 남보다 잘되고, 남보다 앞서기 위한 경쟁에 익숙해져 있다(편영자, 1997). 특히, 대학생은 사회의 구성원으로 성공을 하기 위해 다양한 경쟁을 하는 시기로 자신이 가치 있다고 느끼고 타인에게 인정받고자 하는 욕구가 누구보다 큰 시기이다. 완벽주의 성향이 높은 사람들의 특징은 사고, 정서, 행동의 세 가지 측면에서 살펴볼 수 있다. 사고 특징으로는 수행에 대한 지나치게 높은 기준, 기준을 충족시키지 못할 것에 대한 두려움에 대한 두려움, 수행에 관한 의심 및 자기비난, 비합리적 신념 등을 들 수 있다. 정서적 특징으로는 우울, 불안 및 낮은 자아존중감 등과 같은 부정적 정서를 행동 특징으로는 대인관계에서의 어려움, 강박행동, 지연행동 등을 들 수 있다

완벽주의 성향이 높은 사람들은 성취의 기쁨보다는 늘 성취목표에 완벽하게 도달할 수 없는 자기를 비난하는 상태에 빠져들고, 따라서 언제나 자신이 열등하다고 생각한다.

열등감은 비합리적인 신념과도 관련이 있다. 비합리적인 신념이란 일반적으로 '반드시 ~해야만 한다', '~하지 않으면 안 된다'와 같은 방식으로 생각하는 것이다. 예를 들면, '나는 모든 교과목의 성적이 우수해야 한다', '나는 모든 사람에게 사랑받아야 한다'와 같은 생각들이다. 이는 도달하기 어려운 비합리적 사고이며, 이러한 지나치게 높은 목표 설정으로 인해 자연히 열등감을 가지게 되는 것이다(김응만, 1995).

모든 사람에게 사랑과 인정을 받아야 된다고 여기는 사람, 실수는 곧 실패라고 생각하는 사람, 욕심이 지나치게 많은 사람, 다른 사람보다 항상 앞서야 된다고 믿는 사람, 문제가 생기기도 전에 미리 걱정을 하는 사람, 실수할까 두려워서 아무것도 하지 않는 사람, 자신의 능력이 항상 부족하다고 느끼는 사람 등의 완벽주의 성향이거나 열등감으로 스스로를 부정적이고 낮게 인식하는 사람은 스트레스를 많이 받을 것이다. 스트레스는 외부의 상황 자체에 의해서만 결정되는 것이 아니라 개인이 그 상황을 어떻게

받아들이느냐에 의해서 영향을 받는다고 할 수 있으며, 스트레스 상황에 대한 자신의 태도나 대처방식을 바꿈으로써 스트레스에 적절하게 대처할 수 있게 된다.

　본 프로그램은 대학생을 대상으로 완벽주의 및 열등감을 극복하는 데 도움을 주고 올바른 스트레스 대처방식을 선택하여 삶의 질을 높이는 데 도움을 주고자 한다. 완벽주의 성향과 열등감을 가진 대학생이 가지고 있는 비합리적 신념을 합리적 신념으로 바꾸고 긍정적인 자아상을 가지게 하며, 정서적으로 안정됨과 더불어 원만한 대인관계를 형성하는 데 도움이 되고 스트레스에 올바르게 대처함으로 개인적인 성장을 할 수 있게 하는 데 기여할 수 있을 것이다.

　본 프로그램을 통해 달성하고자 하는 목표는 다음과 같다.

　첫째, REBT 이론을 이해하고 일상생활에서 겪는 합리적 신념과 비합리적 신념을 구분한다.

　둘째, 완벽주의 성향, 열등감에 대한 비합리적 신념을 논박하여 합리적 신념으로 변화시키고 올바른 스트레스 대처방식을 선택한다.

　셋째, 합리적 신념으로 인한 완벽주의 성향 및 열등감 완화와 적극적 스트레스 대처로 삶의 질을 향상시킨다.

2. 개입전략

　본 프로그램은 대학생이 경쟁적인 사회 분위기에서 경험하게 되는 다양한 스트레스에 적절히 대처할 수 있는 기술을 증진하고자 다음과 같은 개입전략을 수립하였다.

　첫째, REBT의 인지, 정서, 행동의 세 가지 측면으로 개입전략을 수립하였다. 회기별로 인지, 정서, 행동의 측면을 대한 지도자의 교육을 통해 이해하고 집단원 간 적용해 보도록 하였다. 또한, 과제를 제시함으로써 비교적 짧은 시간에 집단 활동을 통해 자신의 비합리적인 신념을 파악할 수 있도록 하였다.

　둘째, REBT 이론에 입각하여 생각과 태도를 쉽게 바꿀 수 있도록 프로그램을 구성하여 보다 쉽게 목표에 도달할 수 있도록 하였다. 전체 프로그램에서도 3단계로, 한 회기 내에서도 도입-전개-마무리 활동을 순환적 구조를 통해 반복적으로 자신을 탐색할 수 있도록 하였으며, 한 회기 안에서도 ABCDE 모형을 사용하여 집단원의 생각과 태도를 바꾸도록 안내하였다.

셋째, 새로이 익힌 REBT적 생활방식이 실제 생활에서 심화되도록 하였다. 대학생이 경쟁적인 사회 분위기에서 경험하게 되는 다양한 스트레스로 완벽주의 성향과 열등감으로 인한 비합리적 신념을 논박 활동을 통해 스트레스에 적절히 대처할 수 있는 기술을 증진하고자 하였으며, 회기를 거듭할수록 합리적인 가치관으로 세상과 자신을 바라볼 때 활기찬 삶을 살 수 있도록 하였다.

3. 구성내용

프로그램의 목적과 목표를 이루기 위해 집단 프로그램을 5단계로 나누어 구성하였으며 각 단계의 구성내용은 다음과 같다.

• 1단계: 도입(1회기)

오리엔테이션을 통해 REBT 집단상담의 원리 및 의미를 학습하고, 집단 규칙 소개와 서약서 작성 및 간단한 소개를 통해서 참여 동기 부여와 집단구성원들 간의 공감대를 형성하며 신뢰감을 쌓는 단계이다.

• 제2단계: 인지적 요인(인지 재구조화, 2~3회기)

내가 가지고 있는 여러 가지 비합리적 사고를 살펴보고, 합리적인 사고와 구별할 수 있도록 하며 자신이 가지고 있는 비합리적인 사고도 합리적인 사고로 바꾸어 보는 활동으로 구성된 단계이다. REBT에 대한 개념을 실습하고 상호 피드백하면서 '완벽주의', '열등감'에 대해 스스로 생각해 볼 수 있는 기회를 제공하는 단계이다.

• 제3단계: 정서적 요인(4~5회기)

내담자가 경험한 부정적인 상황과 정서를 적절한 정서로 변화시키고 문제 상황에서 긍정적으로 경험하게 하며, 유머를 사용하여 경직된 사고를 유연하게 하는 활동이다. 그리고 자신의 장점을 찾아보고 긍정적인 자기 언어로 만드는 연습을 통해 자기에 대해 긍정적인 감정을 갖도록 하는 단계이다.

• 제4단계: 행동적 요인(6~7회기)

부적절한 정서 및 신념을 자신의 모습에서 찾고 적절한 정서와 합리인 신념으로 변화시키며 자신을 수용하고 어떤 상황에 대하여 자신이 겪는 스트레스 대처방식을 이야기해 봄으로써 자신이 선택한 대처방식이 합리적인지 비합리인지 생각해 보도록 한다. 또한 다양한 스트레스 방식이 자신에게 어떤 영향을 주는지 합리적으로 생각하고 적극적 스트레스 대처방식을 선택하고 연습하여 실생활에 적용해 볼 수 있도록 도와주는 단계이다.

• 제5단계: 종결(8회기)

프로그램을 마치면서 느낀 점과 변화된 점, 그리고 앞으로의 바람과 계획을 구체적인 결심 문장으로 만들어 보는 단계이다.

4. 운영지침

본 프로그램은 대학생을 대상으로 완벽주의 및 열등감을 극복하는 데 도움을 주고자 프로그램 운영지침은 다음과 같다.

첫째, 전체 8회기 프로그램으로 회기당 90분간 진행되며 일주일에 1회기씩 진행한다. 본 프로그램은 매 회기 진행방법은 도입-전개-마무리 과제의 요소들을 포함하고자 하였다.

둘째, 내담자들은 대학생으로 기본적으로 완벽주의 성향이 높고 열등감이 높아 프로그램에 임하는 태도에 있어서도 실수하지 않고 자신의 모습을 부정적으로 인식할 것에 대한 두려움을 경험할 수 있을 것으로 보고 충분한 마음 열기를 통해 라포 형성과 지지적인 분위기 조성에 많은 주안점을 두는 것이 필요하다.

셋째, 과제를 제시하여 다음 차시에 할 내용을 미리 연습해 보면서 능동적으로 프로그램에 참여하고 REBT를 충분히 이해할 수 있도록 하였다.

넷째, 상담과정에서 피드백과 경험 나누기를 통하여 자기가 가지고 있는 비합리적 신념을 깨닫고 부정적인 신념을 합리적인 신념으로 바꾸고, 그에 따른 정서와 행동의 변화를 통해 완벽주의 성향에서 벗어나고 열등감을 극복하는 데 도움을 줄 수 있도록 하였다.

5. 프로그램 계획

프로그램의 회기별 목표와 구체적인 내용은 다음과 같다.

단계	회기	주제	목표	활동
도입	1	난 완벽할까?	• 첫 만남에서의 긴장감을 완화하고, 참여자 간의 친밀감을 형성하며 집단 참여의 동기를 가진다. • 프로그램의 목적과 필요성을 알고 REBT의 이론을 이해한다.	• 도입 활동 −프로그램 목적과 필요성 및 내용 −프로그램 진행 안내와 규칙 정하기 −별칭 짓기 및 자기소개 • 전개 활동 −인사로 가까워지기 −모둠이 갖고 있는 비합리적 신념 이야기 나누기 −강의: REBT 이론에 대한 이해 • 마무리 활동 −피드백과 경험 나누기 −〈과제〉 나의 생활에서 비합리적인 신념 찾아오기
인지적 요인	2	내 생각은 ?	비합리적인 생각과 합리적인 생각을 구분할 수 있다.	• 도입 활동 −과제 확인: 자기의 비합리적 신념 발표하기 • 전개 활동 −11가지 비합리적인 신념 −합리적 신념과 비합리적 신념 구분하기 −비합리적 신념을 합리적 신념으로 바꾸기 • 마무리 활동 −피드백과 경험 나누기 −〈과제〉 비합리적 사고를 합리적 사고로 바꾸기
정서적 요인	3	내 생각이 맞을까?	• ABCDE의 기본 원리를 이해한다. • 비합리적인 신념에 대해 논박을 통해 합리적인 사고로 바꿀 수 있다.	• 도입 활동 −비합리적 신념을 합리적 신념으로 바꾼 것 발표하기 • 전개 활동 −강의: ABCDE 기본 원리 −ABCDE 적용하기 • 마무리 활동 −피드백과 경험 나누기 −〈과제〉 실제 생활에서 세 가지 이상 ABCDE 적용해 보기

	4	난 이제 긍정맨	완벽주의 성향으로 오는 부정적 정서를 이해하고 적절한 정서로 변화시킬 수 있다.	• 도입 활동 　−실제 생활에서 세 가지 이상 ABCDE 적용해 본 것 이야기 나누기 • 전개 활동 　−적절한 정서와 부적절한 정서 구분하기 　−합리적·정서적 심상법의 이해 및 적용 • 마무리 활동 　−피드백과 경험 나누기 　−〈과제〉 자신이 가진 단점(열등감) 써 오기
	5	장밋빛 안경을 써 봐~	자신이 가지고 있던 열등감을 긍정적으로 바꾸어 보고 이를 통해 도움을 줄 수 있다.	• 도입 활동 　−자신이 가진 단점(열등감) 발표하기 • 전개 활동 　−활동지 작성하기(평소 자신이 느낀 신체적, 사회적, 인지적인 열등감을 긍정적 문장으로 바꿔 쓰기 　−개사곡 만들기 • 마무리 활동 　−피드백과 경험 나누기 　−〈과제〉 ABCDE 기법을 활용하여 화났던 경험 작성해 오기
행동적 요인	6	화나도 괜찮아	• ABCDE 기법의 활용으로 분노 감정을 조절하고 공격적 표현을 줄이며 자연스럽게 표현할 수 있다. • 화가 날 때의 나의 행동을 점검하고 적응적인 행동을 하기 위한 방법을 알아본다.	• 도입 활동 　−ABCDE 기법을 활용하여 화났던 상황에 대해 논박하여 이야기하기 • 전개 활동 　−소극적 행동, 공격적 행동, 표현적 행동 구분하기 　−화나는 상황에 내가 하는 행동은? • 마무리 활동 　−피드백과 경험 나누기 　−〈과제〉 나의 스트레스는?
	7	안녕~ 스트레스	스트레스 대처전략을 파악하고 합리적인 방법을 찾아 활용할 수 있다.	• 도입 활동 　−나의 스트레스 소개하기 • 전개 활동 　−스트레스 상황 알아차리기 　−스트레스 잘 해결할 수 있어? 있어! • 마무리 활동 　−피드백과 경험 나누기 　−〈과제〉나의 강점 찾기?
종결	8	나는 달라	• 프로그램을 하는 동안 자신의 변화된 모습을 찾아볼 수 있다. • 자신의 모습을 있는 그대로 사랑하고 합리적 신념을 갖고 생활할 수 있다.	• 도입 활동 　−나의 강점에 대해 이야기 나누기 • 전개 활동 　−나의 강점 　−결심문장 만들기 • 마무리 활동 　−피드백과 경험 나누기

6. 프로그램 회기별 내용

| 📝 **1회기** | **난 완벽할까?** |

활동지도안	
활동 목표	• 첫 만남에서의 긴장감을 완화하고, 참여자 간의 친밀감을 형성하며 집단 참여의 동기를 가진다. • 프로그램의 목적과 필요성을 알고 REBT의 이론을 이해한다.
준비물	이름표, 매직, 필기구, PPT, [활동지 1-1], [강의자료 1-1]
단계	진행 절차
도입 (20분)	▶회기 목표 및 활동 안내 1회기에서는 프로그램의 목적과 필요성을 알아보고 서로 가까워질 수 있는 시간을 갖겠습니다. 본 프로그램은 대학생을 대상으로 완벽주의 및 열등감을 극복하는 데 도움을 주고 올바른 스트레스 대처방식을 선택하여 삶의 질을 높이는 데 도움을 주고자 함께 고민하고 배우기 위한 프로그램입니다. 1. 목적 모든 사람에게 사랑과 인정을 받아야 된다고 여기는 사람, 실수는 곧 실패라고 생각하는 사람, 욕심이 지나치게 많은 사람, 다른 사람보다 항상 앞서야 된다고 믿는 사람, 문제가 생기기도 전에 미리 걱정을 하는 사람, 실수할까 두려워서 아무것도 하지 않는 사람, 자신의 능력이 항상 부족하다고 느끼는 사람 등의 완벽주의 성향이거나 열등감으로 스스로를 부정적이고 낮게 인식하는 사람은 스트레스를 많이 받을 것이며, 스트레스는 외부의 상황 자체에 의해서만 결정되는 것이 아니라 개인이 그 상황을 어떻게 받아들이느냐에 의해서 영향을 받는다고 할 수 있으며, 스트레스 상황에 대한 자신의 태도나 대처방식을 바꿈으로써 스트레스에 적절하게 대처할 수 있게 된다. 2. 필요성 완벽주의 성향과 열등감을 가진 대학생이 가지고 있는 비합리적 신념을 합리적 신념으로 바꾸고 긍정적인 자기 모습을 가지게 하며, 정서적으로 안정됨과 더불어 원만한 대인관계를 형성하고 스트레스에 올바르게 대처함으로써 개인적인 성장을 할 수 있게 하는 데 기여할 수 있을 것이다. 어떠신가요? 프로그램에 대한 흥미와 기대가 생기시나요? 프로그램의 어떠한 면이 궁금한가요? 너무 잘 하려고 할 필요는 없습니다. 내가 잘못하면 어쩌지 하는 부담을 가질 필요도 없습니다. 하지만 집단을 하기 위해서는 원활한 소통과 진행을 위한 최소한의 규칙이 꼭 필요합니다. 서로가 성장을 돕는 프로그램이 되기 위해서 무엇보다 여러분의 도움이 필요합니다. 그래서 중요한 내용을 담아 서로 약속하는 시간을 가지려고 합니다. 서약서를 함께 보겠습니다. 〈서약서〉: [활동지 1-1]

전개 (50분)	▶활동 1-1: 인사로 가까워지기 여기에 오늘 처음 본 분이 더 많으시죠? 그러면 어색하기도 하고 다른 사람들이 날 어떻게 생각할까 궁금하기도 하고 긴장되기도 할 겁니다. 간단한 활동을 통해 서로 지금보다 조금 더 편안해지도록 움직이며 활동하도록 하겠습니다. 먼저 가벼운 인사게임으로 프로그램을 시작했습니다. 낯선 사람과의 첫 시작이 어땠나요? 괜히 말 걸기 어색하고 쑥스럽고 불편하셨나요? 아니면 모르는 사람에 대한 호기심이 생기고 대화하는 것이 어색하지 않고 자연스러워졌나요? 내가 어떻게 보여질까 하는 마음의 경계심으로 불편했던 마음을 즐겁고 긍정적인 관계의 경험을 통해 새로운 흥미를 느끼고 좀 더 편안함을 가질 수 있습니다. 지금부터는 REBT의 원리에 대해 알아보는 시간을 갖도록 하겠습니다. ▶활동 1-2: 모둠이 갖고 있는 비합리적 신념 이야기 나누기 누군가를 처음 만날 때 나는 상대에게 내가 어떻게 보여지기를 바라는지? 그래서 어떤 행동을 하는지? 상대가 나를 어떻게 볼까 봐 겁이 나는지? 그래서 어떤 행동을 하는지?에 대해 모둠원이 갖고 있는 '나는 ~해야 한다'라는 생각을 나누어 보고, 꼭 그렇게 해야 하는 이유에 대해 이야기 나누어 보도록 하겠습니다. ▶강의 1-1: REBT 이론에 대한 이해
마무리 (20분)	▶마무리 활동 오늘은 프로그램의 진행 방향과 각자의 바람, 그리고 REBT에 대해 알아보는 시간이었습니다. 이 시간에 참여하면서 어땠는지 느낀 점, 새롭게 알게 된 점 등에 대해 이야기 나누어 보도록 하겠습니다. ▶과제 제시 및 차시 안내 이번 시간의 과제는 나의 생활에서 비합리적인 신념 찾아오기입니다.
유의점	자연스럽게 대화를 하도록 유도하며 강요하지 않고 관심을 한 사람에게 집중되지 않도록 한다.

[활동지 1-1]

★ 아래의 약속은 이번 프로그램을 통해 성장할 수 있도록 우리 모두가 지키도록 노력해야 할 사항입니다.

〈서약서〉

저의 성격을 긍정적으로 바꾸기 위한 REBT 집단상담 프로그램에 적극 참여할 것이며 다음 사항을 명심하여 성실히 지킬 것임을 서약합니다.

〈우리가 지켜야 할 약속〉

첫째, 나는 프로그램에 성실히 참여하겠습니다.

둘째, 나는 함께하는 사람들의 사적인 이야기에 대해서 비밀을 지키겠습니다.

셋째, 나는 다른 사람들의 생각과 감정, 의견을 존중하겠습니다.

넷째, 과제를 성실히 해 오겠습니다.

다섯째, 알게 된 것을 생활 속에서 실천하려고 노력하겠습니다.

년   월   일

이름: (서명)

강의자료 1-1   **REBT 이론에 대한 이해**

1. 개관

1) 원래 엘리스(A. Ellis)는 컬럼비아 대학교 임상심리학과에서 수학하고 정신분석 훈련을 받았으나 그 이론이 비효율적이라고 느꼈다. 오히려 그는 내담자가 가지고 있는 비합리적인 신념체계를 변화시키는 것이 해석을 하거나 꿈을 분석하는 것보다 내담자를 변화시키는 데에는 훨씬 효과적이라고 주장했다.

2) 이와 같은 생각을 기초로 그는 1955년 '합리적 치료'를 제시했으며, 이 이론이 정서적 측면을 무시하는 것으로 오해되는 것을 피하기 위해 1961년 '합리적 · 정서적 치료(RET)'로 이름을 바꾸었다.

3) 1993년 이후에는 자신의 이론과 상담과정이 단순히 인지 · 정서적인 측면만 있는 것이 아니라 인지 · 정서 · 행동적 측면들을 모두 고려하는 절충적이고 포괄적인 관점임을 나타내기 위해 '인지 · 정서 · 행동치료(REBT)'라는 이름으로 바꾸었다.

2. 이론의 기본 입장

1) 합리적 정의이론은 엘리스에 의해 발전된 이론으로 인성의 변화를 꾀하기 위해서 인지적 · 정서적 · 행동적인 기법을 사용한다.

2) 인간의 문제는 상황에 대하여 개인이 가지고 있는 신념체계 내지 사고방식이 비합리적인 데서 비롯된다고 본다.

3) 인간은 생존하고 번영하려는 기본적인 욕구를 가지고 있는데 이러한 욕망이 성취되지 못했을 때, 비합리적 사고를 하는 사람은 심각한 불안, 우울, 적개심과 같은 부적절한 감정을 창출하고 철회, 자포자기, 알코올 중독 등과 같은 자기 패배적인 행동을 하게 된다는 것이다.

3. 인간의 정서에 대한 관점

1) 합리적 정의이론에서는 사고의 결과로 정서가 나타난다고 본다. 즉, 우리가 어떤 것을 나쁘다고 생각하면 우리는 그것에 대해 나쁘다고 느끼게 된다는 것이다.

2) 정서에는 '적절한 정서'와 '부적절한 정서'가 있다.

3) '부적절한 정서'는 "반드시 ～이어야 한다", "절대로 ～해서는 안 된다"라는 식의 절대적인 명령이나 욕구와 관련되는 정서이며, 자기가 좋아하거나 원하는 일이 이루어지지 못할 때 느끼는 불안, 모욕감, 절망감, 적대감 등과 같은 부정적 감정을 말한다.

4) 엘리스는 이러한 부적절한 정서는 비합리적인 신념에서 비롯된다고 보고 11가지를 제시하고 있다.

4. 비합리적인 신념

1) 우리는 주위의 모든 사람들로부터 항상 사랑과 인정을 받아야만 한다.

2) 우리는 모든 면에서 반드시 유능하고 성취적이어야 한다.

3) 어떤 사람은 악하고, 나쁘며, 야비하다. 그러므로 그와 같은 행위에 대하여 반드시 준엄한 저주와 처벌을 받아야만 한다.

4) 일이 내가 바라는 대로 되지 않는 것은 끔찍스러운 파멸이다.

5) 인간의 불행은 외부 환경 때문이며, 인간의 힘으로는 그것을 통제할 수 없다.

6) 위험하거나 두려운 일이 일어날 가능성이 언제든지 존재하므로 이것은 커다란 걱정의 원천이 된다.

7) 인생에 있어서 어떤 난관이나 책임을 직면하는 것보다 회피하는 것이 더 쉬운 일이다.

8) 우리는 타인에게 의존해야 하고, 자신이 의존할 만한 더 강한 누군가가 있어야 한다.

9) 우리의 현재 행동과 운명은 과거의 경험이나 사건에 의하여 결정되며, 우리는 과거의 영향에서 벗어날 수 없다.

10) 우리는 우리 주변 인물에게 환난이 닥쳤을 경우에 우리 자신도 당황할 수밖에 없다.

11) 모든 문제에는 가장 적절하고도 완벽한 해결책이 반드시 있기 마련이며 그것을 찾지 못한다면 그 결과는 파멸이다.

5. 비합리적인 신념의 특성

① 당위적 사고: 당위적 사고란 '반드시 ~해야 한다'로 표현되는 것으로 강한 요구가 포함되어 있으며 경직된 사고이다.

② 지나친 과장: 지나친 과장이란 재앙화(catastrophizing)라고 하기도 하는데 '~하면 끔찍하다' 또는 '~하면 큰일이다' 등으로 표현되는 사고나 진술이다.

③ 자기 및 타인 비하: 자신이나 타인, 또는 상황적 조건 중에서 한 가지 부정적인 면을 기초로 전체를 부정적인 것으로 생각해 버리는 경향을 말한다. '~한 것을 보면 나는 무가치한 사람이다'가 이에 해당된다.

④ 좌절에 대한 인내심 부족: 원하거나 요구하는 것이 주어지지 않았을 때, 그 상황을 견디지 못하며, 그 어떤 행복감도 느끼지 못하는 경향을 말한다.선

6. 이론의 기본 개념

① 선행사건(A: Activating Event): 개인에게 정서적 혼란을 야기하는 어떤 사건을 의미한다.

② 신념체계(B: Belief System): 어떤 사건이나 행위 등과 같은 환경적 자극에 대해서 개인이 갖게 되는 태도 또는 신념체계나 사고방식을 의미한다.

③ 결과(C: Consequence): 선행사건에 접했을 때 자신의 신념체계를 통해 그 사건을 해석함으로써 느끼게 되는 정서적ㆍ행동적 결과를 말한다.

④ 논박(D: Dispute): 내담자가 가지고 있는 비합리적인 신념이나 사고에 대해서 그 사상이 사리에 맞는 것인지 논리성ㆍ실용성ㆍ현실성에 비추어 반박하는 것으로, 내담자의 비합리적인 신념을 수정하기 위한 방법 중 가장 대표적인 것이다.

⑤ 효과(E: Effect): 내담자가 가진 비합리적인 신념을 철저하게 논박함으로써 합리적인 신념으로 대치한 다음 자기 수용적인 태도와 긍정적인 감정을 느끼게 한다.

7. 치료의 과정

① 호소문제의 탐색: 상담에 대해 구조화하고 목표문제를 바로 탐색하는 단계이다.

② 목표문제의 규정과 동의: 단계 1에서 호소문제가 불분명하거나 다양할 때, 상담자와 내담자는 상담에서 다룰 문제를 선택하고 합의한다. 이때 내담자는 선행사건(A)을 변화시키고 싶어 할 때가 많은데 우선 정서적 · 행동적 결과에 초점을 맞춘다.

③ 결과(Consequence)의 평가: 우선 정서적인 결과에 초점을 맞추고 그 결과를 명료화한다.

④ 선행사건(A: Activating event)의 평가: 결과를 평가한 후 상담자는 그러한 결과를 초래했다고 내담자가 추론하고 있는 선행사건을 확인한다.

⑤ 이차적 정서문제의 평가: 내담자가 자신이 불안을 느끼는 것에 자체에 대해 스스로 비난하고 부끄럽게 여긴다면 이는 불안에 대한 불안이므로 이차적 정서의 문제이다. 이것이 너무 심각해서 불안을 해결하기 어렵다면 이를 먼저 다루어 주어야 한다.

⑥ 신념체계와 결과 간의 관련성 학습: 이 단계는 ABC 이론에 대해 지적인 학습이 이루어지는 단계이다. 이 단계를 통해 내담자는 왜 다음 단계에서 상담자가 신념체계에 대한 논박을 하는 이해할 수 있는 기반을 형성하게 된다.

⑦ 신념체계의 평가: 내담자의 '절대적 사고', '경직된 당위성' 등을 포함된 비합리적인 신념체계를 평가하는 단계이다.

⑧ 비합리적인 신념과 결과 연관시키기: 이 단계는 내담자의 비합리적 신념을 지적하고 그것과 내담자의 정서적 · 행동적 결과를 관련시켜 설명하는 단계이다.

⑨ 비합리적인 신념에 대한 논박: 내담자의 비합리적 신념을 바꾸기 위해 논박하는 단계로, 우선 논박할 비합리적 신념을 구체적인 목표로 삼는다. 논박할 때에는 주로 질문 형태로 하는데, 특히 내담자가 가진 비합리적 신념의 논리성 · 현실성 · 실용성 등에 초점을 맞춘다.

⑩ 내담자가 합리적 신념을 확신하게 하기: 이 단계에서 가장 먼저 할 일은 강한 확신이 아니고는 자신의 행동을 변화시키기 어렵다는 점을 내담자에게 지적해 주는 것이다.

⑪ 새로 학습한 결과를 실제에 적용하도록 격려하기: 내담자가 새로 학습한 합리적 신념을 실제 생활에 적용하는 과제를 부여하고 그것을 수행하도록 격려하는 단계이다.

⑫ 과제수행 여부 감사: 상담자가 부과한 과제를 내담자가 수행했는지 검토하는 단계로, 내담자가 부적응적 정서나 행동결과에 선행하는 사건(A)을 다시 겪었는지, 그리고 그때 새로운 합리적 사고를 적용했는지 구체적으로 검토한다.

⑬ 반복적 학습(working-through)의 촉진: 내담자의 비합리적 사고는 한두 번의 논박이나 동일한 기법을 반복적으로 사용한다고 변화되는 경우는 거의 없다. 상담자는 같은 비합리적 사고에 대해서도 다른 상황에 다른 과제를 부여함으로써 내담자가 합리적 사고를 통해 사건을 평가하고 한결 적응적인 결과를 경험할 수 있도록 도와주어야 한다.

8. 상담의 기법

1) 인지적 기법

① 비합리적 신념에 대한 논박: 상담자는 내담자의 비합리적 신념에 대해 논리성 · 현실성 · 실용성에 근거하여 논박한다.

② 인지적 과제: 보다 합리적인 사고방식을 체득하도록, REBT 자기 지도 양식, 합리적인 자기 진술 카드, 독서요법과 상담 테이프 다시 듣기 등의 기법을 사용한다.

2) 정서적 기법

① 내담자의 불완전성에 대한 무조건적인 수용: 엘리스의 상담기법은 직접적이고 문제 중심적이어서 내담자와 따뜻한 상담관계를 중요시하지 않는다. 그런데도 상담관계를 형성할 수 있는 이유는 내담자가 무조건적으로 수용되고 있다는 것을 경험할 수 있기 때문이다.

② 합리적 · 정서적 심상법: 상담자는 내담자에게 가장 최악의 상태가 일어날 때를 상상해 보라고 한다. 이와 더불어 상담자는 그 상황에 내담자가 어떤 부적절한 감정을 느끼면, 그러한 감정을 얼마나 강하게 느끼는지 상상하게 한다. 그 후 내담자가 스스로 그 부적절한 감정을 적절한 감정으로 변화시키고 그런 과정에 내담자가 스스로 사용한 방법을 확인하여 일상생활에서도 그러한 과정을 활용할 수 있도록 한다.

③ 수치심 공격하기: 다른 사람들이 잘 수용할 수 없는 수치스러운 행동을 억지로 시킴으로써 수치심에 무뎌지게 하는 연습이다.

④ 유머의 사용: 유머는 내담자가 가진 비합리적인 사고의 왜곡을 덜 심각한 방법으로 보여 주며, 이를 내담자 자신도 깨닫게 하는 데 그 목적이 있다.

3) 행동적 기법

① 내담자가 실제 해 보면서 깨닫게 하는 방법(역할연기)

② 습득한 내용을 실제 생활에 적용하고 그에 대한 피드백을 받도록 하는 방법(실제 생활에서 해 보기, 여론조사하기)

③ 상담자를 보고 배우는 방법(모델링)

④ 이완법 및 강화 스케줄의 적용

2회기 **내 생각은?**

활동지도안	
활동 목표	비합리적인 생각과 합리적인 생각을 구분할 수 있다.
준비물	필기구, [활동지 2-1]~[활동지 2-3]
단계	진행 절차
도입 (20분)	▶되돌아보고 준비하기 오늘 올 때 어떠한 마음이었는지 한 분씩 간단히 이야기를 나누어 주시기 바랍니다. 지난 회기에서 우리는 REBT의 원리에 대해 알아보았습니다. 한 주 지내고 오면서 기억나는 것도 있고 이해되지 않는 부분도 있을 건데 어떠셨나요? 오늘은 비합리적 생각과 합리적 생각에 대해 알아보는 시간을 갖도록 하겠습니다. ▶회기 목표 및 활동 안내 우리는 남보다 잘되고, 남보다 앞서기 위한 경쟁에 익숙해져 있습니다. 이러한 분위기에서 자신, 타인, 그리고 세상에 대한 비현실적인 기대와 요구에 대해 '반드시~해야 한다(must, should)'라는 비합리적 신념을 가지는 경우가 많습니다. 이러한 신념은 이루어지지 않았을 때 우울감과 좌절감을 경험하게 되고 또한, 부정적인 행동으로 연결되는 경우가 많습니다. 이번 시간에는 거의 모든 사람에게 공통적으로 발견되는 비합리적인 신념에 대해 알아보겠습니다.
전개 (50분)	▶활동 2-1: 합리적 신념과 비합리적 신념 구분하기 우리가 경험하는 정서와 행동은 그 자체에 의해서라기보다는 그 사실에 대해 우리가 가지고 있는 신념이나 생각에 의해서 결정되는 것이므로 생각은 매우 중요합니다. 특히, 합리적인 생각은 바람직한 정서와 행동을 경험하게 되고 비합리적인 생각을 하게 되면 우리 기분이나 감정에 해를 끼치는 바람직하지 않은 정서와 부적절한 행동을 경험하게 되기 때문에 합리적인 사고를 하는 것은 매우 중요합니다. 엘리스는 거의 모든 사람에게 공통적으로 발견되는 비합리적인 신념을 11가지로 요약했는데 [활동지 2-1]을 보고 난 후 자신의 비합리적인 신념에 대해 찾아보고 이야기 나눠 보도록 하겠습니다. ▶활동 2-2: 비합리적 신념을 합리적 신념으로 바꾸기 [활동지 2-2]를 보시면 꼭 ~을 해야 한다, ~을 하지 않으면 안 된다, 완전히, 분명히, 크게, 정말, 항상, 혹독하게, 모든, 철저하게, 반드시 등과 같은 단어를 사용하여 문장 만들어 보고 이야기를 나누어 보겠습니다. 　꼭 ~을 해야 한다, ~을 하지 않으면 안 된다, 완전히, 분명히, 크게, 정말, 항상, 혹독하게, 모든, 철저하게, 반드시 지금 하신 것은 우리가 주로 완벽주의와 관련된 단어로 문장을 만들어 보았는데 어떤 생각이 들었는지 자유롭게 이야기를 해 주세요. 다음은 활동지에 있는 합리적 생각과 비합리적 생각을 구분하여 표기하고 왜 그렇게 생각하는가를 돌아가면서 발표하고 집단원들과 의견을 나누어 보겠습니다.

마무리 (20분)	▶마무리 활동 오늘은 비합리적인 신념을 합리적인 신념을 구분하고 바꾸어 보는 시간을 가졌습니다. 어땠는지 느낀 점, 새롭게 알게 된 점 등에 대해 이야기 나누어 보도록 하겠습니다. ▶과제 제시 및 차시 안내 이번 시간의 과제는 비합리적 사고를 합리적 사고로 바꾸어 보기 [활동지 2-3]을 작성해 오시기 바랍니다.
유의점	• REBT의 이론에 대해 완벽하게 이해하지 않아도 자연스럽게 프로그램 과정 중에 습득될 수 있다는 사실을 알려 주어 집단원이 부담감을 갖지 않도록 한다. • 맞고 틀림이 없다는 것을 이야기하며 비합리적 신념과 합리적 신념을 구분하는 데 있어 부담이 없도록 한다.

[활동지 2-1]

〈11가지 비합리적인 신념〉

1. 주위에 있는 모든 사람들로부터 반드시 사랑과 인정을 받아야만 한다.

2. 사람이 자기 자신을 가치 있다고 생각하기 위해서는 철저하게 유능하고, 적절하게 행동하며, 성취적이어야 한다.

3. 어떤 사람들은 나쁘고 사악하고 악랄하다. 그러므로 그들은 반드시 비난과 처벌을 받아야 한다.

4. 일이 바라는 대로 되지 않으면 이는 끔찍스럽고 대단히 슬픈 일이다.

5. 사람의 불행은 외부 환경 때문이며, 사람은 이를 극복할 능력이 없다.

6. 위험하거나 두려운 일은 항상 일어날 가능성이 있으므로 커다란 걱정의 원천이 된다.

7. 삶의 어려운 일이나 주어진 책임을 직면하는 것보다는 회피하는 것이 더 쉽다.

8. 사람은 타인에게 의존해야 하며, 의존할 만한 더 강한 누군가가 있어야 한다.

9. 과거의 경험이나 사태는 인간의 현재 행동을 결정하며, 사람은 과거의 영향에서 벗어날 수 없다.

10. 사람은 다른 사람들이 문제와 혼란에 처했을 때, 자신도 당황할 수밖에 없다.

11. 모든 문제는 언제나 바르고 정확하고 완전한 해결책이 있으며 만약에 이 해결책을 찾지 못한다면 그 결과는 비극적이다.

★ 최근 자신의 생활에서 가장 힘든 문제 한 가지를 구체적으로 적고 그 상황과 관련해서 자신의 비합리적인 신념은 무엇인지를 찾아보세요.

[활동지 2-2]

〈비합리적 신념을 합리적 신념으로 바꾸기 1〉

★ 다음 보기 단어를 사용하여 짧은 문장을 만들어 보세요.

보기) 꼭 ~을 해야 한다, ~을 하지 않으면 안 된다, 완전히, 분명히, 크게, 정말, 항상, 혹독하게, 모든, 철저하게, 반드시

예: 나는 꼭 <u>다이어트에 성공을</u> 해야 한다.

1) _____

2) _____

★ 다음 장면을 읽고 합리적 생각이면 '합', 비합리적 생각이면 '비'를 적어 봅시다.

상황 1: 나와 진정한 친구라고 하면서 함께 지내던 철수 어머니가 오늘은 나에게 말도 건네지 않고 다른 사람들과 소곤거리면서 웃고 있다.

① 철수 어머니가 나를 배신하고 다른 사람들에게 욕을 하고 있는 것이 분명해. (   )

② 나에게 진정한 친구는 한 명도 없구나. (   )

③ 철수 어머니가 오늘 좀 이상해. 무슨 일이 생긴 것인지 이야기해 봐야겠어. (   )

④ 정말 기분 나쁘군. 난 누구에게도 비난 받을 일을 하지 않았어. (   )

상황 2: 친구들과 함께 있는데 그들은 자기네 집에 있는 자가용에 대해 자랑을 하고 있다. 그런데 우리 집에는 자가용이 없다.

① 우리 집에는 자가용도 없으니 남편이 무능력해 보인다. (   )

② 남편은 자가용을 사주고 싶어 하는데 경제적 여유가 없어서 그러지 못한다. 그래도 남편이 자랑스럽다.
   (   )

③ 우리 집에 자가용이 없어서 불편하지만 대중교통 이용이 아이의 사회적 적응에 더 도움이 된다.
   (   )

④ 자가용을 사면 내가 자유롭게 돌아다닐까 봐 사주지 않는 남편이 싫어진다. (   )

[활동지 2-3]

〈비합리적 신념을 합리적 신념으로 바꾸기 2〉

★ 아래 문장들에서 비합리적 문장을 합리적 문장으로 바꾸어 봅시다.

1) 나는 모든 것에서 완벽해야 해.

_____

_____

2) 나는 최고가 되어야 해.

_____

_____

3) 나는 반드시 저 친구를 이겨야 해.

_____

_____

4) 결과가 확실하지 않다면 안 할 거야.

_____

_____

5) 모든 일은 내가 다 해결해야 해.

_____

_____

6) *[활동지 2-1]에서 찾은 비합리적인 신념을 합리적인 신념으로 바꾸어 보세요.

_____

_____

📝 3회기 내 생각이 맞을까?

활동지도안	
활동 목표	• ABCDE의 기본 원리를 이해한다. • 비합리적인 신념에 대해 논박을 통해 합리적인 사고로 바꿀 수 있다.
준비물	필기구, [강의자료 3−1], [활동지 3−1], [활동지 3−2]
단계	진행 절차
도입 (20분)	▶되돌아보고 준비하기 지난 회기에서 우리는 11가지의 비합리적 신념에 대해 알아보고 내가 가지고 있는 비합리적인 신념을 합리적 신념으로 바꾸어 보았습니다. 과제로 작성한 것을 짝을 정해서 서로 피드백을 주고받는 시간을 갖도록 하겠습니다. ▶회기 목표 및 활동 안내 이번 시간에는 ABCDE의 기본적인 원리를 이해하고 적용해 보는 시간을 갖도록 하겠습니다.
전개 (50분)	▶활동 3−1: ABCDE 기본 원리 − A(Activating Event: 선행사건) − B(Belief System: 신념) iB(irrational Belief: 비합리적 신념체계)와 rB(rational Belief: 합리적 신념체계) − C(Consequence: 결과) − D(Dispute: 논박) − E(Effect: 효과) ▶활동 3−2: ABCDE 적용하기 실제 예문을 통해 논박 연습을 실시합니다.
마무리 (20분)	▶마무리 활동 오늘은 ABCDE를 이해하고 적용해 보는 시간을 가졌습니다. 어땠는지 느낀 점, 새롭게 알게 된 점 등에 대해 이야기 나누어 보도록 하겠습니다. ▶과제 제시 및 차시 안내 이번 시간의 과제는 실제 생활에서 세 가지 이상 ABCDE를 적용해서 다음 시간 발표해 오기입니다.
유의점	나누기를 할 때 집단원이 적극적으로 참여하고 자신의 이야기를 충분히 표현할 수 있도록 유도한다.

강의자료 3-1 ABCDE의 기본 원리

개인의 성격은 합리적 또는 비합리적 신념에 의해 좌우되며 성격 형성은 그 사람이 가지고 있는 신념을 통해 행동과 정서가 좌우되는 것으로 보았다. 그 과정을 ABCDE 모델로 설명하면 다음의 표와 같다.

선행사건 (Activating Event)	어떤 사건이나 행위가 개인에게 정서적인 혼란을 일으키는 것을 말한다.
신념체계 (Belief System)	어떤 사건이나 행위 등과 같은 환경적 자극에 대해서 각 개인이 갖게 되는 태도로써 신념체계 또는 사고방식이라 볼 수 있다. 신념체제에는 iB(irrational Belief: 비합리적 신념체계)와 rB(rational Belief: 합리적 신념체계)로 구분된다.
결과 (Consequence)	비합리적인 태도 내지 사고방식을 가지고 그 사건을 해석함으로써 느끼게 되는 정서적 결과를 말한다.
논박 (Dispute)	비합리적인 신념이나 사고에 대해서 다시 한번 검토해 보도록 상담자가 촉구하는 것을 말한다.
효과 (Effect)	비합리적인 신념을 논박한 후에 느끼는 자기수용적인 태도와 긍정적인 감정의 결과를 말한다.

예를 들면, 대학 졸업을 앞둔 학생이 자격증 시험에 떨어진 사건이 있을 때(A), 그는 우울한 상태에 빠지거나 모든 것을 포기하려는 극단적인 행동을 할 수 있다(C). 그런데 이러한 결과(C)는 선행사건 (A) 때문이 아니라 선행사건(A)에 대한 비합리적 신념(iB: "나는 시험에 절대 떨어지면 안 돼. 시험에 떨어지는 나는 무능한 사람이야, 살 가치가 없는 사람이야.") 때문에 나타나는 것이다. 같은 경험을 하더라도 합리적 신념(rB: "내가 부족했네. 다음에 더 준비해서 도전해 봐야겠다.")을 가진 사람은 자신의 실패를 극복하기 위해 더욱 노력하게 된다. 이렇게 사람의 감정과 행동은 그 사람의 확고한 신념에 의해 결정된다. 논박(D: "이런 생각의 근거가 무엇인가?", "이러한 생각이 어떤 도움이 되지?")을 통해서 비합리적 신념을 합리적 신념으로 변화시켜 줌으로써 효율적인 철학(F)을 찾게 되고, 새로운 감정이나 행동을 이끌어 낼 수 있게 된다. 이처럼, ABCDEF 모델에서는 사람들로 하여금 부정적 감정과 행동을 경험하게 하는 비합리적 신념을 찾아내서 논박함으로써 합리적 신념에 근거한 인지적 효과를 갖게 하여 좀 더 적응적인 새로운 감정과 행동으로 변화되게 한다.

[활동지 3-1]

〈ABCDE 적용하기 1〉

★ ABCDE 예시

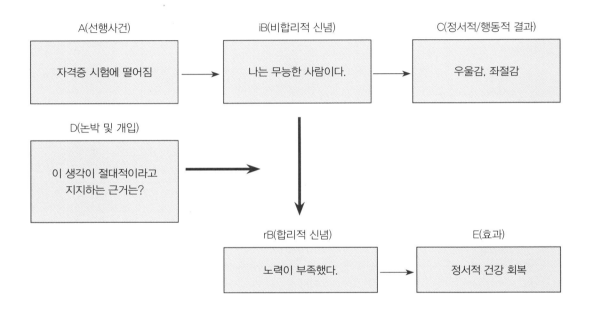

★ ABCDE 연습해 보기

나는 친구와 만나기로 약속을 했는데 1시간을 기다렸는데도 나오지 않았다. (   ) 나는 그에게 무시당한 느낌이 들어 그 친구가 미워졌다. (   ) 그래서 나는 다음날 그에게 이유도 묻지 않고 친구에게 냉담하게 대하였다. (   ) 왜냐하면 누구라도 약속을 했으면 반드시 지켜야 하고 약속을 지키지 않는다는 것은 상대방을 무시하는 것이라고 생각했기 때문이다. (   ) 그러나 잘 생각해 보니 나도 약속을 지키지 않았던 때가 있었고, 그때 내가 친구를 무시해서 그런 것이 아니었던 기억이 떠올랐다. 그래서 "나는 누구와의 약속을 반드시 지킬 수 있을까?"라고 나 자신에게 물어보았다. (   ) 그랬더니 최선을 다해도 약속을 못 지킬 경우가 있고 나를 무시해서 그런 건지, 정말 피치 못할 사정이 있었는지 확인해 보고 나서 행동했어야 했다는 생각이 들었다. (   ) 이런 생각을 하니 친구에 대한 적개심은 사라지고 오히려 무슨 사정이 있는지 걱정이 되고, (   ) 그래서 친구에게 사과하고 무슨 사정이 있었는지 물어보게 되었다.

[활동지 3-2]

〈ABCDE 적용하기 2〉

날짜	상황(A)	감정(C)	사고(iB)	합리적 사고로 바꾸기(rB)	결과(E)
	내 기분을 상하게 한 실제 사건	1.구체적인 감정 2. 감정의 정도를 0~100%로 평가하기	1. 자동적 사고와 그에 따른 비합리적 신념 2. 자동적 사고의 확신 정도(0~100%로 평정)	1. 자동적 사고에 따라 비합리적인 사고를 합리적인 사고로 바꾸기 2. 합리적 사고의 확신 정도(0~100%로 평정)	1. 자동적 사고에 대한 확신도를 재평정한다. 2. 그 이후의 감정 상태를 재평정하기 −변화된 생각과 감정을 적어 본다.

🖋 4회기 난 이제 긍정맨

활동지도안	
활동 목표	완벽주의 성향으로 오는 부정적 정서를 이해하고 적절한 정서로 변화시킬 수 있다.
준비물	필기구, [활동지 4-1]
단계	진행 절차
도입 (20분)	▶되돌아보고 준비하기 지난주 어떠셨나요? ABCDE를 실제 생활에 적용해 본 것을 이야기하는 시간을 가져 보도록 하겠습니다. ▶회기 목표 및 활동 안내 이번 시간에는 사고보다는 우리의 감정에 초점을 맞추는 시간을 갖도록 하겠습니다.

전개
(50분)
	▶활동 4-1: 적절한 정서와 부적절한 정서 구분하기
	상황에 따른 정서가 적절한가 여부를 [활동지 4-1]의 예시를 보면서 함께 생각해 보도록 하겠습니다. 상황 1~3을 통하여 적절한 정서와 부적절한 정서를 구분하여 표시하고 난 후 다음 장면을 정서에 따라 이어지는 행동을 상상해 보도록 하겠습니다.
	
	Tip
	• 비합리적인 생각이 부적절한 정서로 이어져서 결국 부적응 행동으로 이어짐을 인식한다.
	
	▶활동 4-2: 합리적·정서적 심상법의 이해 및 적용
	지금부터 눈을 감고, 숨을 길게 들이쉬다가 한껏 내쉬어 보세요. 제가 이야기하는 대로 상상해 보세요. 당신이 경험한 어떠한 문제 상황과 그때의 심정을 상상해 보는 것입니다. 주로 부정적인 감정을 경험할 때 주로 어떠한 독백을 하는지 자기 언어에 집중한 다음 자신이 느끼는 부적절한 정서 상태에 머물러 보세요. 그다음 그런 부적절한 정서를 적절한 정서로 바꾸어 보도록 할 것입니다.
	
	이제 눈을 떠 보세요.
	방금과 같이 하는 것을 합리적·정서적 심상법이라고 합니다. 방금 연습해 본 것처럼 각자의 문제 상황을 상상하며 짝을 지어 연습해 보도록 하겠습니다. 그리고 그 방법을 기억하고 충분히 연습해서 일상에서 사용하길 바랍니다.
	
	• 1단계: 가장 최악의 상태를 상상하십시오.
	  – 나의 애인이 나를 버리고 내 친구와 결혼하였습니다.
	• 2단계: 그때 당신의 느낌이 어떻습니까?
	  – 너무나 불쾌하고 우울하고 세상 살맛을 모두 잃어버렸습니다. 한마디로 망연자실했습니다.
	• 3단계: 당신의 느낌을 부정적이지만 건강한 정서로 바꾸어 보십시오.
	  – 네, 굉장히 속상하고 마음이 아팠습니다.

	• 4단계: 부정적이지만 건강한 정서로 바꾸기 위해서 어떤 노력을 했습니까? 　－나의 애인이 나를 버리고 내 친구와 결혼을 한 것은 상상하기 어려운 일이긴 하지만 있을 수도 　　있는 일이라고 생각했습니다. • 5단계: 계속해서 그 생각을 유지하도록 어떤 노력을 하겠습니까? 　－앞으로 이 생각이 내 생각이 될 때까지 하루에 열 번씩 마음속으로 되뇌고, 마치 영어 단어를 외 　　우듯이 계속해서 써 보겠습니다. • 6단계: 당신이 좋아하는 것과 싫어하는 것은 무엇입니까? 　－좋아하는 것은 음악 듣기이고 싫어하는 것은 설거지하기입니다. • 7단계: 당신이 만약 숙제를 다 하면 음악을 하루에 30분 이상씩 듣고 숙제를 못하면 설거지를 하 　루에 세 번씩 하십시오.
마무리 (20분)	▶마무리 활동 오늘은 상황에 맞는 적절한 정서를 구분하고 문제 상황에 합리적·정서적 심상법을 연습해 보 았습니다. 어땠는지 느낀 점, 새롭게 알게 된 점 등에 대해 이야기 나누어 보도록 하겠습니다. ▶과제 제시 및 차시 안내 이번 시간의 과제는 자신이 가진 단점(열등감)을 작성해 오시기 바랍니다.
유의점	집단원들이 온전히 수용된다는 느낌을 받도록 하는 집단 분위기를 만든다.

Ⅱ
R E B T 집단상담 실제

[활동지 4-1]

〈적절한 정서와 부적절한 정서〉

★ 다음의 장면에서 경험하는 정서가 부적절하면 '부' 적절하면 '적'이라고 적어 보세요.

상황 1: 나와 진정한 친구라고 하면서 함께 지내던 철수 어머니가 다른 사람들에게 나에 대하여 험담을 한다.

① 불쾌하다. (   )

② 철수 어머니가 미워진다. (   )

③ 후회된다. (   )

④ 무시당한 느낌이 든다. (   )

⑤ 실망이다. (   )

⑥ 겁이 난다. (   )

상황 2: 시어머니가 별일도 아닌데 친척 앞에서 나를 나무란다.

① 불쾌하다. (   )

② 시어머니가 미워진다. (   )

③ 죽고 싶다. (   )

④ 내가 잘못했구나. (   )

⑤ 창피하다. (   )

⑥ 무시당한 느낌이 든다. (   )

상황 3: 어느 날 동네 아주머니들이 우리 아이가 공부(운동)를 못한다고 흉보는 것을 듣게 되었다.

① 불쾌하다. (   )

② 다시는 그들과 상대하기 싫다. (   )

③ 창피하다. (   )

④ 무시당한 느낌이 든다. (   )

⑤ 내가 못 가르친 것 같아 속상하다. (   )

⑥ 아이에게 무엇이 잘못되었는지 생각해 보고 지도방법을 모색한다. (   )

📝 5회기 **장밋빛 안경을 써 봐~**

활동지도안	
활동 목표	자신이 가지고 있던 열등감을 긍정적으로 바꾸어 보고 이를 통해 도움을 줄 수 있다.
준비물	필기구, [활동지 5-1]
단계	진행 절차
도입 (20분)	▶되돌아보고 준비하기 지난 회기에서 우리는 상황에 맞는 적절한 정서와 부적절한 정서를 알아보았습니다. 벌써 다섯 번째 만남인데 지금의 상황을 다섯 글자로 한 사람씩 이야기해 보겠습니다(예: 기분이 좋다, 벌써 5교시……). ▶회기 목표 및 활동 안내 이번 시간에는 각자가 가지고 있는 열등감에 대해 이야기하고, 그 열등감을 극복하는 데 도움이 될 만한 방법을 알려드리겠습니다.
전개 (50분)	▶활동 5-1: 열등감 바꾸기 [활동지 5-1]에 있는 평소 자신이 느낀 신체적·사회적·지적인 열등감을 긍정적 문장으로 바꿔 써 봅니다. ▶활동 5-2: 개사곡 만들기 열등감이 많은 사람은 경직된 사고를 하여 더욱 불편한 감정을 경험하는 경우가 많습니다. 자신이 화나고 슬픈 상황에 집중하다 보면 주변을 유연하게 바라보는 데 한계가 있습니다. 이러한 상황을 유머스럽게 바꾸는 연습을 할 것입니다. 우리나라에 가장 잘 알려진 '내 사랑 클레멘타인' 아시죠. 넓고 넓은 바닷가에 고기잡이 배 한 채 고기 잡던 아버지와 앞 못 보는 딸이라 내 사랑아 내 사랑아 나의 사랑 클레멘타인 늙은 애비 혼자 두고 영영 어디 갔느냐 이 노래를 가지고 조별로 개사곡을 만들어 주세요. 그리고 개사곡을 조별로 불러 볼 겁니다. 개사곡을 만들어서 부르고 난 후 느낀 점을 나누어 보세요.
마무리 (20분)	▶마무리 활동 오늘은 자신의 열등감을 긍정으로 바꾸고 개사곡을 통해 유모와 은유를 사용하여 유연하고 폭넓은 시선으로 관점을 바꾸는 연습을 했습니다. 어땠는지 느낀 점, 새롭게 알게 된 점 등에 대해 이야기 나누어 보도록 하겠습니다. ▶과제 제시 및 차시 안내 이번 시간의 과제는 ABCDE 기법을 활용하여 화났던 경험 작성해 오기입니다.
유의점	나누기를 할 때 집단원이 적극적으로 참여하고 자신의 이야기를 충분히 표현할 수 있도록 유도한다.

[활동지 5-1]

〈열등감 바꾸기〉

★ 내가 평소에 느낀 열등감을 긍정의 문장으로 바꾸어 봅시다.

예: 나는 소심하다

→ 나는 신중하다

1)

_____

_____

2)

_____

_____

3)

_____

_____

4)

_____

_____

5)

_____

_____

📑 6회기 | 화나도 괜찮아

	활동지도안
활동 목표	• ABCDE 기법의 활용으로 분노 감정을 조절하고 공격적 표현을 줄이며 자연스럽게 표현할 수 있다. • 화가 날 때의 나의 행동을 점검하고 적응적인 행동을 하기 위한 방법을 알아본다.
준비물	필기구, [활동지 6-1], [활동지 6-2]
단계	진행 절차
도입 (20분)	▶되돌아보고 준비하기 　ABCDE 기법의 활용으로 화났던 상황에 대해 논박하고 이야기 나누기 ▶회기 목표 및 활동 안내 이번 시간에는 화나는 상황, 공격하고 싶은 마음에 대해 어떻게 하면 좀 더 다른 사람의 눈치를 보지 않으면서 적응적인 행동으로 할 수 있는지 고민해 보도록 하겠습니다.
전개 (50분)	▶활동 6-1: 소극적 행동. 공격적 행동, 표현적 행동 구분하기 자신이 원하는 것을 표현하고, 표현하지 못하는 것을 어떻게 행동할 수 있는지 알아보도록 하겠습니다. 　① 표현적 행동: 자기의 행동이나 생각. 감정을 솔직하게 표현하면서 다른 사람의 입장과 고려하고 감정을 존중해 주는 행동 　② 비표현적 행동 　　• 소극적 행동: 자기의 행동, 생각. 감정을 솔직하게 말하고 싶어도 체면이나 다른 사람을 의식해서 말하지 않고 얌전한 척, 소극적인 척, 동의하는 척하는 행동 　　• 공격적 행동: 자신의 권리나 의견만 내세우기 위해 다른 사람의 입장을 전혀 생각하지 않고 심지어는 다른 사람을 괴롭히면서까지 자기 생각만 내세우는 행동 ▶활동 6-2: 화나는 상황에 내가 하는 행동은? [활동지 6-2]에서 자신의 화가 나는 상황에 대해 이야기 나누고 감정을 눌렀을 때와 화를 냈을 때의 감정이 어떻게 차이가 나는지 이야기해 보고 감정을 어떻게 하는 것이 좀 더 좋은지 토론하겠습니다. 　① 화 누르기의 경험 및 그때의 감정 알아보기 　　: '화가 났을 때는 열을 세고, 크게 분노하였을 때는 100을 세어라' 　② 화내기의 경험 및 그때의 감정 알아보기 　　: '곪은 것은 터뜨려야 한다. 　③ 행동 변화가 필요하다면 어떻게 해야 적응적인 행동인지 모둠별로 토론해 본다.

마무리 (20분)	▶마무리 활동 오늘은 화가 나는 감정을 어떻게 표현하고 어떻게 적응적으로 행동하는지 이야기 나누었습니다. 어땠는지 느낀 점, 새롭게 알게 된 점 등에 대해 이야기 나누어 보도록 하겠습니다. ▶과제 제시 및 차시 안내 이번 시간의 과제는 나의 스트레스에 대해 생각해 오기입니다.
유의점	나누기를 할 때 집단원이 적극적으로 참여하고 자신의 이야기를 충분히 표현할 수 있도록 유도한다.

[활동지 6-1]

〈소극적 행동, 공격적 행동, 표현적 행동 구분하기〉

★ 다음의 행동을 소극적 행동이면 '소', 공격적 행동이면 '공', 표현적 행동이면 '표'라고 쓰세요.

1. 하루 종일 힘들었는데 형이 '물 떠 와라', '재떨이 가져 와라' 한다.

☞ "형! 자기가 해. 내가 얼마나 힘든지 알아?" (   )

2. 버스 안에서 옆에 앉은 남자가 담배를 피운다.

☞ "아저씨께서 담배를 피우시니 제가 자꾸 기침이 납니다. 피우지 않으면 좋겠습니다. (   )

3. 아이를 위해 어렵게 준비해 보지도 않은 점자책을 빌려 달라고 한다.

☞ "음, 그러지 뭐…… 지금은 집에 두고 왔는데……" (   )

4. 친구가 내 아이의 단점을 자꾸 이야기하여 기분이 별로 좋지 않다.

☞ "네 아이는 얼마나 잘났니?" (   )

5. 교수님께서 자꾸 혀를 차며 우리 아이를 걱정하는 소리가 듣기 싫다.

☞ "어머니, 자꾸 걱정하시면 제가 더 힘들어요. 우리 희망을 가져요." (   )

6. 전철 안에서 한 아주머니가 나와 내 친구를 힐끗힐끗 쳐다본다.

☞ "……"(친구를 돌려 세우며 창밖을 본다.) (   )

☞ "왜 쳐다봐요? 무슨 구경났어요?" (   )

☞ "왜 그러세요? 혹시 도와드릴 일 있으세요?" (   )

[활동지 6-2]

〈화나는 상황에 내가 하는 행동은?〉

1. 화나는 상황에 나의 행동을(화를 누르는지, 화를 내는지, 제대로 표현하고 있는지) 적어 보세요.

_____

_____

_____

_____

_____

_____

_____

_____

_____

_____

2. 변화가 필요하다면 어떻게 행동 변화를 해야 적응적인 행동인지 적어 보세요.

_____

_____

_____

_____

_____

_____

_____

_____

_____

_____

📝 7회기 안녕~ 스트레스

활동지도안	
활동 목표	스트레스 대처전략을 파악하고 합리적인 방법을 찾아 활용할 수 있다.
준비물	필기구, [활동지 7-1]
단계	진행 절차
도입 (20분)	▶되돌아보고 준비하기 명상 및 이완훈련을 하고 난 후 평소 가지고 있는 각자의 스트레스 경험에 대해 나누어 본다. 그리고 스트레스 받을 때의 다양한 신체적·정신적 증상에 대해 이야기 나눈다. ▶회기 목표 및 활동 안내 이번 시간에는 스트레스 상황과 대처전략에 대해 고민해 보도록 하겠습니다.

전개
(50분)
	▶활동 7-1: 스트레스 상황 알아차리기
	
	① 쪽지에 자신을 괴롭히는 문제나 고민을 적는다.
	② 모두 한 통에 모은다.
	③ 무작위로 꺼내어 함께 해결한다(두세 번 반복).
	   – 문제나 고민은 나에게만 있는 것이 아니라는 것을 느끼고 있는 그대로 인정한다.
	   – 고민 있는 것을 자연스럽게 여기고 말할 수 있다.
	   – 문제를 해결하는 방법을 찾아본다.
	
	▶활동 7-2: 스트레스 잘 해결할 수 있어? 있어!
	
	   – 나는 어느 경우에 스트레스를 느끼는가?
	   – 스트레스를 느끼면 어떤 증상이 일어나는가?
	   – 그때 드는 기분? 행동은 어떠한가?
	   – 위 생각이 비합리적이라면 이를 논박하여 합리적 생각으로 바꾸어 보라.
	   – 합리적 생각을 할 때의 기분과 행동은 어떠한가?

마무리 (20분)	▶마무리 활동 오늘은 자신의 스트레스와 대처전략, 합리적인 방법에 대해 이야기 나누어 보도록 하겠습니다. ▶과제 제시 및 차시 안내 이번 시간의 과제는 내가 잘 하는 것(강점) 찾아오기입니다.
유의점	서로 감정이 상하지 않게 조심스럽게 다룰 것을 먼저 제시해 주며 집단원 모두에게 자기 발언과 참여의 기회가 되도록 진행시킨다.

[활동지 7-1]

〈스트레스 잘 해결할 수 있어? 있어!〉

★자신이 현재 혹은 최근에 스트레스 받는 이유와 그 원인은 무엇인가요?

_____

_____

_____

★ 스트레스를 어떤 방식으로 해결하나요? 그리고 느낌은요?

_____

_____

_____

★ 한번 더 생각해 볼까요? 스트레스를 정말 합리적으로 잘 대처했나요?

　　1) 나는 어느 경우에 스트레스를 느끼는가?

_____

　　2) 스트레스를 느끼면 어떤 증상이 일어나는가?

_____

　　3) 그때 나의 어떤 기분이 들고 어떤 행동을 하게 되는가?

_____

　　4) 위 생각이 비합리적이라면 이를 논박하여 합리적 생각으로 바꾸어 보라.

_____

　　5) 합리적 생각을 가지게 될 때 어떤 기분이 들고 어떤 행동을 하게 되는가?

_____

📝 8회기 나는 달라

활동지도안	
활동 목표	• 프로그램을 하는 동안 소감 정리와 함께 자신의 변화된 모습을 찾아볼 수 있다. • 자신의 진정한 모습을 있는 그대로 사랑하고 합리적 신념을 갖고 생활할 수 있다.
준비물	필기구, [활동지 8-1], [활동지 8-2]
단계	**진행 절차**
도입 (20분)	▶되돌아보고 준비하기 지난 시간에 연습한 합리적인 스트레스 대처방법은 어땠나요? 충분한 연습을 하셨으리라 여겨집니다. ▶회기 목표 및 활동 안내 내가 잘 하는 것은 무엇이 있을까요? 이번 시간에는 나의 강점을 찾아서 자신의 효능감을 높이는 시간과 변화된 자신의 모습을 확인하고 전체 과정을 마무리하는 시간을 갖도록 하겠습니다.
전개 (50분)	▶활동 8-1: 나의 강점 −나의 강점은 무엇이 있을까요? 갑자기 찾으라고 하니 힘드셨지요? 내가 잘 하는 것 일곱 가지 이상 찾아보세요. −신체적인 면에서, 사회적인 면에서, 지적인 면에서 그리고 짝을 지어서 서로의 강점에 대해 이야기해 주세요. ▶활동 8-2: 결심문장 만들기 **Tip** • 자신의 비합리적인 완벽주의 성향과 열등감을 합리적 신념으로 바꿀 수 있는 행동적 대안을 다짐할 수 있는 문장을 만든다. 프로그램을 통해 성장한 부분을 스스로 인식하며 앞으로 노력하기 위한 잘 드러날 수 있는 '결심문장'을 만들고 집단에서 나누어 보겠습니다.
마무리 (20분)	▶마무리 활동 집단상담에 참가하면서 느낀 점과 자신에게 어떤 영향을 주었는지를 정리하고 발표합니다. ▶과제 제시 자신이 갖고 있는 완벽주의 성향에 대해 재정리하고 비합리적인 신념은 합리적으로 바꾸어 실생활에 적용해 보기입니다.
유의점	느낀 점을 적을 때 충분히 생각할 시간을 주며 소집단원 모두에게 자기 발언과 참여의 기회가 되도록 진행시킨다.

[활동지 8-1]

〈나의 강점 찾기〉

	내가 잘 할 수 있을 것 같은 일	잘 하기 위해 내가 노력할 일
신체적인 면		
사회적인 면		
지적인 면		

[활동지 8-2]

〈결심문장 만들기〉

참고문헌

김웅만(1995). 열등감 해소 프로그램이 고등학생의 열등감 해소에 미치는 영향에 관한 실험연구. 충북대학교 교육대학원 석사학위논문.

김춘경 역(2007). 상담기법(Rosemary A. Thompson 저). 서울: 학지사.

김춘경, 이수연, 이윤주, 정종진, 최웅용(2016). 상담의 이론과 실제(2판). 서울: 학지사.

박경애(2013). 인지 · 정서 · 행동치료. 서울: 학지사.

조현춘, 조현재 공역(2003). 심리상담과 치료의 이론과 실제(Gerald Corey 저). 서울: 시그마프레스.

편영자(1997). 마음을 열면 길이 보인다. 서울: 을유문화사.

한재희(2006). 상담패러다임의 이론과 실제. 서울: 교육아카데미.

Kuhn, T. S. (1977). *The Essential Tension*. Chicago: The University of Chicago Press.

제5장

해결중심 집단상담

당신은 다른 사람에게 어떠한 것도 가르칠 수 없다.

단지 스스로 발견하도록 도울 수 있을 뿐이다.

갈릴레오

I 해결중심 집단상담 이론

　해결중심 집단상담은 집단상담의 장점과 해결중심상담의 장점이 어우러져 집단원들이 해결중심적 접근으로 현실적인 방안을 함께 만들어 나가는 장이다.

　해결중심 집단상담의 이론적 모태가 되는 해결중심상담은 드 세이저(S. de Shazer)와 김인수(I. Berg) 부부가 동료들과 함께 발전시킨 모델로서 효과적인 상담기술이 무엇이며 상담 회기에서 무엇을 해야 하는지를 알기 위해 상담과정에 대해 탐색하고 발견하는 과정에 의해 발전되었기 때문에 상담 현장에서 쉽게 적용이 가능하다. 또한 내담자가 가지고 있던 성공 경험과 강점을 활용함으로써 빠른 변화를 가져오기 때문에 효과적인 상담전략으로 인식되고 있다.

　해결중심 집단상담의 이해를 위해, 먼저 해결중심상담의 발전에 영향을 미친 철학과 이론적 근거를 살펴보는 것이 도움이 될 것이다.

1. 집단상담의 목표

　'무엇이 해결책인가?'를 알아보고자 하는 해결중심상담은 문제와 과거에 집중하기보다는 해결과 미래에 집중하는 것이 핵심이다. 이러한 해결중심상담의 기초가 되는 원리는 다음과 같다.

　해결중심상담은 인간에 대한 긍정적인 관점을 가진다. 인간은 때때로 문제를 겪기도 하지만 각자 자신의 삶에서 성공의 경험을 가지고 있고, 성공의 경험을 통해 스스로 성장하며 살아갈 수 있다. 이러한 관점은 내담자로 하여금 긍정적 감정과 인식을 불러일으키며 긍정적 행동을 이끌어 낼 수 있다.

　해결중심상담은 변화는 항상 일어나고 있다고 본다. 계속 같은 상태에 머물러 있는 것은 없다. 작은 변화는 큰 변화가 일어나기 위한 길이 되어 주고, 또 다른 변화를 이끌어 낸다. 어떤 문제라도 천천히, 조금씩 해결될 수 있다는 것이다.

　해결중심상담은 예외 상황을 해결의 실마리로 본다. 문제가 발생하기 전에는 문제가 없는 상태, 그 문제가 아주 사소한 때가 있었다. 이와 같은 예외 상황을 찾는 것은 곧 해결책을 구상해 낼 가능성을 마련하는 것이다.

해결중심상담에서는 내담자가 문제 해결의 전문가다. 내담자는 자신의 문제에 대해 고민과 해결에 대한 노력을 많이 해 봤기 때문에 자신의 문제에 대한 해결책을 창조하고자 하는 의도와 자신만의 해결책을 가지고 있다. 따라서 상담자는 내담자가 자기 문제를 해결해 나갈 자원과 능력에 눈뜨게 하고 이를 활용하게 함으로써 자신만의 방법으로 문제를 해결할 수 있도록 도울 뿐이다.

해결중심상담에서는 행동과 경험의 의미는 상호작용 속에 있다고 본다. 누구나 어떤 행동과 경험에 대해서 다양한 해석을 할 수 있고, 그 해석에 따라 반응을 하게 된다. 그리고 이 반응행동은 원래의 해석을 타당화시키는 방향의 행동을 이끌어 낸다. 예를 들면, 자녀의 부적절한 행동을 자녀의 잘못이라고 해석할 경우 지적과 비난을 하게 되고, 이는 자녀의 반발심을 불러일으켜 그 행동이 반복 강화되는데 이는 결국 원래의 해석을 타당화시키는 방향으로 행동하게 만든 셈이다. 부모가 자녀의 부적절한 행동에 대해 그 이유와 나름의 긍정적 의미를 발견해서 알아주려고 하면 자녀는 자신의 욕구가 인정받고 충족 받는 경험을 통해 적절한 수준으로 조절하여 긍정적 대안행동을 하게 된다. 따라서 긍정적인 의미가 있을 것이라는 처음의 해석이 타당화된 것이다.

이와 같은 원리와 함께 효과적인 상담모델을 탐색해 왔던 경험들을 바탕으로 형성된 해결중심상담의 중심 철학은 다음과 같다.

첫째, 문제가 아니면 건드리지 않는다.
둘째, 효과가 있으면 그것을 더 많이 한다.
셋째, 효과가 없다면 다른 것을 한다.

해결중심상담은 내담자와 함께 문제에 대해 효과적으로 생각하는 방법과 그것을 다루는 실용적인 방법을 찾는다. 따라서 내담자들이 성공 경험을 자각하고 이 경험을 더 많이 하도록 하여 더욱 행복하고 성공적인 삶을 살도록 돕는 데 목적이 있으며, 해결중심상담의 핵심 목표는 내담자의 변화에 둔다.

이를 바탕으로 한 해결중심 집단상담의 목표는 다음과 같이 제시할 수 있다.

• 자신이 어떤 삶을 원하는지, 그러한 상태에 도달하기 위해 어떤 단계를 거쳐야 하는지에 초점을 둔다.
• 스스로 잠재적인 강점과 자원, 문제 해결 능력과 성공 경험, 변화에 대한 욕구, 건

강한 특성 등의 자원을 발견한다.
- 문제가 없었던 시기에 초점을 맞추고 행위 지향적 방향을 유지한다.
- 문제가 해결된 시점에 초점을 맞추고 자원을 활용하여, 의미 있는 해결방안을 마련한다.

2. 집단상담의 원리

세리(Sharry, 2013)는 해결중심상담의 원리를 해결중심 집단상담에 다음과 같이 적용하였다.

1) 변화와 가능성에 집중하기

내담자들은 자신의 삶에서 특정 변화를 일으키기 위해 집단을 찾는다. 집단은 집단원들의 삶에서 이미 일어나고 있는 긍정적 변화를 발견하고 확장하여야 하는 장이다. 해결중심 집단상담의 치료적 원리는 집단원들의 긍정적 변화에 초점을 맞춤으로써 새로운 희망을 만들어 내고, 그 이상의 변화를 위한 계기를 만드는 것이다.

(1) 면담 전 변화 확인하기
내담자가 상담을 접수하고 첫 회기에 오기까지 일어났던 긍정적 변화를 다음과 같이 확인한다.

> 지도자: 여러분이 이 집단에 참여하기로 결정하고 여기 오기까지 이미 많은 긍정적 변화가 일어났을 수도 있습니다. 집단에 오겠다고 결정하고 나서부터 지금까지 어떤 변화가 있었나요?
> 집단원: 솔직히 말하면 지난 몇 주 전부터 뭔가가 좀 나아졌어요.

(2) 변화를 위한 예외 만들기
집단에 대한 고조된 기대를 긍정적 변화로 연결되도록 하기 위해서 집단원의 삶에서 긍정적 변화에 대한 예들을 지속적으로 발견하도록 하면 할수록 그 집단은 보다 더 성공적일 수 있다. 보통 사전 모임이나 첫 회기에서 다음과 같이 안내한다.

〈첫 회기 과제에서〉

지도자: 집단이 시작되는 사이 여러분의 삶에서 다시 일어났으면 좋겠다고 생각하는 긍정적 사건이
　　　　나 변화들을 관찰하고 다음 시간에 나눠 주시면 좋겠습니다.

2) 목표와 원하는 미래 만들기

해결중심상담은 자신들의 문제에 대하여 원치 않았던 과거를 해결하고 원하는 미래로 옮겨 가는 것을 돕는다. 모든 문제는 목표로 변형될 수 있다.

(1) 집단원의 목표 존중하기

집단원과 잘 형성된 목표를 만들어 갈 때 목표가 비록 비현실적일지라도, 그 목표에 대해 타당화하는 것이 중요하다. 집단원의 목표를 이해하고 인정함으로써 변화에 대한 힘과 동기가 생성된다.

지도자: 이 집단에 왔기 때문에 좋은 일들이 생겼다고 한다면 그 좋은 일들은 뭘까? 너는 어떤 일이
　　　　일어났으면 좋겠니?
집단원: 우리 부모님이 다시 합치는 것이요.
지도자: 너는 부모님이 정말로 다시 합치기를 원하는구나.
집단원: 네.
지도자: 뭐가 좀 다를까? 만약 그렇게 된다면?
집단원: 글쎄요~ 아빠를 더 많이 볼 수 있고 우리가 행복해질 거 같아요.

(2) 집단목표 만들기

다른 사람들과 공통의 목표를 갖고 있다는 느낌은 높은 동기를 갖게 하고 지지적이 되게 한다. 집단지도자가 개별 구성원의 목표와 집단의 목표 간 연계를 만들거나 공통의 패턴을 확인시켜 줌으로써 이루어질 수 있다.

지도자: 이 집단에 와서 성취하고 싶은 것은 무엇인가요?
집단원: 저는 제가 냉정함을 유지할 수 있으면 좋겠어요. 특히 아들에게요.
지도자: 그렇군요. 아까 다른 참여자가 집에서 침착함을 유지하고 싶다고 말했던 것과 비슷하군요.
집단원: 네.
지도자: 그러니까 가정에서 냉정함을 유지하거나 침착함을 유지하는 것은 이 집단이 서로 함께 작
　　　　업할 때 중요한 것들이군요? 또 다른 참여자는 무엇을 생각하고 있죠?

3) 강점과 기술 및 자원 위에 구축하기

내담자의 약점보다는 강점에, 결점보다는 자원에, 내담자의 약한 영역보다는 능력과 기술에 초점을 맞추는 것이 해결중심상담의 기본 원리이다. 내담자가 삶에서 변화를 만들어 내거나 문제를 해결한다면 그것은 자신의 강점에서부터 변화가 시작된다.

- 당신이 여기에서 스스로 그렇게 말을 할 수 있는 것은 쉬운 일이 아니에요. 그냥 주저앉아 있는 사람들에 대해 많이 들어 봤어요. 여기까지 스스로 오려면 많은 용기를 냈을 거예요. …… 당신은 어떻게 그럴 수 있었지요?
- 이 집단은 서로에게 너무나 큰 지지를 보여 줍니다. 여러분 중 몇 분이 서로를 만나기 위해 얼마나 일찍 이곳에 도착하는지를 보면 이를 아실 수 있습니다.

4) 괜찮은 것과 효과적인 것 탐색하기

해결중심 상담자는 내담자의 삶에서 무엇이 괜찮고 무엇이 효과적인지를 우선적으로 찾는다.

- 무엇이 잘 되었나요?
- 무엇이 당신을 가장 기쁘게 했나요?
- 어떻게 이런 일이 일어났죠? 이런 일이 일어나도록 당신을 어떻게 했죠?
- 이러한 일이 발생하도록 한 당신이 가지고 있는 자질은 무엇인가요?

5) 진정한 호기심 갖기

내담자에게 흥미를 가지고 문제와 사람을 분리하여 경청할 때 내담자 스스로도 자신의 목표와 자신의 삶에서 원하는 것이 무엇인지에 대한 호기심을 갖게 되고, 그 목표에 도달하도록 도울 수 있는 자신의 강점과 자원을 더 많이 발견하게 된다. 해결중심 상담자들은 내담자에 대한 진정한 호기심을 질문을 통해 표현한다. 질문은 정보를 모으기 위해 사용되는 것이 아니라 경험과 새로운 아이디어를 만들어 내기 위해 사용된다. 이러한 해결중심상담에서의 건설적 질문은 집단상담의 기법에서 자세하게 설명하고 있다.

- 얼마나 오랜 기간 우울해 왔습니까? (내담자가 이미 알고 있는)
  → 만약 당신이 우울하지 않았다면 당신의 삶은 어땠을 것 같습니까? (건설적 질문)

6) 협력과 협동 만들기

해결중심 상담과정에서는 갈등이 있다면 이를 저항으로 보지 않고 치료 관계에서 함께 만들어 낸 공유된 과정으로 본다. 이 맥락을 변화시키기 위해 뭔가 다르게 하는 것을 이끌어 보다 협력적인 맥락으로 가게 하는 것이다. 이는 내담자를 전문가로 보는 '한 단계 낮은 자세'를 취할 때 이루어질 수 있다. 집단원들의 의견과 관점을 이해하고 적응하기 위해 지도자의 방식을 고집하지 않을 때 집단원의 변화는 시작된다.

집단원: 이 모임이 제가 왜 한두 번 집단에 늦었는지에 대한 것인가요?

지도자: 전 당신이 지각하는 것에 대해 매우 합당한 이유를 갖고 있을 것이라 확신해요.

집단원: 그래요. 전 해야 할 것이 너무 많아요. 아이들을 데려와서 엄마 집에 맡기고 집단에 오느라 정말 서두르거든요.

지도자: 당신은 정말 중요하게 해야 할 것들이 많네요.

집단원: 네. 집단에도 정말 오고 싶어요.

7) 유머와 창의성 사용하기

해결중심 집단은 재미있고 즐거우며 에너지가 넘치는 경험이 될 수 있다. 사실 지도자의 역할은 이런 재미있는 에너지를 창의적인 해결을 만드는 것으로 돌리는 것이다. 이에 더하여 유머는 문제에 대항하는 아주 강력한 무기 중의 하나이다. 자신의 문제를 심각하게 여기는 것보다 마주한 문제에 대해서 유머러스한 부분을 보기 시작할 때 너무나도 자유로워짐을 발견한다.

집단원: (흥분하여) 제가 아들의 학교 모임에 갔을 때 선생님이 저를 정말 협박하는 것처럼 느꼈어요.

지도자: (유머로) 학교 모임에 들어가기가 무척 힘들었겠어요. 마치 당신이 학생인 것처럼, 다시 학생 시절로 돌아간 것처럼 느끼게 만들었을 수 있겠네요.

> 집단원: (웃으며) 바로 그거예요. 마치 다시 학생이 된 것처럼. 그래서 제가 그 모든 문제를 일으킨
> 것처럼 그랬어요.
> 집단원 2: (우스꽝스러운 방식) 저도 그게 어떤 느낌인지 알아요.
>   (집단 모두 웃음)

3. 집단지도자의 역할

해결중심상담은 내담자들이 성공적 경험을 자각하고 이 경험을 더 많이 하도록 하여 더욱 행복하고 성공적인 삶을 살도록 돕는 데 목적이 있기 때문에 집단지도자는 집단원들이 스스로 자신의 자원을 발견하고 해결방법을 찾아갈 수 있는 있도록 다음과 같은 역할을 해야 한다.

1) 알지 못함의 자세를 가진 협력자

해결중심 집단상담에서 집단원들이 가져온 문제의 전문가는 집단원들이며 집단지도자는 협력자이다. 따라서 지도자는 집단원의 문제에 대해 많은 정보를 얻을 필요가 있으며, 이를 위해서 진실한 호기심을 가지고 '알지 못함의 자세'(Anderson & Goolishian, 1992)를 취해야 한다. '알지 못함의 자세'에서 나오는 질문은 말해도 괜찮겠다는 안전감을 느끼는 시작점이 되어 정서적 내면적 억압을 제거하도록 돕는다. 이것이 집단원들로 하여금 극적인 변화를 가져 오게 할 수 있다. 여기에 도움이 되는 의사소통 기술은 다음과 같다.

- 경청
- 지도자의 언어와 비언어의 일치
- 개방형 질문 사용
- 요약
- 바꾸어 말하기
- 침묵의 사용

- 칭찬
- 내담자의 지각에 대한 확인
- 공감
- 과정에 대한 주목
- 내담자가 사용하는 핵심 용어의 반복

- **집단원이 사용하는 핵심 용어의 반복**

  집단원: 내 생활은 엉망진창입니다.

  지도자: 엉망진창? (모방)/엉망진창이라고 하신 말이 무슨 의미인가요?(재질문)

- **과정에 대한 주목**

  집단원이 말하는 내용과 과정을 모두 이해한다. 즉, 내용은 정보이고 과정은 비언어적 행동까지 포함이다. 때때로 내용와 과정이 일치하지 않을 때는 말할 수 있다.

2) 해결대화로 이끄는 촉진자

집단지도자는 집단원들의 해결을 이끌기 위해 집단원들의 자원, 강점, 기능적 해결 등에 초점을 두는 해결대화(solution talk)를 이끌어야 하며, 이는 집단상담의 효과성을 담보한다. 해결대화는 집단원들이 문제를 다른 시각에서 바라보게 하며, 집단원들의 생활에서 문제시되지 않았거나 문제가 해결되는 시점의 예외적 상황을 발견하도록 도움을 준다. 지도자는 해결대화를 위해 여러 가지 질문기법을 사용하고, 집단원들이 주도한 문제대화(problem talk)를 해결대화로 전환할 수 있어야 한다.

- **문제대화를 해결대화로 전환하기**

  〈문제대화〉

  집단원: 제가 뭐라 말하든 상관하지 않고 지(아들)가 원하는 것은 뭐든 하려고 해요.

  지도자: 그렇군요. 알겠어요.

  집단원: 우리가 '이것은 이래서 못하는 거다'라고 말을 해도요. 마음대로 하거든요.

  〈해결대화〉

  지도자: 그렇군요. 네. 알겠어요. 그것(문제)에 대해서는 나중에 더 듣는 기회를 갖기로 하죠. TJ가 학교에서 잘 하는 것이 또 뭐가 있나요?

3) 치료적 관계 형성하는 동반자

치료적 관계의 질은 상담의 효과를 좌우하는 핵심적 요인이다. 치료적 파트너십을 맺는 방법은 다음과 같다. 집단지도자가 집단원들의 해결책을 구축하기 위해 상담의 시작부터 끝까지 집단원들이 치료적 과정에 참여하도록 이끈다.

- 집단을 시작할 때 해결의 길에 머물도록 하는 질문으로 시작한다.

  지도자: 이 집단으로부터 무엇을 얻고 싶은지에 초점을 맞출 것입니다. 여기 오면서 무엇을 기대 하나요? 그것이 당신에게 어떤 변화를 가져 올까요? 당신이 원하는 변화가 일어나고 있 다는 걸 알려 주는 신호는 무엇일까요?

- 집단원에게 질문을 하고 집단원의 대답에 근거해서 다음 질문을 한다.
- 집단원이 좋아하는 이야기 줄거리를 구성하도록 돕고 존중이 수반된 호기심의 태도로 문제가 내 담자에게 끼친 영향과 집단원이 그 영향을 줄이기 위해서 무엇을 하고 있는지를 탐색한다.

4. 집단상담의 단계

해결중심 집단상담의 단계에는 해결중심 모델의 5단계 모형을 적용할 수 있다. 크랄 (Kral, 1995)의 5단계 치료모형(5-step Treatment Model)은 해결중심상담의 면담과정을 체계화시킨 치료 개입의 객관적 모형이다. 5단계 모형에서 상담자와 내담자는 대화를 통해 문제를 해결할 수 있는 방안을 강구한다.

- 1단계: 관계 형성 단계

집단원들과 함께 상담관계를 수립하는 단계로서 집단원이 요구하는 방향에 맞게 상 호 협력관계를 형성한다. 해결중심상담 집단지도자는 '알고 싶어 하는 자세'를 취하면 서 집단원이 자신의 문제를 어떻게 생각하는지 묻고, 충분히 이야기하도록 경청하고 긍정하며 내담자가 사용하는 언어에 주목한다.

- 2단계: 목표 설정 단계

집단원이 바라고 기대하는 것이 무엇인지 정하고, 집단원이 어떤 행동을 하면 원하 는 목표를 달성했다고 생각하겠는지에 중점을 둔다. 집단원의 준거 틀 안에서 문제 해 결과 강점에 집중하며, 작은 변화가 일어날 수 있는 목표를 설정하도록 돕는다.

- 3단계: 변화 유도 단계

집단지도자는 해결중심으로 이끄는 효과적인 질문 기법을 활용하여 집단원들이 자 신의 긍정적인 자원을 자각하고 활용하도록 돕는다. 대부분의 집단원들은 지도자가 질문하는 대로 반응하게 되기 때문에 상담 상황에서 어떻게 질문하느냐는 상담 효과의 성패를 좌우한다.

- 4단계: 해결중심 개입 단계

집단지도자는 집단원이 지금까지 자신의 문제를 해결하기 위해서 노력해 온 것과 어려운 상황에서 집단원 스스로 나름대로 대처해 왔던 노고에 대하여 긍정적으로 평가하면서 집단원을 격려하고 칭찬한다. 그리고 자신이 원하는 변화를 위한 구체적인 행동 과제를 선택하고 시작하도록 한다.

- 5단계: 변화 유지 단계

이 단계에서는 해결중심적 개입을 통해 이루어진 긍정적인 변화를 어떻게 계속 유지시킬 것인가에 대한 전략에 초점을 맞춘다. 서로를 칭찬하고 격려하여 변화를 강화 및 확대시킬 수 있도록 한다.

5. 집단상담의 기법

해결중심 집단상담을 위해 다양한 질문 기법, 메시지 전달 기법, 변화 강화 기법, 구조화된 창의적 기법 등을 활용할 수 있다.

1) 질문 기법

해결중심상담의 질문 기법은 고도로 구조화되어 있어 그 자체만으로도 치료적인 효과가 있으며, 해결책 구축을 위하여 전략적으로 개발되었다.

(1) 목표 설정 질문

목표 설정 질문은 내담자로 하여금 문제가 해결된 상황을 구체적으로 생각해 보도록 돕고, 상담자는 내담자의 기대와 욕구를 명확하게 파악할 수 있게 되어 상담목표를 구체적으로 설정하는 데 도움이 된다.

Ⅰ
해결중심 집단상담 이론

> 지도자: 집단에 와서 이루고 싶은 것은 무엇인가요?
> 집단원: 모르겠어요. 아들이 다시 술을 먹기 시작했어요.
> 지도자: 세상에 그랬군요. 무엇이 어떻게 달라지기를 원하시죠?
> 집단원: 단지 아들이 술을 끊길 바라요.
> 지도자: 그러면 아들이 술을 끊었다고 가정해 봅시다. 그것이 당신에게는 어떤가요?

(2) 예외 질문: 성공했던 경험과 현재 잘하고 있는 것의 발견

예외 질문은 자신과 타인, 상황에 대해 부정적으로만 생각하며, 변화와 성장에 대한 의욕과 희망, 동기가 부족한 내담자에게 효과적으로 사용할 수 있다. 예외란 내담자가 문제로 생각하고 있는 행동이 일어나지 않는 상황이나 행동을 의미한다. 중요한 예외를 찾아내어 그것을 계속 강조하면서 내담자의 성공을 확대하고 강화시켜 준다.

> 집단원: 주말은 최악이었어요. 금요일에 집에 오는데 부정적인 생각이 마구 밀려왔어요. 그 후 이틀이 무서웠어요. 정말 혼자 있는 느낌이 들 때에요.
> 지도자: 그러니까 금요일에 집으로 돌아올 때 문제가 시작되었군요.
> 집단원: 네.
> 지도자: 그러니까 주중까지는 그리 문제가 크지 않았군요. 아마도 주말보다 나았나요?
> 집단원: 그런 거 같아요.
> 지도자: 그때는 뭐가 좀 낫던가요?

(3) 기적 질문: 잠재적인 예외 발견

기적 질문은 문제 자체를 제거시키거나 감소시키지 않고 문제와 떨어져서 해결책을 상상하도록 한다. 예외적인 것으로서 성공적인 경험과 강점이 없다고 생각하고 문제중심적인 대화가 계속될 때, 또는 미래에 대해 부정적으로 생각하여 목표 설정이 어려운 경우 사용한다.

> 집단원: 저는 희망이 없어요. 잘 하는 것도 없고 항상 밑바닥이었어요.
> 지도자: 그랬군요. 그럼 이렇게 생각해 보면 어떨까요? 오늘 상담을 마치고 집에 돌아가서 잠을 자는데 기적이 일어나 모든 문제가 다 해결되었다면, 아침에 일어났을 때 당신은 어떻게 행동할까요?
> 집단원: 글쎄요, 그럴 일이 없을 거 같은데.
> 지도자: 그래도 생각해 봐요. 만약 기적이 일어났다면 어떻게 행동할 거 같나요?
> 집단원: 뭐 알아서 일찍 일어날 거고 회사도 알아서 가겠죠.

(4) 척도 질문: 변화나 의지를 구체적으로 지각

척도 질문은 숫자를 사용하여 내담자에게 문제의 심각성, 문제 해결에 대한 희망, 자아존중감, 변화에 대한 확신, 변화하기 위한 의지, 문제가 해결된 방법 등을 표현하도록 하는 방법이다. 척도 질문은 자신과 타인, 상황의 문제 상황과 목표수준에 대해 추상적으로 생각하거나 변화에 대한 희망이 없는 사람들에게 효과적으로 사용할 수 있다.

> 지도자: 여기 심각한 문제로 왔는데 온 이후 효과가 있어서 해결된 게 10이고, 여기 오겠다고 전화한 그날, 문제가 심한 게 1이라면 오늘은 어디쯤 될까요?
> 집단원: 음, 3쯤 되는 거 같아요.
> 지도자: 그러면 3에서 4로 올리려면 무엇이 바뀌어야 할까요?

(5) 대처 질문: 성공과 자원, 강점과 장점 발견

대처 질문은 집단원이 어려운 상황에서 성공적으로 대처한 방법에 관하여 재인식하게 될 때에 힘을 얻게 된다는 것에 집중하여 발전된 것이다. 자신의 미래를 매우 절망적으로 보아 아무런 희망이 없다고 하는 집단원에게 주로 사용한다. 현재 매우 낙담한 집단원에게 도움이 되는 질문으로, 매우 무력하다고 생각하는 상황에서도 자신을 더 나빠지지 않기 위해 노력하고 있다는 점을 찾도록 함으로써 약간의 성공과 자원, 강점, 장점을 발견할 수 있게 된다.

> • 당신은 그 어려운 상황 속에서 어떻게 지금까지 견딜 수가 있었습니까?
> • 당신을 지금까지 지탱하도록 한 것은 무엇입니까?

(6) 관계성 질문: 타인의 눈으로 보는 자신 조망

관계성 질문은 집단원과 중요한 관계에 있는 사람의 생각, 의견, 가치관, 반응 등에 관하여 질문하는 것이다. 때때로 집단원은 문제가 해결되었을 때 자신의 생활에 무엇이 달라질 것인지에 대하여 전혀 예측 못하는 경우가 있다. 그러나 집단원 자신의 입장에서 자신을 보다가 중요한 타인의 눈으로 자신을 보게 되면, 이전에는 없었던 가능성을 만들어 낼 수도 있다.

- 당신 어머니가 여기 계시다고 가정하고 제가 어머니께 당신 문제가 해결되면 무엇이 달라지겠느냐고 묻는다면 어머니는 뭐라고 말씀하실까요?
- 어머니가 당신에게 잔소리하는 대신에 조금이라도 노력하고 변화한 것을 관찰하여 지적하고 칭찬한다면 어떻게 반응하시겠어요?

2) 메시지 전달 기법

긍정적인 강화와 평가는 해결중심상담에서 핵심이 되는 부분이다. 면접 종료 시 피드백은 매우 독특한 것으로 '메시지'라는 형태로 제시된다.

메시지는 칭찬, 연결문, 과제의 세 부분으로 구성되어, 상담자가 내담자의 말을 주의해서 듣고 있다는 것, 내담자 자신의 문제에 대한 견해에 동의한다는 것, 자신의 생활을 보다 만족스럽게 하기 위해서 내담자가 취하고자 하는 행동에 동의한다는 것을 알리기 위함이다. 보통 개인상담에서 하는 기능이며 집단상담에서는 지도자의 시범을 통해 집단원들 간 상호 교환적으로 활용하거나 스스로 할 수 있다.

① 칭찬: 칭찬은 진술된 목적이나 문제 해결 과정을 중심으로 집단원들 간 지지를 통해 집단원들이 하고 있는 것을 강화시켜 문제 해결을 촉진한다.
② 연결문: 연결문은 칭찬과 과제를 논리적으로 연결해 주고, 제안이나 과제에 대한 근거를 제공하는 것이어야 한다. 집단원의 목표, 예외, 강점 또는 지각에서 끌어낸 것으로 내담자가 사용한 단어나 어구를 넣는 것이 좋다.

- 대화 중에 제가 느낀 것은 당신이 추진력이 강한 분이라는 것입니다(칭찬). 그래서 다음과 같은 제안을 드리고자 합니다(연결문).

③ 과제: 과제는 시작된 변화를 견고하게 하기 위해 상담 회기 사이에 준다. 집단상담에서는 집단원들이 시도해 볼 만한 일을 스스로 제안할 수 있다. 이 제안은 목표와 관련된 내용으로 이미 하고 있는 예외적인 행동, 생각, 감정과 같은 것이다. 과제 제시할 때 다음의 두 가지 측면에서 적절하게 제시할 수 있다.

관찰과제: 우리가 다시 만날 때까지 상황이 보다 나아졌을 때를 잘 살펴보십시오. 그러한 상황이 일
　　　　　어나도록 하기 위해 누가 무엇을 하는지 잘 살펴보시고 다음에 저에게 말씀해 주십시오.
행동과제: 어머니께서는 어떻게 해야 딸을 이해시킬지를 잘 아시고 대화하셨군요. 지혜가 많으신
　　　　　분입니다. 다음에 오실 때까지 어떻게 하면 딸이 엄마를 인정해 줄지를 잘 생각해 보시고 혹
　　　　　시 그중 하나라도 할 수 있으면 해 보시고 오세요.

3) 변화 강화 기법(EARS)

변화를 강화하는 기법으로 집단상담에서 매 회기마다 변화에 관한 질문을 할 때 변
화를 강화하기 위해 적용할 수 있다.

표 5-1　변화를 강화하는 방법

EARS	방법
E(Eliciting) 이끌어 내기	지난번 집단상담 이후에 변한 것들에 대해서 질문한다. • 지난번 집단상담 이후에 아주 작아진 것이라도 나아진 것은 무엇인가요?
A(Amplifying) 확장하기	예외를 확대하기 위해서 긍정적인 변화에 대해 자세하고 구체적으로 질문한다. • 언제 변화가 발생했나요? 누가 변한 것을 알았나요? 어디서(학교, 직장, 집), 어떻게 다르게 행동했나요?
R(Reinforcing) 강화하기	긍정적으로 변화된 성공과 강점을 언어적으로나 비언어적으로 강화하는 것이다. 강화는 예외에 주목하여 예외를 신중히 탐색하거나 칭찬함으로서 이루어진다. • 확인: 이야기를 중단하고 다시 말씀해 주실래요? 무엇을 했다고요? • 칭찬: 긍정적인 변화를 칭찬한다. 어떻게 그렇게 할 수 있었나요?
S(Start again) 다시 시작하기	내담자로 하여금 다시 시작해야 한다는 것을 기억하게 만드는 것이다. • "무엇이 나아졌나요?" 또 다른 좋아진 것에 관해 질문하고 확인, 동기, 과정, 희망 등을 질문하여 이것들이 얼마나 실현 가능한지 척도를 사용하여 파악한다. • 내담자가 긍정적인 변화에 대해 충분하게 말했다고 판단될 때까지 "또 좋아진 것이 없을까요?"라고 계속 질문한다.

출처: 정문자 외(2019). 해결중심 가족상담.

4) 창의적 기법

셰리(Sharry, 2013)는 해결중심 집단상담에서 활용할 수 있는 창의적 기법을 다음과
같이 제시하고 있다.

창의적 연습이 여러 가지 잠재적 이점이 있지만 과잉사용, 과잉의존하지 않도록 주
의해야 한다. 집단연습이 불편한 구성원이 있을 수 있으면 민감하게 도입되어야 하고

집단 문화에 맞는지를 확인해야 한다.

(1) 창의적 시각화를 사용한 기적 질문

점진적으로 몸의 근육을 풀게 하거나 바닷가를 걷거나 계단을 내려가는 장면을 시각화 한 후 기적 질문을 할 수 있다.

- 기적 질문할 때 시각화하여 적용할 수 있다.
- 매 회기 끝을 마무리하는 의식으로 사용할 수 있다.

(2) 해결책을 찾기 위한 집단 브레인스토밍

자신의 해결책뿐만 아니라 다른 사람의 해결책도 접하기 때문에 다른 사람의 지식을 공유할 수 있다. 따라서 집단 브레인스토밍은 아주 유용한 집단상담의 기법이 될 수 있다.

- 특정 문제에 대한 해결책과 아이디어를 창출하는 방법의 하나로 계획될 수 있다. (갈등 상황에서 진정하는 가장 좋은 방법은 무엇인가? 등)
- 집단과정 동안에 문제 중심 대화를 저지하고 토론을 도입하기 위한 방법으로 즉석에서 도입하여 대화의 초점을 바꿀 수 있다.

(3) 역할극/드라마 연습

집단원에게 자신이 원하는 해결책 혹은 기적을 '행동화'해 보도록 격려하여 문제중심 대화에서 해결중심 대화로 이동하는 방법으로 도입할 수 있다.

- 집단원을 초대하여 문제의 핵심 장면을 행동으로 보여 주게 한 뒤 감독이 되어 다른 집단원들의 도움을 받아 장면을 연출하고 관찰하게 한다.
- 드라마의 변화: 지도자가 개입하여 초대된 집단원을 역할극 안으로 들어오게 하여 역할 전도하여 다양한 관점에서 경험하도록 한다.

(4) 해결그림-마음지도

해결 상황이나 강점을 나타내는 시각적 이미지 또는 상징을 사용하는 것이 좋다. 한 집단원의 사례를 이용하여 마음지도를 그리는 과정을 보여 주되 다른 모든 구성원에게도 관련이 있는 것으로 한다.

- 집단의 목표를 달성한 해결지도를 그릴 수 있다. 집단원과 검토하며 이미 생활에서 일어나고 있는 해결 상황을 포함하게 되면 최종 지도로 마무리한다.

Ⅱ 해결중심 집단상담 실제

청소년기 자녀와의 관계 증진을 위한 해결중심 부모집단상담 프로그램

1. 필요성과 목표

청소년기 자녀를 둔 가족은 가족 발달 과정에서 보다 많은 어려움을 겪는다. 신체적으로나 심리, 정서적으로 급속한 변화를 겪는 청소년기 자녀로 인해 크고 작은 많은 갈등들이 일어난다. 최근에는 과도한 학업 스트레스, 학교폭력, 왕따 등의 사회적 문제로 인해 청소년기 자녀들의 심리적 어려움은 더욱 커지고 있다. 반면, 청소년기 자녀를 둔 부모들은 중년기의 위기를 경험하기도 하는데 정체감의 위기뿐만 아니라 부부간의 외도, 빈둥지 증후군도 중년기 위기를 더욱 가중시킨다. 또한 직장을 다니는 중년기 부모들은 업무 스트레스까지 가중되어, 가족 간의 문제와 같은 정신적 스트레스가 점점 커지고 있는 실정이다. 이렇듯 청소년기 자녀를 둔 가족은 가족 발달 과정에서 당면한 여러 문제들을 볼 때 다른 어떤 시기의 가족보다 화목한 가정을 이루는 데 있어 가족원 간의 노력이 더욱 필요하다고 할 수 있다.

또한 중년기 부모는 청소년기의 자녀가 사춘기를 지나는 때에, 자신의 성장과정과 자녀의 성장과정을 비교하면서 자신의 가치관을 강요하기도 하는데, 청소년 자녀들은 오히려 이때 부모로부터 독립하고자 하는 욕구가 발생한다. 부모−자녀 관계가 이러한 변화를 겪게 되면서 기존의 부모−자녀 관계를 수정해야 하는 상황이 초래된다.

그럼에도 불구하고 부모−자녀 관계는 청소년이 새로운 환경에 적응하고 자신의 세계를 넓혀 갈 때 필요한 안전 기지이며, 다른 사람과의 관계에서도 자신감을 갖게 하는 원천이 된다. 부모는 이러한 자녀와의 관계의 근본을 지키면서 또한 자녀와의 관계 변화에 따른 적응도 필요하다. 그렇다면 부모−자녀 관계 변화에 따른 적응을 위해 부모들을 어떠한 방법으로 도울 수 있을까?

본 프로그램에서는 무엇보다 해결중심 접근법을 활용하였다. 해결중심 집단상담은 '문제'에서 '해결'로의 이동을 둔 접근법으로 다음과 같은 치료적 원리를 가지고 있다.

- 집단원들의 성공 경험과 강점을 치료의 출발로 삼아 이를 활용해 집단원 스스로가 자신에게 맞는 해결책과 목표를 찾도록 돕는다.
- 집단지도자는 알지 못함의 자세로 집단원의 준거 틀에 입각하여 도전적 상황을 변화시켜 가는 진정한 협력의 관계를 형성한다.
- 변화란 불가피하고 모두가 원한다는 신념을 전제로 하여 작은 변화를 해결의 출발점으로 보고, 미래의 희망에 초점을 맞추어 용기를 갖고 긍정적 변화를 이끌도록 촉진한다.

이러한 해결중심 접근법은 집단구성원의 적극적 변화를 모색케 함으로써 자신감과 자존감을 향상시키고 감정조절 능력과 문제 해결 능력을 증진시켜 개인뿐만 아니라 가족의 능력 부여와 탄력성을 강화하는 데 유용하다는 연구 결과들을 가지고 있다.

또한 해결중심 집단상담에서는 집단원들과 관련된 사람들의 생각이나 감정 등을 생각해 볼 수 있는 질문을 통해 관계적 맥락을 보도록 한다. 따라서 참여한 부모들이 자녀와의 관계를 다룰 수 있도록 돕기 때문에 부모-자녀 관계 증진을 위한 부모집단 상담에 매우 유용할 것이다.

청소년기 자녀와의 관계 증진을 위한 해결중심 부모 집단상담 프로그램은 청소년기 자녀를 둔 부모가 자기 자신의 자원과 강점을 발견하여 스스로를 긍정적으로 바라보며, 자녀와의 관계를 회복하여 가족의 유대감을 강화시키고 가족의 건강성을 증진시키는 데 목적이 있다. 이러한 목적을 달성하기 위한 하위 목표는 다음과 같다.

첫째, 프로그램에 참여한 부모가 이미 가지고 있는 자원 및 강점을 스스로 발견하고 강화시킴으로써 해결에 대한 자신감을 가진다.

둘째, 자신과 자녀에 대한 이해를 높이고 수용함으로써 긍정적인 영향을 줄 수 있다는 신념 및 지각을 가진다.

셋째, 자녀와의 해결대화를 위한 방법을 알고 지속적으로 실행한다.

넷째, 자녀와의 갈등 상황에서 해결중심적 갈등 관리를 할 수 있다.

다섯째, 프로그램에 참여한 부모들 간의 칭찬, 격려, 지지 등의 긍정적인 피드백을 통하여 부모-자녀 관계에서도 지속적으로 좋은 관계를 유지하는 방법을 안다.

2. 개입전략

본 프로그램의 효과를 위한 개입전략은 다음과 같다.

첫째, 해결중심 접근의 핵심 7요소를 경험하도록 한다. 핵심 7요소 중 집단상담의 진행에 맞도록 쉬는 시간에 자문 시간 갖기와 메시지 주기는 집단구성원들이 직접 할 수 있게 수정·배치하고, 나머지 기적 질문의 사용, 척도 질문의 사용, 대처/극복 질문의 사용, 목표 설정, 예외 질문의 사용은 회기 내용에 맞게 적절하게 배치한다. 그래서 집단 활동을 통해 자신의 강점과 기술 및 자원 위에 구축된 해결을 경험하도록 돕는다.

> 해결중심 접근의 핵심 7요소(de Shazer & Berg , 1997)
> 기적 질문의 사용, 척도 질문의 사용, 쉬는 시간에 자문 시간 갖기, 내담자에게 메시지(칭찬 목록)과 과제 주기, 대처/극복 질문의 사용, 목표 설정, 예외 질문의 사용

둘째, 해결중심 원리가 전체 프로그램뿐만 아니라 각 회기 안에도 적용된 순환 구조적 프로그램으로 구성하여 보다 쉽게 목표에 도달하도록 한다. 전체 프로그램은 해결중심 모델의 5단계로 구성하고, 매 회기는 해결중심 모델의 5단계를 수정·적용하여 관계 형성(관계 형성, 목표 확인), 해결중심(변화 유도, 해결중심 개입) 활동, 변화 유지의 3단계로 구성하였다. 이는 해결중심 5단계를 순환적 구조로 구성함으로써 한 회기 안에서도 해결중심으로 진행될 수 있는 완결적 구성이다.

셋째, 부모-자녀 관계 증진을 위한 청소년기 자녀를 둔 부모의 발달 단계에 맞는 활동주제들을 구성하여 성장하고 변화하도록 한다. 자녀와 부모의 특징을 고려하고 집단원 간 공감대를 형성함으로써 집단 활동에 대한 동기화가 이루어질 수 있다. 또한 부모-자녀 관계 증진에 필요한 자녀와 자신에 대한 이해, 의사소통과 갈등 관리, 관계 강화 기술까지 경험할 수 있도록 구성하여 회기를 거듭할수록 성장과 변화의 필요성을 통찰할 수 있도록 돕는다.

넷째, 집단원들이 전문가라는 믿음으로 집단과정과 집단원을 자원으로 활용할 수 있게 구성하여 서로의 역량을 강화한다. 집단에 참여하는 집단원들의 지혜와 창의적 사고, 변화의지를 충분히 활용하여 회기마다 각자의 상황에서 각자의 해결을 얻어 갈 수

있는 열린 구조를 마련하였다. 특히, 지도자가 알지 못함의 자세와 진정한 호기심을 견지하는 태도를 유지하고, 나아가 집단원들의 참여가 해결을 향한 새로운 아이디어가 되도록 지지와 격려를 통해 역량강화를 도와야 할 것이다.

3. 구성내용

본 프로그램은 부모의 청소년기 자녀와의 관계 증진을 위해 해결중심상담의 5단계 모형(Kral, 1995)을 적용하여 구성하였으며 구체적 내용은 다음과 같다.

• 제1단계: 관계 형성 단계(1회기)

관계 형성 단계는 집단원들과 함께 상담관계를 수립하는 단계로 집단원들이 요구하는 방향에 맞게 상호 협력관계를 형성할 수 있도록 하였다. 지도자는 집단원들과 함께 집단원들이 자신의 문제를 어떻게 지각하는지 관심 있게 관찰하여야 한다. 집단원들이 서로의 공감대를 형성하고 가족의 순환성과 해결중심 원리를 이해할 수 있도록 하였다.

• 제2단계: 목표 설정 단계(2회기)

목표 설정 단계는 집단원들이 바라고 기대하는 것이 무엇인지 정하고 집단원이 어떤 행동을 하면 원하는 목표를 달성했다고 생각는지에 중점을 둔다. 집단원들이 목표 설정의 중요성을 알고 구체적이고 실천 가능한 목표를 세울 수 있도록 하였다.

• 제3단계: 변화 유도 단계(3~5회기)

변화 유도 단계는 해결중심으로 이끄는 단계이다. 먼저 자신과 자녀에 대한 이해를 바탕으로 강점을 발견하고 긍정적 감정을 확인하도록 하였다. 문제를 반복하는 대화 패턴을 발견하고 문제대화를 대신하여 해결대화를 할 수 있도록 하였다. 또한 반복적인 갈등 상황에서 갈등 관리를 통해 집단원들과 해결방안을 선택할 수 있도록 하여 자녀와의 관계를 강화할 수 있는 전환점이 되도록 하였다.

• 제4단계: 해결중심 개입 단계(6~7회기)

해결중심적 개입 단계에서는 문제를 해결하는 데 있어 효과 있는 것과 효과 없는 것을 확인하도록 하였다. 집단원들이 지금까지 자신의 문제를 해결하기 위해 노력해 온 것과 어려운 상황에서 내담자 스스로 나름대로 대처해 왔던 노고에 대하여 긍정적으로 평가하면서 유지할 수 있도록 하였다. 변화가 없고 효과가 없는 방법에 대해서는 역할극을 통해 집단원들의 도움을 받아 다른 것을 시도해 볼 수 있는 계기가 되도록 하였다.

• 제5단계: 변화 유지 단계(8회기)

변화 유지 단계는 프로그램을 통해 이루어진 변화들을 어떻게 계속 유지시킬 것인가에 대해 초점을 맞추었다.

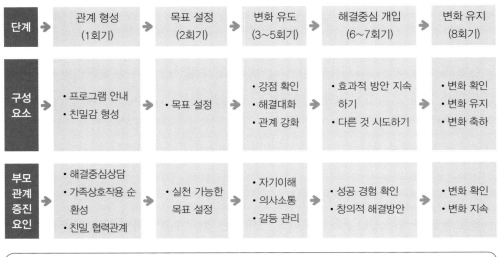

[그림 5-1] **프로그램 단계 및 구성 요소**

4. 운영지침

프로그램의 운영지침은 다음과 같다.

첫째, 전체 8회기 프로그램으로 회기당 90분간 진행되며 일주일에 1회기씩 진행한다. 본 프로그램은 해결중심 접근으로 핵심 요소를 적절하게 배치하고 적용하여 해결중심 관점에서 운영한다.

둘째, 매 회기 관계 형성 단계를 통해 지도자와 집단원 간, 집단원 간 신뢰감을 형성하여 변화를 촉진한다.

셋째, 해결중심적 접근에서는 구체적이고 명확한 목표 설정을 중요하게 생각하므로, 2회기 〈미래 거울〉 활동을 통해 원하는 미래를 살펴보고 8회기의 프로그램이 끝난 후 변화하고 싶은 것을 탐색하도록 하여, 현실적이고 성취 가능한 것을 목표로 설정한다.

넷째, 매 회기 해결중심 활동 단계를 시작할 때, 변화강화 기법(EARS)을 통해 과제 점검을 하면서 변화의지를 다지도록 한다. 지난 회기 이후 일상생활에서 있었던 긍정적인 변화에 관해 질문함으로써 집단원이 자신의 변화를 인식하여 자존감과 자신감을 증진시키도록 하며, 긍정적으로 변화한 것에 대해 함께 인정하고 격려함으로써 변화가 지속되도록 강화한다.

다섯째, 목표 설정과 목표 달성을 향해 가는 과정에서 쉽게 이해하고 적용할 수 있도록 척도 질문을 활용하여 1~10점까지의 점수를 그래프로 표시하게 하였다. 이를 통해 집단원들의 성장과 변화를 확인할 수 있다.

여섯째 , 매 회기 집단원 간 메시지 전달을 통해 집단원 간 칭찬과 격려가 일상적으로 이루어지도록 한다.

일곱째, 자신의 변화를 위해 회기마다 +1을 위한 과제를 스스로 제시하고 일주일간 실천하도록 한다.

여덟째, 프로그램 운영 시 구성원의 상황에 맞도록 선택적 회기 운영이 가능하다. 프로그램이 전체 8회기로 되어 있으나 해결중심 단기상담적 특성과 본 프로그램의 순환 구조적 특성상 융통성 있는 운영이 가능하도록 하였다.

5. 프로그램 계획

프로그램의 회기별 목표와 구체적인 내용은 다음과 같다.

단계	회기	주제	목표	활동
관계 형성	1	'해결중심'의 문으로 함께 들어가요	• 프로그램의 목적을 이해하고, 집단원 간 친밀한 관계를 형성한다. • 해결중심상담과 가족상호작용의 순환성을 이해한다.	• 프로그램 안내 • 관계 형성 　-자기소개하기 　-별칭 이어 말하기 • 해결중심 활동 　-면담 전 변화에 대한 질문 　-강의: 해결중심상담과 가족상호작용의 순환성 　-우리 가족의 상호작용 그리기 　-메시지 전달과 과제 제시 • 변화 유지 　-소감 나누기
목표 설정	2	지금, 나는 무엇을 원하고 있나요?	• 해결중심에서 목표 설정의 중요성을 안다. • 구체적이고 실천 가능한 목표를 세운다.	• 관계 형성 　-이렇게 인사해요 　-목표 확인 • 해결중심 활동 　-변화에 대한 EARS 기법 　-미래를 보여 주는 거울(보람, 기적 질문) 　-강의: 목표 설정의 원칙 　-목표 설정하기(척도 질문) 　-메시지 전달과 과제 제시 • 변화 유지 　-소감 나누기
변화 유도	3	보물 창고를 열어요	• 나와 자녀의 성격 특성을 이해한다. • 나와 자녀의 부정적인 성격과 결점이라고 여긴 것을 해결이야기로 바꾸어 보고 문제 해결에 활용할 수 있는 방안을 찾는다.	• 관계 형성 　-접어! 게임 　-목표 확인 • 해결중심 활동 　-변화에 대한 질문(EARS 기법) 　-강의: 선호 경향에 따른 성격 특성 이해하기 　-나와 자녀의 성격 특성 알기 　-보물 창고를 열어요 　-메시지 전달과 과제 제시 • 변화 유지 　-소감 나누기

	4	해결대화를 시작해요	• 나의 대화 패턴을 알고 효과적인 대화 방법을 찾는다. • 해결대화를 알고 자녀와 긍정적으로 의사소통을 한다.	• 관계 형성 　−서로의 거울이 되어 　−목표 확인 • 해결중심 활동 　−변화에 대한 질문(EARS 기법) 　−내가 자주 쓰는 말 알기 　−긍정적 감정으로 바꾸기 　−강의: 문제대화 & 해결대화 　−해결대화하기 　−메시지 전달과 과제 제시 • 변화 유지 　−소감 나누기
	5	갈등 관리, 변화를 위한 한걸음	• 자녀와의 갈등 상황을 나누고 해결중심 갈등 관리를 연습한다. • 지속적으로 자녀와의 관계를 강화하기 위한 방법을 선택한다.	• 관계 형성 　−나는 이런 일이 있었어요! 　−목표 확인 • 해결중심 활동 　−변화에 대한 질문(EARS 기법) 　−갈등피자 그리기 　−강의: 해결중심 갈등 관리 　−해결중심 갈등 관리 연습하기 　−자녀와의 관계 강화를 위한 브레인스토밍하기 　−메시지 전달과 과제 제시 • 변화 유지 　−소감 나누기
해결 중심 개입	6	효과가 있다면? GO!	• 프로그램을 통해 실천했던 성공 경험을 확인하고 서로 격려한다. • 부모−자녀 관계 증진을 위해 효과 있는 방안을 지속하고 확장한다.	• 관계 형성 　−행복한 순간 조각하기 　−목표 확인 • 해결중심 활동 　−변화에 대한 질문(EARS 기법) 　−성공 경험 확인하기(대처 질문) 　−강의: 잘하고 있는 것 지속하기의 중요성 　−부모−자녀 관계 역량 확인하기 　−칭찬 메시지 전달과 과제 제시 • 변화 유지 　−소감 나누기

II
해결중심 집단상담 실제

	7	효과가 없다면? Change!	• 효과가 없었던 상황이나 또 다른 어려움을 나누고 서로 격려한다. • 역할극을 통해 부모-자녀 관계 증진을 위한 다른 것을 시도한다.	• 관계 형성 　-강점 빙고놀이하기 　-목표 확인 • 해결중심 활동 　-변화에 대한 질문(EARS 기법) 　-문제 마음지도 그리기 　-강의: 다른 것 시도해 보기 　-문제 상황 역할극하기 　-해결 마음지도 그리기 　-메시지 전달 및 과제 제시 • 변화 유지 　-소감 나누기
변화 유지	8	+1의 변화는 계속되어요	• 변화된 자기 모습을 확인하고 변화 유지에 대한 약속을 한다. • 프로그램을 정리하며 소감을 발표한다.	• 관계 형성 　-눈으로 만나고 손으로 말해요 　-목표 확인 • 해결중심 활동 　-변화 확인하기 　-변화 유지하기 　-변화 축하하기 　-메시지 전달하기 • 변화 유지 　-전체 소감 나누기

6. 프로그램 회기별 내용

| 🖊️ 1회기 | **'해결중심'의 문으로 함께 들어가요** |

활동지도안	
활동 목표	• 프로그램의 목적을 이해하고, 집단원 간 친밀한 관계를 형성한다. • 해결중심상담과 가족상호작용의 순환성을 이해한다.
준비물	이름표, 네임펜, [활동지 1-1], [활동지 1-2], [강의자료 1-1], 동영상(해결중심상담), A4 백상지, 메시지용 카드
단계	**진행 절차**
프로그램 안내 (10분)	▶ 프로그램 안내 이 프로그램은 청소년 자녀를 둔 부모를 대상으로 자녀와의 관계를 회복하여 가족의 유대감을 강화시키고 가족의 건강성을 증진시키고자 하는 프로그램입니다. 특히, 청소년기 자녀를 둔 부모가 자기 자신의 자원과 강점을 발견하여 스스로를 긍정적으로 바라보는 것을 중요한 방향으로 설정합니다. – 지도자 소개 – 프로그램 안내 1. 필요성 청소년기의 자녀와의 관계에서 갈등과 어려움을 경험하는 중년기의 부모가 자녀와 자신을 이해하고 해결중심적 접근에 따른 안내와 상담자와의 공감적이고 협조적인 관계를 통해서 긍정적인 부모-자녀 관계를 증진시킬 수 있도록 돕기 위함이다. 2. 목표 • 부모가 가지고 있는 자원과 강점을 발견하고 강화시킴으로써 해결에 대한 자신감을 가진다. • 자신과 자녀에 대한 이해를 높이고 수용함으로써 긍정적인 영향을 줄 수 있다는 신념 및 지각을 가진다. • 자녀와의 해결대화를 위한 방법을 알고 지속적으로 실행한다. • 자녀와의 갈등 상황에서 해결중심적 갈등 관리를 할 수 있다. • 프로그램에 참여한 부모들 간의 칭찬, 격려, 지지 등의 긍정적인 피드백을 통하여 부모-자녀 관계에서도 지속적으로 좋은 관계를 유지하는 방법을 안다. – 서약서 쓰기 [활동지 1-1]
관계 형성 (20분)	▶ 자기소개하기 내가 가지고 있는 강점과 자원들을 찾아보는 데 집중을 해 봅시다. 함께 나눌 때에는 서로의 강점과 자원들을 찾아주는 데에도 집중을 하게 될 것입니다. 이러한 경험과 나눔들을 통해서 관계에서의 시선이 변화와 상생으로 흐르게 됩니다. 해결중심의 관점은 항상 이렇습니다.

〈활동 내용〉
① '나는요~' 활동지를 작성한다.
② 해결중심 부모집단상담 프로그램을 선택하게 된 계기를 집단원들과 나눈다.
③ 활동지에 있는 내용 중 자기가 소개하고 싶은 2~3개 정도를 골라서 소개한다.

> **Tip**
> • 전체로 진행하기 어렵다면 짝끼리, 또는 3~4인 소모둠을 구성하여 나누기를 진행하도록 한다.

▶ 별칭 이어 말하기
〈활동 내용〉: [활동지 1-2]
① 소개하기에서 나왔던 자신의 장점을 바탕으로 자녀와의 관계 증진의 변화를 바라며 별칭을 짓고 이름표에 쓴다.
② 정해진 별칭에, 자기를 설명하는 형용사를 붙여 자기를 소개한다.
③ 두 번째 집단원부터는 앞사람의 형용사와 별칭을 말하고, 자신의 형용사와 별칭을 이어 말한다.

▶ 목표 확인
－집단원 간 친밀감 형성하고 해결중심상담과 가족상호작용의 순환성을 이해한다.

해결중심 활동 (50분)	▶ 변화유도 활동 활동 1-1: 면담 전 변화에 대한 질문 자녀와의 관계 증진을 위한 해결중심 부모집단상담에 참여하겠다고 결정하고 나서부터 지금까지 자녀와의 관계나 여러분들의 생활에 어떤 긍정적인 변화가 있었는지 잘 떠올려 보고 함께 나눠 봅시다. 해결중심상담에서는 내가 어떤 문제 때문에 어떤 행동을 선택했다면 이미 변화가 시작된다고 봅니다. 자녀를 보는 시선, 대하는 태도 등 생활에서도 조금씩의 연관성을 찾을 수 있을 것입니다. 강의 1-1: 해결중심상담과 가족상호작용의 순환성 본 프로그램을 시작하면서 우리가 이해해야 할 내용 두 가지를 소개하고자 합니다. 첫째는 해결중심상담에 대한 이해가 필요합니다. 해결중심상담의 철학을 간단히 소개하면 어떤 것이 효과적이면 고치지 않고 더 많이 하도록 하고, 효과가 없다면 다른 방법을 사용하는 것이라고 할 수 있습니다. 해결중심상담에 대한 이해를 돕기 위해 동영상을 보도록 하겠습니다. 둘째는 가족상호작용의 순환성에 대한 이해가 필요합니다. 부모가 자녀와 상호작용할 때 보이는 일련의 순환적 문제 유지 흐름이 있는데 강의자료의 내용은 딸과 부모가 문제를 유지시키는 상호작용 방식에 대한 설명입니다. 부모들이 자신들의 방식이 깊이 개입되어 있는 가족문제를 유지하고 있는 이러한 구조를 바꾸기 위해서는 문제 상황을 바라보는 관점을 바꿔야 하고 더불어 자녀와의 상호작용 방식도 달라져야 합니다. **〈강의 내용〉: [강의자료 1-1]** 1. 해결중심상담 이해하기(동영상: 해결중심 단기상담법 https://www.youtube.com/watch?v=Rr-2iZMTIRo) 2. 가족상호작용의 순환성 이해하기

활동 1-2: 우리 가족의 상호작용 그리기

강의자료를 참고하여 평소 자녀와의 관계에서 마음과 다르게 자주 일어나는 문제적 상호작용의 흐름을 그려 보고 바꿀 수 있는 상호작용을 넣어 다르게 순환되는 방식으로 그려 보도록 하겠습니다.

〈활동 내용〉: [강의자료 1-1]

① 강의를 참고하여 A4 용지에 자신과 자녀와의 관계에서 일어나는 순환적 문제 유지방식을 그린다.
② 자기가 그린 그림을 보고 부모-자녀 관계에서의 문제를 유지시키는 자신의 상호작용이 무엇인지를 살펴보고 집단원들과 이야기를 나눈다.
③ 바꿀 수 있는 상호작용을 넣어서 순환적 방식을 다르게 그린다.
④ 새롭게 그린 순환적 방식을 집단원들에게 얘기하고 의견을 나눈다.

> **Tip**
> • 만약, 가족의 순환적 문제유지 방식이 없다면 성공적 상호작용을 바로 그려 봐도 좋다.

▶ 5분 휴식

해결중심상담에서 메시지 작성해서 전달하는 것은 매우 중요한 일입니다. 지금부터 잠깐의 휴식시간을 가질 예정입니다. 잠시 쉬면서 생각을 정리한 다음 오늘의 짝을 지켜보면서 발견한 강점과 이전의 성공 경험 및 예외, 칭찬거리에 대해 생각하는 시간이 되면 좋겠습니다. 지금부터 잠시 휴식시간을 가지도록 하겠습니다.

▶ 해결중심 개입 활동

활동 1-3: 메시지 전달과 과제 제시

휴식시간 동안 떠올렸던 것을 카드에 작성하여 짝에게 전달합니다. 서로의 강점과 자원에 대해 칭찬하고 격려하는 메시지를 작성하시면 됩니다.

① 메시지를 작성하여 짝에게 전달한다.

> **Tip**
> • 메시지를 전달하기 위한 짝을 미리 매칭하도록 한다.
> • 수호천사를 미리 정해서 집단이 끝날 때까지 서로에게 메시지를 작성하도록 하거나 회기마다 사다리나 제비뽑기 형식을 빌려 우연히 짝을 정해도 좋다.
> • 개인 영역의 게시판이나 공책을 준비하여 매 회기 받는 메시지를 모아 두게 해도 좋다.

본 집단상담에서는 스스로 과제를 제시하는 것으로 진행하도록 하겠습니다. 단, 첫 회기 과제는 지도자가 제시하겠습니다. 여러분이 자녀와 맺고 있는 관계에 대한 그림을 좀 더 분명하게 그려내기 위해 다음 주에 다시 만날 때까지 여러분이 마치 명탐정이 된 것처럼 상상의 돋보기를 사용해서 일상생활을 관찰하시기를 바랍니다. 자녀와의 관계에서 앞으로도 계속해서 일어나길 바라는 일이 일어난 순간을 포착하고, 잘 관찰하여 발견한 점을 적어서 다음 주에 가져 오시기 바랍니다.

② 첫 회기 과제를 안내한다.

변화 유지 (10분)	▶ 소감 나누기 –오늘 어떤 활동이나 생각이 가장 도움이 되었나요? –지도자가 수정하거나 추가적으로 다루어 주길 원하는 내용이 있나요? **Tip 지도자가 소감 나누기에서 할 수 있는 질문들** • 다음 주에 시도해 볼 계획을 세우는 데 어떤 아이디어가 가장 도움이 되었나요? • 오늘 나온 주제나 아이디어 중에서 이해하지 못하셨거나 좀 더 분명하게 해야 할 필요가 있는 것이 있나요? • 오늘 다루지 않은 것 중에 다음번에 만나면 반드시 다루어야 할 양육 관련 주제가 있을까요? • 각자가 이 집단에서 지지받는 느낌을 받으시고 여러분의 기대가 충족되기를 바라기 때문에 여쭙니다. 우리의 상호작용이나 집단 방식 중에서 여러분의 집단경험을 좀 더 만족스럽게 하기 위해 바꿀 만한 것이 있을까요?
유의점	• 해결중심 집단상담에서 첫 회기는 매우 중요하다. 집단원들이 환영받고 다른 구성원들과 연결됨을 느끼도록 도우며, 누구 하나 소외됨 없도록 살펴야 한다. • 지도자는 건설적이고 목표와 과업에 대해 알 수 있도록 주도적으로 시작을 이끄는 것이 중요하다.

[활동지 1-1]

〈서약서〉

이름:

나는 해결중심 부모집단상담 프로그램에

자발적으로 참여하고,

행복하고 의미 있는 만남이 되기 위해서

- 집단상담 약속시간을 지키고 활동에 끝까지 참여하겠습니다.

- 나의 생각과 느낌을 솔직하게 표현하겠습니다.

- 집단원들의 생각과 감정, 의견, 행동을 존중하겠습니다.

- 집단상담에서 나눈 이야기는 비밀로 하겠습니다.

- _____

- _____

저는 집단상담에 참여하면서 위 사항들을 지킬 것을 약속합니다.

년   월   일

서명:

[활동지 1-2]

〈나는요~〉

별칭:

해결중심 부모집단상담에 오게 된 계기는?

가족들이 말하는 나의 좋은 점은?

_____

내가 가장 즐겁게 하는 것은?

_____

나에게 가장 중요한 사람과 그렇게 생각하는 이유는?

_____

내가 가지고 싶은 나의 모습은?

_____

내가 제일 잘 한 것은?

_____

나는 뿌듯한데 다른 사람은 잘 모르는 것이 있다면?

_____

나를 설명하는 단어 3개를 적는다면?

_____

강의자료 1-1 **해결중심상담과 가족상호작용의 순환성**

1. 해결중심상담 이해하기

해결중심 단기상담(Solution Focused Brief Counseling: SFBC)은 기존의 문제중심적인 접근을 벗어나서 문제의 원인을 제거하기보다는 내담자가 이미 가지고 있는 자원을 활용하여 내담자가 원하는 해결이 무엇인가에 초점을 두어 의미 있는 해결방안을 구축하도록 돕는 것을 목표로 하는 모델이다.

> **Tip**
> • 이론 편을 참고한다.

2. 가족상호작용의 순환성

부모와 자녀의 문제. 즉 가족의 문제는 특정 개인의 문제라기보다 가족의 상호작용의 한 부분이라고 할 수 있다. 늦게 들어오는 딸과 엄마의 잔소리가 반복된다면 이는 문제가 단순히 늦은 귀가와 잔소리가 아닐 수 있다. 둘의 상호작용으로 볼 수 있는 것이다.

이러한 가족의 상호작용적 시각은 가족 구성원 중 한 명이 변화하면 나머지 가족이 영향을 받게 된다는 것을 보여 준다. 엄마의 잔소리를 멈추면 딸의 늦게 귀가하지 않을 거라거나, 딸이 늦게 귀가하지 않으면 엄마의 잔소리를 멈추게 될 것이라는 예상을 할 수 있다. 그러나 바람직하지 않은 행동을 멈추는 일은 쉽지 않다. 그래서 해결중심상담에서는 둘의 행동이 없을 때 상호작용하는 것에 초점을 맞추고 활용하여 패턴의 변화를 가져 오고 문제를 해결할 수 있다고 본다.

이는 어떤 일의 결과가 단순히 한 가지의 원인이 있다고 보기보다는 결과에 이르기까지 가족의 상호작용을 중심으로 상황을 이해하는 방법이다. 가족 간 행동은 서로 긴밀하게 연결되어 있으므로 그 원인과 결과를 분리한다는 것은 어려운 일이며 서로 영향을 미치고 있다고 본다.

따라서 부모들이 개입되어 있는 가족 문제를 유지시키는 구조를 바꾸려면 문제 상황을 바라보는 관점부터 바꿔 봄으로써 자녀와 상호작용하는 방식도 바꾸어야 한다.

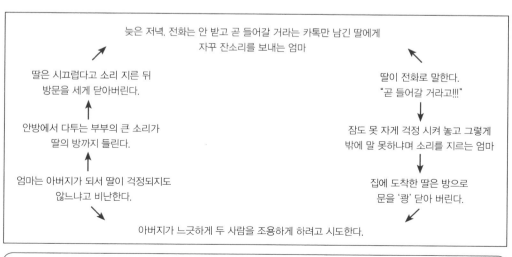

[그림 5-2] **가족의 순환적 문제 유지 방식**

📝 2회기 지금, 나는 무엇을 원하고 있나요?

활동지도안	
활동 목표	• 해결중심에서 목표 설정의 중요성을 안다. • 구체적이고 실천 가능한 목표를 세운다.
준비물	필기구, [활동지 2-1], [강의자료 2-1], [활동지 2-2], 메시지용 카드
단계	**진행 절차**
관계 형성 (20분)	▶ 이렇게 인사해요 〈활동 내용〉 ① 종이에 가로×세로 같은 칸의 정사각형을 그린 후 다 같이 자유롭게 돌아다닌다. ② 돌아다니다가 눈이 마주치는 사람과 마주 보고 반갑게 인사를 한다. ③ 인사를 마친 후 종이를 바꿔 빈칸에 각자의 사인을 해 준다. ④ 다시 돌아다니면서 위의 방법을 반복하며 집단원들의 사인을 받는다. ⑤ 아홉 칸에 사인을 다 채우면 자기 자리로 간다. ⑥ 한 사람과 한 번만 인사를 할 수 있다. **Tip** • 칸(가로×세로)의 수는 전체 인원 수와 같거나 조금 적게 하는 게 좋다. • 지도자가 다양한 인사말 또는 인사 방법을 칸마다 제시하고 미리 인쇄하여 사용해도 좋다. • 자유롭게 돌아다닐 때 음악을 사용하면 좋다. • 서로 한 번씩만 인사를 할 수 있도록 안내한다. ▶목표 확인 −프로그램을 통해 자녀와의 관계에서 이루고 싶은 구체적인 목표를 설정한다.
해결중심 활동 (60분)	▶변화유도 활동 활동: 2-1: 변화에 대한 EARS 기법 매 회기마다 변화에 대한 질문을 하게 됩니다. 첫 회기와 달리 2회기부터는 EARS 기법으로 질문을 합니다. 이 질문은 여러분들의 작은 변화를 알아차리고 확대할 수 있도록 도우며, 스스로 강화 받고 반복할 수 있도록 안내하는 것입니다. 평소 자녀들과의 관계에서 이러한 질문을 잘 활용한다면 관계의 변화가 시작될 것이라 봅니다. 〈활동 내용〉 ① E(이끌어 내기): 지난 회기에 우리가 만난 뒤 조금이라도 변화가 생겼거나 상황이 좀 나아진 것이 있다면 나누어 주시겠습니까? ② A(확대하기): 그 변화를 알아차린 사람은 누구였나요? 다른 가족들은 어떻게 달라졌나요? ③ R(강화하기): 대단해요. 어떻게 그렇게 할 수 있었나요? ④ S(다시 시작하기): 그 외에 또 어떤 일을 할 수 있을까요?

활동 2-2: 미래를 보여 주는 거울

자녀와의 관계에서 무엇이 좀 좋아지면 이 프로그램에 참여한 것이 보람 있었다고 말할 수 있을까요?

당신 앞에 미래를 보여 주는 거울이 있습니다. 이 거울은 당신의 자녀와의 관계의 미래 모습을 볼 수 있게 해 준답니다. 이제 미래 거울을 응시해 보세요. 당신이 진정으로 원하는 모습이 나타날 것입니다.

> 〈**활동 내용**〉: [활동지 2-1]
> ① 목표 설정 질문(보람 질문)을 듣고 프로그램에서 얻고 싶은 것을 떠올린다.
> ② 기적 질문을 듣고 미래 거울을 응시한다.
> ③ 거울에서 본 미래의 모습에 대해 구체적으로 적는다.
> ④ 자신의 미래의 모습에 대해 함께 이야기를 나눈다.

강의 2-1: 목표 설정의 원칙

해결중심상담은 내담자 중심의 모델입니다. 상담자는 내담자가 원하는 것을 달성할 수 있도록 도와주는 역할을 합니다. 그러기 위해서는 내담자와 함께 목표를 잘 만들어 가야 합니다. 이는 상담의 효과와도 바로 연결됩니다.

상담의 목표는 증상의 제거가 아니라 내담자가 말한 목표를 성취할 수 있도록 돕는 것입니다. 즉, 목표를 설정할 때는 문제의 소거보다는 원하는 것을 구체적이고 긍정적이며, 해결 가능한 것으로 정하는 것이 중요합니다. 많은 사람들이 '지금', '당장' 시작할 일에 대한 계획은 어려워하고 심지어는 커다란 미래의 그림을 생각하고 더 쉽게 포기하기도 합니다. 따라서 그 미래를 실현하기 위한 시작점을 매우 구체화하도록 도울 필요가 있습니다. 해결중심상담에서 목표 설정을 어떻게 해야 하는지 살펴보겠습니다.

> 〈**강의 내용**〉: [강의자료 2-1]
> 1. 목표 설정의 주요 원칙 알기
> 2. 목표 설정의 예시 살펴보기

활동 2-3: 목표 설정하기

미래의 모습을 떠올려 보고 이 프로그램을 통해 얻고 싶은 목표를 구체적으로 설정해 봅시다. 목표를 이루었을 때를 10점이라고 한다면 현재 나의 위치는 몇 점일까요?

> 〈**활동 내용**〉: [활동지 2-2]
> ① 목표를 설정한다.
> ② 척도 질문을 듣고 현재 나의 위치를 표시한다.

▶ 5분 휴식

지금 잠깐의 휴식시간을 갖도록 하겠습니다. 잠시 쉬면서 생각을 정리한 다음 오늘 짝의 강점과 이전의 성공 경험 및 예외, 칭찬거리에 대해 생각해 보는 시간을 잠시 가져 주세요.

▶ 해결중심 개입 활동

활동 2-4: 메시지 전달과 과제 제시

이번 회기를 통해 발견한 강점과 자원에 대해 칭찬하고 서로 간 소중한 격려를 나누는 시간입니다. 이 시간 지켜본 오늘의 짝에게 메시지를 작성하여 전달하도록 하겠습니다.

목표를 정하고 난 뒤 현재 상태의 점수를 확인해 보았습니다. 매 회기마다 과제는 그것에서 +1을 올리기 위한 과제를 제시하는 것입니다. 각자 구체적으로 실행할 수 있는 명확한 과제를 가지고 가시면 좋겠습니다.

〈활동 내용〉

① 메시지를 작성하여 짝에게 전달한다.

② 과제 안내를 듣고 +1을 위한 과제를 정한다.

③ 자신의 +1을 위한 과제를 집단원들에게 말한다.

④ 전체 과제를 안내한다(자신과 자녀의 성격유형검사 실시).

변화 유지 (10분)	▶ 소감 나누기 -오늘 어떤 활동이나 생각이 가장 도움이 되었나요? -지도자가 수정하거나 추가적으로 다루어 주길 원하는 내용이 있나요?
유의점	• 변화에 대한 질문을 할 때 집단원 간의 상호작용을 촉진시키다. • 과제로 자신과 자녀의 선호 경향에 따른 성격유형검사를 실시하고, 다음 회기에 결과지를 가지고 올 수 있도록 안내한다.

[활동지 2-1]

〈미래를 보여 주는 거울〉

별칭:

★ 당신 앞에 미래 거울이 있습니다. 이 거울은 당신의 자녀와의 관계의 미래 모습을 볼 수 있게 해 준답니다. 이제 미래 거울을 응시해 보세요. 당신이 진정으로 원하는 모습이 나타날 것입니다.

거울에서 본 당신의 미래는 어떻게 달라져 있나요?

1. 당신은 무엇을 해결했나요?

_____

2. 문제를 어떻게 해결했나요?

_____

3. 누가 당신을 도와주었나요?

_____

4. 그 사람은 당신을 돕기 위해 무엇을 했나요?

_____

강의자료 2-1 | **목표 설정의 원칙**

1. 목표 설정의 원칙

① 내담자에게 중요한 것을 내담자의 언어로 표현한다.

② 성취할 수 있는 작은 것으로 한다.

③ 구체적, 명확하게, 행동으로 할 수 있는 것으로 한다.

④ 하지 말아야 하는 것보다 해야 하는 것으로 한다.

⑤ 지금 좋아지길 원하는 것으로 한다.

⑥ 현실적이고 성취 가능한 것으로 한다.

⑦ 결과보다는 수행과정에서의 노력을 성공의 기준으로 본다.

2. 목표 설정의 예

- 지금처럼 우울하지 않았으면 좋겠어요.

→ 많이 웃고 활기차게 생활했으면 좋겠어요.

- 아이에게 화를 내지 않는 엄마가 되고 싶어요.

→ 아이에게 따뜻하게 대해 주고 소리 지르지 않고 부드럽게 얘기할 수 있는 엄마가 되고 싶어요.

- 스스로 알아서 공부도 하고 다 그러고 싶어요.

"쉬운 일이 아니지요. 첫 단계에서 할 수 있는 일은 무엇일까요?"

"그 많은 것 중 가장 쉽게 할 수 있는 일은 무엇일까요?"

→ 옷을 혼자 골라 입는 것이에요.

[활동지 2-2]

〈목표 설정하기〉

별칭:

1. 목표 설정하기

① 미래 거울을 통해 본 미래 모습은 무엇인가요?

_____

② 그것을 이루기 위해 무엇을 할 수 있을까요?

_____

③ 목표 설정의 원칙을 기준으로 이번 프로그램을 통해 내가 이루고 싶은 목표를 설정해 봅시다.

_____

2. 척도 질문

내가 원하는 모습과 가장 거리가 멀고 힘든 상황일 때를 1점, 내가 행동목표를 이루고 문제가 해결되었을 때를 10점이라고 한다면 현재 나는 몇 점일까요?

10점							
9점							
8점							
7점							
6점							
5점							
4점							
3점							
2점							
1점							
점수＼회기	2회기	3회기	4회기	5회기	6회기	7회기	8회기

3회기 **보물 창고를 열어요**

활동지도안	
활동 목표	• 나와 자녀의 성격 특성을 이해한다. • 나와 자녀의 부정적인 성격과 결점이라고 여긴 것을 해결이야기로 바꾸어 보고 문제 해결에 활용할 수 있는 방안을 찾는다.
준비물	MBTI(www.mbti.co.kr), [활동지 3-1], [활동지 3-2], 메시지용 카드, 전지, 네임펜, 매직, 소모둠 활동용 그림

단계	진행 절차
관계 형성 (20분)	▶ 접어! 게임 〈활동 내용〉 ① 오른손을 올려 손가락 5개를 모두 편다. ② 지도자가 먼저 (안경 낀 사람 접어!) 하면 안경 낀 사람만 손가락 1개를 접는다. ③ 같은 방식으로 다음 사람이 (~한 사람 접어!)라고 하면 해당되는 사람만 손가락 1개를 접는다. ④ 손가락 5개를 다 접은 사람은 벌칙(자기 장점 3개 빨리 말하기)을 수행한다. ▶ 목표 확인 -나와 자녀의 성격 특성을 이해하고 강점을 확인한다.
해결중심 활동 (60분)	▶ 변화유도 활동 활동 3-1: 변화에 대한 질문(EARS 기법) 〈활동 내용〉 ① E(이끌어 내기): 지난 회기에 우리가 만난 뒤 조금이라도 변화가 생겼거나 상황이 좀 나아진 것이 있다면 나누어 주시겠습니까? ② A(확대하기): 그 변화를 알아차린 사람은 누구였나요? 다른 가족들은 어떻게 달라졌나요? ③ R(강화하기): 대단해요. 어떻게 그렇게 할 수 있었나요? ④ S(다시 시작하기): 그 외에 또 어떤 일을 할 수 있을까요? ⑤ 지난주 과제를 하고 난 지금의 척도 점수는 얼마인지 확인하고 그래프 [활동지 2-2]에 표시한다. ┌───┐ **Tip 만약 위의 활동에서 변화를 발견하지 못했다면? 기적 질문을 활용한다.** • 만약 타임머신을 타고 자녀와 사이가 만족스러운 때로 가서 휴대전화로 촬영을 하고 왔어요. 동영상에서 무엇을 볼 수 있을까요? 상황이 나아졌다는 것을 가리킬 만한 것들은 무엇일까요? 나오는 사람들은 무엇을 하고 있나요? └───┘

강의 3-1: 선호 경향에 따른 성격 특성 이해하기

성격이란 언제 어디서나 비교적 일관적이고 안정적으로 나타나는 행동 패턴을 말합니다. 평소 나와 다른 생각, 감정, 행동에 대해 어떤 반응이 일어나는지 살펴본 적이 있나요? 우리는 사람마다 얼굴 모습이나 신체 조건이 다르다는 것은 너무 쉽게 받아들이지만 눈에 보이지 않는 개인의 생각, 감정, 행동이 나와 다를 수 있다는 것은 받아들이기 힘들 때가 종종 있습니다. 특히, 자녀나 부모에게는 더 자주 이런 경험을 하게 됩니다. 우리가 성격유형을 알아야 하는 이유는 내가 다른 사람과 다르듯이 다른 사람도 나와 다를 수 있다는 것을 이해하고 그 다름을 존중 받고 존중하는 데 있다고 할 수 있습니다. 더 좋거나 나쁜 유형은 없습니다. 모든 유형은 가치 있고 존중받아야 하겠지요. 이러한 생각을 바탕으로 선호 경향에 따른 성격 특성을 이해하는 시간을 가져 보도록 하겠습니다.

〈강의 내용〉
MBTI에서의 선호 경향과 성격유형 이해하기(http://www.mbti.co.kr/)

활동 3-2: 나와 자녀의 성격 특성 알기

여러분과 자녀의 성격유형검사 결과지를 다 가지고 오셨죠? 성격유형검사는 나와 자녀가 다르고 나와 타인이 다르다는 것을 인정하고 나 위주의 생각을 강요하거나 내 틀에 맞추기 않기 위해 참고하는 것입니다. 나와 자녀의 관계에서도 서로에 대한 존중을 바탕으로 한 이해가 우선된다면 좋은 관계를 유지하면서 소통할 수 있을 거라 기대됩니다. 여러분과 자녀의 성격유형의 각 지표가 가진 특성에 대해 좀 더 자세히 알아보도록 하겠습니다.

〈활동 내용〉: [활동지 3-1]
① 선호 경향에 따른 자신의 성격 특성을 확인한다.
② 선호 경향에 따른 자녀의 성격 특성을 확인한다.
③ 선호 지표별 유형으로 소모둠을 만들고 주어진 주제에 따라 협의된 내용을 전지에 적는다.
④ 모둠별로 전지를 붙이고 모둠장이 발표를 한다.
⑤ 성격 특성에 대한 알게 된 점과 느낀 점을 집단원들과 나눈다.

Tip
• 성격유형검사를 미리 실시하여 자녀와 자신의 결과지를 가지고 온다.
• 선호 지표별 유형으로 나누어 소모둠 활동을 할 때 시간과 구성원에 맞추어 선택적으로 주제를 제시해도 좋다.

활동 3-3: 보물 창고를 열어요

선호 경향에 따른 여러분들과 자녀의 성격 특성을 이해하게 되었습니다. 그 성격 특성을 평소 결점이라 여기고 부정적 생각으로 부정적 단어로 표현해 왔을 것입니다. 물론 여러분들의 자녀에게도 고쳤으면 하는 측면에 대해 수시로 부정적 표현을 해 왔을 수도 있습니다. 우리는 이제 이 특성들을 이 전과 달리 성격적 측면에서 이해해 보았으니 그동안 했던 부정적 표현들을 다르게 표현해 볼까 합니다. 여러분이 생각하고 있던 자신의 부정적 성격이나 결점을 해결이야기로 바꿔 보고 나아가 자녀의 부정적 성격이나 결점 또한 해결이야기로 바꿔 보도록 하겠습니다. 이 시간을 통해 여러분과 자녀에 대한 새로운 관점을 가져 보시길 바랍니다.

해결이야기로 바꾸어서 설명된 성격 특성을 잘 보면 긍정적으로 활용될 수 있는 강점으로 보일 것입니다. 이것이 바로 나와 자녀의 깊은 내면에 묻혀 있던 보물이랍니다. 이 귀중한 보물을 잘 찾아보도록 하겠습니다. 발견한 보물들을 차례로 적어 봅시다. 나의 보물(성격 특성)과 자녀의 보물이 서로의 관계 증진에 도움이 되려면 어떻게 활용할 수 있을지 생각해 봅시다.

〈활동 내용〉: [활동지 3-2]
① 부정적으로 보였던 성격적 특성을 해결이야기로 바꾸어 본다.
② 해결이야기로 바꾼 것을 바탕으로 나와 자녀의 성격 특성에서 보물을 발견한다.
③ 자녀와의 관계 증진을 위해 나의 보물을 활용할 수 있는 방법에 대해 이야기를 나눈다.

> **Tip**
> • 해결이야기로 바꾸거나 보물 창고를 확인할 때 어려워하거나 힘들어하는 경우 집단원들이 다 같이 도와주면 더욱 지지와 확신을 얻을 수 있고, 구성원 간 서로에게 해 주는 짝 활동으로 해 도 좋다.

▶ 5분 휴식

▶ 해결중심 개입 활동
활동 3-4: 메시지 전달과 과제 제시

〈활동 내용〉
① 강점과 자원에 대해 칭찬하고 서로 간 소중한 격려를 전달한다.
② +1 올리기 위한 자기 과제를 정한다.

변화 유지 (10분)	▶ 소감 나누기 -오늘 어떤 활동이나 생각이 가장 도움이 되었나요? -지도자가 수정하거나 추가적으로 다루어 주길 원하는 내용이 있나요?
유의점	해결이야기로 바꾸는 것은 다르게 생각하는 것이다. 다르게 생각할 때 부정적인 감정과, 부정적인 생각과 거리를 가질 수 있고 새롭게 인식할 수 있다. 집단원 간 서로에게 해결이야기를 바꾸어 주는 것도 좋겠다.

[활동지 3-1]

<h1><나와 자녀의 성격 특성 알기></h1>

별칭:

1. 나와 자녀의 성격유형에 대해 알아봅시다.

나의 성격유형	자녀의 성격유형
나와 자녀의 공통점	**나와 자녀의 다른 점**

2. 같은 선호 지표별로 모여 모둠 활동을 해 봅시다.

　(시간과 구성원에 따라 선택적으로 활용하기)

선택 1) 외향−내향형
• 우리 유형은 공부를 할 때 어떤 스타일인가요?
　(공부 잘되는 환경, 학습태도, 필기방식, 결과가 나온 후 꼭 후회하는 것)

선택 2) 감각−직관형
• 제시하는 그림을 잘 보고 함께 묘사해 보세요.

선택 3) 사고−감정형
• 우리 유형은 자녀가 너무 힘들다고 할 때 보통 어떻게 대처하나요?

선택 4) 판단−인식형
• 우리 유형들이 함께 1박 2일 여행을 가려고 합니다. 여행 계획을 세워 보세요.

3. 선호 지표별 발표를 듣고 느낀 점을 나누어 봅시다.

[활동지 3-2]

〈보물 창고를 열어요〉

별칭:

1. 해결이야기로 바꾸기

나의 문제(부정적 성격과 결점) 이야기	해결이야기로
예시) • 계획이 어긋나면 화가 나는 • 급한 일도 속이 터지게 • 자기중심적인 • 너무 예민한	예시) • 준비성이 확실한 • 여유롭고 느긋하게 • 자신을 잘 보살피는 • 잘 알아차려서 배려심 있는
자녀의 문제(부정적 성격과 결점) 이야기	해결이야기로

2. 보물 창고를 열어요

① 해결이야기와 서로의 성격 특성에 따른 나와 자녀의 강점(보물)들을 찾아서 적어 봅시다.

나의 보물	자녀의 보물

② 무궁무진한 나의 보물(성격 특성) 중 자녀와의 관계 증진에 도움이 되고 활용할 수 있는 보물은 무엇

인가요?

📝 4회기 **해결대화를 시작해요**

활동지도안	
활동 목표	• 나의 대화 패턴을 알고 효과적인 대화 방법을 찾는다. • 해결대화를 알고 자녀와 긍정적으로 의사소통을 한다.
준비물	동영상, A4 용지, 해결중심 감정카드, 해결중심 스토리카드, [활동지 4-1], [강의자료 4-1], [활동지 4-2], 메시지용 카드
단계	진행 절차
관계 형성 (20분)	▶ 서로의 거울이 되어 〈활동 내용〉 ① 두 명이 짝이 되어 한 팀을 만들고 짝과 서로 마주 본다. ② 가위바위보를 하여 이긴 사람이 거울이 되고 진 사람은 거울을 똑같이 따라 한다. ③ 거울은 자신이 만들고 싶은 표정을 마음껏 만들어 본다(웃는 표정, 찡그린 표정, 입을 크게 벌리기, 눈을 모으기). ④가장 거울과 똑같이 따라 하는 팀을 뽑는다. ⑤이기는 팀은 소통을 잘 하는 팀으로 선정하고 축하해 준다. ▶ 목표 확인 -자녀와의 긍정적인 상호작용을 통해 해결중심 대화를 한다.
해결중심 활동 (60분)	▶ 변화유도 활동 활동 4-1: 변화에 대한 질문(EARS 기법) 〈활동 내용〉 ① E(이끌어 내기): 지난 회기에 우리가 만난 뒤 조금이라도 변화가 생겼거나 상황이 좀 나아진 것이 있다면 나누어 주시겠습니까? ② A(확대하기): 그 변화를 알아차린 사람은 누구였나요? 다른 가족들은 어떻게 달라졌나요? ③ R(강화하기): 대단해요. 어떻게 그렇게 할 수 있었나요? ④ S(다시 시작하기): 그 외에 또 어떤 일을 할 수 있을까요? ⑤ 지난주 과제를 하고 난 지금의 척도 점수는 얼마인지 확인하고 그래프 [활동지 2-2]에 표시한다. --- **Tip** • 만약 위의 활동에서 예외를 발견하지 못했다면? 기적 질문을 활용한다. --- 활동 4-2: 내가 자주 쓰는 말 알기 부모-자녀 관계에서 서로 간의 대화로 이해 문제를 극대화시킬 수도 있고 때론 새로운 문제를 만들 수도 있습니다. 주로 해결을 위하면서도 서로의 문제에 초점을 두고 대화를 하게 될 때 대화가 더 이상 이어지지 않는 경우를 종종 경험하게 됩니다. 여러분들이 갈등 상황에서 주로 어떤 말들을 사용하고 있는지 살펴보도록 하겠습니다.

〈활동 내용〉
① '부모-자녀와의 대화' 동영상을 시청한다.
　(동영상: EBS 다큐프라임 '학교란 무엇인가' 8부 0.1%의 비밀)
② 해결중심 스토리 카드를 펼치고 자녀와 자주 겪는 상황과 비슷한 카드 네 장을 고른다.
③ 어떤 일들인지 자세히 이야기를 나누고 주요한 대화 장면을 떠올린다.
④ 반복해서 사용하는 말을 말풍선에 넣어서 만화를 완성한다.
⑤ 짝과 역할을 바꾸어 가며 역할극을 한다.
⑥ 짝과 느낀 점을 나눈다.

Tip
• A4 용지를 제시한다: 4컷 만화 칸을 그리고 스토리를 넣어 서로의 대화를 적어도 되고 한 칸에 한 컷씩 주요 대화 장면을 그려도 좋다.

활동 4-3: 긍정적 감정으로 바꾸기
감정카드를 활용하게 되면 감정을 분명하게 인식하고, 좀 더 구체적이고 분명하게 언어나 글로 감정을 표현할 수 있도록 도와줍니다. 또한 우리가 희망하고 원하는 긍정 감정으로 바꾸어 보고 이 감정을 가지고 살게 되면 무엇이 달라질지, 그러한 감정을 갖기 위한 방법은 무엇인지 함께 이야기해 봄으로써 함께 해결의 길로 더 잘 갈 수 있게 됩니다.

〈활동 내용〉: [활동지 4-1]
① 자주 쓰는 말에서 내가 주로 느끼는 부정적 감정을 카드에서 찾는다.
② 부정적 카드와 바꾸고 싶은 긍정적 카드를 고르고 짝과 이야기를 나눈다.
③ 자녀의 입장에서 어떤 감정이 느껴지는지 알아본다.

강의 4-1: 문제대화 & 해결대화
평소 자주 사용하는 말 중 부정적 측면이나 문제와 결점에 초점을 맞추는 방식의 문제대화와 미래와 해결에 초점을 준 해결대화에 대해 살펴보도록 하겠습니다. 부모-자녀 관계에서 긍정적 상호작용을 할 수 있는 해결대화는 무엇인지 또 어떻게 전환할 수 있을까요?
해결중심상담에서 해결을 위해 사용하는 질문기법이 바로 첫 번째 해결대화 방법이라 할 수 있고, 두 번째는 자녀의 말을 인정해 주고 감정을 허용해 주는 느낌과 행동을 분리해서 말하는 방법이 있으며, 마지막으로 해결책에 대한 합의를 위해 요청과 부탁으로 바꾸어 말하는 방법이 있습니다. 이러한 방법들을 통해 자녀를 존중하고 부모-자녀 관계에서 긍정적인 상호작용을 할 수 있게 됩니다. 더 자세히 살펴보도록 하겠습니다.

〈강의 내용〉: [강의자료 4-1]
1. 문제대화 이해하기
2. 해결대화(해결중심 질문기법 활용하기, 느낌과 행동 분리해서 말하기, 요청이나 부탁으로 바꾸어 말하기) 이해하기

활동 4-4: 해결대화하기

자녀들이 무언가 이야기하려고 할 때 부모들은 섣부른 지적이나 비난, 또는 충고와 조언을 하기가 쉽습니다. 그러나 자녀들과 대화할 때 주관적이고 일방적이 뜻만을 전달한다면 자녀의 욕구와 마음을 무시할 수가 있고 나아가 자녀와의 관계를 지속적으로 해칠 수 있다는 것을 알게 되었으니 강의 시간에 살펴본 해결대화로 다르게 소통하는 방법을 연습해 보도록 하겠습니다.

〈활동 내용〉: [활동지 4-2]
① 활동 4-2에서 적었던 말들을 해결대화로 바꾸고 짝과 역할을 나누어 해결대화를 주고받는다.
② 해결대화를 하고 난 뒤 나의 감정과 자녀의 감정을 떠올려 본다.
③ 해결대화를 하고 난 뒤 각자의 느낀 점을 나눈다.

> **Tip**
> • 각자가 자주 사용하는 말을 해결대화로 바꿀 때 세 가지 방법 중에서 적절하게 골라서 활동해도 되며, 각각의 방법을 다 활용해도 된다. 시간 활용에 따라 운영하는 게 좋다.

▶ 5분 휴식

▶ 해결중심 개입 활동
활동 4-5: 메시지 전달과 과제 제시

〈활동 내용〉
① 강점과 자원에 대해 칭찬하고 서로 간 소중한 격려를 나눈다.
② +1 올리기 위한 자기 과제를 정한다.

변화 유지 (10분)	▶ 소감 나누기 -오늘 어떤 활동이나 생각이 가장 도움이 되었나요? -지도자가 수정하거나 추가적으로 다루어 주길 원하는 내용이 있나요?
유의점	• 문제대화를 사용할 때의 나의 감정과 자녀의 감정을 잘 느낄 수 있도록 한다. • 지금까지 집단경험에서 배웠던 해결중심 질문을 사용하여 시도해 볼 수 있도록 안내한다. • 자녀의 입장에서 적절한 해결대화를 확인할 수 있도록 짝을 지어 활동하고 역할을 바꾸어 보기도 하며, 각 대화를 하고 난 뒤 감정을 확인하도록 한다.

[활동지 4-1]

〈긍정적 감정으로 바꾸기〉

별칭:

1. 주로 나는 어떤 말을 많이 쓰고 있나요?

_____

_____

_____

2. 이 상황에서 느껴지는 감정은 무엇인지 카드에서 찾아봅시다.

• 문제대화를 할 때 느껴지는 부정적 감정을 카드에서 찾아보세요.
• 부정적 감정과 바꾸고 싶은 긍정적 감정을 카드에서 찾아보세요.
• 바꾸고 싶은 이유를 말해 봅시다.

3. 자주 사용하는 말을 들었던 자녀의 마음은 어떤 감정일지 카드에서 찾아봅시다.

_____

_____

_____

강의자료 4-1 | **문제대화(problem talk) & 해결대화(solution talk)**

1. 문제대화(problem talk)

부정적인 측면이나 문제나 결점에 초점을 맞추는 다음과 같은 방식의 대화를 문제대화라 할 수 있다.

- 비난하기 "너는 하나라도 잘 하는 게 없냐?"
- 비교하기 "앞 집 철이는 다 알아서 한다는데 너는?"
- 협박하기 "한 번만 더 그러면 용돈은 없어!"
- 명령하기 "하라면 해!"
- 안 듣고 하고 싶은 말만 하기 " 그건 그렇고~ 오늘 숙제 다 했나?"
- 평가하기 "너는 열심히 했다는 게 겨우 그 정도냐?"
- 충고하기 "너에게 좋을 게 없으니 그만해."
- 판단하기 "너의 적성은 그쪽이 아니야. 애쓰지 말고 그냥 다른 것을 해."
- 조언하기 "너를 위해 좋게 생각해. 더 열심히 배우려는 자세를 가져야지."

2. 해결대화(solution talk)

1) 해결중심 질문기법 활용하기

해결중심상담의 주요 기법인 질문기법을 활용하여 자녀와 문제대화가 아닌 해결대화를 할 수 있다.

- 기적 질문–자녀의 숨은 욕구나 바람을 파악할 수 있다.

> 어머니: 한 달, 두 달, 석 달 중에 내가 잔소리가 좀 덜 했을 때가 언제였니?
>
> 자녀: 잔소리를 하지 않은 적은 없어요. 항상.
>
> 어머니: 음, 그럼 오늘 집에서 자는 동안 기적이 일어나 우리 문제가 다 해결되었다면, 아침에 일어나서 처음에 무엇을 보고 문제가 해결되었다는 것을 알 수 있을까?
>
> 자녀: 엄마가 웃으면서 아침 준비를 하고 있는 거요.

- 예외 질문–현재와 다른 예외 상황을 떠 올릴 수 있는 시기로 거슬러 가면서 탐색한다.

> (엄마의 전화를 받지 않는 자녀와)
> 자녀: 엄마 전화는 받기만 하면 따지는 거처럼 들려서 전화 받기 싫어요.
> 어머니: 혹시 그렇게 전화를 해서 내가 좋은 말투로 말한다면 전화를 더 자주 할 수 있다는 거니?
> 자녀: 예, 아무래도 그렇겠죠.
> 어머니: 그럼 네 생각에 한 6개월 전에도 내 전화가 힘들게 느껴졌니?
> 자녀: 그때는 잔소리는 했지만 전화 받기가 지금처럼 싫지는 않았는데…….
> 어머니: 6개월 전에는 지금과 무엇이 달랐던 걸까?

- 척도 질문–문제의 정도나 변화의지 등을 구체적으로 함께 느끼거나 알 수 있다.

> 어머니: 문제가 다 해결된 게 10이고, 최악일 때가 1이라면 오늘은 어디쯤 될까?
> 자녀: 아마도 2쯤 되요.
> 어머니: 그러면 뭐가 변해야지 2부터 3으로 올라갈 수 있을까? 쪼끔만 나아지는 거.
> 자녀: 엄마가 짜증을 조금만 내면 3이에요.
> 어머니: 엄마가 짜증을 덜 내면 3이라는 거구나. 그럼 너는 뭐가 변하면 3이 될 수 있을까?
> 자녀: 엄마가 잔소리를 덜 내면 나는 대답은 할 거 같아요.
> 어머니: 아하~ 좋아.

- 대처 질문–서로 강점이나 자원을 알 수 있다.

> 어머니 : 네가 그렇게 힘들었는데 그 어려운 상황 속에서 어떻게 지금까지 견딜 수가 있었니? 대견하게도 어째서 더 이상 나빠지지 않았니?

- 관계성 질문–상황이나 자신을 조망할 수 있다.

> 어머니: 아빠가 여기 계시다고 가정하고 아빠에게 이 문제가 해결되면 무엇이 달라지겠느냐고 물었을 때 아빠는 뭐라고 말씀하실까?"

2) 느낌과 행동 분리해서 말하기

자녀들과 해야 할 첫 번째 일은 자녀의 말을 인정해 주고, 승인해 주고, 무엇이든 느껴도 된다는 것을 허락해 주는 일이다. 인정해 준다는 것은 자녀들이 사용하는 언어를 잘 들어주는 것이다. 인정함을 전달하는 가장 단순한 방법은 상처받고, 슬프고, 화나는 등의 감정 단어들을 경청하고 그것을 그대로 반영해 주는 것이다. 부모들이 자녀들의 느낌과 행동에 반응을 어떻게 하느냐에 따라 자녀들이 느낌과 행동을 구별하게 된다. 그것은 느낌을 충분히 허용한 후 평이한 정서 상태에서 행동에 대한 적절한 수정을 할 수 있도록 하는 것이다.

> **(자녀가 말없이 눈물을 흘린다.)**
> → "말할 수 없이 슬프구나." 혹은 "네가 너무 슬픈 거 같구나. 울어도 괜찮아. 네가 말해 줄 수 있을 때 말해 주면 좋겠다."
>
> **(자녀가 책상을 쾅 친다.)**
> → "네가 화가 났다고 말하는 것 같구나. 화가 나도 괜찮아. 하지만 그렇다고 해서 책상을 치는 건 위험한 일이란다."

3) 요청이나 부탁으로 바꾸어 말하기

비평은 비평을 하는 사람을 우세한 위치에 놓는 경향이 있으며 대부분의 사람들은 상대방보다 한 계단 아래 서는 것을 좋아하지 않는다. 또한 비평을 받은 사람은 무시받았다는 느낌을 느끼게 되어서 비평 받은 사항에 대해 어떻게 수정해야 할지 모를 수도 있다. 그런데도 부모들은 문제에 대한 원인이 명백하게 자녀에게 있고, 그에 따른 해결책을 완전히 수행하기를 원한다. 부모는 자녀가 좀 더 바람직한 행동을 향할 수 있도록 지속적으로 격려하는 것이 더 중요하다. 실제 문제를 해결하고 자녀와의 관계를 증진하기 위해서는 비평보다 해결을 위한 요청이나 부탁으로 바꾸어 말할 수 있도록 노력해야 할 것이다.

> **• 네 방을 치우기 전에 나가면 안 돼! 절대 못 나가!**
> → 나는 네가 친구 집에 놀러 가기 전에 네 방을 깨끗이 치우면 좋겠어.
>
> **• 어디서 아빠에게 그 따위 말버릇이야?!**
> → 네가 화나는 것은 괜찮아. 그러나 나에게 고함을 치는 것을 괜찮지 않아. 네 목소리를 낮추면 네가 말하는 것을 들어 볼 수 있을 것 같아.

[활동지 4-2]

〈해결대화하기〉

별칭:

1. 활동 4-2에서 적었던 대화를 해결대화로 바꾸어 보고 짝과 역할을 나누어 해결대화를 해 봅시다.

• 해결중심 질문기법 활용하기
• 느낌과 행동 분리해서 말하기
• 요청이나 부탁으로 바꾸어 말하기

2. 해결대화를 하고 난 뒤 나의 감정을 어떠한가요?

_____

_____

_____

3. 해결대화를 하고 난 뒤 자녀의 감정은 어떠할까요?

_____

_____

_____

🖊 5회기 갈등관리, 변화를 위한 한걸음

	활동지도안
활동 목표	• 자녀와의 갈등 상황을 나누고 해결중심 갈등 관리를 연습한다. • 지속적으로 자녀와의 관계를 강화하기 위한 방법을 선택한다.
준비물	포스트잇(대형), 전지, 사인펜, 네임펜, 마음챙김 명상 안내 파일, [활동지 5–1], [강의자료 5–1], [활동지 5–2], 메시지용 카드
단계	진행 절차
관계 형성 (20분)	▶ 나는 이런 일이 있었어요! 〈활동 내용〉 ① 의자에 빈자리 없이 둥글게 앉고 한 명씩 자녀와의 갈등 상황에서 있었던 일을 말한다. ② 첫 번째 사람이 "나는 아들에게 욕한 적이 있어요."라고 하면 같은 경험을 했던 집단원들은 자신의 오른쪽으로 이동해서 앉고, 없다면 제자리에 앉아 있는다. ③ 제자리에 있는 경우 오른쪽으로 이동한 집단원이 주인의 무릎에 앉게 된다. ④ 모두가 돌아가면서 자기개방을 하고 개방의 경험을 나눈다. > **Tip** > • 처음 앉은 상태에서 자기 번호를 확인하는 게 좋다. 오른쪽으로 이동하면서 말하는 순서가 헷갈릴 수 있다. ▶ 목표 확인 −해결중심 갈등 관리를 연습하고 자녀와의 관계 강화 방법을 선택한다.
해결중심 활동 (60분)	▶ 변화유도 활동 활동 5-1: 변화에 대한 질문(EARS 기법) 〈활동 내용〉 ① T(이끌어 내기): 지난 회기에 우리가 만난 뒤 조금이라도 변화가 생겼거나 상황이 좀 나아진 것이 있다면 나누어 주시겠습니까? ② A(확대하기): 그 변화를 알아차린 사람은 누구였나요? 다른 가족들은 어떻게 달라졌나요? ③ R(강화하기): 대단해요. 어떻게 그렇게 할 수 있었나요? ④ S(다시 시작하기): 그 외에 또 어떤 일을 할 수 있을까요? ⑤ 지난주 과제를 하고 난 지금의 척도 점수는 얼마인지 확인하고 그래프 [활동지 2–2]에 표시한다. > **Tip** > • 만약 위의 활동에서 예외를 발견하지 못했다면? 기적 질문을 활용한다.

활동 5-2: 갈등피자 그리기

부모-자녀 간에는 여러 가지 갈등들이 있습니다. 오늘은 그것을 한번 꺼내 보도록 하겠습니다. 여러분들이 개방할 수 있는 만큼 내어 놓기를 부탁드립니다. 크고 작은 다양한 종류의 갈등들을 피자조각처럼 나누어 조각마다 갈등의 주제나 내용을 간단히 적고 이미지나 색깔을 넣어도 됩니다.

그중 한 조각에 대해 〈해결을 위한 비관적 순서 질문하기〉 활동을 해 보겠습니다. 비관적 순서 질문하기는 상황이 더 나빠지거나 예외가 없다고 느껴질 때 사용합니다. 뭔가 돌파구를 찾지 못하는 갈등 상황에서 비관적 순서 질문을 통하여 어려운 상황을 헤쳐 나가는 데 도움이 되는 대처 전략과 유용한 문제 해결 방안을 만들어 내게 할 수 있습니다.

〈활동 내용〉: [활동지 5-1]

① 자녀와의 관계에서 일어나는 여러 가지 갈등을 피자 조각에 쓴다.

② 갈등피자 중 한 가지를 집단원들과 나눈다.

③ 비관적 순서 질문에 답하고 알게 된 점을 집단원들과 나눈다.

> **Tip**
> • 비관적 순서 질문하기'는 선택적으로 활용해도 좋다. 시간 운영상 배제 시 자신의 갈등 주제들에 대한 이야기를 집단원과 나눌 수 있다.

강의 5-1: 해결중심 갈등 관리

우리는 종종 갈등의 늪에 빠져서 더 이상 방법이 없다고 느껴질 때가 있습니다. 이럴 때 갈등해결이라는 관점에서 갈등 관리하는 관점으로 전환하여 갈등 상황을 새롭게 디자인 하는 방법을 선택해 볼 수 있습니다. 각자의 갈등 상황에서 해결중심 질문을 활용할 수 있다면 갈등의 늪에 빠지기보다 갈등을 내가 통제하고 관리한다고 할 수 있을 것입니다. 이제 갈등에 대한 고전적 접근과 갈등관리 접근의 차이를 살펴보고 해결중심 갈등관리를 어떻게 하는지 살펴보도록 하겠습니다.

〈강의 내용〉: [강의자료 5-1]

1. 갈등에 대한 접근법 이해하기

2. 해결중심 갈등 관리의 실제 이해하기

활동 5-3: 해결중심 갈등 관리 연습하기

〈해결중심 갈등 관리 접근〉은 우리들을 더 효과적으로 도울 수 있을 것입니다. 이와 같은 연습을 통해 스스로 갈등 관리를 시도하거나 자녀와의 갈등 상황에서 해결중심 질문들을 잊지 않고 적용할 수 있기를 바랍니다. 아래와 같은 순서는 우리가 진행했던 해결중심 집단 프로그램의 순서와 동일합니다.

〈활동 내용〉: [활동지 5-2]

① 두 명씩 짝을 지어 갈등이야기를 나눈다. 한 명은 갈등을 이야기하고 다른 한 명은 질문과 반응을 한다.

② 갈등에 대한 이야기를 문제중심 방식으로 나눈다.

③ 같은 문제에 대해서 해결중심 방식으로 나눈다.

④ 두 대화의 차이점에 대하여 이야기를 나눈다.

⑤ 서로 역할을 바꾸어 같은 방식으로 진행한다.

⑥ 활동을 하고 난 뒤 집단원들과 이야기를 나눈다.

Tip

• 두 대화 방식의 차이점에 대해서 이야기를 나눌 땐 전체 집단 나누기로 진행하여 내용이 더 풍부해질 수 있도록 하면 좋다.

활동 5-4: 자녀와의 관계 강화를 위한 브레인스토밍하기

-관계 강화 기술 1. 내 마음챙김하기

본 프로그램의 초점은 문제에 두지 않고 해결에 둡니다. 즉, 부모-자녀 관계 만들기에 필요한 기술들에 관심을 가지는 것입니다. 다루기 어려운 문제 앞에서도 잘못된 행동을 하고 있다고 생각이 들어도 어떻게 자비로운 마음을 가지고 응대할 것인가에 대해서 다음과 같이 연습을 해 보고자 합니다.

자녀가 하는 도발적인 행동, 화를 돋우는 행동에 반응할 때 마음에서 느껴지는 분노는 신호라 보는 겁니다. 상대가 어떤 이유에서든 고통을 가지고 상대에게서 공감을 필요로 하고 있다는 사실을 알려 주는 신호로 본다면 부모-자녀 관계는 어떻게 달라질까요?

그러기 위해서는 나에게서 경험되는 분노의 불꽃을 관리하기 위한 기술이 반드시 필요하게 됩니다. 최근 감정을 조절 관리하는 방법으로 상담 쪽에서 마음 챙김 명상을 많이 활용하고 있습니다. 이번 부모-자녀 관계 증진 프로그램을 통해 마음챙김 명상을 익히고 평소 생활에 잘 활용되기를 바랍니다. 짧게나마 경험을 해 보도록 합시다.

-관계 강화 기술 2. 정서적 연결하기

자녀와의 관계를 강화하기 위한 두 번째 기술은 부모-자녀의 마음속 장소를 경험하는 것입니다. 즉, 정서적으로 연결을 강화하기 위한 기술로 지금까지 공감, 수용, 적극적 경청, 감사, 격려 등은 지속적으로 필요한 기술입니다.

오늘은 자녀와 정서적으로 연결 형성으로 들어가는 방법을 연습해 보도록 하겠습니다. 잠시 눈을 감으시고 저의 목소리에 귀를 기울여 주시기 바랍니다.

여러분들이 타임머신을 타고 자녀들과 강한 정서적 연결을 형성하고 있다고 느꼈던 때로 돌아가는 장면을 상상해 봅시다. 시각과 움직임을 포함해서 여러분이 가진 모든 감각을 동원하여 시간 여행을 경험해 보세요. 지금으로 부터 몇 년 전으로 돌아갔나요? 이제 여러분은 어디에 계십니까? 이 경험에서 무엇이 가장 특별하거나 중요합니까?

자녀가 여러분을 정말 가깝게 느끼고 있다거나 혹은 이 활동이나 상황 속에서 당신과 함께 즐거워하고 있다는 사실을 어떻게 표현하시겠습니까?

이 상황 속에서 자녀와 맺고 있는 관계에 대해서 정서적으로 어떻게 느끼고 있다거나, 혹은 이 활동이나 상황 속에서 당신과 함께 즐거워하고 있다는 사실을 어떻게 표현하시겠습니까?

이 상황 속에서 자녀와 맺고 있는 관계에 대해서 정서적으로 어떻게 느끼고 계십니까? 만약에 여러분이 자녀와 함께한 이 특별한 경험 중에서 어떤 요소나 혹은 자녀와 좀 더 긴밀한 관계를 맺도록 해결해 줄 수 있는 방법이라도 지금 이곳으로 가져올 수 있다면 어떤 요소 혹은 경험을 가져 오고 싶으십니까?

〈활동 내용〉
① 자녀와의 관계 강화를 위한 자신에게 적절한 방법들을 포스트잇 한 장에 한 가지씩 적는다. 나만의 아이디어를 제시해도 된다.
② 한 명씩 발표를 하고 미리 마련된 전지에 붙인다.
③ 비슷한 것끼리 분류되도록 붙인다.
④ 다양한 아이디어를 살펴보고 실행 계획을 세운다.
⑤ 집단원들과 서로의 아이디어에 대해 이야기 나누고 격려한다.

▶ 5분 휴식

▶ 해결중심 개입 활동
활동 5-5: 메시지 전달과 과제 제시

〈활동 내용〉
① 강점과 자원에 대해 칭찬하고 서로 간 소중한 격려를 나눈다.
② +1 올리기 위한 자기 과제를 나눈다.

변화 유지 (10분)	▶ 소감 나누기 -오늘 어떤 전략이나 생각이 가장 도움이 되었나요? -지도자가 수정하거나 추가적으로 다루어 주길 원하는 내용이 있나요?
유의점	• 갈등 관리 접근은 그동안 집단에서 활동했던 해결중심 질문 기법을 다 활용하여 익힐 수 있도록 한다. • 갈등 관리와 관계 강화를 위한 다양한 방법을 알 수 있도록 안내하고 서로의 창의적 아이디어가 나올 수 있도록 격려한다. • 선택한 아이디어를 실행할 수 있도록 구체화한다.

[활동지 5-1]

〈갈등피자〉

별칭:

★ 아래 원을 자녀와의 갈등 덩어리라 생각하고 어떤 갈등들이 얼마만큼 차지하고 있는지 피자조각처럼
크기를 나누어 표시해 봅시다(이미지나 색깔을 넣어도 됩니다.).

1. 내가 나누고 싶은 갈등조각에 대해 구체적으로 적어 봅시다.

_____

_____

_____

_____

_____

_____

2. 비관적 순서 질문하기(Berg & Gallagher) [선택 활동]

- 만약 상황이 더 좋아지지 않는다면 무슨 일이 일어날까요?

_____

_____

- 그다음에는 어떻게 될까요?

_____

_____

- 누가 가장 힘들어할까요?

_____

_____

- 누가 최악이라고 느낄까요?

_____

_____

- 갈등 상황에서 작은 변화라도 만들기 위해서 할 수 있는 가장 작은 일은 어떤 것인가요?

_____

_____

- 아주 조금이라도 그 작은 일이 일어나게 하려면 어떻게 하면 될까요?

_____

_____

3. 비관적 순서 질문에 답을 하고 난 뒤 느낀 점을 적어 봅시다.

_____

_____

강의자료 5-1 **해결중심 갈등 관리**

1. 갈등에 대한 접근법(De Bono, 1985)

일상생활에서 흔히 만나는 수많은 갈등에 대한 지금까지의 접근방법을 아래와 같이 네 가지로 살펴볼 수 있다.

전통적 갈등해결 접근	투쟁 (fight)	• 전술, 전략, 약점 등의 용어를 사용한다. • 법정에서 주로 사용한다.	• 갈등과 결과에 초점 • 원인 분석이나 해결 위해 조언하는 지도자의 태도
	협상 (negotiate)	• 타협점이 제시된다. • 타협 가능성은 새로운 구상보다 이미 존재하는 것에 국한된다.	
	문제 해결 (problem solve)	• 문제와 그 원인을 함께 분석하는 데 문제가 먼저 정해져야 예상되는 해결책이 정해진다.	
해결중심 갈등 관리 접근	디자인 (design)	• 미래에 집중한다. • 상상으로 갈등이 해결된 미래의 시점을 정한 다음 그 지점에 이르는 해결책을 찾아낸다. • 해결책은 환상의 내용을 담고 있어 비논리적이어도 괜찮다. • 갈등해결이 아니라 갈등이 더 이상 존재하지 않는 상황을 상상해 보는 것이다. • 갈등 상황의 변화를 전제로 하는 이러한 질문은 갈등 관리에 매우 유용하다.	• 변화와 변화방법에 초점 • 알지 못함의 자세로 한 걸음 뒤에서 이끄는 지도자의 태도

2. 해결중심 갈등 관리의 실제

자녀와의 갈등 상황에서 다음과 같은 방법으로 스스로 갈등 관리를 할 수 있다.

① 목표 질문하기: 당신이 가장 원하는 것은 무엇인가요?

② 목표 세우기: 당신의 목표가 실현된다면 무엇이 달라질까요?

③ 변화 확인하기: 지금 뭔가가 이미 조금 달라진 것이 있다면 무엇인가요?

④ 예외 상황 탐색하기: 이미 올바른 상황으로 나아가고 있는 것은 무엇인가요?

　　갈등이 적거나 없었을 때와 지금, 다른 것은 무엇인가요?

⑤ 대처 질문으로 역량 확인하기: 어떻게 그것을 하기로 결정했나요?

　　어떻게 그것을 했나요?(해낼 수 있었나요?)

⑥ 척도 질문으로 변화 촉진하기: 10점은 완전한 화합, 0점은 완전한 갈등을 의미한다면 당신은 지금 몇 점에 있다고 말할 수 있나요?

⑦ 칭찬하는 피드백하기: 이미 변화를 향하고 있는 행동에 초점 맞추고 피드백하기

⑧ 긍정적 변화를 평가하기: 다음 단계는 어떻게 될까요? 긍정적 변화를 알리는 신호가 있다면 무엇인가요?

⑨ 모른다는 태도로 한걸음 뒤에서 안내하기: 당신은 당신의 경험과 의미에 관한 전문가입니다. 당신만이 필요한 정보를 제공할 수 있습니다.

[활동지 5-2]

〈해결중심 갈등 관리 연습하기〉

별칭:

★ 같은 갈등 상황에 대해 두 가지 방식으로 이야기를 나누어 봅시다.

1. 문제중심 방식으로 질문하고 답을 합니다.

> 그런 일이 생긴 지 얼마나 되었나요?
> 어떤 느낌이 들었나요?
> 얼마나 안 좋은가요? 등등
> 평소에 문제에 대해 이야기하던 방식을 유지하며 질문하고 반응한다.

2. 같은 내용을 해결중심 방식으로 질문하고 답을 합니다.

> ① 당신이 가장 원하는 것은 무엇인가요?
> ② 당신의 목표가 실현된다면 무엇이 달라질까요?
> ③ 지금 뭔가가 이미 조금 달라진 것이 있다면 무엇인가요?
> ④ 이미 올바른 상황으로 나아가고 있는 것은 무엇인가요?
>   갈등이 적거나 없었을 때와 지금, 다른 것은 무엇인가요?
> ⑤ 어떻게 그것을 했나요?(해낼 수 있었나요?)
> ⑥ 10점은 완전한 화합, 0점은 완전한 갈등을 의미한다면 당신은 지금 몇 점에 있다고 말할 수 있나요?
> ⑦ 이미 변화를 향하고 있는 행동에 초점 맞추어 칭찬하고 격려하기
> ⑧ 다음 단계는 어떨 것인가요? 긍정적 변화를 알리는 신호가 있다면 무엇인가?

> **Tip**
> • 질문하는 사람은 모른다는 태도로 한 걸음 뒤에서 안내하듯이 질문하도록 한다.

3. 두 대화의 차이점은 무엇인가요?

_____

_____

_____

4. 역할을 바꾸어 같은 방식으로 두 대화를 나누고 느낀 점을 이야기해 봅시다.

_____

_____

_____

📝 6회기 **효과가 있다면? GO!**

	활동지도안
활동 목표	• 프로그램을 통해 실천했던 성공 경험을 확인하고 서로 격려한다. • 부모-자녀 관계 증진을 위해 효과 있는 방안을 지속하고 확장한다.
준비물	포스트잇, A4 용지, 스티커, [활동지 6-1], [강의자료 6-1], [활동지 6-2], 사인펜, 색연필, 메시지용 카드
단계	진행 절차
관계 형성 (20분)	▶ 행복한 순간 조각하기 〈활동 내용〉 ① 두 명이 1조로 정하여 가위바위보로 찰흙과 조각가를 정한다. ② 조각가는 먼저 반죽을 한다. 상대편을 유연해지도록 말랑말랑해질 때까지 주물러 준 다음 자기가 가장 행복했던 순간을 조각한다. ③ 다하면 설명을 하고, '스위치 온' 하면 작동을 하게 하며 '스위치 오프'하여 동작이 끝난다. ④ 역할을 바꾸어 실시하도록 한다. ▶ 목표 확인 • 부모-자녀 관계에서 성공 경험을 확인하고 효과 있었던 방법은 유지한다.
해결중심 활동 (60분)	▶ 변화유도 활동 활동 6-1: 변화에 대한 질문(EARS 기법) 〈활동 내용〉 ① E(이끌어 내기): 지난 회기에 우리가 만난 뒤 조금이라도 변화가 생겼거나 상황이 좀 나아진 것이 있다면 나누어 주시겠습니까? ② A(확대하기): 그 변화를 알아차린 사람은 누구였나요? 다른 가족들은 어떻게 달라졌나요? ③ R(강화하기): 대단해요. 어떻게 그렇게 할 수 있었나요? ④ S(다시 시작하기): 그 외에 또 어떤 일을 할 수 있을까요? ⑤ 지난주 과제를 하고 난 지금의 척도 점수는 얼마인지 확인하고 그래프 [활동지 2-2]에 표시한다. ┌──────────────────────────────┐ **Tip** • 만약 위의 활동에서 예외를 발견하지 못했다면 기적 질문을 활용한다. └──────────────────────────────┘ 활동 6-2: 성공 경험 확인하기 우리는 성공 경험이 중요하다고 말하지만 구체적으로 얼마나 중요한지 정작 잘 모르고 있기도 합니다. 즉, 생각으로는 알고 있지만 실제로 성공경험이라 인식하면서 실제로 늘려나가고 있지는 않고 있기 때문입니다. 비록 작은 것이라도 지금까지 노력한 것에 대한 성공경험 확인을 통해서 점차 해결중심에 대한 확신을 가질 수 있고 자녀와의 관계에서 자신감도 키워나갈 수 있게 됩니다.

〈활동 내용〉: [활동지 6-1]
① 3~4인 소모둠을 구성한다.
② 집단 활동을 통해 성공했던 경험을 떠올린다.
③ 포스트잇에 적어서 모둠 종이에 붙인다.
④ 자신이 적용해 보고 싶은 포스트잇에 스티커를 붙인다.
⑤ 나의 성공 경험과 다시 해 보고 싶은 것들에 대해 서로 이야기 나눈다.
⑥ 모둠별 발표를 통해 성공 경험을 격려해 주고, 도움이 되는 좋은 방안을 나눈다.

강의 6-1: 잘하고 있는 것 지속하기의 중요성
부모가 자녀에게 기대하는 책임감과 타인에 대한 존중감 그리고 협력적인 행동을 촉진하는 해결책 유지패턴이 좀 더 많이 나타나도록 하기 위해서는 지속적으로 노력하는 것이 중요합니다. 부모나 자녀에게 자연스러운 위기나 어려움이 찾아왔을 때 일상에서 효과적인 방법을 기억하는 것이 참 중요합니다.

〈강의 내용〉: [강의자료 6-1]
잘하고 있는 것 지속하기의 중요성 알기

활동 6-3: 부모-자녀 관계 역량 확인하기
지금까지 부모-자녀 관계 증진을 위해 최선을 다해 노력해 오셨습니다. 활동을 하면서 여러분들이 부모-자녀 관계에서 중요시했던 것이 무엇인지 한번 생각해 보도록 하겠습니다. 사람마다 자신에게 중요한 것이 다르겠지요, 내게 중요한 것이 잘 이루어졌을 그때를 떠올려 보고 잠시 머물러 보도록 하겠습니다.
그때의 나의 말투, 눈빛, 목소리, 행동을 어떠한가요? 그것과 함께하고 있는 지금 나의 느낌을 잘 기억하시기를 바랍니다.
이러한 순간을 보다 자주 만나기 위해 내가 부모-자녀 관계에서 할 수 있는 역량들을 찾아보도록 하겠습니다. 해결중심적 접근에서 해 왔던 성공 경험들, 나에게 효과적이었던 관계 강화 기술들, 활용할 수 있는 나의 강점과 도움 자원들이 다 나의 역량이 됩니다. 지금도 활용할 수 있고 앞으로도 활용할 수 있는 나의 관계 역량들을 구체적으로 적으면서 확인해 보도록 하겠습니다.

〈활동 내용〉: [활동지 6-2]
① 부모-자녀 관계에 있어서 무엇을 중요하게 여기고 있었는지 생각해 본다.
② 중요한 것이 이루어졌던 순간을 떠올려 보고 관련된 경험을 적는다.
③ 그 기억에서 나의 말투, 몸짓, 눈빛, 목소리, 행동이 어떤지 적는다.
④ 성공 경험에서 도움이 되었던 것, 지속적으로 하고 싶은 것, 다른 사람에게 배운 것들을 떠올려 본다.
⑤ 나의 관계 역량 자격증을 만들기 위한 질문에 답해 보고 나의 역량(자원, 도움 인물, 주변 자원)을 확인한다.
⑥ 부모-자녀 관계 역량 자격증을 만든다.
⑦ 집단원들 앞에서 전시하고 느낌을 나눈다.

	▶ 5분 휴식
	▶ 해결중심 개입 활동 활동 6-4: 칭찬 메시지 전달과 과제 제시 〈활동 내용〉 ① 강점과 자원에 대해 칭찬하고 서로 간 소중한 격려를 나눈다. ② +1 올리기 위한 자기 과제를 나눈다.
변화 유지 (10분)	▶ 소감 나누기 -오늘 어떤 전략이나 생각이 가장 도움이 되었나요? -지도자가 수정하거나 추가적으로 다루어 주길 원하는 내용이 있나요?
유의점	• 각자의 성공 경험을 목록화하여 한눈에 볼 수 있도록 한다. • 각자의 성공 경험에 대해 함께 격려해 주어 스스로 자신감과 희망을 가질 수 있도록 분위기를 조성한다. • 서로의 성공 경험 중 나에게 적절한 것을 고르고 활용할 수 있도록 하여 서로가 서로의 자원이 되도록 하고 목표를 함께 달성해 나가는 협력자라는 것을 느낄 수 있도록 한다.

[활동지 6-1]

〈나의 성공 경험 확인하기〉

별칭:

★ 자녀와의 관계를 좋게 하기 위해 집단 프로그램을 통해 배웠던 것을 시도했던 방법 중 성공한 경험들을 떠올려 봅시다.

1. 그 방법을 포스트잇에 적어서 나눠 준 종이에 붙여 봅시다.

- 그 방법이나 상황은 평소와 어떤 점이 달랐나요? 혹은 다르게 한 것이 있나요?

- (대처 질문) 어떻게 그런 방법을 생각하셨나요? 그 방법이 구체적으로 어떻게 도움이 되었나요?

2. 다른 집단원의 방법 중 자신에게 적용해 보고 싶거나 잘 할 수 있을 것 같은 방법이 있는 포스트잇에 스티커를 붙여 주세요.

강의자료 6-1 | **잘하고 있는 것 지속하기의 중요성**

부모가 자녀에게 기대하는 책임감과 타인 존중 그리고 협력적인 행동을 촉진하는 해결책 유지 패턴이 좀 더 많이 나타나도록 하기 위해서는 지속적으로 노력하는 것이 중요하다.

목표를 거의 달성해 가는 부모에게 다른 사람에게도 추천하고 싶은 해결책을 유지시키는 순환적인 상호작용 방법을 그려 보게 할 수도 있다. 부모들이 화가 나고 스트레스를 받아서 지쳐 있을 때 혹은 청소년 자녀에게 자연스러운 위기나 어려움이 찾아왔을 때 궤도를 벗어나거나 효과적인 방법을 중단하기가 얼마나 쉬운 일인지는 누구나 알고 있다. 일상에서 효과적인 방법을 더 시도하는 게 중요하다.

1. 지속적 노력이 가장 중요하다.

서로에게 기대하는 행동을 하게 하려면 무엇보다 지속적으로 노력하는 것이 중요하다.

2. 힘들 때 중단하기는 정말 쉽다.

내가 화가 나고 스트레스를 받아서 지쳐 있을 때, 혹은 상대에게 자연스러운 위기나 어려움이 찾아왔을 때 궤도를 벗어나거나 효과적인 방법을 중단하기가 얼마나 쉬운가?

3. '무엇이 괜찮고', '무엇이 효과적인지'에 초점 맞추기

집단에서 함께 목표에 도달하기 위한 방법을 발견하는 데 관심이 있고 그러기 위해 효과적이도록 촉진하는 것이 중요하다.

4. 부모-자녀 관계도 동일하다.

상대의 행동에서 더 괜찮고 효과적인 것에 초점을 맞춘다.

[활동지 6-2]

〈부모-자녀 관계 역량 확인하기〉

별칭:

1. 나는 부모-자녀 관계에 있어 무엇이 중요하나요?

• 당신이 관계에서 중요하게 여기고 있는 것은 무엇인가요?
• 그것이 잘 이루어 졌던 순간, 그 경험을 적어 봅시다.
• 그 기억에서 나의 말투, 몸짓, 눈빛, 목소리, 행동은 어떻게 달랐나요?

2. 나의 관계 역량 자격증을 만들기 위한 질문에 답해 봅시다.

• 나는 자녀와의 관계에 관해서 이 사람들과 연결되고 도움 받고 싶어요.	
• 이 사람들은 자녀와의 관계에 있어서 이것을 기억하는 게 중요하다고 알려 줍니다.	
• 이들은 나에게 이렇게 용기를 주었어요.	
• 이들이 이렇게 하도록 격려한 것은 나에게 이런 모습을 보았기 때문입니다.	
• 내가 앞으로 자녀와 관계할 때 내 자녀들은 나의 다음과 같은 자질과 능력을 인정해 줄 거예요.	
• 이들은 나를 지원하는 사람들이고 내가 이런 자질과 능력을 가지고 있다고 알고 있어요.	
• 만약 내가 자녀와의 관계에서 스트레스를 받고 어찌해야 할지 모를 때 한 가지 자질, 또는 능력을 기억할 수 있다면 반드시 이것입니다.	

출처: F. Bannink 저, 문용갑 외 역(2019).

3. 나의 부모–자녀 관계 역량 자격증을 만들어 봅시다.

위 내용들을 참고하여 당신이 사용하고 있는 앞으로 사용할 도움 자원 및 관계 역량들을 자유롭게 작성해 봅시다.

부모–자녀 관계 역량 자격증

이름:

1. _____

2. _____

3. _____

4. _____

5. _____

20○○년   월   일

해결중심 부모집단상담 집단원 일동

📝 7회기 효과가 없다면? Change!

활동지도안		
활동 목표	• 효과가 없었던 상황이나 또 다른 어려움을 나누고 서로 격려한다. • 역할극을 통해 부모−자녀 관계 증진을 위한 다른 것을 시도한다.	
준비물	[활동지 7−1], [강의자료 7−1], [활동지 7−2], 메시지용 카드	
단계	**진행 절차**	

단계	진행 절차
관계 형성 (20분)	▶ 강점 빙고놀이하기 〈활동 내용〉 ① 24개의 강점 목록을 참고한다. ② 자신과 가까운 강점 순으로 4×4 빙고 칸을 채운다. ③ 순번이 되면 고른 이유와 함께 강점 단어를 부른다. ④ 네 줄 빙고를 외치는 사람이 이긴다. • 용기: 진실성, 용감성, 인내와 끈기, 활력 • 인간애: 친절, 사랑, 사회적 지능 • 정의: 공정성, 지도력, 협동정신 • 절제: 용서 자비, 정중 겸손, 사려 깊음(신중), 자기조절 • 초월성: 심미안, 감사, 희망, 유머, 영성 (Peterson & Seligman, 2004) ▶ 목표 확인 −효과가 없었거나 다른 어려운 상황 확인하고 다른 것을 시도한다.
해결중심 활동 (60분)	▶ 변화유도 활동 활동 7−1: 변화에 대한 질문(EARS 기법) 〈활동 내용〉 ① E(이끌어 내기): 지난 회기에 우리가 만난 뒤 조금이라도 변화가 생겼거나 상황이 좀 나아진 것이 있다면 나누어 주시겠습니까? ② A(확대하기): 그 변화를 알아차린 사람은 누구였나요? 다른 가족들은 어떻게 달라졌나요? ③ R(강화하기): 대단해요. 어떻게 그렇게 할 수 있었나요? ④ S(다시 시작하기): 그 외에 또 어떤 일을 할 수 있을까요? ⑤ 지난주 과제를 하고 난 지금의 척도 점수는 얼마인지 확인하고 그래프 [활동지 2−2]에 표시한다. **Tip** • 만약 위의 활동에서 예외를 발견하지 못했다면 기적 질문을 활용한다.

활동 7-2: 문제 마음지도 그리기

지금까지 최선을 다해 왔지만 여전히 효과 없었던 상황이나 어려움을 느끼는 상황이 있다면 마음지도 그리기 활동으로 접근을 해 보고, 다른 것을 시도할 수 있는 길을 마련해 보고자 합니다. 마음지도 그리기는 말로 할 때보다 시각적 이미지 또는 상징을 사용하는 것이 훨씬 더 의미 있고, 해결책을 불러오는 데 효과적입니다. 또한 문제를 해결하는 데 강력한 동기화를 만들어 줍니다. 예시로 제시된 마음지도는 자신의 문제인 우울을 중심으로 연결된 마음, 생각, 행동 등을 이미지와 함께 자연스럽게 가지를 뻗어 표현한 그림입니다. 이렇게 마음지도로 나의 반복적인 부정 감정과 사고, 행동 패턴을 확인할 수 있습니다.

〈활동 내용〉: [활동지 7-1]
① 지금까지 효과가 없었거나 또 다른 어려움이 있는 상황을 서로 나눈다.
② 마음지도를 그리고 나의 상황과 마음에 대해 집단원들과 나눈다.

강의 7-1: 다른 것 시도해 보기

우리는 효과가 없는 방법을 유지하면 할수록 자녀가 보이는 문제행동이 더 심각해지거나 관계가 더욱 악화되기만 하는 것을 곧 잘 경험하게 됩니다. 이전에 하던 행동과 말을 좀 더 다르게 시도해 본다면 어떤 일이 벌어질까요? 우리는 부모-자녀 관계가 좋아질 때까지 새롭게 떠오르는 창의적인 방법들을 시도해 볼 필요가 있습니다. 이러한 시도가 왜 중요한지 또 다른 방법들은 어떤 것들이 있는지 함께 살펴보도록 하겠습니다.

〈강의 내용〉: [강의자료 7-1]
1. 무언가 다른 것 시도하기의 중요성 알기
2. 시도해 볼 수 있는 다른 방법들 알아보기

활동 7-3: 문제 상황 역할극하기

이제 우리는 지금까지도 해결이 어려운 갈등이나 반복적으로 나타나는 갈등 상황을 위해 다른 것을 시도하는 데 도움이 되는 또 다른 활동을 하려고 합니다. 역할극을 통해서 우리는 자신이 원하는 해결책 또는 기적을 행동으로 표현해 볼 수 있게 됩니다. 이를 통해 문제 중심에서 해결 중심으로 전환하는 방법을 확인하게 될 것입니다. 여기 초대 될 분은 전적으로 자신의 의지이며, 본인의 용기가 스스로에게는 해결로의 전환점을 다른 집단원들에게는 큰 공명과 지금까지와는 다른 해결책을 가져다줄 것으로 믿고 있습니다. 혹시 참여가 불편하신 분은 언제든지 마음을 나누어 주시길 부탁드리고 함께 용기를 내어 이 활동을 시작에 보도록 하겠습니다.

〈활동 내용〉
① 한 명을 주인공으로 초대한다.
  -우리가 명확히 이해할 수 있도록 집에서 상황이 어떻게 진행되는지 보여 주실 수 있으시겠어요?
② 문제 상황을 행동화한다.
  -문제의 '핵심 장면'을 설명하고 집단의 도움을 받아 행동으로 보여 준다.
  -집단원 중 몇을 가족으로 초대하고, 자신은 감독으로 장면을 연출한다.
  -집단원들은 관찰한다.

③ 탐색하고 변화를 위한 시도를 한다.
　－상담자는 변화를 제시한다.
　－내담자를 드라마 속으로 들어오게 하거나 다른 가족원 역할도 해 보게 한다.
④ 해결 상황을 행동화한다.
　－주인공에게 해결 상황이 되려면 무엇이 바뀌면 되는지 생각해 보게 한다.
　－다른 집단원들도 해결을 위해 역할 변화나 아이디어를 낼 수 있다.
　－주인공은 집단을 지휘해 해결 상황을 시연한다.
　－상담자의 지도를 받아 여러 가지 역할을 해 보게 할 수도 있다.
⑤ 검토한다.
　－경험한 것과 제안된 아이디어 중 실제로 행동에 옮겨 보고 싶은 것을 말한다.
　－ 느낀 점을 말한다.
⑥ 격려하기
　－ 집단원들은 건설적인 피드백을 주고 각자 배운 것을 나눈다.

Tip 해결중심으로 가기 위해

• 제시된 상황이 전형적으로 직면할 수 있는 문제들이라면 아주 중요한 대리학습이 될 수 있다. 따라서 가능한 많은 사람에게 공명을 일으킬 문제와 해결책을 가진 집단원을 선택하면 좋다.
• 집단원들이 불편하게 느껴 시도가 힘들 수도 있다. 참여에 관한 선택권을 주는 것이 중요하고, 문제중심 대화를 뚫고 지나가게 하는 귀한 방법을 제공하므로 유용하다.
• 자신의 문제의 심각성을 제대로 이해 못한다고 느끼는 변화가 없는 집단원을 참여하도록 하면 좋다.
• ④의 단계에서 해결 상황이 풍부해지고 상세하게 시연할 수 있도록 집단원들의 다양한 아이디어를 활용한다.

활동 7-4: 해결 마음지도 그리기

해결 마음지도 그리기는 아주 창의적인 사고과정으로 그 효력은 대단하다고 할 수 있습니다. 단어와 이미지가 연결됨으로써 뇌의 여러 부위에 호소하는 방식이라고 합니다. 즉, 단어와 이미지가 축을 형성하고 서로 관련성을 가져서 자연스러운 사고과정에 부합하는 방식이고, 독특하고 개인적으로 의미 있게 만들어집니다.

〈활동 내용〉: [활동지 7-2]
① 문제 마음지도를 해결 마음지도로 바꾸어 그린다.
② 무엇이 어떻게 변화했는지 집단원들과 이야기 나눈다.

▶ 5분 휴식

▶ 해결중심 개입 활동
활동 7-5: 메시지 전달과 과제 제시
〈활동 내용〉
① 강점과 자원에 대해 칭찬하고 서로 간 소중한 격려를 나눈다.
② +1 올리기 위한 자기 과제를 제시한다.

변화 유지 (10분)	▶ 소감 나누기 -오늘 어떤 전략이나 생각이 가장 도움이 되었나요? -지도자가 수정하거나 추가적으로 다루어 주길 원하는 내용이 있나요?
유의점	• 마음지도 그리는 것에 대한 예시를 들어 구체적으로 안내를 하여 구성원들의 이해를 돕도록 한다. • 역할극에서는 자발성을 활용하고, 모두의 사안을 가지고 함께 몰입할 수 있도록 분위기를 조성하도록 한다. • 즉흥극이 처음이라 불편해하고 어려워하는 집단원들을 배려하는 것이 필요하고 진행은 상황에 맞게 적절하게 하는 것이 좋다.

[활동지 7-1]

〈문제 마음지도 그리기〉

별칭:

1. 지금까지 효과가 없었던 것을 적어 봅시다.

_____

2. 자녀와의 관계에서 또 다른 어려움이 있다면 적어 봅시다.

_____

3. 한 가지 문제를 골라 문제 마음지도 그리기를 해 봅시다.
   (예시: 자신의 문제 우울과 관련된 생각과 이미지를 넣어 그린다.)

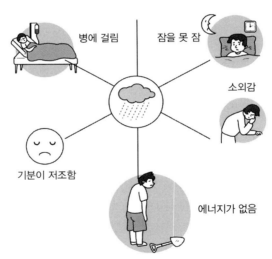

출처: Sharry, J. (2013). 해결중심 집단상담.

강의자료 7-1 다른 것 시도해 보기

1. 무언가 다른 것 시도하기의 중요성

효과가 없는 방법을 고수하면 할수록 자녀가 보이는 문제행동은 더 심각해지거나 관계가 더욱 악화되기만 할 뿐이다. 이제 다른 무언가를 시도해 보는 게 좋겠다.

자녀와의 관계가 좋아질 때까지 자녀의 문제행동이 사라질 때까지 그동안 효과가 있었던 것과 새롭게 고안한 창조적인 방법들을 사용해야 한다. 무언가 다른 것을 하는 것을 활용하면 부모의 자기반성 기술—즉 잠시 멈추고 특정 상황에서 채택할 수 있는 대안들에 대해서 생각해 보는—뿐만 아니라 창조적인 문제 해결 능력이 살아나고 강화된다. 일단 부모들이 이런 시도를 통해서 성공을 맛보면 자녀와의 관계가 좋아지고 유연하고 유쾌하게 자녀를 대하게 된다.

2. 시도해 볼 수 있는 다른 방법들

1) 전문가나 교사와 협력하기

만약 자녀의 문제를 위해 전문가들과 만나서 상호작용할 때 이들과 성공적으로 협력하고 협상했던 사람들의 성공전략을 써라. 자녀가 학교에서 다양한 문제를 겪고 있을 때 부모가 적극적으로 옹호하는 역할을 수행하는 것이 중요하다는 것과 협상 기술에 관해서 알 필요가 있다. 어떤 부모들은 교사나 교직원들과 효과적으로 협상해서 청소년 자녀에게 필요한 특별한 자원이나 지원을 얻어 내는 요령을 알고 있다. 직장 동료, 가족원, 그리고 각자 살고 있는 지역사회 이웃들의 성공적인 경험을 공유해 달라고 초청하는 것이 가장 효과적이다.

2) 청소년을 자문가로 활용하기

자녀의 친구나 주변의 청소년의 지식과 경험을 활용하는 것이 좋다. 알지 못함의 자세를 갖고 청소년을 전문가로서 대하는 것이다. 부모가 자녀에게 어떻게 할 때 도움이 되었는지, 관계가 향상되었는지 질문하여 효과적인 팁을 얻을 수 있다.

3) 부모 자신을 활용하고 침묵을 존중하기

부모의 자기노출이 효과적일 수 있다. 청소년기에 겪었던 비슷한 어려움을 겪은 것에 대해 좋아한다는 보고가 있다. 침묵이 오래갈 때 침묵을 존중해 주는 것은 아주 중요하다. 침묵이 곧 싫다는 저항의 뜻은 아닐 수 있기 때문이다.

3. 일이 잘 되지 않을 때는 부모응급전화 119

① 당신의 역할을 교사의 역할로 생각해 보세요.

② 당신이 보통 하는 것에 대해 생각하세요. 만약 효과가 없다면 다른 것을 시도하세요.

③ 완전히 다른 것을 시도해 보거나 아니면 옛날 패턴을 바꾸어 보세요.

④ 행동을 늦추는 것을 생각해 보세요. 명료하게 생각하기에 너무 감정적이면, 이런 말을 하는 것도 좋습니다. "나는 지금은 얘기하기에는 너무 화가 나 있어. 내가 화를 가라앉힐 때까지 네 방에 가 있어라."

⑤ 당신은 부모인 것을 기억하세요. 당신은 당신의 결정에 관하여 자녀에게 정당화할 필요가 없습니다. 당신이 책임지고 결정해야 한다는 바로 그 사실 때문에 일어나는 일들이 많을 수도 있습니다. 어쩌면 든 사람들을 행복하게 할 수 없는 결정을 해야 할 수도 있습니다.

출처: Selekman, M. D. (2015). **변화로 가는 길.**

[활동지 7-2]

〈해결 마음지도 그리기〉

별칭:

1. 문제 마음지도를 해결 마음지도로 바꾸어 봅시다.

    (예시: 문제가 해결되었을 때를 떠올려 생각과 이미지를 넣어 그린다.)

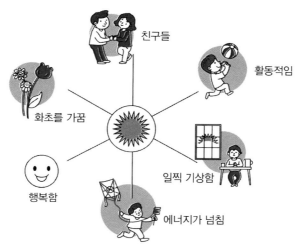

출처: Sharry, J. (2013). 해결중심 집단상담.

2. 새롭게 시도할 수 있었던 것은 무엇인가요?

3. 해결의 열쇠가 된 것은 무엇이었나요?

📝 8회기 +1의 변화는 계속되어요

활동지도안		
활동 목표	• 변화된 자기 모습을 확인하고 변화 유지에 대한 약속을 한다. • 프로그램을 정리하며 소감을 발표한다.	
준비물	롤링페이퍼, 표창장, 축하간식, [활동지 8-1]	
단계	진행 절차	
관계 형성 (20분)	▶ 눈으로 만나고 손으로 말해요 〈활동 내용〉 ① 동그랗게 선다. ② 둘러선 사람들은 쳐다보다가 눈이 마주치면 서로 눈을 맞추면서 서서히 자리를 바꾼다. ③ 여러 사람과 눈 맞추기가 어느 정도 이루어졌으면 마지막 눈 맞춘 사람과 마주 보고 선다. ④ 번갈아 가며 손바닥 마사지를 정성스럽게 한다. 꾹꾹 눌러 주고 밀어 주고 쓰다듬어 준다. ⑤ 돌아가면 다른 사람과도 손 마사지를 서로 해 준다. ⑥ 마친 후 서로 소감을 나눈다. ▶ 목표 확인 변화된 자기 모습 확인하고 변화 유지에 대한 약속을 한다.	
해결중심 활동 (60분)	▶ 변화 유도 활동 활동 8-1: 변화 확인하기 지난 회기 여러분의 +1을 위한 과제에 대해 이야기를 나누고 척도 점수를 확인하도록 하겠습니다. 오늘은 변화 확인 질문을 전체 프로그램을 통해 확인하겠습니다. 처음에 프로그램을 시작하면서 각자가 세웠던 목표가 무엇이었는지 살펴보고 현재 그 목표가 어떻게 달성되었는지도 확인해 보도록 하겠습니다. 〈활동 내용〉: [활동지 8-1] ① 과제 확인하며 척도 점수를 그래프로 표시한다. [활동지 2-2] ② 각자가 세운 목표를 확인하고 지금 어디에 있는지 표시한다. ③ 프로그램이 진행되는 동안 무엇이 달라졌는지 EARS 기법 질문에 답을 적는다. ④ 목표 달성 정도에 대해 집단원들과 이야기를 나눈다. 활동 8-2: 변화 유지하기 여러분이 이 프로그램을 마치고 돌아가서도 이 변화의 과정을 유지하기를 바랍니다. 변화의 과정을 지속시키기 위해 무엇을 할 수 있을까요? 이 프로그램이 끝난 뒤 지속적인 +1의 변화를 위해 할 수 있는 것을 비롯해 아래 내용에 대해 차례로 생각해 보고 함께 이야기를 나누어 보도록 하겠습니다.	

〈활동 내용〉

① 프로그램이 끝나면 지속적인 +1 변화를 위하여 할 수 있는 것을 찾는다.

② 프로그램이 끝난 후 현재의 진전을 유지하고 계속해서 좋아지게 하기 위해 할 수 있는 것을 찾는다.

③ 현재의 진전을 유지하고 계속해서 좋아지기 위해 도움을 받고 싶은 곳을 떠올린다.

④ 만약 지지나 도움을 받고 싶다면 어떻게 할지 생각해 본다.

⑤ ①~⑤까지 내용을 돌아가며 이야기 나눈다.

활동 8-3: 변화 축하하기

우리의 변화와 성과와 성장은 모두의 노력과 숨어 있던 역량이라고 생각합니다. 프로그램을 진행하는 동안 나에게서 발견된 강점과 발견된 역량, 그리고 활용했던 도움 자원들을 떠올려 나에게 주는 표창장을 작성해 보고 서로 전달하는 시간을 가지도록 하겠습니다. 표창장을 작성할 때는 스스로 자랑스러운 마음으로 작성하시기를 바라고 돌아가면서 표창장을 수여하고 받을 때는 아낌없는 박수와 환호로 함께 축하해 주시기 바랍니다.

〈활동 내용〉

① 나에게 주는 표창장을 작성한다.

② 한 사람이 자신의 오른쪽 집단원의 표창장을 큰 소리로 읽어 주고 수여한다. 차례로 돌아가면서 모든 집단원이 돌아가며 받는다.

▶ 해결중심 개입 활동

활동 8-4: 메시지 전달하기

〈활동 내용〉

① 프로그램을 하면서 느낀 집단원들의 모습을 떠올린다.

② 롤링페이퍼 종이가 오면 해당 집단원에 대한 칭찬과 격려의 말을 적어 준다.

③ 다 적고 나면 종이를 오른쪽으로 돌리며 전체 집단원에 대한 롤링페이퍼를 작성한다.

변화 유지 (10분)	▶ 전체 소감 나누기 −프로그램을 하는 동안 어떤 전략이나 생각이 가장 도움이 되었나요? −롤링페이퍼를 읽어 보고 가장 마음에 남는 격려의 말은 무엇인가요? ▶ 프로그램 평가 나누기 프로그램 만족도 평가를 작성한다.
유의점	• 8회기의 프로그램을 잘 마무리하는 것에 대한 진심으로 축하의 자리가 되도록 분위기를 조성하고 먹거리를 준비하는 것도 좋다. • 그동안의 노력을 함께 충분이 자축하고 서로의 변화를 격려하며 앞으로 변화 유지에 대한 계획과 다짐을 구체적으로 할 수 있도록 한다.

[활동지 8-1]

〈변화 확인하기〉

별칭:

1. 우리가 세운 목표를 확인하고 지금 어디쯤 있는지 표시하세요.

목표 1	목표 2
1 2 3 4 5 6 7 8 9 10	1 2 3 4 5 6 7 8 9 10

2. T(이끌어 내기) 프로그램을 하는 동안 무엇이 달라졌나요? 어떤 진전이 만들어졌습니까? 변화가 생겼거나 상황이 좀 달라졌거나 나아진 것을 경험한 것을 적어 주세요.

_____

3. A(확대하기) 그 변화를 나 외에 또 누가 알아챘나요? 그 변화는 어떻게 일어났나요? 당신은 무엇을 했고, 자녀는 무엇을 했나요? 그 외 다른 사람은 무엇을 했나요?

_____

4. R(강화하기) 오!!! 대단해요. 그건 매우 특별한 일이네요. 어떻게 그렇게 할 수 있었나요? 당신 자신이 어떻게 그렇게 하도록 만들었나요? 당신이 하고 있는 것은 이전과 어떻게 달랐나요?

_____

5. 그 변화가 당신과 자녀에게 어떻게 도움이 되었나요?

_____

6. S(반복하기):

이런 일이 자주 일어나려면 무엇을 계속해야 할까요? 또 어떤 것들이 달라져 있었나요? 그 외에 또 어떤 일을 할 수 있을까요?

_____

7. 현재 문제가 충분히 잘 해결되었나요?

_____

참고문헌

정문자, 이영분, 김유순, 김은영(2019). 해결중심 가족상담. 서울: 학지사.

한국단기가족치료연구소(2017). 해결중심 감정카드, 해결중심 스토리카드.

Anderson, H., & Goolishian, H. (1992). The client is the expert: A not-knowing approach to therapy. In S. McNamee, & K. Gergen (Eds.), *Therapy as Social Construction*. Newbury Park: Sage Publications.

Bannink, F. (2010). *Handbook of solution-focused conflict management*. Hogrefe Publishing.

Berg, I. K., & Gallagher, D. (1991). Solution-focused brief therapy with adolescent substance abusers. In T. C. Todd & M. D. Selekman (Eds.), *Family therapy approaches with adolescent substance abusers* (pp. 93–111). Needham Heights, MA: Allyn & Bacon.

Bertolino, B., & Schultheis, G. (2005). *The Therapist's Notebook for Families: Solution-Oriented Exercises Working with Parents, Children, and Adolescents*. 해결중심 면접의 도구들(김유순 역). 서울: 시그마프레스.

De Bono, E. (1985). *Conflicts: A better way to resolve them*. London: Penguin.

de Shazer, S., & Berg, I. K. (1995). The brief therapytradition. In J. H. Weakland & W. Rey (Eds.), *Propogations: Thirty years of influence from the Mental Research Institute*(pp. 249–252). Binghamton, NY: Haworth.

de Shazer, S., & Berg, I. K. (1997). 'What works?' Remarks on Research Aspects of Soulution-Focused Brief Therapy. *Journal of Family therapy, 19*(2), 121–124.

Kral, R. (1995). *Strategies that Work: Techniques for Solution in Schools*. Milwaukee: Brief Family Therapy Center.

Peterson, C., & Seligman, M. E. P. (2004). *Character strengths and virtues: A handbook and classification*. New York: Oxford University Press/Washington, DC: American Psychological Association.

Selekman, M. D. (2015). *Pathways to Change: Brief Therapy with Difficult Adolescents*. 변화로 가는 길: 다루기 어려운 청소년을 위한 단기치료(김유순 역). 서울: 박학사.

Sharry, J. (2013). *Solution-Focused Groupwork* (2nd ed.). 해결중심 집단상담(제2판)(김유순 외 공역). 서울: 학지사.

Walter, J. L., & Peller, J. E. (1992). *Becoming solution-focused in brief therapy*. 단기가족치료: 해결중심으로 되어가기(가족치료연구모임 역). 서울: 하나의학사.

해결중심 단기상담법 https://www.youtube.com/watch?v=Rr-2iZMTIRo

EBSDocumentary (EBS다큐). 교육대기획 10부작 학교란 무엇인가. 8부 0.1%의 비밀, https://www.youtube.com/watch?v=auGGn_3gm2w.

MBTI 홈페이지. www.mbti.co.kr

제 6 장

현실치료 집단상담

"아픈 과거를 다시 방문하는 것은 우리가 지금 해야 하는 것에
거의 또는 아무런 기여도 없다. 우리가 지금 해야 하는 것은
현재의 중요한 관계를 향상시키는 것이다."

로트(Roth)와
골드링(Goldring)

I ▶ 현실치료 집단상담 이론

1. 집단상담의 목표

현실치료 집단상담에서 모든 사람은 한 번뿐인 자기의 삶을 건강하고 행복하게 살고 싶은 바람을 가지고 산다. 현실치료에서는 이러한 바람의 성취가 모든 사람들이 서로에게 의지하고 서로를 도울 때에 가능해진다는 것을 강조하고 있다. 따라서 현실치료에서는 도움을 필요로 하는 이들의 건강과 행복 추구에 초점이 맞추어져 있다.

현실치료 집단상담에서는 집단구성원이 그의 기본 욕구에서 비롯된 바람이 정말 무엇인가를 알아차리지 못하거나, 파악했다 하더라도 효과적으로 그러한 바람을 충족시키지 못하고 있을 때 정신의학적 문제를 일으킨다고 본다. 따라서 현실치료 집단상담의 주요한 상담목표는 일차적으로 집단구성원이 정말 원하는 바람이 무엇인지 욕구를 파악한 후에 그가 바람직한 방법으로 욕구를 달성할 수 있도록 조력하는 것이다.

글래서(Glasser)는 집단구성원이 바람직한 방법으로 욕구를 달성할 수 있도록 하는 데 있어 3R, 즉 책임감(Responsibility), 현실(Reality), 옳거나 그름(Right or wrong)을 강조한다. 이러한 세 가지 내용에 대해서 좀 더 구체적으로 살펴보자.

1) 책임감

글래서는 책임감이란 "개인이 타인의 욕구충족을 방해하지 않으면서 자신의 욕구를 충족시키는 능력"이라고 정의한다. 책임감 있는 사람은 자신의 생활에서 무엇을 원하는지를 알며 자신의 욕구나 목표를 성취하기 위해 책임감 있게 계획을 세운다는 점에서 자율적이므로 책임감이란 사람들이 자신의 생활을 효과적으로 통제할 수 있다는 것을 의미한다. 따라서 어려서부터 책임감에 대한 교육을 하는 것이 중요하다고 보고 있다. 아울러 현실치료 집단상담자는 정신건강과 책임감을 같은 것으로 본다. 즉, 책임을 잘 질수록 더 건강하고, 책임을 지지 않을수록 더 건강하지 않다고 보았다.

2) 현실

현실치료에서 책임을 받아들인다는 것은 바로 개인이 현실을 직면해야 함을 말한다. 때문에 현실세계를 정확하게 받아들여야 하고, 더 나아가 현실세계가 정해 주는 어떤 범위 내에서만이 자신의 욕구충족이 가능하다는 점을 이해해야 한다. 현재의 행동은 관찰될 수 있는 것이고 현실세계에서 일어나는 일이기 때문에 현실의 한 부분이다. 따라서 개인이 책임을 져야 하는 모든 행동은 현실에서 일어난다.

현재라는 말도 현실에서 중요하다. 우리는 과거를 바꿀 수 없고 현재를 위해 과거에 대한 이해가 필요하다. 더욱이 사람들이 자신을 바꾸기 위해서는 과거를 이해해야 한다고 배우게 되면, 그들 자신에 있어 과거의 어떤 일은 그들의 무책임한 현재의 행동에 대해 하나의 구실을 제공하게 되는 것이다. 결국 현실치료를 적용하는 집단상담자들은 집단구성원이 현실, 즉 그들이 현재 행동을 직면해야 한다고 주장한다. 현실치료 집단상담자는 집단구성원이 더욱 책임 있는 행동을 함으로써 자신의 문제를 해결할 수 있는 현실을 직면하도록 돕는다.

3) 옳거나 그름

개인의 기본 욕구를 만족시키는 행동을 하는 데 있어 '옳거나 그름', 즉 도덕적 판단이 있어야 함을 의미한다. 개인은 사회 속에서 자신의 행동에 대한 가치판단을 통해 현실적으로 욕구를 충족한다. 현실치료 집단상담자는 집단구성원이 다른 사람들에게 해가 되지 않는 옳은 판단을 통해 자신의 욕구를 충족하도록 조력한다.

2. 주요 개념

여기에서는 현실치료에 근거한 집단상담을 이해하는 데 필요한 주요 개념으로 기본 욕구, 통제이론, 좋은 세계, 전체 행동, 선택이론의 원리 등을 살펴보고자 한다.

1) 기본 욕구

인간의 행동은 다섯 가지 기본 욕구를 충족시키기 위한 것이다.

① 사랑/소속(belonging)의 욕구: 다른 사람과의 연결감을 느끼며 애정을 주고받고 소속되고자 하는 욕구, 사랑, 우정, 돌봄, 관심 등이 있으며, 인간은 가족, 사회집단, 동료에 소속된다.

② 권력/힘(power)의 욕구: 성취를 통해서 자신에 대한 유능감과 가치감을 느끼며 자기가치감, 능력감, 성취감, 승인감, 중요감과 관련된다. 힘과 권력을 추구하려는 욕구, 이 욕구를 타인에게 행사하려 하면 사랑의 욕구와 충돌이 일어난다.

③ 자유(freedom)의 욕구: 자율적인 욕구로서 자유롭게 행동하고자 하는 욕구로 독립성, 자율성과 밀접히 관련된다. 전체주의 사회에서는 권력 욕구와 개인의 자유 욕구가 충돌한다.

④ 재미/즐거움(fun)의 욕구: 즐겁고 재미있는 것을 추구하며 새로운 것을 배우려는 욕구로, 놀이를 통해 즐기고자 하는 속성이다. 예를 들면, 암벽 타기 에베레스트 등산, 자동차 경주 등이 있다.

⑤ 생존(survival)의 욕구: 개인의 생존과 안전을 위한 신체적 욕구이다.

2) 통제이론

통제이론은 난방기구나 에어컨디셔너의 자동온도 조절 장치가 알맞은 온도를 유지하기 위해 그 기구의 동작을 조종하듯이 인간의 두뇌가 하나의 통제 체제처럼 작용한다는 것이다. 이 이론에 근거한 인간의 다섯 가지 욕구가 인간에게 동기를 유발한다고 보았다.

인간이 경험하는 현실세계는 감각체계와 지각체계를 거쳐 지각세계에 전달되며 이때 지각현실은 긍정적·부정적 또는 무의미하게 인식된다. 또한 개인에게 맞는 최상의 사진으로 좋은 세계(Quality World)에 늘 간직된 그 안의 사진들이 현실과 일치하느냐 불일치하느냐에 따라 개인의 만족도가 정해진다. 삶을 통제하는 방법으로는 건설적이고 바람직한 행동 또는 우울하기·고통 느끼기·비참해지기·정신분열·류머티스나 관절염과 같은 심인성 질환까지도 선택된다.

3) 좋은 세계

글래서에 따르면 인간은 객관적 현실에 살고 있지 않다고 본다. 그 이유는 동일한 현실에 대해 사람마다 인식이 다르기 때문이다. 현실 그 자체보다 현실에 대한 인식이 인간의 행동을 결정하는 데 중요하다고 보았다. 인간은 내적 욕구를 만족하기 위해 머릿속에 그림을 만들어 낸다. 특히, 욕구가 잘 충족되었을 때 경험했던 사람, 물체, 사건에 대한 그림을 보관한다. 또한 원하는 삶, 원하는 사람, 원하는 물건이나 사건, 가치라고 여기는 생각과 신념들에 대한 심상을 지닌다. 이러한 기억과 이미지들은 '좋은 세계'라고 지칭한 내면세계에 보관한다. 좋은 세계는 기본 욕구를 반영하여 구성되며, 인식된 현실세계와 비교되어 어떻게 행동할 것인지를 선택하는 바탕이 된다. 인간은 좋은 세계와 일치하는 현실세계를 경험하기 위해 행동하기 때문에 자신의 좋은 세계에 존재하는 심상과 욕구를 잘 인식할수록 더 지혜롭고 현실적인 선택을 해서 욕구를 더 성공적으로 충족하고 자신의 삶에 대한 통제감을 더 많이 갖게 될 것이다.

4) 전체 행동

글래서에 따르면 행동을 통제하는 행동체계는 두 개의 하위체계가 있다.

하나는 좋은 결과를 유발하는 익숙한 행동을 반복하는 것을 담당하고, 또 하나는 좋은 세계와의 괴리를 해소하기 위해 새로운 행동을 창조적으로 구성하는 역할을 한다. 인간은 좋은 세계와 비교하며 끊임없이 행동을 선택하는 존재이다. 인간이 생각하고 행동하고 생리적으로 반응하는 모든 것을 전체 행동이라고 한다.

전체 행동은 행동하기(말하거나 조깅하는 것과 같은 우리가 하는 것), 생각하기(자발적 생각과 자기진술 등), 느끼기(분노, 기쁨, 우울, 불안 등), 생리작용(땀 흘리기, 두통, 다른 심리 신체적 증상을 발달시키는 것 등)으로 구성된다. 만약 우리의 행동적 선택을 자동차에 비유한다면, 엔진은 기본 욕구를 의미하고, 운전대는 우리가 질적 세계의 방향으로 차를 돌릴 수 있는 기능을 담당한다. 또한 바퀴는 각각 행동, 사고, 감정, 생리를 의미한다. 행동과 사고는 선택하는 것이기 때문에 차의 방향을 결정하는 앞바퀴와 같다. 반면 감정과 생리는 앞바퀴의 방향을 따라가는 뒷바퀴에 해당하므로 독립적이거나 직접 방향을 결정할 수 없다. 즉, 우리의 감정과 생리적 반응은 행동과 사고와는 달리 직접적으로 결정할 수는 없음을 의미한다(전체 행동의 자동차 비유).

예를 들면, 취직이 되지 않으면 화가 나거나 우울해질 수 있다. 행동이나 사고는 감정과 불가분의 관계에 있으며, 우리는 이러한 관계를 직접적으로 변화시킬 수 없지만 감정이 어떻든 간에 행동과 사고는 이를 변화시킬 수는 있다. 그러므로 전체 행동을 바꾸는 가장 좋은 방법은 통제할 수 있는 행동하기와 생각하기를 새롭게 선택하는 것이다.

5) 선택이론

선택이론에서 통제할 수 있는 행동은 자신의 행동뿐이다. 주변에서 일어나는 사건을 통제하는 유일한 방법은 자신의 행동을 선택하는 것이다. 또한 과거가 현재의 문제에 영향을 주었을 수는 있지만, 과거 자체가 문제는 아니다. 과거에 어떤 일이 일어났든 간에, 효율적으로 기능하기 위해 현재에서 살고 계획해야 할 필요가 있다. 아울러 글래서는 거의 모든 증상은 현재의 행복하지 않은 관계에 의해서 생긴다고 보았다. 따라서 우리가 통제할 수 있는 것은 우리 자신의 행동뿐이고, 우리가 할 수 있는 것은 주변 사람들과 잘 지내는 것뿐이다.

현실치료 집단지도자는 선택이론과 관련하여 구성원들로 하여금 그들 자신의 행동이 도움이 되지 않는다는 것을 인식하고, 자기 자신을 있는 그대로 수용하며, 개인적인 수행을 향상하고 집단 내의 다른 구성원들을 돕기 위한 현실적인 계획을 세우도록 안내한다. 또한 구성원들이 자신이 행동하는 것, 생각하는 것, 그리고 느끼는 것이 '그들에게 일어난 것'이 아니고, '스스로 선택한 것'임을 알게 되면 보다 나은 행동을 보다 쉽게 선택할 수 있다. 그래서 집단지도자는 구성원들로 하여금 자신이 원하는 것을 평가하는 기술적 질문을 통해서 그들의 전체 행동이 원하는 바를 얻는 데 도움이 되지 않는다는 것을 깨닫도록 한다. "지금 하기로 선택한 것(행동과 생각)이 원하는 것을 가져다 줍니까?"처럼 기본적인 현실치료 질문을 자주 사용하여 구성원을 직면시킨다.

3. 집단지도자의 역할

현실치료 집단상담자는 집단구성원과 친밀한 관계를 맺고 적극적으로 그들의 생각하기와 행동하기를 변화시키려고 노력한다. 또한 온화한 관계를 바탕으로 직접적이고 배려하는 방식으로 집단구성원이 처한 현실을 지적해서 직면시키고자 한다. 아울러 집단구성원들이 자신이 선택한 행동을 인식하고 그에 대한 책임감을 수용하면 삶에서 보다 효율적인 통제력을 얻을 수 있고, 보다 나은 선택을 할 수 있도록 조력한다.

1) 계획 수립의 동반자

현실치료 집단상담은 집단원으로 하여금 자신의 욕구를 충족시키기 위한 합리적인 계획을 세우고 실천할 수 있도록 돕는 과정이므로 실천 가능한 계획을 수립하는 것이 필요하다. 계획을 수립할 때 집단상담자와 집단원의 신뢰관계를 형성하는 것이 중요한데 집단상담자와 집단원과의 신뢰관계 형성은 집단원들에게 사랑과 소속의 욕구, 힘의 욕구를 충족할 수 있는 의미 있는 경험이 된다. 집단상담자와의 신뢰로운 관계 형성을 통해 욕구가 충족되고 나면, 집단원은 계획 수립과 실천에 강한 의지를 가지게 된다. 따라서 집단상담자는 집단원의 계획을 수립하고 실천하는 데 의미 있는 동반자로서의 역할을 담당한다.

2) 계획 실천의 조력자

집단상담자와 집단원이 신뢰로운 관계를 형성하고, 실천 가능한 계획이 수립되었다 하더라도 집단원은 실천에 어려움을 겪기 마련이다. 그럴 때마다 집단상담자는 집단원이 수립한 계획을 잘 실행할 수 있도록 격려하고 지지하거나 실패했을 경우 원인을 탐색하거나 계획을 수정할 수 있도록 도와야 한다.

집단상담자는 집단원의 계획 실천의 실패에 대한 변명을 허용하지 않음으로써 수립한 계획을 실천하지 못한 것에 대한 책임을 집단원 자신이 지도록 도와야 한다. 이때 판단이나 처벌보다는 집단원에게 집중하여, 집단원의 행동보다 집단원 자체에 관심이 있다는 것을 느끼도록 해야 한다. 또 집단상담자는 집단원이 계획을 실천하는 것에 어려움을 겪고 여러 차례 실패한다 하더라도 집단원을 믿고 지지해 주는 역할을 해야 한다.

4. 집단상담의 단계

글래서가 제안한 현실치료의 상담과정에는 집단상담자가 기본적으로 지켜야 할 원칙이 잘 제시되어 있다. 현실치료 집단상담 단계는 다음과 같다.

1) 상담 환경 가꾸기: 집단구성원과 좋은 관계 형성(안전한 집단 형성하기)

집단지도자는 구성원들과 좋은 작업관계를 형성해야 한다. 좋은 작업관계란 내담자의 삶에 관심을 가지는 것이고, 치료적 관계의 초석이 되는 라포(rapport)를 형성하는 것이다. 지도자가 구성원과 같은 관점으로 세상을 바라보는 것이 중요하다. 어떻게 보면 이것은 집단 작업에서 가장 중요하면서도 하기 어려운 일인데, 개인적인 참여 없이는 효과적인 치료가 불가능하기 때문이다. 집단지도자의 보살핌은 구성원들이 긍정적인 변화를 이루기 위한 도전에 헌신하는 데 필요한 신뢰를 구축하는 기나긴 과정이 될 수 있다. 작업관계가 형성되고 나면 구성원은 자신이 원하는 것과 자신이 현재 선택한 전체 행동을 평가할 수 있게 된다.

안전한 환경을 조성하고 공고히 하기 위해서, 집단지도자는 따뜻함, 이해, 수용, 관심, 구성원에 대한 존중, 개방성, 그리고 타인의 도전을 기꺼이 받아들이는 특성 등의 개인적인 자질을 가지고 있어야 한다. 이러한 선의와 치료적 우정을 발달시킬 수 있는 좋은 방법은 집단구성원의 이야기를 경청하는 것이며 높은 수준의 공감은 반영적 경청보다는 기술적인 질문에 의해서 더 잘 표현될 수 있다.

집단구성원이 상담관계에 자발적으로 참여하도록 원만한 관계를 형성한다. 먼저 집단구성원에게 열중하고, 친화적인 관계를 수립하거나 단순히 친해지려고 노력한다. 강한 유대관계를 바탕으로 집단구성원이 집단상담자를 마음속으로 조력자로서 받아들이도록 한다. 그 후 집단상담자는 집단구성원이 무엇을 원하는지, 혹은 통제이론 용어로 지금 집단구성원이 무엇을 통제하고 있는지를 찾는다.

2) 행동 변화를 위한 상담과정: WDEP 체계

선택이론에 근거하여 구성된 WDEP 체계는 사람들이 자신의 기본 욕구를 충족하는 것을 돕는 것으로 각 문자는 변화를 촉진하기 위한 전략들을 의미한다. W는 욕구(wants), D는 행동과 방향(doing and direction), E는 자기평가(self-evaluation), P는 계획(planning)을 나타낸다. 또한 WDEP 체계는 상담자와 내담자가 함께 목표와 행동 계획을 수립하는 협력적 접근을 포함한다.

(1) 집단구성원의 바람과 욕구 파악

집단에서 구성원들은 자신이 무엇을 원하고, 무엇을 가지고 있고, 무엇을 얻지 못하고 있는지를 탐색한다. 이러한 과정 전반을 통해 구성원들은 행동의 방향을 결정하는 데 필요한 자기평가를 할 수 있게 된다. 자기평가는 구성원이 구체적인 변화를 이룸으로써 좌절감에서 벗어나야 할 이유를 제시해 준다. 구성원들이 스스로 원하는 바를 정확히 찾아내는 데 유용한 질문은 다음과 같다.

> "어떤 사람이 되기를 바랍니까?"
> "당신이 원하는 것과 가족이 원하는 것이 일치한다면 가족들은 어떻게 될까요?"
> "당신이 바라던 대로 살고 있다면 당신은 무엇을 하고 있을까요?"
> "이 선택은 단기적 · 장기적 이익을 고려할 때 최선입니까?"
> "이 상황을 어떻게 생각합니까? 당신은 얼마나 통제하고 있습니까?"

(2) 행동과 방향 파악

구성원들이 자신의 욕구를 탐색한 후에는 지금 자신이 하는 행동이 원하는 것을 얻는 데 도움이 되는지를 판단하기 위해 현재 행동을 검토해 보아야 한다. 집단지도자는 구성원이 전체 행동을 묘사하도록 돕는다. 자각과 자기통찰은 변화를 만들기 위한 중요한 단계이다. 구성원들로 하여금 현재 행동을 검토할 수 있도록 격려하기 위해서 다음과 같은 질문을 할 수 있다.

> "이 선택은 당신이 원하는 곳에 도달하게 합니까?
> "또 그 목적지가 진정으로 당신에게 도움이 됩니까?"
> "지금 무엇을 하고 있습니까?"
> "지난 한 주 동안 실제로 무엇을 하였습니까?"
> "지난 한 주 동안 어떻게 다르게 살기를 원했습니까?"

(3) 행동평가

집단구성원의 현재 행동이 그의 바람을 달성하는 데 도움이 되는가의 여부를 평가한다. 집단구성원이 스스로 선택한 것임을 알게 된 행동이 그가 원한다고 말한 것을 얻게 해 주는가를 평가하도록 하는 것이다. 또한 이 단계에서는 문제가 많은 집단구성원에게 그들의 행동이 규칙에 어긋나지 않는가를 물을 수 있다. 만일 그들의 행동이 원하는 것을 얻게 해 주는가를 물으면 흔히 자기가 원하는 것은 싸움뿐이라는 식으로 대답하는 경우가 있다. 이를 예방하기 위해서는 무슨 행동을 하고 있는가를 물은 후 그 행동이 규칙에 어긋나지 않는가를 물어야 한다.

"지금 당신이 하고 있는 행동이 당신을 돕고 있습니까? 아니면 당신에게 상처를 주고 있습니까?"
"지금 현재 행동에 만족합니까? 그렇지 않습니까?"
"지금 하는 행동이 관계를 증진하는 데 어느 정도 도움이 됩니까?"

(4) 책임질 수 있는 행동을 계획

집단구성원이 이상적인 계획을 세우는 것이 아니라 자신이 원하는 것을 더 많이 얻을 수 있고, 자신의 바람을 보다 효과적으로 성취할 수 있도록 계획을 수립한다. 일단 집단구성원 편에서 자기가 하고 있는 행동이 소용없다고 판단되면, 다음 단계에서는 원하는 것을 얻을 수 있는 방법, 혹은 그의 생활을 효과적으로 통제할 수 있는 더 좋은 방법을 생각해 내도록 돕는다. 이 단계는 계획하고, 조언하고, 조력하고, 격려하는 것이다. 집단상담자의 직무는 집단구성원이 더 효과적으로 작용할 수 있는 방법에 관한 지식을 갖는 것이며 그들이 스스로 좋지 못한 선택을 하고 있음을 인정할 때 더 나은 선택을 하도록 안내하는 것이다.

효과적인 계획의 특징은 다음과 같다.
① 좋은 계획은 간단명료하고, 이해하기 쉬우며, 현실적으로 실행 가능하다. 또한 부정적이기보다는 긍정적이고, 구체적이고, 즉시적이고, 반복할 수 있다.
② 효과적인 계획은 과정 중심적인 활동을 포함한다. 예를 들면, 구성원은 다음과 같은 일을 할 수 있다. 아이에게 3번 칭찬을 한다. 하루에 30분 조깅을 한다. 일주일에 2시간 봉사활동에 참여한다. 오랫동안 바라 왔던 휴가를 떠난다.
③ 집단에서 사람과 새롭게 관계함으로써, '아니요'라고 말함으로써, 혹은 자기주장적인 행동을 함으로써 계획을 지금-여기로 불러올 수 있다.
④ 계획을 실행하기 전에 집단 안에서 계획을 평가하고, 구성원과 지도자로부터 피드백을 구하는 것이 좋다. 그리고 계획을 실제 삶에서 실행한 다음에 그 계획을

다시 평가하는 것은 유용하다. 구성원은 집단으로 돌아와서 계획이 얼마나 성공적이었는지 이야기할 수 있다. 집단의 의견으로부터 구성원은 계획 중 부족했던 것은 무엇이고, 어떻게 더 구체화될 필요가 있는지, 혹은 어떻게 수정될 수 있는지를 알 수 있다.

⑤ 구성원이 자신의 계획에 보다 헌신하기 위해서는 계획을 서술하는 것이 유용하다. 집단지도자와 다른 구성원들은 효과적인 계획에 대한 강화를 제공함으로써 도움을 줄 수 있다.

3) 상담과정에서 유의사항

(1) 계획 이행에 대한 약속

현실치료 집단의 계획은 계약의 형태로 수립되는데, 이는 구성원의 수행을 촉진하기 위해서이다. 집단구성원이 자신이 수립한 계획에 따라 행동할 것에 대한 언약을 얻어 낸다. 일단 계획이 세워지면 집단상담자는 집단구성원에게 그 계획을 끝까지 수행하는 노력을 하겠다는 다짐을 요구해야 한다. 집단구성원이 언약을 할 때 그것이 확고해지는 이유는 그 언약 후 집단상담자가 집단구성원의 내부 세계에서 욕구충족 지각의 대상이 되기 때문이다. 또한 약속은 집단상담자에 대한 것일 뿐만 아니라 집단구성원 자신에 대한 것이기 때문에 강력한 것이다. 확고한 언약은 끝까지 강력하게 수행하는 것을 의미한다.

(2) 변명에 대한 불수용

상담자는 바람직한 변화를 이끌어 내고, 치료적 동맹을 맺기 위해서는 내담자를 있는 그대로 수용하고, 내담자가 통제할 수 있는 것에 초점을 맞추도록 격려해야 한다.

집단지도자는 구성원들이 자신의 전체 행동에 대한 책임을 지는 태도를 중요시하므로 집단지도자는 집단구성원이 계획에 대한 이행을 하지 않고 변명할 경우 이를 수용하지 않는다. 대신에 지도자는 구성원들에게 변명은 자기기만이며, 단기적인 위안이 될 수는 있지만 궁극적으로는 실패를 가져 오고, 실패자라는 정체성을 굳힌다고 가르친다. 이 방법을 사용하면 집단구성원은 점점 그가 할 수 있는 유일한 일, 즉 지금 바로 더 나은 행동을 선택하는 일에 초점을 맞출 것이고, 비효과적이고 비참하게 된 이유를 더는 찾지 않을 것이다.

(3) 처벌의 금지

집단상담자는 집단구성원을 비판하거나, 논쟁하거나, 처벌하지 않는다.

(4) 지속적인 조력

집단상담자는 결코 집단구성원을 포기하지 않고 지속적인 관심을 가지고 조력한다. 집단구성원이 스스로 효과적인 통제력을 얻을 수 있다는 것을 깨닫게 되기까지는 오랜 시간이 걸린다. 왜냐하면 그들은 비효과적인 방법으로 세상을 통제하는 데 익숙하기 때문이다. 좋은 친구는 결코 포기하지 않는다.

5. 집단상담의 기법

현실치료 집단상담은 상담기법에 지향된 접근방식이 아니다. 따라서 선택이론에서 독창적으로 개발한 특별한 기법을 사용하기보다는, 집단상담자와 집단구성원의 친밀한 관계를 바탕으로 집단구성원이 자신의 바람을 바람직한 방법으로 달성할 수 있도록 조력한다. 여기에서는 현실치료 집단상담 기법으로 질문하기, 직면하기, 역설적 기법, 유머 사용하기 등을 살펴보고자 한다.

1) 질문하기

현실치료 집단상담에서 질문하기는 집단구성원의 전체 행동 탐색하기, 바람 파악하기, 현재 하고 있는 행동 파악하기, 구체적 계획 수립하기에서 중요한 역할을 한다. 또한 집단구성원이 자신의 내적 세계(바람, 욕구, 지각)를 이해하도록 돕는다. 효과적인 질문은 집단구성원이 자신의 행동에 초점을 맞추고, 그러한 행동을 평가하고 계획하도록 한다. 더해서 질문하기는 집단구성원에게 선택하도록 하며 선택을 통해 자신의 삶을 변화시키는 방법을 통제하도록 돕는다.

〈내담자의 바람을 탐색하기 위한 과정〉

상담자: 남편과 더 좋은 관계가 되고 싶으세요?

내담자: 그야 그렇죠.

상담자: 남편과 어떻게 살고 싶으세요?

내담자: 그 사람에게 많은 것도 바라지 않아요. 그저 나를 좀 존중하고 서로의 의견을 진지하게 나눌 수 있을 정도면 돼요. 나를 구박하지 않고…….

상담자: 그러면 이렇게 표현해 볼까요? 남편과 서로 존중하며 대화를 나눌 수 있는 관계를 형성하는 것, 이것을 부인께서 바라고 있다고 말할 수 있나요?

내담자: 그렇게만 되면 좋지요.

2) 직면하기

현실치료 집단상담자는 집단구성원이 달성하기를 소망하는 바람과 그가 현재 하고 있는 행동이 그러한 바람을 달성해 주는지의 여부를 따지는 활동이다. 따라서 집단상담자는 바람 달성에 역행하거나 불일치한 행동을 하는 집단구성원을 조력하는 데 있어 직면하기를 통해 그가 선택한 행동에 대해 책임을 지도록 한다.

집단구성원의 변명을 다룰 때 집단상담자는 직면하기를 통해 긍정적 태도를 유지하면서도 변명을 수용하지는 않으며, 비판하거나 그와 논쟁하지 않으면서 집단구성원이 자신의 전체 행동을 탐색해서 효과적인 계획을 수립하도록 한다.

상담자: 나는 부인께서 정말 더 즐거운 삶을 살기를 바랍니다. 부인께서도 그것을 바라고 있고요. 그 방향으로 나아가기 위해 부인께서는 남편과 좀 더 좋은 관계를 갖기를 희망하고 있습니다. 맞나요?

내담자: 예.

상담자: 그런데 부인께서는 현재 그쪽으로 나아가는 행동을 선택하고 있지 않네요.

내담자: 그런 것 같습니다.

상담자: 잘해 보려고 노력은 하였지만 결과적으로는 원하는 결과를 얻지는 못하였군요.

내담자: 예. 그런 셈입니다.

3) 역설적 기법

집단상담자는 집단구성원에게 모순된 요구나 지시를 주어 그를 딜레마에 빠지게 하는 역설적 기법을 사용한다.

선택이론의 맥락에서 지각, 욕구, 전체 행동을 조사함으로써, 선택이론에 함축된 역설을 설명할 수 있다. 욕구를 충족시키는 데 역설이 있다. 욕구는 흔히 서로 갈등상태에 있다. 어떤 사람은 힘 욕구를 위해 소속감 욕구를 희생시킬 수 있다. 전체 행동에서 역설이 일어난다. 개인은 일상생활에서 느끼기와 생각하기에 많은 주의를 기울이지만, 변화를 가져 오는 것은 행동하기이다. 감정은 이야기함으로써가 아니라 행동하기에 의해 변화된다. 만약 우울한 개인이 다른 사람들에게 적극적으로 행동하면 우울 감정은 변화될 것이다.

역설의 두 가지 유형은 '틀 바꾸기(reframing)'와 '처방(prescriptions)'이다. 틀 바꾸기는 집단구성원이 어떤 상황이나 주제에 대해 생각하는 방식을 변화하도록 조력하는 것이다. 즉, 집단구성원이 이전에 바람직하지 않았던 행동을 바람직한 행동으로 보도록 조력한다. 처방은 집단구성원이 증상을 선택하도록 지시하거나 요구하는 것을 말한다. 예를 들면, 얼굴이 붉어져 타인에게 말을 못하는 집단구성원에게 그가 얼마나 많이 그리고 자주 붉어지는가를 다른 집단구성원에게 말하도록 하는 것이다.

상담자: 상담을 통해 어떤 도움을 받고 싶으세요?

내담자: 너무 불안합니다. 낯선 관계나 주목받는 상황에서 긴장을 많이 하고 목소리가 떨리거나 얼굴이 붉어지는 감정 홍조가 심해요.

상담자: 그래요. 그래서 상담실을 찾아온 거고요. 불안하지 않기를 바라는데, 그렇다면 조금 더 평온하게 살고 싶으세요?

내담자: 예? 평온하게요? 그런 것은 바라지도 않아요. 그저 불안하지만 않았으면 좋겠어요.

상담자: 무슨 말인지 잘 알겠습니다. 그만큼 불안으로부터 빠져나오고 싶다는 말씀이죠. 낯선 관계나 주목받는 상황에서 오히려 지금 느끼는 불안감을 있는 그대로 받아들이세요. 좀 더 긴장을 많이 해 보세요. 최대한 떨어 보세요. 최대한 붉어져 보세요.

4) 유머 사용하기

현실치료는 즐거움이나 흥미를 기본 욕구로 강조한다. 집단상담자와 집단구성원이 농담을 공유한다는 것은 서로가 동등한 입장에서 흥미 욕구를 공유한다는 것을 의미한다. 집단상담자는 유머를 통해 집단구성원과 친근한 관계를 유지함으로써 그의 소속감 욕구를 충족시킬 수 있다.

상담자: 지금 하고 있는 그런 생각을 하면 기분이 어떠세요? 기분이 좋아지나요? 아니면 기분이 우울해지나요?

내담자: 별로 좋지 않습니다.

상담자: 그런데 부인께서는 조금 더 즐겁게 살고 싶다고 하셨는데, 지금도 우울해지는 생각을 선택하고 있는 것 같군요. 내가 제안 하나 할까요? 나는 간혹 기분이 좋지 않을 때 음악을 들어요.

내담자: 우울한 날 추천해 줄 좋은 곡이 있을까요?

상담자: 그럴 때는 소곡이나 돼지곡이 좋습니다.

내담자: (내담자가 웃는다.)

Ⅱ   현실치료 집단상담 실제

교사효능감 향상을 위한 현실치료 집단상담 프로그램

1. 필요성과 목표

1) 필요성

현재 교사의 자기효능감은 교사 개인의 교수 행위와 수업활동을 효과적으로 수행하도록 하는 변인으로, 교육의 질에 큰 영향을 미치는 것으로 논의될 만큼 매우 중요한 요인이다. 교사의 교수 행위에 대한 신념이 강화되면 교육에 더욱 적극적인 태도를 형성하게 함으로써 효율적이고 원활한 직무를 수행할 수 있다. 교사효능감이 높은 교사는 업무를 수행함에 있어서 목표 지향적이며 도전적이고 교수몰입과 교육성취도가 증진된다. 특히, 교사효능감은 교사 스스로가 학생의 성취와 발달에 필요한 역량을 갖고 있으며, 자신의 교수 행위가 학생의 바람직한 성장에 도움이 될 것이라고 인식시킬 수 있다. 이를 통해 교사는 직무에 대한 만족감을 느끼며 학생을 긍정적으로 발전시키고자 노력하므로 궁극적으로 학생 교육의 질 제고로 이어질 수 있는 교사의 자기효능감과 역할이 매우 중요하다는 점을 인식해야 한다.

최근 한국교육개발원에서 펴낸 '교원 및 교직환경 국제 비교 연구: TALIS 2018 결과 분석' 보고서(2020)에 따르면, 우리나라 중학교 교사들의 업무능력에 대한 신념과 자기효능감이 전 세계 40여 개국 교사들에 비해 떨어지는 것으로 나타났다. 특히, 학급 경영에서 느끼는 자기효능감이 현저히 낮았다. 교사의 업무 수행능력에 대한 신념과 업무 자신감이 교육성과에 미치는 효과를 생각할 때 교사효능감을 향상시키고자 하는 프로그램 개발이 필요한 시점이다.

그러나 지금까지 진행되고 있는 자기효능감 향상 프로그램들은 교사와 학생의 관계를 교육자와 학습자 관계의 측면에서 바라봤을 때 주로 학습자들을 대상으로 하는 자기효능감 향상 프로그램들이 대부분이다. 정작 학생들과 가장 직접적으로 상호작용하고 있는 교사들을 대상으로 하는 교사효능감 향상을 위한 프로그램은 아직 개발되지 못한 상태이다.

따라서 본 연구가 교사들에게 교사효능감의 중요성은 인식하고 있으나 이를 향상시키기 위한 체계화된 방법이 부족한 학교 현장에서 활용할 수 있는 집단상담 프로그램으로 제공되게 된다면 교사효능감을 향상시키기 위한 노력들에 도움이 될 것으로 사료된다.

또한 교육현장에서 교사들에게 교사와 학생이 상호 욕구충족을 할 수 있는 인간관계의 방법을 익혀서 효율적으로 학생지도를 해결하도록 도와주고자 현실요법과 선택이론을 집단상담 프로그램 개발 배경 이론으로 채택하였다. 선행연구에 의하면 우리나라 청소년 대상 현실치료 집단상담 프로그램을 실시한 결과 내적 통제성과 자아존중감, 성취동기의 향상, 교과 및 학교에 대한 태도와 학업성취도에서의 유의미한 향상, 공격적 문제행동과 불안의 감소를 보고하였으며, 자기효능감에 긍정적인 영향을 주는 것으로 나타났다(박소라, 2008; 백점순, 2005). 그리고 부모 대상 현실치료 집단상담 프로그램에서도 내적 통제성과 자아존중감의 향상, 우울의 정도 감소와 인간관계 개선에 효과를 보고하였으며, 부모의 자기효능감에 긍정적인 효과가 있었다(강경란, 2004; 김현주, 2015).

이상과 같은 연구 결과들은 글래서의 선택이론에 기반을 둔 현실요법을 집단상담에 적용했을 경우 여러 가지 측면에서 긍정적인 방향으로 유의미하게 변화될 수 있다는 점을 시사해 주고 있으며, 현실요법 프로그램이 교사효능감을 증진하는 데도 효과가 있을 것으로 기대된다.

2) 목표

본 프로그램의 목적은 현실요법과 선택이론을 교실현장에 적용시켜서 예상되는 여러 갈등 상황에 효과적으로 대처해 보는 연습을 해 보도록 함으로써 교사들의 내적 통제성과 자아존중감을 향상시켜 주고, 인간관계 기술을 익히게 되어 효율적인 교직생활을 돕기 위함이다. 교사가 자신에 대한 이해와 학생에 대한 이해를 통해 학생과 좋은 관계를 형성하고, 자신의 내부 통제를 통해 학생과 주변 상황을 보다 효율적으로 통제할 수 있도록 하여, 교사효능감을 증진하도록 도움을 주는 것이다.

이에 프로그램의 목표는, 첫째, 교사에게 선택이론에 대한 이해를 통해 현실치료의 관점과 기술을 습득할 수 있도록 하여, 학생지도, 학급운영, 교수법, 직무수행 등에 필

현실치료 집단상담 프로그램의 목적
교사가 자신에 대한 이해와 학생에 대한 이해를 통해 학생과 좋은 관계를 형성하고, 자신의 내부 통제를 통해 학생과 주변 상황을 효율적으로 통제할 수 있도록 하여, 교사효능감을 증진하도록 도움을 주는 것

현실치료 집단상담 프로그램의 목표			
현재의 바람과 욕구 탐색	자신의 현재 행동 구체적으로 탐색	자신의 행동이 욕구를 충족시키는지 평가	욕구를 충족시킬 수 있는 계획 세우고 실행

현실치료 집단상담 프로그램의 세부 목표			
• 다섯 가지 욕구를 바탕으로 자신의 욕구 이해 • 어떤 교사가 되고 싶은지 자신의 바람과 욕구 이해하기	• 학급운영, 학생지도 방법 돌아보기 • 수업 교수법 돌아보기 • 학교 내 직무수행 돌아보기	• 학급운영, 학생훈육 방법 평가하기 • 수업 교수법 평가하기 • 학교 내 직무수행 평가하기	• 학급운영, 학생훈육 방법 계획하기 • 수업 교수법 계획하기 • 학교 내 직무수행 계획하기

[그림 6-1] 프로그램의 목적과 목표

요한 효과적인 행동을 선택하도록 도움을 주는 것이다. 둘째, 소집단을 통해 안전한 장소에서 충분한 실습의 기회를 제공하는 것이다. 셋째, 프로그램의 내용을 체계적으로 구성하여 교사효능감 향상의 효율성을 제고하는 데 도움이 되고자 하였다.

이러한 목적으로 개발된 프로그램을 학교 현장에 있는 교사들에게 적용한 결과 교사효능감이 향상되었을 때, 자신에 대한 긍정적인 시각을 갖게 됨은 물론 동료, 학부모, 학생 등을 바라보는 시각의 변화를 가져 오게 되면서 학교생활의 어려운 상황에서도 바람직한 방법으로 해결할 수 있다는 긍정적인 힘을 교사들이 얻게 되기를 기대한다.

2. 개입전략

본 프로그램은 교사의 교사효능감 향상을 위해 다음과 같은 개입전략을 수립하였다.

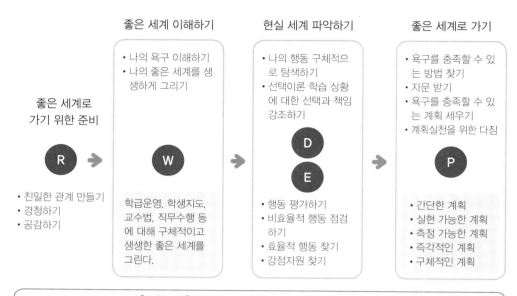

[그림 6-2] 교사효능감 향상 프로그램의 개념적 이해

1) 좋은 관계 형성

좋은 관계를 형성하는 것은 현실치료 상담의 기초이다. 본 프로그램에서는 좋은 관계 형성을 통해 교사들이 학교에서 자신의 어려움을 이해하고 서로 공감하는 과정을 통해 치유적인 경험을 제공하고자 한다. 또한 신뢰로운 관계를 바탕으로 각자 자신의 삶을 되돌아봄으로써 자신을 이해하고 표현하며, 보다 나은 선택을 위해 서로를 지지하는 과정을 통해서 효과적으로 변화할 수 있는 안전한 환경을 마련하고자 한다. 이러한 좋은 관계 경험은 그 자체로 교사가 학급에서도 안전하고 지지적인 환경을 만들 수 있는 감각을 익힐 수 있는 경험을 제공할 것이다.

2) 선택이론 학습을 통해 학교에서 자신의 선택과 책임 자각

교사효능감을 향상시키기 위해서 교사는 자신의 현재 상황은 자신의 선택에 의해서 만들어졌다는 것을 이해해야 한다. 본 프로그램에서는 선택이론을 적절하게 소개함으로써, 교사가 현재의 상황이 스스로 선택하여 만들어진 상황이라는 것을 이해하게 도울 것이다. 이러한 이해가 바탕이 되었을 때, 교사는 선택에 대해 스스로 책임져야 한다는 것을 알 수 있으며, 더 좋은 선택을 위해서 노력하게 될 것이다. 교사효능감을 향상시키기 위해서는 교사가 스스로 자신의 상황을 점검하고 자신의 행동을 판단하여 선택적으로 반응하는 자기조절 효능감을 높이는 것이 필수적이다. 따라서 교사가 자신의 상황에 대한 책임이 자신에게 있다는 것을 교육하는 선택이론 학습과정을 프로그램 활동에 포함시켰다.

3) WDEP를 통해 좋은 세계로 가기 위한 구체적인 계획 수립, 실천

교사효능감 향상을 위해 프로그램을 WDEP에 따라 구성하였다. 먼저, 자기조절 효능감을 향상시키기 위해, 교사는 자신이 학교에서 하는 행동을 스스로 관찰하고(D) 점검하여(E) 어떤 선택을 하는 것이 좋은지 선택(P)할 수 있어야 한다. 이 과정을 통해 자기조절 효능감을 향상시킴으로써 교사는 자신의 좋은 세계에 가기 위한(W) 보다 높은 목표를 설정하고 실천계획을 수립(P)할 수 있다. 따라서 본 프로그램에서는 WDEP 과정을 통해 교사의 교사효능감 향상을 돕고자 한다.

3. 구성내용

본 프로그램에서는 교사효능감 향상을 위해 RWDEP를 활용하는 것이 효과적이라고

[그림 6-3] 교사효능감 향상 집단 프로그램 단계 및 구성 요소

보았으며 이를 위해 좋은 관계를 형성하고, 선택이론에 대해 이해하는 것이 필요하다고 보았다. 이를 바탕으로 교사효능감(자기조절 효능감, 자신감, 과제 난이도 선호)을 향상하기 위한 프로그램의 단계 및 구체적인 내용은 다음과 같다.

• 제1단계: 프로그램 안내 및 친밀감 형성(1회기)

1단계에서는 좋은 관계를 형성하기 위해 기본적인 신뢰감을 형성하는 데 중점을 두었다. 다른 사람의 말을 경청하고, 자신의 이야기를 솔직하게 할 수 있도록 분위기를 만들기 위해 집단의 규칙을 만들고 함께 지키는 활동을 포함하였다. 또한 프로그램을 소개하고, 이 프로그램을 통해서 교사효능감을 향상할 수 있도록, 각자가 프로그램을 통해서 얻고 싶은 점에 대해 이야기 나누는 활동을 포함하였다. 이를 통해 교사들은 서로를 알아가고, 서로의 어려움을 공감하며 마음을 열고 안전한 환경으로 들어올 수 있을 것으로 기대된다.

• 제2단계: 현재의 바람과 욕구 탐색(2~4회기)

2단계에서는 WDEP의 첫 번째 과정인 자신의 바람(Want)를 알고 이해하는 데 초점을 두었다. 자신이 바라는 이상적인 교사는 어떤 모습인지 구체적으로 그려 보고, 이것이 다섯 가지 욕구 중 어떤 욕구인지 생각하고 표현하는 과정을 통해서 자신의 욕구를 이해하고 자신이 진정으로 원하는 것이 무엇인지 돌아볼 수 있는 과정을 포함시켰다. 자신이 바라는 이상적인 교사의 모습을 통해 자신의 좋은 세계를 확인하고, 좋은 세계를 그리며, 희망적으로 집단에 참여할 수 있도록 프로그램을 구성하였다. 2단계에서는 교사의 여러 가지 업무(학생지도, 학급운영, 교수법, 직무수행 등) 중 자신이 가장 중요하게 생각하는 것, 원하는 것이 무엇인지에 초점을 맞추고 앞으로 집단에서 어떤 부분에 초점을 두어 자신을 돌아볼지 결정할 수 있는 방향성을 제시할 수 있도록 하였다.

• 제3단계: 자신의 현재 행동 탐색(5회기)

3단계에서는 자신의 좋은 세계를 바탕으로, 현실세계와 좋은 세계가 일치하는지에 대해서 돌아보는 Doing을 알고 이해하는 데 초점을 두었다. 교사는 자신의 현재 생활이 어떠한지 돌아보고, 이러한 생활이 자신의 좋은 세계와 일치하는지 일치하지 않는지를 생생하게 알 수 있다. 또한 자신의 좋은 세계와 현실세계가 일치하지 않을 때의 감정을 느껴 보고 표현함으로써 좋은 세계에 가고 싶은 자신의 욕구를 확인한다. 좋은 세계와 현실세계의 차이에 대해 충분히 알고 느꼈을 때, 현실세계에서의 어려움에 대해서 돌아본다. 현실세계의 어려움에 대해서 표현한 후, 자신이 바꿀 수 있는 것과 바꿀 수 없는 것을 구분하게 한다. 이 과정에서 선택이론을 짧게 교육하고, 좋은 세계로 가기 위해서 바꿀 수 있는 것은 스스로의 행동뿐이며, 이 행동에 대해서 스스로 책임져야 한다는 것을 알 수 있도록 활동을 구성하였다.

- 제4단계: 행동이 욕구를 충족시키는지 평가(6회기)

4단계에서는 자신의 행동을 평가하는 Evaluation에 초점을 두었다. 교사는 자신이 통제할 수 없는 외부 세계가 아닌, 자신이 선택할 수 있는 자신의 행동을 중점으로 자신의 행동을 다시 돌아본다. 그리고 이 행동이 자신의 욕구를 충족시킬 수 있는지, 없는지에 대해서 평가한다. 이 활동을 통해서 교사는 자신이 비효율적으로 수행하고 있는 활동을 확인하고 점검할 수 있으며, 효율적으로 하고 있는 활동을 점검함으로써 자신의 강점을 찾을 수 있다. 집단원들이 이 과정을 나눔으로써 서로의 강점에 대해서 충분히 지지하고, 서로의 약점에 대해서는 받아들일 수 있도록 환경을 조성하는 것이 중요하다. 평가 단계에서 서로를 평가하는 분위기가 아닌 충분히 지지하는 분위기를 조성하도록 하는 것이 필요하다. 4단계는 자신을 객관적으로 평가하고 자신에게 도움이 되는 행동과 도움이 되지 않는 행동을 구분할 수 있도록 활동을 구성하였다.

- 제5단계: 현실적인 계획 세우기(7회기)

5단계에서는 좋은 세계로 가기 위한 행동을 계획하는 Plan에 초점을 두었다. 좋은 세계로 가기 위해서 가장 선행되어야 하는 것은 인지, 정서가 아닌 행동이 중점이 되어야 한다는 것을 알기 위한 짧은 교육을 활동에 포함시켰다. 교사는 자신의 좋은 세계에 가기 위해서 어떤 행동을 할 수 있는지 현실적으로 계획하는 것이 필요하므로, 현실적인 계획을 세우는 방법에 대한 활동지를 제공하여 현실적으로 계획을 세울 수 있도록 돕는다. 계획을 세운 후 다른 교사들과 계획을 함께 세워 보며 서로의 계획을 지지하고, 더 좋은 방법이 있으면 조언을 선물하고, 현실적이지 않은 계획이 있으면 보다 현실적으로 만들 수 있도록 집단의 역동을 적극적으로 활용할 수 있도록 활동을 구성하였다.

- 제6단계: 실행 의지 다짐하기(8회기)

WDEP를 통해 자신을 돌아보고 교사효능감을 높이기 위한 효과적인 계획을 수립하였으므로, 마지막 단계에서는 앞의 회기 동안 자신이 경험했던 것을 집단원과 나누는 활동을 포함하였다. 이 과정을 통해서 교사는 자신의 좋은 세계를 다시 한번 돌아보고, 그 세계에 가기 위한 동기를 높일 수 있으며, 자신이 세운 계획을 세울 수 있도록 집단원들로부터 격려와 지지를 받을 수 있도록 집단의 역동을 적극 활용할 수 있도록 활동을 구성하였다.

4. 운영지침

프로그램 운영지침은 다음과 같다.

첫째, 전체 8회기 프로그램으로 회기당 90분 진행되며 일주일에 1회기씩 진행한다. 본 프로그램은 교사효능감 향상을 위해 자신의 행동을 변화시키는 것이 가장 첫 번째 목표이므로, 프로그램을 통해 변화된 행동이 있다면 프로그램의 도입에서 나누며 서로에게 자극이 되고 지지가 되는 것이 필요하다.

둘째, 교육이 필요한 활동에서는 짧은 강의를 통해 회기에서 다룰 지식을 습득할 수 있도록 구성하였다. 집단 활동이 중점이므로 강의는 길게 하지 않으며, 활동을 통해서 집단원들이 스스로 느끼고 그것에 대해 표현할 수 있는 것에 초점을 두는 것이 필요하다.

셋째, 현실치료 집단상담 프로그램의 특성상, 평가와 계획이 필요한데, 이 과정에서 서로를 평가하고 비난하는 분위기가 되지 않도록 지지적이고 안전한 집단으로 만드는 것이 필요하다. 평가와 계획에는 서로 지지적이고 안전한 환경에서 집단의 역동을 적극 활용할 수 있도록 상담자는 집단의 분위기를 살피는 것이 필요하다.

넷째, 프로그램 활동을 통해 세운 계획을 일상생활에서 활용할 수 있도록 W단계부터 집단원 개개인이 자신의 욕구에 초점을 맞추고 DEP 단계를 진행하도록 하는 것이 필요하다. 따라서 W단계에서 자신의 좋은 세계를 선명히 하고, 초점화하도록 상담자는 구체적인 좋은 세계를 생생하게 그리도록 독려하는 것이 필요하다.

다섯째, P단계에서 현실 가능한 계획을 세웠다면, 이 계획을 지킬 수 있도록 집단원에게 충분한 지지를 주는 것이 필요하다. 계획이 지켜지지 않았을 때 자신을 비난하지 않고 다시 계획을 지킬 수 있도록 하는 것, 계획을 지켰을 때 적절히 보상하여 스스로를 강화할 수 있도록 상담자는 집단을 마무리할 때 충분히 교육하고 지지하는 것이 필요하다.

5. 프로그램 계획

프로그램의 회기별 목표와 구체적인 내용은 다음과 같다.

단계	회기	주제	목표	활동
관계 형성 (R)	1	만나서 행복해	• 집단 활동에 대한 구조화를 한다. • 각 집단원이 생각하는 문제 상황의 심각한 정도에 대한 탐색을 한다. • 각자의 문제 상황에서 원하는 것이 충족된 정도에 대한 탐색을 한다.	• 도입 활동 ─리더 소개 ─집단원 소개(별칭 짓기) • 전개 활동 ─자기소개 및 별칭 짓기 ─서약서 작성 ─강의: 현실치료 W.D.E.P는 무엇인가? ─강의: 현실치료 질문하기 ─자기효능감 평가 • 마무리 활동 ─참여 소감 나누기 ─집단경험 보고서 작성하기
욕구 탐색 (W)	2	지금, 나는 무엇을 원할까?	• 인간의 다섯 가지 기본 욕구를 이해한다. • 상대방과 나의 욕구 충족에 대한 개인차를 파악한다. • 상대방과 대립되는 욕구를 절충하여 서로의 욕구를 충족하는 방법을 협의한다.	• 도입 활동 ─현재 상태 나누기 • 전개 활동 ─강의: 인간의 다섯 가지 기본 욕구 이야기 ─욕구강도 프로파일 실시 ─욕구의 개인차를 파악하기 ─상대방과 서로 다른 욕구를 절충하기 • 마무리 활동 ─참여 소감 나누기 ─집단경험 보고서 작성하기
	3	나의 좋은 세계 사진첩	• '좋은 세계(Quality World)'에 대해 이해한다. • 직장생활에 대한 나의 '좋은 세계' 그림책을 탐색한다. • 탐색한 그림이 직장생활에 미치는 영향을 점검할 수 있다. • 직장생활에 대한 새로운 그림책을 만든다.	• 도입 활동 ─현재 상태 나누기 • 전개 활동 ─강의: 좋은 세계에 대한 이해 ─나의 '좋은 세계'는 어떤 모습? ─현실적인 그림책을 만들어 주세요 • 마무리 활동 ─참여 소감 나누기 ─집단경험 보고서 작성하기

	4	내 머릿속 신호등	• 현실세계의 내 상황을 구체적으로 이해할 수 있다. • 지각체계와 좌절 신호를 이해할 수 있다. • 좌절에 빠질 경우 고통스런 감정에 사로잡히는 데 집단에서 함께 해결방안을 찾는다.	• 도입 활동 　－현재 상태 나누기 • 전개 활동 　－강의: 지각체계와 좌절 신호 이해 　－어떤 시각으로 바라보나요? 　－직장생활! 이런 점은 정말 힘들어요 • 마무리 활동 　－참여 소감 나누기 　－집단경험 보고서 작성하기
행동 탐색 (D)	5	스트레스, 두렵지 않아!	• 인간의 행동은 내적으로 동기화되어 있다. • 인간의 모든 행동은 선택한 것임을 이해한다. • 인간의 행동은 전행동이며 네 가지 요소로 구성되어 있음을 안다. • 상황에 따른 자신의 행동을 보고 네 가지 요소로 분석하여 익힌다.	• 도입 활동 　－현재 상태 나누기 • 전개 활동 　－강의: 전행동(全行動), 선택이론 이해 　－당신은 무엇을 하고 있습니까? • 마무리 활동 　－참여 소감 나누기 　－집단경험 보고서 작성하기
평가 (E)	6	관계 변화를 위한 한 걸음	• 우리가 선택하는 행동의 대부분은 타인을 내가 원하는 대로 바꾸기 위한 시도이며 그 효과는 거의 없음을 여러 가지 활동을 통하여 깨닫는다. • 외부 통제적 행동의 대표적인 예로 일곱 가지 치명적인 행동습관을 들 수 있으며 그것이 비효율적임을 안다. • 관계 형성 행동의 대표적인 예로 일곱 가지 행동습관을 이해한다.	• 도입 활동 　－현재 상태 나누기 • 전개 활동 　－여러분의 행동을 평가한다면! 　－변화할 수 있어요! • 마무리 활동 　－참여 소감 나누기 　－집단경험 보고서 작성하기

계획 (P)	7	난 할 수 있어!	• 자신의 문제 상황에서 관계 형성을 목적으로 도움이 되 는 행동계획을 세울 수 있다. • 실천하기 어려웠던 부분을 검토하여 실천력이 높은 계 획이 되도록 보완한다.	• 도입 활동 　－현재 상태 나누기 • 전개 활동 　－강의: '좋은 계획'에 대한 이해 　－무엇을 할 수 있을까? 　－서로의 욕구를 충족시키는 계획 　　을 세워 보아요 　－계획을 나누고 피드백하기 • 마무리 활동 　－참여 소감 나누기 　－집단경험 보고서 작성하기
마무리	8	괜찮아, 잘 될 거야	• 직장생활에서 긍정적인 미 래를 설계할 수 있다. • 프로그램을 통해 배우고 성 장한 점을 찾아보고, 새로운 출발의 의지를 다진다.	• 도입 활동 　－현재 상태 나누기 • 전개 활동 　－긍정적인 미래를 설계하기 위한 　　계획 실천 서약하기 　－성장하는 우리: 나는 이것을 배 　　웠어요 　－자기효능감 재측정하기 • 마무리 활동 　－참여 소감 및 긍정적 피드백 나 　　누기 　－집단경험 보고서 작성하기

6. 프로그램 회기별 내용

📝 1회기 **만나서 행복해**

활동지도안	
활동 목표	• 집단 활동에 대한 구조화를 한다. • 각 집단원이 생각하는 문제 상황의 심각한 정도에 대한 탐색을 한다. • 각자의 문제 상황에서 원하는 것이 충족된 정도에 대한 탐색을 한다.
준비물	개인용 파일, 명찰, 매직펜, 전지 5장, 테이프, [활동지 1-1]~[활동지 1-3], [강의자료 1-1], [강의자료 1-2]
단계	진행 절차
도입 (20분)	▶ 리더 소개: 이름, 프로그램과 관련된 교육 정도와 경험 소개, 기대 나누기 안녕하세요. 저는 '교사효능감 향상을 위한 현실치료 집단상담 프로그램'의 진행을 맡게 된 집단상담자 OOO입니다. 오늘 이 자리에 오신 여러분은 교사로서 충분한 역할을 잘 하고픈 강한 바람을 가지고 계시리라 믿습니다. 그러나 교사의 역할은 지속적인 교육과 상황에 따른 유연한 대처능력 등 꾸준히 변화를 요구받는 어려운 일이지요? 좋은 교사가 되고 싶은 선생님들의 강한 바람을 모아 우리 모두에게 좋은 시간이 되길 바랍니다. 이 프로그램은 현실치료를 적용한 집단상담 프로그램입니다. 현실치료란 무엇일까요? 현실치료는 미국의 정신과 의사 글래서 박사에 의해 발전된 상담방법으로 '우리가 하는 현재 행동이 우리가 원하는 것을 얻는 데 도움이 되는가?' 하는 데에 초점을 맞추고 있습니다. 특히, 우리가 하는 행동이 효율적이든 아니든 자신의 행동과 생각을 우리가 책임지고 선택한다는 것을 강조하고 있지요. 그래서 내담자가 자신의 행위를 변화시키는 것이 가능하고 내담자가 책임 있는 행동을 할 수 있도록 도와주는 상담방법입니다. 앞으로 8회기 동안 현실치료와 선택이론의 기본 개념을 한 가지씩 말씀드리겠습니다. 교사효능감 향상을 위한 현실치료 집단상담 프로그램은 교사로서의 자신을 충분히 이해하고 학생에 대한 이해와 수용을 증진하고, 타인의 욕구를 방해하지 않으면서 자신의 욕구를 만족시키는 방법을 배워 과거보다 현재를 중점으로 보다 나은 삶을 선택하는 방법을 증진시키고자 합니다. 전체적인 프로그램 진행은 주 1회 각 1시간 30분씩, 8회기로 진행될 예정이며, ① 생활에 적용한 경험을 나누기, ② 현실요법에 대한 강의, ③ 강의에 관련된 활동하기, ④ 참가자들끼리 서로에 대한 느낌을 나누고 서로 피드백하는 구성으로 진행되겠습니다. 혹시 질문 있으신 분은 손을 들어서 말씀해 주세요.

〈활동 내용〉

① 프로그램의 필요성을 설명한다. 그리고 구체적인 프로그램의 진행 방법과 구성을 설명한다.
② 집단원들에게 질문을 받고 필요한 추가 설명을 한다.

▶ 집단원의 자기소개: 별칭 짓기 및 자기소개, 프로그램에 대한 기대 나누기

프로그램 진행 중에 자신이 원하는 별칭을 적어 볼까요? 제가 나눠 드린 명찰에 자신이 원하는 별칭을 작성하신 분들은 돌아가면서 자신이 정한 별칭과 자신을 긍정적으로 알리는 소개, 프로그램에 대한 기대를 나누어 봅시다.

▶ 집단 활동에 대한 안내: 개인용 파일, 프로그램 서약서 작성

여러분 그럼 먼저 우리가 함께 프로그램을 진행해 가며 더 뜻깊은 시간을 만들기 위해 우리가 서로 지켜야 할 약속을 생각하여 정해 봅시다. 우리가 무엇을 함께 지킨다면 서로에게 도움이 될 수 있는지에 대한 우리의 약속이 되겠습니다.

① 개인용 파일과 [활동지 1-1]을 나눠 주고, 작성하여 파일에 넣도록 한다.
② 각자가 작성한 마지막 항목을 포함하여 발표 또는 집단 규칙을 큰 소리로 함께 읽는다.

▶ 강의 1-1: 현실치료 W.D.E.P는 무엇인가?

현실치료에서는 효과적인 행동을 취하기 위한 WDEP의 역할이 중요합니다. 자신이 원하는 것을 알아내어서 그것을 효과적으로 얻기 위해 어떤 구체적인 행동을 계획할 때 사용하는 이론으로 WDEP를 살펴봅시다.

▶ 강의 1-2: 현실치료 질문하기

2인 1조로 짝을 이루어 [강의자료 1-2]를 활용하여 서로를 알아가는 시간을 가져 봅시다.

▶ 자기효능감 평가하기

교사로서의 자기효능감을 평가하기 위한 [활동지 1-2]를 나눠 드리겠습니다. 편안한 마음으로 실시하는 시간을 가져 보겠습니다.

① [활동지 1-2]를 나누고 성실하게 작성할 수 있도록 독려한다.

▶ 문제 상황과 관련한 바람 탐색 및 평가

[활동지 1-3]을 나눠 드리겠습니다. 자신이 교사의 위치에서 지내면서 처한 관계 속의 문제 상황이 어떻게 되었으면 좋을지 바라는 것에 대해 간단히 기록하고, 그 문제와 관련하여 원하는 정도를 오른편의 척도에 표시하시기 바랍니다. 다 작성하신 분들은 두 사람씩 짝을 이루어 자신의 문제 상황과 관련한 바람에 관해 이야기를 나누는 시간을 가지겠습니다.

전개
(60분)

	① [활동지 1-3]을 바탕으로 그 문제 상황이 어떻게 되었으면 좋을지 바람에 대해 간단히 작성, 2인 1조로 짝을 지어 바람을 탐색한다. ② 조별 집단 활동 전지를 벽에 게시한다.
마무리 (10분)	• 이번 회기를 경험하면서 배운 것, 새롭게 알게 된 것 발표하기 • 질문 받기
유의점	• 진지하고 안정된 분위기를 조성한다. • 자발성과 적극성을 강조하며 서약서를 지키도록 강조한다. • 여러 사람 앞에서 이야기하는 것을 어색해하는 태도를 수용하고 강요하거나 억지로 하지 않도록 한다. • 발표 시 집단원의 언어적 · 비언어적 메시지를 관찰한다.

[활동지 1-1]

〈서약서〉

이름:

나는 교사효능감 향상을 위한 현실치료 집단상담 프로그램에

자발적으로 참여하고, 다음 사항을 명심하여 지킬 것을 꼭 약속합니다.

1. 집단 활동을 통해서 알게 된 내용에 대해서는 언제 어디서나 절대로 비밀을 지킨다.

2. 집단에 적극적으로 참여한다.

3. 다른 집단원의 말을 중간에 자르지 않는다.

4. 다른 집단원이 이야기할 때 귀 기울여 듣는다.

5. 상대방의 의견이 나와 다르더라도 귀 기울여 듣는다.

6. 상대방의 표현이 내 기분에 거슬리더라도 공격적인 반응을 하지 않는다.

7. _____

8. _____

년   월   일

서명:

강의자료 1-1   **현실치료 W.D.E.P는 무엇인가?**

W.D.E.P란?
현실요법의 행동 변화로 이끄는 데 적용되는 상담과정과 절차로 앞에서 우리는 자신이 원하는 것을 알아내어서 그것을 효과적으로 얻기 위해 어떤 구체적인 행동을 취한다고 배웠다. 그 구체적인 행동은 지금까지 익숙하던 것일 수도 있고, 그렇지 않은 것일 수도 있다. 효과적으로 통제하지 못하고 있던 바람에 대해서는 새롭게 행동을 계획하는 것이 필요할 때 사용하는 이론으로 W.D.E.P를 살펴보자.

1. 바람(Want) 탐색

"무엇을 원하는가?"라는 질문은 내담자가 자신의 질적인 세계를 탐색하고, 이제까지 희미하게 알았던 자신의 바람을 확실하게 알게 한다. "진정으로 원하는 것이 무엇인지?"라는 질문은 내담자로 하여금 성취할 수 있는 현실적인 그림을, 자기 자신 안에 있는 비현실적인 그림과 바꿀 수 있도록 도움을 주게 되는 것이다. "사람들이 당신에게 원하는 것이 무엇이라고 생각하는가?"라는 질문을 통해서 주위 사람들과 내담자가 원하는 것의 일치 혹은 불일치를 알아봄으로써, 내담자의 마음속의 사진에 내포되어 있는 근본적인 욕구가 무엇인지를 더욱 확실하게 보도록 도와준다. "당신은 어떤 시각으로 사물과 환경을 바라보는가?"라는 질문은 내담자의 지각체계를 탐색, 즉 외부 세계로부터 여과된 것을 점검하는 단계이다. "문제를 해결하기 위해 기꺼이 노력하겠습니까?", "당신이 원하는 것을 얻고 또한 당신이 자기 행동을 변화시키기 위해 얼마나 많은 노력과 에너지를 쏟을 수 있다고 생각합니까?" 등의 질문으로 확인할 수 있다.

2. 전행동과 행동 방향 탐색하기(Doing)

전행동 탐색하기는 상담자가 상담과정 초기에 내담자에게 상담의 전반적인 방향, 즉 내담자가 어디로 가고 있는가를 탐색하도록 도와주는 절차이다. 현실요법 상담자들은 내담자가 통제할 수 있는 활동을 스스로 탐색할 것을 강조하고 있는데, 이것은 내담자의 활동 요소를 바꿈으로써 그가 지녔던 우울, 격분, 외로움 등의 느낌 요소와 신체반응까지 변화시킬 수 있기 때문이다.

3. 바람, 행동, 계획에 대한 자기평가하기(Evaluation)

현실요법에서 가장 핵심이 되는 부분은 내담자의 행동 변화를 위해 그들 스스로 자기평가를 하게 하는 단계이다. 상담자는 "당신의 지금의 행동이 당신에게 도움이 됩니까?", "당신이 지금 하고 있는 것은 당신이 진정으로 원하는 것을 얻는 데 도움이 됩니까?", "당신이 행동하는 것이 규칙에 어 긋납니까?", "당신이 원하는 것은 현실적이거나 실현 가능한 것입니까?", "그런 식으로 보는 것이 당신에게 도움이 됩니까?", "상담의 진행과 당신 인생의 변화에 대해서 어떻게 약속을 하시겠습니 까?", "도움이 되는 계획입니까?" 등의 자기평가를 돕는 질문을 할 수 있다.

4. 계획하기(Plan)

효과적인 계획은 구체적인 행동 변화를 위한 지침으로 조건은 다음과 같다. 우선 다섯 가지 욕구가 충족되어야 하고, 단순하면서 현실적이고 실현 가능한 계획이어야 한다. 어떤 행위를 중지시키는 것 이 아니고 특정 행위를 하도록 권장하는 것과 활동에 기초하여 구체적이면서 측정 가능하여야 한 다. 또한 효과적인 계획은 반복적이며, 즉각적이고, 현실적이며, 진행 중심적이어야 하며, 계획의 평 가와 재평가가 수반되는 단호하고 강화된 계획이어야 한다.

강의자료 1-2   현실치료 질문하기

이 질문들은 당신을 돕기 위해 고안된 것입니다.

1. 직장과 당신과의 관계를 설정하세요.
2. 직장에 대한 효율성을 검토하세요.
3. 직장에 대한 바람과 욕구를 더 잘 채울 수 있는 가능한 방법을 탐색하고 선별하세요. 가능한 한 솔직하고 완벽하게 질문에 답하세요. 정답인가 아닌가에 대해선 신경 쓰지 마세요. 당신이 생각하고 느끼는 것이 바로 정답입니다.

---

1. 욕구

－네 가지 욕구(소속 욕구, 자유 욕구, 힘에 대한 욕구, 즐거움에 대한 욕구) 중 지난주에 지속적으로 충족되었던 욕구는 어느 것인가?

－이 욕구가 채워지는 방법에 대해 당신은 어느 정도 만족하고 있는가? 정확하게 어느 것에 만족하며 어느 것에 불만족하는가?

－직장에서보다 효과적으로 채우고 싶은 욕구는 무엇인가?

－현실적으로 어떤 욕구를 직장에서보다 더 효과적으로 채울 수 있는가?

－위의 질문에 대해 대답하면서 당신이 변화될 필요가 있는 요소를 통제할 수 있는가?

－지난주 직장에서 소속감을 느꼈는가? 자신이 회사 또는 대리점에서 한 부분으로 느껴졌는가? 어떤 경우였는가?

－지난주 동안 직장에서 성취감을 맛보았거나 실제로 성취한 일이 있는가? 어떤 경우였는가?

－지난주 동안 독자적으로 행동할 기회를 가졌는가? 아니면 직장과 연관된 결정을 독자적으로 내린 경우가 있었는가? 어떤 경우였는가?

－직장에서 소속감, 힘과 성취감, 즐거움 그리고 자유에 대한 욕구를 더 효율적으로 채우기 위해 어느 정도의 노력을 기울이고 싶은가?

2. 바람

－당신에게 만족을 주는 직장에서 당신은 무엇을 얻을 수 있는지를 나열하라.

－직장에서 친구라 일컬을 만한 사람이 있는가? 누구인가?

－직장에서 더 가까워지고 싶은 사람이 있는가? 열거해 보라.

－현재 하고 있는 일 중 성취감을 느끼게 해 주는 일은 어떤 일인가? 그 일을 기술하라.

-일하면서 자신의 유머 감각을 발휘할 수 있게 해 주는 사람은 있는가? 누구인가? 두 사람을 재미있게 해 주는 것은 무엇인가?

-직장에서 더 많이 웃고 재미있게 지내기를 원하는가?

-직장에서 더 독자적으로 행동하길 원하는가?

-'지속적으로 실행 가능한' 결정을 더 많이 하기를 원하는가? 어떤 것인가?

-직장에서 사원 관리가 강화되길 원하는가? 유연해지길 원하는가? 책임자나 경영자에게 무엇을 얻길 원하는가? 얻지 못하는 것은? 구체적으로 열거하라.

-당신 마음속에 다음 주에 변화시키기를 원하는 것은 무엇인가?

-당신을 보다 더 유능한 사원으로 만들어 주는 데 도움이 되는 것은 무엇인가?

-어느 정도까지 노력하고 싶은가?

-다음 주 혹은 다음 달에 일과 관련된 목표를 어디까지 세울 수 있는가?

-당신이 네 가지 욕구를 채우는 데 도움이 되는 일이 무엇인가를 다른 사람에게 말하고 싶은가? 누구에게 말하고 싶은가?

3. 지각-사물을 어떻게 바라보는가?

-당신이 직장에서 일하는 방식 중 어떤 부분을 좋아하는가?

-직장에서 일하는 방식 중 마음에 안 드는 것은?

-당신이 회사나 대리점에 대한 긍정적인 요소를 기술하라.

-어느 정도까지 부정적인 요소에 대해 견딜 수 있는가?

-사원으로서의 당신을 어떻게 생각하는가? 유능한가? 무능한가? 자발적인가? 말할 때까지 기다리는가? 의존적인가? 자립적인가? 기동성이 있는가? 느린가? 야망이 있는가? 느긋한가? 창의적인가? 비창의적인가? 지난주 자신에 대한 평가와 연관해서 구체적으로 쓰라.

-동료와의 관계는 어떻게 보나? 협동적인가? 비협조적인가? 도움을 주는가? 해를 끼치는가? 다정한가? 냉정한가? 연관 지어 기술하라.

-상사와의 관계는 어떻게 보는가? 협조적인가? 비협조적인가? 도움을 주는가? 편안한가? 불편한가? 친밀한가? 거리감이 있나? 지난주에 대한 평가와 연관 지어 기술하라.

-회사나 대리점에 자기 자신이 얼마나 적합하다고 보는가?

-상사가 자기를 어떻게 본다고 생각하나?

-회사에서 당신의 위치나 당신에 대해 가족들은 어떻게 본다고 생각하는가?

4. 행위 행동과 평가

-지난주 당신이 소속감 욕구, 성취 욕구, 자유 욕구, 즐거움에 대한 욕구, 힘에 대한 욕구를 얻기 위해 당신이 한 일과 관련된 활동을 한 가지만 구체적으로 기술하라.

-당신이 했던 그 활동 중에서 당신과 동료 또 회사에 도움이 되었던 것을 기술하라.

-직장에서 지난주 했던 일과 관련된 활동 중에 당신에게 별로 좋지 않았던 활동은?

-당신이 했던 일 중 당신의 바람이나 동료 또는 업무처리에 부정적 결과를 초래한 것은 어떤 것인가?

-당신이 한 일에 근거를 두고 지난주 동안 한 일을 +/−로 평가하라.

5. 계획하기와 약속 받아내기

-직장에서 원하는 것을 얻기 위해 그리고 한 가지 욕구를 보다 더 효과적으로 채우기 위해 지금 어떤 확고
 한 계획을 짤 것인가? 계획 기간은 일주일이다.

-동료가 직장에서 소속감이나 성취감을 느끼도록 도와주기 위해 지금 어떤 계획을 짤 것인가?
 계획 기간은 일주일이다.

-직장에서 일을 보다 효과적으로 처리하기 위해 지금 어떠한 계획을 짤 것인가? 계획 기간은 일주일이다.

-솔선수범을 보여 주기 위해 지금 어떤 계획을 짤 것인가? 계획 기간은 일주일이다.

-직장 분위기를 보다 즐겁게 만들기 위해 지금 어떤 확고한 계획을 짤 것인가? 계획 기간은 일주일이다.

6. 변명 금지, 비판 금지, 합당한 결과 부여

-당신의 계획을 어떻게 회피할 수 있는가? 구체적으로 답하라.

-당신의 계획 정말로 지킬 용의가 있는가? 이 질문에 대해 한 단어가 아닌 완전한 문장으로 답하시오.

-당신이 계획에 따라 실천하지 않는 것에 대해 그렇지는 않겠지만 변명을 한다면 어떤 것일까?

-위의 변명을 기꺼이 취소하겠는가?

-자신이나 타인을 비판하지 않았던 직장에서의 하루를 기술하라.

7. 성급한 포기, 금지, 고수

-'더 나은 방법이 있다는 강한 신념'이 당신에게 무엇을 의미하는지 기술하라. 구체적인 근무 상황에 이를
 적용하여 기술하라.

-지난주 당신이 원하는 것을 얻는다거나 동료와 어울린다거나 업무를 완성하는 것 등을 포기한 적이 있는
 가? 구체적으로 기술하라.

-다음 주 동안 계획을 실행하는 데 있어서 당신의 행동을 어느 정도까지 변화시키고 싶은가?

-아침에 출근하기 전에 일할 에너지를 어떻게 충전해서 올 수 있는가? 아침 습관을 바꿀 의도가 있는가?
 어떤 방법으로?

-당신의 욕구와 바람을 보다 더 만족스럽게 충족시키고 동료와 회사에 그리고 이바지하기 위해, 당신 자신
 의 바람과 행위 행동, 그리고 계획을 언제 또 얼마나 자주, 검토할 의사가 있는가?

출처: 김인자(1991). 현실요법의 적용. 서울: 한국심리상담연구소.

[활동지 1-2]

〈자기효능감 평가〉

번호	문항	전혀 아니다	아니다	약간 아니다	약간 그렇다	그렇다	매우 그렇다
1	나는 수업시간에 학생들이 말을 듣지 않으면 무엇이 잘못되었는가를 파악할 수 있다.	1	2	3	4	5	6
2	나는 문제행동을 하는 학생들이 왜 그러는지 이유를 분석해 낼 수 있다.	1	2	3	4	5	6
3	우리 학교 교사들은 학생들이 학습을 잘 할 수 있도록 하기 위해 필요한 것이 무엇인지 알고 있다.	1	2	3	4	5	6
4	수업시간에 멍하니 그냥 앉아만 있는 학생을 보면 우울하다.	1	2	3	4	5	6
5	우리 학교 교사들은 다루기 어려운 학생들을 잘 다루는 능력이 있다.	1	2	3	4	5	6
6	특별활동 지도를 선택할 수 있다면 나는 어려운 것보다는 쉬운 것을 선택할 것이다.	1	2	3	4	5	6
7	동료교사들과 갈등이 생겼을 때 원만하게 해결할 수 있다.	1	2	3	4	5	6
8	우리 학교 교사들은 학생들을 다루는 방법을 배우기 위해 더 많은 훈련이 필요하다.	1	2	3	4	5	6
9	나는 쉬운 것을 설명하는 것보다는 어려운 것을 설명해 주는 것을 더 좋아한다.	1	2	3	4	5	6
10	나는 특별활동반을 조직적으로 이끌어 나갈 수 있다.	1	2	3	4	5	6
11	나는 문제 학생들을 지도하는 것을 좋아한다.	1	2	3	4	5	6
12	우리 학교 교사들은 모든 학생들이 배울 수 있다고 진심으로 믿는다.	1	2	3	4	5	6
13	우리 학교 학생들은 학습에 대한 동기화가 되어 있지 않다.	1	2	3	4	5	6
14	나는 학교 행정 업무를 처리함에 있어 별다른 스트레스를 받지 않는다.	1	2	3	4	5	6
15	학생들의 학업능력에 대한 나의 판단은 정확하다.	1	2	3	4	5	6
16	우리 학교 시설의 질은 확실히 교수와 학습을 촉진시킨다.	1	2	3	4	5	6
17	어렵거나 도전적인 특별활동 지도를 해 보는 것은 재미있는 일이다.	1	2	3	4	5	6
18	나는 행정 업무가 많더라도 계획을 짜서 조직적으로 처리할 수 있다.	1	2	3	4	5	6
19	우리 학교 교사들은 가르치는 방식이 서툴러서 어떤 학생에게는 영향을 미치지 못한다.	1	2	3	4	5	6
20	우리 학교 교사들은 다양한 교수법에 숙달되어 있다.	1	2	3	4	5	6
21	내가 최선을 다해 가르쳤는데도 학생들이 수업 내용을 이해하지 못하면 그 수업에 대해 실패한 느낌이 든다.	1	2	3	4	5	6

번호	문항	전혀 아니다	아니다	약간 아니다	약간 그렇다	그렇다	매우 그렇다
22	나는 학부모와 갈등이 생겼을 때 이를 원만하게 해결할 수 있다.	1	2	3	4	5	6
23	우리 학교 교사들은 학생들에게 어떤 것을 처음 가르쳤을 때 잘 이해하지 못했다면, 다른 방법으로 가르치려고 노력할 것이다.	1	2	3	4	5	6
24	동료 교사들이 나보다 학교행정 업무를 더 잘 처리하는 것 같다.	1	2	3	4	5	6
25	다른 동료 교사들의 특별활동 지도를 보면 내가 초라하게 느껴진다.	1	2	3	4	5	6
26	우리 학교 교사들은 의미 있는 학습을 이루어 내는 데 필요한 기술을 가지고 있지 않다.	1	2	3	4	5	6
27	나는 동료 교사들이 어려운 상황에 처했을 때 도와주는 것을 좋아한다.	1	2	3	4	5	6
28	나는 교과 내용에 따라 수업 방식을 조절할 수 있다.	1	2	3	4	5	6
29	나는 생활지도를 할 때 학생 개개인에 대한 정보를 충분히 활용할 수 있다.	1	2	3	4	5	6
30	우리 학교 교사들은 어느 누구도 건드릴 수 없는 학생이 존재한다고 생각한다.	1	2	3	4	5	6
31	우리 학교의 학생들은 배우려는 마음가짐으로 학교에 온다.	1	2	3	4	5	6
32	내가 맡은 특별활동 지도가 처음에는 힘들더라도 잘 될 때까지 계속 해 본다.	1	2	3	4	5	6
33	가정생활 속에는 학생들이 배워야 할 좋은 점들이 매우 많다.	1	2	3	4	5	6
34	교수자료와 교수용품의 부족이 가르치는 일을 어렵게 한다.	1	2	3	4	5	6
35	나는 수업에 집중을 하지 않는 학생들을 보면 내가 지도할 수 있는지를 판단할 수 있다.	1	2	3	4	5	6
36	우리 학교 교사들은 학생의 훈육문제를 다루는 기술을 가지고 있지 않다.	1	2	3	4	5	6
37	나는 문제행동을 하는 학생들을 보면 내가 지도할 수 있는지를 판단할 수 있다.	1	2	3	4	5	6
38	우리 학교 교사들은 학생들을 동기화시킬 수 있다는 자신감을 가지고 있다.	1	2	3	4	5	6
39	나는 가정환경이 불우한 학생들을 지도하기 위해 지속적으로 노력할 수 있다.	1	2	3	4	5	6
40	열심히 노력하는데도 성적이 부진한 학생을 보면, 내가 어떻게 도와주어야 할지를 안다.	1	2	3	4	5	6
41	만약 어떤 학생이 배우기를 원치 않으면, 우리 학교 교사들은 포기한다.	1	2	3	4	5	6
42	나는 학교행정 업무를 정확하게 처리할 수 있다.	1	2	3	4	5	6
43	나는 내 수업에 대한 학생들의 관심 정도를 정확하게 파악할 수 있다.	1	2	3	4	5	6

번호	문항	전혀 아니다	아니다	약간 아니다	약간 그렇다	그렇다	매우 그렇다
44	우리 지역사회에서 제공되는 다양한 기회들은 우리 학생들에게 확실히 배울 수 있도록 도움을 준다.	1	2	3	4	5	6
45	나의 반 학생에게 문제가 생기면 불안해져서 아무 일도 할 수가 없다.	1	2	3	4	5	6
46	수업시간에 학생들의 질문에 답을 잘 못 하면 당황스럽다.	1	2	3	4	5	6
47	업무가 많을지라도 가르치는 보람이 많은 학년을 맡고 싶다.	1	2	3	4	5	6
48	만약 가르칠 과목을 선택할 수 있다면, 나는 좀 더 어려운 과목을 가르치고 싶다.	1	2	3	4	5	6
49	우리 학교 학생들은 자신들의 안전에 대한 걱정으로 공부하기가 더 어렵다.	1	2	3	4	5	6
50	나는 선택할 수 있다면 업무 부담이 적은 학년을 맡고 싶다.	1	2	3	4	5	6
51	수업시간에 학생들이 수업 내용을 이해하지 못하면, 다른 방법을 사용하여 이해를 도울 수 있다.	1	2	3	4	5	6
52	우리 지역사회의 약물과 알코올의 남용은 우리 학생들이 공부하기 어렵게 만든다.	1	2	3	4	5	6
53	나는 우리 반 학생들의 사소한 개인적인 문제까지 잘 지도할 수 있다.	1	2	3	4	5	6
54	나는 불평이 많은 학부모와 상담하는 것에 어려움을 느끼지 않는다.	1	2	3	4	5	6
55	학생에게 방금 가르친 내용을 질문하는데도 대답하지 못하면 나는 실패감을 느낀다.	1	2	3	4	5	6
56	학교 행정가들로부터 잘못을 지적 받을 때 심하게 스트레스를 받는다.	1	2	3	4	5	6
57	내가 특별활동 지도를 맡는다면 동료 교사들에 비해 잘 해 낼 자신이 있다.	1	2	3	4	5	6
58	우리 학교 교사들은 주어진 과목을 잘 가르칠 수 있는 만반의 준비가 되어 있다.	1	2	3	4	5	6
59	나는 능력 있는 학생이 학업에 흥미를 가지지 못하는 이유를 분석해 낼 수 있다.	1	2	3	4	5	6
60	만일 학급을 선택할 수 있다면 다루기 어려운 아이들이 적은 반을 선택할 것이다.	1	2	3	4	5	6
61	나는 학부모가 나에 대해 불만을 표시할 때 스트레스를 받는다.	1	2	3	4	5	6

출처: 김미진(2002). 교사효능감 척도 타당화 연구. 이화여자대학교 대학원 석사학위논문.

[활동지 1-3]

〈문제의 심각도〉

영역		문제 상황/바람 탐색	평가 0---1---2---3---4
학생과의 관계	1	문제 상황	
		바람 탐색	
	2		
	3		
동료 교사와의 관계	1		
	2		
	3		
관리자와의 관계	1		
	2		
	3		

2회기 | 지금, 나는 무엇을 원할까?

활동지도안	
활동 목표	• 인간의 다섯 가지 기본 욕구를 이해한다. • 상대방과 나의 욕구충족에 대한 개인차를 파악한다. • 상대방과 대립되는 욕구를 절충하여 서로의 욕구를 충족하는 방법을 협의한다.
준비물	필기구, [강의자료 2-1], [활동지 2-1], [활동지 2-2]
단계	진행 절차
도입 (10분)	▶ 지난 회기 요약 및 이번 회기에서 다룰 내용 소개 ① 지난 시간까지 다루었던 내용 요약 종합하기 ② 이번 회기에서 다룰 내용 소개하기
전개 (60분)	▶ 강의 2-1: 인간의 다섯 가지 기본 욕구를 이해 　2회기에 만나게 되어 반갑습니다. 오늘은 인간의 다섯 가지 기본 욕구에 대해서 자세히 알아보겠습니다. ① 인간의 다섯 가지 기본 욕구에 대해 이해한다. ② 욕구에 대한 설명을 들은 후 집단원들과 자신의 현재 상태에 적용하여 돌아가면서 느낀 점을 공유한다. ▶ 학생/교사 욕구강도 프로파일 작성 　우리가 살아가는 데 가족은 없어서는 안 될 존재이지요. 이 활동지는 자신의 욕구강도뿐만 아니라 자신과 가족 중 어느 한 사람을 선택하여 예상해 볼 수 있도록 구성이 되어 있습니다. [활동지 2-1]를 나눠 드리겠습니다. 선생님들과 중요한 가족의 욕구강도가 어느 정도인지 알 수 있는 욕구강도 프로파일을 작성하는 시간을 가지겠습니다. ① [활동지 2-1]을 나눠 드리고 솔직하고 자유롭게 작성하도록 독려한다. ▶ 욕구에 대한 개인차를 파악하기 　다 작성하신 분들은 작성이 아직 끝나지 않은 분들을 기다리면서 잠깐 쉬는 시간을 가진 후에 자신의 충족된 욕구와 충족되지 않은 욕구에 대한 생각을 팀원들과 나눠 보도록 합시다. ① 4인 1조로 만든다. ② 작성한 [활동지 2-1]을 바탕으로 자신의 충족되고 충족되지 않은 욕구에 대해 돌아가면서 이야기 나눈다.

	▶ 서로 상충되는 욕구를 절충하기
	이번에는 상대방과 서로 다른 욕구를 어떻게 절충할 수 있는지 [활동지 2-2]를 작성하고 시연하는 시간을 가짐으로써 서로에 대한 생각과 느낌도 나누어 보는 시간을 가져 봅시다.
	① 욕구가 서로 충돌할 때 서로의 욕구충족이 중요함을 인식하고 절충 시도하기
	② '서로에게 도움이 되도록 욕구를 조정하는 법'을 조별로 시연하기
	③ 훈련하고 연습한 것에 대해 서로의 생각과 느낌을 나누기
마무리 (10분)	집단원들의 발표를 들은 후 욕구에 대한 개인차에 대한 소감을 자신의 생각과 느낌을 넣어서 전달한다.
유의점	• 강의에 집중할 수 있는 분위기를 만든다. • 쉽게 이해할 수 있도록 집단상담자는 강의 내용에 대한 충분한 숙지가 필요하다. • 원만한 진행을 위하여 두 조로 나누어 앉을 시 집단상담자는 인원수를 확인하여 조정한다.

강의자료 2-1 　**인간의 다섯 가지 기본 욕구 이야기**

인간을 움직이게 하는 강력한 힘은 생리적인 기본적인 욕구에서 비롯되는데, 신뇌에 자리한 네 가지 심리적이고 정신적인 욕구인 사랑과 소속의 욕구, 힘에 대한 욕구, 자유에 대한 욕구, 즐거움에 대한 욕구와 구뇌에 자리한 생존에 대한 욕구 등의 다섯 가지가 있습니다.

1. 자기보존(생존)의 욕구는 살고자 하고, 생식을 통한 자기 확장을 하고자 하는 속성을 의미하는 것으로 이 욕구는 척추 바로 위에 위치한 구뇌로부터 생성된 것으로서, 호흡, 소화, 땀, 혈압 조절 등 신체구조를 움직이고 건강하게 유지하도록 하는 중요한 과업을 수행하고 있습니다.

2. 사랑과 소속의 욕구는 사랑하고, 나누고, 협력하고자 하는 인간의 속성을 말하는 것으로, 예를 들면 결혼하고 싶어 하거나 친구를 사귀고 싶어 하는 것, 또는 학생이나 청년들이 또래 집단에 들거나 가정주부들이 계모임에 가담하고 싶어 하는 것이지요. 진화가 많이 된 고등동물일수록 소속의 욕구를 갖고 있는데, 이 욕구 때문에 서로 협동하고 하나의 단체로서 기능을 발휘하는 것을 배우게 됩니다.

3. 힘의 욕구는 경쟁하고, 성취하고, 중요한 존재이고 싶어 하는 속성을 의미합니다. 힘에 대한 욕구에 매력을 느끼게 되면 소속에 대한 욕구를 만족시키기 위해서 결혼을 하지만, 가끔 부부 사이에서 힘에 대한 욕구를 채우고 싶어 서로 통제하려고 하다가 결과적으로 부부관계를 파괴시키는 원인이 되기도 합니다.

4. 자유의 욕구는 이동하고 선택하는 것을 마음대로 하고 싶어 하는 것으로 각자가 원하는 곳에서 살고 대인관계와 종교 활동 등을 포함한 모든 삶의 영역에서 어떠한 방법으로 영위해 나갈지를 선택하고 자신의 의사를 마음대로 표현하고 싶어 하는 욕구를 말합니다. 그러나 자기 욕구를 충족하는 데 있어서 다른 사람의 자유를 침범하지 않도록 타협을 통하여 이웃과 함께 살 수 있는 절충안이 필요합니다.

5. 즐거움에 대한 욕구는 많은 새로운 것을 배우고, 놀이를 통해 즐기고자 하는 속성을 말하는데 글래서는 즐거움에 대한 욕구는 기본적이고 유전적인 지시라고 말합니다. 그래서 즐거움의 욕구를 충족시키기 위해 때로는 생명의 위험도 감수하면서 자신의 생활방식을 과감하게 바꾸어 나가기도 합니다.

[활동지 2-1]

〈욕구강도 프로파일〉

별칭:

이 프로파일은 객관적인 정답을 나타내고 있는 것은 아니다. 원한다면 여러 번 다시 해 보고 수정할 수도 있다. 중요한 점은 욕구강도 프로파일을 잘 이해할수록 상대방과의 관계를 더 잘 이해할 수 있게 된다는 점이다. 글래서는 주관적으로 자신과 상대방의 욕구를 잘 분석해 보고 내가 생각하는 상대방의 예상 점수를 생각해 볼 기회를 갖기를 권장하고 있다. 아래 질문에 대답을 해 보고 다음과 같이 점수를 주어 본다.
(전혀 그렇지 않다: 1, 별로 그렇지 않다: 2, 때때로 그렇다: 3, 자주 그렇다: 4, 언제나 그렇다: 5)

〈1〉 생존의 욕구

1. 돈이나 물건을 절약하는가 (/   )

2. 돈으로 살 수 있는 것에 각별한 만족을 느끼는가 (/   )

3. 자신의 건강유지에 관심을 가지고 있는가 (/   )

4. 균형 잡힌 식생활을 하려고 노력하는가 (/   )

5. 성적인 관심을 많이 지니고 있는가 (/   )

6. 매사에 보수적인 편인가 (/   )

7. 안정된 미래를 위해 저축하거나 투자하는가 (/   )

8. 부득이한 경우가 아니면 모험을 피하고 싶은가 (/   )

9. 외모를 단정하게 가꾸는 데 관심이 있는가 (/   )

10. 쓸 수 있는 물건은 버리지 않고 간직하는가 (/   )

평균 (/   )

〈2〉 사랑과 소속의 욕구

1. 나는 사랑과 친근감을 많이 필요로 하는가 (/   )

2. 다른 사람의 복지에 관심이 많은가 (/   )

3. 타인을 위한 일에 시간을 내는가 (/   )

4. 장거리 여행 때 옆자리의 사람에게 말을 거는가 (/   )

5. 사람들과 함께 있는 것을 좋아하는가 (/   )

6. 아는 사람과는 가깝고 친밀하게 지내는가 (/   )

7. 배우자가 내게 관심을 가져주기 바라는가 (/   )

8. 다른 사람이 나를 좋아해 주기 바라는가 (/   )

9. 다른 사람들에게 친절하게 대하는가 (/   )

10. 배우자가 나의 모든 것을 좋아해 주기 바라는가 (/   )

평균 (/   )

⟨3⟩ 힘과 성취의 욕구

1. 내가 하는 가사나 직업에 대해 사람들로부터 인정받고 싶은가 (/   )

2. 다른 사람에게 충고나 조언을 잘 하는가 (/   )

3. 다른 사람에게 무엇을 하라고 잘 지시하는가 (/   )

4. 경제적으로 남보다 잘 살고 싶은가 (/   )

5. 사람들에게 칭찬 듣는 것을 좋아하는가 (/   )

6. 내 밑에서 일하는 사람이 문제가 있을 때 쉽게 해고하는가 (/   )

7. 내 분야에서 탁월한 사람이 되고 싶은가 (/   )

8. 어떤 집단에서든 지도자가 되고 싶은가 (/   )

9. 자신을 가치 있는 인간이라고 느끼는가 (/   )

10. 내 성취와 재능을 자랑스럽게 여기는가 (/   )

평균 (/   )

⟨4⟩ 자유의 욕구

1. 사람들이 내게 어떻게 하라고 지시하는 것이 싫은가 (/   )

2. 내가 원하지 않는 일을 하라고 하면 참기 어려운가 (/   )

3. 다른 사람에게 어떻게 살아야 한다고 강요하면 안 된다고 믿는가 (/   )

4. 누구나 다 인생을 살고 싶은 대로 살 권리가 있다고 믿는가 (/   )

5. 인간의 자유로운 선택능력을 믿는가 (/   )

6. 내가 하고 싶은 일을 하고 싶은 때 하고 싶은가 (/   )

7. 누가 무어라고 해도 내 방식대로 살고 싶은가 (/   )

8. 인간은 모두 자유롭다고 믿는가 (/   )

9. 배우자의 자유를 구속하고 싶은 생각이 없는가 (/   )

10. 나는 열린 마음을 지니고 있다고 믿는가 (/   )

평균 (/   )

〈5〉 즐거움의 욕구

1. 큰 소리로 웃기 좋아하는가 (/   )

2. 유머를 사용하거나 듣는 것이 즐거운가 (/   )

3. 나 자신에 대해서도 웃을 때가 있는가 (/   )

4. 뭐든지 유익하고 새로운 것을 배우는 것이 즐거운가 (/   )

5. 흥미 있는 게임이나 놀이를 좋아하는가 (/   )

6. 여행하기를 좋아하는가 (/   )

7. 독서하기를 좋아하는가 (/   )

8. 영화 구경 가기를 좋아하는가 (/   )

9. 음악 감상하기를 좋아하는가 (/   )

10. 새로운 방식으로 일하거나 생각해 보는 것이 즐거운가 (/   )

평균 (/   )

[활동지 2-2]

〈상대방과 서로 다른 욕구를 절충하기〉

나: 나는　　　　　　　　을(를) 원한다. (예: 교실이 조용하기를 원한다.) 너: 너는　　　　　　　　을(를) 원한다. (예: 친구들과 즐겁게 이야기하기를 원한다.)

"쌍방의 욕구를 모두 충족시킬 방법이 있을까요?" "함께 찾아봅시다."

※ 브레인스토밍 과정으로, 생각나는 대로 여러 개를 적고 하나씩 검토한다.

방법 1.	평가
방법 2.	평가
방법 3.	평가
방법 4.	평가
방법 5.	평가

최종 결정안   　　　　　　　　　　　　　　　　　　　　집단원 ○○○(사인)

📝 3회기 나의 좋은 세계 사진첩

	활동지도안
활동 목표	• '좋은 세계(Quality World)'에 대해 이해한다. • 직장생활에 대한 나의 '좋은 세계' 그림책을 탐색한다. • 탐색한 그림이 직장생활에 미치는 영향을 점검할 수 있다. • 직장생활에 대한 새로운 그림책을 만든다.
준비물	필기구, 종, [강의자료 3-1], [활동지 3-1], [활동지 3-2]

단계	진행 절차
도입 (10분)	▶ 지난 회기 요약 및 이번 회기에서 다룰 내용 소개 ① 지난 시간까지 다루었던 내용 요약 종합하기 ② 이번 회기에서 다룰 내용 소개하기 ─직장생활에 대해 평소에 내가 지니고 있는 신념이나 관점을 탐색하고 그것이 직장생활에 미치는 영향력 점검/이해하기. 그리고 직장생활에 대한 새로운 그림책 만들기
전개 (70분)	▶ 강의 3-1: '좋은 세계(Quality World)'에 대한 이해 여러분~ 자신의 '좋은 세계' 사진첩에 대해서 살펴보겠습니다. ▶ 직장생활에 대한 자신의 '좋은 세계'의 내용 탐색 자, 모두 눈을 감고 직장생활에 대한 자신의 좋은 세계로 가 보겠습니다. 좋은 세계에서 직장인으로서의 당신은 어떤 모습을 하고 있을까요? 누가 무엇을 하고 있는지, 언제인지 그 순간에 머물려 주십시오. 5분 뒤에 종을 울리겠습니다. 앞서 체험하였던 좋은 세계의 모습을 떠올리며 활동지를 작성해 봅시다. 그리고 자신의 좋은 세계가 자신에게 어떤 의미인지 발표해 보는 시간을 가지겠습니다. ① '좋은 세계'의 자신의 모습을 경험한다. ② 떠오른 자신의 좋은 세계 속 직장생활, 동료, 관리자를 [활동지 3-1]에 작성한다. ③ 경험한 자신의 '좋은 세계'에 대해 집단원과 함께 나눈다(3인 1조). ④ 활동지에 적힌 자신의 좋은 세계가 스스로에게 어떤 의미인지 조원들과 공유해 본다. ▶ 탐색한 그림이 직장생활에 미치는 영향 점검하기 자, 탐색한 그림이 직장생활에 미치는 영향력을 점검해 봅시다. 자신은 직장생활에서 지금까지 자신의 그림책을 들여다보고 습관적으로 내 그림책만 옳다고 하지는 않았는지에 대해 자기평가해 주세요. 그리고 참여자들은 전체 집단에서 그림책(신념 혹은 습관)이 직장생활에 미치는 영향에 대해 토의합니다.

전개 (70분)	① 진행자는 토의 활동 내용을 다음과 같은 주제로 유목화한다. 　　－직장생활, 동료, 관리자, 갈등 상황 등을 해석할 때 영향을 준다는 사실 　　－자기 식대로 듣는 경향성 있음을 이해 　　－자동적으로 반응하는 경향(자신이 선택하고 있음을 의식하기보다는 자동적 반응) 　　－상대방의 그림책(신념)을 강화시키는 경향 　　－의사소통(대화)에 방해 요인일 가능성이 많다는 사실 　직장생활에서 자신의 그림책이 도움이 되지 않는다면 이를 배움의 순간으로 활용합니다. 왜냐하면 앞으로 자신의 그림책을 바탕으로 새로운 그림책(좋은 습관 및 생각)을 선택할 수 있는 기회임을 배울 수 있기 때문입니다. 　자신이 현재 원하고 있는 것을 얻을 수 없는 상황에서 그가 진정으로 원하는 것을 얻을 수 있도록 도와주어야 합니다. 자신의 그림책에 있는 성취할 수 없는 그림을 좀 더 성취할 수 있는 현실적인 그림으로 바꿀 수 있도록 합니다. 비록 어려운 작업이긴 하지만, 상담과정 중 다음에 계속될 절차를 사용하게 되면 이런 대체가 이루어집니다. 　"사람들이 당신에게 원하는 것이 무엇이라고 생각하는지?"라고 물어봅시다. ▶ 상대방의 '좋은 세계'에 들어갈 수 있는 방안 탐색 ① 상대방의 좋은 세계에 들어갈 수 있는 특성을 탐색한다. 　　－단, 상대방의 좋은 세계에 들어가는 것이 욕구충족에 도움이 되는지 평가하기 ② 자신과 다른 사람들(동료, 상사, 사회 등)의 기대를 조사한다. ③ 또한 이러한 기대들에 부응해서 살기 위해 기꺼이 하고자 하는 것과 하고 싶지 않은 것이 무엇인가를 질문한다. 　　－직장상사는 네가 몇 시에 출근하기를 원하는가? 직장상사가 원하는 것은? 　　－네가 바라는 것과 그들이 바라는 것이 일치한다면 직장관계가 어떻게 될까? 　　－직장에서 당신에게 참 많은 걸 요구하고 있는데, 그분들께 기꺼이 드릴 수 있는 게 무엇일까? 당신이 기꺼이 할 수 있는 게 무엇일까? 네가 무엇을 만족해할까?
마무리 (10분)	이번 회기에 대한 참여 소감과 자신이 느낀 점을 집단원들과 공유한다. －경험보고서 작성, 프로그램 기대 및 토의
유의점	• 진행자는 참여자들에게 자신과 그림(가치, 신념 등)이 다르다고 해서 상대방이 나쁘거나 틀린 것은 아니라는 사실을 이해하도록 한다. • 진행자는 참여자들에게 자신의 관점에도 이유가 있듯이 상대방의 관점에도 어떤 이유가 있을 수 있다는 것을 이해하려고 노력할 수 있도록 강조한다. • 진행자는 참여자들이 자신의 그림책은 옳고 상대방의 그림책은 잘못되었다고 하려는 것이 아니라 어떻게 하면 그림이 달라도 좋은 관계를 형성·유지하고 성장할 수 있음을 이해하는 것이 중요함을 강조한다.

강의자료 3-1 '좋은 세계(Quality World)'에 대한 이해

'좋은 세계'란 욕구가 충족되는 원하는 것들로 이루어진 세계를 말하며, 선택이론은 우리가 현실을 각각 다르게 받아들이는 이유를 각자가 가진 독특하고 중요한 '좋은 세계' 때문이라고 설명하고 있습니다. 이 세계는 우리가 태어나자마자 곧 기억 속에 만들어지기 시작해서 일생 동안 재창조되는 세계로, 지난 시간에 공부한 우리의 다섯 가지 기본 욕구 중 하나 또는 그 이상을 가장 잘 충족시켜 주는 구체적인 그림들의 집단으로 구성되어 있습니다.

예를 들면, 우리가 가장 같이 있고 싶은 사람들, 우리가 갖고 싶거나 경험하고 싶은 일들, 우리 행동을 주관하는 아이디어와 신념, 지식, 좋았던 과거의 시간, 환경, 귀한 소유물, 행사, 믿음의 형상들로 개인적으로 이상향적인 세계를 말합니다.

우리는 욕구를 충족시키려고 할 때 계속 좋은 세계를 재창조할 수 있으며, 좋은 세계 안에 들어가는 이미지들을 선택하고 빼버릴 수도 있습니다. 또한 글래서는 선생님으로서 자신이 해 줄 수 있는 것과 학생들이 자신들을 스스로 도울 수 있는 것에 대해 선을 그어 주면 학생들이 분별력 있는 좋은 세계를 만드는 데 도움을 줄 수 있다고 합니다.

[활동지 3-1]

〈나의 '좋은 세계'는 어떤 모습?〉

1. 사람들은 각자의 욕구와 바람을 충족시켜 줄 수천 혹은 수만의 사진을 가지고 있어요. 아래의 질문을 활용하여 자신의 '좋은 세계'를 구체적으로 탐색해 봅시다.

• 직장생활에서 내게 좋은 느낌을 주는 것은?   • 직장생활에서 그것/상황이 주는 의미는?   • 연관되어 생각나는 사람 또는 내가 본받고 싶은 사람은? 예) ○○○   • 어떤 점이 그런가? 예) 평정심을 잘 유지함   • 구체적인 행동은 무엇인가? 예) 나를 대할 때 다그치는 행동을 하지 않음
탐색한 자신의 '좋은 세계'를 작성해 주세요.

2. '좋은 세계'가 직장생활에 미치는 영향을 표정으로 표현하면? 그 이유도 작성해 주세요.

〈자신의 '좋은 세계'〉		표정	이유
	→		

[활동지 3-2]

〈현실적인 그림책을 만들어 주세요〉

※ 수년 동안 각자의 좋은 세계(Quality World)에 들어 있던 사진일지라도 더 이상 자기가 원하는 만큼 만족하지 못할 때는 종종 낡은 그림 대신, 예전 것보다 새롭고 만족스러운 그림을 찾으려고 노력하죠. 사람은 이렇게 일생을 통하여 더 중요하다고 생각하는 그림들을 더하고 빼면서 인생의 방향도 변화시킨답니다. 자! 보다 현실적인 그림책을 만들기 위해 다음의 질문을 읽고 작성해 주세요.

1. 직장 동료/상사는 당신이 몇 시에 출근하기를 원해요? 또는 직장상사가 원하는 것은?

_____

_____

_____

2. 직장에서 당신이 바라는 것과 그들이 바라는 것이 일치한다면 당신의 직장관계는 어떻게 될까요?

_____

_____

_____

3. 직장에서 당신에게 참 많은 걸 요구하고 있는데, 그분들께 기꺼이 드릴 수 있는 게 무엇일까? 당신이 기꺼이 할 수 있는 게 무엇일까요?

_____

_____

_____

참고하세요~^^

1과 2의 질문을 바탕으로 직장에서 당신에게 영향을 끼치는 다른 사람들의 바람을 볼 수 있도록 돕는다.

또한 3의 질문을 바탕으로 동료, 상사, 직장생활에서 그들의 기대들에 부응해서 살기 위해 기꺼이 하고자 하는 것과 하고 싶지 않은 것이 무엇인가에 대해 살펴보면서 상대방의 좋은 세계에 들어가기 위해 노력하는 자신들의 의지를 보도록 돕는다.

🖉 4회기 내 머릿속 신호등

활동지도안	
활동 목표	• 현실세계의 내 상황을 구체적으로 이해할 수 있다. • 지각체계와 좌절 신호를 이해할 수 있다. • 좌절에 빠질 경우 고통스러운 감정에 사로잡히는 데 집단에서 함께 해결방안을 찾는다.
준비물	필기구, [강의자료 4-1], [활동지 4-1], [활동지 4-2]
단계	진행 절차
도입 (10분)	▶ 지난 회기 요약 및 이번 회기에서 다룰 내용 소개 ① 지난 시간까지 다루었던 내용 요약 종합하기 ② 이번 회기에서 다룰 내용 소개하기
전개 (70분)	▶ 강의 4-1: 지각체계와 좌절 신호 이해 지금까지 우리는 자신의 '좋은 세계' 사진첩을 탐색하는 것을 도와 왔습니다. 이번 시간에는 "당신은 어떤 시각으로 사물과 환경을 바라보는지?"라고 질문함으로써 우리의 지각체계를 탐색하는 것과 좌절 신호에 대하여 이해하는 시간을 가지겠습니다. ① 지각체계와 좌절 신호 학습하기 우리가 가치 부여 렌즈를 너무 많이 사용하면 자기 의견, 가치관과 다를 때 다른 사람을 부당하게 비난하거나 원인 제공자로 몰 수 있지요. 즉, 가치가 다르면 상대방을 비난하거나 공격을 하기 쉽고 수용하기 어렵게 되는 데 현실요법에서 중요한 관점은 다른 사람의 가치나 좋은 세계가 자신과 다르다고 해서 반드시 틀린 것이 아니라는 점입니다. 자신의 관점만큼 다른 사람의 관점에도 어떤 이유가 있을 수 있다는 것을 이해하는 노력이 중요하다는 것이지요. 아울러 자연스럽게 어떤 상황이 변화기를 원할 때는 내가 먼저 변화할 수밖에 없다는 인식이 필요합니다. ▶ 나의 현실세계의 내 상황 구체적으로 탐색하기 도입 활동에 강의를 들으면서 자신의 직장생활에 대한 생각을 많이 떠올리셨을 거라 생각이 듭니다. 자유롭게 자신이 언제 직장인으로서 불만족스러웠는지를 작성해 보는 시간을 가져 보도록 하겠습니다. "직장생활에 대해 어떻게 생각하세요?", "자신과 갈등을 경험하고 있는 그를 볼 때 무엇을 보십니까?", "직장 동료/상사를 어떻게 생각하세요?", "동료/상사에게 받아들일 수 있는 것은 무엇이고 속이 상하는 것은 무엇입니까?", "당신이 승인할 수 있는 동료/상사의 행동은 어떤 것들인가요? [활동지 4-1]을 나눠 드리겠습니다. 작성한 후에는 4인 1조로 만들어서 서로를 한번 이해하는 시간을 가져보겠습니다. ① [활동지 4-1]을 작성한다. ② 4인 1조로 앉는다. ③ 집단원들과 자신의 직장생활에 대해 서로 이야기하고 느낀 점을 나눈다.

	▶ 좌절 신호 탐색하기
	여러분 직장생활 하시면서 많이 힘드시죠? 그럴 때마다 좌절 신호를 느끼게 됩니다. 두 명이 짝이 되어, 자신의 사진이 상대방의 사진과 맞지 않아 좌절 신호를 느낀 경험을 이야기해 봅시다. 서로의 이야기를 잘 들으면서 상대방은 좌절 신호를 언제 어떤 상황에서 느끼는지 한번 생각해 보는 시간을 가져 보겠습니다. [활동지 4-2]를 나눠 드리겠습니다. 그리고 좌절 신호를 느낀 경험을 집단원과 조를 이루어 서로 공유해 봅시다.
	① [활동지 4-2] 활동지를 작성한다.
	② 4인 1조로 앉는다.
	▶ 좌절 신호의 해결방안
	이번 시간을 통해 집단원들과 좌절 신호에 대한 해결방안은 다들 찾아보셨나요. 우리가 좌절하였을 때는 혹시 자신이 가치 렌즈를 사용한 것은 아닌지 그리고 한 상황에 직면하였을 때 그 상황이 변하길 바라기보다는 여러분 스스로 먼저 변화를 시도해 보는 것은 어떠한지요. 자! 그러면 이번 회기에 대한 느낌을 전체 집단원들과 공유해 보도록 합시다.
	① 집단원들과 자신의 좌절 신호에 대해 공유하고 서로 다른 시각을 가진 타인의 입장을 이해하며 함께 해결방안을 찾아본다.
마무리 (10분)	이번 회기에 대한 참여 소감과 자신이 느낀 점을 집단원들과 공유한다. ー경험보고서 작성
유의점	• 진행자는 참여자들에게 자신과 그림(가치, 신념 등)이 다르다고 해서 상대방이 나쁘거나 틀린 것은 아니라는 사실을 이해하도록 한다. • 진행자는 참여자들에게 자신의 관점에도 이유가 있듯이 상대방의 관점에도 어떤 이유가 있을 수 있다는 것을 이해하려고 노력할 수 있도록 강조한다. • 진행자는 참여자들이 자신의 그림책은 옳고 상대방의 그림책은 잘못되었다고 하려는 것이 아니라 어떻게 하면 그림이 달라도 좋은 관계를 형성·유지하고 성장할 수 있음을 이해하는 것이 중요함을 강조한다.

강의자료 4-1　　지각체계와 좌절 신호 이해

1. 지각체계

우리의 지각 세계 안에는 우리가 세상을 보는 두 가지 렌즈가 은유적으로 있다고 볼 수 있습니다. 우리가 세상의 존재를 받아들이는 방법으로 두 가지의 렌즈를 사용하는 데 하나는 1차 수준의 지각, 그대로 렌즈(지식 렌즈)–사물, 사람, 사건, 있는 그대로 보기와 2차 수준의 지각으로(좋고 싫거나 옳고 그르다) 상황을 보는 가치부여 렌즈가 있습니다.

2. 좌절 신호

좌절 신호란, 우리가 욕구를 충족시키고 있는지를 알게 하는 중요한 메시지입니다. 우리의 좋은 세계 안의 이미지 사진과 동시에 우리의 감각과 지각이 탐지하는 진짜 세상 현실세계에서 일어나는 이미지는 끊임없이 비교되고 있습니다. 이때 두 이미지가 일치하면 긍정적인 신호를 얻고 자신이 지각한 세계가 자신의 사진과 다르면 부정적인 신호를 갖게 됩니다. 여기서 신호는 아주 중요한 것으로 신호 없이 우리가 욕구를 충족시키고 있는지를 알지 못하고 욕구충족의 여부를 모르고서는 행복한지 슬픈지를 알 수 없기 때문입니다.

우리가 원하는 것과 다른 사람이 원하는 것이 너무 달라서 그 사람과 갈등에 빠지게 되면 서로의 사진이 너무 달라서 사이좋게 지내기가 참 힘이 듭니다. 대인관계에서도 서로의 방법대로만 하려고 하면 할수록 관계는 더 어려워지므로 역할극을 통해 갈등을 다룰 수 있는 새로운 행동을 창조해야 합니다.

여러분은 어떤 일이 뜻대로 되지 않을 때 누군가를 비평했던 적은 없습니까? 인간관계를 파괴하는 가장 큰 요소는 비난이나 비판입니다. 자신이 비난받았을 때를 기억해 보십시오. 힘에 의해 억압되었던 순간을 생각해 보십시오. 그리고 그때 무엇을 하기로 결정을 했었는지 생각해 보십시오. 우리는 생존과 관련된 신호에는 아주 민감하게 반응하지만 심리적 욕구와 관련된 부정적 좌절 신호에는 무시해 버리는 경향이 있습니다. 화나고 절망하고 상처받았다는 신호는 지각하기 어렵기도 하고 지각했다 하더라도 무엇을 해야 할지 몰라서 그저 그 신호가 사라지기를 바라며 무시하려고 합니다.

그러나 문제는 그 좌절 신호가 없어지지 않고 우리가 그 메시지를 알아들을 때까지 멈추지 않는다는 것입니다. 여기서 좌절 신호를 느끼면 우리는 욕구를 보다 효과적으로 충족시킬 만한 다른 것을 해야 할 것입니다. 좌절 신호는 삶의 자동차에서 엔진을 점화시키는 것과 같습니다.

[활동지 4-1]

〈어떤 시각으로 바라보나요?〉

별칭:

★ 여러분은 2차 수준의 지각(가치)으로 상황을 보세요? 아니면 1차 수준의 지각(인식)으로 상황을 보는지를 묘사해 보도록 다음의 질문을 읽고 작성해 주세요.

"직장생활에 대해 어떻게 생각하세요?"

_____

_____

_____

"직장 동료/상사를 어떻게 생각하세요?"

_____

_____

_____

"자신과 갈등을 경험하고 있는 그를 볼 때 무엇을 보십니까?"

_____

_____

_____

"동료/상사에게 받아들일 수 있는 것은 무엇이고 속이 상하는 것은 무엇입니까?" 또는 "당신이 승인할 수 있는 동료/상사의 행동은 어떤 것들인가요?

_____

_____

_____

참고하세요~^^
당신이 하는 일이 유익한지 아니면 상처를 주는지, 그리고 현재의 삶의 지향이 그들에게 만족을 주는지요?

[활동지 4-2]

〈직장생활! 이런 점은 정말 힘들어요〉
(좌절 신호 탐색하기)

별칭:

관계/상황	불만족스러울 때의 경험	나의 바람/욕구
	예) 학교에서 일을 혼자 도맡아 개인 시간이 없을 때	예) 자유의 욕구
좌절 신호 탐색	• 사진이 맞지 않았을 때 나의 느낌은 어떠한가? _____ • 나의 몸은 뭐라고 말하고 있는가? _____ • 나의 사진이 맞지 않을 때 나는 무엇을 생각하고 있는가? _____ • 내가 하고 있는 행동은 무엇인가? _____	
좌절 신호 해결방안	좌절하였을 때 당신이 사용하고 있는 렌즈를 살펴봅시다. ※ 가치가 다르면 상대방을 비난하거나 공격을 하기 쉽고 수용하기 어렵게 되는 데 현실요법에서 중요한 관점은 저 사람의 가치나 좋은 세계가 나와 다르다고 해서 반드시 틀린 것이 아니랍니다.	

📝 **5회기** **스트레스, 두렵지 않아!**

활동지도안	
활동 목표	• 인간의 행동은 내적으로 동기화되어 있다. • 인간의 모든 행동은 선택한 것임을 이해한다. • 인간의 행동은 전행동이며, 네 가지 요소로 구성되어 있음을 안다. • 상황에 따른 자신의 행동을 보고 네 가지 요소로 분석하여 익힌다.
준비물	개인용 파일, 필기구, [강의자료 5-1], [활동지 5-1]
단계	진행 절차
도입 (10분)	▶ 지난 회기 요약 및 이번 회기에서 다룰 내용 소개 　① 지난 시간까지 다루었던 내용 요약 종합하기 　② 이번 회기에서 다룰 내용 소개하기
전개 (70분)	▶ 강의 5-1: 전행동 이해 　여러분 이번 회기에서는 전행동과 선택이론에 대해서 학습하고, 지금껏 상황에 따라 선택한 자신의 전행동이 직장생활에서 어떻게 나타나고 있는지 살펴보겠습니다. 　① 전행동과 선택이론 강의하기 　② 강의를 들은 후 현재 상태를 집단원과 공유하기 ▶ 조별로 전행동 요소 분석하기 　앞서 설명한 것과 같이 우리가 원하는 것을 얻기 위해 행동을 선택하게 됩니다. 　예를 들어, '활동하기'의 선택을 할 때 전화를 받는다거나 빨간 신호등에서 멈추는 행동을 선택하겠지요. 그리고 '생각하기'의 선택은 어떤 상황이나 가치에 따라 생각이라는 행동을 선택할 것이며 '느끼기'의 선택은 다양한 감정 중 화내기를 선택한다면 화가 나는 경우(상황)에 대한 탐색이 필요합니다. 마지막으로 생리적으로 반응한다면 손에 땀이 나는 생리적 반응 선택은 어느 때 손에 땀이 나는가?의 상황을 생각해 볼 수 있습니다. 활동지를 나눠 드리겠습니다. 4인 1조로 앉아서 자신이 인생을 살아오면서 중요한 시기마다 내가 원하는 것을 얻기 위해 선택한 태도와 행동은 어떤 것들이 있었는지 활동지에 적어 보고 집단원들과 이야기를 나누는 시간을 가지겠습니다. 　① 4인 1조로 앉아, [활동지 5-1]를 작성하고 중요한 시기에 나타나는 자신의 전행동을 분석한다. 　　예) 행동은 '책을 읽고 있다'이며, 생각은 '책의 내용을 생각하기'이고, 느끼기는 책의 내용에 따라서 달라질 것이며, 생리 반응하기는 다를 것이다. 이 경우 행동과 생각과 느낌이 개인별로 다르겠으나 생리 반응하기는 열이 오르고 이와 같이 동시에 일어나는 일이지만 가장 두드러진 것만 말한다. 　② 실제와 같이 상황을 설정하여 행동을 해 보고 행동을 분석한다. 　　ㅡ집단원들이 모두 돌아가면서 시행할 수 있도록 독려하기 　　ㅡ이때 각 요소를 잘 찾아내지 못하는 경우 집단원이 서로 도와가며 찾고 그 내용을 함께 토의하면서 정리한다.

전개 (70분)	③ 집단원들에게 작성한 활동지에 대한 발표를 하며 이야기를 나눈다. ─토의한 내용을 전체에 나누고 싶은 것이나 또는 논란이 많았고 구분하기 어려웠던 것을 각 조별로 발표한 후에 전체 집단원이 함께 논의함으로써 전행동 4요소 학습에 대한 평가가 이루어지게 한다.
마무리 (10분)	이번 회기에 대한 참여 소감과 자신이 느낀 점을 집단원들과 공유한다(10분). ─경험보고서 작성
유의점	집단원들이 전행동을 충분히 이해할 수 있도록 칠판에 '자동차' 그림을 그려서 설명하도록 한다.

강의자료 5-1 **전행동 이해**

　인간의 전행동은 네 가지 요소로 나눠져 있으며 '활동하기', '생각하기', '느끼기', '생리반응'으로 구성되어 있습니다. 이를 자동차에 비유하여 인간의 행동체계를 설명할 수 있습니다. 먼저 기본 욕구는 자동차의 엔진에 해당되고, 바람은 핸들이 되며, 전행동은 자동차의 네 바퀴가 되어 개인이 원하는 방향으로 가도록 되어 있습니다. 활동하기와 생각하기는 자동차의 2개의 앞바퀴에 해당되며, 느끼기와 신체반응은 자동차의 2개의 뒷바퀴에 해당됩니다.

　개인이 자신의 전행동을 선택하는 것은 불가능하지만 그 구성 요소들을 선택하는 것은 가능합니다. 이는 인간은 활동하기와 생각하기에는 통제력을 가지지만, 느끼기와 신체반응에는 통제력을 가지지 못한다는 것을 의미합니다. 만약 전행동을 바꾸기 원한다면 먼저 활동하고 생각하는 방식을 변화시킬 필요가 있습니다. 앞바퀴에 해당 되는 활동하기와 생각하기를 구체적으로 변화시킨다면 나머지 2개의 뒷바퀴에 해당되는 느끼기와 신체반응에도 자동적인 변화가 이루어집니다. 따라서 개인이 자신의 행동을 변화시키려고 할 때 느끼기와 신체반응보다는 활동하기와 생각하기를 우선적으로 새롭게 선택할 수 있어야 합니다.

[활동지 5-1]

〈당신은 무엇을 하고 있습니까?〉

별칭:

★ 지난 주 여러분이 소유 욕구, 성취 욕구, 자유 욕구, 즐거움에 대한 욕구, 힘에 대한 욕구를 얻기 위해 여러분이 한 일과 관계된 활동을 구체적으로 기술해 주세요. 가능한 한 정확하게 대답하는 데 있습니다.

★ 여러분의 마음을 TV 카메라로 상상하게 하고 그 카메라가 특정사건을 기록하듯 여러분의 특별한 날에 벌어진 모든 상세한 일들을 기록해 보세요. 한 부분도 빠트리지 않고 자기 자신을 상상해 보세요.

1. 상황:

활동하기	
생각하기	
느끼기	
생리반응	

2. 상황:

활동하기	
생각하기	
느끼기	
생리반응	

3. 상황:

활동하기	
생각하기	
느끼기	
생리반응	

6회기 관계 변화를 위한 한 걸음

활동지도안	
활동 목표	• 우리가 선택하는 행동의 대부분은 타인을 내가 원하는 대로 바꾸기 위한 시도이며, 그 효과는 거의 없음을 여러 가지 활동을 통하여 깨닫는다. • 외부 통제적 행동의 대표적인 예로 일곱 가지 치명적인 행동습관을 들 수 있으며, 그것이 비효율적임을 안다(관계 형성에 방해가 되는 일곱 가지 치명적인 행동습관 이해). • 관계 형성 행동의 대표적인 예로 일곱 가지 행동습관을 이해한다.
준비물	개인용 파일, 화이트보드, 필기구, [활동지 6-1], [활동지 6-2]
단계	진행 절차
도입 (10분)	▶ 지난 회기 요약 및 이번 회기에서 다룰 내용 소개 ① 지난 시간까지 다루었던 내용 요약 종합하기 ② 이번 회기에서 다룰 내용 소개하기 안녕하세요. 여러분 지난 시간에 전행동을 탐색해 보면서 그러한 행동들이 자신의 선택이었다는 것을 배웠습니다. 오늘은 선택한 행동의 대부분은 타인을 자신이 원하는 대로 바꾸기 위한 시도이며, 그 효과는 거의 없음을 여러 가지 활동을 통하여 깨닫는 시간을 가져 보도록 하겠습니다. 또한 외부 통제적 행동의 대표적인 예로 일곱 가지 치명적인 행동습관을 들 수 있으며, 그것이 비효율적임을 알고, 자신의 관계 형성 행동을 점검하고, 긍정적인 관계 형성 행동을 탐색하는 시간을 가져 보도록 하겠습니다.
전개 (70분)	▶ 타인을 통제하는 것에 대한 어려움 경험하기, 2인 1조 역할 연습 ① 내가 원하는 대로 상대방을 행동하게 하는 것에 대한 어려움을 경험과 소감 나누기 ② 상대방을 내가 원하는 대로 바꾸는 것은 거의 불가능함을 이해한다. "내가 변화시킬 수 있는 유일한 대상은 나 자신밖에 없다. 상대를 변화시키려고 하면 할수록 불행해진다"는 것을 이해할 필요가 있다. ▶ 집단원들이 문제 상황에서 사용하고 있는 외부 통제적 개입 행동 탐색 [활동지 6-1] ① [활동지 6-1]을 나눠 준 후 작성하게 한 다음 리더가 화이트보드를 이용하여 소집단 활동을 통해 발견한 외부 통제적인 개입행동에 대해 전체적으로 질문하고 기록한다. ② 발표한 내용을 화이트보드에 작성하여 종합하고 일곱 가지 치명적인 행동습관에 관하여 소개한다. ③ 외부 통제적인 행동습관의 비효율성에 대해 설명한다. 우리는 의도하든 의도하지 않든 타인을 바꾸기 위해 많은 행동을 선택하게 됩니다. 과연 그러한 행동들이 정말 타인을 원한 것인지, 그리고 그렇게 하였던 것들이 관계 형성에 어떤 부정적인 결과를 가져왔고 그 결과에 어떤 변명들을 스스로 해 왔는지 한번 생각하는 시간을 가집시다. 작성한 활동지 내용을 바탕으로 집단원들과 나눠 보는 시간을 가지겠습니다.

	▶ 문제 상황에서 대안인 일곱 가지 관계 형성 행동을 구체적으로 탐색하기 직장 내에서 관계 형성에 도움이 되도록 하는 행동습관이 무엇이 있을까요?(충분히 의견을 들어 준다.) 많은 분들이 잘 이야기해 주셨습니다. 제가 소개해 드릴 행동습관은 '돌보기', '경청하기', '지지하기', '기여하기', '격려하기', '신뢰하기', '협상하기'입니다. 자신의 문제 상황에서 사용 가능한 관계 형성 행동들을 개발하여 봅시다. ([활동지 6−2]를 나눠 주면서) '언어적 표현', 혹은 '비언어적 표현'으로 나눠 활용 가능한 예문들을 작성해 보겠습니다. ▶ 역할 연습하기, 3인 1조 소집단 활동 ① 활동지에 작성한 내용을 바탕으로 소리 내어 연습하기 ② 짝지어 역할 시연하기
마무리 (10분)	이번 회기에 대한 참여 소감과 자신이 느낀 점을 집단원들과 공유한다. −경험보고서 작성
유의점	• 생각하는 시간에는 진지하고 안정된 분위기를 조성한다. • 원만한 진행을 위하여 두 조로 나누어 앉을 시 집단상담자는 인원수를 확인하여 조정한다.

[활동지 6-1]

〈여러분의 행동을 평가한다면!〉

별칭:

★ 아래 질문을 활용하여 여러분의 관계행동에 대해 자기평가를 해 주세요.

1. 그 상황에서 자신을 주장했던 것이 당신에게 도움이 됩니까? 해가 됩니까?
2. 당신이 지금 하고 있는 것은 원하는 것을 얻는 데 도움이 됩니까?
3. 당신이 원하는 것은 현실적이거나 실현 가능한 것입니까?
4. 그것이 다른 사람에게 도움이 됩니까? 그렇지 않으면 해가 됩니까? 어떻게? 당신에게 도움이 됩니까?
5. '쓸데없다고 생각되는 규칙'을 깨뜨린다면 정말 여러분이 원하는 것을 얻을 수 있다고 봅니까?
6. 불만을 토로하는 것이 어떻게 도움이 됩니까?

상황	자신의 행동	변명	결과
예) 보고서 기한 엄수를 지키지 않는 동료	예) 몇 번 좋게 이야기하다가 소리 침 → 비난하기 4	예) 잘못된 행동을 하는 동료 탓	예) 동료와 싸우고 동료의 행동은 고쳐지지 않음

※ 자신의 관계행동이 관계를 해치는/좋게 하는 행동인지 자신의 관계행동을 5점 척도로 평가해 보세요.
※ 관계를 해치는 의사소통 & 행동(비판하기, 비난하기, 불평하기, 잔소리하기, 협박하기, 벌하기, 회유하기)
※ 서로 기분 좋은 의사소통 & 관계를 좋게 하는 행동(경청, 존중, 수용, 믿어 주기, 격려하기, 지지하기, 불일치 협상하기)

[활동지 6-2]

〈변화할 수 있어요!〉

별칭:

[관계 형성 행동: 돌보기, 경청하기, 지지하기, 기여하기, 격려하기, 신뢰하기, 협상하기 등]

	문제 상황	관계 형성 행동	언어적 표현/비언어적 표현
1	예) 매일 동료와 신경전하는 나	예) 경청하기	예) "동료와 신경전을 하게 된 이유를 말해 주세요."/상황을 적극적으로 들어주기
2			
3			
4			
5			
6			
7			

7회기 난 할 수 있어!

활동지도안	
활동 목표	• 자신의 문제 상황에서 관계 형성을 목적으로 도움이 되는 행동계획을 세울 수 있다. • 실천하기 어려웠던 부분을 검토하여 실천력이 높은 계획이 되도록 보완한다.
준비물	개인용 파일, 화이트보드, 필기구, [활동지 7-1], [활동지 7-2], [강의자료 7-1]
단계	진행 절차
도입 (10분)	▶ 지난 회기 요약 및 이번 회기에서 다룰 내용 소개 ① 지난 시간까지 다루었던 내용 요약 종합하기 ② 이번 회기에서 다룰 내용 소개하기 여러분 안녕하세요. 지난 5회기에 우리가 좌절 신호를 어디서 경험하는지와 6회기에 관계 형성 습관을 검토해 보았어요. 그럼 이번 시간은 이러한 것들을 모두 포함하여 좋은 세계로 가기 위한 계획을 세워 볼까요? 자신이 행할 계획을 갖는다는 것은 좋은 지도를 갖는 것과 마찬가지이지요. 우리가 원하는 것을 얻기 위해 가장 효율적인 길을 이번 시간에 찾아봅시다.
전개 (70분)	▶ 강의 7-1: '좋은 계획'에 대한 이해 [강의자료 7-1]을 나눠 드리겠습니다. 좋은 계획 기준에 대해 살펴봅시다. ▶ (교직생활에서) 좋은 계획 세우기 교직생활에서의 바람과 계획을 세우고 좋은 계획의 기준에 맞는지 검토해 봅시다. 3인 1조가 되어 각자 세운 계획에 대해 함께 검토하고 수정하여 봅시다. [활동지 7-1]을 나눠 드리겠습니다. ① 가정/학교 장면에서 다른 문제 상황을 찾아 관계 형성 행동 계획 세우기 ② 그것이 좋은 계획의 기준에 맞는지 검토하기 ③ 3인이 1조를 만들어서 집단원이 각자 세운 계획에 대해 함께 검토하고 수정하기 ④ 집단원들끼리 각자 세운 계획에 대해 실천하기 어려운 부분을 검토하고, 적용하기 좋은 계획이 되도록 적극적인 피드백을 해 주기 ⑤ 각자 계획을 실시하였을 때 어떻게 될 것인지 상황이나 느낌을 서로 발표하기 ⑥ 서로 상대방의 좋은 계획의 장점에 대한 지지와 칭찬을 하여, 세운 계획을 적극적으로 실천할 수 있도록 충분히 격려해 주기 ▶ 서로의 욕구가 충족되는 좋은 계획 세우기 ① 교직생활에서 상대의 욕구를 함께 충족시키는 내용으로 [활동지 7-2]를 사용하여 계획 세우기 ② 세운 계획이 좋은 계획의 기준에 맞는지 5점 척도로 검토, 집단원끼리 서로 점검하기 ▶ 조별 활동으로 세운 계획들에 대한 시연 ① 활동지에 기록한 '서로의 욕구를 충족시키는 좋은 계획'을 조별로 시연하기 ② 훈련하고 연습한 것에 대해 서로의 생각과 느낌 나누기

	③ 계획을 반드시 지킬 것에 대한 확인, 자기 평가, 확약하기 ▶ 과제 부여 ① 활동지에 세운 계획을 각자 현장에서 적용해 보기 ② 과제 이행을 매일 점검하기 ③ 다음 시간에는 관계 형성 행동계획을 실천한 경험에 관해 소감 나누기
마무리 (10분)	이번 회기에 대한 참여 소감과 자신이 느낀 점을 집단원들과 공유하기 −경험보고서 작성
유의점	갈등의 원인을 다루지 말고, 갈등 상황만 놓고 대안을 찾는다. 이때 부정적인 피드백보다는 관계 형성을 위한 행동계획의 실효성에 초점을 둔다.

강의자료 7-1 좋은 계획에 대한 이해

활동에 대한 긍정적인 계획

1. 욕구가 충족되는 계획

내담자의 바람과 욕구를 충족시킬 수 있는 계획을 수립함으로써 자기 삶을 보다 더 효율적으로 통제한다.

2. 단순한 계획

단순하고 이해하기 쉬운 세부적인 계획을 통해서 자신의 행동을 서서히 바꾼다.

3. 현실적이고 실현 가능한 계획

내담자들에게 실현될 만한 세부 계획을 세우도록 돕는 것이 중요하다. 내담자가 가진 힘의 정도에 따라 실현 가능성이 달라지기도 한다. 따라서 효과적인 현실요법 치료자는 내담자가 가진 힘에 따라 초기 평가를 내리고 최소한의 계획을 수립할 것인지 보다 세분되고 광범위한 계획을 세울 것인지 결정하게 된다.

4. 행위를 중지시키기보다 행위를 하도록 하는 계획

활동에 대한 긍정적인 계획이어야 한다. 심리적 '사진첩'은 부정적인 명령보다는 구체적인 제시를 더 잘 받아들인다. 우리는 누군가가 "새해부터는 담배 끊고, 욕하지 말고, 늦잠 자지 않도록 해야지."라고 하는 것을 들은 적이 있다. 이러한 말들은 훌륭한 계획의 특징을 어기는 것이다.

5. 행위자에 기초한 계획

다른 사람의 행위를 전제로 한 계획은 내담자가 자기의 힘을 다른 사람에게 전가시키는 결과를 낳는다. 상담자는 내담자의 통제력을 넘어서는 외부 세계에 초점을 맞추기보다는 내담자에게 초점을 맞추어야 한다. 우리 모두는 자신의 고유한 바람들, 심리적 사진첩과 행동체계 및 지각체계에 대해서만 통제력을 갖고 있다.

6. 구체적인 계획

구체적인 계획은 자세하고 명확한 계획이다. '언제'와 같은 질문보다는 계획을 구체적이고 분명하게 세울 수 있도록 "무엇을 할 것인가?", "어디서 할 것인가?", "누구와 할 것인가?", "얼마나 자주 할 것인가?"와 같은 부가적인 질문들에 대한 대답을 할 수 있어야 한다는 것이다.

7. 반복적인 계획

반복적인 계획은 매일매일은 아니더라도 반복해서 할 수 있는 계획을 말한다. 사람들이 어떻게 서로 관계를 맺는가 관찰해 보고 사람들을 맞이하고(소속감), 전화하고, 미소 짓는 것과 같은 계획을 세울 수 있다. 또한 매일 어떤 일을 성취하도록 선택하기(성취감), 즐거움을 갖기 위한 단순하고 반복적인 계획들을 실천하기, 내담자에게 어떤 일을 할 계획을 자기 스스로 할 것인지, 혼자서 할 것인지, 아니면 다른 사람들과 함께 할 것인지 탐색하고 보다 독립적으로 활동할 수 있는 계획을 실천할 수 있도록 한다.

8. 조속한 계획이란 오늘 또는 곧 실행될 수 있는 계획을 말하며, "당신의 삶을 변화시키기 위해 오늘 밤 무엇을 하시겠습니까?"보다 "즐겁게 지내기 위해서는? 사람들과 잘 어울리기 위해서는? 당신이 원하는 것을 얻기 위해서는?"이라고 묻는 것이 좋다.

9. 진행 중심적인 계획들이 보다 현실적이고 실현 가능하며 믿을 만하다.

진행 중심적인 계획	결과나 목표 중심적인 계획
20분간 활발한 산책을 한다.	우울증을 극복한다.
매일 새로운 사람을 한 사람씩 만난다.	새로운 교우 관계를 형성한다.

10. 평가

계획이 실행되기 전에 내담자와 함께 계획을 검토해야 한다. 이 계획은 '효과적인 계획 기준을 만족시키는가? 이 계획은 반복될 수 있으며 현실적이고 실현 가능한가? 그 계획이 어떤 욕구와 바람을 충족시킵니까?'와 같은 질문으로 계획을 검토하고, 계획이 실행되고 난 후 그 계획에 대해 다시 평가가 이루어져야 한다.

11. 단호함

계획에 있어서 단호함의 특성은 약속 과정으로의 이행에 있다. 내담자에게 계획을 적어 보게 하든가 반복하게 한다. 치료자는 내담자에게 '어떤 일이라도 조금씩 조금씩 하게 되면 쉬운 일'이라는 점을 상기시켜 준다.

12. 강화된 계획

마지막으로 계획이 완료되고 나면 그 계획은 강화되어야 한다.

※ 현실요법에서 행동 탐색, 평가, 계획하기의 면모들은 종종 책임성의 단계라고 불린다. 최근의 행위행동을 조사해 보면서, 바람을 충족시키려는 노력의 효율성과 바람의 평가를 해 보면서, 또 계획을 세우면서 내담자는 그가 이미 자신의 인생에 어느 정도까지는 책임이 있다는 점을 알게 된다. 더 나아가 문제에 대한 해결책이 "아득히 먼 곳에 있는 것이 아니라 우리들 자신에게 있다."는 점을 깨닫는다. 행복은 외부 세계에서 그들이 어떻게 취급받았는가에 달려 있는 것이 아니라 그들 스스로가 한 선택에 달려 있다는 점을 자각하기 시작한다. 즉, "무엇인가 나한테 생기기만을 기다리던 것을 그만두고 어떤 일이 일어날 수 있도록 시작해야 한다."로 요약할 수 있다.

[활동지 7-1]

〈무엇을 할 수 있을까?〉

	바람(Want)	계획(Plan)	평가 (5점 척도)	
1			S 단순한가	
			A 실현 가능	
			M 측정 가능	
			I 즉시 가능	
			C 행위자 중심	
			C 일관성	
2			S 단순한가	
			A 실현 가능	
			M 측정 가능	
			I 즉시 가능	
			C 행위자 중심	
			C 일관성	
3			S 단순한가	
			A 실현 가능	
			M 측정 가능	
			I 즉시 가능	
			C 행위자 중심	
			C 일관성	

위의 좋은 계획을 성실히 수행할 것을 약속합니다.

별칭: (사인)

[활동지 7-2]

〈서로의 욕구를 충족시키는 계획을 세워 보아요〉

★ 문제 상황

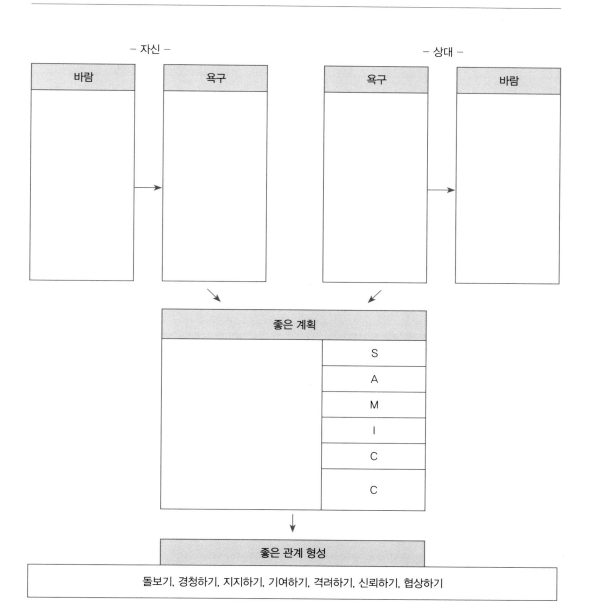

📝 **8회기**	**괜찮아, 잘 될 거야**

활동지도안	
활동 목표	• 직장생활에서 긍정적인 미래를 설계할 수 있다. • 프로그램을 통해 배우고 성장한 점을 찾아보고, 새로운 출발의 의지를 다진다.
준비물	전 회기 활동지, 필기구, [활동지 8-1], [활동지 8-2]
단계	진행 절차
도입 (20분)	▶ 지난 회기 요약 및 이번 회기에서 다룰 내용 소개 ① 지난 시간까지 다루었던 내용 요약 종합하기 ② 이번 회기에서 다룰 내용 소개하기 여러분 벌써 마지막 회기네요^^ 지난 회기에서 자신의 문제 상황에서 관계 형성을 목적으로 도움이 되는 행동계획을 세웠습니다. 또한 마무리하면서 세운 행동계획을 실천하는 과제를 부여했습니다. 이번 시간은 지난 시간 부여한 과제실천 경험에 대해 집단원들의 소감을 나누겠습니다. 그리고 계획에 대한 약속을 받고 실행의지를 도모하기 위하여 우선 여러분이 행동계약서를 작성하고 '계약서에 사인을 하는 것'과 계획에 대해서 누군가에게 말하거나 악수를 요청함으로써 서로의 보증인이 되어 주고, 여러분이 세운 계획을 강화할 수 있는 시간을 갖도록 하겠습니다. 아울러 마지막 회기까지 참여하면서 프로그램을 통해 배우고 성장한 점을 찾아 스스로 평가해 보고 처음 측정하였던 자기효능감에 변화가 있는지 확인하겠습니다. ▶ 과제 확인 ① 활동지에 세운 관계 형성 행동계획을 실천한 경험에 대해 소감 나누기
전개 (60분)	▶ 긍정적인 미래를 설계하기 위하여 계획서 작성, 행동계획 실천 서약하기 계획을 세우는 것만큼 이를 지속적으로 실천하는 것도 정말 중요합니다. 활동하면서 세웠던 계획을 작성해도 좋고 좀 더 좋은 계획으로 수정하여 작성하는 것도 괜찮습니다. [활동지 8-1]을 나누어 드리겠습니다. 직장생활에서 긍정적인 미래를 설계하기 위하여 나의 좋은 계획 다섯 가지를 작성하고 이를 지킬 수 있도록 서약하는 시간을 가지겠습니다. 그리고 다 같이 읽어 보는 시간을 가지겠습니다. ① [활동지 8-1]을 나누어 주고 작성하게 하기 ② 다 같이 작성한 계획 다섯 가지를 큰 소리로 읽어 보기 ▶ 전 회기 활동지를 살펴보고 지금껏 학습한 내용을 복습하기 지금까지 활동하였던 활동지를 모두 꺼내 봅시다. 전 회기의 활동지를 살펴보고 지금껏 학습한 내용을 복습하는 시간을 가져 봅시다. 그리고 [활동지 8-2]를 나눠 드리겠습니다. 지금까지 활동하면서 배웠던 것을 떠올려 보시고, 프로그램을 통해 교직생활에서 변화 경험을 탐색해 봅시다. 그리고 집단원들과 이야기 나누면서 서로 공유하는 시간을 가지겠습니다. ① 지금까지의 활동지 모두 살펴보기 ② [활동지 8-2]을 나누어 주고 프로그램을 통해 교직생활에서 변화 경험 작성하기 ③ 전체 집단원들과 이야기를 나누며 서로 공유하는 시간 가지기

전개 (60분)	▶ 자기효능감 재측정하기 마지막 회기에 접어들어서 그동안 우리가 해 왔던 많은 활동들은 미묘한 변화를 가져다주었습니다. 그럼 현재 자신의 자기효능감이 처음과 달리 어느 정도 변화하였는지 확인해 보는 시간을 가지겠습니다. 자기효능감을 다시 나누어 드리겠습니다. 처음 실시하였던 것과 비교하고 1회기의 나와 지금의 나를 비교하여 느낀 점을 집단원들과 공유하도록 하겠습니다. ① 자기효능감을 재측정하기 ② 1회기의 나를 비교하여 느낀 점 작성하기 ③ 변화된 자기효능감에 대한 느낀 점을 집단원들과 공유하기 ▶ 집단원들과 긍정적인 피드백을 주고받음으로써 새로운 출발 의지를 다지기 마지막으로, 둥글게 원을 그리고 서서 서로 손을 잡아 봅시다. 그리고 돌아가면서 회기를 진행하면서 고마운 점이나 긍정적인 미래를 설계할 수 있도록 격려해 주고 싶은 점, 자신의 새로운 출발의 의지를 다지는 이야기를 나누는 시간을 가지면서 마무리해 봅시다. 선생님들 8회기 동안 고생 많으셨습니다. 돌아가시면 교직생활 속에서 예기치 못한 여러 좌절 신호를 느끼는 상황을 만나게 되겠지요? 하지만 그 상황을 다룰 사람은 선생님 자신이며 여러분을 도울 사람은 여러분 자신의 행동체계이며, 다른 사람을 통제할 수 없다는 배움을 기억하시고, 서로에게 도움이 되는 효율적인 선택을 하시게 될 바랍니다. 인간으로서 우리는 자신의 운명을 변화시킬 수 있고 우리가 우리 삶의 방식에 대해 책임을 지고자 활동을 하고 계획을 함으로써 우리는 행복할 수 있고, 만족하고, 우리의 감정과 삶에 대해 더 많은 통제를 할 수 있다는 것입니다. "우리는 행복하기 때문에 노래 부르는 것이 아니라, 노래 부르기를 선택할 때 우리는 언제나 행복하다."는 현실요법 치료자다운 멘트로 이상 마무리하겠습니다. 그동안 함께 해 주셔서 감사합니다. ① 둥글게 원을 그리고 서서 손을 잡는다. ② 프로그램 참여 소감을 나누며 함께하였던 집단원들과 서로 고마운 점이나 칭찬 등 긍정적인 피드백을 주고받는다. ③ 원 안을 보고 "나의 성장을 위하여!"를 외치고, 원 밖을 향해 걸어 나가며 "가자! 화이팅!"을 외치면서 총 집단과정을 마무리하기
마무리 (10분)	이번 회기에 대한 참여 소감과 자신이 느낀 점을 집단원들과 공유하기 −경험보고서 작성
유의점	• 지금까지 배우고 세운 계획과 변화를 앞으로 살아가면서 실천할 수 있도록 충분한 독려를 한다. • 서로 긍정적 피드백을 주고받을 수 있는 분위기를 조성한다.

[활동지 8-1]

〈긍정적인 미래를 설계하기 위한 계획〉
−"당신은 정말 이 계획을 실천하시겠습니까?"−

별칭:

내가 계획한 것은

1.

2.

3.

4.

5.

위의 계획을 지속적으로 성실히 수행할 것을 약속합니다.

년   월   일

[활동지 8-2]

〈성장하는 우리〉
-나는 이것을 배웠어요-

별칭:

1.

2.

3.

4.

5.

참고문헌

강경란(2004). 현실치료 부모교육 집단상담이 어머니의 내-외통제성, 우울 및 부모 효능감이 미치는 효과. 경성대학교 대학원 석사학위논문.

김미진(2002). 교사효능감 척도 타당화 연구. 이화여자대학교 대학원 석사학위논문.

김인자(1991). 현실요법의 적용. 서울: 한국심리상담연구소.

김현주(2015). 부모교육 집단상담이 부모의 의사소통, 부모효능감 및 내 · 외통제성에 미치는 효과. 계명대학교 대학원 석사학위논문.

김혜정(2019). 양육효능감 증진을 위한 현실치료 프로그램 개발. 한남대학교 대학원 석사학위논문.

김혜진(2020). TALIS 2018 결과를 통해 본 교원 및 교직환경 국제비교. RRM2020-05호. 한국교육개발원.

라승주(2010). 현실요법을 적용한 고등학생의 우울성향 감소와 자기효능감 증진을 위한 집단상담 프로그램 개발. 한국교원대학교 대학원 석사학위논문.

박소라(2008). 현실치료를 적용한 집단미술활동이 중학생의 자아정체감, 진로의사결정유형 및 진로결정효능감에 미치는 효과. 영남대학교 대학원 석사학위논문.

백점순(2005). 현실요법 집단상담 프로그램이 인터넷 중독 고등학생의 중독 수준과 자기효능감, 내부-외부 통제성 및 정신건강에 미치는 효과. 계명대학교 대학원 석사학위논문.

양선향(2018). PREMA 모델과 현실치료기법을 적용한 교사 행복증진 프로그램 개발. 계명대학교 대학원 박사학위논문.

유은호(2016). 성격강점과 현실치료 기법을 활용한 중학생 진로탐색 프로그램 개발 및 효과검증. 계명대학교 대학원 박사학위논문.

장은미(2015). 성인대상 현실치료 집단상담의 효과에 관한 메타분석. 계명대학교 대학원 석사학위논문.

천성문 외 3명(2017). 집단상담 이론과 실제. 서울: 학지사.

하은경(2011). 현실요법 집단미술치료가 대학생의 진로자기효능감과 진로성숙에 미치는 효과. 경성대학교 대학원 석사학위논문.

제 7 장

교류분석 집단상담

만남은 인연이고

관계는 노력이다.

양광모 '비상' 중에서

I ▷ 교류분석 집단상담 이론

1. 집단상담의 목표

교류분석(transactional analysis) 이론은 미국의 정신의학자 에릭 번(Eric Berne) 박사에 의해 인간의 자율성 발휘와 인간의 심리 및 행동의 변화, 그리고 심리치료라는 목적을 달성하기 위한 차원에서 개발된 이론이다.

교류분석 집단상담 프로그램의 목적은 자율성을 회복하고 발휘하는 인간으로 다시 태어나는 것이다. 즉, 자기분석을 통해 부적절한 사고와 행동, 감정, 습관을 개조하고 재결단을 통해 자기 재창조를 하고 자기 운명을 새롭게 만들어 가는 것이다. 이를 통해 어린 시절 형성된 각본에서 벗어나 자각성, 자발성, 친밀성을 회복하고 잠재되어 있는 자율성을 발휘하는 인간으로 태어날 수 있는 것이다.

이러한 목적을 바탕으로 한 집단상담의 목표는 다음과 같다.

- 집단구성원이 자각, 자발, 친밀성의 능력을 회복하도록 조력한다.
- 주어진 상황에서 적절하게 타인과 의사소통을 하기 위해 세 가지 자아상태가 건전하게 발달하도록 조력한다.
- 상대방이 어떤 자아상태에서 이야기하는가를 파악하여 그가 전달한 메시지에 따라 상보적인 교류가 될 수 있도록 조력한다.

2. 주요 개념

1) 자아상태

모든 사람은 세 가지 자아상태(ego state)로 그 인격을 이루고 이 3개의 인격은 각각 분리되어 특이한 행동의 원천이 된다(Berne, 1961). 자아상태는 어버이 자아(Parent ego: P), 어른 자아(Adult ego: A), 어린이 자아(Child ego: C) 상태로 구성되어 있다. 어버이 자아상태는 비판적 어버이 자아(Critical Parent: CP)와 양육적 어버이 자아(Nurturing Parent: NP) 상태로 나눌 수 있고, 어린이 자아상태는 적응적 어린이 자아(Adapted Child: AC), 자유 어린이 자아(Free Child: FC) 상태로 나눌 수 있다. 여기에서는 각각의 자아상태에 대해서 살펴보기로 한다.

(1) 어버이 자아(P)

어버이 자아는 5세 이전에 부모를 포함한 의미 있는 타인의 말이나 행동을 무비판적으로 받아들여서 내면화시킨 것이다. 따라서 어버이 자아에 의한 행동은 독선적, 비현실적, 무조건적, 금지적인 것이 많다. 어버이 자아는 기능상 두 가지로 나누어진다.

① 비판적 어버이 자아(CP): 부모의 가치판단 기준이 내면화된 비판적 어버이 자아는 다른 사람의 권리를 고려하지 않고 편견이 섞이고 비난적, 배타적인 말을 단정적, 강압적인 말투로 하는 모습을 특징으로 한다.

예: "시키는 대로 해라.", "너는 그런 것도 제대로 못하냐?", "그런 식으로 행동하는 사람은 밥 먹을 자격도 없다" 등

② 양육적 어버이 자아(NP): 부모가 자녀를 사랑하고 돌보는 등의 자녀를 양육하는 말이나 행동이 그대로 내면화된 자아이다. 구원적, 보호적, 위안적, 배려적, 동정적인 말투와 온화하고 부드러운 자세 등의 특성을 보인다. 양육적 어버이 자아는 원만한 인간관계 형성을 위해 꼭 필요하지만 이러한 특성이 지나치면 상대방에게 부담을 주게 될 수도 있다.

예: "제가 해드릴게요~", "힘 내세요~", "걱정하지 마세요~" 등

(2) 어른 자아(A)

가장 이성적이고 현실적인 자아의 상태로 외부에서 유입되는 정보가 분석되고 분류되며 가장 정확한 판단을 내리는 자아이다. 이때 외부의 감정이나 법칙 등에 영향을 받지 않는다. 어른 자아에 의해 행동하는 사람은 진실함, 인간미, 상대에 대한 존중, 유연

성, 판단력 등을 보여 주게 된다. 논리에 의거하고 외부의 감정 등에 생각이 흐려지지 않기 때문에 가장 이성적이고 효율적인 상태를 유지할 수 있다.

(3) 어린이 자아(C)

5세 이전의 경험, 특히 주 양육자와의 관계에서 경험한 감정과 그에 대한 반응 양식이 내면화된 것이다. 어린이 자아는 기능적인 면에서 자유로운 어린이 자아(FC)와 순응적 어린이 자아(AC)로 나누어진다.

① 자유로운 어린이 자아(FC): 부모나 어른들의 반응에 구애됨이 없이 내면에서 자연스럽게 일어나는 그대로 자신을 나타내는 자유로운 어린이 자아는 본능적ㆍ직관적ㆍ감정적이며, 느끼는 그대로 언어나 비언어를 통해 표현하는 특징이 있다. 따라서 윤리나 도덕에 구애되지 않으며, 즐거움을 추구하고 불쾌한 것을 피한다.

② 순응적 어린이 자아(AC): 부모나 권위자의 관심을 얻기 위해 이들에게 부응하려는 적응기능을 가진 순응적 어린이 자아는 순응적ㆍ소극적ㆍ의존적 특징을 보인다. 순응적 어린이 자아는 타인을 지나치게 의식하여 죄의식, 두려움, 부끄러움 등으로 특징지어지며, 때에 따라서는 타인에 대해 화를 내는 행동 등을 보이는 반항적 어린이 자아(rebellious child ego)의 모습으로 나타나기도 한다.

2) 교류패턴

교류패턴이란 자아상태의 이해를 기반으로 일상생활에서 주고받는 말, 태도, 행동 등을 분석하는 것이다. 교류패턴 분석의 목적은 대인관계에서 자신이 타인에게 어떤 대화방법을 취하고 있는가, 또 타인은 자신에게 어떻게 작용하고 있는가를 학습함으로써 자기 자신의 자아상태의 모습에 대해 자각하고 상황에 따른 적절한 자아상태를 스스로 사용할 수 있게 하는 것이다.

① 상보교류(complementary transaction): 어떤 자아상태에서 보낸 메시지에 대해 예상한 대로의 반응이 돌아오며, 자극과 반응의 교류가 평행되는 교류로서, 2개의 자아상태가 상호 관여하는 교류이다.

② 교차교류(crossed transaction): 어떤 반응을 기대하고 시작한 발신자의 교류가 저

지되고 예상 외의 수신자의 반응이 돌아와 중도에 대화가 단절되거나 싸움이 되

는 교류로서 4개의 자아상태가 관여하며 두 대화의 방향이 교차되는 교류이다.

③ 이면교류(ulterior transaction): 표현된 사회적 메시지는 언뜻 보기에 아무렇지도 않

으나 실제로 숨겨진 의도를 지닌 심리적 메시지를 담고 있는 교류로서 2개 이상의

자아상태를 동시에 포함하고 있다. 이면교류에서의 행동적 결과는 심리적 수준에

서 결정되며, 이 교류는 인간관계 갈등을 유발하는 원인이 되는 교류패턴이다.

3) 인생태도

인생태도란 자기 자신이나 타인들에게서 지각되는 기본적인 가치에 대한 근본적인

자세를 말한다. 이러한 인생태도의 형성은 인생 초기 5~6세경까지의 경험, 즉 유아기

때 부모나 부모를 대신하는 양육자로부터 받은 스트로크의 '질'과 '양'에 따라 결정된

다. 교류분석에서는 여기서 말하는 태도를 'OK' 또는 'not OK'라는 말로 표현하며 다음

과 같은 네 가지 인생태도를 제시하고 있다.

1. I'm OK(자기긍정)
2. I'm not OK(자기부정)
3. You're OK(타인긍정)
4. You're not OK(타인부정)

이러한 인생태도를 자신과 타인에게 적용하여 네 가지 기본 생활태도를 살펴볼 수

있다.

1. I'm OK, You're OK(자기긍정, 타인긍정)
2. I'm OK, You're not OK(자기긍정, 타인부정)
3. I'm not OK, You're OK(자기부정, 타인긍정)
4. I'm not OK, You're not OK(자기부정, 타인부정)

① I'm OK-You're OK (자기긍정-타인긍정): 유아기에 주 양육자로부터 따뜻한 사랑과

긍정적 스트로크를 통해 만들어지는 'OK' 감정은 오래 기억에 남게 되고, 시간이 경

과함에 따라 강화되어 'I'm OK, You're OK'의 바람직한 인생태도가 형성된다.

② I'm OK-You're not OK(자기긍정–타인부정): 2~3세경의 아이들은 부모의 벌이나 금지령 또는 다친 상처 등을 잘 참고 견뎌 저항력이 생기면서 자기자극(self-stroke)을 받게 된다. 이때 생기는 외부의 도움 없이도 생존할 수 있다는 자신감이 I'm OK의 생활태도를 형성하게 된다. 한편, 처음에는 확실히 OK라고 느낄 수 있었던 부모로부터 때때로 매우 심한 대우를 받는 일이 일어나게 되며 이런 일을 오랜 기간 걸쳐 경험하게 되면 아이는 외부 세계에 의지하지 않게 되는 You're not OK의 생활태도를 형성하게 된다. 이러한 생활태도를 가진 사람은 자칫하면 자기방위적이 되고 자기는 항상 옳고 상대방은 언제나 잘못되었다고 느끼게 된다. 독재자, 비행을 저지르는 사람, 범죄자에게서 흔히 볼 수 있는 이 태도는 자신의 잘못이나 어려움을 타인이나 사회에 돌려 자신을 희생당하고 박해받는 사람으로 여기게 된다.

③ I'm not OK-You're OK(자기부정–타인긍정): 아이들은 어릴 때 부모의 무조건적인 인정자극을 경험하여 You're OK의 태도를 형성함과 동시에 부모의 사정에 따라 자신의 기대가 반드시 충족되지 않는 경험과 자신은 무능하여 타인의 도움 없이는 생존할 수 없다는 것을 알게 되면서 I'm not OK의 태도를 형성하게 된다. 이 태도가 계속 유지된다면 타인과 친밀한 관계를 맺기 어렵고 열등감이나 죄의식, 우울, 타인에 대한 불신이 형성될 수 있다.

④ I'm not OK-You're not OK(자기부정–타인부정): 태어나서 1년이라는 기간은 아주 모순된 인생을 체험하는 시기로 아이들은 이때 자신의 몸을 움직일 수는 있으나 생각처럼 되지 않아서 넘어지거나 다치고(I'm not OK), 부모 또한 이전처럼 무조건적으로 도와주지 않을 뿐 아니라 야단을 맞는 일을 경험하게 된다(You're not OK). 이 생활태도는 아주 어릴 때 부모의 애정 박탈이나 기본적 신뢰감 형성이 이루어지지 않을 때 일어날 수 있으며, 이러한 태도가 계속 유지되면 인생에 대한 무가치감이나 허무감을 느끼거나 심할 경우 조현병 증세, 자살이나 타살의 충동을 느끼기도 한다.

4) 인생각본

교류분석에서 말하는 각본은 어린 시절의 결단에 기초한 삶의 계획, 또는 유아기에 형성된 무의식 또는 전의식 생활계획이라고 볼 수 있다. 즉, 우리는 거의 무의식 수준에서 어린 시절에 결정된 생활계획에 따라 살아가게 되며, 이를 인생각본이라고 한다.

(1) 각본은 인생 초기의 결단에 의해 만들어진다.

유아는 부모의 사랑을 잃지 않기 위해 부모에게 순응하여 자신이 해야 할 것에 대해 어떠한 결단을 하게 된다. 예를 들어, 어린 시절부터 아버지에게 늘 매 맞는 어머니를 보고 "엄마가 불쌍하다, 나라도 엄마에게 잘해야지"라는 결단을 한다면, 이 결단은 그 후의 여러 사건들에 의해 강화되고, 그 이후 자신의 인간관계, 결혼생활, 사회생활 등에 강한 영향을 미치게 된다.

(2) 왜곡된 각본은 흔히 부모의 어린이 자아에 의해 형성된다.

부모가 자식에게 주는 메시지는 건설적인 면, 왜곡적인 면, 비생산적인 면이 있다. 부모들 중에는 스스로의 비기능적인 면을 알지 못한 채 아이들에게 왜곡적인 지시를 하고 강제적으로 따르도록 하는 부모도 있다. 이러한 부모의 어린이 자아에서 발생하는 왜곡된 메시지는 다음과 같은 것들이 있다.

> 내가 그때 너를 낳지 말았어야 했는데…….
> 네가 아들(딸)이었으면 참 좋았을 것이다.

(3) 각본은 때로는 이면교류에 의해 형성된다.

부모가 아이에게 표면적인 것을 말하면서 이면에는 정반대의 것을 전하는 이면교류는 각본이 되어 아이들에게 정착하게 된다. 각본은 부모가 아이에게 무엇을 말하느냐보다는 그것을 어떻게 말하느냐에 따라 정해지는 경우가 많다. 부모의 참 의도를 숨긴 이면의 메시지에 아이는 보다 더 강한 영향을 받게 된다.

5) 인정자극(스트로크)

인정자극이란 신체접촉, 마음을 주고받는 행위를 말한다. 인정자극은 심리적 성장의 밑거름이다. 사람은 스킨십 등 몸짓이나 눈짓, 표정, 감정, 언어 등 자신의 반응을 상대에게 알리는 인간 의식의 기본 단위로서 인정자극을 사용한다. 또한 인간 행동의 동기는 모두 인정자극으로 인해 성립된다고 볼 수 있다. 타인과 인정자극 교환이 이루어질 때 자기존중감 및 원만한 인간관계를 형성할 수 있다.

6) 게임

게임(game)은 숨겨진 동기를 가진 암시적 의사거래로 최소한 한 사람 이상에게 부정적인 감정을 초래하는 의사거래의 한 형태이다.

게임은 다음과 같은 네 가지의 특징으로 요약될 수 있다.

① 게임은 깊숙한 곳에 참된 동기나 목적이 숨겨져 있다.
② 게임을 하고 있는 사람은 자신이 게임을 하고 있다는 것을 거의 의식하지 못한다. 만약 그것을 알고 한다면 그것은 계략이지 게임이 아니다.
③ 게임은 예측이 가능한 일정 과정을 거쳐야 결말에 이른다.
④ 게임은 두 사람 모두 또는 최소한 한 사람에게는 불쾌감을 가져 온다.

번이 제시한 게임의 진행과정은 다음과 같다.

C(con) + G(gimmick) = R(response) → S(switch) → X(cross-up) → P(pay-off)
초대자 + 수락자 = 반응 → 전환 → 혼란 → 결말

게임을 하려는 사람은 숨겨진 동기인 도발인(C)을 가지고 상대방을 찾는다. 일단 약점을 가진 상대방(G)이 걸려들면 게임이 성립된다. 초기에는 표면적인 의사거래(R)가 진행되다가 나중에는 의사거래에서 전환(S)이 생긴다. 이렇게 되면 엇갈리는 등교차적 거래가 나타나면서 양자 간에 혼란(X)이 발생한다. 드디어 게임을 시도한 자의 동기가 겉으로 나타나면서 두 사람 또는 최소한 한 사람은 불쾌한 감정을 맛보면서 결말(P)을 맺게 된다.

7) 시간구조화

사람들은 자극의 욕구, 특히 인정자극(stroke)의 욕구가 충족되지 않으면, 이 욕구의 충족을 위해 사회적 상황을 만들어 거기서 시간을 구조화한다. 시간구조화에는 다음과 같은 형식들이 있다.

① 폐쇄(withdrawal): 다른 사람으로부터의 인정자극을 포기하고 자기애의 껍질 속에 숨어서 다른 사람과의 관계를 차단하는 시간구조의 형식이다. 이런 구조를 하는 사람은 모험을 하지 않고, 안전한 자기 자신의 생각에로 도피하기 위해 다른 사람과 대화를 하지 않는다. 이들은 과거의 인정자극에 빠져 살거나 가상의 인정자극을 획득하기 위해 다른 사람과의 만족스러운 관계를 상상한다.

② 의식(ritual): 고도로 구조화되고 사회적으로 인정되며 예측이 가능한 시간구조로 예배, 의식, 인사가 여기에 해당한다. 이것은 폐쇄에 비해 사회적 상호작용에서 아주 안전한 형태이나, 이것을 통해서는 낮은 수준의 인정자극을 받을 뿐이다.

③ 잡담(pastime): 특별한 목적 없이 다른 사람과 함께 지내는 것을 말한다. 서로 낯선 관계에서도 친밀한 관계를 맺지 않아도 과거의 단순한 일이나 시사적 사건 등에 대해 재미있게 교류를 하면서 스트로크를 교환하는 시간구조화이다. 잡담은 큰 정서적 동요 없이 자신의 사회적 위치를 안전하고 확고하게 하는 데 도움을 주는 구조방법이다. 많은 커플들이 이 구조를 통해 관계를 발전시킨다.

④ 활동(activity): 확실한 목표가 있는 사람에게서 흔히 볼 수 있는 시간구조의 한 형태이다. 지금-여기에서 목적을 가지고 행하는 일을 통해 조건적으로 긍·부정적인 스트로크를 주고받을 수 있는 실용적인 시간구조화를 의미한다. 회사에서 동료와 함께 어떤 문제를 해결하는 것과 같은 것이 이에 해당된다. 이러한 활동을 통해 사람들은 서로 인정자극을 주고받는다. 활동은 대체로 창조적이고 생산적이며 사람들은 이를 통해 만족감을 얻는다.

⑤ 게임(game): 표면적으로 나타나는 행동과는 달리 숨은 의도를 가진 시간구조의 한 방법을 말한다. 게임은 일련의 이면교류 후 상호 간 강한 불쾌감정이 느껴지는 부정적 스트로크를 경험하는 시간구조화이며, 이것은 서로 간에 신뢰와 애정이 뒷받침된 진실한 의사교류가 이루어지지 않은 시간구조 형태이다. 게임은 분노, 우울, 죄책감과 같은 부정적인 정서를 수반하는 경우가 많다.

⑥ 친밀(intimacy): 친밀은 상대방을 서로 신뢰하며 지금-여기에서 순수한 배려를 함으로써 긍정적 스트로크를 교환하는 가장 이상적인 인격 대 인격의 상보 교류를 하는 시간구조화를 의미한다. 방어할 필요가 없을 정도로 수용적인 사랑에 근

거하기 때문에 서로의 감정을 자연스럽게 표현할 수 있는 구조이다.

3. 집단지도자의 역할

교류분석 집단상담에서 집단지도자의 역할은 집단과정의 촉진자 이상의 의미를 가진다.

1) 교류분석이 무엇인지를 집단구성원에게 가르치는 교사 역할

교류분석 집단상담에서는 정서적인 내용을 다룸과 동시에 인지적인 측면 또한 강조된다. 교류분석 집단지도자는 교사로서 구조분석, 각본분석, 게임분석과 같은 개념을 설명하고 구성원들의 이해를 돕는 역할을 한다.

2) 집단구성원의 자아상태가 적절하게 기능하는가를 파악하는 분석자 역할

집단지도자는 구성원들이 변화에 필요한 전략과 도구를 얻을 수 있도록 돕는 역할을 하는데, 다시 말하면 집단지도자는 구성원이 집단지도자의 어른 자아에 의존하기보다는 자신의 어른 자아를 적절하게 사용하도록 격려하고 가르치는 것이다. 즉, 집단상담의 목표가 개인의 삶을 변화시키는 것이기 때문에 구성원 스스로가 자신의 능력을 발견하도록 돕는 것이다.

3) 타인과의 교류분석이 적절하게 이루어지는가를 진단하는 평가자 역할

교류분석 집단상담에서 집단지도자는 구성원들 사이의 상호작용 촉진보다는 집단에서 개인의 작업을 촉진시키고 치료를 격려하는 역할을 한다. 교류분석 집단상담에서 집단지도자는 집단에서 중심적인 위치를 차지하여 집단구성원과 번갈아 상담하는 역할을 하게 되며 구성원 간의 의사교류 분석이 적절히 이루어지는지 평가하는 역할을 하기도 한다.

4) 새로운 인생각본을 구성해서 살아가도록 하는 촉진자 역할

교류분석 집단지도자는 집단참가자들이 좀 더 효과적인 삶의 방식을 발견하고 실천할 수 있도록 독려하는 역할을 한다. 즉, 구성원들이 교류분석 집단상담을 통하여 효과적으로 변화하는 데 필요한 수단들을 획득하도록 돕는 것이다.

4. 집단상담의 단계

교류분석 집단상담의 단계는 계약-구조분석-교류분석-게임분석-각본분석-재결단의 6단계 모형을 적용할 수 있다.

1) 계약 단계

집단상담자와 집단구성원 사이의 라포형성, 상담구조화 그리고 상담목표를 세우고 달성하기 위한 상담계약이 이루어지는 단계이다. 상담계약은 상담과정 후 집단구성원 자신의 재결단이 이루어지는 데 도움이 된다.

2) 구조분석 단계

집단구성원으로 하여금 현재 자신의 자아상태가 균형 있게 기능하지 못하는 원인을 찾아 그것을 수정하기 위해 이루어지는 단계이다. 집단상담자는 집단구성원에게 구조분석의 의미와 세 가지 자아상태 및 기능을 이해시키고 구성원의 행동 특징 등을 근거로 구성원의 자아상태에 대해 확인하게 된다.

3) 교류분석 단계

집단구성원이 어떤 유형의 의사교류를 하고 있는지를 알아보고, 이러한 교류가 인간관계의 과정에서 발생시키는 문제점이 무엇인가를 확인함으로써 구성원의 문제 해결을 돕고자 하는 단계이다. 구성원의 문제 해결을 돕기 위해 집단구성원에게 의사교류의 의미와 유형을 이해시키고 집단구성원과 관계있는 사람들과의 의사교류를 분석하며, 분석을 통해 집단구성원의 현재 문제와 관련 있는 의사교류를 찾아낸다.

4) 게임분석 단계

집단상담자가 집단구성원에게 게임의 의미와 그 유형을 이해시키고, 집단구성원의 암시적 의사교류가 어떻게 형성, 유지되는지를 함께 찾아보는 단계이다. 집단구성원이 사용하는 게임의 유형을 확인하고, 그것이 주는 이득은 무엇인지와 어떤 경로로 게임이 형성되는지를 게임의 공식에 대입하여 알아볼 수 있다.

5) 각본분석 단계

생의 초기 경험에 의해 무의식적으로 형성되고 유지되어 온 집단구성원의 인생각본을 깨닫고, 현재에서 적절하고 효율적인 신념으로 변화시키는 단계이다. 집단구성원이 각본분석을 통해 자신의 인생각본을 형성한 과정, 그러한 각본을 정당화하고 유지하기 위해 주로 사용하는 게임이나 라켓감정들을 확인할 수 있다.

6) 재결단 단계

재결단이란 집단구성원이 자신의 인생각본을 변화시키는 것이다. 어린 시절에 부모의 금지령에 근거하여 스스로의 생활각본을 형성하여 부정적 생활자세, 게임, 만성적 부정 감정과 같은 부적응 현상을 보이는데, 재결단을 통해 새로운 인생각본을 형성하고 자율적인 인간으로 바뀔 수 있다.

5. 집단상담의 기법

교류분석 집단상담에서는 집단상담의 분위기 조성 및 상담자의 자질과 관련된 허용, 보호, 잠재력, 구체적인 상담기법으로는 조작이 강조되고 있다.

1) 허용

많은 내담자들이 부모의 금지령에 따라 행동하고 있으며, 집단상담 장면에서도 그러한 금지령으로 인해 행동에 제약이 나타날 수 있다. 그래서 집단상담자는 집단원이 부모로부터 '하지 마라'고 들어온 것을 상담 장면에서는 자유롭게 할 수 있도록 허용적인 분위기를 마련해 주어야 한다.

2) 보호

집단원이 부모의 금지령을 버리고 어른 자아를 사용하도록 허용받게 되면 집단원의 어린이 자아는 놀랄 수 있다. 이때 집단지도자는 어른 자아를 사용하여 집단원의 어린이 자아를 보호해야 하며 집단원들은 보다 안정된 마음으로 집단에 임하게 된다.

3) 잠재력

잠재력은 적절한 시기에 적절한 기술을 사용할 수 있는 집단지도자의 능력을 말한다. 지도자는 자아상태, 의사거래, 게임, 각본 등과 관련된 내용과 이들을 분석하고 바람직하게 바꿀 수 있는 상담기술을 가지고 있어야 한다.

4) 조작

교류분석 집단상담에서 사용되는 구체적인 기술을 조작이라고 한다. 조작에는 여덟 가지의 기술이 있고, 이 기술들은 순서성을 가지고 있다.

질의 (interrogation)	집단상담에서 집단원이 어른 자아를 적절히 사용하지 못한다고 판단될 때 집단지도자는 집단원이 어른 자아로 반응할 때까지 질문한다.
특별 세부 반응 (specification)	집단원의 특별한 행동에 대해 상담자와 내담자가 서로 일치하는 의견을 보일 때 집단원의 상태에 대해 언급하여 주는 기법이다.
맞닥뜨림 (confrontation)	집단지도자는 집단원의 모순되거나 일관성 없는 행동이나 말을 지적할 수 있다. 이러한 맞닥뜨림은 집단원이 스스로 각성하는 데 도움을 줄 수 있다.
설명 (explanation)	집단지도자가 집단원에게 행동을 가르치는 것이다. 설명은 집단원이 현재 그렇게 행동하고 있는 이유에 대해 집단지도자와 집단원, 또는 집단원 간의 어른 자아에 의한 의사거래에 의해 이루어진다.
실증 (illustration)	집단상담 과정에서 효과를 높이기 위해 실제 예를 제시하고 설명해 주는 기법이다.
확립 (confirmation)	집단원의 행동이 상담에 의해 일시적으로 달라졌다가 다시 원래의 행동으로 돌아가 버린다고 생각될 때 교정된 집단원의 행동이 원래의 행동으로 되돌아간다는 점을 깨닫게 하고 막을 수 있도록 돕는 기법이다.
해석 (interpretation)	집단원의 행동 이면에 있는 이유를 볼 수 있도록 하는 것이며 전통적인 정신분석의 과정과 비슷하다.
구체적 종결 (crystallization)	집단원이 인정자극을 받기 위해 지금까지 사용해 왔던 게임을 포기하도록 집단지도자가 집단원에게 설명하는 것이다.

II 교류분석 집단상담 실제

예비부부의 관계 증진을 위한 교류분석 집단상담 프로그램: 우리 부부할까요?

1. 필요성과 목표

1) 프로그램의 필요성

"너 없으면 못 살 것 같았는데 이제 너 때문에 못 살겠어"라는 어느 로맨틱 코미디 영화의 대사처럼 결혼생활을 행복하게 잘 유지한다는 것은 쉬운 일이 아니다. 2019년 결혼과 이혼에 관련된 통계에 따르면 2019년 한 해 약 24만 쌍이 결혼을 하고 11만 8백 쌍이 이혼을 하였다. 이는 전년도에 비해 결혼은 줄어든 반면 이혼은 늘어난 결과이다. 또한 이 중 결혼기간이 4년 이하인 신혼부부의 비율이 21%로 높은 비중을 차지하고 있음을 알 수 있다. 이혼에 대한 인식이나 가족과 결혼에 대한 기대치와 가치관이 변화하면서 결혼 초기의 부부들이 부부관계에서의 어려움을 극복하기보다는 이혼하고자 하는 경우가 많아진 것이 원인으로 보인다. 이러한 부부의 이혼 문제는 단지 둘만의 문제로 끝나는 것이 아니라 자녀 문제, 경제적 문제, 정서의 문제 등 계속해서 여러 문제들에 영향을 미친다. 그리고 행복한 결혼생활을 꿈꾸며 시작된 생활이 이런 문제로 인해 불행하게 되는 경우를 많이 보게 된다. 가족이 건강성을 유지할 수 있도록 개인이 가진 자원을 강화시키고 가족 문제 예방 및 개선을 위한 사회적인 차원에서의 개입 또한 필요할 것이다. 또한 이러한 문제는 사후 대책을 마련하기보다는 사전에 예방을 해야 하는 중요한 문제이며, 결혼 전 예비부부 프로그램을 통해 서로 다른 환경에서 자라왔고 삶의 자리가 다른 곳에서 성장해 온 독립된 존재라는 것을 인정할 때 부부라는 이름으로 하나가 될 수 있을 것이다.

갈등해결이 미흡한 부부관계에서 가장 많이 호소되는 문제는 의사소통 문제일 것이다. 부부간의 의사소통은 매우 중요한 요소이며, 부부가 건강하고 행복하게 살거나 혹은 함께 성장하며 살아가기 위해서는 서로에 대한 이해를 바탕으로 한 의사소통의 통로가 열려 있어야 한다. 교류분석 프로그램은 언어적·비언어적 상호작용을 통해 서로를 이해할 수 있는 도구이며, 의사소통 문제로 야기되는 부부갈등 문제를 예방할 수 있는 유용한 도구라고 볼 수 있다.

2) 프로그램의 목표

본 프로그램의 목적은 교류분석 이론을 적용한 집단상담 프로그램을 통하여 결혼을 앞둔 예비부부의 관계를 증진하고 나아가 행복한 결혼생활을 하도록 함에 있다. 미래에 결혼할 예비부부들이 일상생활은 물론 결혼생활에서 자기이해와 상대방 이해를 바탕으로 행복한 생활방식을 인지하고 실천함으로써 행복감을 높이고 긍정적이고 주도적인 삶을 실천하게 하는 데 그 목적이 있다. 이러한 목적을 위한 세부 목표는 다음과 같다.

첫째, 자아상태와 인생태도를 분석하여 자기를 이해하고 나아가 서로를 이해할 수 있다.

둘째, 부부관계의 대화 패턴 분석을 통하여 갈등 발생 요인 파악 및 의사소통 기술 등 대처방법을 습득한다.

2. 개입전략

본 프로그램은 예비부부의 이해와 수용, 친밀성 증진을 위해 다음과 같은 개입전략을 수립하였다.

첫째, 구조분석을 통한 자기이해를 돕고 교류패턴을 이해하여 의사소통에 대한 구체적인 방법을 훈련하고 관계 향상을 위한 변화의 출발점을 찾아보도록 하였다.

둘째, 인생태도와 각본을 점검하고 분석하는 과정을 통해 배우자에 대한 이해와 수용을 돕고 결혼생활에서 승자적 삶을 살기 위한 결단을 내릴 수 있도록 하였다.

셋째, 게임분석을 통하여 부부간의 갈등 예방뿐 아니라 더욱 친밀한 관계로 거듭날 수 있도록 하며, 자율적인 행동의 증대를 통해 앞으로의 결혼생활에서 책임감 있고 건강한 부부관계를 형성할 수 있도록 하였다.

3. 구성내용

예비부부의 관계 증진을 위한 교류분석 집단상담 프로그램의 구성내용은 다음과 같다. 도입 단계 1회기와 전개 단계 6회기, 마무리단계 1회기의 총 8회기로 구성하였으며, 전개 단계에서는 본 프로그램이 목표로 하는 자기이해 및 타인 이해, 관계 향상이라는 두 가지 요소로 나누어 구성하였다. 각 회기에서 다루어질 내용은 다음과 같다.

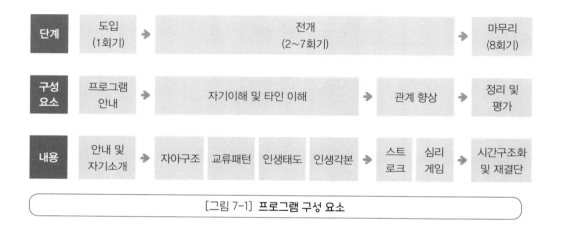

[그림 7-1] **프로그램 구성 요소**

4. 운영지침

프로그램의 운영지침은 다음과 같다.

첫째, 전체 8회기 프로그램으로 회기당 90분 진행되며 일주일에 1회기씩 진행한다.

둘째, 매 회기 도입 활동은 회기 주제와 관련된 게임으로 시작한다.

셋째, 전개 활동은 강의-활동으로 구성하여 각 회기에 다룰 교류분석 이론을 습득하고 활동을 통해 익혀 볼 수 있도록 구성하였다.

넷째, 마무리 활동에서는 간단한 과제를 제시하여 회기에서 배운 내용을 커플이 적용해 볼 수 있도록 하였으며, 다음 회기의 도입 단계에서 과제 수행 후 소감을 나누는 시간을 갖도록 하여 실제 적용능력을 높일 수 있도록 하였다.

5. 프로그램 계획

프로그램의 회기별 목표와 구체적인 내용은 다음과 같다.

단계	회기	주제	목표	활동
도입	1	시작점에 서다	• 프로그램의 목적을 이해하고 참여 동기를 높인다. • 참가자 간 친밀감을 형성한다. • 프로그램을 통해 변화하고자 하는 모습을 행동용어로 작성할 수 있다.	• 도입 활동 −프로그램의 필요성과 목적 안내 −등 대고 이동하기 • 전개 활동 −우리 커플 소개하기와 별칭 짓기 −강의: 교류분석의 이해 −서약서 작성하기 −계약서 작성하기 • 마무리 활동 −1회기 정리와 소감 나누기 −차시 안내
전개	2	달라도 괜찮아요	• 자아구조와 기능을 이해한다. • 서로의 자아구조와 기능 이해를 통해 상대방과의 관계 방식을 이해한다.	• 도입 활동 −지난 회기 요약 및 본 회기 안내 −종이 찢기 • 전개 활동 −EGO-GRAM 검사 실시와 그래프 작성 −강의: 자아상태의 이해와 EGO-GRAM의 해석 −나의 자아상태 파악과 A자아상태 활용 • 마무리 활동 −소감 나누기 −다음 회기 안내
	3	사랑도 통역이 되나요?	• 교류패턴을 이해한다. • 의사소통 패턴 분석을 통해 효과적인 부부 의사소통을 훈련하고 실천할 수 있다.	• 도입 활동 −지난 회기 요약 및 본 회기 안내 −Listen & Draw • 전개 활동 −강의: 교류패턴 분석 −교류패턴의 이해 −교류패턴의 연습 • 마무리 활동 −소감 나누기 −다음 회기 안내

	4	OK?
		OK!
			• 자신의 사고방식과 행동 패턴을 객관적으로 살펴보고 인생태도를 알 수 있다.
			• 자기긍정–타인긍정의 태도로 살아가기 위한 방안을 찾고 노력하고 실천할 수 있다.
				• 도입 활동
				  −지난 회기 요약 및 본 회기 안내
				  −초상화 그리기
				• 전개 활동
				  −OK-GRAM 검사
				  −강의: 인생태도(생활자세)
				  −나의 OK 목장 그리기
				• 마무리 활동
				  −소감 나누기
				  −다음 회기 안내

전개	5	나였던
		그 아이는
		어디
		있을까?
			• 어린 시절에 만들어진 각본을 찾고 서로를 이해한다.
			• 인생 초기의 대인관계의 중요성을 이해하고 드라이버에서 벗어나기 위한 서로의 역할을 찾을 수 있다.
				• 도입 활동
				  −지난 회기 요약 및 본 회기 안내
				  −All Kill 게임
				• 전개 활동
				  −동영상 시청: 상처 빼 내기
				  −영화 같은 내 인생
				  −강의: 인생각본
				  −나의 드라이버 체크
				• 마무리 활동
				  −소감 나누기
				  −다음 회기 안내

	6	너는 나의
		비타민
			• 스트로크(인정자극)의 개념을 이해하고 인정자극의 중요성을 안다.
			• 우리 커플이 주고받는 인정자극의 종류를 살펴보고 서로가 원하는 인정자극은 무엇인지 알 수 있다.
				• 도입 활동
				  −지난 회기 요약 및 본 회기 안내
				  −일심등체
				• 전개 활동
				  −강의: 인정자극(스트로크)
				  −나의 성장나무
				  −인정자극 경험 나누기
				• 마무리 활동
				  −소감 나누기
				  −다음 회기 안내

	7	이러지 마,
		제발!
			• 심리게임의 개념과 과정을 이해한다.
			• 나의 파트너의 심리게임의 특징을 알고, 우리 커플이 심리게임을 중단할 수 있는 방법을 찾을 수 있다.
				• 도입 활동
				  −지난 회기 요약 및 본 회기 안내
				  −단어 마피아게임
				• 전개 활동
				  −강의: 심리게임
				  −나의 심리게임
				  −드라마삼각형 게임분석
				• 마무리 활동
				  −소감 나누기
				  −다음 회기 안내

| 마무리 | 8 | 마주 보는 시간이 모두 행복하기를 | • 행복한 커플관계를 위한 시간구조화를 점검한다.
• 전체 회기에 대한 나눔을 통해 행복한 커플관계를 재결단한다. | • 도입 활동
 −지난 회기 요약 및 본 회기 안내
 −초성게임
• 전개 활동
 −강의: 시간구조화
 −커플 시간구조 분석
 −가족그림 그리기
• 마무리 활동
 −소감 나누기
 −다음 회기 안내 |

6. 프로그램 회기별 내용

📝 1회기 **시작점에 서다**

	활동지도안
활동목표	• 프로그램의 목적을 이해하고 참여 동기를 높인다. • 참가자 간 친밀감을 형성한다. • 프로그램을 통해 변화하고자 하는 모습을 행동용어로 작성할 수 있다.
준비물	이름표, 네임펜, [활동지 1-1]~[활동지 1-3], [강의자료 1-1]
단계	진행 절차
도입 (20분)	▶ 회기 목표 및 활동 안내 1회기에서는 이 프로그램의 목적과 필요성을 알아보고 서로를 조금 더 알아가는 시간을 갖도록 하겠습니다. 본 프로그램은 결혼을 앞둔 예비부부를 대상으로 하며 '교류분석 이론'을 적용하여 커플 간의 이해를 통해 관계를 향상하고, 나아가 행복한 결혼생활을 하는 데 초점을 두는 프로그램입니다. 1. 프로그램의 필요성 최근 가정생활, 특히 부부관계의 어려움을 극복하기보다는 결혼생활을 포기하고 이혼을 선택하는 부부가 늘어나고 있다. 현재의 이러한 추세는 결혼생활 속에서 서로에 대한 이해 부족과 갈등을 원만히 해결하지 못하는 상황에서 기인한 것으로 보인다. 이러한 상황으로 볼 때 결혼 이후의 생활이 행복하기 위해서는 결혼 전 서로에 대한 이해와 준비가 무엇보다도 필요하다고 볼 수 있다. 2. 목적 예비부부 관계 향상을 위한 교류분석 집단상담 프로그램 '우리 부부할까요?'는 예비부부를 대상으로 서로를 이해하고 만족스러운 결혼생활 준비과정을 통해 결혼생활의 의미를 찾는 프로그램이다. 특히, 부부관계에서 발생할 수 있는 문제와 갈등의 대처방법을 학습하게 된다. 예비부부들이 관계기술과 방법을 습득하여 안정되고 행복한 가정을 이루는 데 그 목적을 두고 있다. ▶ 도입 활동: 등 대고 이동하기 처음 이런 곳에 오시니 어색하기도 하고 불편하기도 하시지요? 간단한 활동을 통해 지금보다 조금 더 편안해질 수 있도록 활동해 보도록 하겠습니다. 〈활동 내용〉 ① 커플끼리 짝을 지어서 등을 대고 선 후 가위바위보를 한다. 두 사람의 등을 꼭 붙인 채 이동을 하는데 진 사람은 눈을 감고, 이긴 사람이 움직이는 대로 이동한다. 절대 등이 떨어지면 안 되며 손을 잡거나 상의해서는 안 된다. ② 진 사람과 이긴 사람이 역할을 바꾸어 본다. ③ 집단 내에서 활동의 느낌을 서로 나누는 시간을 가진다(집단지도자는 왜 잘 안 되었는지, 잘 되었다면 그 이유는 무엇인지, 따라갈 때의 느낌과 이끌어 가는 느낌은 어떤지 등을 적절히 질문한다.).

활동을 하면서 어땠나요? 결혼생활을 하다 보면 상대방이 잘 따라와 주지 않거나 함께하는 일들이 내 마음처럼 잘 되지 않는 경우도 많다고 합니다. 이 프로그램을 통해 나와 상대방을 이해하고 갈등이 생길 때 우리는 어떤 감정을 느끼고 어떻게 대처하는지를 조금이나마 경험해 보고자 하였습니다. 또한 이번 프로그램을 통해 우리 커플이 힘든 상황을 어떻게 함께 극복하고 서로를 이해할지 알아봄으로써 조금이나마 더 행복한 결혼생활을 할 수 있게 되기를 바랍니다.

▶ 활동 1-1: 우리 커플 소개하기와 별칭 짓기

간단한 몸 풀기 활동을 통해서 조금 움직이고 이야기 나누고 나니 처음보다는 조금 가까운 느낌이 들면서 다른 커플에 대한 궁금한 점들도 생길 것 같습니다. 이번에는 이야기를 통해서 서로에 대해 조금 더 알아보는 시간을 갖도록 하겠습니다.

〈활동 내용〉

① 커플이 함께 [활동지 1-1]을 보고 상의하여 작성한다.
② 별칭은 서로에게 불리고 싶은 애칭을 별칭으로 작성한다.
③ 활동자료를 중심으로 커플별로 돌아가면서 소개한다.

Tip
• 활동지 작성 후 각 커플이 소개하는 시간을 가진다. 이때, 모든 질문에 대한 답을 소개하기보다는 우리 커플이 소개하고 싶은 내용을 몇 가지 골라서 이야기할 수 있도록 한다.

▶ 강의 1-1: 교류분석의 이해

〈강의 내용〉
1. 교류분석이란
2. 교류분석의 주요 이론과 기법

여기에 참여하신 분들은 모두 다른 모습들이지만 아마 한 가지 공통점은 행복한 결혼생활을 하고자 하는 마음일 것입니다. 아직은 집단원들이 낯설고 내 이야기를 쉽사리 꺼내기가 힘들겠지만 이 프로그램은 서로를 이해하고 다른 커플들에 대해서도 알아감으로써 행복한 부부가 되는 훈련을 해 나가게 됩니다.

▶ 활동 1-2: 서약서 작성하기

어떠신가요? 오늘 활동을 통해 앞으로 진행하게 될 프로그램에 대한 흥미나 기대가 조금 생기셨나요? 이 프로그램의 어떤 면이 기대되고 궁금하신가요?
부부 사이에서도 서로가 지켜야 할 규칙이 있듯이 우리 프로그램에서도 원활한 진행을 위해서는 최소한의 규칙이 필요합니다. 서로의 성장을 돕는 프로그램이 되기 위해 무엇보다도 참가자 여러분들의 도움이 꼭 필요하겠지요? 그래서 우리가 이 프로그램을 하는 동안 지켜야 할 중요한 내용들을 담아 서로 약속하는 시간을 가져 보려고 합니다. 또 서약서의 가장 마지막 비어 있는 칸에는 이 프로그램이 끝날 때까지 내가 꼭 지키고자 하는 내용 한 가지를 함께 적어 보시기 바랍니다. 서약서를 작성하고 읽어 보겠습니다.

전개 (60분)

〈서약서〉

1. 우리 커플은 이 프로그램에 성실하고 솔직하게 참여하겠습니다.
2. 함께 하는 분들의 개인적인 이야기에 대해서 비밀을 지키겠습니다.
3. 함께 하는 분들의 이야기를 존중하는 태도로 경청하겠습니다.
3. 다른 커플과 우리 커플을 비교하지 않겠습니다.
4. 알게 된 것을 일상생활 속에서 실천하려고 노력하겠습니다.

▶ 활동 1-3: 계약서 작성하기

프로그램에서 함께 지켜야 할 약속들을 잘 작성하여 보셨나요? 다음은 우리 커플이 이 프로그램이 끝날 때 변화하고자 하는 내용을 함께 작성하여 보도록 하겠습니다. 나의 파트너와 내가 이 프로그램에 참여한 목적을 잘 생각해 보고, 이 프로그램이 끝날 때 우리가 변화하고자 하는 모습을 계약서에 작성해 보세요. 프로그램이 진행되는 동안 커플계약서에 함께 작성한 내용을 달성하도록 노력해 보시기 바랍니다.

〈계약서〉

나는 '우리 부부할까요?' 프로그램을 통해
나의 파트너와 나를 이해하고 더 나은 관계로 나아갈 것을 약속합니다.
또한 우리 커플관계에서의 걸림돌이 되는 _____의 변화 필요성을 인식하고
이 프로그램이 끝날 때에는 _____ 로 변화시키겠습니다.

마무리 (10분)	▶ 마무리 오늘은 프로그램의 전체 진행 방향과 교류분석에 대해 알아보고, 서로를 알아가는 시간을 가졌습니다. 이번 시간에 참여하면서 새롭게 알게 된 점이나 느낀 점이 있다면 함께 나누어 보겠습니다.
유의점	• 편안한 분위기에서 솔직하게 활동할 수 있도록 허용적이고 신뢰할 수 있는 분위기를 조성한다. • 커플 프로그램인 만큼 다른 커플과 서로를 비교하거나 경쟁하는 분위기가 되지 않도록 한다. 또한 커플이 서로를 비난하거나 깎아내리는 표현은 삼가도록 안내한다.

[활동지 1-1]

〈우리 커플을 소개합니다〉

★ 다음 활동자료의 내용을 읽으신 후 커플이 함께 적어 보세요.

자신이 불리고 싶은 별칭을 지어 보세요.

커플별로 돌아가면서 우리 커플을 소개해 보세요.

1. 우리 커플은 이렇게 만났어요.		
2. 우리 커플만 알고 사용하는 언어가 있다면?		
3. 헤어질 뻔한 고비가 있었다면 언제, 무엇 때문?		
4. 우리 커플이 사귀면서 있었던 중대한 3대 사건?		
5. 나의 파트너에게 가장 고마운 일은?		
6. 나의 파트너를 꽃이나 식물에 비유한다면? 그 이유는?		
7. 파트너에게 불리고 싶은 별칭은?		
8. 별칭을 정한 이유는?		

강의자료 1-1   교류분석의 이해

교류분석(Transactional Analysis: TA)은 정신의학자 에릭 번이 창시한 상담 또는 심리치료 이론이다. 국제 교류분석협회에서는 교류분석을 "하나의 성격이론인 동시에 성장과 변화를 위한 체계적인 심리치료"라고 정의한다. 교류분석은 인본주의적인 가치 위에 행동주의적 명료성과 정신분석적 깊이를 더한 개인의 정신 내적 및 대인관계적 심리학인 동시에 심리치료 이론이다. 교류분석은 이론의 깊이에 있어서나 활용할 수 있는 범위에 있어서 그 어떤 심리학적 접근 방법들보다 깊고 넓다.

1. 교류분석의 주요 특징
① 교류분석은 하나의 성격이론으로서 구조적 자아상태 모델을 통해 성격이 심리적으로 어떻게 형성되는지 보여 주며, 또한 기능적 자아상태 모델을 통해 성격이 대인관계에서 어떻게 행동으로 표현되는지 보여 준다.
② 교류분석은 커뮤니케이션 이론으로서 대인 간 커뮤니케이션뿐 아니라 체계와 조직 내에서의 커뮤니케이션 과정을 분석하는 방법으로 사용할 수 있다.
③ 교류분석은 아동 발달 이론으로서 인생각본이라는 개념을 통해 어린 시절부터 형성된 현재의 삶의 유형을 잘 설명해 준다. 또한 성장한 뒤에도 아동기에 사용했던 전략이 자기패배적이고 고통스러움에도 불구하고 현재의 삶에서 재연하는 이유를 잘 설명해 주기 때문에 정신병리학 이론이라고도 할 수 있다.
④ 상담 및 심리치료 이론으로서 일상적인 생활문제에서부터 심각한 정신장애에 이르기까지 어떤 유형의 심리적 장애에도 적용할 수 있다.

2. 교류분석의 주요 이론과 기법
1) 구조분석
　　① 구조분석: P, A, C 세 가지 자아상태
　　② 기능분석: CP, NP, A, FC, AC
2) 교류분석
　　① 교류과정 분석: 상보적 교류, 교차적 교류, 이면적 교류
　　② 스트로크 분석
　　③ 시간구조화
3) 각본분석
　　① 각본 내용: 승리자, 패배자, 비승리자
　　② 각본의 특성과 정의: 각본은 무의식적 인생계획
4) 라켓 및 게임분석
　　① 라켓과 진정한 감정
　　② 게임과 게임분석

[활동지 1-2]

〈서약서〉

우리는 앞으로 '우리 부부할까요?' 프로그램에 참가하면서

행복한 결혼생활을 위한 나의 역할을 배울 것입니다.

프로그램의 목적과 내용에 대해 안내받은 바에 따라

다음과 같이 약속을 정하고 지킬 것을 다짐합니다.

〈우리가 지켜야 할 약속〉

1. 우리 커플은 이 프로그램에 성실하고 솔직하게 참여하겠습니다.

2. 함께 하는 분들의 개인적인 이야기에 대해서 비밀을 지키겠습니다.

3. 함께 하는 분들의 이야기를 존중하는 태도로 경청하겠습니다.

4. 다른 커플과 우리 커플을 비교하지 않겠습니다.

5. 알게 된 것을 일상생활 속에서 실천하려고 노력하겠습니다.

6. _____

년   월   일

이름: _____ (서명)

_____ (서명)

[활동지 1-3]

〈계약서〉

나는 '우리 부부할까요?' 프로그램을 통해

나의 파트너와 나를 이해하고 더 나은 관계로 나아갈 것을 약속합니다.

또한 우리 커플관계에서의 걸림돌이 되는

_____ 의 변화의 필요성을 인식하고

이 프로그램이 끝날 때에는

_____로 변화시키겠습니다.

년   월   일

이름: _____(서명)

_____(서명)

📝 **2회기** 달라도 괜찮아요

활동지도안	
활동목표	• 자아구조와 기능을 이해한다. • 서로의 자아구조와 기능 이해를 통해 상대방과의 관계 방식을 이해한다.
준비물	A4 용지, [강의자료 2-1], [활동지 2-1], [활동지 2-2]
단계	진행 절차
도입 (20분)	▶ 되돌아보기와 준비하기 지난 한 주 어떻게 보내셨나요? 지난주에는 교류분석상담이 무엇인지를 이해하고 우리 커플을 다른 집단원에게 소개하고, 집단이 끝날 때 변화하고자 하는 목표를 적어 보는 활동을 했습니다. 지난 회기 활동 이후에 커플들이 특별히 집단상담에 대해 나눈 이야기가 있다면 다른 집단원들과 소감을 나눠 주실 수 있을까요? 이번 주에는 본격적으로 교류분석상담에서 이야기하는 자아구조를 분석하고 이해해 보는 시간을 가지려고 합니다. ▶ 도입 활동: 종이 찢기 〈활동 내용〉 ① 나누어진 종이를 집단지도자가 말하는 대로 접은 후 찢는다. 　-지시 내용: 종이를 한 번 접으세요. 한 번 더 접으세요. 또 한 번 접으세요. 한 번 더 접으세요. 　　이번에는 한 군데만 찢어 보세요. ② 종이를 펼쳐서 들어서 다른 사람들의 종이와 비교해 보도록 한다. ③ 똑같은 지시를 듣고 행동을 했는데 마지막에 나타난 종이의 모양이 다른 이유에 대해 함께 이야기 나눈다. 나의 파트너와 마지막에 나타난 종이를 비교해 봅시다. 또 주변 다른 집단원들과 종이를 비교해 봅시다. 모두 같은 지시를 듣고 지시대로 했지만 모두 같은 모양인가요? 그렇지 않은 이유는 무엇일까요?
전개 (60분)	▶ 활동 2-1: EGOGRAM 검사 실시와 그래프 작성 우리는 종이 찢기 활동을 통해 같은 환경 속에서도 각자 다른 결과물이 나온다는 것을 경험했습니다. 나의 마음가짐이나 생각에 따라 우리가 만들어 내는 모든 결과는 달라질 수 있습니다. 이번 시간에는 우리의 사고, 행동, 감정을 가리키는 '자아상태'에 대해서 알아보고, 검사를 통해 나의 자아상태는 어떠한지 알아보도록 하겠습니다. 우선, 자아상태에 대한 강의를 들어 보기 전에, 나의 자아상태를 알아볼 수 있는 EGO-GRAM이라는 검사를 실시해 보도록 하겠습니다. 이 검사를 통해 우리는 내가 평상시에 어떤 자아를 더 많이 사용하는지를 알 수 있게 됩니다. 그러면 지금부터 검사지에 체크하고 채점 후 그래프를 그려 보도록 하겠습니다.

> **Tip**
> • 자아상태에 대한 선입견이 생기면 검사 시, 바람직한 방향 또는 자신이 원하는 자아상태의 방향대로 작성하려는 경향이 생길 수 있으므로 자아상태에 대해 설명하기 전 검사 실시를 먼저하는 것이 좋다.

▶ 강의 2-1: 자아상태의 이해와 EGO-GRAM의 해석

〈강의 내용〉
1. 자아상태의 이해
2. 세 가지 자아상태의 기능분석
3. 기본적인 대인관계 형태와 누구나 갖고 있는 일곱 가지 삶의 습관

> **Tip**
> • 검사 실시 결과 가장 높게 나타난 자아상태가 같은 사람들끼리 자아상태별 소그룹 활동을 하는 것도 좋다. 특정 상황 제시 후, 소그룹 내에서 그 상황에서의 감정이나 예상되는 언어반응을 작성하고 특징을 연결해 준다.

▶ 활동 2-2: 나의 자아상태 파악과 활용

〈활동 내용〉
① [활동지 2-2]를 보고 P, A, C 자아상태를 파악하고 부정적인 상태를 A자아상태로 활용할 수 있는 방안을 작성해 본다(이때 커플 간의 관계 속에서 나타나는 나의 자아상태를 중심으로 활동지를 작성한다.).
② 활동지 작성이 끝나면 커플끼리 작성한 내용에 대해서 이야기 나누어 본다.
③ 집단원들과 활동을 통해 알게 된 점과 느낀 점을 나누어 본다.

마무리 (10분)	▶ 마무리 오늘은 자아상태에 대해서 알아보고 내가 주로 사용하는 주된 자아상태를 알아보기 위해 EGOGRAM이라는 검사를 실시하였습니다. 이번 시간 활동을 통해 자기 자신에 대해서 조금 더 알아보는 기회가 되었을 거라고 기대합니다. 이번 시간 참여하면서 새롭게 알게 된 점이나 느낀 점이 있다면 함께 이야기 나누어 보겠습니다.
유의점	• 편안한 분위기에서 솔직하게 활동할 수 있도록 허용적이고 신뢰할 수 있는 분위기를 조성한다. • EGOGRAM 검사 후 소그룹 활동 시, 낯선 사람들과 함께 작업하는 것이 불편한 집단원은 없는지를 지도자는 잘 살펴볼 필요가 있다.

강의자료 2-1   **자아상태의 이해와 EGO-GRAM의 해석**

1. 자아상태의 이해

교류분석(Transactional Analysis: TA) 성격이론은 인간의 마음의 구조를 세 가지 자아상태(P, A, C)로 구분하고 구조에 따른 기능을 다섯 가지로 세분한다.

P (Parent)

어버이 P의 자아상태는 생후 5년간의 경험, 즉 주 양육자를 모방학습하여 형성하게 되는 태도나 지각 내용 및 행동들로서 구성된다. P자아상태는 성장과정에서 의미를 부여하는 타인들, 즉 부모나 부모 대리인들의 말과 행동을 보고 듣게 되면서 관찰된 내용이 P자아상태를 형성하고 그 내용들이 무의식적인 상태에서 내면화된 것이다. 이 자아상태는 통제적 · 지배적 · 권위적 · 보호적 · 양육적 등의 비현실적인 특징을 나타낸다.

A (Adult)

어른 A 상태의 자아는 생후 10개월경부터 자각과 독자적인 사고로 형성되는 정보와 자료들로 구성된다. 이러한 자아상태는 컴퓨터와 같은 기능으로 외부의 자극들을 평가하며 정보를 수집하여 미래의 행동 수행에서 참고자료로 사용될 수 있도록 경험에 의한 객관적인 자료들을 축적하고 저장한다. A자아상태는 사고와 행동의 객관적인 기준을 제공하는 기능을 한다. A자아상태는 이성적 · 현실적 · 객관적 · 논리적 · 합리적인 특징을 나타낸다.

C (Child)

어린이 C자아상태는 생후 5년간 형성되는 충동이나 감정들로 구성된다. 인생 초기인 어린아이의 경우 주 양육자와의 관계를 통한 느낌 차원의 감정적 반응체계가 내면화되어 C자아상태가 형성된다. C자아상태는 자연스러운 모든 충동과 감정들, 또한 생의 초기에서 경험한 외부 자극에 의해 느끼게 된 감정과 그러한 감정에 대한 반응양식들로 구성된다. 이 자아상태는 충동적 · 자발적 · 직관적 · 본능적 · 순응적 · 폐쇄적 · 의존적 · 자기중심적인 특징을 나타낸다.

2. 세 가지 자아상태의 기능분석

각 자아상태가 긍정적으로 기능했을 때와 부정적으로 기능했을 때 나타나는 행동이나 특징은 다음과 같다.

CP (Critical P)	긍정성	잘잘못을 지적하고 선악을 구분하는 언동 자신의 신념 또는 가치관으로 개인이나 조직을 이끄는 행동
	부정성	상대를 위압적이고 강압적으로 제압하는 언동 권위적이고 엄격하여 상대의 가치를 받아들이지 않는 배타성
NP (Nurturing P)	긍정성	남의 어려움을 자신의 일처럼 돌보고 배려하는 행동 마음이 온화하고 따뜻하여 상대를 지지하고 격려하는 언동
	부정성	상대를 지나치게 보호하고 개입하여 자주성을 해치는 언동 지나치게 동정적이어서 남의 부탁을 거절하지 못하는 태도
A (Adult)	긍정성	사실에 근거한 판단과 분석적이고 냉철한 계획에 입각한 행동 사물을 이성적이고 논리적 사고로 접근하는 언동
	부정성	재미보다는 기계적으로 일을 수행하는 냉정한 태도 감정이 통제되어 일 이외에는 즐기지 않고 감정이 무딤
FC (Free C)	긍정성	감정과 행동을 자유자재로 자연스럽게 표출하여 상대에게 즐거움을 주는 언동 생각을 행동으로 곧바로 옮기는 창조적인 아이디어를 제공하는 태도
	부정성	충동적이고 자기도취적이어서 생활 전반에 질서가 잡혀 있지 않은 언동 감정이 절제되지 않아 실수나 경솔한 행동이 많아 가볍게 보이는 언동
AC (Adapted C)	긍정성	상대에게 순응적이고 협조적인 언동 의사 결정에 있어서 신중하고 조심성 있는 태도
	부정성	상대의 눈치를 보고 비위를 맞추려고 자신의 감정을 억압하는 태도 자기비하와 열등감으로 억압된 감정이 분노나 반항으로 나타나는 언동

3. 기본적인 대인관계 형태와 누구나 갖고 있는 일곱 가지의 삶의 습관

이고그램의 패턴은 그 사람의 삶의 방식에 대한 습관과 같은 것이다. 그래서 여기에서는 일곱 가지 대표적인 이고그램 패턴을 살펴보도록 하겠다.

① 〈형: 이상형
* 심적 에너지의 균형이 잡혀 있는 사람이다. 이 패턴은 이성적 합리적이며 책임감도 있고 인정이 있으며 명랑하고 타인과의 협조를 잘 할 수 있는 이상적인 자아형태이다.

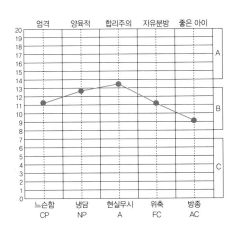

② N형: 헌신 패턴(나이팅게일형)

* NP를 정점으로 하고 FC를 낮은 점으로 하는 [N]형은 자기부정적이고 타인에게 의존적인 형이다.

이 형태의 사람은 NP가 높고 타인에 대한 배려나 온정이 있지만 AC가 높으므로 하고 싶은 말을 하지 못하고 마음 속으로 삭이는 것이 특징이다.

이런 사람은 기분전환도 잘 할 줄 모르고 싫은 감정을 쉽게 잊어버리지 못하며 자율신경 실조증 등의 스트레스 병에 걸리기 쉽다.

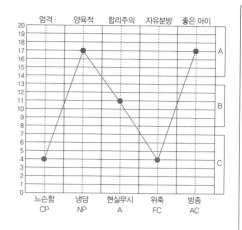

노력 point

"재미있다", "한번 해 보자"는 마음으로 적극적으로 뛰어드는 자세가 중요하다. 유머나 농담을 통해 유쾌한 기분에 젖어 보는 것이 필요하고, 보다 강인한 근성을 키우는 훈련을 하는 것을 권장한다.

③ 역N형: 자기주장 패턴

* CP, FC가 높고 NP, AC가 낮은 [역N]형은 자기중심적인 사람으로 자기주장형이다. 결국 책임의 소재는 타인에게 있고 자신은 항상 옳다고 하는 자기반성이 부족한 사람일 것이다. 그러나 이 패턴의 사람이 가진 야망이나 욕망이 예술이나 예능 방면으로 향했을 때는 능력을 발휘한다. 예술가 타입이라고 할 수 있겠다.

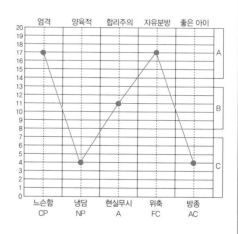

노력 point

주변 사람들의 좋은 점을 발견하도록 노력해서 칭찬하는 연습을 하는 것이 중요하다. 늘 상대방 입장에서 이해하고, 부드러운 말을 쓰며 따뜻한 느낌을 주도록 노력하는 것이 필요하다.

④ V형: 갈등 패턴(햄릿형)

* 양 끝의 CP, AC가 높고 전체가 V형으로 되는 이고그램 형이다.

CP가 높으므로 "이렇게 해야 돼!", "이렇게 해서는 안돼!"라고 자신이나 타인에게 완전함을 요구하지만 마음속으로 갈등을 반복하고 후회를 많이 하는 사람이다.

결국 책임감이나 사명감에 사로잡혀 있는 엄격한 자신과 타인으로부터의 평가에 신경을 쓰는 자신이 끊임없이 갈등을 반복하고 있는 것이 특징이다.

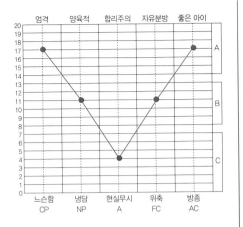

노력 point

현실에 근거하여 상황에 대한 정확한 판단을 하는 것이 중요하다. 감정적으로 행동하지 않도록 스스로 통제하며, 침착하고 객관적이며 공정한 태도를 가지는 것이 필요하다.

⑤ V형: 갈등 패턴(햄릿형)

* 앞의 V형의 아류 형태로 양쪽의 CP, AC가 높은데다 A도 높은 점이 특징이다.

CP, AC의 갈등 상황은 V형과 같지만 A가 높아 현실을 음미하거나 분석하려고 하는 만큼 이 부분의 고민은 심각하다.

자포자기나 침울한 상태가 되기 쉽다고 할 수 있다.

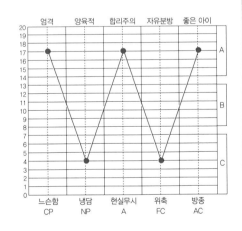

노력 point

"재미있을 것 같다.", "한번 해 보자" 또는 "즐겁다"는 마음으로 호기심을 가지고 생활하는 것이 중요하다. 또한 감정과 느낌을 겉으로 드러내는 것을 연습하고, 마음대로 하고 싶은 일을 찾거나 많은 사람과 이야기 나누고 재미있는 일들을 만들어 보는 것이 필요하다.

⑥ M형: 명랑 패턴(우상형)

* NP, FC 양쪽이 높고 다른 것은 그것보다는 낮은 것이 특징이다.

이 패턴은 밝고 명랑한 젊은 여성에게 잘 나타난다.

타인에 대한 배려가 있고 호기심이 왕성하며 즐거운 것을 아주 좋아하는 사람이라고 할 수 있다.

분위기를 주도하는 밝고 유쾌한 사람이다.

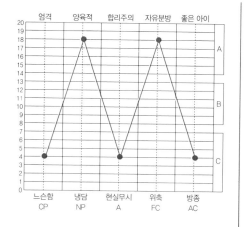

노력 point

현실에 근거하여 상황에 대한 정확한 판단을 하는 것이 중요하다. 감정적으로 행동하지 않도록 하고, 감정이 높아져 있을 때는 "조금만 생각할 여유를 주십시오." 하고 사이를 두는 것이 필요하다.

⑦ 우경사형: 완고 패턴(보스형)

* CP를 정점으로 우측으로 내려가는 [우경사형]의 특징은 한마디로 완고하다는 것이다.

AC가 가장 낮아 타인의 의견에는 귀를 기울이지 않는다.

타인이 하는 일에 화끈대는 경우가 많아 두통이나 고혈압이 되기 쉬운 형이라고 할 수 있다.

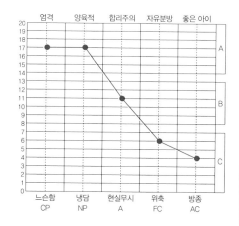

노력 point

매사를 즐겁게 인식하고 적극적으로 생활하는 것이 중요하다. 그리고 자기의 주관만 고집하기보다는 다른 사람들의 의견에도 적극 귀를 기울이는 타인 존중의 태도가 필요하다.

[활동지 2-1]

〈EGO-GRAM 검사〉

1. 다른 사람을 헐뜯기보다는 칭찬을 잘 하는 편이다.	▨		▨		
2. 대화에서 격언, 속담을 잘 인용한다.		▨			
3. '법이 없어도 살아갈 수 있는 사람'이라는 소리를 잘 듣는다.		▨			
4. 행동이나 말이 자유스럽고 자연스럽다.					▨
5. 말이나 행동을 냉정하고 침착하게 하므로 안정된 분위기를 느낀다.				▨	
6. '내가 말하는 대로 된다'는 식으로 말한다.					▨
7. 상냥하고 부드러우며 애정이 깃들어 있는 대화나 태도를 취한다.			▨		
8. TV, 영화 등을 보면서 마음이 약해 눈물을 잘 흘리는 편이다.			▨		
9. 6하 원칙에 따라 사리를 따지거나 설명하는 편이다.				▨	
10. 호기심이 강하고 기발한(창의적인) 착상을 잘 한다.					▨
11. 말을 할 때 상대방의 안색을 자주 살핀다.				▨	
12. 직장 내외에서 사회봉사활동에 참가하기를 좋아한다.	▨				
13. 사회의 윤리, 도덕, 규칙 등을 중시하고 준수한다.	▨				
14. 다른 사람으로부터 부탁을 받으면 거절하지 못한다.			▨		
15. 자세가 바르며 여유가 있다.				▨	
16. 자신을 멋대로라고 생각한다.					▨
17. 다른 사람의 마음에 들고 싶다고 생각한다.			▨		
18. 부모나 상사가 시키는 대로 한다.				▨	
19. 타산적이며 이해득실을 생각하고 행동한다.				▨	
20. 일을 능률적으로 잘 처리해 간다.				▨	
21. 매사에 조심스럽고 소극적인 편이다.			▨		
22. 대화에서 감정적으로 되지 않고 이성적으로 풀어 간다.				▨	
23. 상대방의 이야기를 잘 경청하고 공감하는 편이다.			▨		
24. 책임감이 강하고 약속시간을 엄수한다.	▨				
25. 부하나 아이의 실패에 대해 관대하고 격려한다.	▨				
26. 의리와 인정에 끌려서 아이나 부하, 동료 등 누군가를 마음에 걸려 한다.	▨				
27. 신이 나면 도가 지나쳐서 실수를 한다.	▨			▨	
28. 아이나 부하를 엄격하게 다룬다.	▨				

	CP	NP	A	FC	AC
29. 생각하고 있는 바를 입 밖으로 내지 못하는 성질이다.					
30. 친구나 동료, 아이들이나 부하에게 신체적 접촉과 같은 스킨십을 잘하는 편이다.					
31. 상대방의 말을 가로막고 자신의 생각을 말한다.					
32. 밝고 유머가 있으며, 장난을 잘 치는 편이다.					
33. 어떤 일이나 사실에 근거해서 판단한다.					
34. 상대의 실수를 지적하고 정정한다.					
35. 열등감이 강한 편이고 자신의 감정을 억눌러 버리는 편이다.					
36. 오락이나 술 등 음식물을 만족할 때까지 취한다.					
37. 미래의 일을 냉정하고 예리하게 예측하고 행동한다.					
38. 욕심나는 것을 가지지 않고는 못 배긴다.					
39. 자신의 생각을 관철하기보다 타협하는 경우가 많다.					
40. 동정심이나 배려심이 강하고 어린이나 타인을 돌봐 주기를 좋아한다.					
41. 어떤 결정을 내릴 때 사실을 확인하거나 반대 의견을 듣는다.					
42. 중얼중얼하는 목소리로 말하거나 우물쭈물 사양하는 편이다.					
43. 상대를 바보 취급하거나 멸시한다.					
44. 기쁨이나 화를 내는 등 희로애락을 직접적으로 표현한다.					
45. 곤경에 처해 있는 사람을 위로하거나 북돋아 주기를 즐겨한다					
46. 현상을 잘 관찰 · 분석하고 합리적으로 의사 결정한다.					
47. "~해도 괜찮을까요?", "~할 생각입니다", "이젠 됐습니다" 등의 말을 쓴다.					
48. "와! 멋있다", "굉장하군!", "아하!" 등 감탄사를 자주 쓰며 농담을 잘 한다.					
49. "당연히 ……해야 한다", "……하지 않으면 안 된다"는 식의 말투를 잘 쓴다.					
50. 권리를 주장하기 전에 의무를 다한다.					
합계					

〈당신의 EGO-GRAM〉

	비판적 지배적		과보호적 헌신적		기계적 현실적		개구쟁이 개방적		자기비하 의존적	
50											49
48											47
46											45
44											43
42											41
40											39
38											37
36											35
34											33
32											31
30											29
28											27
26											25
24											23
22											21
20											19
18											17
16											15
14											13
12											11
10											9
8											7
6											5
4											3
2											1

CP(U−)	NP(U+)	A	FC(I+)	AC(I−)
P			C	

※ 작성 방법: 체크리스트에서 얻은 점수를 「당신의 이고그램」 상의 점선에 점을 찍은 후 꺾은 금 그래프를 그린다.

[활동지 2-2]

〈나의 자아상태 파악과 활용〉

★ 아래 질문에 답을 하면서 나의 자아상태를 파악하고, 마지막 문항에서는 부정적으로 기능하고 있는 나의 자아상태를 A자아상태로, 또는 긍정적으로 기능하게 하기 위해서는 어떤 방법이 있을지 생각해 보세요.

〈나의 P자아상태〉

연인에게 좋은 영향을 미치는 나의 P자아상태의 특성은 어떤 것인가요?

CP _____

NP _____

연인에게 부정적인 영향을 미치는 나의 P자아상태의 특성은 어떤 것인가요?

CP _____

NP _____

〈나의 C자아상태〉

연인에게 좋은 영향을 미치는 나의 C자아상태의 특성은 어떤 것인가요?

CP _____

NP _____

연인에게 부정적인 영향을 미치는 나의 C자아상태의 특성은 어떤 것인가요?

CP _____

NP _____

〈나의 자아상태 활용하기〉

부정적인 P 상태의 자아를 어떻게 변화시킬 수 있을까?

_____

_____

부정적인 C 상태의 자아를 어떻게 변화시킬 수 있을까?

_____

_____

📝 3회기 │ 사랑도 통역이 되나요?

활동지도안	
활동목표	• 교류패턴을 이해한다. • 교류패턴 분석을 통해 효과적인 부부 의사소통을 훈련하고 실천할 수 있다.
준비물	A4 용지, 도입 활동에서 활용한 그림, [강의자료 3-1], [활동지 3-1], [활동지 3-2]
단계	진행 절차
도입 (10분)	▶ 되돌아보기와 준비하기 지난 한 주 어떻게 보내셨나요? 지난주에는 EGOGRAM 이라는 검사를 실시하고 자아상태가 무엇인지, 내가 주로 사용하는 자아상태는 어떤 것인지를 알아보는 활동을 했습니다. 지난 회기 활동 이후 우리 커플이 활동에 대해 나눈 이야기가 있거나 변화된 점이 있다면 다른 집단원들에게 전달해 줄 수 있을까요? 이번 주에는 본격적으로 지난주에 분석한 나의 자아상태를 바탕으로 우리 커플이 대화할 때 어떤 모습들이 나타나는지를 살펴보고, 좀 더 나은 방향의 의사소통 방법은 어떤 것이 있을지 알아보는 시간을 가지려고 합니다. 본격적인 활동을 시작하기 전에 간단한 활동을 하도록 하겠습니다. ▶ 도입 활동: Listen & Draw 〈활동 내용〉 ① 커플이 가위바위보를 한다. 이긴 사람은 설명하는 사람, 진 사람은 그리는 사람이 된다. ② 이긴 사람(설명자)이 지도자에게 와서 지도자가 보여 주는 그림을 10초간 관찰한다. ③ 자리로 돌아가서 관찰한 그림에 대해 상대방이 그릴 수 있도록 설명한다. 이때, 설명하는 사람은 손짓 등 제스처를 할 수 없으며, 그리는 사람은 어떠한 질문도 할 수 없다. ④ 2분간 그림을 그릴 수 있도록 한 후 정답 그림과 비교해 본다. ⑤ 역할을 바꾸어 다시 한번 실시해 본 후 소감을 나눈다. 활동을 하면서 어땠는지 소감을 나누어 봅시다. 상대방이 나의 말을 잘 이해하지 못하고 내가 설명한 의도와 다른 그림을 그릴 때 어땠나요? 그럴 때 나의 말투는 어땠나요? 상대방이 설명하는 말을 잘 못 알아들을 때 답답한 마음을 어떻게 표현했나요? 우리는 일상생활에서 은연중에 나의 방식대로 상대방과 소통하려고 하고 또 소통이 잘 되지 않을 때 나의 방식만을 고집하며 갈등을 해결하려고 하는 경우가 많습니다. 오늘은 이러한 대화의 패턴을 알아보고 우리 커플의 대화는 어떤 모습인지 살펴보는 시간을 가져 보겠습니다.
	▶ 강의 3-1: 교류패턴 분석(대화분석) 〈강의 내용〉 1. 교류패턴 분석의 의미 2. 기본적인 세 가지 교류패턴 유형 가. 상보교류 나. 교차교류 다. 이면교류

▶ 활동 3-1: 교류패턴의 이해

배운 내용을 생각하며 다음 활동지를 작성해 보세요.

〈활동 내용〉

[활동지 3-1]에 제시된 예를 보고 어떤 종류의 교류패턴이 이루어지고 있는지 파트너와 상의하여 왼쪽 그림에 화살표로 나타내어 본다.

활동지를 통해 문제를 풀어 보니 어땠나요? 교류패턴에 대해 조금 더 이해가 되시나요? 제시된 내용 중에는 아마 우리 커플의 대화와 비슷한 대화도 있고 또 다른 대화도 있었을 거라고 생각됩니다. 교차교류나 이면교류가 나타나는 대화에서는 '아~ 이런 게 갈등의 원인이구나'라는 생각도 들었을 거라고 생각이 됩니다.

▶ 활동 3-2: 교류패턴의 연습

그러면 이제 우리 커플관계에서는 어떤 대화 패턴이 주로 사용되는지, 우리는 주로 어떤 상황에서 갈등이 생기고 이때 어떤 대화 패턴을 주고받는지 살펴보도록 하겠습니다.

〈활동 내용〉

① [활동지 3-2]를 작성해 본다.

　평상시 우리 커플관계에서 주로 갈등이 발생하는 상황을 생각해 보고 대화방법을 개선한다면 어떤 교류패턴인지 등을 작성한다.

② 작성이 끝나면 커플이 함께 서로의 활동지를 보며 나누는 시간을 갖는다.

활동지를 작성해 보고 파트너와 이야기를 나누어 보니 어땠나요? 그동안 습관적으로 또는 무의식적으로 해 오던 대화에서 상대방은 나와 다르게 상처받기도 하고 또 반대로 상대방의 의도는 그렇지 않았는데 내가 상처받기도 하지 않았나요? 행복한 결혼생활을 위해서는 서로를 편하게 대하는 것도 필요하지만 서로를 이해하고 존중하는 것이 무엇보다도 필요할 것입니다.

마무리 (10분)	▶ 마무리 오늘은 교류패턴을 알아보고 우리 커플의 교류패턴 분석과 개선 방향을 찾아보았습니다. 이 시간에 참여하면서 어땠는지 느낀 점, 새로 알게 된 점 등에 대해 함께 나누어 보겠습니다. 프로그램이 진행되는 시간 외에도 오늘 함께 나눈 대화 패턴의 개선점을 염두에 두고 실천할 수 있도록 노력해 보기 바랍니다. 다음 시간에는 'I'm OK, You're OK'라는 제목으로 인생태도에 대한 활동을 해 보도록 하겠습니다.
유의점	• 편안한 분위기에서 솔직하게 활동할 수 있도록 허용적이고 신뢰할 수 있는 분위기를 조성한다. • 교류패턴 분석 시, 갈등 상황에 대해 서로 비난하거나 갈등이 되지 않도록 유의한다.

강의자료 3-1 **교류패턴 분석(대화분석)**

교류패턴이란 "두 사람 혹은 그 이상의 사람들의 관계 상황에서 일어나는 사회적 상호 교섭(social intercourse)의 한 단위"이다. 의사거래는 두 사람 사이에서 이루어지는데, 이때 각자의 P, A, C 중 어느 상태에서 기능하느냐에 따라 의사거래의 형태가 달라진다. 여기에는 상보교류, 이면교류, 교차교류 세 가지 형태가 있다.

1) 상보교류(complementary transaction)

어떤 자아상태에서 보낸 메시지에 대해 예상한 대로의 반응이 돌아오며, 자극과 반응의 교류가 평행되는 교류로서, 두 개의 자아상태가 상호 관여하는 교류이다. 상보교류는 인간관계의 자연스러운 질서에 따르고 있기 때문에 대인 간 의사소통이 계속 이루어진다.

① P대P의 교류: 제3자에 대한 동정, 위안, 비난이나 비판 등의 대화에 주로 활용되는 교류

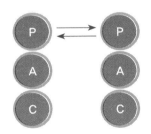

> 조원장: 요즘 젊은이들은 너무 개인적이야, 예의도 없고…….
> 김팀장: 그러게 말입니다. 자신의 일이 아니면 좀처럼 나서질 않아요. 삭막해요. 인간미가 없어요, 진짜. 요즘 젊은 애들은 큰일이에요.

② A대A의 교류: 의례적인 인사, 정보 교환, 원인 분석, 질의 응답, 자료 확인 등의 대화에 활용

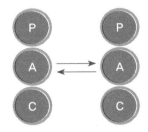

> 아내: 오늘 몇 시에 퇴근해요?
> 남편: 응, 6시 퇴근이에요.
> 아내: 저녁식사는 어떻게 할 거예요?
> 남편: 오랜만에 집에서 같이 먹어요.

③ C대C의 교류: 자주 어울리는 직장 동료, 연인이나 부부 사이에 많이 쓰는 대화

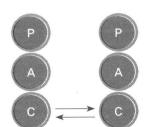

> 아내: 카~! 오늘 날씨 죽이는구먼~ 오늘 출근하지 말고 바닷가에 바람이나 쐬러 갈까?
> 남편: 좋지~ 하루 출근 안 한다고 죽나 뭐, 놀러갑시다~!

2) 교차교류(crossed transaction)

어떤 반응을 기대하고 시작한 발신자의 교류가 저지되고 예상 외의 수신자의 반응이 돌아와 중도에 대화가 단절되거나 싸움이 되는 교류로서 네 개의 자아상태가 관여하며 두 대화의 방향이 교차되는 교류이다.

예: P → C대 P → C의 교류: 발신자의 CP가 수신자의 C를 날카롭게 밀
  어붙이는 일이 생기므로 양자 간의 자극과 반응이 교차된다. 의견대
  립, 격한 어조, 인격무시, 비난이나 질책 등

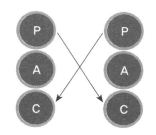

> 남편: 이렇게 바쁜 시간에 당신은 도대체 어디 갔던 거야? 아! 정말
>   미치겠네!
> 아내: 아니, 나도 가끔 밖에 나가 친구도 만날 수 있는 거지, 오래 걸
>   린 것도 아닌데 되게 뭐라 그러네, 진짜.

3) 이면교류(ulterior transaction)

표현된 사회적 메시지(상보적 교류)는 언뜻 보기에 아무렇지도 않으나 실제로 숨겨진 의도를 지닌 심리적 메시지를 담고 있는 교류로서 2개 이상의 자아상태를 동시에 포함하고 있다. 이면교류에서의 행동적 결과는 심리적 수준에서 결정되며, 이 교류는 인간관계 갈등을 유발하는 원인이 되는 교류패턴이다. 이면교류의 예는 다음과 같다.

* 사회적 수준에서의 교류

> 남편: 내 셔츠를 어떻게 했소?
> 아내: 당신 서랍에 넣어 놓았어요.

* 비언어적 메시지를 포함하여

> 남편: (거칠게, 목소리의 어조를 떨어뜨리며, 긴장한 얼굴 근육과 함께 이마를 찡그리면서) 내 셔츠를 어
>   떻게 했소?
> 아내: (목소리를 떨며, 낮아지는 어조로 어깨를 구부리고, 머리를 앞으로 숙이며, 시선을 아래로 떨구며)
>   당신 서랍에 넣어 놓았어요.

* 심리적 수준에서의 교류

> 남편: 당신은 항상 내 물건을 제대로 챙겨 놓지 않는군!
> 아내: 당신은 항상 나를 비난하는군요!

[활동지 3-1]

〈교류패턴의 이해〉

★ 아래 제시된 예를 보고 어떤 종류의 교류패턴이 이루어지고 있는지를 왼쪽 그림에 화살표로 나타내어 보세요.

예시

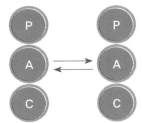

현희: 오늘이 무슨 요일이지?
건우: 오늘은 월요일이야.

1.

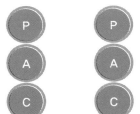

A: 이런 일도 못해? 큰일이군.
B: 죄송합니다. 저는 정말 재주가 없어요.

2.

A: 오늘은 무슨 요일입니까?
B: 그 정도는 당신이 좀 알아봐요. 일일이 나한테 물어보니까 시끄러워서 일을 할 수가 없잖아요.

3.

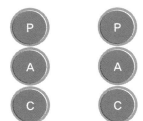

A: 이 일을 저녁 때까지 좀 해 주십시오.
B: 허, 난처하군. 지금 좀 바쁜데요. 좀 거들어 주면 할 수 있겠는데…….

4.

A: (토라진 어투로) 어머니는 조금도 저를 사랑하지 않는 거죠?

B: (냉정하고 객관적으로) 부모와 자식 간의 사랑이란 게 뭘까? 천천히 연구해 볼 필요가 있을 것 같아.

5.

A: (화난 비판적 어조로) 어이, 언제까지 기다리게 하는 거야. 이 식당의 서비스는 도대체 어떻게 되먹은 거야?!

B: (테이프레코드같이 냉정하게) 네, 1분 30초 경과하고 있습니다. 이제 45초쯤 지나면 상황 보고를 드리겠습니다.

6.

A: (화난 비판적 어조로) 도대체 언제까지 기다리게 하는 거야?

B: (황송한 태도로) 너무 오래 기다리시게 해서 정말 죄송합니다.

7.

A: (허둥대며) 큰일 났다. 지갑을 잃어버렸어.

B: (따뜻하게) 그거 큰일 났네. 하지만 걱정하지 마. 반드시 찾을 수 있을 거야. 나도 도와줄게.

8.

A: (허둥대며) 큰일 났다. 지갑을 잃어버렸어.

B: (허둥대고 있는 상대방의 귀에 들리지 않을 정도로 냉정하게) 언제 마지막으로 봤어? 지갑에 현금은 어느 정도 들어 있지?

[활동지 3-2]

〈교류패턴의 연습〉

나의 커플관계에서 주로 갈등이 발생하는 상황을 떠올려 봅시다. 이 상황에서의 대화방법을 개선한다면 어떤 상황이며, 우리 커플은 갈등 상황에서 어떤 교류패턴을 사용하고 있나요?

_____

_____

_____

그 대화방식을 개선하고자 하는 이유는 무엇입니까?

_____

_____

_____

개선하고 싶은 교류방식을 자아상태 도식에 표시해 보세요. 그 상황도 구체적으로 대화로 기록해 보세요.

(P) (P) _____

(A) (A) _____

(C) (C) _____

우리 커플의 대화패턴이 개선된다면 어떤 모습일지 생각하여 도식을 완성하고 구체적인 대화 상황도 작성해 보세요.

(P) (P) _____

(A) (A) _____

(C) (C) _____

📝 4회기   OK? OK!

활동지도안	
활동목표	• 자신의 사고방식과 행동 패턴을 객관적으로 살펴보고 인생태도를 알 수 있다. • 자기긍정–타인긍정의 태도로 살아가기 위한 방안을 찾고 노력하고 실천할 수 있다.
준비물	A4 용지, [강의자료 4–1], [활동지 4–1], [활동지 4–2]
단계	진행 절차
도입 (10분)	▶ 되돌아보기와 준비하기 지난 회기 우리는 교류패턴에 대해 학습하고 우리 커플 사이에서의 교류패턴이 어떤지, 개선점은 무엇인지를 알아보는 시간을 가졌습니다. 한 주 동안 개선점을 실천해 보면서 어떠셨나요? 평소와 조금 달라서 어색한 부분도 있었을 텐데요. 자유롭게 느낀 점이나 우리 커플의 경험을 이야기 나누어 볼까요? 참여자들이 한 주 동안 느낀 점, 어려웠던 점 등을 자유롭게 이야기한다. "어떤 면이 어려웠나요?", "좋았던 점은 무엇인가요?" 등의 질문을 하며 경험을 함께 나누도록 촉진한다. 변화를 실천한다는 것이 쉬운 일이 아닌데도 실천하려고 노력한 마음에 박수를 보냅니다. 함께 더 행복하기 위한 마음이 있기에 조금씩 더 실천하고 노력하는 것이 아닐까 합니다. 얼마나 변화했는지보다는 상대방이 변화하고자 노력하는, 또 좋은 점은 유지하려고 노력하는 긍정적인 면을 인식하는 것이 중요할 것입니다. 서로의 긍정적인 면을 받아들이고 나의 긍정적인 면 또한 인식하는 태도가 바로 이번 시간에 우리가 가져야 할 바람직한 '인생태도'입니다. 강의와 검사, 활동을 통해 인생태도에 대해 알아보고 바람직한 인생태도로 살아가기 위한 방안을 찾아보는 시간을 갖도록 하겠습니다. ▶ 도입 활동: 초상화 그리기 〈활동 내용〉 ① A4 종이를 반으로 접는다. ② 내 얼굴의 생김새에 대해 설명하는 글을 반으로 접은 종이 왼쪽 편에 적는다. ③ 설명을 다 적고 나면 지도자는 종이를 모두 걷어서 잘 섞은 후 집단원에게 골고루 한 장씩 나누어 준다. ④ 받은 종이의 설명을 보고 적힌 내용에 충실하게 그림을 그린다. ⑤ 모두 함께 그린 그림을 보며 누구인지 맞혀 보고, 설명을 읽은 후 주인을 찾아준다. 활동을 하며 어땠나요?
전개 (60분)	▶ 활동 4-1: OK-GRAM 검사 실시 우리는 2회기에서 EGO-GRAM 검사를 해 본 적이 있지요? 이번 시간에는 OK-GRAM이라는 검사를 실시하고 나의 인생태도에 대해 알아보는 시간을 가지려고 합니다. 인생태도에 대한 설명을 듣기 전에 먼저 나누어 준 검사지를 작성하고, 2회기에서 작성한 EGO-GRAM 결과지 위에 검사 결과를 그래프로 그려 보는 시간을 가지겠습니다.

▶ 강의 4-1: 인생태도(생활자세)

그래프를 모두 작성해 보았나요? 강의를 들으며 나의 인생태도는 어떤지 살펴보는 시간을 가지도록 하겠습니다.

〈강의 내용〉

1. 인생태도에 대한 이해
2. 인생태도와 삶의 특징

▶ 활동 4-2: 나의 OK 목장 그리기

나의 인생태도가 파악이 되었나요? 평소 나는 어떤 모습으로 나와 상대방을 대하고 있는지 검사를 통해 어느 정도 이해가 되었을 것 같습니다. 그러면 이제, 우리 커플 사이에서 나의 이런 인생태도가 어떻게 나타나는지 함께 작성해 보고, 우리 커플관계에서는 어떤 인생태도의 모습이 가장 두드러지게 나타나는지 그림을 그리며 알아보도록 하겠습니다.

〈활동 내용〉

① 우리 커플관계에서의 인생태도는 어떻게 나타나는지 작성해 본다. 1사분면에는 자기긍정-타인긍정의 상황(우리 커플이 협력적 태도, 친밀하고 통합하는 상황), 2사분면에는 도피적 태도, 상대방에 대해서는 존중하되 내 의견을 내 세우지 못하거나 자책하고 자기를 비난하는 상황을 적는다. 3, 4사분면도 같은 방식으로 작성한다.
② 사분면 위에 상황을 모두 작성한 후에는 각 면이 어느 정도의 비율을 차지하는지 생각해 보고, 차지하는 비율대로 OK 그램의 축을 다시 그려 본다.
③ 바람직한 생활태도인 I'm OK, You're OK인 1사분면의 면적이 가장 넓어지려면 어떻게 하면 좋을지 커플이 함께 이야기 나누어 본다.

마무리 (10분)	▶ 마무리 이번 회기에서는 인생태도가 무엇인지 알아보고 OK-GRAM이라는 검사를 통해 나의 인생태도를 분석해 보았습니다. 그리고 우리 커플관계에서는 인생태도가 어떻게 나타나는지를 함께 이야기 나누어 보았습니다. 오늘 활동을 통해 우리 커플이 새롭게 느낀 점, 알게 된 점 또는 아쉬웠던 점이 있다면 함께 나누어 보겠습니다. 다음 시간까지 우리 커플에게서 발견되는 I'm OK, You're OK의 태도는 어떤 것이 있는지 잘 관찰하고 찾아보시기 바랍니다.
유의점	편안한 분위기에서 솔직하게 활동할 수 있도록 허용적이고 신뢰할 수 있는 분위기를 조성한다.

강의자료 4-1 **인생태도(생활자세)**

인생태도란 자신과 타인과 세상을 보는 마음의 창이다. 사람은 누구나 보는 눈이 다르고 자신과 타인, 세상을 있는 그대로 바라보는 사람은 없다. 세상을 바라볼 때 각자의 성격, 자라난 배경, 가치, 신념 및 태도에 따라 다르게 보이는 것이다.

1. 인생태도에 대한 이해

번은 어린이가 태어나 각본을 쓰기 시작할 때 자신과 세상에 대해 어떤 확신을 느끼게 된다고 한다. 다시 말해 자신이나 타인을 긍정적으로 보거나 부정적으로 보려는 경향을 띤다. 자신과 타인에 대한 긍정적 또는 부정적 확신들을 조합하면 다음과 같은 네 가지 인생태도가 나온다.

I'm OK, You're OK.
I'm not OK, You're OK.
I'm OK, You're not OK.
I'm not OK, You're not OK.

이러한 자세는 자신과 타인을 지각하는 데 본질적인 가치를 부여한다. OK는 긍정, 신뢰, 존중, 가치, 수용 등의 다양한 가치를 가지고 있다. 자신이나 타인에 대해 어떠한 자세를 취하는가에 따라 자신과 타인에 대한 지각이 다르며 세상을 살아가는 태도 또한 달라진다.

2. 인생태도와 삶의 특징

I'm OK, You're OK.   가장 건강한 생활자세이다. 이러한 자세는 커플이 잘 지내며 문제가 발생해도 부정적 감정을 심어 주지 않고 효율적으로 해결할 수 있다. 이러한 자세를 가진 사람은 자신과 타인을 긍정적으로 바라보며 신뢰하고 존중하고 가치 있게 여기며 수용한다. 자신을 좋아하고 타인을 좋아하는 사람은 정서적으로 건강하고 자주적이며 원만한 삶을 산다. 타인과 친밀하고 사랑하는 관계를 맺을 수 있고 자신의 능력과 재능을 건설적으로 사용하고 윤리적이고 책임감이 있으며 행동이 자발적이고 개방적이다. 그러나 I'm OK, You're OK 생활자세로 산다고 해서 완벽한 삶을 산다는 뜻은 아니다. 일이 잘 풀리지 않을 때도 있고 지칠 때도 있고 화가 날 때도 있고 슬플 때도 있다. 그러나 일이 잘 풀리지 않을 때는 건설적으로 대처해 나갈 방안을 찾고 지칠 때는 자신을 돌보고 화가 날 때는 그 원인을 찾아 대처하고 슬플 때는 이를 수용하는 것이다.

I'm not OK, You're OK.   타인을 긍정적으로 보지만, 자신을 부정적으로 본다. 남 앞에서 항상 위축되거나 주눅이 들고 자신을 가치 없고 무력한 존재로 여기기 쉽다. 그리고 자신도 모르게 이러한 자세를 유지하기 위해 not OK 감정을 느낄 행동을 반복적으로 선택하게 된다. 이러한 자세로 사는 사람은 우울하고 타인에게 의존하려는 경향이 높으며 패배적인 각본으로 살기 쉽다.

I'm OK, You're not OK.   자신을 긍정적으로 보지만 타인을 부정적으로 본다. 항상 타인에게 군림하려고 하며 모든 탓을 타인에게만 전가시키려고 한다. 타인을 못마땅한 사람으로 여기고 신뢰할 수 없는 사람으로 보며 일이 잘못되면 모두 타인의 책임으로 돌린다. 자신을 OK로 여기고 자신을 신뢰하는 것 같지만 공격적이고 허세가 심하고 겉으로 자신감이 있어 보여도 속으로는 슬프고 불행감을 느끼며 세상에 대해 방어적 자세를 취한다. 이러한 자세로 사는 사람은 언뜻 보기에 승리자 각본으로 사는 것 같지만 주위 사람들로부터 인정과 존중을 받지 못해 패배자로 전락하기 쉽다.

I'm not OK, You're not OK.   자신과 타인을 모두 부정적으로 바라보며 삶은 무용하고 절망으로 가득 찬 것으로 생각한다. 자신을 낮추고 가치 없는 존재로 지각하며 타인 역시 부정적으로 바라보기 때문에 도움을 기대하지도 않는다. 이러한 사람은 자신이 타인으로부터 배척받는다고 생각하고 타인도 배척하려는 경향이 강하기 때문에 패배자 각본으로 살 확률이 가장 높다.

[활동지 4-1]

〈OK-GRAM 검사〉

★ 다음 항목의 질문에 대하여 보기에서의 점수를 기입하세요.

(보기) *매우 긍정(5) *약간 긍정(4) *보통(3) *약간 부정(2) *매우 부정(1)

1. 나는 나 자신을 좋아한다.			
2. 나는 타인으로부터 호감을 얻지 못하는 인간이다.			
3. 나는 태어나서부터 소중하게 길러졌다고 생각한다.			
4. 나의 탄생은 그다지 환영받지 못했다고 생각한다.			
5. 나는 근본적으로 인간을 신용하지 않고 스스로 한다.			
6. 나는 지금 생활에서 필요로 되는 유익한 인간이라고 생각한다.			
7. 나는 나 자신을 쓸모없는 인간이라고 생각하는 경우가 있다.			
8. 다른 사람의 행동방식이나 사고방식이 나와 달리하고 있을지라도 특히 싫지 않는 기분이다.			
9. 상대를 존중하는 것은 그 기분을 이해하는 것이라고 생각하기 때문에 힘써 실행하고 있다.			
10. 다른 사람으로부터 신뢰받는 사람이라고 생각하고 있다.			
11. 나는 적극적으로 행동을 취하는 편이다.			
12. 나는 소극적인 성격이므로 실패가 두려워서 매사에 손을 대지 않으려고 한다.			
13. 때때로 상대를 매도하거나 꼼짝 못하게 하거나 한다.			
14. 나는 자신이 한 언행에 대해 곧잘 후회한다.			
15. 상대가 기대한 대로 해 주지 않으면 매우 화가 난다.			
16. 다른 사람의 장점보다 단점을 지적하는 편이다.			
17. 나는 기본적으로 다른 사람을 믿는다.			
18. 아이들을 포함해서 누구에게도 자신의 견해를 가질 권리가 있다고 생각한다.			
19. 자신이 결단하여 행동하는 것이 잘 되지 않는다.			
20. 자신의 용모에 자신이 없다.			
21. 자신의 얼굴이나 모습에 매력이 있다고 생각한다.			
22. 매사에 자신이 없기 때문에 대체로 다른 사람들이 하는 대로 따라간다.			
23. 다른 사람을 돕는 일은 나쁜 버릇을 키우므로 하지 않는다.			

문항	U-	U+	I+	I-
24. 자신의 능력 중 어느 면에 자신을 갖고 있다.	■	■		
25. 사람들이 자기주장을 하거나 경제적으로 풍요하게 되는 것은 좋은 것이라고 생각한다.	■		■	■
26. 생각이나 행동방식을 자신과 달리하고 있는 사람은 가능한 한 무리에서 배제해 버리고 싶다.		■	■	■
27. 나는 대부분의 사람들과의 관계를 훌륭하게 해 가고 있다.	■			■
28. 다른 사람의 일이 순조롭게 되고 있을 때 좋은 일이라고 기뻐해 준다.	■		■	■
29. 다른 사람들 앞에서 이야기할 때 그다지 불안하거나 긴장되지 않고 자연스럽게 말한다.	■	■		■
30. 친구나 동료와 함께 있는 것을 좋아하지 않으며 고독을 즐긴다.	■			■
31. 싫어하는 사람일지라도 함께 일을 잘 해낼 수 있다.	■			■
32. 후배나 부하가 나를 따르는 것은 당연한 것이라고 생각한다.	■			■
33. 사람들은 누구나 자신이 의사 결정을 할 권리가 있다고 생각한다.	■			■
34. 동료가 실패해도 언제까지나 책망하지 않고 격려한다.	■			■
35. 나 자신을 그다지 존경할 수가 없다.	■	■		■
36. 동료에 비해 나의 타인에 대한 평가는 엄격하다.	■	■		■
37. 나는 그다지 다른 사람을 칭찬하지 않는 편이다.	■	■		■
38. 나는 대개 다른 사람이 하는 만큼은 할 수 있다.	■		■	■
39. 나는 다른 사람을 이용하여 자신의 입장이나 일을 잘 하려고 하는 경향이 있다.		■	■	■
40. 나는 잘못을 하거나 실망을 하는 경우에도 긍정적으로 생각할 수 있다.	■	■		■
합계				
	U-	U+	I+	I-

[활동지 4-2]

〈나의 OK 목장〉

★ 아래 제시된 설명을 참고하여, 우리 커플의 일상생활에서 나타나는 상황을 해당하는 칸에 적어 보세요.

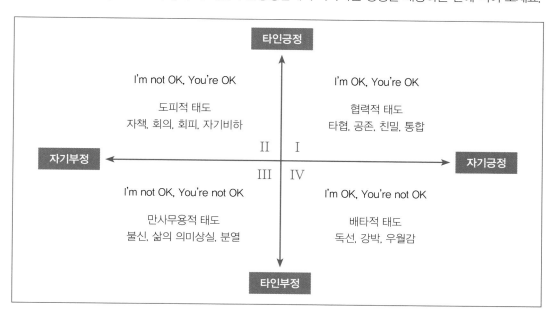

우리 커플은……

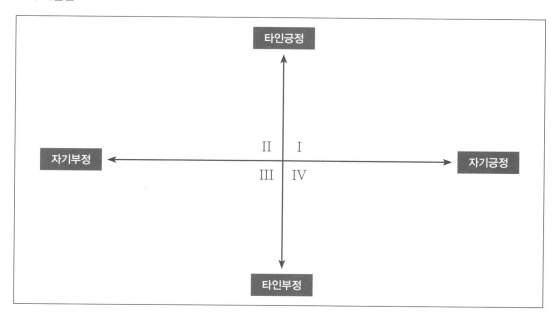

각 영역이 차지하는 비중에 따라 그래프의 축을 다시 그려 보세요.

바람직한 OK 목장이 되기 위해서는……

I'm OK, You're OK의 면적이 넓어지기 위해 우리 커플이 노력할 수 있는 것은 어떤 것이 있을지 파트너와 이야기 나누어 보고 작성해 봅시다.

_____

_____

_____

_____

_____

_____

_____

📝 5회기 **나였던 그 아이는 어디 있을까?**

활동지도안	
활동목표	• 어린 시절에 만들어진 인생각본을 이해하고 건강한 인생각본을 갖도록 한다. • 인생 초기의 대인관계의 중요성을 인식하고 드라이버에서 벗어나기 위한 서로의 역할을 찾을 수 있다.
준비물	동영상, 색연필, 사인펜, [활동지 5-1], [강의자료 5-1], [활동지 5-2]
단계	진행 절차
도입 (10분)	▶ 되돌아보기와 준비하기 한 주 동안 어떻게 지냈나요? 지난 회기 우리는 서로의 인생태도를 살펴보고 바람직한 인생태도인 I'm OK, You're OK의 태도로 살아가기 위해 노력하기로 했었지요? 우리 커플 사이에서 나타나는 I'm OK, You're OK의 모습은 어떤 것이 있는지 관찰해 보기로 했었는데 한 주 동안 알게 된 점이나 발견한 점이 있다면 자유롭게 나누어 볼까요? 참여자들이 한 주 동안 느낀 점, 발견한 점을 함께 나누어 보도록 하며 다른 참여자들도 자유롭게 피드백할 수 있도록 촉진한다. 적극적으로 더 나은 관계를 위해 노력하는 여러분의 모습이 정말 멋져 보입니다. 이제 프로그램의 절반을 지나왔는데 조금씩 적응하고 노력하는 모습을 보니 프로그램을 마칠 때는 커플관계가 더욱 발전되어 있을 것 같습니다. 여러분도 프로그램에 참여하면서 첫 회기에 작성했던 서약서의 다짐을 잊지 마시기 바랍니다. ▶ 도입 활동: All Kill 게임 〈활동 내용〉 ① 집단원들이 모두 둥글게 둘러앉는다. ② 돌아가면서 어린 시절의 경험을 하나씩 개방한다. 이때, 다른 사람들은 해 보지 않았을 것 같은 독특한 경험을 내놓아야 한다. ③ 말하는 사람이 개방한 경험에 대해 다른 집단원들은 같은 경험이 있으면 엄지를 위로, 같은 경험이 없으면 엄지를 아래로 내린다. ④ 모든 집단원들이 엄지를 아래로 내리는 경험을 말하는 집단원에게 보상을 한다. **Tip** • 게임을 시작하기 전 집단원들에게 개방할 수 있는 범위만큼만 개방할 것, 집단에서 다룬 이야기는 절대 비밀을 유지할 것 등을 다시 한번 알려 주어야 한다. All Kill 게임을 하며 어땠나요? 이번 회기에서는 어린 시절 나의 경험이 현재 나의 행동과 성격에 미치는 영향인 '인생각본'을 알아보기 위해 먼저 자기개방 게임을 해 보았습니다. 어린 시절 만들어지고 부모에 의해 강화된 나의 인생각본은 무의식적으로 내 인생 전체에서 영향을 미치게 되지요.

전개
(60분)

▶ 동영상 시청: 상처 빼 내기

먼저 간단한 영상을 하나 보도록 하겠습니다.

> 동영상 시청

나의 배우자가 어린 시절 어떤 경험을 했고, 그 경험이 현재 어떤 영향을 미치는지 우리는 많이 알고 있다고 생각하지만 정작 배우자의 마음속 깊은 곳에 있는 이야기는 들어 볼 기회가 없습니다. 이 영상에서도 두 사람의 성격 차이, 성향 차이로 생기는 갈등이라고만 생각했던 부분들이 사실 어린 시절부터 겪어 온 경험과 아픔이 좌우하고 있다는 것을 알게 될 때 갈등이 해결되기도 합니다.

▶ 활동 5-1: 영화 같은 내 인생

영상에서 본 것처럼 우리는 인생의 특정한 시기에 또는 인생의 전반에서 나에게 큰 영향을 미치는 사건들을 겪게 되지요? 이번 시간에는 내 인생의 특정한 한 장면, 또는 전반적인 장면을 떠올려 보고 이 장면을 영화로 만든다면 어떤 포스터를 제작하게 될지, 영화의 제목은 무엇일지를 표현해 보도록 하겠습니다.

〈활동 내용〉

① 나의 살아온 모습을 영화로 만들려고 한다. 영화의 제목을 짓고 포스터를 만들어 보자.
② 나의 파트너에게(또는 집단원 전체에게) 나의 영화의 제목과 포스터를 소개해 본다.

> **Tip**
> • 새로운 것을 창작해야 하는 활동을 힘들어하는 집단원들에게는 기존의 영화 포스터와 제목을 패러디하는 활동 또는 동화의 내용과 제목을 바꾸어 제시하는 활동으로 바꾸어서 진행할 수 있다.

▶ 강의 5-1: 인생각본

〈강의 내용〉

1. 인생각본이란
2. 인생각본의 장치와 법칙
3. 드라이버와 허가

강의를 들은 후, 자신의 축소각본에 의해 나의 파트너에게 어떤 행동을 요구하거나, 나의 축소각본 때문에 파트너의 행동이 서운했던 적은 없는지 생각해 보세요. 가능하다면 파트너와 나누어 보는 것도 좋겠지요?

▶ 활동 5-2.: 나의 드라이버 체크

강의를 들으며 나의 축소각본과 드라이버를 추측해 보았습니다. 제시되는 활동지를 통해 나의 드라이버를 체크하고 좀 더 건강한 인생각본을 가지고 살기 위해 나의 어떤 점을 바꾸어야 할지 생각해 볼 수 있습니다.

	〈활동 내용〉 제시하는 활동지를 통해 드라이버를 체크하고 그래프를 그린다. **Tip** 드라이버 체크만으로 끝내기보다 칠판 또는 화면에 몇 가지 질문을 제시하고 드라이버 체크 후 파트너와 드라이버와 인생각본에 대해 충분히 이야기 나눌 수 있도록 한다. • 나는 어떤 드라이버에 의해 인생각본을 만들고 살았나요? • 나의 커플관계에서 나의 드라이버에 의해 상대방에게 강요한 것들은 없나요? • 좀 더 건강한 인생각본을 가지고 살기 위해서는 나의 어떤 점을 바꾸어야 할까요?
마무리 (10분)	▶ 마무리 이번 회기에서는 인생각본과 드라이버에 대해 알아보았습니다. 인생각본은 지금까지 살아오면서 긴 시간 동안 만들어진 것이기 때문에 이번 회기에서 내가 알게 된 것 외에도 또 깨닫고 느끼게 되는 것들이 앞으로도 많을 것이라고 생각됩니다. 오늘 활동을 통해 우리 커플이 새롭게 느낀 점, 알게 된 점 또는 아쉬웠던 점이 있다면 함께 나누어 보겠습니다. 다음 시간에는 '너는 나의 비타민'이라는 주제로 '스트로크'에 대해 알아보도록 하겠습니다.
유의점	• 편안한 분위기에서 솔직하게 활동할 수 있도록 허용적이고 신뢰할 수 있는 분위기를 조성한다. • 어린 시절의 경험을 개방할 때, 개방할 수 있는 범위를 스스로 잘 정하고 개방할 수 있도록 한다.

〈영화 같은 내 인생〉

★ 나의 어린 시절 중 한 장면, 또는 살아온 모습을 영화로 만들고자 합니다.

영화의 제목을 정하고 영화 포스터를 만들어 보세요.

강의자료 5-1 **인생각본**

1. 인생각본이란

인생각본은 어린 시절에 만들어지고 부모에 의해 강화되며 후속 사건에 의해 정당화되어 양자택일의 순간 결정에 달하게 되는 무의식적인 인생계획을 말한다.

2. 인생각본의 장치와 법칙

1) 인생각본의 장치

- 결말: 일반적으로 운명이라고 부르는 것이다.
- 금지령: '존재해서는 안 된다', '남자(여자)여서는 안 된다', '아이들처럼 즐겨서는 안 된다', '성장해서는 안 된다', '성공해서는 안 된다', '실행해서는 안 된다', '중요한 인물이 되어서는 안 된다', '모두의 무리 속으로 들어가서는 안 된다', '사랑해서는 안 된다' 등
- 대항각본: 얼핏 봐서는 금지령에 대항하는 것과 같은 슬로건을 내걸면서 실제로는 각본의 진행에 가담하는 작용을 말한다.

2) 인생각본의 법칙

- 초기 부모의 영향 → 프로그램 → 순응 → 중요한 행동 → 결말

3) 축소각본

- 짧은 시간에 일어나는 일련의 행동 패턴이며, 인생각본을 강화하는 것을 말한다.
- 드라이버라고 부르며 대항금지령에 의하여 시작된다.

4) 축소각본에서 벗어나기

- 자신의 생각이나 감정과 상대방의 생각이나 감정을 구별한다.
- 상대방의 기대가 무거운 짐이라고 느낀다면 그때부터 자유로이 해도 좋다고 자기 자신에게 허가를 부여한다.
- 부적절한 몰이꾼에게는 따르지 않는다고 결의하고 일상생활에서 실천한다.

3. 드라이버와 허가

- 완전하게 하라. → 당신은 있는 그대로 충분하다.
- 다른 사람을 기쁘게 하라. → 먼저 너 자신을 기쁘게 하라.
- 강해지라. → 자신이 원하는 것을 개방적으로 표현하라.
- 열심히 노력하라. → 그냥 하라.
- 서두르라. → 여유를 가지고 하라.

[활동지 5-2]

〈나의 드라이버 체크〉

★ 우리는 일상에서 무엇인가에 몰아세워지듯이 일정한 패턴으로 행동하는 경우가 있다. 그 원인이 된 충동의 정체를 확실히 알기 위한 체크리스트가 인생각본을 몰아세우는 드라이버 체크리스트입니다.

다음 문장을 읽고 자신의 평소 행동에 언제나 해당되는 것은 5, 자주 해당되는 것은 4, 보통인 것은 3, 약간 해당되지 않는 것은 2, 거의 해당되지 않는 것은 1을 써서 합계를 내 주세요.

번호	문항	점수
1	회의 중 '나의 생각으로는'이라고 자신의 의견을 확실히 말하거나 그러고 싶은 충동을 느낀다.	
2	이야기할 때 어깨 등의 근육 부분이 긴장된다.	
3	이야기할 때 요점을 지적하거나 다소 지나친 제스처를 쓰면서 한다.	
4	무엇을 해도 '이것으로 충분할까'라는 불안이 있으며 좀 더 신경 쓰기 위해 뭔가 해 두고 싶은 충동을 느낀다.	
5	여기서 중지했으면 하고 생각하면서도 바로 한마디로 말해 쓸데없는 것을 말해 버리고 만다.	
A. 1~5번 점수의 합계		

번호	문항	점수
6	대화 때 '될 수 있는 한 해 본다', '해 보기는 하겠지만' 등 책임을 얼버무리는 표현이 많다.	
7	질문에 정통으로 찌르며 답하지 못하고 어딘가 시원하고 말씨가 분명하지 못한 응답 방식, 즉 간접적인 대답 방식을 한다.	
8	다른 사람과 이야기할 때 앞으로 넘어질 듯한 자세로 이야기를 열심히 들으려고 한다.	
9	무슨 일에 대해서나 노력하지 않으면 노력이라도 하고 있으면 무언가 된다고 자신에게 타이른다.	
10	이야기할 때 어깨 등의 근육 부분과 위장 등의 체내의 양쪽에 긴장감이 있다.	
B. 6~10번 점수의 합계		

번호	문항	점수
11	이야기를 하고 있을 때 '네, 그렇지요'와 같이 동의를 구하는 말, '그것으로 좋지 않을까?'와 같이 상대방의 기분을 묻는 말을 많이 한다.	
12	이야기할 때 위 등 몸 깊숙한 쪽에 긴장감을 느끼지만 어깨 근육 등은 그다지 경직되지 않는다.	
13	어떤 일에서나 다른 사람을 충분히 만족시키고 있지만 '나는 아직 배려가 충분치 않은 것은 아닐까' 하고 자신에게 타이른다.	
14	여러 사람 앞에 나서면 안 되는 것처럼 느껴진다. 눈에 띄는 행위는 어쨌든 하고 싶지 않다.	
15	이야기를 할 때 다른 사람들과 비교하여 고개를 끄덕이는 횟수가 많다.	
C. 11~15번 점수의 합계		

번호	문항	점수
16	이야기를 할 때 다른 사람이 말을 끝내기 전에 차단하듯이 이야기하고 만다.	
17	다른 사람과 비교하여 모든 동작이 성급하다.	
18	무엇을 하고 있어도 시간 내에 끝낼 수 없을 것이다. '그렇게 되면 큰일이다' 라는 불안이 있다.	
19	무릎을 사납게 떨고 손가락으로 책상을 두드리는 등 몸의 일부를 조금씩 반복하여 움직이는 버릇이 있다.	
20	회의 중 '자, 하자, 서둘러!' 등 재촉하는 말이 많다.	
	D. 16~20번 점수의 합계	

번호	문항	점수
21	다른 사람과 비교하여 볼 때 모든 동작이 어색하며 딱딱하다.	
22	이야기를 할 때 감정 표현이 없고 '특별히 아무것도 아니야' 등 감정을 억압하는 말이 잘 사용된다.	
23	마음속에서 자신의 약점은 절대로 다른 사람에게 보이지 않는다고 타이르는 경우가 많다.	
24	이야기하는 말소리 상태에 억양이 없고 단조롭고 기계적이다.	
25	팔짱을 끼거나 의자에 앉을 때 다리를 꼬는 것을 좋아한다.	
	E. 21~25번 점수의 합계	

〈채점방법〉

A, B, C, D, E의 각 그룹의 득점을 다음 그래프에 기입하라. 이것이 당신의 드라이버 각각의 정도이다.

A–완전하게 하라.　　　　　(　　　)점

B–열심히 노력하라.　　　　(　　　)점

C–다른 사람을 기쁘게 하라.　(　　　)점

D–서두르라.　　　　　　　(　　　)점

E–강해지라.　　　　　　　(　　　)점

	0	5	10	15	20	25
A						
B						
C						
D						
E						

🖋 6회기 │ 너는 나의 비타민

활동지도안	
활동목표	• 스트로크(인정자극)의 개념을 이해하고 인정자극의 중요성을 안다. • 우리 커플이 주고받는 인정자극의 종류를 살펴보고 서로가 원하는 인정자극은 무엇인지 알 수 있다.
준비물	A4 용지, [강의자료 6-1], [활동지 6-1], [활동지 6-2]
단계	**진행 절차**
도입 (10분)	▶ 되돌아보기와 준비하기 지난 회기 우리는 어린 시절의 경험이 나에게, 또 나의 파트너에게 어떤 영향을 미치는지 알아보는 '인생각본'에 대해 알아보았습니다. 한 주 동안 느끼고 발견한 점이 있는지 자유롭게 나누어 보겠습니다. 참여자들이 한 주 동안 느낀 점, 발견한 점을 함께 이야기 나누어 보도록 하며 다른 참여자들도 자유롭게 피드백할 수 있도록 촉진한다. ▶ 도입 활동: 일심동체 〈활동 내용〉 ① 커플끼리 같은 방향을 보고 한 줄로 선다. ② 앞쪽에 선 사람은 등에 A4 용지를 붙이고, 앞쪽 벽에도 종이를 붙인다. ③ 뒤쪽에 서 있는 사람이 상대방의 등에 붙인 종이에 그림을 그리면 앞사람은 등에서 느껴지는 촉각 그대로 그림을 그린다. ④ 활동이 끝나면 두 사람의 그림을 비교해 보고 소감을 나눈다.
전개 (60분)	오늘은 인정자극, 스트로크에 대해 알아보고 우리 커플이 주고받는 스트로크, 나의 파트너가 주로 받고 싶은 스트로크 등에 대해 알아보고 서로를 이해하는 시간을 가지도록 하겠습니다. ▶ 강의 6-1: 인정자극(스트로크) 〈강의 내용〉 1. 인정자극이란 2. 인정자극의 유형 3. 인간관계 증진을 위한 인정자극 교환방법 강의에서 살펴보았듯 인정자극은 심리적 성장의 밑거름이 됩니다. 인정자극을 잘 활용하면 부부관계 증진에도 도움받을 수 있겠지요. ▶ 활동 6-1: 나의 성장나무 강의를 들으며 알게 된 스트로크(인정자극)의 종류를 생각하며 나의 파트너에게 받은 긍정적 인정자극은 나무 위에 나뭇잎으로, 힘 빠지는 자극, 슬픈 자극 등 부정적인 스트로크는 나무 아래

에 떨어진 나뭇잎으로 표현해 보세요. 스트로크를 다 그린 후에는 어떤 상황에서 이런 말을 들었고, 그때의 마음이 어땠는지 나의 파트너에게 이야기해 보고, 이야기를 들은 파트너는 긍정적인 스트로크로 피드백해 주시기 바랍니다.

〈활동 내용〉: [활동지 6-1]
① 활동지에는 나뭇잎은 없고 기둥만 있는 나무 그림을 제시한다.
② 나의 파트너에게 받은 인정자극 중 나를 기쁘게 했던 영양분의 말이나 표현은 나무 윗부분에 잎으로 그리고, 나를 힘들게 하거나 힘 빠지게 한 표현은 나무 아래에 떨어진 나뭇잎으로 그린다.
③ 그림을 다 그린 후 나의 파트너에게 그림을 설명한다(그때의 상황과 기분 등). 설명을 들은 상대방은 긍정적 스트로크로 피드백한다.

> **Tip**
> • 나뭇잎 모양 포스트잇을 준비하여 스트로크의 내용을 쓰게 한 후 해당하는 위치에 붙이는 활동으로 변경해도 좋다.

▶ 활동 6-2: 인정자극 경험 나누기
나의 성장나무 그리기 활동을 통해 서로가 주는 인정자극을 어떻게 느끼는지 나누어 보는 시간을 가졌습니다. 아마 어떤 상황에서는 상대방을 기쁘게 하기 위해 했던 스트로크가 상대방에게는 불편하고 부정적으로 느껴지는 경우도 있었을 거라고 생각이 됩니다. 이것 또한 어린 시절부터 어떤 경험을 했는지, 또 상대방이 원하는 스트로크는 어떤 것인지 등을 이해하면 더 나은 관계 형성에 도움이 되겠지요. 다음 활동지를 작성하며 인정자극 경험을 서로 나누어 봅시다.

〈활동 내용〉: [활동지 6-2]
① 활동 6-1을 참고하여 커플이 함께 활동지를 채워 나간다.
② 어린 시절 내가 주로 받았던 인정자극은 어떤 것이었나?
  현재 파트너와 주로 주고받는 인정자극은 어떤 것인가?
  파트너로부터 받고 싶은 인정자극은 무엇인가?
  나는 인정자극 경제 5법칙 중 어느 법칙에 매여 있나?
  이것을 타파하면 어떻게 하면 좋을까?
③ 활동지의 물음을 작성하며 파트너와 자유롭게 이야기 나누는 시간을 가진다.

마무리 (10분)	▶ 마무리 이번 회기에서는 스트로크의 개념을 이해하고 우리 커플이 주로 주고받는 스트로크와 서로가 원하는 스트로크에 대해 이해해 보았습니다. 이번 시간 알게 된 서로가 원하는, 그리고 원하지 않는 스트로크를 잘 기억하고 일상생활에서 활용하시기 바랍니다. 오늘 활동을 통해 우리 커플이 새롭게 느낀 점, 알게 된 점 또는 아쉬웠던 점이 있다면 함께 나누어 보겠습니다. 다음 시간에는 '이러지 마, 제발!'이라는 제목으로 '심리게임'에 대해 알아보도록 하겠습니다.
유의점	편안한 분위기에서 솔직하게 활동할 수 있도록 허용적이고 신뢰할 수 있는 분위기를 조성한다.

┌───┐
│ 강의자료 6-1   │ 인정자극   │
└───┘

1. 인정자극이란

인정자극, 신체접촉, 마음을 주고받는 행위를 말한다.

인정자극은 심리적 성장의 밑거름이다. 사람은 스킨십 등 몸짓이나 눈짓, 표정, 감정, 언어 등 자신의 반응을 상대에게 알리는 인간 의식의 기본 단위로서 인정자극을 사용한다. 인간행동의 동기는 모두 인정자극으로 성립되어 있다. 타인과 인정자극 교환이 이루어질 때 자기존중감 및 애정과 보살핌에 기초한 원만한 인간관계를 형성할 수 있다.

• 어릴 때는 신체적 인정자극 욕구가 강하고 성인은 정신적 인정자극 욕구가 강하다.
• 인정자극이 없으면 병리적인 심리적 기아상태에 놓이므로 무인정자극은 가장 바람직하지 않다.

2. 인정자극의 유형

구분	신체적	언어적	조건적	무조건적
존재인지 (인간, 인식)	접촉에 의한 직접적 표현	말에 의한 간접적 표현	행위나 태도에 대해서 표현	존재나 인격에 대해서 표현
긍정적 (상대가 기분 좋게 느낌)	안아 준다. 손을 잡아 준다. 어깨를 쳐 준다.	칭찬과 격려의 말을 한다.	힘들었을 텐데 지각하지 않으려고 애써서 고마워.	내 생애에 널 만난 것이 가장 큰 행운이야.
부정적 (상대가 기분 나쁘게 느낌)	때린다. 꼬집는다. 걷어찬다.	겨우 이것밖에 못해. 넌 늘 이런 식이지.	깨끗이 정리정돈하지 않으면 안 된다. 그 태도는 뭐야?	우리 말하지 말자. 여기서 좀 나가.

3. 인간관계 증진을 위한 인정자극 교환방법

우리는 인정자극을 요구, 거절할 수 있으며 즐길 수 있다. 그러나 대부분이 어린 시절 부모의 억압으로 인정자극 교환을 제한하고 있다. 인정자극을 많이 받고 자라면 원만한 관계를 추구하지만 인정자극을 받고 자라지 못하면 그렇지 못하다는 것이다. 이를 경제라는 법칙에 적용해 보면 부자는 더 부유해지고 가난한 사람은 더 가난해진다는 원리로 해석된다. 따라서 이렇게 형성된 인정자극 경제법칙을 타파하는 것이 필요하다.

• 인정자극 경제법칙
  – 주어야 하는 인정자극을 주어서는 안 된다.
  – 원하는 인정자극을 요구해서는 안 된다.
  – 원하는 인정자극이 와도 받아들여서는 안 된다.
  – 원하지 않는 인정자극이 왔을 때 거절해서는 안 된다.
  – 자기 자신에게 인정자극을 주어서는 안 된다.

[활동지 6-1]

〈나의 성장나무〉

★ 나의 파트너에게 받은 기분 좋은 인정자극은 나무 위에 나뭇잎으로, 힘 빠지는, 슬픈 인정자극은 떨어진 나뭇잎으로, 그리고 해당하는 자극을 나뭇잎에 적어 보세요.

[활동지 6-2]

〈인정자극 경험 나누기〉

나의 파트너가 좋아하는 인정자극은?		나의 파트너가 싫어하는 인정자극은?	

구분	내용
어린 시절 부모, 형제와 의 인정자극 경험은?	
현재 나의 파트너와 주 로 사용하는 인정자극 은 무엇인가요?	
파트너로부터 받고 싶 은 인정자극은 무엇인 가요?	
나는 인정자극 경제 5법칙 중 어느 법칙을 따르고 있나요?	
이것을 타파하려면 어 떻게 해야 할까요?	

🖋️ 7회기 **이러지 마, 제발!**

활동지도안	
활동목표	• 심리게임의 개념과 과정을 이해한다. • 나의 파트너의 심리게임의 특징을 알고, 우리 커플이 심리게임을 중단할 수 있는 방법을 찾을 수 있다.
준비물	단어 마피아게임 자료, [강의자료 7-1], [활동지 7-1], [활동지 7-2]
단계	진행 절차
도입 (10분)	▶ 되돌아보기와 준비하기 지난 회기에 우리는 인정자극(스트로크)에 대해 알아보았습니다. 상대방이 원하는 또는 원하지 않는 스트로크에 대해서도 알아보는 시간을 가졌는데, 지난 일주일간 우리 커플의 관계에서 달라진 점이 있거나 느낀 점이 있다면 자유롭게 이야기 나누어 보겠습니다. 참여자들이 한 주 동안 느낀 점, 발견한 점을 함께 나누어 보도록 하며 다른 참여자들도 자유롭게 피드백할 수 있도록 촉진한다. ▶ 도입 활동: 단어 마피아게임 〈활동 내용〉 ① 모둠원(6명 정도)이 함께 하는 게임이다. ② 정답 단어를 적은 종이 다섯 장과 정답이 아닌 힌트를 적은 종이 한 장을 잘 섞어 모둠원들에게 나누어 준다. 정답 단어가 적힌 종이를 받은 사람은 시민, 힌트 종이를 받은 사람이 마피아가 된다. ③ 순서를 정해 돌아가면서 정답 단어를 보고 떠오른 것을 이야기한다. ④ 순서대로 이야기를 다 나누고 나면 모둠원들이 다시 빈 종이쪽지를 한 장 받아서 시민은 누가 마피아라고 생각하는지를 적고, 마피아는 자신이 생각하는 정답을 적는다. ⑤ 시민들이 마피아를 찾아내지 못하고, 마피아가 정답을 맞히면 마피아가 이기는 게임이다.
전개 (60분)	▶ 강의 7-1: 심리게임 이번 회기에서는 교류분석의 이론 중 '심리게임'이라는 개념을 이해하고 일상생활에서 나타나는 심리게임을 분석해 보도록 하겠습니다. 흔히 '게임'이라는 말은 재미있는 놀이를 표현할 때 쓰이지만 교류분석에서 '게임'이라는 단어는 대인관계에서 부정적인 결과를 초래하고 부정적인 감정을 느끼게 하는 요소이기 때문에 '게임'에 걸려들지 않게 하는 것이 필요합니다. 이번 회기에서는 심리게임에 대해 잘 이해하고 심리게임을 중단할 수 있는 방법을 찾아보도록 하겠습니다. 〈강의 내용〉 1. 심리게임이란 2. 심리게임의 특징 3. 드라마삼각형에 의한 게임분석 4. 심리게임을 중단하는 방법

▶ 활동 7-1: 나의 심리게임

심리게임에는 일정한 순서가 있습니다. [활동지 7-1]을 참고하여 우리 커플에게서 자주 발생하는 심리게임의 사례를 작성해 봅시다. 각 순서에 맞게 어떤 상황의 게임이 자주 발생하는지 적어보고 이때 각자의 감정에 대해서 솔직하게 이야기 나누어 보는 시간을 가집니다.

> **Tip**
> - 심리게임의 상황을 나눌 때 다툼이나 갈등을 조장하기 위함이 아닌 서로에 대한 이해를 위한 활동임을 강조하고 서로를 존중하며 활동할 수 있도록 안내한다.
> - 작성이 끝나면 다른 커플들과 활동에 대해 이야기를 나누며 서로의 느낌을 공유하는 것도 필요하다.

▶ 활동 7-2: 드라마삼각형 게임분석

드라마삼각형 이론에 맞추어 우리 커플의 심리게임을 분석해 보고 그 상황에서 나의 역할에 대해 생각해 보는 시간을 가지겠습니다. 어떤 상황에서는 내가 박해자의 역할일 수도 있고, 또 어떤 상황에서는 구원자의 역할일 수도, 희생자의 역할일 수도 있겠지요.

또한 우리 커플관계에서의 심리게임을 중단하기 위해서는 어떤 방법이 있을지, 내 역할이 어떻게 바뀌면 좋을지를 함께 이야기 나누어 봅시다.

〈활동 내용〉
① [활동지 7-2]에 박해자, 구원자, 희생자의 사례를 작성한다.
② 이때 심리게임에서 벗어날 수 있는 해결방법을 작성해 본다.

마무리
(10분)

▶ 마무리

오늘 활동에서는 '심리게임'을 이해하고 심리게임에서 벗어나기 위한 우리 커플의 방안을 생각해 보는 시간을 가졌습니다. 결혼생활을 하다 보면 나도 모르게 갈등의 원인을 만들고 갈등 상황이 되는 경우가 많습니다. 이때, 오늘 활동했던 '심리게임'을 생각하며 갈등을 해결해 나갈 수 있는 방법을 지혜롭게 찾을 수 있기를 바랍니다.

다음 시간에는 '마주 보는 시간이 모두 행복하기를'이라는 제목으로 '시간구조화'에 대해 알아보고 우리 커플관계에 대한 '재결단'으로 활동을 마무리하도록 하겠습니다.

강의자료 7-1 심리게임

1. 심리게임이란
- 명료하고 예측 가능한 결과를 진행 중인 일련의 상보적·이면적 교류로 숨겨진 동기를 수반하고 올가미나 속임수를 품은 일련의 흥정으로 자주 반복하는 위장된 감정의 교류
- 일반적으로 게임이라고 하면 대부분 즐겁고 유쾌한 시간을 보내는 것을 생각하지만 교류분석에서의 게임은 사람들에게 불쾌감을 주는 것
- 인간이 게임을 하는 것은 애정이나 인정자극을 얻기 위한 수단이고 시간을 구조화하는 방법 중의 하나이며, 게임은 각자의 기본적인 감정(라켓)을 지키기 위해서 연출

$$C(con) + G(gimmick) = R(response) → S(switch) → X(cross-up) → P(pay-off)$$
$$초대자 + 수락자 = 반응 → 전환 → 혼란 → 결말$$

2. 심리게임의 특징
- 심리게임은 반복적이다.
- 심리게임은 어른(A)상태의 의식이 없이 연기된다.
- 심리게임은 항상 연기자들이 라켓감정(부정적 감정)을 경험하면서 끝이 난다.
- 심리게임은 연기자들 사이에서 이면교류의 교환을 수반한다.
- 심리게임은 항상 놀라움과 혼란의 순간을 포함하고 있다.
- 심리게임은 각본 신념을 강화시킨다.
- 심리게임은 인생태도를 정당화시킨다.
- 심리게임은 불건전한 공생을 유지하기 위한 하나의 시도이거나 그러한 공생에 대한 화난 반응이다.
- 심리게임은 세상으로부터 무엇을 얻으려는 어린이(C)의 최선의 전략이다.

3. 드라마삼각형에 의한 게임분석
- 드라마삼각형은 생활에서 심리게임을 하고 있는 자신과 타인 간의 관계 틀을 설명해 준다.

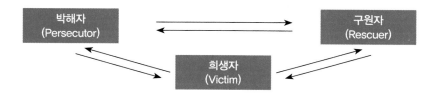

- 박해자: 두 사람 혹은 그 이상의 인간관계 속에서 주도권을 쥐고 있는 자로서 지배적인 힘을 발휘하고 상대의 행동을 억압하거나 지시한다. 주로 CP가 연출하는 역할
- 희생자: 대립되는 인간관계에 있어서 그 힘의 균형을 유지하기 위해서 희생되는 자를 말한다. 주로 AC가 관여하는 역할
- 구원자: 희생자를 원조하거나 박해자를 지지하거나 하면서 친절한 것처럼 겉치레로 타인을 자신에게 의존하게 하는 사람. 화해시키거나 관대한 태도를 보이며 때로는 상대편을 자신에게 의존시키려 과보호적인 역할도 한다. 주로 NP가 연출하는 역할

4. 심리게임을 중단하는 방법

- 심리게임의 시작에 주의하고 그것을 피한다.
- 라켓감정과 행동과의 관계를 객관적으로 관찰한다.
- '드라마삼각형'의 세 가지 역할을 어느 정도 연출하지 않도록 한다.
- 기존 교류패턴을 바꾸어 본다.
- 결말을 생각하고 그것을 철저히 회피하는 수단을 구체적으로 강구한다.
- 비생산적인 시간을 오래 보내지 않는다.
- 긍정적 인정자극을 교환하고 서로 유쾌한 시간을 갖는다.
- 다른 사람과의 관계를 풍부하게 하고 자기인지의 기회를 갖는다.

[활동지 7-1]

〈나의 심리게임〉

★ 우리는 살아가면서 어른 자아(A)가 의식하지 못하는 심리게임을 합니다.

최근 우리 커플 사이에서 일어난 심리게임을 생각해 보고 아래 표에 맞추어 상황을 작성해 보세요.

목적 (심리게임의 목적)	
초대자	
수락자	
반응	
전환	
혼란	
결말	

[활동지 7-2]

〈드라마삼각형 게임분석〉

★ 일상생활에서 나의 파트너와 주로 많이 하는 심리게임을 생각해 보고 그 상황에서의 나의 역할을 써 보세요.
또, 우리 커플관계에서의 심리게임을 중단하기 위해서는 어떤 방법이 있을지 함께 논의하여 작성해 보세요.

심리게임	사례	해결방법
박해자		
구원자		
희생자		

8회기 | **마주 보는 시간이 모두 행복하기를**

활동지도안	
활동목표	• 행복한 커플관계를 위한 시간구조화를 점검한다. • 전체 회기에 대한 나눔을 통해 행복한 커플관계를 재결단한다.
준비물	초성게임 PPT, 색연필, 사인펜, [강의자료 8-1], [활동지 8-1], [활동지 8-2]
단계	진행 절차
도입 (10분)	▶ 되돌아보기와 준비하기 벌써 마지막 회기가 되었습니다. 지는 회기에 우리는 '심리게임'을 이해하고 우리 커플관계에서 심리게임이 주로 일어나는 상황에 대해 살펴보았습니다. 커플관계에서 갈등이 생길 때 심리게임에 걸려든 것은 아닌지 되돌아볼 수 있는 중요한 시간이었는데요. 지난 한 주를 보내면서 우리 커플에게 달라진 부분이나 느낀 점 등을 나누어 보겠습니다. 　• 참여자들이 한 주 동안 느낀 점, 발견한 점을 함께 나누어 보도록 하며 다른 참여자들도 자유롭게 피드백할 수 있도록 촉진한다. ▶ 도입 활동: 초성게임 지난 7회기 동안 매 회기 교류분석 이론을 학습하였는데요. 오늘 게임은 '초성게임'을 해 보도록 하겠습니다. 지난 7회기 동안 학습하고 활동한 개념들의 초성을 보고 어떤 단어인지 맞히는 게임입니다. 〈활동 내용〉 ① PPT로 제시되는 초성을 보고 단어를 맞추는 게임을 한다. ② 제시되는 단어는 1~7회기까지 강의에서 학습했던 교류분석에 쓰이는 단어들로 구성하며, 단어를 맞힐 때마다 어떤 회기에서 어떤 활동을 했는지 상기시키고 이야기 나누는 시간을 가진다.
전개 (60분)	▶ 강의 8-1: 시간구조화 여기에서는 시간구조화라는 개념을 이해하게 됩니다. 시간구조화란 스스로 시간을 어떻게 사용하는가를 알아서 의식화함으로써 보다 바람직한 시간을 재구성하는 것을 목표로 합니다. 결혼을 하게 되면 혼자서 지내던 시간을 부부가 같은 공간에서 보내게 되겠지요? 이때 함께 시간을 보내면서 인정자극의 교환이 일어나게 되며 바람직한 시간구조화를 통해 어떻게 시간을 사용하는가 또한 부부관계에서 중요한 문제일 것입니다. 〈강의 내용〉 1. 시간구조화란 2. 시간구조화의 종류 3. 시간구조화에 의한 인정자극 교환 밀도 ▶ 활동 8-1: 커플 시간구조 분석 시간구조화 강의를 통해 살펴보았듯 시간구조화는 여섯 가지 활동으로 나누어 볼 수 있습니다. 최근 우리 커플은 휴일을 어떻게 보냈는지 활동지를 작성하며 살펴보는 시간을 갖겠습니다.

〈활동 내용〉

① 최근 우리 커플이 휴일을 무엇을 하며 보냈는지 생각해 본다.

② 시간구조화에서 제시된 용어를 활용하여 휴일을 어떻게 보냈는지 분석하여 본다.

> **Tip**
> • 주어진 표를 채워 넣는 것도 좋지만 원 모양의 원그래프에 비율을 표시하며 그려 보거나 막대그래프에 표시하여 어떤 비율로 무엇을 하였는지를 한눈에 알아볼 수 있도록 그리는 것도 좋다.

▶ 활동 8-2: 가족그림 그리기

'우리 부부할까요?'의 마지막 활동입니다. 프로그램을 하면서 서로에 대해 많이 이해하고 알아갈 수 있었나요? 프로그램을 하면서 느낀 우리 커플이 앞으로 변화해 나가야 할 방향을 다시 한 번 생각해 보세요. 그리고 5년 후(또는 10년 후) 우리의 모습을 가족그림으로 표현해 보세요.

〈활동 내용〉

① 활동지에 5년 후(또는 10년 후) 되고 싶은 우리 가족의 모습을 표현해 본다.

② 가족그림을 완성한 후에는 1회기에 서약했던 우리 커플이 변화해 나갈 방향과 가족화에 나타난 우리 가족의 모습을 비교해 본다.

③ 다른 집단원들에게 우리 커플화의 의미와 계획을 발표해 보는 시간을 가진다.

마무리 (10분)	▶ 마무리 이제 '우리 부부할까요?'의 8회기 프로그램이 모두 마무리가 되었습니다. 프로그램을 하면서 우리 커플의 변화된 점, 느낀 점 등 소감을 나누며 활동을 마무리하도록 하겠습니다.
유의점	• 편안한 분위기에서 솔직하게 활동할 수 있도록 허용적이고 신뢰할 수 있는 분위기를 조성한다. • 마지막 회기까지 잘 참여한 집단원들을 격려하고 집단원들 간에도 지지하고 격려할 수 있도록 한다.

강의자료 8-1 　　**시간구조화**

1. 시간구조화란

• 인간이 행복을 추구하기 위해 자신과 타인이 어떻게 시간을 사용하는가를 보는 것이다.

• 6개의 범주로 분류하여 본인 스스로 시간을 어떻게 사용하는가를 알아서 의식화함으로써 보다 바람직한 시간을 재구성하는 것을 목표로 한다.

2. 시간구조화의 종류

① 폐쇄

• 신체적 혹은 심리적으로 자신을 타인으로부터 거리를 두고 혼자만의 시간을 가짐으로써 인정자아를 얻는 방법이다.

• 적당한 폐쇄를 통해 정신적·신체적 안정을 취하고 자기성장을 위한 성찰을 가질 수 있다.

② 의식

• 생활에서 만들어진 전통이나 관습에 의해 프로그램된 단순한 정서적 교류로 일상의 사회적 상호작용을 말한다.

• 마치 이전에 프로그램된 것처럼 진행되는 일상의 사회적 상호작용이기 때문에 구조화되어 있는 의식의 틀 속에서 긍정적인 인정자극을 사람들과 쉽게 나눌 수 있다.

③ 활동

• 생활에서 일어나는 대부분의 일들로 이 시간의 구조화는 많은 사람이 사용하고 있는 무리 없는 방법이며 편리하고 실용적이다.

• 폐쇄를 제외한 네 개의 시간의 구조화 중 핵심적인 것으로 이 시간의 구조화를 잘 한다면 사람들은 안정적이고 효율적으로 삶의 목적을 달성할 수 있을 것이다.

④ 잡담

• 가벼운 피상적인 대화. 목욕탕, 노인정, 시장, 실내외 등에서 시간을 보내는 방법이다.

• 스트레스를 해소할 수 있고, 타인과 인간적인 교류를 할 수 있을 것이다.

⑤ 심리게임

• 어떤 이유에서든지 솔직하게 인정자아를 얻을 수 없고 비뚤어진 형태로 그것을 얻으려는 사람들에게 보이는 교류양식을 말한다.

• 심리게임에 들어갔다 하더라도 알아차림을 통해 빨리 벗어나고 승화와 초월을 할 수 있는 깊은 통찰이 필요하다.

⑥ 친밀

• 사람들이 서로 신뢰하고 상대에 대하여 서로 순수한 배려를 행하는 관계를 말한다.

• 친밀할 때 에누리 없이 의사소통을 잘 할 수 있다.

3. 시간구조화에 의한 인정자극 교환 밀도

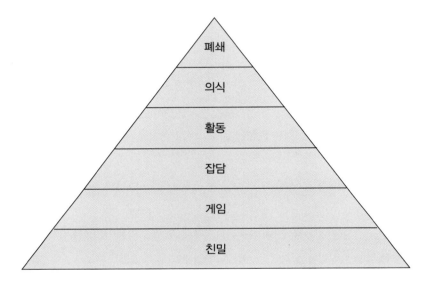

[활동지 8-1]

〈커플 시간구조 분석〉

★ 최근 우리 커플은 휴일을 어떻게 보냈는지 작성해 봅시다.

시간구조화	사례	시간(분)	비율(%)
폐쇄			
의식			
활동			
잡담			
심리게임			
친밀			

〈가족그림 그리기〉

★ 프로그램을 하면서 느낀 우리 커플이 앞으로 나아갈 방향을 생각하며 가족그림을 그려 보세요. 그림을
완성한 후에는 다른 집단원들에게 우리 가족그림의 의미와 계획을 발표해 보세요.

참고문헌

이영호, 김장회(2017). 상담전문가를 위한 교류분석 집단상담. 경기: 아카데미아.

이영호, 박미현 공역(2012). 교육현장에서 교류분석의 적용. 서울: 학지사.

최영일(2013). CKEO그램 성격검사지. 한국이고오케이그램연구소.

최영일, 노정자, 박영혜, 배정연, 백은숙, 서경원, 손희란, 이인영, 우준택, 정미선, 정성순, 조윤정, 주민경, 한윤옥(2015). 교류분석을 활용한 집단상담 프로그램. 서울: 학지사.

한국교류분석상담학회(2012). TA상담 이론과 실제. 경기: 아카데미아.

Berne, E. (1961). *Transactional analysis in psychotherapy: A systematic individual and social psychiatry*. Grove Press.

제**8**장
사이코드라마 집단상담

1912년 비엔나 대학에서 정신분석 강의를 마친 프로이트에게
"당신은 약속된 공간에서 사람을 만나지만 저는 길거리나 가정이나
어느 공간이든 사람들과 만나고 있습니다. 당신은 사람들의 꿈을
분석하지만 저는 그들에게 다시 한번 꿈을 꾸어 보도록
용기를 북돋워 주고자 노력합니다."

제이컵 레비 모레노

Ⅰ 사이코드라마 집단상담 이론

사이코드라마는 상상력이라는 인간의 기본적 특성과 가상의 무대라는 안전한 장치를 결합하여 마음의 긴장과 갈등을 역할극 형식으로 표현하고, 이를 치료하고자 하는 것이다. 이를 위해 사이코드라마는 인간의 몸과 마음을 도구로 이용하여 심리적 문제를 표현하고 이를 해결해 나가는 과정을 모노드라마 형식으로 풀어 나간다.

집단지도자는 사이코드라마 과정에서 여러 가지 기법들을 사용하여 주인공(사이코드라마의 주된 참가자)의 갈등을 명료하게 표현할 수 있도록 돕는다. 나아가 자신을 객관적으로 볼 수 있는 기회와 억압되어 왔던 감정을 분출해 보도록 기회를 제공하여 자신의 여러 가지 모습들에 대해 이해하고 수용할 수 있도록 돕는 집단상담 이론이라 할 수 있다.

모레노(Moreno)는 인간의 삶에 있어 핵심적인 요인을 자발성과 창조성으로 설명하고 있다. 그는 인간을 과거나 무의식 또는 유전적 요인이나 환경적 요인으로 인해 정해진 결정론적 존재로 생각하지 않았다. 그러한 요인이 인간에게 많은 영향을 끼치고 있음을 인정하면서도, 인간 각 개인의 삶에 있어 핵심적인 요인을 자발성과 창조성으로 보았다. 그는 다른 사람들이나 대상들이 포함된 특정 상황에서 개인이 반응하는 특정 순간에 기능하는 형식이라고 역할을 정의하였으며, 역할에 대한 자발성과 창조성을 강조하였다. 이는 언어를 기반으로 하는 다른 집단상담 프로그램의 원리와는 상반되어 보일 수도 있다. 모레노는 인간을 가두는 규칙·규범에서 벗어나 자기 삶의 역할 속에서 자발성과 창조성을 통한 선택으로 자신을 더욱 빛낼 수 있는 요소로 보았으며, 안전하게 자신의 문제와 욕구를 탐색할 수 있는 무대라는 장치를 이용하여 자발성과 창조성을 훈련하고 발달시키려고 하였다.

1. 집단상담의 목표

사이코드라마 집단상담은 자발성과 창조성 회복을 통해 현실에서 적절하게 대처할 수 있도록 하는 것이 주요한 목적이다. 여러 가지 기법들을 사용하여 주인공의 갈등을 명료화하여 자신을 객관적으로 볼 수 있는 기회와 억압되어 왔던 감정을 분출해 보는 기회를 주며, 그러한 자신의 모습들을 내적으로 통합할 수 있도록 도와준다. 또한 다양한 주제가 무대 위에서 제시되고 표현될 때, 주인공뿐만 아니라 그 집단에 참여한 다른 구성원들도 무대 위의 주인공과 자기를 동일시하고, 그 문제를 함께 해결하는 경험을 제공해 주기 때문에 좋은 치료적 경험이 된다. 사이코드라마의 주요한 목표는 다음과 같다.

첫째, 사이코드라마를 통해 억압되었던 감정을 인식하고, 생생하게 분출하는 과정을 통해 감정을 정화하고자 하는 것이다. 역할극이라는 안전하면서도 실제가 아닌 가상의 공간을 통해 자기 자신에게나 다른 사람에게 숨겨 왔던 감정을 찾아보며, 억눌린 감정을 표현할 기회를 가질 수 있다. 억눌린 감정들을 통한 문제를 완전히 이해하고, 그 감정들이 자발성의 장애로 작용한다는 것을 알 수 있다. 즉, 감정의 인식과 분출을 통한 정화는 새로운 상황으로 나아갈 수 있는 출발점을 제공해 준다.

둘째, 감정 정화를 통해 발견된 나 자신의 다양한 모습들을 조망하고, 통합할 수 있도록 하는 것이다. 내가 알고 있는 내 모습이 아닌 조금은 낯선 나를 발견한다는 것은 매우 의미 있는 일이다. 조금은 낯설지만 새로운 나의 발견은 내가 몰랐던 나의 다양한 모습 중 새로운 나를 만나게 된다는 것을 의미한다. 이러한 경험을 통해 새롭게 발견한 나를 '나'의 모습으로서 받아들이며 통합하는 과정을 말한다. 즉, 자신의 모습을 보다 더 깊고 넓게 의식해 가는 것이라고 볼 수 있으며, 과거의 사실을 새로운 관계로 인식함으로써 자기이해와 자기수용을 확장해 나가는 것이라 할 수 있다.

셋째, 역할극을 통해 주인공뿐만 아니라 집단 참여자 모두에게 감정 인식과 통찰을 제공하는 것이다. 흔히, "입장을 바꿔 생각해 보라"는 말을 하곤 한다. 역할극을 통해 각자의 역할을 이해하고 그 속에 참여함을 통해 주인공뿐만 아니라 참여하는 모든 사람들이 간접적으로 그 역할을 경험하고 때론 자신의 관점에서 새로운 통찰을 얻기도 한다.

그러므로 사이코드라마에서는 역할극이라는 가상의 안전한 공간 속에서 주인공의 갈등을 명료화하여 자신을 객관적으로 볼 수 있는 기회와 억압되어 온 감정을 분출할 기회를 주며, 그러한 자신의 모습들을 내적으로 통합할 수 있도록 도와준다. 또한 사이코드라마는 무대 위에서 문제를 제시하는 주인공뿐만 아니라 그 집단에 참여한 다른 구성원들도 무대 위의 주인공과 자기를 동일시하고, 그 문제를 함께 해결하는 경험을 제공해 주기 때문에 좋은 치료적 경험이 된다.

2. 주요 개념

1) 자발성과 창조성

모레노는 주어진 상황에 맞춰 대처하는 능력을 자발성과 창조성으로 설명하고 있다. 시간과 공간이 늘 함께하듯이 우리의 삶에서 상황은 늘 존재한다. 이 상황에 대해 우리는 적절히 대처하는 경우도 있으며, 적절하게 대처하지 못하는 경우도 있다. 자발성은 누군가에 의해서가 아닌 나 스스로 필요로 인해 그 상황을 대처하겠다는 자세를 의미하며, 창조성은 그 상황에 맞게 적절하게 대처할 수 있도록 만드는 능력으로 설명하고 있다. 이는 자발성과 창조성이 각각의 개념이 아닌 서로 순환하며 상호작용하는 관계임을 알 수 있다. 우리는 삶을 살아가며 여러 가지 삶의 규칙과 규범, 예절 등을 배워 오며 그것이 인간다움이며 문화인이라고 생각하고 있다. 그러나 그러한 문화들이 자신을 묶어 두어 자신의 자발성과 창조성을 더 키우지 못하게 하는 경우가 있다. 흔히들 말하는 '나의 삶은 내 것이 아니었다'는 후회를 표현하는 사람들이 이 같은 경우이다. 즉, 자발성과 창조성의 진정한 의미는 자신의 삶을 창조하고 자발적으로 사는 것으로 달리 표현하자면 자신의 삶에 주체성을 가지기 위한 요소로 생각할 수 있다.

2) 관습적 규칙

관습적 규칙이란 어떠한 방식, 개념 등에 고정된 틀이 생겨나 문화, 즉 일상이 되는 것을 뜻한다. 예를 들면, '관습적 규칙'에는 에스컬레이터에서의 한 줄 서기 운동이 있다. 몇 년 전만 해도 에스컬레이터에서는 오른쪽은 줄을 서서 차례대로 올라가며, 왼쪽은 급한 사람들을 위해 비워 두고 걷거나 뛸 수 있는 공간이었다. 이러한 암묵적인 규칙들을 사회 규범과 규칙이라고 볼 수 있다. 하지만 이런 관습적 규칙이 처음에는 에티켓이나 시민의식으로 보여졌으나 에스컬레이터는 한쪽의 무게 중심으로 과도한 부하가 걸려 고장이 잦아졌으며, 걷거나 뛰는 행동으로 인해 사건사고가 증가하게 되었다. 최근에는 양쪽에 에스컬레이터를 타며, 모두 각 바깥 방향의 손잡이를 잡으며, 뛰거나 걷지 말라는 안내가 함께 나오고 있다. 이러한 형태를 보더라도 우리가 지금-여기에서 알고 있고 습득한 규칙과 규범들이 모두 옳다고는 볼 수 없다. 삶은 멈춰져 있지 않고 지금 이 순간에도 계속해서 흘러가고 변화하고 있다. 우리는 알게 모르게 이러한 관습적 규칙에 익숙해져 있고 인식하지 못하고 있다. 앞서 말했듯이 우리는 삶의 주체성을 찾아야 한다. 우리가 스스로 생각하고 판단하는 방법을 잃은 채 당연시하는 순간 우리는 수동적인 인간이 된다. 즉, 우리는 알게 모르게 나를 구속하고 있는 관습적 규칙에서 벗어나 다시금 내 삶을 주체적으로 살아갈 수 있도록 자발성과 창조성을 회복해야 한다.

3) 역할극(심리적 연극)

사이코드라마에서 역할극이란 가상이라는 안전한 보호 장치 속에서 관습적 규칙에서 벗어나 자유롭고 진정한 나, 즉 주체성 있는 나를 연습해 볼 수 있는 장을 의미한다.

많은 배우들의 인터뷰를 살펴보면, '역할에 빠졌다', '역할에 몰입한 나머지 일상생활에서 행동이 묻어날 때가 있다', '역할이 끝나더라도 나도 모르게 역할 속 인물의 습관이 만들어졌다' 등의 이야기가 있다. 이처럼 많은 배우들이 역할 속의 '나'와 진짜 '나'에 대한 괴리감에 대해 이야기할 때가 있다. 즉, 이러한 배역과 진짜 나 사이의 괴리감을 역할갈등이라 할 수 있다.

우리는 살아가며 많은 역할 속에 살아가고 있으며, 타인의 다양한 역할들과 서로 긴밀한 관계를 유지하면서 계속해서 나아가고 있다. 만일, 우리가 살아가며 겪게 되는 다양한 어려움의 원인이 관습적 규칙으로 인해 주체성을 잃고 빈껍데기 같은 역할로 살아간 것이라면 어떨까? 그 상황에 맞는 적절한 역할이 아닌 부적절한 역할로 인하여 역할 사이의 괴리감을 원인으로도 생각해 볼 수 있을 것이다.

따라서 사이코드라마에서는 이러한 역할 간의 괴리감의 차이를 현실적으로 적응할 수 있도록 역할극이라는 가상의 안전한 장치를 이용한다. 즉, 관습적 규칙으로 인해 주체성을 잃은 우리를 보다 유연하도록, 보다 능동적으로, 보다 주체적으로 행동할 수 있도록 역할극이라는 장치를 이용하여 자발성과 창조성을 회복하도록 돕는 것이다.

3. 사이코드라마의 구성 요소

1) 무대

사이코드라마에서 무대란 역할극을 행하는 모든 장소이자 그 자체를 의미한다. 어디서든지 가상의 역할극이라는 장치를 통해 자기 자신을 만나고, 역할 속 다양한 사람들과 만남이 이루어지는 공간이 무대인 것이다. 즉, 무대란 어디서든 존재할 수 있으며, 역할극이라는 가상의 공간 전체를 통합한 의미이다.

모레노는 "무대는 충분히 존재한다."라고 말했다. 이제까지 작업공간으로 활용되었던 모든 장소는 곧 무대가 될 수 있다. 무대는 개인이 역할극이라는 안전한 공간 속에서 아무도 모르게 숨겨 왔던 자신의 진짜 이야기를 풀어내고, 동시에 역할극에 함께하는 모든 사람들과 함께 상호작용하며 나누는 장소가 되는 하나의 '장'이라고 볼 수 있다.

2) 주인공

사이코드라마에서 주인공이란 역할극 속 이야기의 중심적인 존재이자 이야기를 풀어 나가는 존재를 의미한다. 주인공의 선정방식은 다양한 방법이 있으나 대개 감독과 사이코드라마 참여자 간 긴밀한 상호작용 후 주인공이 선정되는 경우가 주를 이룬다.

주인공은 앞으로 행해질 극 안에서 주인공이라는 '책임감'을 가지게 된다. 극 안에 들어감에 따라 현실과 다른 가상의 역할에 대해 몰입해야 한다. 역할 몰입을 위해 주체성을 잃은 우리의 역할갈등의 어려움, 가상이라는 역할의 안전장치의 이해, 준비 단계 등을 거치게 된다. 이를 통해 주인공은 가상의 역할에 진정한 몰입을 하게 되고, 가상의 역할 속의 새로운 '나'가 되면서 치유의 첫걸음으로 나아간다.

기존 언어 중심적 집단상담과 달리 사이코드라마는 역할극이라는 안전한 장을 이용하여 신체 전부를 사용하게 된다. 즉, 신체 전부와 모든 감각까지 사용하게 됨을 의미한다. 이에 사이코드라마 참여자들은 머리가 아프다, 몸살이 났다, 몸이 가볍다, 어느 순간보다 개운하다 등 다양한 신체 표현을 하곤 한다. 이것은 기존 언어나 인지 기반으로 진행되는 집단상담이 아닌 신체와 감각 모두를 사용함으로써 머리로 이해하고 가슴으로 받아들이는 것이 아닌 몸 전체를 통해 감정을 표현하게 되는 경험을 의미한다.

간혹 사이코드라마에서 주인공의 분노, 눈물, 괴성, 오랫동안 간직했던 한을 풀어내는 통곡의 과정에서 처음 사이코드라마를 경험하는 이에 강한 거부감이나 당황스러움을 느끼는 경우도 있다. 그러나 이 과정은 사이코드라마에 대한 본질에 대한 이해가 미숙하거나 관객의 역할에 충실하지 못한 채, 관습적 규칙 속 일반적인 사회적 통념으로 주인공을 바라보기 때문에 발생하는 상황이기도 하다.

3) 감독

사이코드라마에서 감독이란 흔히 집단상담에서 말하는 집단지도자, 리더 등을 의미한다. 감독은 주인공과 긴밀한 소통을 통해 역할극의 전체적인 구성을 조직화하고 때로는 주인공이 역할극에 몰입할 수 있도록 하는 촉진자이자, 역할극이 긴밀하게 진행될 수 있도록 준비하는 조력자이다. 그래서 감독은 또 하나의 사이코드라마의 참여자이자, 주인공 외 보조자아, 관객들이 각자의 그 역할에 몰입할 수 있도록 하는 전체적인 조율자의 역할을 하게 된다.

또 하나의 큰 역할로는 사이코드라마 참여자들의 안전장치이다. 사이코드라마는 시작에서 끝을 알 수 없는 자유로움 속 자발성과 창조성을 통한 주체적인 삶이 무엇인지 알아간다. 그러나 그 자유로움 속에서도 사이코드라마 참여자들을 보호해야 할 의무와 역할이 동시에 존재한다. 치유라는 명목하에 그들의 숨기고 싶은 면이나 치부를 억지로 꺼내도록 할 수 없다. 또한 참여자들 또한 언제나 작업을 중단할 의사가 있음을 안내할 필요가 있다.

4) 보조자아

사이코드라마에서 보조자아란 주인공이 이끌어 나가는 이야기를 보다 몰입하고, 보다 더 완성도 있게 꾸며 주는 보조적인 존재를 의미한다. 보조자아는 주인공의 삶 속에 등장하는 다양한 인물, 가구, 배경, 사물 등이 될 수 있다. 즉, 주인공의 이야기 속에서 '주인공에게 의미 있는 그 무엇이든' 보조자아가 될 수 있다. 보조자아는 대게 감독과 주인공의 긴밀한 상호작용을 통해 선택을 받는 경우나 또는 참여자의 자발적 참여로 선정된다. 보조자아는 주인공의 이야기 속에서 주인공이 기억하는 그 무엇의 존재이면서도 동시에 '나'로서 새로운 보조자아의 경험을 동시에 하게 된다.

5) 관객

사이코드라마에서 관객이란 주인공이 이끌어 나가는 이야기를 관람하는 관객이자 동시에 주인공과 함께 상호작용하고 소통하는 사이코드라마의 중요한 요소 중 하나이다. 사이코드라마는 역할극 속 주인공의 이야기를 풀어 나가는 것이 끝이 아닌 이야기가 끝난 후 관객들과 나누기 작업을 함께 나눔으로써 사이코드라마가 완성되는 것이다. 따라서 관객의 역할도 아주 중요하다고 볼 수 있으며, 관객의 의미를 그저 지켜보는 것으로 가볍게 생각하면 안 된다.

관객은 주인공이 이끌어 나가는 이야기를 바라보며 주인공의 감정을 공유함과 동시에 자동적으로 자신의 이야기와도 연결하여 바라보는 다양하고도 복잡한 경험을 하게 된다. 이러한 경험은 극에 직접적인 참여를 하지 않더라도 간접적으로 사이코드라마에 참여하고 있음을 의미한다. 따라서 나누기 단계는 단순히 피드백이나 느낌을 나누는 단계가 아니라 이러한 경험을 나누게 됨에 따라 그 경험이 폭발하게 된다.

4. 집단상담의 단계

1) 준비 단계

사이코드라마에서 준비 단계(warming up)는 사이코드라마 참여자들이 평소 생활하고 있는 현실에서의 관습적 규칙에서 벗어나 사이코드라마 집단원으로서 역할에 몰입하고 참여할 수 있도록 준비하는 단계를 의미한다.

가상의 역할극이라는 안전한 장치가 있으나, 우리는 갑작스럽게 극에 초대를 받고 이를 시연하기가 쉽지가 않다. 또한, 사이코드라마의 대다수의 참여자들이 극에 몰입해야 하는 주인공보다는 안전하게 느껴지는 관객을 하고자 하는 경향이 많다. 그렇기 때문에 준비 단계에선 참여자들의 저항과 방어를 감소시키고 자발성과 창조성을 키움으로써 주체적인 나로서의 삶이 무엇인지 알게 함으로써 사이코드라마 참여를 촉진시키는 작업이 진행되며, 이 작업은 매우 중요하다고 볼 수 있다.

2) 행동 단계

사이코드라마에서 행동 단계(acting out)는 주인공이 이야기를 이끌어 가는 전부이자 그 자체를 의미한다. 행동 단계에서는 사이코드라마에서 자신만의 이야기를 쓸 주인공을 선정하고, 무대를 펼쳐지기 시작한다. 무대를 펼치게 되면서 주인공, 감독, 보조자아, 관객은 모두 그 자리에서 자신의 역할을 찾아가며 사이코드라마를 함께 이루어 나가게 된다.

주인공은 가상의 역할공간에서 자신의 이야기를 이끌어가며 자신의 핵심적인 문제에 접근하며 이전과는 다른 새로운 역할과 모습을 연기해 나간다. 또한, 기존의 언어 중심적 표현에서 나아가 신체 표현이 동시에 이루어짐에 보다 풍부한 표현이 가능하게 되며, 그 과정에서 새로운 자신을 만나거나 깊게 숨겨져 있던 새로운 화두에 대해서 발견하게 되는 경험을 한다.

그러나 모든 주인공이 자신의 이야기를 이끌어 가며 핵심적인 문제에 도달해 나가는 것은 아니다. 왜냐하면 문제에 도달하는 과정 속에서 다양한 감정을 만나게 되며 새로운 나를 만나는 과정이 반갑기도 하지만 한편으로는 극심한 저항을 경험하기도 한다. 우리는 늘 변화보다는 익숙함을 더 선호하는 경향성을 본능적으로 가지고 있다. 사이코드라마에서는 이러한 변화에 대한 저항을 어떻게 다루어 나가는지가 주인공의 이야기 전개 방향에 큰 영향을 미치게 된다.

이러한 저항을 처리하는 과정에는 감독과 주인공의 상호작용이 매우 중요한 역할을 한다. 저항을 잘 극복하게 되면 주인공은 보다 깊은 자신의 핵심 문제에 도달하게 되고, 보다 자신에 대한 이해가 커지면서 자신의 이야기인 역할극 속 상황에서 조망 능력이 상승하여 이전까지 보지 못했던 그때 그 상황의 이면과 새로운 만남이 시작되게 된다. 이는 반가운 만남이자 새로운 가능성의 만남이 된다. 즉, 가상의 안전한 장치 속에서 새로운 도전을 통해 자발성과 창조성을 회복하고, 주체적인 삶이란 무엇이며 이제껏 나의 역할갈등 속에서 주체적인 역할을 알아가는 경험을 하게 된다.

3) 나누기 단계

사이코드라마에서 나누기 단계(sharing)는 역할극 속 주인공의 이야기가 끝남과 동시에 주인공을 포함한 사이코드라마에 참여했던 모든 참여자들이 함께 모여 사이코드라마에서 가졌던 모든 것들을 나누는 단계를 의미한다.

나누기 단계는 단순히 피드백이나 감정 나누기를 하는 자리가 아니라 보다 더 깊은 감정과 정서적 교류를 함께 나누는 단계이다. 역할극이라는 가상의 장치이지만 자신의 이야기를 용기 있게 풀어낸 주인공을 지지하고 응원하는 자리이자, 주인공과 함께 했음을 나누는 자리이다. 또한, 사이코드라마를 통해 주인공뿐만 자기 자신을 만난 경험에 대해서도 진술하게 나누게 된다. 왜냐하면 역할극을 관람함으로써 이들은 주인공의 이야기와 감정을 공유함과 동시에 자신의 감정과도 자동적으로 만남이 이루어졌기 때문이다. 이러한 과정이 충분히 이루어짐으로써 사이코드라마 참여자들은 다양한 감정과 생각들을 나누고 통합하는 과정을 거치며, 비로소 사이코드라마의 완성이 되는 것이다.

5. 집단상담의 기법

1) 독백

보조자아나 주변 환경의 도움 없이 스스로 자신의 목소리를 내어 자유롭게 이야기를 이끌어 나가도록 하는 기법이다.

> 상담자: 지금 여기서 상상을 해 봅시다. 떠나고 싶은 장소가 있나요? 지금 그 장소에 있다고 생각하시며 마음대로 이야기해 보세요.
> 주인공: 저는 지금 시원한 바다 한가운데 있는 외딴 섬에 있는 것 같아요. 아무도 살지 않는 섬에서 제가 꿈꾸던 2층짜리 집이 있고요. 그 앞에는 어린 시절을 함께 했던 제 반려견이 있네요.

2) 이중자아

주인공이 청중을 의식하거나 다른 억압에 의해 자신의 내면의 생각들을 털어놓지 못하는 경우 보조자아가 주인공의 또 다른 자아의 역할을 해 줌으로써 주인공이 그의 갈등을 솔직하고 뚜렷하게 보일 수 있도록 하는 기법이다.

> 상담자: 이 사람은 당신의 그림자입니다. 당신의 그림자는 당신이 표현하지 않은 당신 내면에 있는 속마음을 이야기할 것입니다. 그렇지만 이 그림자가 당신을 대신할 순 없습니다. 이 그림자가 당신의 속마음을 잘 표현했다면 그대로 반복해 주시면 되고, 아니라면 아니라고 이야기해 주시면 됩니다.
>
> 그림자: (과도한 요청을 하는 상황) 이 상황에서 나는 그 사람에게 화가 많이 날 것 같아요. 왜 자신이 해야 할 일을 당당하게 나에게 요구하는지 잘 모르겠어요. 저는 마음이 너무 상할 것 같아요.
>
> 주인공: (그 상황에 대해) 그 사람에게 저는 너무 미안한 마음이 들어요. 그 사람도 힘들게 저에게 부탁을 했을 텐데 그 마음을 저버리는 것 같아서 그 사람에게 미안한 마음도 들지만 또 한편으로는 이렇게 마음이 안 좋은 이 상황을 만든 그 사람이 싫어지기도 하는 것 같고……. 말 못하고 표현 못하는 제 자신이 스스로 답답하기도 하네요.

3) 가구 기법

주인공이 자신의 이야기를 하기 힘들어하거나 저항이 심할 때 보조자아를 이용하여 주인공의 무대를 꾸며 준다. 주인공은 자신이 보조자아에게 직접 가구의 이름을 붙이고 가구와 대화하는 형식을 취하하는 기법이다.

> 상담자: ○○가구입니다. 무엇을 하시겠습니까? 또는, ○○가구와 이야기 나누어 보세요.
>
> 주인공: ○○은 마음이라고 부를게요. 제가 어릴 때 늘 함께하던 인형의 이름이거든요. 마음아! 나는 사실 너한테 사과를 하고 싶었어. 너를 잃어버리고…….

4) 역할 바꾸기

주인공과 보조자아가 서로 역할을 바꾸어 그 상황을 다시 연기하게 한다. 이 과정을 통해 상대방의 시각을 통해서 자신의 문제, 갈등을 보게 되며 상대방의 역할을 이해하고 자신의 생각과 표현의 불일치를 이해하게 하는 기법이다.

> 상담자: 이제 주인공과 보조자아가 서로 역할을 바꾸어 봅시다. 되도록 상대방의 입장과 가깝게 표현할 수 있도록 노력해 주시기 바랍니다. 이때는 나의 입장에서의 상대방이 아닌 상대방의 입장 그 자체로 연기해 주시기 바랍니다.

5) 거울 기법

주인공이 자신이 어떻게 행동하고 있는지를 인식시키고자 할 때 보조자아가 주인공과 똑같은 행동이나 말을 하는 것을 통해 주인공 자신의 모습을 객관적으로 평가할 수 있으며 그 표현방법을 변화시키려는 동기를 만드는 기법이다.

> 상담자: 보조자아는 주인공의 행동을 마치 거울에 비친 반대편의 모습처럼 그대로 따라 행동해 주시기 바랍니다. 행동뿐만 아니라 자세, 말투, 느낌 등 보이는 그대로 따라 해 주시면 됩니다.

6) 빈 의자 기법

가상이라는 안전한 공간 속에서 빈 의자에 가상의 인물을 초대하여 실제 표현할 수 없었던 것들을 표현하거나, 주인공의 감각을 행동으로 옮겨 표현할 수 있도록 하는 기법이다.

> 상담자: 그때는 차마 표현할 수 없었던 그 상황 속으로 다시 한번 되돌아가서 그때의 그 사람을 여기에 있는 의자로 초대해 보겠습니까?
> 주인공: 엄마…… 있잖아. 나는 사실 엄마가 너무 미웠어. 왜 다른 형제들도 많은데 항상 나만 찾고, 나한테만 의지하는지 잘 모르겠어. 나는 그럴 때마다 너무 속상한데 또 내가 어릴 때부터 엄마한테 잘못한 게 많으니깐…… 그러니깐 그런 건데 엄마는 내 마음도 몰라주고…….

7) 등 돌리기 기법

주인공은 무대의 한쪽 구성으로 가서 집단으로부터 등을 돌리고 집단은 마치 주인공이 거기 없는 것처럼 주인공에 관해 토론하며, 주인공은 그에 대해 이야기하는 것을 엿듣도록 하는 기법이다.

> 상담자: 지금까지 주인공의 이야기를 들어 보셨는데, 주인공에게 해 주고 싶은 말이 있나요?
> 집단원 1: 힘내! 할 수 있어!
> 집단원 2: 참 잘하고 있고, 지금까지 잘 버텨 온 삶을 칭찬해 주고 싶어요.

8) 마술상점

무엇이든 사거나 팔 수 있는 가상의 마술상점을 의미하며, 사물이나 물체뿐만 아니라 감정, 시간, 기억 등 우리가 가지고 싶은 진정한 무언가라면 모두 거래를 할 수 있도록 한다. 이를 통해 일상에서 표현하지 못한 '진짜 원하는 무언가'를 생각해 보고, 가져 보는 경험하도록 돕는 기법이다.

> 상담자: 여기는 당신이 원하는 모든 것을 찾을 수 있는 마술상점입니다. 하지만 그것을 얻기 위해서는 그에 준하는 대가가 필요하겠지요? 자, 말씀해 보세요. 지금 당신이 그토록 간절하게 원하고 소망하고 있는 것이 무엇인지~?

Ⅱ 사이코드라마 집단상담 실제

서툴러도 괜찮아, 처음이라 그럴 수 있어

1. 필요성과 목표

1) 프로그램의 필요성

우리나라에서 대학생이라는 시기는 심리적 · 정서적 · 경제적 · 문화적으로 '학생'이라는 역할로 인해 보호받고 있으면서도, 반대로 법적으로는 스무 살이 넘는 '성인'으로서 법적인 책임과 의무를 동시에 가지게 되는 시기이다.

그러나 학업 성적과 입시 지향 중심의 우리나라 교육 풍토에서 청소년들은 정답이 있는 문제를 반복적인 풀이를 통해 '정해진 답'을 찾는 교육만 받아 왔다. 대학 입학 후 다양하고 유연한 접근이 요구되는 일상생활의 다양한 문제에 대해 적응하지 못하고 어려움을 겪게 되는 문제로 연결된다. 또한, 발달 단계를 살펴보더라도 후기 청소년이자 성인 초기에 해당하는 시기로 성인으로서 첫발을 디딤으로써 다양한 변화가 일어나면서도 아직까지는 시행착오를 거칠 수밖에 없는 시기로 흔히 이 시기를 과도기적 시기로 말하고 있다.

어쩌면 정해진 답만 찾아온 우리나라 청소년에게 능동적이고 유연한 대인관계 문제 접근이 어려운 것은 당연한 것일 수도 있다. 하지만 과도기적 단계로써 당연시할 수는 없는 문제이다. 그것은 매년 대학생들이 호소하는 어려움으로 '대인관계의 어려움'을 문제로 드러내고 있다는 것이다. 따라서 대학생들에게 긍정적인 인성 발달과 자아정체성 확립을 통해 앞으로 자기 삶을 주도적이고 책임감 있게 살아가며, 성인기의 발달과정에 맞는 건강한 자기 역할 수행과 과업완수를 위한 탄력적인 대처방법들을 숙지시키도록 해야 할 필요성이 있다.

2) 프로그램의 목표

대학생 시기는 후기 청소년 시기로 청소년과 성인의 사이에서 여러 가지 신체적 · 심리적 갈등이 일어날 수 있는 시기이다. 대학생들은 적절히 대처할 수 있는 방법들을 숙지해야 하지만 청소년과 성인 사이의 불균형적인 성장기인 만큼 이들에게 일어날 수 있는 부적응적 문제를 해결하기 위해 건강한 대처방법을 습득하는 것은 매우 중요하다.

본 프로그램의 목적은 청소년과 성인 사이의 불균형 속에서 갈등을 겪는 자신을 이해하고, 나아가 갈등 상황에서 더욱 효과적으로 대처할 수 있는 방법들을 훈련하여 대인관계 기술을 증진하는 데 있다. 따라서 프로그램은 대학생이 놓인 역할의 불균형을 이해하고, 여기서 오는 역할갈등에 대해 적절히 대처할 수 있는 기술을 증진하는 데 기여할 수 있을 것이다.

본 프로그램을 통해 달성하고자 하는 목표는 다음과 같다.

첫째, 대학생 자신의 현재 위치와 역할에 대해 이해하고 수용한다. 이를 위해 청소년기와 대학생 시기의 달라진 생활환경에 대해 탐색하고 사회적으로 요구하는 성인으로서의 역할을 자각하도록 한다.

둘째, 대학생으로서의 역할이해를 바탕으로 자발성과 창조성의 원리를 이용한 역할갈등으로 인한 문제에 대처할 수 있는 의사소통 능력을 증진시키도록 구성한다.

셋째, 역할 연기를 통해 개인의 문제를 해결하는 것으로 끝나는 것이 아닌 역할갈등으로 비롯된 다양한 문제에 대처할 수 있는 방법을 함께 모색하도록 한다.

넷째, 집단상담 프로그램 참가로 끝나는 것이 아닌 집단 후반 나누기 작업을 통해 문제라는 것이 개인의 문제가 아닌 사회 속 역할갈등의 어려움임을 이해하고, 누구나 역할에 적절히 대처할 수 있으며 적응할 수 있음을 이해하도록 한다.

2. 개입전략

본 프로그램은 대학생으로 가지는 역할의 불균형을 이해하고, 역할갈등에 대해 적절히 대처할 수 있는 기술을 증진하기 위해 프로그램 전체 구성 및 각 회기별 세부 내용에 사이코드라마 진행 단계를 적용하여 개입전략을 수립하였다.

첫째, 전체 프로그램을 준비 단계(1회기), 행동 단계(2・3회기), 나누기 단계(4회기)로 구성하였다. 먼저, 준비 단계(1회기)에서는 프로그램 참여자들의 저항과 방어를 감소시키고, 자발성과 창조성을 키우기 위해 프로그램의 목표와 사이코드라마의 특성인 가상의 안전한 공간에 대해 이해할 수 있도록 하였다. 또한, 대인관계에 어려움이 있는 대학생의 특성을 고려할 때 즉흥적인 역할극 참여에 불편감과 저항을 가질 수 있기 때문에 1인 2역의 자기소개라는 활동을 이용하여 무대라는 특성을 간접적으로 체험해 보고, 역할극에 대한 저항 감소와 참여 증진을 할 수 있도록 구성하였다.

다음으로, 행동 단계(2, 3회기)에서는 1인 2역의 자기소개 활동을 통해 무대라는 안전한 장치를 경험해 보았기 때문에 역할극을 중심으로 회기를 구성하였다. 또한, 프로그램 예비 실시 단계에서 자발성과 창조성의 원리를 적용한 다양한 활동 중 참여자들이 흥미롭고 적극적으로 활동에 참여한 역할 DIY, 상상극장, 선택극장 등을 채택하여 활동으로 구성하였다.

마지막으로, 나누기 단계(4회기)에서는 역할극이 단순한 놀이 활동이 아닌 현실에서 같은 원리로 이루어지고 있음을 충분히 이해할 수 있도록 하였다. 또한, 자발성과 창조성을 기른다면 일상생활에서 다양한 갈등과 어려움을 이겨낼 수 있음을 안내하였다. 즉, 자발성과 창조성을 가진 주체적인 삶의 태도가 필요함을 이해하고 '서툴러도 괜찮아, 처음엔 그럴 수 있어'처럼 어려움도 당연하며, 이를 위해 꾸준한 노력이 필요함을 알 수 있도록 구성하였다.

둘째, 각 회기별 세부 내용마다 준비 단계, 행동 단계, 나누기 단계를 적용하여 회기 내용을 구성하였다.

먼저, 준비 단계에서는 다양한 신체 활동을 통해 참여자 간 친밀감 증진 및 집단에 대한 저항을 감소시키고 참여 동기를 유발하는 활동을 구성하였다.

다음으로 행동 단계에서는 무대라는 장치를 직간접적으로 경험해 볼 수 있는 활동을 준비하여 무엇이든 할 수 있는 가상의 안전한 장치임을 이해하고, 자유롭게 활동을 꾸며 나갈 수 있도록 구성하였다.

마지막으로, 나누기 단계에서는 각 준비-행동 단계를 거치며 알게 된 것을 나눔과 동시에 집단지도자(감독)의 교육적 해석을 포함시켜, 단지 알게 된 것에 그치지 않고 다음 회기에서 실천할 수 있도록 구성하였다.

본 프로그램의 개입전략을 도식화하면 [그림 8-1]과 같다.

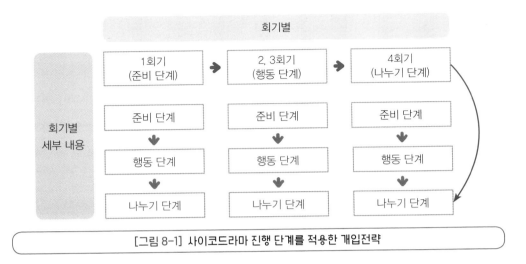

[그림 8-1] 사이코드라마 진행 단계를 적용한 개입전략

3. 구성내용

본 프로그램은 대학생이 놓인 역할의 불균형을 이해하고, 역할갈등에 대해 적절히 대처할 수 있는 기술을 증진하고자 구성한 내용은 다음과 같다.

먼저, 준비 단계(1회기)에서 자기이해를 중점으로 내용을 구성하였다. 프로그램 안내 및 주요 목적 소개와 동시에 사이코드라마가 익숙하지 않은 참여자를 위해 사이코드라마에 대한 소개도 함께하도록 하였다. 청소년과 성인 사이의 과도기 과정에서 다양한 역할의 어려움에 대해 생각해 보는 시간을 가지도록 하였다. 나아가 사이코드라마의 주요한 활동인 역할극을 본격적으로 들어가기 앞서 간단한 두 의자 기법을 이용한 활동을 통해 무대라는 가상의 장치에 대해 경험해 보고 자발성과 창조성을 이해할 수 있도록 하였다.

다음으로, 행동 단계(2, 3회기)에서 대학생의 자발성·창조성 회복을 중점으로 내용을 구성하였다. 본격적으로 역할극에 들어가는 단계로서 역할 DIY, 치유의 상상극장, 인기쟁이 넌 주인공, Yes or No 선택극장 등 대학생의 눈높이에 맞는 활동을 통해 흥미 유발과 동시에 자발적인 참여를 통한 실제적 경험으로 연결해 볼 수 있도록 하였다. 즉, 자발성과 창조성의 회복을 통해 경험한 주체적인 삶의 모습과 태도를 경험해 볼 수 있도록 하였다.

마지막으로, 나누기 단계(4회기)에서 역할적응을 중점으로 내용을 구성하였다. 프로그램들을 되돌아본 후 역할극이 단순한 놀이 활동에서 끝나는 것이 아닌 그 경험을 통해 일상생활에서도 그대로 적용될 수 있음을 이해할 수 있도록 하였다. 끝으로, 열심히 참여한 모두에게 격려와 칭찬을 하며 '서툴러도 괜찮아, 처음엔 그럴 수 있어'처럼 주체적인 삶의 태도를 가질 수 있도록 계속해서 연습할 수 있도록 하였다.

4. 운영지침

프로그램은 극이라는 매체를 사용하여 언어만으로 자신을 표현하는 것이 아닌 신체를 통해 자신을 표현하기에 적절한 공간이 필수적으로 확보되어야 한다. 또한, 극을 할 수 있는 무대뿐만 아니라 주인공과 심리·정서적으로 상호작용하며, 극이 끝난 후 나누기를 할 수 있도록 관객들의 공간도 함께 필요하다. 또한, 형식에 구애되지 않은 채 주인공의 '지금-여기'에 맞춰서 진행되기 때문에 안전한 공간 내에서 극을 통해 자신을 표현할 수 있는 환경을 조성해야 한다.

이를 위한 프로그램의 운영지침은 다음과 같다.

첫째, 본 프로그램은 크게 4회기 구성으로 운영하는 것을 기본으로 한다. 프로그램 특성상 한 회기 소요 시간이 길어짐에 따라 전체 프로그램 일정 시간을 사전에 안내하여 집단 참여자가 일정을 고려할 수 있도록 하는 것이 바람직하다.

둘째, 극이라는 안전한 공간 속에서 자신의 역할을 자유롭게 만들어 가며 역할에 대해 이해하고 대응하는 기술을 익히는 것이 프로그램의 핵심이다. 이에 대학생들의 발달적 특성을 안내하고, 청소년에서 성인으로 나아가는 과도기적 단계에서 학생과 성인 사이의 역할에 대한 변화와 그에 따르는 문제와 갈등에 대해 충분히 안내하여 대학생 스스로 자신의 역할에 대한 이해와 변화에 대한 자발적인 참여 동기를 이끌어 낼 수 있도록 하였다.

셋째, 나누기 단계에서는 집단에서 경험했던 바와 함께 생각과 감정을 나누는 것에 그치지 않고 집단지도자(감독)의 교육적 해석을 포함시킴으로써 교육적인 요소도 함께 녹아낼 수 있도록 하였다.

넷째, 역할극이라는 가상의 안전한 장치를 통해 체험하고 경험해 본 내용들을 일상생활에서도 바로 적용하기에는 어려움이 있을 수도 있다. 따라서 처음에는 어렵고 어색하더라도 인내심을 가지고 계속해서 주체적인 삶의 태도의 자세를 가질 수 있도록 준비 단계 및 행동 단계에서 변화의 동기를 계속해서 유지할 수 있도록 주의를 기울여야 하며, 나누기 단계에서도 교육적인 해석과 함께 충분하게 격려하여 자신감을 심어 줄 수 있도록 한다.

5. 프로그램 계획

프로그램의 회기별 목표와 구체적인 내용은 다음과 같다.

단계	회기	주제	목표	활동

자기이해
(준비
단계)
	1	어쩌다
		어른,
		지금 나의
		위치는?
			• 자신의 역할(예: 가정에서의 역할, 학교에서의 역할, 사회에서의 역할 등)을 이해한다.
			• 나를 자연스럽고 자발적으로 소개해 보고 타인의 소개에 관심을 가진다.
				• 준비
				  −프로그램 안내
				  −역할갈등 이해
				• 행동
				  −다양한 역할 정리 및 별칭 짓기
				  −두 의자를 이용한 자기소개
				• 나누기
				  −두 의자 활동 소감 나누기
				  −역할갈등 이해 및 나누기

자발성·
창조성
회복
(행동
단계)
	2	역할을
		돈으로
		산다면?
			• 현재 나의 다양한 역할을 찾아보고, 자신의 원하는 역할이 무엇인지 알아본다.
			• 집단원들의 다양한 역할들의 어려움을 나누어 보며, 역할에 따른 입장에 대한 공감능력을 키운다.
				• 준비
				  −중심 잡기 활동
				• 행동
				  −역할 DIY
				  −주인공 선정 및 나만의 치유적 상상극장
				• 나누기
				  −치유적 상상극장 경험 나누기
				  −주인공 및 보조자아 등 참여자 경험 나누기

	3	Yes or No,
		선택극장
			• 나의 의사소통 태도를 점검하고 바르고 정확한 의사표현 태도를 연습해 본다.
			• '선택극장'을 통해 매 상황 속에서 스스로 선택을 하고 있었음을 깨달은 후, 자신의 선택에 대한 책임감과 동시에 주체성이 있는 삶에 대해 이해하도록 한다.
				• 준비
				  −소통마사지 활동
				• 행동
				  −인기쟁이, 넌 주인공
				  −Yes or No 그리고 '선택극장'
				• 나누기
				  −선택극장 나누기

역할
적응
(나누기
단계)
	4	너와 나,
		그리고
		우리
			• 나의 다양한 역할을 이해하고, 상황에 맞는 새로운 역할을 정립해 본다.
			• 자발성과 창조성을 바탕으로 미래의 나의 모습을 상상해 보며 앞으로의 주체성 있는 나의 모습을 다진다.
				• 준비
				  −프로그램 되돌아보기
				  −너와 나는 '일심동체'
				• 행동
				  −너와 나, 그리고 우리
				• 나누기
				  −서툴러도 괜찮아, 처음엔 그럴 수 있어
				  −수고한 우리

6. 프로그램 회기별 내용

📝 1회기 **어쩌다 어른, 지금 나의 위치는?**

활동지도안	
활동 목표	• 자신의 역할(예: 가정에서의 역할, 학교에서의 역할, 사회에서의 역할 등)을 이해한다. • 나를 자연스럽고 자발적으로 소개해 보고 타인의 소개에 관심을 가진다.
준비물	영상자료, 이름표
단계	진행 절차
준비 (20분)	▶ 프로그램 안내 사이코드라마 프로그램 집단지도자 ○○입니다. 여러분과 함께하게 되어 기쁩니다. 대학생이 된 지금 여러분은 고등학교 시절과 비교해서 어떤 점이 달라졌나요? 대학생이 되어 좋은 점도 많겠지만 어렵거나 갈등을 경험한 적은 있지 않나요? 어쩌다 어른이 된 지금 나의 위치를 알아보고 자발적이고 독립적인 나로 살아가는 방법을 익히고자 본 프로그램을 함께 해 보고자 합니다. 본 프로그램의 목표는 다음과 같습니다. 첫째, 대학생의 자신의 현재 위치와 역할에 대해 이해하고 수용하여 청소년기와 대학생 시기의 달라진 생활환경에 대해 탐색하고 사회적으로 요구하는 성인으로서의 역할을 자각하도록 하는 것입니다. 둘째, 대학생으로서의 역할이해를 바탕으로 자발성과 창조성의 원리를 이용한 역할갈등으로 인한 문제에 대처할 수 있는 의사소통 능력을 증진시킵니다. 셋째, 역할 연기를 통해 개인의 문제를 해결하는 것으로 끝나는 것이 아닌 역할갈등으로 비롯된 다양한 문제에 대처할 수 있는 방법을 함께 모색하도록 합니다. 넷째, 집단상담 프로그램 참가로 끝나는 것이 아닌 집단 후반 나누기 작업을 통해 문제라는 것이 개인의 문제가 아닌 사회 속 역할갈등의 어려움임을 이해하고 누구나 역할에 적절히 대처할 수 있으며 적응할 수 있음을 이해하도록 하는 네 가지 목표를 가지고 프로그램을 진행하게 됩니다. ▶ 사이코드라마 방법 및 역할 소개 본 프로그램은 4회기로 구성되어 있고, 1회기 활동시간은 90분입니다. 사이코드라마는 상상력이라는 인간의 기본적 특성과 가상의 무대 장치를 결합하여 역할극 형식으로 표현해 보고 치료해 보는 프로그램입니다. 사이코드라마에는 다양한 역할들이 나오게 됩니다. 이야기의 중심적인 존재인 주인공과 주인공 삶 속에 등장하는 다양한 인물, 보조역할을 하는 보조자아, 이야기를 관람하는 관객이 있습니다. 쉽게 말하자면 드라마 속 주인공, 보조출연자가 되어 가상이라는 안전한 상황에서 마음껏 표현해 보고 경험해 보는 시간을 가져 보게 됩니다.

▶ 역할갈등 이해

관습적 규칙으로 인한 우리도 모르게 가지고 있는 편견과 역할의 어려움, 학생이면서도 동시에 성인의 모호한 역할의 어려움, 그리고 이에 대해 알려 주는 이도 없는 막막한 현실에 대해 이야기 나누어 봅시다.

예시 1)
지도자: 최근 나의 삶에서 큰 영향을 끼친 사건이나 또는 걱정거리들에 대해 생각해 볼까요?
마음이: 음…… 내 적성? 인간관계에 대해서 생각해 보게 되고…….
바람둥이: 복학하고 나니 현실적인 문제들이 걱정되고…… 대학을 나와도 의미가 있을까…… 휴학 하고 취업을 준비해야 하나…….
빙그레: 엄마랑 싸우는 거? 나도 이제 성인이고 알아서 할 수 있는데 자꾸 하나하나 간섭하고 잔소 리하고…… 마음은 알겠는데 너무 일방적이니깐…….
지도자: 오늘은 이렇게 다양한 주제들을 모아서 한 편의 나만의 드라마를 만들고 실제로 역할극도 해 보는 시간을 가질 것입니다.

행동 (50분)	**▶ 다양한 역할 정리 및 별칭 짓기** 청소년이었을 때 나는 어떤 것을 좋아하고 어떤 것을 싫어했나요? 지금 대학생이 되면서 달라 진 점이 있나요? 대학생이 된 지금 가족들이나 친구들 사이에서 어떤 역할을 하고 있는지 생각 해 보고, 여러 가지 역할 중에서 청소년 때 나의 역할과 대학생이 된 나의 역할에 별칭을 붙여 봅시다. **▶ 두 의자를 이용한 자기소개** (두 의자를 준비한 후) 여기 두 의자가 있습니다. 한 개의 의자마다 나의 역할을 하나씩 표현해 봅시다. 예시 1) 저는 친구들과 즐겁게 어울리고 싶은 마음이 있어서 '어린이'라는 별칭을 지었고, 반대되는 입장으로 는…… 부모님이 너무 집에 늦게 귀가한다고 걱정을 하시는데 그게 또 마음이 쓰여서 왠지 죄책감이 든다고 해야 하나? 그런 마음에 반대되는 별칭을 '애늙은이'라고 지어 봤어요. 예시 2) 1인 2역 소개 어린이: 우리 '애늙이'는요. ∼∼∼∼ 소개를 마칩니다. 애늙은이: 네. 어린이가 저를 잘 알고 계신 거 같네요. 저도 어린이를 한번 소개해 보도록 하겠습니 다. ∼∼∼입니다.

나누기 (20분)	▶ 두 의자 활동을 진행하며 경험했던 느낌 나누기 두 의자 이용하여 자기소개를 해 보면서 다른 집단원들의 모습 중에서 새롭게 알게 된 모습은 무엇이었나요? 여러 가지 역할들 중에서 공감 가는 역할과 공감하기 어려웠던 역할은 무엇이었나요? 역할갈등은 지금 집단 프로그램에서도 일어날 수 있으며 역할갈등은 어디서든 생겨날 수 있습니다. ▶ 역할갈등이란 삶을 살아가는 듯이 필연적인 것임에 이해하고 소감을 나누기 역할갈등이 경험해 본 후 무엇이 느껴지나요? 역할갈등은 하는 집단원을 보며 나는 어떤 역할을 또 기대하고 있는지 생각해 봅시다. ▶ 다음 회기에 대한 안내 다음 회기에는 다양한 역할 중에서 내가 원하는 역할이 무엇인지 알아보도록 하겠습니다.
유의점	상반된 역할을 소개하면서 다양한 역할을 나눌 경우 역할에 대한 편견이나 선입견을 가지지 않도록 한다.

🗒 **2회기** **역할을 돈으로 산다면?**

활동지도안	
활동 목표	• 현재 나의 다양한 역할을 찾아보고, 자신의 원하는 역할이 무엇인지 알아본다. • 집단원들의 다양한 역할들의 어려움을 나누어 보며, 역할에 따른 입장에 대한 공감능력을 키운다.
준비물	조용한 음악, 포스트잇
단계	진행 절차
준비 (10분)	▶ 중심 잡기 활동 −이번 회기 진행 전 간단한 신체 활동으로 시작해 보겠습니다. 예시) 먼저 눈을 감고 양팔을 벌리고 선 다음 서서히 한 다리를 들고 버텨 본다. 다른 쪽 다리도 똑같이 해 보고 어떤 쪽이 더 잘되는지 느껴 보고 익숙한 것과 그렇지 않은 동작의 불편함을 느껴 본다. 중심 잡기 활동을 해 보니 어땠나요? 불편했나요? 같은 다리지만 어떤 쪽 다리가 더 편했나요? 이처럼 같은 다리지만 우리가 더 많이 사용하고 편하게 사용됩니다. 우리가 가진 다양한 역할이 있지만 그런 역할들도 내가 많이 사용해서 편하고 내가 덜 사용해서 불편한 역할들이 있습니다. 오늘은 다양한 역할 중에서 대학생으로서의 나의 역할과 내가 원하는 역할에 대해서 함께 나누어 보도록 하겠습니다.
행동 (60분)	▶ 역할 DIY 자신이 생각한 두 가지 역할에서 그 역할을 하면서 되고 싶은 역할이나 또는 보이고 싶은 역할을 생각해 보고, 그 역할에 어울리는 수식어를 꾸며 봅시다. 예를 들어, 어린이라는 역할을 하고 싶다면 '친구가 많은' 어린이가 되고 싶은 나의 역할을 정해 보면 됩니다. 먼저 어떤 어린이고 싶은지 5개 이상의 수식어를 포스트잇에 적어 보세요. 그중 내가 가장 하고 싶은 어린이는 어떤 수식어가 있는 어린이인가요? 내가 가장 먼저 버린 수식어는 무엇인가요? 수식어를 버리면서 내가 의미 있게 생각하는 것이 무엇인지 나의 생각과 중요시하는 가치관을 생각해 볼 수 있습니다. 자신의 두 가지 역할에 대해 다양한 수식어를 만든 후 자신이 가장 하고 싶은 수식어를 정하여 역할 별칭 꾸미기 예시) 어린이: 저는 '돈이 많은', '친구가 많은', '날씬한', '걱정 없는', '편안한', '행복한', '귀여운', '현명한', '똑똑한', '매력 있는'으로 정해 보았어요. 지도자: 다음 수식어 중 한 가지를 버려야 한다면 무엇을 버릴 수 있을까요?(반복) − 중략 − 어린이: 저는 [걱정 없는]이 가장 저에게 중요한 것 같아요. 그래서 저는 걱정 없는 어린이로 하겠습니다.

▶ 가상의 역할이라는 안전장치에 대해 안내와 주인공 선정

가상의 두 가지 역할을 다 정했다면 나의 역할을 집단원들에게 소개해 보는 시간을 가져 봅시다. 여러 가지 역할 중에서 궁금하거나 내가 소개하고 싶은 역할이 있다면 그 역할이 지금-여기 집단에서의 '나'가 됩니다. 이곳은 가상의 역할이고 또 가상의 무대이므로 누구나 안전하게 자신의 생각을 표현할 수 있습니다.

또한, 역할극 중에서 어려운 점이 발생하거나 도움이 필요한 부분이 생기면 언제든 감독인 제가 여러분들을 돕거나, 만약 그만두고 싶다면 언제든지 중지를 할 수도 있습니다.

자신의 두 가지 역할에 대한 소개를 끝낸 후, 주인공을 선정이 이루어지는 과정

예시)

지도자: ○○에 대한 경험을 생각해 본 후, 이것을 앞서 만들었던 다양한 별칭을 통해서 표현해 보시기 바랍니다. 그리고 이것에 대해 간단히 이야기를 나누도록 하겠습니다.

어린이: 음…… 걱정 없는? 사실 제가 워낙 사소한 것 하나하나까지도 걱정이 많아서 전전긍긍하고…… 걱정을 만드는 스타일이라고 해야 하나…….

지도자: 그것이 ○○과 어떠한 관련이 있을까요?

어린이: 대인관계에서 자꾸 걱정을 미리 많이 한다. 내가 좋아하는 사람인데 내가 뭐 실수를 했는지, 잘못한 것이 있는지, 나 때문에 다른 사람과 관계가 서먹해지지 않을지…… 내가 잘못해서 배려 받는 것이 아닌지…….

지도자: 실제로 나 때문에 무언가 잘못되지 않을까…… 주변에 피해를 입히는 게 아닐까 걱정도 많고, 전전긍긍하는 내 모습에 대해서도 마음이 좋지 않은 것 같네요. 그렇다면 어린이님이 생각하는 '걱정 없는' 어린이의 모습은 어떤지 상상극장을 통해 꾸며 주시겠어요? 진짜가 아니라도 상관없어요. 왜냐하면 상상이란 말 그대로 존재하지 않는 내가 꿈꾸는 이상적인 모든 것을 이룰 수 있기 때문이죠.

▶ 나만의 치유적 상상극장

주인공은 자신이 선정한 수식어가 이루어질 수 있는 가상의 장면을 만들기 위해 집단원이 추가로 준비해 준 다양한 보조역할들 중 자신이 원하는 장면을 위해 필요하겠다는 역할을 정합니다. 감독은 그 역할을 집단원에게 부여한 후 가상 역할극을 시연하도록 돕습니다.

나누기 (20분)	▶ 치유적 상상극장을 행하며 그 순간 지금-여기에서만큼의 감정을 충분히 나누기 치유적 상상극장을 하면서 주인공은 어떤 상황이나 장면이 기억에 남나요? 그 장면에서 실제의 나였다면 어땠을까요? 역할극이라는 상상을 통해 가상으로 경험해 보니 현실과는 또 다른 느낌이 있나요? 지금-여기에서 느꼈던 것을 충분히 나누어 보며 나의 역할에 대해 더 깊은 이해를 해 보도록 합시다. 치유적 상상극장의 한 장면 예시 1) # 속마음으로 대화해 보기 어린이가 평소 좋아하는 ○○이와 관계에서 괜히 전전긍긍하는 자신의 상황에 대해 간략한 설명을 한 이후

어린이(주인공): (속마음이라 이야기한 후 소곤소곤 소리 내어 말하기) ○○이의 표정이 왜 안 좋지? 혹시 내가 뭔가 실수한 것이 있나…….

○○이(보조자아): (혼잣말을 하듯이) 아…… 어제 밤새 과제를 했더니 너무 피곤하네…….

어린이(주인공): (○○이의 사정을 들은 후) ○○아, 많이 피곤해 보이네~ 커피라도 하나 사 줄까?

○○이(보조자아): 응? 괜찮아~ 밤새도록 과제 하는 것이 하루 이틀도 아니고……. 그래도 신경 써 줘서 참 고맙네. 너는 요즘 어때?

……(중략)……

예시 2) # 이중자아 넣기
진행된 장면 중 이중자아를 넣고 다시 한번 시연하기

어린이(주인공): (속마음이라 이야기한 후 소곤소곤 소리 내어 말하기) ○○이의 표정이 왜 안 좋지? 혹시 내가 뭔가 실수한 것이 있나……

그림자(이중자아): 만나자마자 내가 무언가 잘못한 것이 있나? 왜 이런 생각이 들까……?

……(중략)……

▶ 보조역할 참여자로서 주인공을 바라보며 느낀 점에 대해 충분히 나누기
보조자 역할을 한 보조자아 또는 관객으로 주인공을 바라보며 생각했던 느낌이나 주인공에게 격려나 응원, 위로 등 마음을 전하고 싶은 말이나 있다면 이야기 나누어 보도록 합시다. 또, 내가 만약 주인공이었다면 나는 어떤 역할을 해 보고 싶은지도 이야기 나누어 봅시다.

유의점	다양한 수식어를 위해 감정단어카드를 준비해 주기

Ⅱ
사
이
코
드
라
마
집
단
상
담
실
제

📝 3회기 Yes or No, 선택극장

활동지도안	
활동 목표	• 나의 의사소통 태도를 점검하고 바르고 정확한 의사표현 태도를 연습해 본다. • '선택극장'을 통해 매 상황 속 스스로 선택을 하고 있었음을 깨달은 후, 자신의 선택에 대한 책임감과 동시에 주체성이 있는 삶에 대해 이해하도록 한다.
준비물	인기투표지
단계	진행 절차
준비 (10분)	▶ 소통마사지 활동 이번 회기를 진행하기 전 집단원들과 마사지를 해 보도록 하겠습니다. 가위바위보로 마사지를 먼저 받을 사람을 정한 후 마사지를 해 봅시다. (마사지 후) 이번에는 마사지를 진행하면서 마사지를 해 주는 사람과 소통하면서 마사지를 해 보겠습니다(예: 강도가 센지, 약한지, 더 원하는 곳이 있는지). 마사지를 받아 본 사람은 내가 원하는 부분을 표현해서 마사지를 받아 보니 어땠나요? 마사지를 해 준 사람은 상대방이 어떤 부분을 정확히 요청하니 어땠나요? 소통 없이 마사지를 했을 때와 서로가 원하는 부분, 생각하는 부분을 나누고 나서 마사지를 해 보니 달라진 점은 무엇인가요? 작은 행동의 마사지처럼 일상생활에서 타인들과 소통할 때 상대방의 마음을 몰라 답답했던 경험은 없는지, 상대방에게 말을 하지 못해 오해했던 경험들을 함께 나누어 보겠습니다.
행동 (50분)	▶ 인기쟁이, 넌 주인공 마사지 활동을 통해 의사 표현을 왜 해야 하는지 생각해 보았습니다. 이번에는 의사 표현 중에서 상대방까지 기분 좋게 만들어 주는 칭찬의사 표현을 해 보도록 하겠습니다. 먼저 원을 만들어서 앉아봅시다. 자신의 오른편에 있는 사람의 강점을 칭찬해 봅시다. (칭찬 활동 후) 집단원이 받은 칭찬 중에서 내가 받고 싶은 칭찬이거나 내가 해 주고 싶은 칭찬을 받은 사람을 누구인지 말해 봅시다. 칭찬인기투표 주인공을 선정해 보고 주인공이 된 기분을 나누어 봅시다. ▶ Yes or No 그리고 '선택극장' 갈등 상황에서 주인공의 행동 선택을 Yes or No로 두 가지 선택지를 줍니다. Yes에는 보조자아가 선택에 따른 역할극을 제시하고, No에는 또 다른 보조자아가 선택에 따른 역할극을 제시합니다. 주인공은 선택에 따라 보조자아가 제시한 상황에 맞춰 극을 진행해야 합니다. '선택극장'의 결론이 날 때까지 반복해서 Yes or No를 선택하여 진행합니다. 선택극장의 한 장면 예시1) # 선택과 책임 지역 축제에서 하루만 하는 단기 아르바이트가 있다. 이날 시간도 있을 것 같아서 신청을 한 상태이다. 갑자기 친한 친구들이 1박 2일로 근처에 차박을 가자고 한다. 아르바이트를 가야 하기도 하지만…… 또 한편으로는 지역 주민을 대상으로 15명을 모집했으니 1명 정도 빠져도 괜찮지 않을까라는 생각도 든다. 나는 어떻게 해야 할까?

보조자아 (Yes): 방학인데 무슨 알바야. 당연히 놀러가야지. 어차피 아르바이트하는 사람도 많고 나 하나쯤 없다고 해도 큰 차질도 없을 텐데. 괜히 연락해서 잔소리 듣지 말고 그냥 오늘 하루 휴대전화 끄고 신나게 친구들이랑 놀자. [친구들도 아르바이트를 가지 말자고 하고 아쉬워 하는 것 같은데 같이 가 볼까?]

보조자아 (No): 무슨 말이야. 아르바이트 참가 신청서랑 면접까지 봐 놓고 무책임하게 나 몰라라 하 는 것이 어디 있어. 신청서에 동의한다고 사인도 했고, 면접 때 꼭 참가하겠다고 이야기까지 했잖아?

[아쉬워하는 친구들 때문이 아니라, 내가 놀고 싶어서 가는 거잖아. 그렇다면 적어도 그 선택에 책임 을 지고 행사장에 연락하여 사정을 설명하고 양해를 구해야 하지 않을까?]

······(중략)······

* 극을 참여하는 주인공, 보조자아를 제외한 인원은 관객이 되므로 극을 함께 관람한 후 나누기 단계 에서 관객의 역할에 충실할 수 있도록 안내한다.

오늘 칭찬인기투표 주인공과 함께 두 번째 역할극을 해 보도록 하겠습니다. 오늘 역할극은 '선택 극장'입니다. 대학 생활을 하면서 겪는 여러 가지 갈등 상황 중에 주인공의 생각한 두 가지 선택 을 말합니다. 예를 들어, 아르바이트를 해야 하는 상황에 친구가 함께 놀자고 한다면 아르바이 트를 한다는 Yes, 아르바이트를 하지 않고 친구와 논다 No의 선택지를 줍니다. 보조자아 두 명 이 나와서 Yes와 No의 상황에 맞추어 역할극을 진행해 봅니다. 이 역할극을 보면서 주인공이 원 하는 방향으로 결론이 날 때까지 진행하게 됩니다. 역할극을 진행하면 혹시 다른 선택지가 있다 면 관객 중에서 다른 선택지를 제시해 줄 수 있으며 보조자아를 도와줄 수도 있습니다.

나누기 (30분)	▶ '선택극장' 나누기 역할극을 진행하면서 주인공이 처음에 생각한 상황과 역할극을 진행하면서 달라진 점이 있었나 요? 보조자아들의 역할극을 보면서 처음 생각했던 자신의 생각과 같은 점은? 다른 부분은 무엇 인가요? 또한, 보조자아들은 역할극을 진행하면서 현재 일어나는 상황에 어떤 느낌이 들었나요? 일상생 활을 하다 보면 혼자서만 결정할 수 없는 일들이 생기곤 합니다. 이때 혹은 친구나 부모님 주변 사람들과 어떤 의사소통을 통해 결정을 하느냐에 따라 역할극에 장면이 바뀌는 것처럼 우리의 매 순간도 달라지게 됩니다. 우리는 함께 어울려 함께 생활하기 때문에 나 혼자만의 노력이 아 닌 다양한 역할갈등 상황 속에서 함께 노력해야 하면 노력을 첫걸음이 바로 자신의 생각을 표현 해 보는 방법입니다. ▶ 이번 회기를 하며 새롭게 알게 된 점과 느낀 점에 대해 충분히 나누기 만약 갈등 상황 속에 표현해 보지 않고 주저했다면 어땠을까요? 소통마사지와 역할극을 통해 알 게 된 점은 무엇인가요? 나의 긍정적인 의사 표현이 관계 소통을 원활하게 해 줍니다. 활동을 마 무리하며 옆에 있는 집단원들에게 칭찬해 봅시다.
유의점	갈등 상황에 대한 행동 선택에 대한 두 가지 선택지 외에 다른 선택을 할 수 있음을 알려 주어 주 체성 길러 주기

📝 4회기 너와 나, 그리고 우리

활동지도안	
활동 목표	• 나의 다양한 역할을 이해하고, 상황에 맞는 새로운 역할을 정립해 본다. • 자발성과 창조성을 바탕으로 미래의 나의 모습을 상상해 보며, 앞으로의 주체성 있는 나의 모습을 다진다.
준비물	'일심동체' 활동을 위한 노끈 및 장애물

단계	진행 절차
준비 (20분)	▶ 프로그램 되돌아보기 이번 회기를 시작하기 전 소통을 위한 방법을 나누어 보고 갈등 상황에서 다양하게 표현을 해 봄으로써 상황이 달라질 수 있음을 경험해 보았습니다. 그 경험을 기억해 보며, 실제로 인간관계에서 의사소통으로 힘들었던 경험은 언제였나요? 만약에 그때로 다시 돌아간다면 어떤 의사소통을 한다면 갈등관계를 잘 해결할 수 있을지 생각을 나누어 봅시다. ▶ 너와 나는 '일심동체' 두 명씩 짝을 지은 후 한 명은 눈을 가린 채 말만 할 수 있으며, 한 명은 눈은 보이나 말을 할 수 없는 상태로 준비를 한다. 준비된 길을 따라서 서로를 의지한 채 길을 걸어 보는 시간을 가질 것입니다. 두 명씩 짝을 지은 후 눈을 가린 채 앞에 사람을 의지한 채 길을 걸어 봅시다. (활동 진행 후) 눈을 가리고 따라가 본 집단원은 어떤 느낌이었나요? 말을 하지 못하고 눈을 가린 집단원을 이끌고 갈 때는 어떤 느낌이었나요? 서로 마음이 통하여 이끄는 방향대로 가는 집단원들도 있지만 혹은 작은 불안으로 이끌어 주는 사람을 믿지 못해 불안하지는 않았는지 생각해 봅시다. 일상생활에서도 우리는 보이지 않는 불안에 눈을 뜨지 못하고 걸어가거나, 누군가를 의지해 가며 길을 나아가야 한다는 부담감에 말도 하지 못하고 억지로 끌고 가는 상황에 있을 수도 있습니다. 서로를 믿고 의지하며 '일심동체'가 된다면 세상을 살아갈 때 든든한 지지처가 될 수 있습니다.
행동 (40분)	▶ 너와 나, 그리고 우리 집단을 참여했던 그 시간을 또 하나의 극으로 재구성해 보도록 할까요? 1회기부터 지금까지 집단을 진행하며 '만일 이랬다면'이라는 가정하에 그 상황을 재구성해 보고, 그 결과에 대해 집단원들이 함께 토의해 보도록 합시다. 우리가 함께 집단을 하면서 가졌던 느낌과 경험 중 가장 기억에 남거나 경험하지 못해 아쉬웠던 부분 또는 역할극 중에서 바꾸어 보고 싶은 장면들을 나누도록 하겠습니다. 이번 역할극은 '만일 이랬다면'으로 그 역할극을 재구성해 보는 시간을 가지도록 하겠습니다. 마지막 시간인 만큼 주인공과 보조자아도 집단원들이 정해 보고, 상황도 집단원이 정해 보는 시간을 가지도록 하겠습니다. (역할극 후) 역할극을 재구성해 보니 어땠나요? 어떤 부분인 가장 기억에 남나요? 아쉬운 점은 무엇인가요? 집단원 개개인이 바라보고 이해한 상황이 아닌 우리들이 함께 바라본 상황을 통해 다시 또 그 역할을 나누고 재연해 보면서 달라진 점은 무엇인가요? 이번 역할극은 주인공이 혼자가 아닌 다수의 주인공들이 함께 모여 결과를 의논해 보고 생각해 보면서 함께 나눌 때 달라진 상황들을 경험해 보았습니다.

나누기 (30분)	▶ 서툴러도 괜찮아, 처음엔 그럴 수 있어 집단에 참여한 동기와 집단에 참가하며 계획했던 개인 목표들을 점검하고 평가하는 시간을 가질 것입니다. 역할극이 단지 놀이 활동에 그치는 것이 아닌 실제 생활에서도 같은 원리를 적용할 수 있음을 이해되나요? 처음 집단에 참여한 나는 어떤 역할로 갈등하고 어려워했나요? 처음에 정한 나의 별칭을 보며 프로그램 진행 후 달라진 나의 모습을 별칭으로 바꾸어 본다면 어떤 수식어를 사용할 수 있는지 이야기해 봅시다. 누구든지 처음 겪는 익숙하지 않은 상황에서 역할극이라는 가상의 세계를 통해 경험하며 함께 느끼고 함께 성장할 수 있었습니다. 역할극에서 자발성을 가지고 나의 갈등을 함께 창조적으로 해결해 나가며 주체적인 삶의 태도를 가지게 된다면 서툴러도 괜찮은 대학생이 될 수 있을 것입니다. ▶ 수고한 우리 집단 프로그램을 통해 함께 알게 된 점, 나의 달라진 점은 무엇인가요? 또한 집단원들에 대해 알게 된 점, 칭찬해 주고 싶은 점은 무엇인가요? 수고한 나와 집단원들에게 해 주고 싶은 말은 무엇인가요? 마지막으로 소감을 한 마디씩 나누어 보겠습니다. 〈사이코지만 괜찮아〉 드라마 제목처럼 '사이코드라마라서 괜찮아', '너라서 괜찮아'로 옆에 있는 집단원들을 응원하며 집단 프로그램을 마무리하겠습니다. * 적극적으로 참여하지 못하였거나 아쉬운 마음이 있는 집단원에 대해서는 충분히 마무리할 수 있도록 기다려 주며 감독은 촉진적인 역할을 한다.
유의점	집단에 참여했던 활동들을 사진이나 영상으로 미리 찍어 두었다가 사진/영상을 보면서 경험들을 나누어 본다.

참고문헌

Dayton, T. (2004). *The living stage: A step-by-step guide to psychodrama, sociometry and group psychotherapy*. 사이코드라마 매뉴얼: 상담 및 집단치료에서 활용하는(김세준 역). 서울: 시그마프레스 (원전출판 2004년).

Krall, H., Fürst, J., & Fontaine, P. (2012). *Supervision in psychodrama: Experiential learning in psychotherapy and training*. 사이코드라마 슈퍼비전(최대헌, 방기연, 심호규, 소용주 역). 서울: 박학사 (원전출판 2012년).

Moreno, J. D. (1989). *The autobiography of JD Moreno*. 제이콥 모레노: 사이코드라마의 창시자 (서수균 역). 서울: 학지사 (원전출판 1989년).

제 9 장

게슈탈트 집단상담

나는 나의 삶을, 당신은 당신의 삶을 살고 있습니다.

나는 당신의 기대를 만족시켜 주기 위해 이 세상에 사는 것이 아닐뿐더러,

당신도 나의 기대를 만족시켜 주기 위해 이 세상에 살지 않습니다.

당신은 당신, 나는 나일 뿐입니다.

우연히 우리가 서로 찾아낸다면 그보다 더 멋진 일은 없겠지만,

그러지 못한다 해도 어쩔 수 없는 일입니다.

프리츠 펄스의 게슈탈트 기도문

I ▷ 게슈탈트 집단상담 이론

1. 집단상담의 목표

게슈탈트는 전체, 형태, 모습 등의 의미를 가진 독일어로 개인의 전체적인 존재를 뜻한다. 1940년대 독일의 프리츠 펄스(Fritz Perls)에 의해 창안된 상담방법으로 인간의 경험을 높이 평가하는 현상학적 방법으로 현실에 대한 내담자와 상담자의 경험을 강조하는 상담방법이다.

게슈탈트 상담에서의 인간은 신체, 정서, 사고, 감각, 지각 등이 통합된 부분들로 이루어져 있다. 출생에서부터 죽음까지 환경에 창조적으로 적응하며 자신의 정체감을 형성해 나간다고 바라본다(Yontef, 2008). 인간은 태어나면서부터 신체, 정신, 사회 등의 부분들과 상호 관련되어 자기(self)를 실현해 나간다. 즉, 인간은 환경을 떠나서 살아갈 수 없으며, 현재의 환경 속에서 내외적 자극에 대하여 인식하며 자신의 행동을 자유롭게 선택할 수 있다. 여기서의 행동은 육체, 정신, 환경 등의 단편적인 요소가 아닌 각 요소들의 역동적으로 상호 관련되어 나타나는 전체로서의 의미이다.

또한 인간은 감각, 사고, 정서, 지각을 충분히 인식할 수 있는 잠재력을 가지고 있어 자기 자신의 삶을 효과적으로 영위할 수 있는 능력을 가지고 있고 보았다. 하지만 과거와 미래에서는 자기 자신을 경험할 수 없고, 현재에서만 경험할 수 있음을 중요시하였다. 요약해 보자면, 게슈탈트 상담에서 인간은 현재 중심적이며 자신의 선택에 의해 잠재력을 각성할 수 있는 존재로 보고 있다.

게슈탈트 치료의 기본적 목표는 자기치유와 자각을 증진하는 것이다. 자각에는 자신에 대한 지식, 선택에 대한 책임, 환경과의 접촉, 현재 경험에의 몰입, 자기수용, 접촉을 만들어 내는 능력 등이 요구된다(Yontef & Jacobs, 2011). 이러한 자각을 갖고 있는 내담자는 자기 안에서 자신의 어려움을 해결하고 변화시킬 수 있는 자원을 발견해 낼 수 있다. 이에 비하여 자각능력이 부족한 내담자들은 개인의 변화를 위한 방법들을 가지고 있지 않으며 해결에 어려움을 가진다.

게슈탈트 상담은 개인 내적 분석이 아니라 일상에서 충돌되는 관점들의 통합을 목표로 한다. 이러한 게슈탈트 상담의 기본 가정은 일상에서의 상황들을 적절하게 인식한다면 자기조절을 훌륭하게 해 낸다는 것이다. 자신이 속한 환경에서 자신의 욕구에 완벽하게 반응하게 된다면 창조적인 적응이 나타날 수 있지만, 현실에서는 자신의 욕구에 완벽하게 반응하기가 쉽지 않아 자각을 상실하는 일이 발생하게 된다. 이에 게슈탈트 상담에서는 내담자로 하여금 현재의 상황에서 자신의 욕구를 깨닫도록 돕는다.

게슈탈트는 자신을 있는 그대로 받아들여 자신이 될 때 변화를 위한 풍부한 가능성을 맞이할 수 있다는 것이다. 이에 집단치료자에게 있어 중요한 과제는 구성원들을 직접 변화시키는 것이 아니라 구성원들이 현재의 순간에 자신이 어떠한지에 대한 자각을 할 수 있도록 지원하는 것이다. 그러므로 치료 목표 계획 시에는 각 구성원의 개인적인 관점뿐만 아니라 집단 전체의 관점까지도 고려해야 한다. 즉, 참여자들이 집단에서 자신의 이야기를 하는 것이 중요하지만 이야기 자체만으로는 충분하지 않다. 중요한 것은 집단 참여자들이 그 이야기를 어떻게 풀어 가는지, 집단 내의 다른 참여자들이 그 이야기를 듣고 어떤 영향을 받았는지에 대한 것이 중요하다.

2. 주요 개념

1) 게슈탈트

게슈탈트는 독일어로써 형태, 전체, 모습이라는 의미를 가지고 있으며, 게슈탈트 상담에서는 부분보다 전체를 의미 있게 여긴다. 게슈탈트 상담에서 전체는 '일 더하기 일은 이'와 같이 단순한 합을 의미하는 것이 아니라 전체의 통합을 의미한다. 예를 들자면, 우리가 상담에서 게슈탈트 상담을 활용한다고 했을 때 기본적으로 게슈탈트 상담에 관련된 책과 강의를 듣고, 그 이론을 이해한다. 그리고 게슈탈트 상담의 주요한 부분을 기억하여, 이후 상담에서 적절하게 적용하였을 때 우리는 상담에서 게슈탈트 상담을 활용하였다고 이야기를 할 수 있다. 이처럼 게슈탈트에서 전체는 각각의 부분들이 합쳐져 하나의 전체로 형성되는 것이다.

2) 전경과 배경

전경과 배경은 게슈탈트에서 제시하는 체제화 과정이다. 전경은 어느 한순간에 관심의 초점이 되는 부분을 정의하며, 배경은 관심 밖으로 물러나는 부분이라 한다. 예를 들자면 우리가 도서관에 가서 원하는 여러 책을 찾는다고 했을 때, 우리는 원하는 책을 찾기 위하여 먼저 찾고자 하는 책들 중 한 책이 있을 곳에 가서 책꽂이에 있는 책들을 훑으며, 원하는 책을 찾는다. 그리고 그 책을 찾은 후에는 다른 원하는 책을 같은 방법으로 찾는다. 이때 이미 찾은 책은 잊고 새로운 책을 찾는 일에 집중하게 된다. 이 과정에서 찾고자 하는 책 주변에 있는 많은 책은 배경이 되고, 우리가 찾는 책은 전경이 된다. 그리고 원하는 책을 찾은 순간 욕구는 해결되어 의식에서 사라지고 다른 책을 찾는 행동을 하게 되는데, 이런 경우 전경과 배경이 교체된다고 할 수 있다.

이처럼 건강한 인간은 매 순간 자신에게 중요한 게슈탈트를 형성하여 전경으로 떠올리고, 전경으로 떠올랐던 게슈탈트가 해소되면 그것을 다시 배경으로 보내게 된다. 그러면 다시 새로운 게슈탈트가 형성되어 전경으로 떠오르고, 해소된 이후에는 다시 배경으로 물러나는 과정을 반복한다. 이러한 순환과정을 '전경과 배경의 교체'라고 부르며, 대부분 사람에게서 전경과 배경의 원활한 교체는 자연스러운 현상이 된다.

3) 미해결 과제

게슈탈트 상담에서는 해소(완결)를 중요하게 생각한다. 전경과 배경의 교체가 원활하게 이루어지지 않아 게슈탈트 형성에 어려움을 경험하거나 혹은 게슈탈트 형성은 하였으나 적절하게 해소되지 않아 배경으로 사라지지도, 전경으로 떠올리지 못하고 중간층에 남아 있는 상황이 발생하기도 한다. 이렇게 완결되지 않은 혹은 해소되지 않은 게슈탈트를 '미해결 과제'라고 한다.

미해결 과제는 대체로 과거에 형성되었지만 그 부분이 제대로 처리되지 못하여 분노, 증오, 불안, 슬픔 등의 감정이 중간층에 머무르며 현재의 다른 대상과의 접촉을 방해한다. 미해결 과제가 오랜 시간 해결되지 않을 경우에는 망상이나 강박적인 행동 등이 나타나기도 하는데 이러한 미해결 과제는 쉽게 해결되지 않고, 다른 사람이나 상황에도 반복적으로 나타난다. 따라서 게슈탈트 상담은 우리가 가지고 살아가고 있는 미해결 과제의 해결을 목표로 한다.

4) 지금-여기

게슈탈트 상담은 지금-여기에서 일어나는 현상 및 상호작용을 중요시한다. 일반적으로 미해결 과제는 해결되지 못해 계속해서 전경으로 드러나는데, 이는 현재(지금-여기)에서도 지속적으로 드러난다. 게슈탈트 상담에서는 현재(지금-여기)에 대해 이해하고 충분히 경험하는 방법을 강조하고 있다. 상담을 통해 떠오르는 것을 외면하거나 회피하지 않고 현재를 충분히 경험하고, 과거에 얽매이거나 다가올 미래에 대한 불안과 걱정에 빠지지 않고 순간적이고 즉각적으로 지금-현재의 경험에 집중한다.

그렇다고 게슈탈트 집단상담에서 과거를 무시하거나 중요하게 생각하지 않는 것은 아니다. 현재까지 영향을 미치는 과거는 게슈탈트 상담에서도 중요하다. 만약 과거의 문제가 현재에까지 영향을 미친다면 상담에서 그 문제를 다루게 되는데 이때는 현재까지 영향을 미치는 과거의 문제 상황을 재연하여 그 관련성을 탐색할 수 있다.

5) 인식과 책임능력

인식은 알아차림과 깨달음으로 게슈탈트 상담에서 인식은 자신뿐 아니라 타인의 욕구나 감정을 알아차리는 것을 의미한다. 게슈탈트 집단상담에서는 이러한 알아차림(인식)을 위해서 지금-여기에서 집단원들이 무엇을 어떻게 경험(움직임, 자세, 목소리, 제스처, 상호작용 등)하는지에 관심을 가지도록 한다.

더불어 집단원이 경험하고 행동하는 것이 무엇이든 간에 타인의 책임이 아니라 자신의 책임으로 받아들인다. 성숙한 인간은 자신의 기대와 진실로 진정한 자신이 되는 것에 대해 관심이 있고, 자신과 세상에 대한 인식은 자신의 감각과 직관을 통하여 하나로 통합하고 수용한다. 이는 분리될 수 없으며 그에 대한 책임 또한 자신의 책임이다.

3. 집단지도자의 역할

게슈탈트 집단상담에서 집단지도자는 중심적인 위치를 차지한다. 집단지도자는 무엇을 할 것인지, 누구와 언제 어떤 상호작용을 할 것인지 등을 결정하며, 집단원들이 순간순간의 자신의 경험에 대해 명확하게 자각을 할 수 있게 지도자는 여러 가지 기술,

활동, 연습 등을 계획하고 지도한다. 또한 지도자는 집단원들의 정서적 경험을 재경험
하게 하고 직면하도록 도와 다양한 역할을 수행하는 모델의 기능을 수행한다. 이처럼
게슈탈트 집단지도자는 다양한 역할을 맡는데, 이러한 구체적인 역할과 기능은 언어적
전문가, 좌절 경험의 제공자, 관심과 감동 제공자, 창조적 연출자로 살펴볼 수 있다.

1) 언어적 전문가

집단원들의 자각을 돕기 위하여 집단지도자는 집단원들의 언어 표현과 신체 표현에
대해 관심을 가지고 그 둘 사이에서의 불일치를 알아차릴 필요가 있다. 집단지도자는
집단원들이 이야기한 말의 내용뿐만 아니라 맥락, 음성의 높낮이와 강약, 대명사의 사
용, 설단(단어 등을 알고 있으나 혀끝에 맴돌며 표현이 안 되는 현상) 현상 등에도 관심을 가
져야 한다.

2) 좌절 경험의 제공자

집단원들은 집단에서 대체로 자신의 생활환경에서 받지 못했던 지지나 반대로 생활
환경에서 익숙하게 받았던 지지를 집단에서 요구한다. 그러나 집단지도자는 집단원들
이 과거에 경험하였던 것과는 다른 방식으로 반응함으로써 집단원들이 다른 사람들이
해 주는 지지에 의존하지 않고 자신의 행동을 스스로 지지할 수 있도록 도와야 한다.

3) 관심과 감동 제공자

집단원의 존재와 그의 삶에 대한 이야기에 대하여 집단지도자는 흥미와 관심을 가져
야 하며, 집단원의 이야기에 대하여 심취하고 감동할 수 있는 능력이 필요하다. 지도자
는 집단원이 가지고 있는 과거의 부정적인 경험들로 인해 왜곡되어 있는 것들과 고정
관념을 깨뜨려야 한다. 집단지도자는 집단원의 사소한 사건까지도 깊은 공감과 감동을
보일 때 비로소 집단원은 진지하게 자신을 바라볼 수 있는 마음이 생긴다.

4) 창조적 연출자

집단원들이 자신의 생활에서 자신의 역할을 더 잘 할 수 있도록 집단지도자가 집단 상황을 통해 돕는다는 점에서 연출자 또는 역할 수행의 지도자 역할을 한다. 즉, 집단 지도자는 자신의 가치관이나 선입견, 사회적 통념에 흔들리지 않고 상황을 있는 그대로 볼 수 있는 안목을 통해 집단원 속에서 생명력을 보고 거기에서 집단원의 새로운 가능성을 발견해야 한다.

4. 집단상담의 단계

게슈탈트 집단상담은 일반화된 절차는 없어 집단지도자마다 집단원들의 변화를 위하여 다르게 구성하고 있다. 대표적인 집단과정으로 케프너(Kepner, 2008)가 제시한 단계를 살펴보고자 한다. 케프너는 집단지도자의 역할과 집단원들이 경험하는 부분에 따라 단계를 구성하였는데, 첫 번째로 정체성과 의존, 두 번째는 영향력과 독립 및 저항, 세 번째는 친밀감과 상호 의존으로 제시하였다.

• 첫 번째 단계

첫 번째 단계(초기 단계)는 정체성과 의존 단계로 집단원은 각자 불안하기 때문에 자신이 다른 집단원들과 지도자에 의해 인식되고 반응되는 패턴에 의존한다. 이때 지도자는 치료자의 역할로서 의존적인 태도를 좌절시키며 집단원들이 집단에서 자신의 정체성에 대해 개인적으로 탐색하도록 도와준다. 지도자의 역할은 집단원 간 상호작용과정에서 발생할 수 있는 위험에 대해 인지하고 집단 내에 유대감을 형성할 수 있게 신뢰할 수 있는 분위기를 제공한다.

• 두 번째 단계

두 번째 단계(과도기와 비슷함)는 영향력과 독립 및 저항 단계로 이 단계에서 집단은 갈등이 증폭되어 영향력, 권위 통제와 같은 문제들이 발생하게 되고 이를 해결하기 위해 노력하는 단계이다. 지도자의 역할은 구성원들의 다양성과 역할의 융통성을 증가시킬 필요가 있다. 또한 지도자는 집단 내에서 일어나고 있는 상황에 대해 반응함으로써 구성원들의 작업을 촉진하는 역할을 수행한다. 이러한 촉진적인 활동들은 집단의 규범에 대한 인식을 자각하도록 도와주고, 구성원들로 하여금 집단의 규범에 도전함으로써 불편감과 불만족감에 대해 개방적으로 표현할 수 있도록 하여 직면하고 해결할 수 있도록 이끌어 준다.

- 세 번째 단계

세 번째 단계(작업 단계와 유사)는 친밀감과 상호 의존 단계로 진정한 접촉이 일어난다. 이러한 진정한 접촉은 집단원들 사이에서 발생한다. 집단원들이 이전 단계를 통해 집단 내의 영향력, 힘, 권위 등에 대하여 작업을 진행해 왔다. 이 시점은 집단 내에서 개인과 집단 전체적으로 심도 있는 작업이 가능한 단계이다. 지도자는 권위자에서 벗어나 조언자의 위치로서 새로운 학습을 위해 실험에 집단원들이 참여할 수 있도록 격려하고 집단원들은 알아차림을 위한 방법으로 실험을 활용한다.

5. 집단상담의 기법

게슈탈트 집단상담에서는 집단원들의 알아차림을 위한 기법들이 주로 사용된다. 따라서 집단지도자는 상황에 따라 필요하다고 판단되는 기법들을 응용하여 집단을 활용할 필요가 있다.

1) 자각

게슈탈트 집단상담에서 중요한 것 중 하나가 지금-여기에서 느끼는 자각이다. 지금-여기에서 느끼는 자신의 욕구와 감정, 언어, 신체, 환경, 책임 등에 대해 알아차리는 것이 중요하다. 집단원은 지금-여기에서 자신의 욕구와 감정을 자각함으로써 자기 자신 및 환경과 잘 접촉하고 교류할 수 있게 되어 성장과 변화의 경험을 하게 된다. 이러한 자각의 종류로는 신체, 욕구와 감정, 환경, 언어, 책임자각이 있다.

(1) 신체자각
게슈탈트 집단상담에서는 정신과 신체작용의 관계가 밀접하다고 본다. 지도자는 집단원에게 현재 상황에서 느끼는 신체감각을 자각하도록 요구하는데, 이때 지도자는 에너지가 많이 집중되거나 긴장되어 있는 신체 부분에 대한 알아차림을 알 수 있도록 안내한다.

집단원은 신체를 통해 미해결된 에너지를 알 수 있는데 흔히 근육의 긴장으로 나타나거나 심하면 신체 통증으로 체험되기도 한다. 지도자는 집단원이 이를 자각하도록 도와 소외된 자신의 부분들을 접촉하고 통합할 수 있게 해야 한다. 신체자각을 돕기 위해 치료자의 다음과 같은 질문이 도움이 된다.

> 집단원 1: 오늘은 기분이 괜찮아요.
> 지도자: 집단원 2님이 보시기에 집단원 1님이 어떻게 보이세요?
> 집단원 2: 지금 집단원 1님이 말도 빠르고 호흡도 빠른 것 같아요.
> 지도자: 집단원 2님이 보시기에도 말도 빠르고 호흡도 빠른 것 같군요. 집단원 1님 지금 몸은 어떤지 그 의미를 한번 알아차려 보세요.
> 집단원 1: 호흡이 좀 빠른 것 같아요. 그런데 머리는 불안하지 않아요.
> 지도자: 거기에 잠시 머물러 보시겠어요?
> 집단원 1: 숨이 턱 막히고 살짝 목 조르는 느낌을 받아요. 가슴도 답답하고…… 불안한 것 같아요.

(2) 욕구자각과 감정자각

게슈탈트 집단상담에서는 지금-여기에서 체험되는 욕구와 감정을 자각하는 것 또한 중요하다. 집단원이 미해결 과제가 있을 경우 보통 감정이나 욕구를 억압하는데 이를 자각하고 전경으로 올림으로써 억압된 감정이나 욕구를 해결할 수 있으며, 미해결 과제가 없는 경우에는 지금-여기의 욕구와 감정을 자각함으로써 현재 순간의 유기체적 욕구를 실현시킬 수 있게 된다.

따라서 지금-여기의 자신의 욕구와 감정을 알아차리는 것이 변화와 성장에 긍정적 영향을 미친다. 게슈탈트 집단상담에서 많은 종류의 기법들이 있지만, 사실 대부분의 기법들은 자신의 욕구와 감정을 좀 더 잘 자각하도록 도와주는 것들이라고 할 수 있다.

> 집단원 1: 엄마가 자꾸만 공부하라고 저를 재촉해요.
> 지도자: 엄마에게 지금 원하는 것이 무엇인가요?
> 집단원 1: 나를 조금만 배려해 주었으면 좋겠어요.
> 지도자: 지금 그 말을 하면서 어떤 감정이 느껴지세요?
> 집단원 1: 엄마가 너무 강압적으로 하고 있어 배려받지 못하는 것 같아 화가 나요.

(3) 환경자각

일반적으로 집단원들은 각자의 미해결 과제로 인하여 자신에게 너무 몰입해 있다. 그로 인해 주위 환경에서 일어나는 사건이나 상황을 잘 자각하지 못하게 되어 현실과 단절되어 있는 경우가 발생한다. 이때 집단지도자는 주변 사물과 환경에 대해 자각하도록 도와줌으로써 집단원에게 현실과의 접촉을 증진시킬 수 있고, 나아가서는 자신의 미해결 과제를 알아차리고 해결할 수 있는 힘을 얻도록 도와줄 수 있다. 이처럼 환경자각을 통하여 자신의 공상과 현실이 다름을 알아차리도록 도와줄 수도 있다.

집단원 1: 저 두 분이 갑자기 웃는 걸 보니 나를 비웃었던 거 같아요.

지도자: 아~ 저분들이 집단원 1님을 비웃는 것 같군요. 잠깐만 두 분에게 한 분씩 한 분씩 눈맞춤을 해 보겠어요?

(눈맞춤)

지도자: 지금도 저 두 분이 집단원 1님을 보고 비웃었던 것처럼 느껴지시나요?

집단원 1: 지금 이렇게 저 두 분 눈을 바라보니 나를 비웃었던 게 아닌 것 같아요. 예전에 저를 무시하던 그 사람들로 인해 그런 것 같기도 해요.

(4) 언어자각

게슈탈트 상담에서 언어는 강렬한 접촉수단이다. 집단원이 언어를 어떻게 사용하는가에 따라 접촉이 증가할 수도 있고, 반대로 단절될 수도 있다. 이처럼 언어 패턴은 언어습관이 자각을 증대시킬 수 있다는 관점에서 개인의 감정과 사고 및 태도를 나타낸다고 볼 수 있다(Passons, 1975). 따라서 집단원의 언어 사용 습관을 면밀히 관찰하여 잘못된 언어 습관을 고쳐 주는 것도 집단지도자의 중요한 과제이다.

집단원이 사용하는 언어에서 행동의 책임소재가 불명확한 경우, 지도자는 집단원에게 언어 형식을 바꾸어 말하도록 안내하고, 자신의 욕구나 감정 혹은 행동에 대해 스스로 책임지도록 도와줄 수 있다.

집단원 1: 나는 정말 미칠 것 같아요.

지도자: 그것을 능동형으로 바꾸어 볼 수 있겠어요?

집단원 1: 나는 나 자신을 미치도록 만들고 있어요.

(5) 책임자각

펄스(Perls)에 의하면 책임이란 어떠한 상황에서 능동적이고 자율적으로 선택하고, 그에 따른 결과를 자신의 것으로 받아들일 수 있는 능력을 뜻한다. 집단원은 타인에게 책임을 전가하거나, 자학하거나, 회피하거나 체념하는데 이때 지도자는 궁극적으로 집단원이 타인에게 의존하려는 자세를 버리고 자립함으로써, 자신의 행동을 스스로 선택하고 책임질 수 있도록 도와줄 수 있다.

2) 빈 의자 기법

빈 의자 기법은 주로 집단원 간의 갈등 상태 혹은 현재에 영향을 미치고 있는 과거의 감정 문제를 해결하는 데 주로 도움을 주기 위한 것이다. 현재 문제와 관련된 과거의 사건 혹은 대상, 자신의 내면의 한 부분 등과 만날 때 사용되는데 개인이 지니고 있는 여러 측면의 감정을 빈 의자에 투사하며 대화를 나눈다. 빈 의자 기법을 통해 자신 또는 타인을 비롯한 세상과 접촉을 하고 자신과 세상에 대한 감정을 진정으로 이해하게 한다.

> 집단원 1: 엄마한테 절대 음식에 다른 걸 넣지 말라고 했는데 그걸 안 지켜서 너무 화가 나는 거예요.
> 지도자: 엄마에게 음식에 다른 걸 절대 넣지 말라고 했는데 그걸 안 지킨 걸 보고 화가 났을 때, 엄마에게 화난 감정을 표현해 보았어요?
> 집단원 1: 아니요. 말 못했어요.
> 지도자: 그럼 엄마가 여기 빈 의자에 앉아 계시다고 생각하고 화난 감정을 말해 볼래요?
> 집단원 1: 내가 다른 음식은 절대 넣지 말라고 했는데 엄마는 넣었더라.
> 지도자: 그래. 잘 이야기하고 있어요. 조금 더 하고 싶은 말을 해 볼래요?
> 집단원 1: 엄마는 내가 말한 걸 왜 몰라주지? 왜 내가 힘든 걸 공감 못 해 줘. 내가 말하는 건 들어주지 않는 것 같아서 화가 나. 차라리 내가 아팠으면 좋겠어.

3) 현재화

현재화는 과거에 일어난 사건이나 미래에 일어날지 모르는 사건을 현재에 일어나고 있는 것처럼 체험하여 미처 탐색하지 못했던 자신의 생각이나 행동, 욕구나 감정들을 알아차릴 수 있게 하는 기법이다. 현재화는 과거 회상 또는 미래의 상상이 아닌 지금-

여기에서 일어나는 것처럼 다루어 현실에서 그 문제를 만나 경험하게 함으로써 해결책을 탐색하도록 돕는 것이 중요하다.

집단원 1: 회사에서 하는 프로젝트를 망칠까 봐 불안해요.

지도자: 오늘 프로젝트를 실패했다고 상상해 봅시다. 지금 어떠세요?

집단원 1: 굉장히 부끄러워요.

지도자: 지금 어떤 생각이 떠오르나요?

집단원 1: 모두들 나를 비난하는 것 같아요.

지도자: 누가 당신을 비난하나요?

집단원 1: 음…… 같이 프로젝트한 팀원들이 저를 비난할 것 같아요.

지도자: 궁금하네요. 왜 팀원들이 비난하는지.

집단원 1: 그러게요…… 그냥 나를 탓할 것만 같았어요. 그러다 보니 너무 불안하고 힘들었어요.

지도자: 아, 막연하게 나를 탓할 것만 같았네요.

집단원 1: 네. 그렇네요……. 막상 나누어 보니깐 막연하게 힘들어한 것 같네요.

Ⅱ 게슈탈트 집단상담 실제

대학생의 대인관계 증진을 위한 게슈탈트 관계성(GRIP) 향상 프로그램

1. 필요성과 목표

1) 프로그램의 필요성

대학생 시기는 대인관계의 폭이 넓어지며 깊어지는 시기로서 다양한 관계를 경험하고, 그 관계 경험을 통하여 성숙한 대인관계를 이루어야 하는 발달과업을 가지고 있다. 더욱이 대학생 시기는 전 생애 중 관계가 가장 많은 시기이며, 대인관계가 개인의 생활 만족과 스트레스 대처방안에도 긴밀한 관계를 가지고 있다. 그러나 우리나라의 대학생들은 중·고등학교까지 같은 반, 같은 학원과 같은 제한된 공간에서 자율적이 아닌 환경적 상황으로 관계를 형성하고 경험하며 대학에 진학하게 된다.

대학에서는 이전 시기의 제한된 공간에서 벗어나, 활동 영역과 대상이 급격하게 확대되고 관계에서도 개인의 선택과 자율성이 중요해진다. 이러한 부분으로 인해 중·고등학교 시절에서 경험한 비자율적인 관계가 줄어들게 되고, 이전과는 다르게 개인의 스스로 적극적인 노력을 통하여 관계가 형성됨으로써 많은 대학생들이 대인관계에서 어려움을 경험하게 된다.

따라서 이러한 대학생들의 대인관계 어려움을 지원하기 위하여 관계 속에 개개인이 처해 있는 상황에서 다른 사람들과 관계를 맺고 유지하며 갈등이나 문제를 해결할 수 있는 능력인 대인관계 능력을 향상시킬 필요성이 있다.

게슈탈트 상담은 개인의 감각, 감정, 행동, 생각과 같은 현상에 대한 알아차림과 접촉을 중시하며 이를 통해 치료 장면에서 대인 간 공감적인 만남을 지향하고 신뢰관계를 형성함으로써 개인의 심리적 회복을 시도하는 심리치료이다. 다양한 매체를 통해 자신을 표현함으로써 대인관계에서 진솔한 감정을 표현하게 되고 이것은 대인관계에서 친밀함을 느낄 수 있게 하고, 집단에서 자신의 감정에 대한 보편성을 자각함으로써 대인관계를 증진시키는 것을 고려할 때, 본 프로그램은 대학생의 대인관계 능력 향상에 도움이 될 것이라 생각된다.

2) 프로그램의 목표

본 프로그램의 목적은 부적절한 경험순환 과정을 적절한 경험순환 과정으로 바꾸어 줌으로써 자기표현 및 대인관계 능력을 증진시키고 건강한 선택과 접촉을 할 수 있도록 하는 것이다.

프로그램 목적에 맞추어 구성 단계별로 정한 목표는 다음과 같다.

첫째, 집단원의 욕구, 미해결 과제, 언어·행동 패턴 등 자신을 자각함으로써 자신의 문제를 인식하고 새로운 관점으로 전환할 수 있도록 한다.

둘째, 경험순환 과정을 통하여 자기가 할 수 있는 문제 해결 방안을 시도하여 자신의 변화를 실행하는 것을 목표로 한다.

셋째, 타인과의 상호작용을 통해 관계 패턴을 변화시킴으로써 확장 수준의 문제 해결 능력을 증진하는 것을 목표로 한다.

2. 개입전략

본 프로그램은 게슈탈트 심리치료 이론을 바탕으로 제작된 게슈탈트 관계성 향상 프로그램 중 대학생들 관계에서 어려움을 겪는 학생들의 관계 불안을 감소시키기 위하여 개입전략을 수립하였다.

첫째, 알아차림 연습을 통하여 쉽게 알아차림을 이해하고 미해결 과제의 해결에 도움을 주고자 한다.

둘째, 매체를 활용하는 작업을 통하여 집단원들은 자신의 존재에 대한 탐색과 이해를 하고, 집단 안에서 상호작용을 통해 관계성과 연결성을 회복하고자 한다.

셋째, 그립(GRIP)도구를 활용하는 작업을 통하여 자연스럽게 자기개방과 상호작용 및 상호 지지를 가능하게 한다.

3. 구성내용

초기 단계(1~3회기)에서 집단원 개개인에 대한 특성 파악과 함께 집단 역동을 파악하는 것을 중심으로 집단의 응집력을 높이는 것을 목표로 한다. 1회기는 프로그램에 대해 소개하고 집단에서 지켜야 하는 규칙들을 제시한다. 그리고 각자 별칭을 짓고 서로의 짝을 소개하는 시간을 가진다. 또한 알아차림에 대하여 안내하고 5단계로 알아차림 연습을 구성하여 1단계 신체, 소리, 생각, 사물, 욕구의 알아차림으로 시작한다. 2회기에서는 '감정 스피드게임'을 통해 자연스럽게 감정의 다양함을 이해하고, '지각된 내 모습'을 통하여 감각을 통하여 나를 이해해 보고 전체 속에서 찰흙 조형의 위치를 보며 자신의 관계 패턴을 파악해 보도록 구성하였다. 3회기에는 '어린 시절 집 그리기'를 통하여 자신의 과거 모습을 이야기하며 자기를 개방할 수 있는 기회를 마련하고 감정카드를 사용하여 자신의 현재 기분을 자각해 볼 수 있도록 구성하였다. 또한 알아차림 연습 1단계와 자신의 내면에서 생각과 감정, 신체의 상호 연결성의 알아차림을 연습하는 2단계를 실시할 수 있도록 구성했다.

중기 단계(4~6회기)에서 알아차림과 접촉을 촉진하고자 하였다. 4회기에는 '그림상황카드'를 활용하여, 관계에서 갈등 상황에서 자신이 그동안 표현하지 못하였던 상황을 나누며, '인형 작업'을 통하여 감정을 표현할 수 있도록 하며, 서로 피드백하는 시간을 가질 수 있도록 구성하였다. 5회기에서는 타인과의 관계성 속에서 알아차림 연습 3단계를 도입에서 진행 후 내재화된 감정 만나기로 자신이 느끼는 감정은 모두 본인의 감정임을 알고 온전히 수용할 수 있도록 '빈 의자 기법'을 활용하여 분열된 자아를 통합할 수 있도록 구성하였다. 6회기에서는 관계 속에서 불편하였던 부분에 대하여 실질적인 대안을 찾음을 통하여 실질적 해결방안을 나눌 수 있으며, 자신의 감정을 적절하게 표출할 수 있는 시간을 갖도록 구성하였다.

종결 단계(7~8회기) 7회기에는 알아차림 3단계와 대화 속에서의 알아차림과 교류 연습인 4단계를 연습하고 감정단어카드와 마음자세카드를 활용하여 집단에서 느끼는 감정을 통하여 건강한 게슈탈트를 위한 자기지지와 격려작업을 구성하였으며, 8회기에서는 알아차림과 공감적 교류 연습인 5단계와 그동안 진행되었던 회기들을 돌아보고 가장 인상 깊었던 작업에 대한 소감 및 마음자세카드를 통하여 집단을 통하여 기를 수 있었던 마음 자세를 나누어 보며 롤링페이퍼를 선물해 주는 방식으로 작업을 하였다.

4. 운영지침

프로그램의 운영지침은 다음과 같다.

첫째, 전체 8회기 프로그램으로 회기당 90분간 진행되며 일주일에 1회기씩 진행한다.

둘째, 본 프로그램은 8차시로 구성되어 있으나 집단 진행 상황 및 집단원의 특성을 고려하여 차기 수성을 탄력적으로 운영할 수 있다.

5. 프로그램 계획

프로그램의 회기별 목표와 구체적인 내용은 다음과 같다.

단계	회기	주제	목표	활동
초기	1	관계가 어려운 나와의 만남	• 프로그램의 목적을 이해하고 참여 동기를 높인다. • 집단상담에서 대화방법과 집단 규칙에 대하여 알아본다.	• 도입 활동 −회기 목표 및 활동 안내 −집단 규칙 만들기 • 전개 활동 −별칭 짓기 및 자기소개 −앞으로의 마음가짐 −알아차림 연습 1단계 • 마무리 활동 −소감 나누기
	2	지금 내 기분은	• 집단 전체에 친밀성을 증진시킨다. • 자신의 감정에 대하여 알아본다.	• 도입 활동 −지난 회기 돌아보기와 이번 시간 안내 −알아차림 연습 1단계 −관심 가지기 • 전개 활동 −감정 스피드게임 −지각된 내 모습 • 마무리 활동 −소감 나누기

	3	현재 상황에서 느끼고 있는 나의 감정 표현하기	과거 자신의 모습을 탐색하여 현재에서의 자기 이해를 높인다.	• 도입 활동 　−지난 회기 돌아보기와 이번 시간 안내 　−알아차림 연습 1단계 　−알아차림 연습 2단계 • 전개 활동 　−어린 시절 집 그리기 　−감정 들여다보기 • 마무리 활동 　−소감 나누기
중기	4	서로 입장 경험하기	관계에서 힘들었던 상황을 이해하고 자신의 감정을 말할 수 있다.	• 도입 활동 　−지난 회기 돌아보기와 이번 시간 안내 　−알아차림 연습 2단계 　−나의 기분 알아차리기 • 전개 활동 　−내가 표현하지 못한 상황 나누기 　−인형 작업을 통해 표현해 보기 • 마무리 활동 　−소감 나누기
	5	양극성 감정 체험하기	내 안의 양극성을 알아차리고 수용할 수 있다.	• 도입 활동 　−지난 회기 돌아보기와 이번 시간 안내 　−알아차림 연습 2단계 　−알아차림 연습 3단계 • 전개 활동 　−내재화된 감정 만나기 　−빈 의자를 통해 표현해 보기 • 마무리 활동 　−소감 나누기
	6	대안 찾기	관계에서 내가 불편한 상황에서 대처할 수 있는 나만의 방법을 찾는다.	• 도입 활동 　−지난 회기 돌아보기와 이번 시간 안내 　−알아차림 연습 3단계 • 전개 활동 　−대안 찾기 　−마음자세 나누기 • 마무리 활동 　−소감 나누기

종결	7	건강한 게슈탈트를 위한 지지자원 만들기	집단에서 느끼는 감정 집단에서 느끼는 긍정적 감정으로 자존감을 향상하며 나아갈 용기를 가진다.	• 도입 활동 −지난 회기 돌아보기와 이번 시간 안내 −알아차림 연습 3단계 −알아차림 연습 4단계 • 전개 활동 −집단에서 느끼는 감정 −마음자세카드 선물해 주기 • 마무리 활동 −소감 나누기
	8	건강한 게슈탈트 만들어 보기	집단원 각자가 지금까지 프로그램을 통해 얻었던 것을 정리해 보고 이를 실천에 옮긴다.	• 도입 활동 −지난 회기 돌아보기와 이번 시간 안내 −알아차림 연습 4단계 −알아차림 연습 5단계 • 전개 활동 −마음 확인하기 −롤링페이퍼 작성 • 마무리 활동 −소감 나누기

6. 프로그램 회기별 내용

🖉 1회기 **관계가 어려운 나와의 만남**

활동지도안	
활동 목표	• 프로그램의 목적을 이해하고 참여 동기를 높인다. • 집단상담에서 대화방법과 집단 규칙에 대하여 알아본다.
준비물	별칭 명찰, 필기도구, 색연필, 매직, 크레파스, 마음자세카드, 차분한 음악, [활동지 1-1], [안내문 1-1]
단계	진행 절차
도입 (20분)	▶회기 목표 및 활동 안내 1회기에서는 프로그램의 필요성과 목적을 알아보고 서로 가까워질 수 있는 시간을 가지겠습니다. 1. 프로그램의 필요성 대학생 시기는 다양한 관계를 경험하고 그 관계 경험을 통하여 성숙한 대인관계를 이루어야 하는 발달과업을 가지고 있는 시기이다. 하지만 대학에서는 이전 중·고등학교와는 다르게, 활동 영역과 관계 대상이 급격하게 증가하고 이전 시기와는 다르게 개인의 스스로 적극적인 노력을 통하여 관계가 형성됨으로써 많은 대학생들이 대인관계에서 어려움을 경험하고 있다. 이에, 관계 속에서 개개인이 처해 있는 상황에서 다른 사람들과 관계를 맺고 유지하며 갈등이나 문제를 해결할 수 있는 능력인 대인관계 능력을 향상하여 관계에 대한 어려움을 감소시키고자 한다. 2. 목적 본 프로그램에서는 자신의 대인관계에서 기대하는 욕구, 미해결 과제, 언어·행동 패턴 등을 이해하고 새로운 방향으로 전환할 수 있으며, 나아가 문제 해결 방안을 시도하여 자신의 변화를 실행하는 데 목적을 두고 있다. ▶집단 규칙 만들기(집단원들의 논의를 통하여 정함) 관계에서도 서로 간의 지킬 부분들이 있듯이 집단에서도 집단과 상대방 간에 지켜야 할 규칙들이 있습니다. 원활한 프로그램 진행과 여러분이 보다 효과적으로 습득하기 위한 규칙을 정해야 합니다. 예를 들자면, 프로그램이 효율적으로 진행되기 위해서는 정해진 시간 지키기, 비밀 지키기 등이 있습니다. 그 외에 우리가 추가적으로 지켜야 할 규칙이 무엇이 있는지에 대하여 같이 이야기 나누며 정해 보는 시간을 가져 봅시다. 〈활동 내용〉 ① 프로그램의 적절한 진행을 위해 참가자들이 지켜야 할 규칙이 있음을 안내한다. ② [활동지 1-1]을 같이 읽어 보며 활동지를 활용하여 집단 내 규칙을 정한다. ③ 규칙을 정한 뒤 자신의 활동지에 서약하며 프로그램에 성실히 참여할 수 있도록 한다.

▶별칭 짓기 및 자기소개

이번에는 별칭을 지어 보고 자기소개를 해 보는 시간을 가지도록 하겠습니다. 별칭은 여러분이 프로그램에 참여하는 동안 불릴 이름입니다. 별칭을 지으며 동시에 자신을 잘 나타낼 수 있는 취미 혹은 장기 등을 같이 적어 보도록 하겠습니다.

〈활동 내용〉
① 대인관계에서 기대하는 부분에 대하여 자신의 별칭을 지어 본다.
② 별칭 밑에 자신을 나타낼 수 있는 부분〈취미, 장기, 특징, 자신을 상징하는 형용사, 색 등〉세 가지를 적도록 한다(예: 편안한 관계를 하고 싶다 하여, 별칭은 곰돌이로 짓고, 자신의 취미인 음악 듣기, 형용사 수줍음, 특징은 잠이 많다).
② 다 적은 포스트잇은 진행자가 수거하여 집단원에게 배분한다.
③ 집단원들은 자신이 받은 쪽지의 내용을 이야기하며 쪽지 주인을 소개한다.
④ 해당하는 집단원은 자신이 정한 별칭의 이유를 설명하고 간략하게 자기를 소개한다.

별칭과 함께 여러분들의 소개를 들어 보니 여러분들에 대해 더 잘 이해되는 시간이 되었습니다. 이 프로그램이 끝이 날 때 지금 기대하는 부분을 이루었으면 좋겠습니다.

전개
(50분)

▶앞으로의 마음가짐

지금부터는 간단한 마음가짐을 나누어 보는 시간을 가지겠습니다. 여러분에게 무작위로 다섯 장씩 나누어 드리는 카드 중에서 성장시키고 싶은 마음을 떠올리고 자신에게 와닿은 카드를 하나를 골라 자신의 집단 참여 마음가짐을 나누어 보는 시간을 가지겠습니다.

〈활동 내용〉
① 집단원에게 마음자세카드를 무작위로 다섯 장씩 나누어 준다.
② 다섯 장 중 자신이 앞으로 프로그램을 하면서 성장시키고 싶은 마음 자세를 생각하여 한 장을 고른다.
③ 뽑은 카드와 뽑은 이유를 소개하고 앞으로의 집단에서 마음가짐을 나누어 본다.

▶알아차림 연습 1단계

마음가짐에 대하여 이야기를 잘 나누었고 이번에는 알아차림을 연습하는 시간을 가지도록 하겠습니다. 알아차림 연습을 통하여 여러분들의 지금-여기에서 경험하는 모든 것을 편안하게 받아들일 수 있는 시간을 가져 보겠습니다.

〈활동 내용〉
① 집단지도자는 집단원에게 알아차림 연습 1단계에서 지시문([안내문 1-1])을 읽어 준다.
② 두 사람씩 짝을 지어 알아차림 연습을 한다.

마무리 (20분)	▶소감 나누기 오늘은 프로그램의 전체 진행 방향과 서로를 알아가는 시간을 가졌습니다. 이번 시간에 참여하면서 새롭게 알게 된 점이나 느낀 점이 있다면 함께 나누어 보겠습니다. • 지금 현재 자신의 기분이나 느낌은 어떤가요? • 프로그램에 대하여 느끼는 것은 어떤 것들이 있나요? • 지도자가 수정하거나 추가적으로 다루어 주길 원하는 내용이 있나요?
유의점	• 첫 회기에서 집단원들의 목표를 구체적으로 안내해 주고 집단원들의 관계를 가깝게 할 수 있도록 돕는다. • 집단을 진행하면서 소외되는 사람이 없는지 잘 확인한다. • 지도자는 건설적이고 목표 중심적인 집단 분위기를 조성할 수 있도록 주도적으로 시작을 이끄는 것이 중요하다.

[활동지 1-1]

우리는 대인관계 증진 프로그램에 참여하면서
프로그램의 원활한 진행과 대인관계 증진을 위하여
다음과 같이 약속합니다.

1. 프로그램에 늦지 않고 모두 참석하겠습니다.

2. 프로그램에서 나눈 이야기는 다른 사람에게 옮기지 않겠습니다.

3. 프로그램에 참여하는 나와 집단원들이 함께 성장하기 위해 서로 지지하겠습니다.

4. _____

5. _____

Ⅱ 게 슈 탈 트 집 단 상 담 실 제

20   년   월   일

참가자: (서명)

[안내문 1-1]

〈알아차림 연습 1단계〉

1. 두 사람이 짝을 지어 1번과 2번을 정하세요. 정하셨으면 이제 눈을 감으세요. 그리고 몸을 느껴 보세요. 몸이 어떻게 있는지 알아차려 보세요. 몸 전체를 느껴 보세요. 몸의 감각을 알아차려 보세요. 몸에 어디가 긴장되어 있는지, 또 어디가 이완되어 있는지 알아차려 보세요. 몸이 긴장된 곳이 있으면 알아차리고 놓아 버리세요. 몸이 숨을 쉬고 있는 것을 알아차려 보세요. 몸의 움직임과 변화과정을 알아차려 보세요. 이제 매 순간 변화하는 몸의 상태, 신체감각, 몸의 움직임을 "나는 지금 나의 신체가 ~함을 알아차립니다."의 형식에 맞춰 한 분씩 차례대로 표현해 보세요.

2. 다음은 소리를 알아차려 보세요. 어떤 소리들이 들리는지 알아차려 보세요. 소리가 나타났다가 사라지는 과정을 잘 알아차려 보세요. 새로운 소리가 들리면 알아차려 보세요. 소리의 변화를 잘 알아차려 보세요. 새로운 소리가 들리면 알아차려 보세요. 소리의 변화를 잘 알아차려 보세요. 이제 한 분씩 매 순간 들리는 소리를 "나는 지금 ~한 소리가 들리는 것을 알아차립니다."라는 형식에 맞춰 말로 표현해 보세요.

3. 이제 다시 몸으로 돌아오세요. 몸을 느껴 보세요. 몸의 감각을 알아차려 보세요. 몸이 어떤 상태에 있는지 알아차려 보세요. 긴장되어 있는지, 이완되어 있는지, 어디가 불편한지 알아차려 보세요. 역시나 긴장된 곳이 있으면 알아차리고 놓아 버리세요. 몸이 숨을 쉬고 있는 것을 알아차려 보세요. 몸의 움직임과 변화과정을 알아차려 보세요. 이제 한 분씩 매 순간 변화하는 몸의 상태나 신체감각, 신체의 움직임을 "나는 지금 나의 신체가 ~함을 알아차립니다."라는 형식에 맞춰 말로 표현해 보세요.

4. 이제는 마음속에 어떤 생각들이 일어나는지 알아차려 보세요. 생각이 일어났다가 사라지는 것을 알아차려 보세요. 생각 속에 빠지지 마시고 그냥 알아차리기만 하십시오. 새로운 생각이 일어나면 그것을 알아차리세요. 다시 그 생각이 어떻게 사라지는지 알아차려 보세요. 계속 새로운 생각이 일어나고 사라지는 과정을 알아차리세요. 생각을 쫓아가거나 혹은 몰아내려 하지 말고 단지 생각들이 났다. 사라지는 과정들을 마치 영화 구경을 하듯이 그냥 바라보고 알아차리세요. 이제 한 분씩 매 순간 일어났다가 사라지는 생각들을 알아차리시고 "나는 지금 내가 ~한 생각을 하고 있는 것을 (또는 마음속에 ~한 생각이 떠오르는 것을) 알아차립니다."라는 형식에 맞춰 말로 표현해 보세요.

5. 이제는 눈을 뜨시고, 눈앞에 무엇이 보이는지 알아차려 보세요. 시야에 들어오는 것들 중에 관심이 이끌리는 대상들을 하나씩 알아차려 보세요. 그러고 나서 한 분씩 매 순간 보이는 것들을 하나씩 "나는 방안에 ～이 있는 것을 알아차립니다."라는 형식에 맞춰 말로 표현해 보세요.

6. 다시 눈을 감으시고, 어떤 욕구가 느껴지는지 알아차려 보세요. "물을 마시고 싶다.", "쉬고 싶다." "말을 하고 싶다." 등 매 순간 변화하는 욕구를 떠오르는 대로 알아차려 보세요. 이제 한 분씩 매 순간 떠오르는 욕구를 알아차리고, "나는 지금 ～한 욕구를 알아차립니다."라는 형식에 맞춰 말로 표현해 보세요. (2분)

출처: 김정규(2010).

지금 내 기분은

활동지도안	
활동 목표	• 집단 전체에 친밀성을 증진시킨다. • 자신의 감정에 대하여 알아본다.
준비물	찰흙, 크레파스, 사인펜, 매직, 색연필, 필기도구, 감정카드, 잔잔한 음악, [안내문 1-1]
단계	진행 절차
도입 (20분)	▶ 지난 회기 돌아보기와 이번 시간 안내 한 주 동안 잘 지내셨나요? 지난주 프로그램에 참여하고 어땠는지 궁금하네요. 지난주에는 집단에서 지켜야 할 규칙을 정한 뒤 별칭을 짓고, 앞으로의 마음가짐에 대하여 나누었어요. 오늘은 지각되는 내 모습으로 찰흙을 통하여 관계 속에서 나의 모습에 대하여 나누어 보도록 하겠습니다. ▶알아차림 연습 1단계 지난 시간에 이어 간단하게 알아차림 연습 1단계를 진행한 후에 활동을 진행하도록 하겠습니다. 〈활동 내용〉 집단지도자는 집단원에게 알아차림 연습 1단계에서 지시문([안내문 1-1])을 읽어 준다. ▶관심 가지기 이번에 진행할 활동은 관심 가지기입니다. 관계를 적절하게 하기 위해서는 상대방에 대한 관심이 필요합니다. 그래서 이번 시간에는 두 사람씩 짝을 정하여 서로 변화된 부분을 찾아보는 활동을 진행해 보도록 하겠습니다. 〈활동 내용〉 ① 두 사람씩 짝을 짓고 순서를 정한다. ② 첫 번째 사람이 눈을 감고 기다리는 동안 다른 한 사람은 현재 자신의 상태에서 세 가지 외적인 부분을 변경한다. ③ 지도자의 신호에 맞춰 첫 번째 사람은 눈을 뜨고 정해진 시간 안에 다른 사람의 변화된 모습을 찾아낸다. ④ 역할을 바꿔 진행한다. ⑤ 활동을 하고 난 뒤 소감을 나눈다.
전개 (60분)	▶감정 스피드게임 이번 활동은 감정 스피드게임입니다. 감정은 관계의 교류에 있어서 핵심이 되는 요소로 서로 간에 감정을 개방함으로써 상호 소통이 원활하게 이룰 수 있게 됩니다. 이 활동을 통하여 다양한 감정에 대하여 알아보고 감정을 대하여 알아보는 시간을 가지겠습니다. 〈활동 내용〉 ① 팀을 나눠 감정카드를 받아들고 한 사람의 감정을 설명하고 나머지 팀원은 감정 단어를 맞힌다. ② 팀별로 각 3분씩 시간을 주고 많이 맞힌 팀을 선정한다.

▶지각된 내 모습

다음 활동에서는 우리가 관계를 하는 중에 힘들었던 경험들을 나누어 보는 시간을 가지려 합니다. 관계에서 어려워하였던 나의 모습을 떠올려봅시다. 그때의 기분과 상황 등을 찰흙을 활용하여 표현해 보겠습니다.

〈활동 내용〉

① 지도자의 안내에 따라 관계 속에서 어려워하는 나의 모습을 떠올리고 찰흙으로 그 감정을 자유롭게 표현한다.

〈안내 예시〉
모두 눈을 감으신 채 음악을 들으시면서 나눠 드린 찰흙을 손으로 만지면서 재료와 접촉을 해 보겠습니다. 찰흙의 촉감을 느껴 보세요. 들려오는 음악에 집중하시면서 떠오르는 느낌을 찰흙으로 표현해 보세요. 어떤 형태가 된들 상관없습니다. 그냥 순간순간의 느낌에 집중하시면서 찰흙과 교감을 해 보세요. 찰흙을 만지시면서 어떤 감정이, 혹은 어떤 욕구가 느껴지시는지 알아차려 보세요.

② 미술매체를 활용한 자기 상징 작업으로 내가 지각하는 나를 창의적 시각으로 바라보게 한다.
③ 작품을 소개하고, 피드백과 소감을 나눈다.

Tip
- 작품을 집단 가운데 공간 중 원하는 위치에 배치하도록 한다.
- 집단원들이 전체 속에서 찰흙 조형의 위치를 보고 자신의 관계 패턴을 파악한다.
- 자신의 그림을 소개하도록 한 후, 인상적인 내용에 대해 서로 피드백하도록 한다.
- "어떤 경험을 하셨나요?"라는 질문으로 작품을 만들면서 떠오른 기억, 생각, 감정, 신체감각의 과정을 나누도록 돕는다.

마무리 (10분)

▶소감 나누기
오늘은 관계에서의 어려웠던 부분들을 떠올려 보고 표현해 보는 시간을 가졌습니다. 이번 시간에 참여하면서 새롭게 알게 된 점이나 느낀 점이 있다면 함께 나누어 보겠습니다.
- 지금 현재 기분이나 느낌은 어떤가요?
- 프로그램에 대하여 느끼는 것은 어떤 것들이 있나요?

유의점
- 감정 스피드게임의 경우 단순히 승패를 결정하는 것이 아닌 활동을 통하여 감정의 다양함을 알 수 있도록 충분히 안내하는 것이 필요하다.
- 찰흙 작업을 할 때 차분한 음악을 이용하며, 작업하는 부분에 결과물에 대한 부담감이 있을 수 있으니, 찰흙의 촉감을 충분히 느낀 후 조형능력은 중요하지 않음을 안내한다. '지금-여기'의 감정과 욕구에 따라 형태를 만들어 내도록 안내한다.

3회기 **현재 상황에서 느끼고 있는 나의 감정 표현하기**

활동지도안	
활동 목표	과거 자신의 모습을 탐색하여 현재에서의 자기이해를 높인다.
준비물	16절지, 크레파스, 색연필, 사인펜, 감정카드, 음악, [안내문 1-1], [안내문 3-1], [활동지 3-1]
단계	진행 절차
도입 (20분)	▶ 지난 회기 돌아보기와 이번 시간 안내 한 주 동안 잘 지내셨나요? 지난주 프로그램에 참여하고 어땠는지 궁금하네요. 지난주에는 관계에서 경험했던 어려운 상황들에 대하여 나누었어요. 오늘은 어린 시절 집 그리기를 통하여 가족관계 속에서 나의 모습에 대하여 나누어 보도록 하겠습니다. ▶ 알아차림 연습 1단계 지난 시간에 이어 간단하게 알아차림 연습 1단계를 진행한 후에 다음 단계인 2단계의 알아차림 연습을 진행해 보겠습니다. 〈활동 내용〉 집단지도자는 집단원에게 알아차림 연습 1단계에서 지시문([안내문 1-1])을 읽어 준다. ▶ 알아차림 연습 2단계 〈활동 내용〉 ① 집단원에게 알아차림 연습 2단계를 집단지도자가 지시문([안내문 3-1])을 읽어 준다. ② 두 사람씩 짝을 지어 알아차림 연습을 한다.
전개 (50분)	▶ 어린 시절 집 그리기 관계에서 중요한 부분이 적정한 자기개방이 필요하게 됩니다. 자신에 대하여 이야기를 나누게 되면 대화의 주도와 서로 간의 정보 공유를 통하여 관계에서 친밀감을 높여 주기도 합니다. 아직 우리는 집단원들과 약간의 어색함이 있다 보니 자연스러운 자기개방을 통하여 친밀감을 가지는 활동인 어린 시절 집 그리기를 해 보겠습니다. 〈활동 내용〉 ① 조용한 음악을 틀어 준다. ② 지도자의 말에 맞춰 어린 시절 어느 시점의 집으로 돌아간다. 〈안내 예시〉 지금부터 여러분은 어린 시절로 돌아갑니다. 어릴 때 살던 집으로 돌아갈 겁니다. 제가 말하는 대로 여러분들이 상상하시면 됩니다. 준비는 되셨나요? 그럼 그때 그 시절로 돌아갑니다. 여러분은 지금 예전에 살던 집에 와 있습니다. 집이 어떻게 생겼는지 보이시나요? 방들이 어디에 어떻게 있는지, 부엌은 어디에 있는지, 부모님들은 어디에 계시는지, 오빠 혹은 동생들은 어디에 있는지 보이시나요? 어린 시절 가장 좋았던 장소는 어디입니까? 가장 가기 싫었던 장소는 어디였나요? 이번에는 방에 들어가 봅시다. 방 안에서 생각나는 물건이 있나요? 한번 돌아보시고 다시 방에서 나오세요. 다시 한번 어린 시절 살았던 집을 둘러봅시다. 자, 이제 다시 지금 이곳으로 돌아올 겁니다. 천천히, 지금-여기로 돌아오세요.

③ 어린 시절 집을 떠올린 후, 침묵하며 어린 시절 집을 평면도로 그린다.

−각 방 분위기에 맞는 색을 칠하도록 하고, 방과 연관하여 떠오르는 물건이나 사람을 생각하도록 하고 [활동지 3−1]을 진행한다.

④ 팀별로 간단한 피드백과 소감을 나눈다.

−[활동지 3−1]에 맞춰 집을 소개하도록 한 후, 인상적인 내용에 대해 피드백한다.

−"어떤 경험을 하셨나요?"라는 질문으로 그림을 그리면서 떠오르는 기억, 생각, 감정, 신체감각의 과정을 나누도록 돕는다.

Tip

• 지도자는 집단원들이 자기개방을 하는 과정에서 무의식적으로 나타내 보이는 신체 동작, 제스처, 표정 등 비언어적 단서들도 유심히 관찰하여 필요에 따라 피드백을 할 수 있다.

▶ 감정 들여다보기

지난 회기에서 나누었듯이 감정은 관계의 교류에 있어서 핵심이 되는 요소로 서로 간에 감정을 개방함으로써 상호 소통이 원활하게 이룰 수 있게 됩니다. 이 활동을 통하여 다양한 감정에 대하여 알아보고 자신의 감정에 대해 느껴 보고 표현하는 시간을 가지겠습니다.

〈활동 내용〉

① 소규모 조를 구성하여 감정카드를 나누어 준다.

② 책상 위에 감정카드를 펼친다.

③ 요즘 느끼는 감정이 무엇인지에 대하여 질문하고 현재 느끼고 있는 자신의 감정을 나타내는 카드를 고르도록 한다.

④ 자신의 감정을 충분히 느끼고 표현하며 자각을 촉진한다.

⑤ 이후 조원들이 돌아가면서 진행한다.

⑥ 나누는 동안 관계에서 불편감을 경험했다면 그때 어떤 감정이 들었는지 질문하고 자신의 감정을 나타내는 카드를 고르고 나눈다.

마무리 (20분)	▶소감 나누기 오늘은 어린 시절 집 그리기와 감정 들여다보기 활동을 통하여 자기개방의 중요성과 필요성에 대하여 알아보는 시간을 가졌습니다. 이번 시간에 참여하면서 새롭게 알게 된 점이나 느낀 점이 있다면 함께 나누어 보겠습니다. • 지금 현재 기분이나 느낌은 어떤가요? • 프로그램에 대하여 느끼는 것은 어떤 것들이 있나요?
유의점	• 어린 시절 집 그리기에서 충분히 집중할 수 있도록 차분한 음악을 틀어 주고, 편안하게 이야기할 수 있도록 따뜻한 분위기를 형성한다. • 감정카드의 활동을 진행할 때는 타인의 말을 들으면서 감정을 공감해 주도록 한다.

[안내문 3-1]

〈알아차림 연습 2단계〉

1. 잠시 눈을 감으세요. 그리고 몸을 느껴 보세요. 몸이 어떻게 앉아 있는지 알아차려 보세요. 몸 전체를 느껴 보세요. 몸의 감각을 알아차려 보세요. 몸이 긴장되어 있는지, 이완되어 있는지도 알아차려 보세요. 몸이 긴장된 곳이 있으면 알아차리고 놓아 버리세요. 몸이 숨을 쉬고 있는 것을 알아차려 보세요. 몸의 움직임과 변화과정을 알아차려 보세요. 이제 매 순간 변화하는 몸의 상태, 신체감각, 몸의 움직임을 "나는 지금 나의 신체가 함을 알아차립니다."의 형식에 맞춰서 한 분씩 차례대로 말로 표현해 보세요.

2. 이제 어떤 생각이 일어나는지 알아차려 보세요. 생각이 일어났다가 사라지는 것을 알아차려 보세요. 생각 속에 빠지지 마시고, 그냥 알아차리기만 하세요. 새로운 생각이 일어나면 그것을 알아차리세요. 다시, 그 생각이 어떻게 사라지는지도 알아차려 보세요. 계속 새로운 생각이 일어나고 사라지는 과정을 알아차리세요. 생각을 쫓아가거나 혹은 몰아내려 하지 마시고, 단지 생각들이 일어났다 사라지는 과정들을 마치 영화 구경을 하듯이 그냥 바라보고 알아차리세요. 이제 한 분씩 매 순간 일어났다가 사라지는 생각들을 알아차리시고 "나는 지금 내가 ～한 생각을 하고 있는 것을 (또는 마음속에 ～한 생각이 떠오르는 것을) 알아차립니다."라는 형식에 맞춰 말로 표현해 보세요.

3. 이제 다시 몸을 알아차려 보세요. 몸의 감각과 움직임을 알아차려 보세요. 몸이 숨을 쉬는 것을 알아차려 보세요. 몸의 움직임과 변화과정을 알아차려 보세요. 몸이 긴장된 곳이 있으면, 알아차리고 놓아 버리세요. 생각이 떠오르면 알아차리고 놓아 버리세요. 그리고 다시 몸을 알아차리세요. 몸이 숨 쉬는 것을 알아차리세요. 몸의 움직임을 느껴 보세요. 이제 한 분씩 매 순간 변화하는 몸의 상태나 신체감각, 신체의 움직임을 "나는 지금 나의 신체가 함을 알아차립니다."라는 형식에 맞춰 말로 표현해 보세요.

4. 이제 생각을 알아차려 보세요. 어떤 생각이 떠오르는지 알아차려 보세요. 그리고 그 생각과 함께 어떤 감정이 느껴지는지 알아차려 보세요. 또 몸은 어떻게 함께 변화하는지도 알아차려 보세요. 다른 생각이 떠오르면, 그 생각과 함께 어떤 감정이 느껴지는지, 그리고 몸은 또 어떻게 따라 변화하는지 알아차려 보세요. 이제 한 분씩 자신의 생각과 그에 따른 감정의 변화, 그리고 몸의 상태나 신체감각, 신체 움직임의 변화를 "나는 지금 한 생각을(이) 하고(떠오르고) 있음을 알아차립니다. 그 생각을(이) 하(떠오르) 니까 나의 감정이 ～게 변함을 알아차립니다. 또한 나의 신체는 ～게 변화함을 알아차립니다."라는 형식에 맞춰 말로 표현해 보세요.

5. 이제 눈을 뜨고 하겠습니다. 들리는 소리, 눈앞에 보이는 것, 냄새, 떠오르는 생각, 감정, 몸의 상태 등을 순서 없이 떠오르는 대로 하나씩 알아차려 보세요. 그리고 그런 것들이 서로 어떻게 함께 따라 변화하는지도 알아차려 보세요. 생각이 떠오르면 따라가거나 몰아내려고 하지 마시고, 그냥 알아차리고 놓아 버리세요. 그리고 그 생각에 이어 어떤 감정이 느껴지는지, 또 신체는 어떻게 따라 변화하는지도 알아차려 보세요. 몸의 긴장이 느껴지면, 알아차리고 놓아 버리세요. 나타나는 현상들(소리, 사물, 냄새, 생각, 감정, 신체감각)을 하나씩 알아차리고, 그것들이 서로 어떻게 함께 따라 변화하는지를 알아차려 보세요. 이제 한 분씩 매 순간 떠오르고 변화해 가는 현상들을 "나는 지금 눈앞에 ～이 보임을 알아차립니다. 나는 지금 소리가 들리는 것을 알아차립니다. 그러면서 ～한 생각을 (이) 하고(떠오르고) 있음을 알아차립니다. 그 생각을 (이) 하(떠오르)니까 나의 감정이 ～게 변함을 알아차립니다. 동시에 나의 신체는 ～게 변화함을 알아차립니다."라는 형식에 맞춰 말로 표현해 보세요.

출처: 김정규(2010).

[활동지 3-1]

〈어린 시절 집 그리기〉

1. 그때 나는 몇 살이었나요?

_____

2. 나는 어떤 방에서 잠을 잤나요?

_____

3. 가장 좋아했던 장소와 싫어했던 장소는 어디였나요?

_____

4. 방의 색, 냄새, 소리, 분위기, 가구는 어떠했나요?

_____

5. 기억나는 물건은 무엇인가요?

_____

6. 어린 시절 집을 다시 보니 기분이 어떤가요?

_____

7. 집과 함께 떠오르는 사건은 어떤 게 있나요?

_____

8. 그림을 그리기 전과 그리면서, 그리고 난 후의 신체, 기분, 생각의 변화가 있었나요? 있었다면 어떤 변화인지 작성해 보세요.

_____

📝 4회기　서로 입장 경험하기

활동지도안	
활동 목표	관계에서 힘들었던 상황을 이해하고 자신의 감정을 말할 수 있다.
준비물	그림상황카드, 필기구, [안내문 3-1]
단계	진행 절차
도입 (20분)	▶ 지난 회기 돌아보기와 이번 시간 안내 한 주 동안 잘 지내셨나요? 지난주 프로그램에 참여하고 어땠는지 궁금하네요. 지난주에는 어린 시절 집 그리기와 감정 들여다보기 활동을 통하여 자기개방의 중요성과 필요성에 대하여 알아보는 시간을 가졌어요. 오늘은 관계에서 내가 적절하게 하지 못하였던 상황을 나누어 보고 표현해 보는 시간을 가지도록 하겠습니다. ▶ 알아차림 연습 2단계 지난 시간에 이어 간단하게 알아차림 연습 2단계를 진행한 후에 다음 활동을 진행해 보겠습니다. 〈활동 내용〉 　집단지도자는 집단원에게 알아차림 연습 2단계에서 지시문([안내문 3-1])을 읽어 준다. ▶ 나의 기분 알아차리기 이전 회기에서 우리는 다양한 감정에 대하여 나누는 시간을 가졌습니다. 이번 시간에는 서로의 등을 대고 서로의 안부와 기분에 대하여 이야기를 나누며, 상대방을 언어뿐 아니라 다양한 감각을 통하여 알아보는 시간을 가지겠습니다. 〈활동 내용〉 ① 두 사람씩 짝을 짓고 순서를 정한다. ② 두 사람이 서로 등을 마주 대고 한 사람이 먼저, 자신의 현재 기분을 나눈다. ③ 그리고 다시 서로 마주 보며 현재 기분을 다시 이야기를 나눈다. ④ 역할을 바꿔 진행한다. ⑤ 활동을 하고 난 뒤 소감을 나눈다(등을 마주 대고, 나누었을 때와 마주 보고 나누었을 때의 차이).
전개 (50분)	▶ 내가 표현하지 못한 상황 나누기 이번에는 여러분이 관계에서 적절하게 표현하지 못했던 상황에 대하여 나누어 보도록 하겠습니다. 앞에 놓여 있는 그림상황카드를 살펴보고 그림들 중 가장 마음에 와 닿는 카드를 한 장 선택하세요. 그리고 어떠한 장면인지 이야기를 해 보도록 합니다. 어떠한 상황인지, 그때 느끼는 감정이 무엇인지, 어떤 생각을 했었는지, 그림 앞의 상황은 어떻게 되었었고, 어떻게 결말이 나는지에 대하여 나누어 보세요. 〈활동 내용〉 ① 그림상황카드를 일곱 장씩 나누어 주고 그중에서 가장 끌리는 카드를 고르게 한다. ② 그 카드를 잠시 바라보며 카드의 어떤 점이 무엇을 떠오르게 하는지 상기시킨다. ③ 각자가 고른 카드에 대한 소개를 하며 상호작용을 촉진한다.

④ 자연스러운 자기개방을 유도하며 미해결된 감정을 접촉하고 집단원들의 격려와 지지를 유도한다.

⑤ 돌아가면서 피드백과 소감을 나눈다.

> **Tip**
> • 자신의 카드를 소개한 후 인상적인 내용에 대해 서로 피드백하도록 한다.
> • 이야기를 할 때 다른 집단원이 경청하고 지지와 공감을 보내도록 격려한다.
> • 상황을 이야기하면서 "어떤 경험을 하셨나요?"라는 질문으로 말하면서 떠오른 기억, 생각, 감정, 신체감각의 과정을 나누도록 한다.

▶ 인형 작업을 통해 표현해 보기

앞의 활동을 이어서 진행해 보려 합니다. 그림상황카드를 통하여 나누었던 사건을 나누면서 여러 생각과 감정들이 느껴졌을 것이라 생각됩니다. 그때 내가 적절하게 표현하지 못한 상황에 대해서 지금의 나였다면 어떻게 표현하고 해결하면 좋았을지 생각하고 그때 하지 못하였던 부분을 나누어 보는 시간을 가지도록 하겠습니다.

〈활동 내용〉

① 여러 종류의 인형(그립인형)을 제시하고 관계에서 나에게 불편감을 주었던 사람과 비슷한 인형을 고르도록 한다.

② 인형 중에서 나를 고르도록 한다.

③ 나를 잘 아는 또는 대변할 수 있는 인형을 고르도록 한다(나의 감정을 제3자의 입장에서 표현할 때 활용).

④ 인형을 손에 잡고 자신의 감정을 충분히 표현해 보는 시간을 가진다.

⑤ 관계에서 불편감을 경험한 그때의 상황을 인형을 활용하여 재연해 보도록 한다.

⑥ 활동 중 감정이 분출되면 충분히 표현할 수 있도록 하고 자신 안에 있는 감정들을 들여다볼 수 있도록 한다.

⑦ 충분히 스토리텔링이 될 수 있도록 한다.

⑧ 한 명을 대표로 인형 작업을 한다. 집단원들로 하여금 경청, 지지, 공감하는 피드백을 할 수 있도록 격려하고 상담자는 반영, 직면의 기법이 들어가도록 시연한다.

⑨ 활동을 나누어 본다.

마무리 (20분)	▶소감 나누기 오늘은 그림상황카드와 인형을 활용하여 관계에서 불편하였던 사건들을 다루어 나의 불편감과 어려움을 나누어 보는 시간을 가졌습니다. 이번 시간에 참여하면서 새롭게 알게 된 점이나 느낀 점이 있다면 함께 나누어 보겠습니다. • 지금 현재 기분이나 느낌은 어떤가요? • 프로그램에 대하여 느끼는 것은 어떤 것들이 있나요?
유의점	• 그림상황카드 작업은 현재의 자기이해를 위한 미해결 과제 탐색과정으로 전 과정에서 알아차림 연속을 적용하도록 격려해야 한다. • 소외되는 집단원들이 없도록 상호작용을 잘 유지한다. • 개별 또는 조별로 충분히 이야기를 나누도록 하는 데 초점을 맞추어 자신을 되돌아보는 시간을 갖는다.

Ⅱ
게
슈
탈
트
집
단
상
담
실
제

📝 5회기 · 양극성 감정 해결하기

활동지도안	
활동 목표	내 안의 양극성을 알아차리고 수용할 수 있다.
준비물	A4용지, 크레파스, 사인펜, 매직, 색연필, 의자, [안내문 3-1], [안내문 5-1]
단계	진행 절차
도입 (20분)	▶ 지난 회기 돌아보기와 이번 시간 안내 한 주 동안 잘 지내셨나요? 지난주 프로그램에 참여하고 어땠는지 궁금하네요. 지난주에는 그림 상황카드와 인형을 활용하여 관계에서 불편하였던 사건들을 다루어 나의 불편감과 어려움을 나누어 보는 시간을 가졌습니다. 오늘은 관계에서 나의 감정을 느껴 보고 그 감정을 결정하는 대상이 나임을 알아보는 시간을 가지도록 하겠습니다. ▶ 알아차림 연습 2단계 지난 시간에 이어 간단하게 알아차림 연습 2단계를 진행한 후에 다음 단계인 3단계의 알아차림 연습을 진행해 보겠습니다. 〈활동 내용〉 집단지도자는 집단원에게 알아차림 연습 2단계에서 지시문([안내문 3-1])을 읽어 준다. ▶ 알아차림 연습 3단계 〈활동 내용〉 집단지도자는 집단원에게 알아차림 연습 3단계에서 지시문([안내문 5-1])을 읽어 준다.
전개 (50분)	▶ 내재화된 감정 만나기 우리는 관계를 하면서 각자가 좋아하는 대상과 싫어하는 대상들이 있을 것입니다. 이번 활동에서는 내가 좋은 관계 기억으로 남은 대상과 좋지 않은 관계 기억으로 남은 대상을 떠올려 보며 어떠한 부분에서 좋았고 좋지 않았는지에 대하여 나누어 보겠습니다. 〈활동 내용〉 ① 지도자의 안내에 따라 A4 종이를 절반으로 접어 왼쪽에는 좋은 관계 기억으로 남아 있는 사람을 그리게 하고 오른쪽에는 좋지 않은 관계 기억으로 남아 있는 사람을 그리도록 한다. ② 그림 속에 그려진 사람에 대한 좋은 감정 또는 좋지 않은 감정 모두 나의 감정임을 온전히 수용할 수 있도록 한다. ③ 2인 1조가 되도록 짝을 지어 좋은 기억의 사람과 좋지 않은 기억의 사람 중 한쪽을 선택하여 발표하도록 한다. ④ 조별로 이동하면서 작업을 돕는다(발표 내용에 좋은 기억 또는 좋지 않은 기억으로 남아 있게 된 이유와 스토리가 구체적으로 표현되도록 한다.). ⑤ 집단원의 충분한 피드백이 진행될 수 있도록 한다. ⑥ 좋지 않은 기억을 발표한 학생 중에서 한 명 정도 자연스럽게 빈 의자 작업으로 연결한다.

> **Tip**
> • 좋은 기억을 발표하는 사람도 있고 좋지 않은 기억을 발표하는 사람도 있을 것이다. 좋은 기억을 함께 나누는 것도 치료적으로 의미 있는 일이며, 집단의 특성상 좋지 않은 기억을 발표하는 경우가 좀 더 많을 것이라는 예측을 할 수 있다.

▶ 빈 의자를 통해 표현해 보기

앞에 활동을 이어서 진행해 보려 합니다. 내가 좋지 않은 기억을 가진 대상이 있을 것이라 생각됩니다. 이러한 대상에게 남았던 불편감과 어려움을 빈 의자 기법을 활용하여 표현해 보고 알아보는 시간을 가지겠습니다.

〈활동 내용〉
① 의자 2개를 마주 보게 배치한다.
② 집단원 중 집단에서 관계에 좋지 않은 기억의 대상을 나누고 싶은 인원 한 명을 선발한다.
③ 나에게 상처를 준 그 사람이 빈 의자에 앉아 있다고 가정하고, 하고 싶었던 말들, 감정들을 풀어놓도록 한다.
④ 잠시 후 상처를 준 사람의 의자에 바꾸어 앉도록 하고 거기에 답해 보도록 한다.
⑤ 나와 상처를 준 사람 사이를 오고 가며 말하고 답하면서 나의 감정도 쏟아내고 상대방도 이해하고 용서하는 통찰이 이루어지도록 촉진한다(나–너의 관계를 강조하고, 2개로 분열된 자아를 통합할 수 있도록 한다.).
⑥ 빈 의자 작업에 참여한 사람들에게 감정 변화나 새롭게 깨달은 점에 대해 이야기해 보도록 한다. 또한, 빈 의자 작업에 참여하지 않은 사람들에게 무엇을 느꼈는지에 대하여 이야기해 보도록 한다.

마무리 (20분)	▶ 소감 나누기 오늘은 좋은 관계 대상의 기억과 좋지 않은 대상을 떠올려 보며 이 부분에 대하여 나누고 나아가 좋지 않은 대상에 대하여 심도 있게 표현을 하며, 상대방이 아닌 내가 상대방을 불편하게 보고 있는 부분을 발견해 보는 시간을 가졌습니다. 이번 시간에 참여하면서 새롭게 알게 된 점이나 느낀 점이 있다면 함께 나누어 보겠습니다. • 지금 현재 기분이나 느낌은 어떤가요? • 프로그램에 대하여 느끼는 것은 어떤 것들이 있나요?
유의점	• 지도자의 지나친 관여보다는 집단원의 자발성을 끌어내는 데 초점이 맞추어지도록 유의한다. • 내재화된 자신을 보기 위하여, 차분한 음악을 활용하며 추가적으로 공감반응과 지지적 반응을 통하여 자신을 편하게 표현할 수 있도록 한다.

[안내문 5-1]

〈알아차림 연습 3단계〉

1. 잠시 눈을 감으세요. 그리고 몸을 느껴 보세요. 몸이 어떻게 앉아 있는지 알아차려 보세요. 몸 전체를 느껴 보세요. 몸의 감각을 알아차려 보세요. 몸이 긴장되어 있는지, 이완되어 있는지도 알아차려 보세요. 몸이 긴장된 곳이 있으면 알아차리고 놓아 버리세요. 몸이 숨을 쉬고 있는 것을 알아차려 보세요. 네, 좋습니다. 이제 눈을 뜨고 앞에 앉아 계시는 분을 바라보세요. 이제 지금-여기에서 알아차려지는 자신의 신체 상태, 눈에 보이는 것, 귀에 들리는 것, 자신의 욕구, 생각, 감정, 상상, 지각 중에서 그때그때 가장 관심이 가는 것들을 알아차리고 표현해 보세요. 가령, "나는 지금 내 어깨가 긴장됨을 알아차립니다. 나는 내가 이 연습을 잘 할 수 있을까라고 걱정하는 것을 알아차립니다." 등의 형식에 맞춰 말로 표현해 보세요. 한 분이 말을 마치면, 바로 이어서 짝이 같은 연습을 합니다. 예컨대, "○○님이 걱정한다는 말을 들으니, '나랑 똑같구나.'라는 생각이 드는 것을 알아차립니다. 그리고 마음이 가벼워짐을 알아차립니다. 몸도 함께 이완되는 것을 알아차립니다."라는 식으로 이어서 하면 됩니다. 이 연습은 두 사람이 번갈아 가며 말하는 '이어달리기' 형식입니다. 자, 한번 해 볼까요?

2. 자, 이번에는 4~5명이 한 조가 되어 함께 연습을 하겠습니다. 둥글게 모여 앉으셔서 지금-여기에서 알아차려지는 것들을 표현하시면 됩니다. 특별히 순서를 정하지 마시고, 누구든 말하고 싶은 순간에 하시면 됩니다. 너무 길지 않게 간단 간단히 매 순간의 알아차림을 표현하십시오. 신체 상태, 눈에 보이는 것, 귀에 들리는 것, 자신의 욕구, 생각, 강감정, 상상, 지각 중에서 그때그때 가장 관심이 가는 것들을 알아차리고 표현하시면 됩니다. 물론, 앞에서 말 한 사람의 이야기를 들으면서 떠오르는 생각이나 느낌, 신체반응들을 말씀하셔서도 괜찮습니다. 자, 시작할까요?

3. 이번에는 위의 연습과 똑같이 하되, 다만 경어를 사용하지 않고 서로 낮춤말을 사용하면서 상호작용을 하겠습니다. 별칭 뒤에 '님'자를 붙이지 마시고, 그냥 낮춤말로 하셔야 합니다. 연습을 하시면서 어떤 생각, 어떤 감정, 어떤 욕구가 느껴지는지, 또한 신체 상태는 어떻게 변화하는지도 알아차리시면서 연습을 하십시오. 예컨대, "○○가 나를 쳐다보니까, 쑥스러운 느낌이 들어."라는 식으로 말하면 됩니다.

출처: 김정규(2010).

🔖 **6회기** **대안 찾기**

활동지도안	
활동 목표	관계에서 내가 불편한 상황에서 대처할 수 있는 나만의 방법을 찾는다.
준비물	마음자세카드, 크레파스, 필기구, [안내문 5-1], [활동지 6-1]
단계	진행 절차
도입 (20분)	▶ 지난 회기 돌아보기와 이번 시간 안내 한 주 동안 잘 지내셨나요? 지난주 프로그램에 참여하고 어땠는지 궁금하네요. 지난주에는 좋은 관계 대상의 기억과 좋지 않은 대상을 떠올려 보며, 이 부분에 대하여 나누고 나아가 좋지 않은 대상에 대하여 심도 있게 표현해 보는 시간을 가졌습니다. 오늘은 관계에서 어려움을 재경험하였을 때 대안 및 나의 마음자세를 알아보는 시간을 가지도록 하겠습니다. ▶ 알아차림 연습 3단계 지난 시간에 이어 간단하게 알아차림 연습 3단계를 진행한 후에 다음 활동을 진행해 보겠습니다. 〈활동 내용〉 집단지도자는 집단원에게 알아차림 연습 3단계에서 지시문([안내문 5-1])을 읽어 준다.
전개 (50분)	▶ 대안 찾기 우리는 그동안 관계에서 어려웠던 상황에 대하여 느껴 보고, 그때의 상황을 재경험해 보는 시간을 가졌습니다. 이번 활동에서는 최근 관계에서 어려웠던 상황을 구체적으로 나누어 보며 집단원들과 실제 해결방안까지 찾아보는 시간을 가져 보려 합니다. 〈활동 내용〉 ① [활동지 6-1]을 활용하여 관계에서 어려웠던 상황에 대하여 돌아가며 말해 보게 한다. ② 이러한 상황에서 본인은 현재 어떻게 반응하고 있는지 확인해 본다. ③ 본인이 하고 있는 반응과 감정들이 적절한지 확인해 본다. ④ 집단원들이 사용하고 있는 방법 중 효과적이었던 것을 나누어 본다. ⑤ 지금 나온 방법들 중 실천해 보고 싶은 방법이 있다면 말해 보도록 한다. **Tip** • 집단지도자는 개인이 한 명씩 발표할 때 언어적뿐 아니라 비언어적 부분 또한 민감하게 확인하는 것이 필요하다. • 다른 사람들은 어떠한 방식으로 관계 시 불편한 부분을 해소하는지 다양한 방법들을 알아보고 나에게 적합한 방법을 찾도록 한다. ▶ 마음자세 나누기 앞에 활동을 이어 추후에 또 이러한 관계의 불편감을 가졌을 때 적절하게 잘 대응하는 것이 필요합니다. 그럼 이러한 방법을 알게 되었다면 앞으로는 그러한 사건에서 어떻게 느끼고 반응하는 것이 좋을지 나에게 필요한 마음자세에 대하여 나누어 보도록 하겠습니다.

	〈활동 내용〉 ① 지도자는 다섯 장의 카드를 나눠 준다. ② 다섯 장 카드 중 관계의 어려운 상황에서 필요한 마음자세 한 개를 고르도록 안내한다. ③ 자신이 고른 카드를 소리 내어 읽어 보게 한 다음, 자기에게 그런 마음자세가 필요하다고 생각하 　는 이유를 설명하도록 안내한다.
마무리 (20분)	▶소감 나누기 오늘은 최근 자신이 경험한 관계의 어려움을 나누고 정서적이고 현실적인 대안방안에 대하여 생각해 보고 이야기 나누어 보는 시간을 가졌습니다. 이번 시간에 참여하면서 새롭게 알게 된 점이나 느낀 점이 있다면 함께 나누어 보겠습니다. • 지금 현재 기분이나 느낌은 어떤가요? • 프로그램에 대하여 느끼는 것은 어떤 것들이 있나요?
유의점	• 마음자세카드 활동을 통하여 내담자는 자신에게 이미 있는 중요한 자원을 재발견하고, 이를 　통하여 자신감을 회복할 수 있다. 지도자는 이 과정에서 집단원이 갖고 있는 마음자세의 가치 　를 발견하고, 인정해 주는 마음을 전달하는 것이 필요하다. • 보다 적극적인 자기개방을 통하여 자신의 문제를 깊이 탐색하고 그 경험을 나눔으로써 서로 　가 서로를 공감하고 도울 수 있도록 한다.

[활동지 6-1]

〈나의 불편한 관계에 대안 찾아보기〉

1. 최근에 내가 경험하였던 관계에서의 불편한 사건은?

_____

_____

2. 그때 나는 어떤 감정을 느꼈고 어떤 반응을 하였는가?

_____

_____

3. 그때의 나의 감정과 반응은 적절하였는가? 부적절하였는가?

_____

_____

4. 3번에서 그렇게 판단한 이유는?

_____

_____

5. 집단원들이 제시한 대안 중에서 적절하거나 혹은 좋았던 대안은?

_____

_____

6. 지금 떠오르거나 혹은 집단원들이 떠올리는 대안 중 실천해 보고 싶은 것은?

_____

_____

　이유는?

_____

_____

🖋 7회기 　건강한 게슈탈트를 위한 지지자원 만들기

활동지도안	
활동 목표	집단에서 느끼는 긍정적 감정으로 자존감을 향상하며 나아갈 용기를 가진다.
준비물	감정단어카드, 그립인형, 마음자세카드, 필기구, [안내문 5-1], [안내문 7-1]
단계	진행 절차
도입 (20분)	▶ 지난 회기 돌아보기와 이번 시간 안내 한 주 동안 잘 지내셨나요? 지난주 프로그램에 참여하고 어땠는지 궁금하네요. 지난주에는 최근 자신이 경험한 관계의 어려움을 나누고 집단원들과 소통을 하며 대안방안에 대하여 생각해 보고, 그 어려움에 대하여 앞으로 자신의 마음가짐에 대하여서도 나누어 보는 시간을 가졌습니다. 오늘은 집단을 통하여 관계에 대한 긍정적 의미와 중요성에 대하여 느껴 보고, 앞으로 관계를 새롭게 받아들일 나와 만나는 시간을 가지도록 하겠습니다. ▶알아차림 연습 3단계 지난 시간에 이어 간단하게 알아차림 연습 3단계를 진행한 후에 다음 단계인 4단계의 알아차림 연습을 진행해 보겠습니다. 〈활동 내용〉 집단지도자는 집단원에게 알아차림 연습 3단계에서 지시문([안내문 5-1])을 읽어 준다. ▶알아차림 연습 4단계 〈활동 내용〉 집단지도자는 집단원에게 알아차림 연습 4단계에서 지시문([안내문 7-1])을 읽어 준다.
전개 (50분)	▶ 집단에서 느끼는 감정 그동안의 집단을 통하여 관계에서 어려움과 부정적인 측면에서 벗어나 관계의 긍정성을 경험하고 나눌 수 있는 기회를 가지게 되었습니다. 이번 활동을 통하여 앞으로의 관계에서 경험할 나에 대한 지지작업을 진행하도록 하겠습니다. 〈활동 내용〉 ① 집단에서 느끼는 긍정적인 감정을 찾기 위해 감정단어카드의 '행복' 관련 카드를 10장씩 나누어 준다. ② 10장의 카드 중에서 집단을 통해 느낀 긍정적인 감정을 찾고 그 단어가 주는 느낌에 집중해 본다. ③ 각자가 고른 카드에 대한 소개를 하며 상호작용을 촉진한다. ④ 집단에서 받은 긍정적 느낌을 가진 '나'와 비슷한 인형을 하나씩 고르게 한다. ⑤ 새로이 만나게 된 나와 인사하며 자기지지와 격려작업을 유도한다. ⑥ 집단원들의 격려와 지지를 통해 안정된 환경 속에서 자존감을 향상하고 나아갈 내 모습을 상상해 본다.

	▶ 마음자세카드 선물해 주기 이번 활동에서는 타인에게 지지해 주는 활동을 해 보려 합니다. 그동안 집단을 하면서 우리는 자신뿐 아니라 다른 집단원들에 대해서도 알 수 있는 시간이었습니다. 이번에는 지금까지 활동을 하면서 집단원들에게 느꼈던 긍정적인 강점에 대하여 피드백을 해 주는 시간을 가지겠습니다.
마무리 (20분)	▶소감 나누기 오늘은 집단을 통하여 관계의 긍정성과 기대감을 나누어 보는 시간을 가졌습니다. 이번 시간에 참여하면서 새롭게 알게 된 점이나 느낀 점이 있다면 함께 나누어 보겠습니다. • 지금 현재 기분이나 느낌은 어떤가요? • 프로그램에 대하여 느끼는 것은 어떤 것들이 있나요?
유의점	• 강점 나눔 과정에서 소외되는 집단원들이 없도록 상호작용을 잘 유도한다. • 모든 집단원이 참여할 수 있도록 시간 배분에 주의를 한다.

[안내문 7-1]

〈알아차림 연습 4단계〉

1. 이번에는 이야기를 하면서 하는 알아차림 연습을 하겠습니다. 두 분이 마주 앉은 채 잠시 눈을 감으십시오. 이제 지금까지 살아오면서 가장 추억에 남는 즐겁고 행복했던 장면 한 가지를 떠올리도록 하십시오. 어린 시절의 추억도 좋고, 커서의 기억도 좋습니다. 어떤 기억이 떠오르는지 잠깐 기다려 보시고 마음속에 떠올려 보세요. 자, 이제 그 추억 속으로 들어가 보겠습니다. 어떤 장면입니까? 어떤 사람들이 있나요? 사람들은 지금 무엇을 하고 있나요? 당신은 그 속에서 무엇을 하고 있나요? 지금 어떤 기분이 느껴지시나요? 그 기분을 한번 느껴 보세요. 신체는 어떤 상태인가요? 한번 느껴 보세요. 당신은 지금 무슨 생각을 하고 있습니까? 당신은 자기 자신에게 뭐라고 말합니까? 이제 눈을 떠 보세요.

2. 이제 눈을 뜨시고, 짝에게 방금 어떤 경험을 하셨는지 말씀해 주세요. 어릴 때 추억을 떠올리면서 어떤 감정을 느끼셨는지, 신체 상태는 어떠했는지, 그리고 어떤 생각을 했는지, 자기 자신에게 어떤 말을 했는지를 먼저 말씀해 주세요. 그러고 나서 떠올렸던 추억의 장면들을 짝에게 자세히 이야기해 주세요. 이야기를 하시면서 지금 어떤 감정이 느껴지는지, 어떤 생각이 떠오르는지, 그리고 신체 상태는 어떻게 변화하는지를 알아차리면서 하십시오. 듣는 분은 눈맞춤을 하면서 말하는 사람의 이야기에 최대한 집중해서 경청하십시오. 그리고 이야기를 들으면서 머리를 끄덕이거나, "아, 네!", "그러셨군요."라고 보조를 맞추셔도 좋습니다. 도중에 설명이 분명하지 않으면 간단히 질문을 하셔서 명확히 하는 것도 괜찮습니다. 이야기를 들으면서 어떤 느낌이 드는지, 어떤 생각이 떠오르는지, 신체 상태가 어떻게 변화하는지를 알아차리십시오.

3. 이제 이야기를 들으신 분이 이야기를 하신 분에게 반응을 하겠습니다. 이야기를 들으면서 어떤 생각이 들었는지, 어떤 감정이 느껴지셨는지, 그러면서 신체 상태는 어떻게 느껴졌는지를 말씀해 주세요. 이야기를 하신 분은 지금 짝의 반응을 들으면서 어떤 느낌이 드는지, 어떤 생각이 떠오르는지, 또 신체 상태는 어떻게 변화하는지를 알아차리십시오. 그리고 상대방의 반응이 끝나면, 잠시 각자 자신의 느낌과 생각, 신체 상태를 알아차리면서 서로 경험한 것들에 대해 대화를 나누십시오.

출처: 김정규(2010).

8회기	건강한 게슈탈트 만들어 보기

활동지도안	
활동 목표	집단원 각자가 지금까지 프로그램을 통해 얻었던 것을 정리해 보고 이를 실천에 옮긴다.
준비물	음악, 필기구, [안내문 7-1], [안내문 8-1]
단계	진행 절차
도입 (20분)	▶ 지난 회기 돌아보기와 이번 시간 안내 지난주 잘 지내셨나요? 지난 시간에는 집단을 통하여 관계의 긍정성과 기대감을 나누어 보는 시간을 가졌고 오늘은 프로그램을 마치는 날입니다. 프로그램을 마친다고 하니 아쉬운 마음이 듭니다. 오늘은 그동안의 활동들에 대해 다시 한번 생각해 보고, 처음 이 프로그램에 참여했을 때와 지금의 자신에 대해 이야기해 보고 집단원들과 마무리하는 시간을 가지겠습니다. ▶알아차림 연습 4단계 지난 시간에 이어 간단하게 알아차림 연습 4단계를 진행한 후에 다음 단계인 5단계의 알아차림 연습을 진행해 보겠습니다. 〈활동 내용〉 집단지도자는 집단원에게 알아차림 연습 4단계에서 지시문([안내문 7-1])을 읽어 준다. ▶알아차림 연습 5단계 〈활동 내용〉 집단지도자는 집단원에게 알아차림 연습 5단계에서 지시문([안내문 8-1])을 읽어 준다.
전개 (50분)	▶ 마음 확인하기 지금까지 배운 내용을 다시 한번 떠올려 봅시다. 먼저, 감정의 중요성과 관계에서 어려웠던 내 모습을 바라보았고 이에 대한 감정들을 나누어 보고, 관계에서 자기개방의 중요성과 불편한 관계를 떠올려 보고 그 감정을 나누어 보았고, 관계에서 좋았던 상황과 좋지 않았던 상황을 나누었고 대안까지 찾아보는 시간을 가졌습니다. 우리는 1회기에서 집단을 통해 관계에서 기대하는 부분으로 별칭을 지었고 관계에서 성장시키고 싶은지 마음자세카드에서 나누어 보았습니다. 어떠신가요? 내가 바라던 변화가 일어났나요? 다 달성되지 않아도 좋습니다. 목표는 완성되기보다 지향점으로 생각해 두고 조금의 변화라도 있었는지가 더 중요합니다. 마음자세카드를 활용하여 내가 바라던 마음자세가 적절하게 되었는지 혹은 추가적으로 길러진 마음자세가 있다면 어떤 것인지 나누어 보도록 합시다. 〈활동 내용〉 ① 각자 다섯 장씩의 카드를 뽑게 한다. ② 그중에서 이번 집단을 통하여 자신에게 가장 필요한 마음자세 혹은 이번 집단을 통해 가장 많이 기른 마음자세라고 느낀 것이 무엇인지 고른다. ③ 하나씩 골라 발표하게 한다. ④ 집단원들과 의사소통을 하면서, 상호작용에서 느낀 점을 바탕으로 자신의 건강한 욕구, 감정, 행동 등을 결론으로 얻도록 한다.

▶ 롤링페이퍼 작성

집단원들의 변화된 부분에 대해 들으니 어떠신가요? 같이 8회기 동안 우리는 서로의 성장을 위하여 많이 도와주며 목표를 향해 나아갔습니다. 집단원들 덕분에 여기까지 올 수 있었습니다. 이 활동에서는 그동안의 집단원들에게 우리가 배운 공감과 소통, 격려의 말을 최대한 발휘하여 서로에게 감사함과 관계에 대한 용기를 주는 롤링페이퍼 작성 시간을 가지도록 하겠습니다.

〈활동 내용〉

① A4 종이 1/3을 제외하고 롤링페이퍼를 작성한다.

② 각자의 롤링페이퍼의 윗부분 1/3 지점에다 집단을 하면서 본인의 장점이나 발견한 점 등을 제목 형태로 적어 본다.

③ 롤링페이퍼를 발표하며 마지막 소감을 나눈다.

④ 의사소통을 하면서 서로를 존중하고 상호작용이 활발하게 이루어질 수 있도록 격려한다. 상담자가 말하는 것을 아끼고 집단원들끼리 소통할 수 있는 시간이 많아질 수 있도록 한다.

마무리 (20분)	▶소감 나누기 말하나, 행동 하나 변화하는 것이 겉으로는 쉬워 보이지만 하나의 행동에는 그 사람의 욕구와 그럴 수밖에 없는 경험들이 녹아 있기 때문에 사실 정말 어려운 일입니다. 우리는 관계를 변화하고 증진하기 위하여 8회기 동안 열심히 활동하여 마무리할 수 있었습니다. 배우고 경험한 것이 여러분의 관계 성장에 도움이 되기를 바라며 프로그램을 마칩니다. 마지막으로 집단을 마무리하며 소감을 한 명씩 들어 보는 시간을 가지도록 하겠습니다.
유의점	마무리 회기는 새로운 것을 배우는 활동보다 지금까지 회기를 충분히 돌아보면서 스스로 변화를 느끼고 점검하는 시간을 갖는 것이 중요하며, 프로그램이 끝난 후에도 배운 것을 실천해 나갈 수 있는 힘을 얻을 수 있도록 하는 데 시간을 충분히 활용하도록 한다.

[안내문 8-1]

〈알아차림 연습 5단계〉

1. 이번에는 이야기를 하면서 하는 알아차림 및 공감 연습을 하겠습니다. 두 분이 마주 앉은 채 잠시 눈을 감으십시오. 당신이 최근 6개월 사이에 겪었던 일 중에 마음 상했던 사건 한 가지를 떠올려 보세요. 그 기간 동안에 생각나는 사건이 없으시면 그 이전으로 거슬러 올라가세요. 어떤 기억이 떠오르는지 잠깐 기다려 보시고 마음속에 떠올려 보세요. 이제 그 사건 속으로 들어가 보겠습니다. 그 사건을 떠올리면서 어떤 감정이 느껴지시나요? 그 감정을 한번 느껴 보세요. 신체 상태는 어떤지 한번 알아차려 보세요. 어떤 생각이 떠오르는지도 알아차려 보세요. 이 상황에 대해 당신은 어떤 말을 하고 싶나요? 이제 눈을 떠 보세요.

2. 이제 눈을 뜨시고, 짝에게 방금 어떤 경험을 하셨는지 말씀해 주세요. 그 사건을 떠올리면서 어떤 감정을 느끼셨는지, 신체 상태는 어떠했는지, 그리고 어떤 생각을 했는지, 그 상황에 대해 어떤 말을 하고 싶으셨는지를 먼저 말씀해 주세요. 그러고 나서 마음 상했던 사건의 내용을 짝에게 자세히 이야기해 주세요. 이야기를 하시면서 지금 어떤 감정이 느껴지는지, 어떤 생각이 떠오르는지, 그리고 신체 상태는 어떻게 변화하는지를 알아차리면서 하십시오. 듣는 분은 눈맞춤을 하면서 말하는 사람의 이야기에 최대한 집중해서 경청하십시오. 그리고 이야기를 들으면서 머리를 끄덕이거나, "아, 네!", "그러셨군요."라고 보조를 맞추셔도 좋습니다. 도중에 명확하지 않으면 간단히 질문을 하셔도 괜찮습니다. 이야기를 들으면서 어떤 느낌이 드는지, 어떤 생각이 떠오르는지, 신체 상태가 어떻게 변화하는지를 알아차리세요.

3. 이제 이야기를 들으신 분이 이야기를 하신 분에게 피드백을 하겠습니다. 먼저 이야기하신 분의 상한 마음을 그분의 입장에서 공감을 해 주세요. 그러고 나서, 이야기를 들으면서 어떤 생각이 들었었는지, 어떤 감정이 느껴지셨는지, 그러면서 신체 상태는 어떻게 느껴졌는지를 말해 주세요. 이야기를 하신 분은 지금 짝의 공감과 반응을 들으면서 어떤 느낌이 드는지, 어떤 생각이 떠오르는지, 또 신체 상태는 어떻게 변화하는지를 알아차리십시오. 그리고 상대방의 반응이 끝나면, 잠시 각자 자신의 느낌과 생각, 신체 상태를 알아차리면서 서로 경험한 것들에 대해 대화를 나누세요.

4. 이제 전체 집단이 세 사람씩 짝을 지어서 동일한 연습을 하겠습니다. 한 사람은 이야기를 하시고, 한 사람은 이야기를 들으십시오. 나머지 한 사람은 관찰자를 하십시오. 관찰자는 이야기를 듣는 사람의 수행을 평가해서 피드백하십시오. 끝나면 역할을 바꾸셔서 동일한 연습을 하세요. 이번에는 이야기를 들으셨던 분이 이야기를 하시고, 관찰하셨던 분은 이야기를 들으십시오. 그리고 이야기를 하셨던 분은 관찰자를 하세요.

출처: 김정규(2010).

참고문헌

김정규(2010). 게슈탈트 관계성 향상 프로그램 매뉴얼. 경기: 게슈탈트미디어.

Kepner, E. (2008). Gestalt group process. In. B. Feder & J. Frew (Eds.), *Beyond the hot seat revisited: Gestalt approaches to group* (pp. 17-37). Metairie/New Orleans, LA: Gestalt Institute Press.

Passons, W. R. (1975). *Gestalt approaches in counseling*. New York: Holt, Rinehart and Winston.

Yontef, G. (2008). *Awareness, Dialogue and Process: Essays on Gestalt Therapy*. 알아차림, 대화 그리고 과정 게슈탈트 치료에 대한 이론적 고찰(김정규, 김영주, 심영아 역). 서울: 학지사. (원전은 1993년도 출판).

Yontef, G., & Jacobs, L. (2011). Gestalt therapy. In R. Corsini & D. Wedding (Eds.), *Current psychotherapies* (pp. 342–382). Belmont, CA: Thomson Brooks/Cole.

상담이론에 기초한 집단상담의 실제

/

찾아보기

저자 소개

천성문(Cheon Seongmoon)
현 부경대학교 평생교육상담학과 교수(상담심리학 박사)
전 (사)한국상담학회 학회장
    스탠퍼드 대학교 연구 및 방문 교수
    서울대학교 객원교수

박은아(Park Euna)
현 부경대학교 교육컨설팅학과 겸임교수(상담심리학 박사)
    대천유치원 원장
    (사)한국교육상담협회장

전은주(Jeon Eun Ju)
현 부경대학교 교육컨설팅학과 박사수료(상담심리전공)
    해군 성고충전문상담관

김현진(Kim Hyun Jin)
현 부경대학교 교육컨설팅학과 박사과정(상담심리전공)
    부산광역시 사하구 건강가정지원센터 가족상담 전문인력

장은경(Jang Eunkyong)
현 부경대학교 교육컨설팅학과 박사과정(상담심리전공)
    부경대학교 평생개발연구소

박미영(Park Miyoung)
현 부경대학교 교육컨설팅학과 박사수료(상담심리전공)
    공감심리상담센터 소장

이은영(Lee Eunyoung)
현 부경대학교 교육컨설팅학과 박사과정(상담심리전공)
　　부산 용수초등학교 전문상담교사

박성현(Park Sunghyun)
현 부경대학교 교육컨설팅학과 박사과정(상담심리전공)
　　부산 강서고등학교 전문상담교사

김현희(Kim Hyunhee)
현 부경대학교 교육컨설팅학과 박사과정(상담심리전공)
　　(재)부산광역시 영재교육진흥원 연구원

김준성(Kim Junseong)
현 부경대학교 교육컨설팅학과 박사과정(상담심리전공)
　　부산광역시 남구청소년상담복지센터 팀원

박선우(Park Seonwoo)
현 부경대학교 교육컨설팅학과 박사수료(상담심리전공)
　　부경대학교 학생상담센터 상담원

상담이론에 기초한

집단상담의 실제

Practice of Group Counseling based on
Counseling Theory

2021년 2월 15일 1판 1쇄 발행
2022년 1월 20일 1판 2쇄 발행

지은이 • 천성문 · 박은아 · 전은주 · 김현진 · 장은경 · 박미영
　　　　이은영 · 박성현 · 김현희 · 김준성 · 박선우
펴낸이 • 김진환
펴낸곳 • ㈜**학지사**

　　　　04031 서울특별시 마포구 양화로 15길 20 마인드월드빌딩
대표전화 • 02-330-5114　　팩스 • 02-324-2345
등록번호 • 제313-2006-000265호

홈페이지 • http://www.hakjisa.co.kr
페이스북 • https://www.facebook.com/hakjisabook

ISBN 978-89-997-2278-3　93180

정가 29,000원

출판 · 교육 · 미디어기업 **학지사**

간호보건의학출판 **학지사메디컬** www.hakjisamd.co.kr
심리검사연구소 **인싸이트** www.inpsyt.co.kr
학술논문서비스 **뉴논문** www.newnonmun.com
교육연수원 **카운피아** www.counpia.com